HENRI CONSTANT

Etude philosophique

LE CHRIST, LE CHRISTIANISME
et la Religion de l'Avenir

> " N'acceptez rien de confiance..... Croyez seulement au cas où l'écrit, la doctrine ou la parole sont corroborés par votre propre raison ou votre sens intime.... Ne croyez que d'accord avec votre propre conscience, mais alors conformez absolument vos actes à vos opinions. "
> Le Sage des Sakyas,
> KALAMASULTA.

> " Nous sommes chrétiens à même titre que nous sommes Périgordins ou Allemands.
> " Plaisante foy, qui ne croid ce qu'elle croid que pour n'avoir pas le courage de le décroire. "
> MONTAIGNE.

> " Ce n'est pas un droit, c'est un devoir, une étroite obligation de quiconque a une pensée, de la produire et de la mettre au jour pour le bien commun. La Vérité est toute à tous. "
> P.-L. COURIER.

TROISIÈME ÉDITION

refondue, corrigée et considérablement augmentée.

1905

LE CHRIST, LE CHRISTIANISME

ET LA

RELIGION DE L'AVENIR

HENRI CONSTANT

ÉTUDE PHILOSOPHIQUE

Le Christ, le Christianisme

ET LA

RELIGION DE L'AVENIR

LEVALLOIS-PERRET

IMPRIMERIE SCHNEIDER Frères & MARY

34, rue Fromont, et 18 bis, rue Raspail

1905

AVANT-PROPOS

Le christianisme *dogmatique*, — qui est au christianisme de Jésus ce que l'ombre est à la lumière, — ne répond plus aux exigences de l'esprit moderne. Il n'est plus en rapport avec les méthodes scientifiques, les aspirations intimes de l'humanité intelligente, et ne vit plus guère aujourd'hui que d'un mélange de vérités et d'erreurs qui le compromet.

Les dogmes, l'observance de cérémonies et de pratiques étroites passent chez lui pour être d'importance primordiale; les principes de justice et d'équité y sont étouffés par le fanatisme; les sentiments humanitaires y sont refoulés au fond des consciences pour faire place à une sensiblerie qui ne vise le plus souvent que les objets d'un fétichisme grossier.

Et, ce que nous disons du Christianisme *dogmatique* s'applique, dans une certaine mesure, à toutes les confessions qui se réclament de la Bible, de l'Evangile ou du Coran.

« Elles ressemblent, dit Edgard Quinet (1), à ces vieux arbres qui n'ont plus que l'écorce. Elles ne laissent pas de végéter et de couvrir au loin le sol d'une ombre noire, jusqu'à ce que le bûcheron ou la foudre les attaque. Alors ce n'est plus que poussière. »

---

1) Philosophe et historien français (1803-1875).

L'humanité, devenue adulte, a de nouveaux besoins, des aspirations plus larges, plus élevées; elle comprend le vide des idées dont elle a été bercée, c'est pourquoi elle secoue ses langes et s'élance, poussée par une force irrésistible, vers des rivages inconnus, à la découverte de nouveaux horizons moins bornés.

Les classes sacerdotales, déchues de leur ancienne domination, s'efforcent en vain d'arrêter la marche de l'humanité : l'hypocrisie et l'indifférence constituent leur dernier appui (I).

A la philosophie, à la science, à l'enseignement appartient l'honneur de détruire la servitude honteuse qui pèse encore sur les intelligences.

Dans la lutte décisive de la lumière contre les ténèbres, de la vérité contre l'erreur, nul penseur ne peut rester indifférent, aucun n'a le droit de déserter le champ de bataille.

Tous doivent entrer résolument dans l'arène, tous doivent apporter le contingent de leurs forces à la masse, et concourir ainsi au triomphe de cette trinité éternelle :

Amour, Solidarité, Progrès.

N. B. — Les chiffres romains entre parenthèses renvoient aux Notes placées à la fin de l'Ouvrage.

LE CHRIST

PREMIÈRE PARTIE

LE CHRIST

La recherche de la *vérité* dans le sein de l'*erreur* même, a de tout temps apporté à la science de précieux enseignements. L'*Histoire* étant le témoin fidèle des siècles, ce n'est qu'à l'aide de ses dépositions que l'on parvient à dégager la vérité des légendes qui l'obscurcissent (II).

Le premier de ces principes nous a inspiré le choix du sujet ; le second nous servira de guide dans le cours de notre travail.

S'il était nécessaire de justifier aux yeux du lecteur l'entreprise que nous avons formée, qu'il nous suffise de rappeler que l'humanité, pour décider de son sort futur, doit savoir et ce qu'elle a été, et comment s'est créé son présent.

Par qui ont été marquées les étapes laborieuses de ce progrès social, si souvent entravé et si péniblement conquis ? Par ces hardis novateurs qui, appartenant plutôt à l'avenir de leur temps qu'à son présent, ont étonné l'humanité par les sublimes visions de leur génie.

Etudions donc le Christ, cette personnalité gigantesque, dont le nom, synonyme de la plus haute perfection humaine, a jeté à travers les siècles un sillon si lumineux.

Les Evangiles sont presque les seuls écrits qui parlent d'une manière plus ou moins positive du

Christ (III). Or, ces écrits — dont les auteurs ont vécu plus d'un siècle après Jésus (XV) — fourmillent de divergences, de contradictions, de soudures et d'erreurs (voir 2ᵉ partie) ; ils ne sauraient dès lors prétendre à la crédibilité historique, et l'on doit se borner à en déduire ce qui, d'après la raison et un jugement impartial, offre le plus de probabilité.

Jésus naquit à Nazareth, petite ville de la province de Galilée, vers l'an 750 de Rome. La Galilée était divisée en *Galilée supérieure (Galil Elyone)*, chef-lieu Séphoris, et, en *Galilée inférieure (Galil Tachtone)*, chef-lieu Tibérias, qui a donné son nom à un lac voisin. Nazareth faisait partie de la Galilée inférieure, où l'on rencontrait encore les villes de Naïm, Bethsaïde, Corazaïm et, au bord du Génézareth, la petite bourgade de Capharnaüm que l'historien Josèphe (1), dans ses écrits, confond avec une fontaine située dans le voisinage. Nazareth n'est plus aujourd'hui qu'un village de 4 à 5,000 habitants appelée En-Narcia.

La Galilée était un pays délicieux ; c'était le pays des palmiers, des dattiers, des citronniers, des oliviers, des amandiers, des melons, le pays où la végétation n'avait point d'hiver. Elle était séparée de la province de Juda par la Samarie, et comptait trois millions d'habitants, gens robustes, sains de corps et d'esprit, moins avancés en culture intellectuelle que les autres habitants de la Judée, mais

---

(1) Flavius Josèphe (87-93), historien juif, accompagna Titus à Rome, après la prise de Jérusalem ; il y fut comblé de toutes les faveurs du prince et reçut le titre de citoyen romain.

Ce fut à Rome qu'il se livra à la carrière historique ; il écrivit en grec et du style le plus pur l'*Histoire de la Guerre des Juifs*, les *Antiquités Judaïques* en vingt livres, *deux livres contre Appion*, un *Discours sur le martyre des Macchabées* et l'*Histoire de sa vie*.

plus fermes de caractère. Ils étaient d'ardents patriotes et ennemis irréconciliables des Romains.

Pendant toute sa vie, Jésus fut désigné sous le nom de Nazaréen, parce qu'or le savait fils de *Myriam* (*Marie*), de la ville de Nazareth. Ce n'est que pour les besoins d'une prophétie qu'on l'a fait naître à Béthléem (*Voir 2ᵉ partie*).

La date de la naissance de Jésus est assez obscure. Bossuet (1) lui-même le reconnaît (*Disc. sur l'hist. univ.*, *dixième époque. Naiss. de J.-C.*). Les chrétiens des trois premiers siècles n'étaient pas d'accord à ce sujet; ils hésitaient entre le 28 mars, le 18 avril et le 29 mai. C'est le moine Denys-le-Petit qui indiqua le 25 décembre, date qui fut adoptée au 4ᵉ siècle lorsqu'on substitua la Noël à la fête consacrée ce jour par les Romains à l'*Invincible*, au *Dieu Solaire* (XVIII bis). L'année est aussi incertaine que le mois; on ne sait encore aujourd'hui exactement sous le consulat duquel des Pison on la pourrait placer. Tout ce que l'on sait, c'est qu'il est né sous Auguste et qu'il est mort sous Tibère.

Comme la plupart de ceux qui ont laissé un grand souvenir et puissamment influé sur les destinées du monde, les premières années du Christ se passèrent dans une obscurité complète. Les Evangiles sont muets sur l'enfance de Jésus; ils ne nous apprennent pas davantage ce qu'il fit de sa douzième à sa quinzième année.

D'après certains auteurs, le Christ aurait voyagé en Egypte et dans l'Inde, deux pays pouvant lui

---

(1) Evêque de Meaux, surnommé l'*Aigle de Meaux* (1627-1704). Ses *Oraisons funèbres* et ses *Sermons* sont considérés par les théologiens catholiques comme les monuments les plus sublimes de l'éloquence de la chaire. Pour nous, Bossuet n'est qu'un sonore et pompeux rhéteur, et le courtisan de toutes les turpitudes royales (XX).

fournir de sérieux sujets d'études. A son retour, il se serait affilié à l'ordre des Esséniens dont les doctrines avaient de grandes affinités avec celles qui faisaient l'objet des enseignements secrets des sanctuaires égyptiens et hindous. D'après d'autres auteurs, il n'aurait pas quitté la Palestine... Quoi qu'il en soit, il est certain que le Christ était Essénien de cœur, de pensée et d'éducation. Cela ressort non seulement de ce fait qu'il a toujours trouvé parmi les Esséniens le concours le plus actif et le plus dévoué, mais encore des rapports intimes existant entre sa doctrine et celle de l'Essénisme, et aussi du silence gardé par Jésus et les siens sur cet ordre. Pourquoi lui, qui attaque avec une liberté sans égale tous les partis religieux de son temps, ne nomme-t-il jamais les Esséniens ? Pourquoi les apôtres et les Evangiles n'en parlent-ils pas davantage ? Evidemment parce qu'ils considèrent les Esséniens comme étant des leurs, et que l'ordre s'est fondu dans le Christianisme primitif. Si donc le Christ n'a pas voyagé, c'est parmi ses frères Esséniens qu'il a passé sa jeunesse (IV).

Quant au sort de Joseph, de Marie, des frères et des sœurs de Jésus, ces personnages disparaissent sans qu'on nous dise un mot de leurs destinées. L'Evangile selon Saint Jean seul nous montre Marie au pied de la Croix (*Jean XIX, 25*) ; seul aussi, il nous la fait voir assistant avec Jésus aux noces de Cana et l'accompagnant ensuite à Capharnaüm, où il se rendit avec ses frères et ses disciples (*Jean II, 1 à 12*).

Selon Tertullien (1), « Jésus n'était pas beau : il ressemblait à une maigre racine dans un sol altéré ; il n'avait ni forme, ni gloire. » (*Tertull. adv. Judaeos*).

---

(1) Célèbre docteur de l'Église (160-210).

Doué d'un caractère doux et recueilli, il aimait la solitude, mais il se plaisait aussi dans la société des gens simples ; on le rencontrait fréquemment parmi les pêcheurs et les montagnards.

Il faut faire deux parts dans l'enseignement du Christ : l'une *philosophique, morale*, et dès lors *permanente*, qui forme la base de sa doctrine ; l'autre, *accidentelle*, inspirée par les passions et les besoins du moment.

Jésus ne s'est point constitué l'apôtre d'une religion nouvelle. « Ne pensez pas, dit-il, que je sois venu détruire la loi ou les prophètes : je ne suis point venu les détruire, mais les accomplir. » (*Matth. V, 17 et 18*). *Accomplir*, c'est perfectionner et non pas détruire. Perfectionner, c'est améliorer l'état des choses, le développer, l'approprier au degré d'avancement des hommes, sans toutefois en altérer l'essence.

Jésus voulait simplement faire du Mosaïsme une application plus juste et plus salutaire. La morale de Moïse était méconnue, négligée. Les Pharisiens (IV) l'étouffaient, la défiguraient, sous une multitude de pratiques superstitieuses érigées en lois divines, et qui opposaient une barrière insurmontable au libre développement des facultés humaines. La religion de Moïse, par son dogme de l'unité de Dieu, par l'excellence et la libéralité de sa morale (V), était destinée à devenir la religion de la civilisation moderne. Mais il fallait, pour cela, lui faire subir une transfiguration conforme aux besoins et à l'esprit du temps ; c'est ce que tenta Jésus.

Le Christ ne s'attribuait donc que le rôle de réformateur, et sa doctrine n'est qu'un écho, mais un écho suave, vibrant, des grandes vérités que les docteurs juifs (VII) et les grands moralistes de l'antiquité (VIII) avaient enseignées avant lui.

A l'instar des grands prophètes (1), il exalte la foi morale aux dépens de la loi cérémonielle. Il présente l'*amour universel* comme embrassant et dominant tous les autres préceptes, comme devant s'appliquer à *tous les hommes, ses frères*, au même titre que lui, *fils de Dieu* (XI).

« *Aimez-vous les uns les autres* », dit-il. (*Jean XIII, 35.*) *Toutes les choses que vous voulez que les hommes vous fassent, faites-les leur aussi de même*, car **c'est là toute la loi et les prophètes** (*Matth. VII, 12*) (IX).

Aimer, pour Jésus, c'est, en un mot, toute la religion, c'est toute la philosophie.

Jésus annonce un *Dieu de paix et d'amour*, et, sur la montagne, il s'écrie : « Heureux les pauvres d'esprit (c'est-à-dire les humbles de cœur), car le royaume des cieux est à eux ! Heureux ceux qui pleurent, car ils seront consolés ! Heureux ceux qui ont faim et soif, car ils seront rassasiés ! Heureux ceux qui ont le cœur pur, car ils verront Dieu ! » (*Matth. V, 1 à 10.*)

Il déteste le rigorisme extérieur qui se fie pour le salut à des simagrées. Aux dévots qui croient faire acte très notoire en jeûnant ou en s'abstenant de certains mets, il dit : « *Ce n'est pas ce qui entre dans la bouche qui souille l'âme, mais bien ce qui en sort.* » (*Matt. XV, 11.*)

Il opère ses guérisons le jour du sabbat, afin d'avoir l'occasion de dire à ceux qui s'en scandalisaient : « *Le sabbat est fait pour l'homme et non pas l'homme pour le sabbat.* » (*Marc II, 27.*)

---

(1) Les premiers prophètes juifs furent Moïse, Samuel, Élie, Élisée et David. A partir de ce roi, commence un autre ordre de prophètes, divisés en deux classes : Isaïe, Jérémie, Daniel, Ézéchiel, appelés *grands prophètes*, et ceux qui n'ont laissé que des écrits moins importants, au nombre de douze, nommés *petits prophètes*.

Les grands prophètes ont prêché énergiquement le mépris du culte extérieur, l'abolition des sacrifices sanglants, la purification de l'âme, la charité...; mais, pas plus que Jésus, ils n'ont été écoutés (VI).

Il n'aime pas les longues prières ni l'ostentation, laquelle, le plus souvent, n'est que de l'hypocrisie, et il dit : « Lorsque vous voulez prier, ne ressemblez pas aux hypocrites qui affectent de prier en se tenant debout dans les synagogues (IV *bis*) et aux coins des rues, pour être vus des hommes.

« Mais vous, lorsque vous voudrez prier, entrez dans votre chambre, et la porte en étant fermée, priez votre Père dans le secret.

« N'affectez pas de parler beaucoup dans vos prières, comme les païens, qui s'imaginent que c'est par la multitude des paroles qu'ils méritent d'être exaucés. » *(Matth. VI, 5 et suiv., Luc XI, 2 et suiv.)*

Cette pensée sublime, ce rapport qui doit exister entre Dieu et l'homme, il l'enseigne dans une prière :

« Notre Père, qui est partout dans l'Univers, que Ton nom soit sanctifié !

(Que les hommes se fassent une idée juste de la bonté et de la justice de Dieu, et le blasphème ne souillera plus leurs lèvres !)

« Que Ton règne arrive !

(Le règne de Dieu est l'application de la loi morale et sociale dans toute la splendeur du *Beau*, du *Bien* et du *Vrai*.

« Que Ta volonté soit faite sur la terre comme dans le monde éthéréen !

(Que les lois éternelles et saintes soient observées sur la terre comme elles le sont dans les mondes heureux par des humanités plus avancées que la nôtre, et la terre, à force de monter, se rapprochera du monde éthéréen.)

« Donne-nous notre pain quotidien ?

(Le viatique indispensable aux hommes, qui ont besoin de manger pour vivre, en attendant le terme de leur pèlerinage terrestre.)

« Pardonne-nous, comme nous pardonnons nous-mêmes à ceux qui nous ont offensés !

(Dieu n'est pas inexorable pour les cœurs miséricordieux ; il ne peut permettre à l'homme d'être meilleur que lui.)

« Ne nous laisse point succomber aux séductions de la matière, mais délivre-nous des maux dont elle est la source ?

(Du mal physique, dont les étreintes paralysent les élans de l'esprit, mais surtout du mal moral qui entrave notre ascension vers la lumière et l'amour dont Dieu est le foyer.)

« Car à Toi appartient le règne, la puissance et la gloire à jamais ! ! ! Ainsi soit-il ! ! ! *(Textes cités plus haut.)*

Cette prière est l'*oraison dominicale* telle que Jésus a dû l'enseigner à ses apôtres. Comme Essénien, il a résumé dans cette prière les principales doctrines de cet Ordre illustre (IV). En effet, comme nous l'aprennent les historiens Josèphe (*biog., p. 8*) et Philon (1), les Esséniens n'appelaient jamais Dieu que du nom *Père*. Quand Jésus disait : *Mon Père, notre Père*, il parlait en Essénien avec amour de Celui dont il s'était montré digne d'être le plus noble des fils.

Dans le texte de l'oraison dominicale, c'est-à-dire dans le texte original d'après l'évangile selon Saint-Luc, il y a « *Ouranos* » (*Univers*) qu'on a improprement rendu par le mot *Ciel*, comme si la Divinité pouvait être localisée dans une région qui n'a jamais pu même être prise dans un sens fictif.

Mais il fallait parler ainsi aux intelligences grossières chez qui le christanisme a été primitivement prêché. De même, on n'aurait pu se faire comprendre d'elles, si, au lieu de dire : Délivre-nous du mal, on eût dit : Délivre-nous des séductions de la

---

(1) Célèbre philosophe juif, né quelques années avant le Christ. Il fut la gloire de la fameuse École d'Alexandrie. C'était un profond penseur et un écrivain délicieux. Il fut, de son vivant, surnommé le Platon juif, parce qu'il entreprit de réunir et de concilier le système de Platon avec les principaux dogmes de la religion judaïque. Il mourut environ vingt ans après l'ère chrétienne.

matière et des maux dont elle est la source. Il n'y a que les esprits imbus des doctrines spiritualistes, ceux qui savent quelle est la véritable signification des mots *matière* et *esprit* qui auraient pu comprendre le *Pater* tel que nous l'avons rendu.

L'enseignement de Jésus, si *simple* et si *pur* qui, contrastant avec la casuistique subtile et les maximes dures et pédantesques du *Mosaïsme officiel*, devait attirer sur lui toutes les foudres orthodoxes et en faire un apostat au premier chef (1 *bis*).

L'hypocrisie des Pharisiens qui, en priant tournaient la tête pour voir si on les regardait, qui faisaient leurs aumônes avec ostentation et mettaient sur leurs habits des signes qui les faisaient reconnaître pour personnes pieuses, toutes ces simagrées de la fausse dévotion le révoltaient (IV).

Parlant à la foule qui l'écoutait dans les plaines de Capharnaüm :

« Qu'importe le bonheur sur cette terre où tout est périssable ? disait Jésus.

« Les richesses sont un danger plutôt qu'un avantage. *Soyez doux, humbles, pardonnez !* » *(Luc VI, 29. XVII, 24 et 25. — Marc X 23, 24 et 25).*

En d'autres termes :

Croyez, aimez, agissez, et que l'espérance soit l'âme de vos actions. Il y a au-delà de cette terre un monde des Esprits, une vie plus parfaite. Pour y parvenir, il faut commencer par la réaliser ici-bas, en vous-même d'abord, dans l'humanité ensuite, par l'amour, par la charité active.

Si ces conseils de mansuétude et de résignation irritaient la multitude à laquelle ils s'adressaient, c'est qu'elle ne se composait que de mendiants et de vagabonds dont les Romains venaient de réprimer durement une tentative de révolte (1); que les

---

(1) 3.000 cadavres, en grande partie des Galiléens, furent ramassés dans les rues de Jérusalem et dans le parvis du Temple.

Juifs confiants dans la parole des prophètes, attendaient un *Messie* qui devait relever le trône d'Israël et les soustraire à l'oppression, un chef qui, l'épée à la main, chassât l'étranger, non un réformateur pacifique qui les exhortât à subir la tyrannie (X).

Il répugnait au caractère doux et élevé de Jésus d'exciter à la violence ; c'est par la persuasion qu'il voulait ramener la foule égarée.

N'obtenant rien, quelle que fût l'éloquence avec laquelle il exposait ses théories, quels que fussent la vivacité, les charmes de sa parole, il se retira triste et découragé, et s'en alla demander à la solitude de nouvelles forces pour continuer son apostolat.

Un peu plus tard il reparut, non plus désormais en *Rédempteur pacifique*, mais en *Réformateur agressif*.

Pour reprendre son ascendant sur cette multitude aux passsions exaltées, il s'écria, flattant ses instincts belliqueux :

« Ne croyez pas que je sois venu apporter la paix sur la terre ; non, je ne suis pas venu apporter la paix, mais le glaive. « Car je suis venu mettre la division entre le père et le fils, la mère et la fille, le frère et la sœur, la belle-mère et la belle-fille » (*Math. X. 34 et 35.*)

« Je suis venu appporter le feu sur la terre, et tant mieux si elle brûle déjà. (*Luc XII, 49.*)

« Mais maintenant, que celui qui a une bourse et un sac les prenne, et que celui qui n'a point d'épée vende son manteau pour en acheter une » (*Luc, XXII, 36.*)

A ces paroles d'une violence extrême la foule reconnut son chef et l'acclama avec enthousiasme.

Jésus marcha désormais à la tête d'une troupe innombrable de partisans, acclamé comme furent acclamés avant lui tous ceux qui se dirent envoyés par Dieu pour affranchir Israël (1).

*_**

Cependant, comme à cette foule disposée au vol et au pillage il fallait une discipline, Jésus choisit, parmi les plus intelligents et les plus énergiques de ses adhérents, douze apôtres avec lesquels il passa une nuit à délibérer sur ce qu'il fallait faire pour brider les instincts sauvages de son armée.

Sachant, par la connaissance qu'il avait du cœur humain, que rien n'est plus changeant que les multitudes ; prévoyant d'ailleurs que ses partisans, avides des biens de ce monde, ne travailleraient pas exclusivement pour le ciel, il les assembla et leur dit :

« Celui qui, pour me suivre, aura quitté son père et sa mère, ses frères et ses sœurs, sa femme et ses

---

(1) Avec un indomptable patriotisme, les Juifs ne cessaient de s'insurger contre la domination des Romains ; ceux-ci réprimaient avec énergie tous ces mouvements d'indépendance. Il en résultait une agitation constante, une surexcitation chronique qui jetaient la population dans toutes les exaltations, dans toutes les chimères. Tout homme quelque peu extraordinaire, qui se disait le Messie annoncé par les prophètes pour relever le trône d'Israël dans toute sa gloire, était aussitôt acclamé et porté en triomphe.

Jésus était déjà mort depuis quelque temps, lorsqu'un Samaritain, appelé Dehositéas, persuada à quelques-uns de ses contemporains qu'il était le Messie annoncé par les prophètes.

Simon le Mage, également de Samarie, rassembla plus de disciples que Jésus. Sous Fadus, il y eût un certain Theudée qui se donnait pour le Messie ; il réunit un certain nombre d'adhérents. Le procurateur le fit saisir et décapiter en l'an 46. (*Joseph Antiq. jud. XX. 5, 1.*)

« Un Galiléen, nommé Jahoudah, parut aussi, attira nombre de Juifs, et fut réputé par ses vertus et ses prodiges » (*Actes des Apôtres V. 37. Josèphe Antiq. jud. XX. 5. 1*).

A une époque relativement moderne, en plein 17° siècle, un nombre considérable de Juifs salua dans Sabbattaï Zevi, le Messie annoncé par les prophètes qui allait réunir en Palestine, sous son sceptre, les membres dispersés des enfants d'Israël. — Il fut arrêté par les autorités turques et se convertit à l'Islamisme.

enfants, et qui aura distribué ses richesses aux nécessiteux et aux pauvres, sera mon disciple, et recevra, *dès ces temps-ci, le centuple*, en terres et en revenus, et au siècle à venir, la vie éternelle. (*Matth. XIX. 29. — Marc X, 29 et 30. — Luc XVIII, 29 et 30.*)

Ecartant la douceur et la mansuétude des premiers jours, le Christ, on le voit, se jetait ainsi dans toutes les agitations d'une vie de luttes... Toutefois, comme il était prudent et sans illusions sur la responsabilité qui allait peser sur lui, il tint, comme le général qui entre en campagne, à ne s'entourer que d'hommes résolus, auxquels il imposa, avant tout, une renonciation absolue aux affections de famille et à la fortune.

Poursuivi bientôt par l'autorité romaine, qui ne pouvait voir avec indifférence tant de gens de mauvaise vie s'enrôler sous la bannière du prophète, il quitta le territoire du tétrarque pour se réfugier dans le désert.

Mais alors se répandit dans toute la Judée la nouvelle que le Messie annoncé par les prophètes était apparu, et qu'avant peu seraient brisées les chaînes des enfants d'Israël.

Jésus, durant sa retraite forcée, s'était appliqué à discipliner les masses, afin de pouvoir agir lorsque l'heure serait venue, mais la foule impatiente demandait, à grands cris, qu'il sortit de l'inaction.

Il envoya alors ses disciples dans les villes et les villages, leur disant : « Allez prêcher ma doctrine. Je vous envoie comme des agneaux au milieu des loups. Soyez prudents comme des serpents et simples comme des colombes.

« Vous entrerez dans toutes les maisons que vous trouverez sur votre chemin. Et lorsque vous entrerez dans une maison ou dans une chaumière, vous direz : *Que la paix soit avec vous ! (Apostrophe essénienne)*. Vous mangerez et tout ce qui s'y trouvera sera à votre disposition, car tout travail mérite salaire.

« Mais, lorsque vous entrerez dans une ville et que l'on ne vous recevra pas, secouez, en partant de cette ville, la poussière de vos pieds.

« Je vous le dis, en vérité, que ceux du pays de Sodome et de Gomorrhe seront traités moins rigoureusement, au jour du jugement, que cette ville-là ». (*Matth. X, 11 et suiv. — Marc VI., 10 et 11. — Luc X, 3 et suiv. — Actes des apôtres, XIII, 51.*)

Ce droit que Jésus s'arrogeait sur le bien d'autrui paraît avoir quelque chose d'étrange ; mais il ne faut pas oublier que les besoins du moment étaient impérieux, qu'il fallait nourrir ces milliers d'individus affamés qui avaient suivi le Maître dans sa fuite (1).

⁎⁎⁎

Sa nouvelle propagande eut deux effets décisifs :

Les mendiants et les vagabonds, alléchés par la perspective d'une vie facile accoururent vers le prophète qui prit alors le titre de Messie. (*Voir page 17 note* (X).

Les classes riches, aisées, se voyant menacées dans leur position légitime, tremblèrent pour leur repos, et rejetèrent la doctrine de Jésus comme suspecte, comme contraire à l'ordre public et à la morale.

Les princes, les riches, les prêtres, les représentants de la science officielle, les monopoliseurs d'emplois, les accapareurs de sinécures, et généralement tous ceux qui vivent des privilèges et des abus existants, ont, de tout temps, redouté les novateurs.

Jamais ils n'ont manqué l'occasion de les couvrir d'opprobre, de les conspuer, de les traquer avec la

---

(1) Il est assez curieux de constater que, de nos jours, un publiciste *très religieux*, un pasteur protestant, M. Félix Pécaut, a reproché à Jésus ce droit qu'il s'arrogeait sur le bien d'autrui.

dernière violence. En caricaturant, en souillant leur idéal, ils ont presque toujours réussi à soulever contre eux la foule ignorante, trop nombreuse, hélas! qui tourne à tout vent, et que ces *utopistes dangereux*, — comme ils les appellent, — étaient venus relever, affranchir, sauver (1).

Mais, plus tard, lorsque les yeux se sont dessillés et que les idées dont ces *pertubateurs* (sic) s'étaient constitués les champions, ont pénétré les esprits et les cœurs, on les glorifie, on les grandit mille fois plus qu'on les avait abaissés : ils deviennent aussitôt des *hommes sublimes, divins*, des *dieux* même. On leur élève des autels, on leur érige des statues, mais on a toujours commencé par les vilipender, les abreuver de fiel et d'outrages; puis, on les a fait mourir sur le bûcher ou sur la croix, à moins qu'ils ne soient morts prématurément usés par le travail et la misère, le désespoir et la faim (XIII).

La police romaine fut bientôt informée des excès commis par les adhérents indisciplinés de Jésus, et celui-ci, de nouveau obligé de fuir, car Pilate avait donné l'ordre formel de s'emparer de sa personne.

Aussi longtemps que le Réformateur avait pu compter sur l'autorité de sa parole, elle avait suffi pour contenir cette masse dont les passions l'avaient si souvent fait trembler ; mais le temps des prédications était passé, le moment d'agir était venu...

Débordé par les événements qui se pressaient, il ne pouvait plus reculer. Désormais il fallait subir sa destinée dont le dénouement fatal était proche.

Trop pénétré de sa position pour ne pas prévoir la terrible responsabilité qui allait peser sur lui ; il

---

(1) Voici d'après le Thalmud, ce que disaient de Jésus ces privilégiés :

« Il est possédé du démon, c'est un homme qui aime le vin et la bonne chère, ami des publicains et des pêcheurs; il n'observe pas le Sabbat; il pervertit le peuple, cet imposteur. »

s'isola et, jetant son regard d'aigle sur le présent et l'avenir, il vit que la lutte aurait une issue prochaine.

Comme il ne suffisait plus à contenir cette foule, qui avait faim et qui voulait le proclamer Roi, il réunit les apôtres et leur dit de préparer son entrée à Jérusalem.

Il était annoncé, dans les prophéties, que le Messie ferait son entrée à Jérusalem monté sur un âne. (*Zacharie, IX, 9.*) Le Christ, pour prouver qu'il était le libérateur si impatiemment attendu, fit son entrée triomphale à Jérusalem, monté sur un âne. Une foule innombrable l'accompagna en chantant et criant : « *Hosannah!* (1) *Gloire au fils de David.* — *Gloire au Roi d'Israël qui vient au nom du Seigneur!!!* » (*Matth. XXI, 5 et suiv., Jean XII, 13.*)

Bientôt cette multitude se répandit dans toute la ville, augmentant par ses chants l'impression causée par l'événement du jour...

Jésus paraît au temple dans la *Cour des Gentils.* (IV *bis.*)

Il fait une espèce de fouet avec de petites cordes, renverse les tables des changeurs, les sièges des vendeurs de colombes pour les sacrifices et chasse tous les marchands, leur rappelant les paroles du prophète Isaïe : « *Ma maison sera une maison de prières pour toutes les nations.* » Et il ajoute : « *Vous en faites une caverne de voleurs.* » (*Matth. XXI, 12 et 13. Marc. XI, 15 et 17. Luc. XIX, 45 et 46. Jean. II, 14, 15 et 16. Isaïe LVI, 7*).

Des enfants répètent l'acclamation de *Hosannah! Gloire au fils de David!!!* Les Pharisiens indignés disent à Jésus : « Entends-tu bien ce qu'ils crient ? » « Oui, leur répond-il, s'ils se taisaient, les pierres mêmes crieraient ».

---

(1) Cri qu'on poussait à la procession de la fête des Tabernacles en agitant des palmes.

Puis, il reprend avec dédain : « Renversez ce temple et je le rebâtirai en trois jours! »

« Comment, répondent les Pharisiens, avec un scepticisme tranquille, on a mis quarante-six ans à construire ce temple, et tu veux le rebâtir en trois jours? » (*Matth. XXI, 15. Luc XIX, 40. Jean II, 19 et 20*).

Jésus leur répond par de nouvelles invectives :

« Malheur à vous, s'écrie-t-il, malheur à vous, Scribes et Pharisiens hypocrites, qui dévorez les maisons des veuves, en affectant de faire de longues prières. Malheur à vous, Scribes et Pharisiens hypocrites, qui courez la mer et la terre pour faire un prosélyte et, quand il l'est devenu, vous le rendez digne de la Géhenne deux fois plus que vous. Malheur à vous, Scribes et Pharisiens hypocrites, qui payez la dîme de la menthe, de l'aneth et du cumin, et négligez les choses les plus importantes de la loi : *la justice, la miséricorde et la loyauté*. Conducteurs aveugles, vous coulez un moucheron et vous avalez un chameau. Malheur à vous, Scribes et Pharisiens hypocrites, qui ressemblez aux sépulcres blanchis (1), paraissant beaux au dehors, mais qui, au-dedans, sont pleins d'ossements de morts et de toute sorte de pourriture.

« De même aussi au dehors vous paraissez justes aux yeux des hommes, mais au dedans vous êtes remplis d'hypocrisie et d'impureté. Serpents, race de vipères, comment éviterez-vous le jugement qui vous enverra à la mort?

« Malheur à vous, Scribes et Pharisiens hypocrites, qui nettoyez le dehors de la coupe et

---

(1) Les tombeaux étaient impurs ; on avait coutume de les enduire de chaux ou de plâtre toutes les années, le 15e jour du mois d'Adar.

du plat (1) pendant qu'au dedans vous êtes pleins de rapines et d'intempérance. Pharisiens aveugles, lavez d'abord le dedans, puis vous songerez à la propreté du dehors !

« Malheur à vous ! Tout le sang répandu sur la terre depuis Abel le Juste, *jusqu'à Zacharie, fils de Barachie, que vous avez tué entre le Temple et l'autel*, retombera sur vous et le peuple qui vous écoutera ». (*Matth. XXIII, 14 et suiv. Luc XI, 44 et suiv.*) (2).

Jésus, croyant à bon droit sa puissance affermie, ne ménage plus, comme on le voit, ceux qui s'écartent de son drapeau. Séduit, comme tant d'autres, par une position exceptionnelle, il oublie un passé glorieux ; son pouvoir inespéré semble l'aveugler, et l'on croirait voir diminuer l'auréole de grandeur qui jadis ceignait son front.

**

La bruyante manifestation qui accueillit l'entrée du Christ à Jérusalem, causa un certain effroi aux habitants calmes, encore sous le coup de la terrible répression où le sang avait coulé jusque sur les dalles du temple. (*Voir page 15. note.*)

L'autorité, se sentant responsable de la tranquillité

---

(1) La purification de la vaisselle était assujettie chez les Pharisiens aux règles les plus compliquées.

(2) Les paroles que nous avons soulignées mentionnent un fait qui s'est passé longtemps après la mort du Christ. Le meurtre de Zacharie eut lieu durant le siège de Jérusalem, l'an 67 de l'ère vulgaire, soit *trente-quatre ans après la mort de Jésus*. L'historien Josèphe (*biog. p. 8*) le raconte avec de grands détails. Il a bien eu lieu au milieu du Temple, seulement Josèphe, qui était conservateur et pharisien, l'attribue aux Zélateurs, qui étaient les révolutionnaires de ce temps. (*Josèphe. Guerre des Juifs contre les Romains. Livre IV, Chap. 19.*)

Si l'on a donc prêté à Jésus la mention d'un fait qu'il n'a pu connaître, quel fond peut-on faire de toute la partie historique des Evangiles ? (*Voir 2ᵉ partie.*)

publique, et voyant, dans l'acclamation de ce nouveau Roi, un attentat à la majesté de César, s'inquiéta.

Ayant réfléchi aux mesures à prendre, elle comprit cependant que l'arrestation du Messie serait suivie d'un soulèvement formidable, et attendit.

Jésus se retira le soir à Béthanie, où il passa la nuit avec ses apôtres.

Ce village est situé au sommet de la colline des Oliviers, sur le versant qui donne vers la Mer Morte et le Jourdain, à quinze stades (une lieue et demie) de Jérusalem. Il tire son nom des dattes de palmiers, qu'on y cueillait en abondance.

C'était le lieu de prédilection de Jésus. Il y fit la connaissance d'une famille composée de trois personnes : deux sœurs et un frère. L'aînée des sœurs, appelée Marthe, était une personne bonne, obligeante, empressée; l'autre, nommée Marie, était sentimentale, enthousiaste, et, partant, grande admiratrice de la personne de Jésus et de ses enseignements. Le frère, Lazare, était aussi très attaché à Jésus.

Le propriétaire de la maison, Simon le lépreux, faisait, pour ainsi dire, partie de cette petite famille.

C'est là, dans ce tranquille intérieur, qu'au sein d'une tendre amitié, Jésus venait se consoler des tracasseries que ses ennemis ne cessaient de lui susciter.

Le lendemain, le Maître mangea publiquement en compagnie des douze et des femmes qui ne le quittaient pas. Avant le repas, il se laissa parfumer par Marie de Magdala (*Matth. XXVI, 6 et 7. Marc, XIV, 3. Luc VII, 37 et 38, Jean XII, 3.*)

Comprenant la nature affectueuse de la femme le Christ encourage ses épanchements. Il la console et l'instruit dans un langage à la fois simple et élevé.

Aussi, combien de pécheresses le suivent pas à pas et lui prodiguent, par des témoignages de toutes natures, leur sympathie et leur admiration ! Combien d'elles oublient jusqu'à la satisfaction des passions dont elles avaient été esclaves ? Marie de Magdala se fait remarquer entres toutes par son exhubérante affection. D'une nature très ardente, elle a passé une partie de sa jeunesse au milieu de toutes les distractions sensuelles ; mais, en s'efforçant de satisfaire ses goûts, elle n'a pu rassasier son cœur, ses aspirations aimantes. Le Christ parle, et Marie, l'âme tout illuminée, méprise ses anciennes jouissances, s'attache avec passion aux traces du Réformateur. Convertie, purifiée, elle baise avec ivresse ses pieds ; elle les parfume, les arrose de ses larmes, les essuie de ses longs cheveux.

Pierre et surtout Luc se scandalisèrent de ce que le Maître vivait avec des pécheresses.

« Si cet homme, dit Simon (1), était prophète, il saurait que cette femme a péché ». (*Luc VII, 39 et suiv.*)

Et comme on reprochait à Jésus sa conduite : « Il faut, répondit-il, avec stoïcisme, que le médecin s'applique à guérir les malades et non à tourmenter les bien portants». (*Matth. XI, 12.*)

Un autre jour, les Scribes et les Pharisiens lui amènent une femme adultère. Jésus, interrogé *insidieusement* pour savoir s'il fallait la lapider, ne répond pas *non*, parce que la loi était formelle ; il ne dit pas *oui*, pour ne pas donner un exemple de cruauté, ce qui aurait pu éloigner plusieurs de sa doctrine : il répond simplement :

« Que celui d'entre vous qui est sans péché lui jette la première pierre !

---

(1) Le véritable nom de *Pierre* était *Simon*. En le choisissant comme un de ses douze apôtres, Jésus lui donna le nom de Pierre (*Marc III, 16.*)

«Et personne n'ose condamner la femme adultère.

« Puis s'adressant à la femme :

« Te repens-tu », lui demande Jésus ?

« Et sur sa réponse affirmative : « Lève-toi et ne pèche plus, tes péchés te sont pardonnés ». (*Jean VIII, 3 et suiv.*)

A ces mots, le peuple murmure. Il ne sait de quel droit Jésus pardonne les fautes que Dieu seul peut remettre.

Ces paroles du Christ : « Je fais la volonté de mon Père », semblent vagues et provoquent l'étonnement. Quelques-uns vont même jusqu'à s'écrier : « Cet homme est fou »...

Mais le scandale devint général lorsque, quelques jours plus tard, Jésus prit ouvertement le titre de *Fils de Dieu*, de *Dieu lui-même*. (« *Moi et le Père nous sommes un* » (*Jean X, 30.*)

Ces paroles, prises à la lettre (XI), font crier au blasphème ; ses disciples l'abandonnent ; ceux qui jadis le portaient en triomphe se tournent contre lui, et déjà on parle de le lapider.

Comment expliquer ce revirement ?

Par l'indignation qu'on éprouvait à voir contredire l'enseignement juif, dont la *base fondamentale et immuable est l'unité absolue de Dieu*.

Moïse (1), quelque temps avant sa mort, fait entendre au peuple cette proclamation célèbre :

« ECOUTE ISRAEL, L'ETERNEL EST NOTRE DIEU, L'ETERNEL EST UN ». (*Deuteron. VI, 4.*)

« Cette proclamation opiniâtre, écrit M. Re-

---

(1) La plus grande figure de l'Ancien Testament. Guerrier, homme d'Etat, historien, moraliste, législateur et poète, Moïse était tout cela. Il avait donné aux Hébreux, du haut du Sinaï, et au nom de Dieu, le *Décalogue*, où sont formulés les commandements qui font encore la base de la civilisation occidentale.

nan (1), ce cri persistant qui a fini par l'emporter et convertir le monde, est tout le Judaïsme. Ce peuple a fondé Dieu, et jamais peuple, pourtant, ne s'est moins occupé de disputer sur Dieu ». (*Renan. — L'Eglise chrétienne.*)

Et si Israël, tant méprisé, s'est maintenu à travers les nations et à travers les siècles, malgré le feu des bûchers et le glaive des bourreaux (XIII), c'est que la Providence a voulu que son existence fût une *protestation vivante* contre le blasphème des théologiens chrétiens, qui ont fait du sublime docteur de Nazareth un *Christ-Dieu* (XI).

Et Israël restera debout jusqu'au jour où toutes les nations reconnaîtront que le Christ n'est point Dieu, mais un *esprit supérieur en mission sur la terre*. (*Voir 3ᵉ partie — Loi d'évolution*.)

Alors, elles adoreront Dieu *en esprit et en vérité*; alors aussi, mais alors seulement, l'existence isolée du peuple juif au milieu des nations n'ayant plus sa raison d'être, il se fondra *définitivement* dans le creuset commun... (2)

Les livres d'Israël sont inflexibles, catégoriques, sur le fondement de la croyance juive, sur l'idée qui la domine tout entière.

---

(1) Savant philologue, écrivain, historien, grand penseur et immortel styliste. (1823-1860.)
Bien jeune encore, il était entré au séminaire, car il voulait devenir prêtre. — Mais bientôt son esprit investigateur s'étant aperçu que les croyances dans lesquelles il avait été élevé, ne résistaient pas à l'examen, il ne voulut plus se complaire plus longtemps dans la crasse intellectuelle des générations disparues, et il jeta sa soutane aux orties, afin d'acquérir le droit de ne plus rien accepter les yeux fermés et de passer toutes choses au crible de la raison.

(2) La croyance en la divinité du Christ a perdu énormément de terrain dans le monde civilisé ; aussi les mariages entre juifs et chrétiens augmentent ils considérablement d'année en année, et *opèrent-ils peu à peu* la fusion dont il s'agit. D'après les récentes statistiques, la moyenne en Allemagne, était de 239, de 1875 à 1879 ; de 1895 à 1899, cette moyenne s'est élevée à 433, c'est-à-dire presqu'au double.

Il y est dit : «S'il s'élève parmi vous un prophète, un messie qui veuille s'approprier les honneurs qui ne sont dus qu'à Dieu seul, cet homme mourra ; qu'on le lapide, car il aura cherché à vous détourner de l'Eternel ». (*Deutéron. VI, 4. Id. XIII, 2 et suiv. Léoit. XXIV, 16.*)

Au milieu des malédictions dont on l'accablait, Jésus, gardant son sangfroid, demanda à ceux qui voulait le tuer : — « J'ai fait devant vous plusieurs bonnes œuvres ; pour laquelle voulez-vous me lapider ? »

« — Nous ne voulons pas te punir pour tes bonnes œuvres, mais à cause de ton blasphème, parce que, étant homme, tu te fais Dieu.

« — Jésus leur répondit : « N'est-il pas écrit dans votre loi : « *Vous êtes des dieux* » (*Jean X. 31 et suiv. Psaume LXXXII. 6*) (XI).

Grâce à l'intervention de quelques hommes généreux, Jésus put s'échapper, mais désormais la lutte était finie.

La fuite même, à laquelle le Maître avait si souvent dû son salut, était devenue impossible.

Prophète ou Messie, le Christ était invincible, blasphémateur, réduit à l'impuissance.

Cependant l'heure de la mort approchait ; il s'y prépara avec un calme sublime, et en instruisit les douze, qui seuls, jusqu'à ce moment, lui étaient restés fidèles.

Ceux-ci qui, comme tous ses autres disciples, avaient attendu de Jésus l'affranchissement d'Israël, virent tomber à ces mots leur dernière illusion. « Ils l'ont crucifié et nous espérions qu'il serait celui qui délivrerait Israël ». (*Luc. XXIV. 20 et 21.*)

Pierre surtout s'affligea profondément. Prenant le Christ à part : « Maître, lui dit-il, tes prévisions te trompent, tu ne mourras pas ». A quoi Jésus répond avec une conviction résignée : « Ce qui est écrit s'accomplira ; je vais où tu ne pourras me suivre ». (*Matth. XVI, 22. Marc IX, 32.*)

**

Le soir, il réunit ses apôtres et célébra avec eux la pâque, conformément aux prescriptions de la loi mosaïque (1).

Après avoir mangé avec eux l'agneau pascal et adresssé des actions de grâces au *Dieu-Un*, il prit du pain azyme, le bénit à la façon juive, le rompit et le donna à ses apôtres, en disant : « Prenez et mangez, ceci est mon corps ».

Puis, ayant béni une coupe pleine de vin, il la fit circuler, en disant : « Buvez, ceci est mon sang. Faites ceci en mémoire de moi ». (*Matth. XXVI, 26 et 27. Marc. XIV, 22, 23 et 24. Luc. XXII, 17 et 19.*)

C'est-à-dire :

Prenez et partagez entre vous le même aliment, buvez à la même coupe en témoignage des sentiments fraternels dont vous devez être animés les uns pour les autres.

Ceci est mon corps, ceci est mon sang ; c'est-à-dire toute ma doctrine est là. Jésus, sous la forme

---

(1) Le mot *Pâque* vient de l'hébreu *pesach* (*passage*). Cette fête fut instituée par Moïse, en mémoire de la sortie des Israélites de l'Egypte et de leur *passage* de l'esclavage à la liberté.

C'est avec des pains azymes qui sont de forme ronde et plate avec une épaule d'agneau, un œuf dur et quelques herbes amères, que les Juifs célèbrent encore aujourd'hui la pâque (*séder*). La cérémonie se fait généralement de la manière suivante : Le plus âgé de l'assemblée s'écrie : « Voici le pain de misère et d'oppression que nos pères ont mangé en Egypte et pendant la captivité de Babylone. Que celui qui a faim approche et mange ! c'est ici le sacrifice de l'agneau pascal. Venez en manger avec nous, vous qui êtes nécessiteux, cette année à Babylone, l'année prochaine sur la terre d'Israël ; cette année esclave, l'année prochaine hommes libres. Chacun, prenant un morceau de pain azyme, porte le verre à ses lèvres, et le plus âgé de l'assemblée implore ensuite la clémence de Dieu pour les peuples qui méprisent son pouvoir.

allégorique de la communion fraternelle, proclame ici, encore une fois, avant de mourir, que toute sa morale est basée sur le principe de la charité active, qui peut se résumer ainsi :

Donnez à manger à ceux qui ont faim ; donnez à boire à ceux qui ont soif ! Que le pain et le vin servent de ciment à l'alliance fraternelle qui doit unir tous les hommes !

La cène est à la fois :

1º Une agape fraternelle ;

2º Le mystère de l'immanence du fluide divin dans la nature ; et

3º La magnétisation du pain et du vin. Bénir, c'est imposer les mains ; imposer les mains, c'est magnétiser (1).

⁎⁎⁎

Jésus se retira ensuite avec ses apôtres au jardin des Oliviers qu'il affectionnait tout particulièrement à cause de la beauté de son site.

La colline des Oliviers est située en face de celle du temple, dont elle n'est séparée que par l'étroit et profond ravin du Cédron. C'est là que les Romains opulents avaient leurs jardins de plaisance.

Jésus venait souvent s'asseoir sur la crête de la colline, en face du mont Moria, ayant sous les yeux le splendide panorama des terrasses du temple et de ses toits couverts de lames étincelantes (2). Là

---

(1) Nous verrons dans la troisième partie de ce travail que la pureté du fluide que l'homme émet dans la magnétisation, est dans un rapport constant avec le degré de pureté morale de son âme ; *le fluide est donc l'essence qui individualise tous les êtres entre eux..*

En disant : « *Ceci est mon corps, ceci est mon sang* », Jésus dévoilait donc une vérité qui n'était enseignée qu'aux grands initiés des *Mystères anciens*.

(2) « Encore aujourd'hui, dit M. Schuré, quand le crépuscule descend dans les gorges funèbres d'Innôm et de Josaphat, la cité de David et du Christ, protégée par les fils d'Ismaël, surgit imposante de ces sombres vallées. Ses coupoles, ses minarets retiennent la lumière mourante du ciel et semblent toujours attendre les anges du jugement. » (*E. Schuré. Les Grands Initiés*).

d'où il avait si souvent contemplé Jérusalem et cherché dans la prière la force dont il avait tant besoin dans les moments d'abattement, de prostration morale qui, parfois, s'empara de son être, il se sentit pris d'une tristesse mortelle. Il inclina la tête et s'abîma dans de sombres pensers.

Son visage prit une expression douloureuse, car il songeait à l'avenir. Son vaste regard embrassa les siècles futurs. Il pensa à la perversité de la nature humaine, et il se demanda, avec une indicible angoisse, si la doctrine dont il venait d'élever l'édifice, renfermait des éléments assez puissants, des idées assez larges pour assurer la marche de l'humanité vers la perfection. Longtemps il rêva, jusqu'à ce que terrassé sous le poids de la douleur, il s'affaissa en s'écriant d'un accent navrant : « Mon âme est troublée ! O mon père, sauve-moi de cette heure ! Eloigne ce calice de mes lèvres ! Si cependant il faut que je le boive, que ta sainte volonté soit faite ! » (*Matth. XXVI, 39. Marc. XIV, 36. Jean XII, 27*).

Et cet homme aux idées grandes, ce Rénovateur sublime qui embrassait l'humanité dans son immense amour, pleura. Il pleura à la pensée de l'effrayant abus que ses successeurs commettraient en son nom, en légitimant leurs crimes par cette croyance même qu'il allait féconder de son sang.

Oui, il prévit les horreurs d'une anarchie sanglante ; il vit sa doctrine tronquée, ses ministres prévaricateurs allumer le bûcher et lever l'arme homicide ; il vit dans ses successeurs un obstacle à la lumière, au progrès dont le rayonnement doit éclairer le sombre chemin de la vie.

Dans l'illumination spirituelle qui précède la mort du juste, il prévit tout cela, et ce penseur fort demanda à Dieu d'éloigner de lui le calice de douleur et d'amertume.

Pendant ce temps, les apôtres, secoués par les fortes émotions de la veille et découragés par les tristes paroles du Maître, s'étaient endormis. Trois fois Jésus les réveilla, et leur reprochant leur apathie : « Vous ne pouvez donc, dit-il, veiller une heure avec moi» (*Matth. XXVI, 40. Marc XIV, 37*).

Puis, quand parurent, au bas de la colline, les gens armés qui venaient pour le saisir : « Dormez maintenant, leur dit-il, je n'ai plus besoin de vous». (*Matth. XXVI, 45, — Marc XIV, 41.*)

Toute résistance étant devenue impossible, Jésus se livra aux soldats.

D'après l'évangile selon saint Jean, Pierre aurait tiré l'épée et coupé imprudemment l'oreille droite d'un soldat appelé Malchus (*Jean XVIII, 10*). Seulement on oublie de nous dire où Pierre avait pris cette épée, car il est peu probable qu'un apôtre, un simple pêcheur, ait porté habituellement cette arme.

Les apôtres s'enfuirent.... ; seul Pierre suivit le Christ... *de loin*, conciliant ainsi la prudence et la curiosité (*Matth. XXVI, 56. Luc XXII, 54*). (1).

A l'époque de l'arrestation de Jésus, les Romains ayant laissé leurs lois aux Juifs, trois juridictions existaient à Jérusalem.

Des tribunaux composés chacun de trois personnes mettaient fin aux contestations légères ; d'autres, comptant vingt-trois membres, connaissaient des affaires plus importantes; enfin le *Grand Sanhédrin (Synédrim ou Cour suprême)*, formé de soixante-dix membres et d'un Président choisis parmi les législateurs, les savants et les personnes les plus honorables, connaissaient des affaires d'une gravité exceptionnelle ; il jugeait en dernier ressort et sans appel. Une voix de majorité suffisait pour acquitter et il en fallait deux pour condamner.

---

(1) Et voilà les hommes que l'Eglise a sanctifiés et a voulu nous donner comme des types de dévouement, de fidélité, d'honnêteté et de charité ! ! !

On recommandait aux juges de ne jamais perdre de vue les règles formulées au chapitre XXIII de l'Exode : « Vous n'écouterez pas la voix du mensonge ; la compassion ne vous fera pas commettre d'injustice en faveur des pauvres. Vous ne recevrez point de présents, parce qu'ils aveuglent les plus sages ; vous ne ferez point d'acception de personnes ».

Le lieu d'exécution se trouvait hors de la ville, à une grande distance du tribunal, afin qu'on pût gagner du temps pour découvrir un motif d'annulation. En vue de provoquer des témoignages favorables, un appariteur se tenait, un drapeau blanc à la main, à l'entrée du tribunal... A une certaine distance se dressait un cavalier.

Lorsqu'on conduisait au supplice le condamné à mort, un archer marchait devant lui, et criait à haute et intelligible voix : « Un tel va être supplicié, en punition de tel ou tel crime, qu'il a commis tel jour à tel endroit. Il est accusé par tels témoins. Quiconque connaît une circonstance atténuante est invité à se rendre sur le champ devant le tribunal, afin d'apporter ses preuves? »

Se présentait-il quelqu'un, aussitôt l'appariteur agitait son drapeau, le cavalier se précipitait vers le lieu d'exécution, et le condamné était ramené devant ses juges.

Ceux qui avaient voté en faveur de l'accusé étaient tenus de maintenir leur vote ; ceux qui avaient voté la condamnation pouvaient revenir sur leur première décision.

Afin d'atténuer, autant que possible, les souffrances du patient, on lui faisait prendre une coupe de vin mêlé d'une substance stupéfiante. Les témoins à charge étaient contraints de mettre la première main à l'exécution. Le jour du supplice, les juges ne prenaient ni nourriture ni boisson.

Le grand Sanhédrin était d'une clémence proverbiale. Cependant, comme cette tolérance extrême avait fait s'accroître dans les derniers temps, le nombre des crimes et des délits, les habitants ayant porté plainte au gouvernement romain, le droit de glaive n'avait été conservé au peuple juif qu'en matière de religion.

Jésus était poursuivi comme blasphémateur et comme insurgé ; comme blasphémateur, il relevait de la juridiction du Grand Sanhédrin ; comme insurgé, de Pilate, le procurateur romain.

Jésus fut d'abord conduit chez le Grand-Prêtre Caïphe, où il passa la nuit. (*Matth. XXVI*, 57. *Marc. XIV*, 53. *Luc. XXII*, 54.)

L'Evangile selon saint Jean dit que ce fut dans la maison d'Anne, beau-père de Caïphe, Grand Prêtre cette année-là. (*Jean, XVIII*, 13), mais c'est une erreur ; le Grand-Prêtre était inamovible, et Caïphe remplit les fonctions du pontificat longtemps après la mort du Christ.

Ceci démontre une fois de plus que les Evangiles n'ont été composés que bien des années après le drame du Calvaire (*Voir 2ᵉ partie*).

La nuit écoulée, Jésus comparaît devant le Grand Sanhédrin :

— « Es-tu le Messie, lui demande-t-on ?
— « Si je vous le disais, vous ne me croiriez pas. »
— « Es-tu le fils de Dieu ?
— « Vous le dites vous-même que je le suis, » répondit Jésus avec assurance.
— « Qu'avons-nous besoin d'autres témoignages dirent alors les juges ? Nous l'avons entendu de sa propre bouche. (*Luc. XXII*, 67, 70 et 71).

Quelques commentateurs ont avancé que, durant son interrogatoire, le Christ avait été en butte à tous les outrages. C'est une calomnie : le Grand Sanhédrin, composé d'hommes éminents, ne pouvait se rendre coupable de faits qui eussent avili une populace en délire.

Jésus fut ensuite conduit devant Pilate.

La tradition fait de Pilate un homme faible qui, bien que convaincu de l'innocence de celui qu'il sacrifiait, se laissa arracher un arrêt de mort, pour mettre fin aux manifestations de la foule.

Ce portrait de fantaisie a été composé dans le but de rejeter sur les Juifs tout l'odieux de la mort de Jésus.

Les Evangiles, nous le démontrerons plus loin, ont été composés longtemps après la mort du Christ (XV), à une époque où le Christianisme, — qui s'était éloigné de plus en plus du Judaïsme, et avait dès lors perdu tout espoir de gagner les Juifs à sa doctrine, — s'était préparé la voie de la propagande parmi les Païens.

Mais les Païens, au milieu desquels l'apostolat chrétien devait s'exercer, étaient des Romains ou des Grecs soumis à la domination romaine. L'intérêt de la propagande exigeait donc de décharger le plus possible les Romains de la responsabilité du crucifiement de Jésus, et d'accuser uniquement les Juifs d'être les auteurs de ce grand drame (XIV).

Pilate n'était pas un homme faible, bien au contraire. D'après Hérode Agrippa, qui l'a intimement connu, comme d'après Philon (*biog. p. 14*) et Josèphe (*biog. p. 8*), il était, au contraire, d'un caractère ferme, même cruel. Il avait voué aux Juifs une haine profonde et ne cessait de les humilier, espérant par là les pousser à une révolte qu'il eût étouffée dans le sang. Sa colère atteignait surtout les Galiléens qui s'étaient montrés les plus rebelles au joug.

« Un jour, dit l'historien Philon, on lui adressa des remontrances; mais comme cet homme était d'un caractère violent et dur, il résista. Alors on lui cria avec force : « Cesse de provoquer aux séditions et à la guerre ; cesse de rendre la paix impossible. La volonté de Tibère est que les lois soient respectées. Si tu as reçu quelque édit ou lettre nouvelle, donne-nous en connaissance, afin qu'une députation parte à l'instant.

« Ces paroles ne firent qu'exaspérer le procurateur qui craignit qu'un appel à Rome ne dévoilât tous ses crimes, la vénalité de ses sentences, ses rapines, la ruine des familles, tous les outrages dont il était l'auteur, le supplice d'une foule de personnes qui n'avaient subi aucun jugement, des excès, des cruautés de tous genres.» (*Philon. Legat ad Caj.*, ed. Hoesch. p. 1034).

« Du côté du peuple et du côté du procurateur, dit, à son tour, Josèphe, il y eut réciproquement haine, mépris, menaces, injures. Un des moyens coërcitifs que Pilate mit en usage redoubla l'animosité des nationaux : » Pour réparer, disait-il, les aqueducs qui amenaient l'eau dans Jérusalem et faire d'autres constructions, l'intendant romain voulut s'emparer, de sa seule autorité, d'un fonds de réserve qui était conservé dans le Temple ; tout nouvel acte d'usurpation étrangère, de quelque raison qu'on le colorât, excitait la fermentation. Le procurateur vit des rassemblements de peuple se former et grossir. Il prescrivit à une partie de ses troupes et de ses agents de prendre le costume du pays et de cacher de gros bâtons sous leurs manteaux.

« Ces hommes déguisés se mêlèrent à la multitude et, à un signal convenu, se ruèrent également sur les promoteurs du tumulte et sur les habitants paisibles. » (*Bell. Jud. II, 9, 2-14*). (*Antiq. Jud. XVIII, 3, 2.*)

A la suite de ces mesures vexatoires, de ces cruautés, Vitellius, gouverneur de la Syrie, destitua Pilate et l'envoya à Rome où on le condamna à l'exil.

Jésus fut accusé devant Pilate d'excitation à la révolte, d'attentat à l'autorité de César ou de crime de lèse-majesté. On prétendit même qu'il avait voulu détourner le peuple du paiement de l'impôt.

Cette dernière prévention était sans fondement, car quelques jours auparavant, les Scribes, voulant l'attirer sur le terrain politique, afin de le brouiller avec l'autorité romaine, lui avaient demandé s'ils étaient obligés de payer le tribut à

César, et Jésus avait répondu à cette question insidieuse : « *Rendez à César ce qui est à César, et à Dieu ce qui appartient à Dieu* (*Matth. XXII. 21. Luc. XX. 22 et suiv.*)

Le Christ n'osa pas dire *non* dans la crainte d'être accusé du crime de lèse-majesté ; il ne dit pas *oui*, parce que le *cens*, que les Romains avaient imposé aux habitants de la Palestine, était tellement odieux aux Juifs que les agents qui le prélevaient étaient considérés comme des voleurs.

Partout, on ne rêvait que vengeance et révolte.

— « Es-tu, demanda Pilate au prévenu, es-tu le Roi des Juifs ?

— « Est-ce de vous-même que vous me posez cette question, ou répétez-vous ce que d'autres vous ont dit de moi ?

— « C'est le peuple qui t'accuse, réponds : es-tu le Roi des Juifs ?

— « Oui, et je suis venu sur la terre pour rendre témoignage à la Vérité ? »

— « Quelle est cette Vérité ? »

Ici, Jésus garda le silence, silence inexplicable, et qui acheva de convaincre Pilate (*Matth. XXVII, 11, 12, 13, 14. Marc XV, 2, 3, 4, 5.*)

Quelques-uns ont prétendu que Pilate avait violé la loi en faisant mourir Jésus le lendemain de sa condamnation. C'est pure ignorance de leur part.

A l'époque de l'arrestation de Jésus, un sénatus-consulte avait statué que l'exécution d'un condamné à mort ne se ferait que dix jours après la condamnation.

Mais, comme cette loi ne s'appliquait qu'aux criminels ordinaires, que le juge conservait le droit de punir immédiatement les fauteurs de révolte, les voleurs de grands chemins et les coupables de lèse-majesté, Pilate n'outrepassait point ses pouvoirs en ordonnant l'exécution immédiate de Jésus.

Les Evangiles rapportent que le Christ aurait été insulté par le peuple et même par les magistrats ; que des soldats romains lui auraient craché au visage, l'auraient souffleté.

Comment expliquer cette violence de la part d'hommes qui, ne connaissant point Jésus, et qui d'ailleurs, le croyant fou, ne pouvaient ressentir pour lui qu'une sorte d'intérêt mêlé de pitié ?

On sait encore que la loi romaine imposait aux soldats une discipline si rigoureuse qu'aucun d'eux n'eût osé s'exposer à un châtiment sévère, pour le plaisir d'insulter un homme qui ne lui avait fait aucun mal.

Pilate aurait, d'après les ecclésiastiques, présenté au peuple Jésus affublé d'un manteau et couronné d'épines, disant : « Voici votre Roi ! »

Cette dernière allégation, pas plus que les autres, n'est fondée.

Pilate avait trop conscience de sa force ; il avait trop d'énergie pour chercher à se disculper en aucune façon aux yeux de la multitude. Si, après avoir prononcé la sentence, il s'est lavé les mains, c'est que les usages du temps prescrivaient ces ablutions.

Le lendemain, une croix se dressa sur le Golgotha (1), et un supplice infamant terminait une existence dont les débuts avaient rayonné d'un éclat sans pareil.

Enfant du peuple doué d'une intelligence élevée, d'une imagination vive et ardente, Jésus rêva la fraternité universelle. Il voulut, s'appuyant sur les humbles, non sur les privilégiés de ce monde, arriver à la démocratie par la persuasion, concep-

---

(1) Hors la ville, du côté du couchant, s'élevait une colline que Jérémie appelle *Goatha*, saint Matthieu *Gabatha* et saint Jean *Golgotha*. Elle était séparée de la ville par une vallée qu'on nommait la *vallée des cadavres*, et c'est par là que le Christ fut conduit au supplice.

tion grandiose à laquelle une vie d'homme ne pouvait suffire. L'achèvement de son œuvre ne pouvait être que l'effet de la coopération des siècles (1).

Jésus a sa place marquée au premier rang des amis de l'humanité. La doctrine de l'amour sans bornes, il ne s'est point contenté de la proclamer, mais il l'a mise en pratique; il en a été l'incarnation la plus complète, ce qui constitue sa haute et sereine personnalité, et en fait le prototype de l'homme parfait.

Dans son cœur et dans son âme, par son amour et sa pitié pour tous les déshérités dont il comptait les larmes et les sanglots, il a assumé toutes les douleurs, toutes les amertumes. S'il a été parfois sévère, terrible même, c'était pour les princes des prêtres, pour les Pharisiens, pour les sophistes, pour les hypocrites, qui étalaient devant lui leurs fourberies et leurs cruautés, et qu'il eut l'incomparable mérite de scandaliser toujours.

Il a été le plus juste et le plus secourable des hommes, et sa fin, grande de résignation, brille, comme une auréole de poésie, sur une existence brisée au milieu de sa forte jeunesse (2).

---

(1) L'absolu ne peut s'établir sur la terre. La révélation est progressive et se proportionne au degré d'avancement des esprits qui la reçoivent : chaque jour l'humanité fait un pas vers la vérité suprême.
Le Christ s'est donc vu obligé de garder le silence sur beaucoup de choses, parce que ses disciples n'auraient pu porter le poids de certaines vérités. (*Jean XVI, 12.*)
Selon son expression, il n'a pas voulu « jeter les perles aux pourceaux », il aurait craint d'éblouir par des vérités trop hautes, la multitude des simples qui l'entouraient, mais son enseignement se complétera à mesure que l'humanité avancera dans la lumière par la science.
(2) D'après la légende, le Christ serait mort à trente-trois ans. Cependant saint Irénée dit qu' « il a passé par tous les âges afin de servir d'exemple à tous, comme enfant, homme fait et vieillard : la durée de sa vie a été au moins de cinquante ans » (*L. II, ch. XXII, § 3, 4 et 5*). Ce fait est attesté dans l'Évangile selon saint Jean par le reproche des Juifs à Jésus : « Tu n'as pas encore cinquante ans et tu prétends avoir connu Abraham » (*Jean VIII, 57*), mot qui serait incompréhensible si le Christ n'était pas supposé avoir eu alors près de cinquante ans.

Que l'humanité honore donc et salue avec respect un nom auquel se rattachent les grands principes de : *Liberté, Justice, Solidarité ! ! !*

DEUXIÈME PARTIE

LE CHRISTIANISME

Dieu nous a donné la raison afin que nous nous en servions dans la recherche de la vérité (XXIX.)

Examinons donc à la lueur de ce flambeau les livres sur lesquels repose la religion chrétienne qui compte *un peu plus du tiers des habitants du globe* (1).

*_**

La religion chrétienne s'appuie sur quatre Evangiles. Si, tout d'abord, nous demandons d'où ces

---

(1) D'après les statistiques les plus récentes, la population du globe peut être estimée à 1 milliard, 800 millions d'habitants, en chiffres ronds

460 millions professent le	Bouddhisme : Brahmanisme réformé			
100	»	»	Brahmanisme	
200	»	»	Culte des Ancêtres : Chinois	
220	»	»	Catholicisme	
150	»	»	Protestantisme	Chrétiens
120	»	»	Culte orthodoxe	
280	»	»	Mahométisme : Islamites	
135	»	»	Polythéisme : Idolâtres	
40	»	»	Taïsme	
20	»	»	Shintoïsme	Japonais
10	»	»	Judaïsme : Israélites	
5	»	»	Sikkisme et le Jaïnisme	Guèbres
1.800				

Par l'énumération que nous venons de faire, et que l'on peut vérifier, l'on voit *qu'un peu plus du tiers des habitants du globe sont chrétiens et un peu plus du huitième catholiques.*

Encore ne faut-il pas perdre de vue que ces dénomina-

Evangiles tiennent leur autorité, on nous répond qu'ils la tiennent des décisions de l'Eglise qui les a choisis, triés entre une cinquantaine environ, et, en vertu de son infaillibilité, désignés comme étant les seuls écrits sous l'inspiration directe du Saint-Esprit. (XV).

Et si, ensuite, nous demandons d'où vient à l'Eglise son autorité, à elle, on nous répond qu'elle la tient de ces quatre Evangiles canoniques qui l'établissent d'une manière irréfutable.

De telle sorte que les quatre Evangiles tiennent leur autorité de l'Eglise et que l'Eglise, à son tour, tient son autorité des quatre Evangiles. Nous nous trouvons ainsi en présence de ce qu'en logique on appelle un cercle vicieux, c'est-à-dire de ce qu'il y a de plus misérable en fait d'argumentation.

Et, en définitive, il ne nous reste d'autre garantie de l'infaillibilité de l'Eglise, que sa propre affirmation.

Au surplus, si les Evangiles contiennent, comme le prétend l'Eglise, la preuve éclatante de son autorité, comment se fait-il qu'au lieu de s'efforcer de les répandre, elle se soit toujours montrée si pleine de défiance à leur égard, et qu'elle ait, par tous les moyens, détourné les fidèles de cette lecture. N'est-ce pas là une singulière contradiction ?

---

tions sont purement *officielles*. Ce que ne révèle aucune statistique, c'est l'énorme déchet des anciennes religions dans les pays civilisés. Si l'on ne comptait comme chrétiens que les pratiquants, en resterait-il une moitié ?

Avant d'être sorti du berceau, la question religieuse a été résolue, tranchée, en ce qui concerne chaque individu. Fatalement, il est catholique, protestant, juif, mahométan; l'ecclésiastique du lieu l'a couché sur ses registres, et quelle que soit plus tard sa manière de penser, de parler et d'agir, il demeure membre de la secte. Il peut la délaisser, la combattre, nier ses dogmes, braver sa discipline, elle le revendique toujours comme sien; toujours il est nombré parmi ses adhérents et figure dans ses comptes (I *bis*). Les recensements administratifs ne fournissent donc aucun renseignement valable sur l'état de la foi.

« En 1553, écrit Dulaure (1), le pape Jules III (1550-1555), ne sachant plus comment défendre sa puissance contre les envahissements du protestantisme, consulta trois évêques italiens, leur demandant ce qu'à leur avis il y avait de mieux à faire ; les prélats, entr'autres conseils, lui donnèrent celui de ne pas permettre la traduction en langue vulgaire des livres saints et notamment des Evangiles. « Il suffit des fragments qu'on est en usage de lire pendant la messe, dirent-ils, les Evangiles étant de tous les livres ceux qui ont le plus contribué à soulever contre nous les tempêtes qui nous ont le plus abîmés. Quiconque les examine avec attention et les compare ensuite à ce que l'usage a introduit dans nos églises, ne peut s'empêcher de remarquer que nos doctrines s'éloignent beaucoup de celles qu'ils enseignent, et leur sont même contraires, etc. » (*Dulaure. Fasciculus rerum expectendarum et fulgi endarum, tome II, p. 694.*)

Et ces évêques ont eu raison, mille fois raison !!!

La quatrième règle de la Congrégation de l'Index approuvée par Pie IV (1559-1565), et *qui a toujours force de loi*, s'exprime ainsi :

« Puisqu'il est manifeste, par l'expérience, que la lecture de la Sainte Bible, dans le langage vulgaire, partout et sans distinction, produit plus de mal que de bien, il faut, sous ce rapport, s'en tenir au jugement de l'évêque ou de l'inquisiteur ; le curé de la paroisse ou le confesseur, dûment consulté, pourra accorder la permission de lire des traductions de l'Ecriture Sainte, faites par les savants catholiques, à ceux auxquels il sera persuadé que cette lecture, loin de faire du mal, ne tendra qu'à augmenter la foi et la piété. Cette permission leur devra être donnée par écrit. Mais quiconque osera lire ces Bibles ou les avoir en sa possession sans la dite permission, *ne pourra recevoir l'absolution de ses*

---

(1) Conventionnel et historien, auteur d'une *Histoire de Paris* (1755-1835).

péchés avant de remettre ces bibles entre les mains de l'ordinaire. Les libraires qui vendent ou procurent d'une manière quelconque des Bibles en langue vulgaire à des personnes n'ayant pas la permission susdite, encourront la perte du prix des exemplaires vendus, sans préjudice d'une punition fixée par l'évêque en proportion de la gravité de l'offense. Le prix des exemplaires devra être appliqué par l'évêque à des usages pieux. De plus, les membres du clergé régulier ne pourront acheter les Bibles susdites sans la permission de leurs supérieurs. »

Clément VIII (1592-1605), commentant la règle que nous venons de transcrire, déclare qu'en vertu de l'ordre et des usages de la Sainte Inquisition, *l'évêque et les supérieurs ne jouissent plus du privilège d'accorder de telles permissions*. Cette nouvelle règle fut modifiée en 1757, pour accorder la permission de lire *certaines éditions spéciales annotées*; mais il n'est presque rien résulté de cette tolérance.

Dans une Encyclique en date du 3 mai 1824, le pape Léon XII (1823-1829) s'adresse ainsi aux évêques :

« Nous aussi, vénérables frères, conformément à notre devoir apostolique, nous vous exhortons à détourner vos troupeaux loin de ces *pâturages empoisonnés* (*les Bibles en langue vulgaire*). Réprouvez, exhortez, pressez les hommes à temps, à contre temps, en toute patience et doctrine, afin que les fidèles commis à vos soins, — *s'en tenant strictement aux règles de notre congrégation de l'Index*, — soient persuadés que, si les Saintes Ecritures sont publiées sans discernement partout, il en résultera plus d'inconvénients que d'avantages, à cause de la témérité des hommes. »

Pie IX (1846-1878), dans le *Syllabus*, classe les *Sociétés Bibliques* avec le socialisme, le communisme, les sociétés secrètes, pestes qui ont été souvent condamnées par lui de la manière la plus sévère dans diverses encycliques.

Quels sont les auteurs des Evangiles? On l'ignore. Les noms de saint Matthieu, de saint Marc, de saint Luc et de saint Jean figurent, il est vrai, en tête des écrits qui leur sont attribués ; mais nulle part aucun d'eux ne mentionne qu'il en est réellement l'auteur ; et le texte même porte : Evangile non pas *de* saint Matthieu, mais *selon* saint Matthieu, *selon* saint Marc, *selon* saint Luc et *selon* saint Jean, c'est-à-dire que l'Evangile est rédigé d'après les données de son auteur présumé. La preuve se lit d'ailleurs dans l'Evangile attribué à saint Matthieu : « Puis Jésus vit un homme, nommé Matthieu, assis au lieu du péage, et lui dit : Suis-moi, et il se leva et le suivit. (*Matthieu IX, 9*). Ce verset n'est évidemment pas écrit par cet évangéliste, qui n'aurait pas ainsi parlé de lui-même.

Il est évident aussi que le chapitre final de l'Evangile selon saint Jean n'est pas du même auteur que le reste de l'ouvrage. Cet Evangile se terminait primitivement au dernier verset du chapitre XX, et le premer verset du chapitre suivant indique un raccordement. Saint Jean aurait-il osé se dire « le disciple que Jésus aimait ? » Aurait-il osé prétendre que le monde entier ne saurait contenir les livres que l'on pourrait écrire sur les faits et gestes de Jésus ? Aurait-il osé écrire, parlant de sa propre personne : « *C'est ce disciple-là qui rend témoignage de ces choses et qui écrit ces choses, et nous savons que son témoignage est digne de foi* » (*Jean XXI, 24, 25.*)

Les nombreuses divergences, contradictions, soudures et erreurs dont fourmillent les Evangiles, démontrent à l'évidence leur origine apocryphe et établissent avec certitude qu'ils ont été composés longtemps après la mort du Christ (XV).

Si ces contradictions ne portaient que sur des

questions de détail, on n'y prendrait point garde. Ce qui est inadmissible, c'est que parmi les contemporains de Jésus, il en puisse être qui taisent complètement des faits que d'autres rapportent comme *très importants*.

Où est la vérité ?

Selon saint Matthieu (1), les parents de Jésus habitaient Bethléem et, après sa naissance, se rendirent à Nazareth. (*Matth. II, 1, 23.*) Selon saint Luc, ils habitaient d'abord Nazareth et passèrent ensuite à Bethléem, afin de s'y faire inscrire, en vue d'un recensement général du peuple juif qui aurait été ordonné par César-Auguste, et que c'est dans cette dernière ville que naquit Jésus.

« Ainsi tous allaient pour être enregistrés, chacun en sa ville.

« Et Joseph monta aussi de Galilée en Judée, savoir de la ville de Nazareth, en la cité de David appelée Bethléem, parce qu'il était de la famille et de la maison de David. » (*Luc. II, 3 et suiv.*)

Il n'y a pas eu de recensement du peuple juif lors de la naissance de Jésus ; ce recensement a eu lieu lorsque Hérode était déjà mort depuis fort longtemps, que son fils Archélaüs était destitué et que Quirinus, proconsul en Syrie, avait réuni la Judée à cette province romaine.

Il est dès lors certain que les parents de Jésus ne sont pas allés à Bethléem pour s'y faire enregistrer. Tout ce récit n'est qu'une fable inventée dans le but d'appliquer à Jésus une prophétie de Michée d'après laquelle le Messie devait naître à Bethléem (X.)

D'ailleurs, lorsque les Romains, maîtres de la Judée, procédaient à un recensement, c'était naturellement d'après le domicile des personnes qu'ils se guidaient, et non d'après la généalogie des familles juives qui leur était inconnue.

---

(1) Pour la facilité de notre récit nous désignerons les Évangiles par les noms de leurs auteurs présumés.

On ne saurait donc faire accepter ce récit comme vrai que par les personnes ne possédant pas la moindre notion d'histoire.

Saint Marc et saint Jean ne soufflent mot de la naissance de Jésus.

La croyance était généralement répandue parmi les juifs que le Messie naîtrait du sang royal de David (X.) Il était dès lors naturel de lui établir une généalogie convenable. Saint Matthieu et saint Luc s'occupèrent de ce soin ; seulement ils ne tombèrent pas d'accord. En effet, saint Matthieu fait descendre le Christ du roi David par son fils Salomon, et les rois de Juda ses successeurs, jusqu'à Joseph, tandis que saint Luc le dit issu du même roi par son fils Nathan (*Matth. I, 6 et suiv., Luc. III, 31*). Saint Matthieu ajoute ensuite que Joseph était fils de Jacob (*Matth. I, 16*), et saint Luc, qu'il était fils de Héli (*Luc. III, 23.*)

Saint Matthieu, voulant rattacher Joseph à la grande lignée royale contenant des noms illustres, n'avait point fait attention que, dans cette lignée, Salomon, Roboam son fils, et d'autres rois descendant de David avaient donné lieu à des exemples scandaleux. C'est pourquoi saint Luc imagina l'autre généalogie, partant de Nathan, dont la descendance, beaucoup plus obscure, n'avait pas d'histoire, par suite, pas de scandales.

Mais, tout en faisant descendre Jésus de Joseph, les mêmes évangélistes nous racontent que MARIE FUT ENCEINTE PAR L'OPÉRATION DU SAINT ESPRIT, AVANT QUE JOSEPH NE COHABITAT AVEC ELLE.

Voici comment saint Matthieu raconte la chose :

« Comme Marie était fiancée à Joseph, *elle se trouva enceinte par l'opération du Saint-Esprit, avant que Joseph ne cohabitât avec elle.*

« Joseph, alors, voulut la renvoyer secrètement, mais l'ange du Seigneur lui apparut en songe, et lui dit : *Ce qui a été conçu en ta femme est du Saint-Esprit. Elle enfantera un fils qui sauvera ton peuple de tous ses péchés.*

« Joseph ne renvoya donc pas Marie, *mais ne la connut point jusqu'à ce qu'elle eût enfanté son premier né.* » (*Matthieu*, I, 18 et suiv.)

D'après saint Luc, l'ange Gabriel fut dépêché vers Marie et le dialogue suivant s'établit entre eux :

— *L'ange* : « Je te salue, Marie, pleine de grâce, le Seigneur est avec toi ; tu es bénie entre toutes les femmes. Tu enfanteras un fils que tu appelleras Jésus. Il sera grand et nommé le Fils du Très-Haut, et le Seigneur lui donnera le trône de David, son père, et il règnera éternellement sur la maison de Jacob. »

— *Marie :* « Comment cela peut-il arriver, vu que je ne connais point d'homme ? »

— *L'ange :* « Le Saint-Esprit descendra en toi et t'*obombrera* ; c'est pourquoi l'enfant qui naîtra de ton sein sera appelé Fils de Dieu. » (*Luc.* I, 26 et suiv.)

Marie, transportée d'allégresse, ajoute saint Luc, glorifia le Seigneur de tout son cœur et de toute son âme.

Jésus a donc été conçu par l'opération du Saint-Esprit ; les deux évangélistes l'affirment. Mais alors COMMENT PEUVENT-ILS FAIRE REPOSER TOUTE SA GÉNÉALOGIE SUR SAINT JOSEPH QUI A ÉTÉ COMPLÈTEMENT ÉTRANGER A L'ACTE DE CONCEPTION DE MARIE ? ? ? N'est-ce pas là le comble de l'absurdité ? ? ? (1)

Mais Marie et Joseph ont plus tard si bien oublié la conception miraculeuse de Jésus et le rôle divin qu'il était appelé à remplir, *qu'ils veulent le faire enfermer, parce qu'ils le croient*

---

(1) En bonne logique, ce n'est pas Joseph, étranger à la conception de Jésus, mais bien Marie, sa mère, « selon la chair », qu'il eût fallu rattacher à la race de David. Or, sur les ascendants de Marie, les évangélistes sont muets !!!

atteint d'aliénation mentale. Saint Marc nous l'apprend en ces termes :

« Et quand ses parents eurent entendu cela, ils sortirent pour se saisir de lui (de Jésus), *car ils disaient qu'il était insensé.* » (*Marc. III, 21.*)

N'est-ce pas à faire rêver ? ? ?

Les évangélistes diffèrent aussi essentiellement dans le récit de la naissance de Jésus ; ils se contredisent même en ce qui concerne l'époque de cette naissance.

Saint Matthieu seul raconte l'histoire des Mages ; seul aussi il dit que le bruit s'était répandu à Jérusalem qu'il était né un nouveau roi des Juifs ; qu'Hérode, craignant pour sa couronne, fit égorger tous les enfants nés depuis deux ans dans les environs de Bethléem où on lui avait dit que ce nouveau roi devait naître ; que Joseph et Marie en ayant été avertis en songe par un ange s'enfuirent incontinent en Egypte, où ils demeurèrent jusqu'à *la mort d'Hérode, qui n'arriva que quelques années plus tard.* (*Matth. II, 1 et suiv.*)

Saint Luc, au contraire, raconte que Joseph et Marie demeurèrent paisiblement dans l'endroit où leur enfant Jésus était né ; qu'il fut circoncis selon la loi juive, huit jours après sa naissance, et que, lorsque le temps prescrit par cette loi pour la purification de la mère, fut arrivé, elle et Joseph firent le voyage à Jérusalem, présentèrent l'enfant au Temple, où le vieillard Siméon le prit dans ses bras et prophétisa sa grandeur et sa gloire (1).

---

(1) La loi de Moïse obligeait les parents à présenter au Temple leur enfant premier né.

D'après cette même loi, les femmes qui avaient mis au monde un fils, étaient regardées comme impures pendant quarante jours ; si c'était une fille, l'impureté durait quatre-vingts jours. Ces jours expirés, elles devaient aller se purifier au Temple et offrir les sacrifices prescrits.

C'est donc *quarante jours* après sa naissance que Jésus fut présenté au Temple...

La fête de la *Présentation* de Jésus et de la *Purification* de Marie se célèbre le 2 février. Cette fête est aussi appelée la *Chandeleur*.

Les cérémonies terminées, ils retournèrent en Galilée, où Jésus croissait en grâce et en sagesse; et saint Luc ajoute que tous les ans, ils se rendaient avec leur fils à Jérusalem aux jours solennels de la Pâque. (*Luc. II*, 7, 21, 22, 34 *et suiv.*)

Saint Luc, en contredisant la fuite en Egypte racontée par saint Matthieu, contredit par là-même le massacre qui en est le prétexte. (XVIII).

Est-il possible, d'ailleurs, d'admettre une mesure aussi horrible dans le siècle d'Auguste? Hérode vendit tous ses biens, ses meubles précieux, pour combattre une famine en Judée. Est-ce là la conduite d'un assassin d'enfants?

Si ce massacre avait eu lieu, les historiens de l'époque en auraient certainement parlé, car une chose aussi monstrueuse compte dans l'histoire des peuples.

L'historien Josèphe (*biog. p. 8*), qui a blâmé les vices d'Hérode, ignore absolument ce massacre des enfants que celui-ci aurait ordonné selon saint Matthieu.

L'école d'Alexandrie était alors dans toute sa splendeur, et ce fait aurait certainement éveillé l'attention de quelque savant historien, d'autant plus qu'il y avait à Alexandrie un nombre considérable de Juifs qu'y avaient installés Ptolémée Soter et son fils Ptolémée Philadelphe, et qui y avaient été attirés par les avantages que ces rois et leurs successeurs avaient faits aux Juifs, en leur conférant les mêmes droits et les mêmes titres qu'aux Egyptiens et aux Grecs.

Après cela, faut-il encore insister sur le crédit que mérite un pareil récit?

Saint Matthieu dit qu'après sa sortie du désert, Jésus s'en alla en Galilée, et que, laissant Nazareth, il vint à Capharnaüm, ville maritime, sur les confins de Zabulon et de Nephtali (*Matth. IV*, 12 *et* 13), tandis que saint Luc prétend, au contraire, qu'il vint d'abord à Nazareth où il enseigna dans une synagogue (IV *bis*), qu'ensuite il se rendit à Capharnaüm. (*Luc. IV, 16 et 31*).

Saint Matthieu seul parle du fameux *Sermon sur la montagne*. Saint Marc et saint Jean se taisent sur ce sujet, alors que saint Luc, lui donnant un développement fort peu important, fait descendre Jésus dans la *plaine* pour le prononcer. (*Matth. V, VI et VII. Luc. VI, 17 et suiv.*)

Tout le monde connaît la légende du bon larron. Saint Luc est le seul évangéliste qui en fasse mention. Il écrit : « L'un des malfaiteurs qui étaient crucifiés, l'outrageait, disant : Si tu es le Christ, sauve-toi toi-même et nous aussi. Mais l'autre, prenant la parole, le censurait fortement, disant : Ne crains-tu point Dieu, puisque tu es condamné au même supplice ? Et pour nous, nous le sommes justement, car nous souffrons ce que nos crimes méritent ; mais celui-ci n'a fait aucun mal. Puis il dit à Jésus : Seigneur, souviens-toi de moi quand tu seras entré dans ton règne. Et Jésus lui répondit : En vérité, je te le dis, qu'aujourd'hui tu seras avec moi en paradis ». (*Luc. XXIII, 39 et suiv.*)

Saint Matthieu raconte l'attitude des deux malfaiteurs d'une façon absolument différente. Il écrit : « Les brigands aussi qui étaient crucifiés avec lui, lui faisaient les mêmes reproches. » (*Matth. XXVII, 44*).

Donc les deux malfaiteurs outrageaient Jésus, et il n'est aucunement fait mention d'un larron repentant ; et saint Marc, en son récit, est d'accord avec saint Matthieu. (*Marc, XV, 32*).

Saint Jean se borne tout simplement à signaler la mise en croix des deux malfaiteurs, sans dire un mot, ni des outrages, ni d'une promesse quelconque de Jésus. (*Jean, XIX, 18*).

Ce fut le dimanche matin qu'on s'aperçut que Jésus n'était plus dans sa tombe. Et qui s'en aperçut ? Les évangélistes ne peuvent s'accorder à ce sujet. Fût-ce *une, deux, trois* ou un plus grand nombre de femmes ? Nous l'ignorons. A ce moment capital de la vie de Jésus, dans la description de ce fait *immense*, qui eût à lui seul mis le monde à ses pieds, les quatre évangélistes rivalisent de contradictions.

La pierre sépulcrale était-elle enlevée quand les femmes arrivèrent ? Saint Matthieu dit *non* et les trois autres disent *oui*. (*Matth.* XXVIII, *2. Marc.* XVI, *4. Luc.* XXIV, *2. Jean.* XX, *1*).

Qui les avertit de la résurrection de Jésus, fait dont elles ne furent pas elles-mêmes témoins ? Saint Matthieu dit, *un ange*; saint Marc, *un jeune homme*, saint Luc, *deux jeunes hommes* et saint Jean, *deux anges*. (*Matth.* XXVIII, *5. Marc.* XVI, *5 et 6. Luc.* XXIV, *4, 5 et 6. Jean.* XX, *12 et 13*.)

Jésus apparut-il à ces femmes un moment après leur arrivée ? Saint Matthieu et saint Jean seuls le prétendent ; saint Marc et saint Luc, au contraire, leur font dire par le jeune homme ou par les deux jeunes hommes : « Jésus n'est plus ici, il est ressuscité. » (*Matth.* XXVIII, *9. Marc.* XVI, *6. Luc.* XXIV, *6. Jean.* XX, *14 et suiv.*) (XII *bis*).

Saint Matthieu nous apprend que Jésus devait rester pendant *trois jours et trois nuits*, dans le sépulcre : « Comme Jonas fut dans le ventre de la baleine pendant *trois jours et trois nuits*, ainsi le Fils de l'Homme sera dans le sein de la terre pendant *trois jours et trois nuits*. « (*Matth.* XII, *40*.)

Par suite, Jésus ayant été enterré le vendredi soir, jour de sa mort, ne devait ressusciter que le *lundi soir*.

Eh bien ! c'est le *dimanche matin* que les femmes s'aperçoivent qu'il n'est plus dans la tombe.

Les évangélistes se contredisent encore sur le nombre d'apparitions que fit Jésus après sa résurrection.

Saint Matthieu relate *deux* apparitions du Christ ressuscité (*Matth.* XXVIII, *9, 16 et 17*) ; saint Marc, *trois* (*Marc.* XVI, *9, 12 et 14*) ; saint Luc ne parle que de *deux* comme saint Matthieu (*Luc.* XXIV, *13 et suiv.*), tandis que saint Jean en rapporte *quatre* (*Jean XX, 14 et suiv. et XXI, 1 et suiv.*)

Ils se contredisent même sur le lieu de ces apparitions. Saint Matthieu affirme que ce fut en Galilée, sur une montagne ; saint Marc prétend que ce fut lorsque les apôtres étaient à table ; saint Luc et saint Jean rapportent que Jésus apparut à ses disciples à Jérusalem, dans une maison dont ils avaient soigneusement fermé la porte, et une autre fois sur la mer de Tibériade (*Passages indiqués plus haut*).

Ils ne sont pas d'accord davantage au sujet de l'ascension du Christ. Saint Marc et saint Luc affirment positivement qu'il monta au Ciel en présence de ses apôtres ; mais saint Matthieu et saint Jean ne font aucune mention de cette ascension.

Saint Luc dit que ce fut en Béthanie, le jour même de sa résurrection ou la première nuit suivante, que le Christ monta au Ciel (*Luc. XXIV, 50 et 51*), tandis que saint Marc (*Marc. XVI, 14 à 19*) et les actes des apôtres (*Actes I, v. 3 et suiv.*) prétendent que ce fait se produisit à Jérusalem, *quarante jours* après sa résurrection.

Si les apôtres avaient vu réellement leur Maître monter glorieusement au ciel, comment saint Matthieu et saint Jean auraient-ils négligé de relater un miracle aussi considérable et si avantageux à leur Maître, eux qui rapportent beaucoup de circonstances de sa vie, et de ses actions qui ont certes une importance excessivement médiocre comparées à celle-ci.

Malgré des incompatibilités partielles, l'œuvre des trois premiers évangélistes s'accorde assez bien sur les circonstances principales. De là leur est venu le nom de *synoptiques*. L'Evangile selon saint Jean, au contraire, se refuse à un rapprochement de ce genre : il s'écarte des trois autres à la fois sous le rapport du cadre, des événements et de la doctrine.

D'après les synoptiques, Jésus ne débute dans la vie publique qu'après l'arrestation de Jean Baptiste; il ne sort guère de la Galilée et ne descend à Jérusalem que pour subir la Passion. Selon saint Jean, au contraire, sa prédication commence bien avant l'incarcération du Baptiste, et ses succès excitent grandement le mécontentement et la jalousie de l'école du Précurseur. Cette partie de sa vie a, chez saint Jean, pour théâtre principal la Judée et non la Galilée, et Jésus visite souvent et longuement Jérusalem. (*Matth. III et IV. Marc. I. Luc. IV, 14. Jean II*).

D'après les synoptiques, le Précurseur connaissait Jésus et voyait en lui le Messie, même avant le baptême dans le Jourdain; d'après Jean, au contraire, le Baptiste déclare formellement qu'il ne connaissait pas Jésus lorsque celui-ci se présenta à lui. (*Matth. III, 14. Marc. I, 7. Luc. III, 16. Jean. I, 31, 33, 34*).

Et ce qui est plus fort, saint Matthieu se contredit lui-même. Après avoir affirmé que Jean connaissait le Messie même avant son baptême, il écrit plus loin : « Jean ayant ouï parler dans la prison (donc longtemps après le baptême) des actions du Christ, envoya deux de ses disciples pour lui dire : « Es-tu celui qui devait venir, ou devons-nous en attendre un autre? » (*Matth. XI, 2 et 3.*)

Saint Jean tire les premiers disciples du Christ des rangs des compagnons du Baptiste, et les fait aller spontanément à Jésus, qui se trouvait dans la Pérée, (*Jean. I, 35 et suiv.*) tandis que, d'après les synoptiques, les premiers disciples sont des pêcheurs que Jésus rencontre au bord de la mer de Galilée et qui ne se joignent à lui que sur son appel. (*Matth. IV, 18 et suiv. Marc. I, 16 et suiv. Luc. V, 10 et 27.*)

Les récits des évangélistes présentent aussi des discordances quant au choix de ces premiers disciples. C'est ainsi que saint Jean cite Nathanaël, qui ne figure pas dans la liste des synoptiques, tandis qu'il ne nomme pas Thaddée qui y figure. Il ne cite pas davantage Jude, frère de Jacques, qui est nommé par saint Luc tout seul. (*Jean. I, 45 à 50. Matth. X. 2, 3 et 4. Marc III, 16 à 19. Luc. VI. 14, 15 et 16*).

Les synoptiques prétendent qu'aussitôt après son baptême, Jésus fut transporté par l'*Esprit* (?) dans un désert, où il jeûna pendant quarante jours et quarante nuits. Saint Jean ignore complètement ce récit ; suivant lui, au contraire, Jésus partit trois jours après son baptême pour la Galilée, où il fit son premier miracle en changeant l'eau en vin aux noces de Cana (*Matth. IV, 1. Marc. I, 12, 13, Luc. IV, 1. Jean. I, 43 et II, 1* (XII).

Saint Jean est le seul à connaître la résurrection de Lazare, le plus grand des miracles de Jésus, alors que ses moindres guérisons sont citées par les synoptiques.

D'après ces derniers, Jésus chasse les marchands du temple, peu de temps avant sa mort. D'après saint Matthieu et saint Luc, cette expulsion a lieu le jour de l'entrée triomphale à Jérusalem, et, d'après saint Marc, seulement le lendemain. Saint Jean place cette scène presqu'au début de son ministère et prête à Jésus ce propos s'adressant aux Pharisiens : « Renversez ce temple et en trois jours je le relèverai ». Loin de lui prêter des paroles de ce genre, saint Matthieu et saint Marc soutiennent que de faux témoins seuls ont pu inventer ces paroles. (*Matth. XXI, 12. XXVI, 60, 61. Luc. XX, 45. Marc. XII, 11 et suiv. XV, 57, 58, Jean. II, 15 et suiv.*).

Après la disparition du Baptiste, saint Jean conduit Jésus à travers la Samarie, y annonçant la *Bonne Nouvelle*, s'arrêtant pendant deux jours à Sichar et y faisant de nombreux prosélytes. Echos fidèles des préjugés et de la haine des Juifs contre les Samaritains, les synoptiques ne mettent point Jésus en relation avec les Samaritains, au moins jusqu'à l'époque de son voyage à Jérusalem, et, dans saint Matthieu, le Christ défend même aux apôtres d'aller en Samarie. (*Jean. IV, et suiv. Math. X, 5*) (IV).

A propos de l'anecdote de la marche sur les eaux du lac de Tibériade, les synoptiques racontent que Jésus ayant rejoint ses disciples ballotés par la tempête, monta dans la barque et continua, après avoir apaisé l'ouragan, à naviguer avec eux. Saint Jean renchérit sur le miracle : selon lui, au moment où les disciples, parvenus à un peu plus de la moitié du lac, voient venir le Maître et se disposent à le prendre dans leur barque, ils se trouvent arrivés instantanément et miraculeusement à destination. (*Matth. VIII, 25 et suiv. Marc. IV, 35 et suiv. V, 1 et suiv. Luc. VIII, 22 et suiv. Jean VI, 17 et suiv.*).

Saint Jean est le seul des quatre évangélistes qui raconte l'anecdote de la femme adultère.(*Jean VIII, 3 et suiv.*).

Cette anecdote n'est point citée par les premiers Pères de l'Eglise, et saint Jean Chrysostôme (1) ainsi que saint Cyrille (2) n'en disent pas un mot dans leurs commentaires sur le quatrième Evangile.

Judas de Kérioth est l'objet particulier de la haine de saint Jean, qui fait prédire au Christ, un an avant sa mort, que « l'un des douze est un démon », en faisant allusion au traître. Les synoptiques poursuivent Judas avec bien moins d'acharnement : d'après eux Jésus ne montre cette prescience que lors du dernier repas, c'est-à-dire à un moment où l'acte de Judas, à proprement parler, est déjà accompli. (*Jean VI, 70, 71. Matth. XXVI, 21. Marc XIV, 18. Luc XXII, 21*). Et peu auparavant, Jésus semble si éloigné de pressentir la chute de l'un des douze, qu'il leur promet à tous, tels qu'ils sont,

---

(1) Surnommé *Bouche d'Or*, évêque de Constantinople (347-407).

(2) L'un des plus illustres Pères de l'Eglise grecque (315-386).

qu'au temps de la régénération, lorsque le Fils de l'Homme sera assis sur le trône de sa gloire, ils seront aussi assis sur douze trônes, pour juger les douze tribus d'Israël. (*Matth. XIX, 28*) (1).

L'épisode de l'onction par une femme est diversement raconté par saint Jean et par les synoptiques. D'après ceux-ci, une femme inconnue vient trouver Jésus chez Simon le lépreux, au plus deux jours avant la Pâque, et répand sur sa tête un parfum contenu dans un vase d'albâtre. Saint Jean fait remonter cet incident à six jours avant la fête de la Pâque, le place dans la maison de Lazare, et c'est sa sœur Marie qui oint les pieds du Seigneur et les essuie avec ses cheveux. (*Matth. XXVI, 6, 7. Marc XIV, 3. Luc VII, 37, 38. Jean XII, 3*).

Le plus grand désaccord règne aussi sur les détails du voyage à Jérusalem et les derniers jours de la vie de Jésus. Parti de la Galilée, au rapport des synoptiques, le Christ passe par Jéricho et se rend de là en un jour à Jérusalem. D'après saint Jean, le point de départ est Ephraïm, en Judée ; Jésus ne touche point à Jéricho, passe la nuit à Béthanie, et ne fait que le lendemain soir son entrée dans la capitale.

---

(1) Judas de Kérioth ou Iscariote a-t-il vraiment trahi le Christ? Saint Paul, nous raconte que Jésus, après sa résurrection a été vu par Céphas et ensuite par *les douze apôtres*. (*Paul, 1re Epître aux Corinth. XV, 4 et 5*). Cette apparition s'est produite *avant l'Ascension ;* or, comme l'élection de Mathias, en remplacement de Judas, n'a eu lieu *qu'après l'Ascension* (*Actes des apôtres I, 21 d 26*), il en résulte que Judas était encore un des douze apôtres *après la résurrection*. Il n'a donc pas trahi son maître et, à plus forte raison, n'est pas mort *de deux façons différentes*, ainsi que nous le narre saint Matthieu et les Actes des apôtres. D'après cet évangéliste « Judas, voyant que Jésus était condamné, se repentit, jeta dans le Temple les pièces d'argent qu'il avait reçues comme prix de sa trahison et *alla s'étrangler* ». (*Matth. XVII, 3 à 5*). Les Actes des apôtres ont une toute autre version : « Judas, disent-ils, après avoir acquis le champ d'un potier, du salaire de son crime, *se précipita, son corps se crevant par le milieu et toutes ses entrailles se répandant* » (*Actes des Apôtres, I, 18*).

(*Matth. XIX, 1. Marc, X, 1. Luc XIX, 1. Jean. XII, 1 et suiv.*).

Le repas pascal, au dire des synoptiques, est célébré au temps fixé par la loi mosaïque, c'est-à-dire le soir du 14 du mois de Nisan, veille de la mort du Christ. Ils racontent en détail la Cène que, pendant ces agapes, il fit avec ses disciples. Saint Jean est complètement muet à cet égard... Il parle d'un dernier repas, mais il le place le 13 de Nisan et il en fait un simple souper, afin qu'il n'ait rien de commun avec la cérémonie pascale célébrée par les Juifs. — A l'issue de ce repas, dit-il, Jésus lava les pieds à ses apôtres et leur recommanda expressément de se faire les uns aux autres la même chose ; mais les autres évangélistes ne savent absolument rien de ce lavement des pieds. (*Matth. XXVI, 20 et suiv. Marc. XIV, 17 et suiv. Luc. XXII, 14 et suiv. Jean. XXIII, 1*).

Les synoptiques nous montrent Jésus surpris en quelque sorte au jardin des Oliviers par Judas qui le désigne à la troupe en lui donnant un baiser (1). Saint Jean a une toute autre mise en scène. D'après lui, Jésus, prenant l'initiative, va au-devant des gens armés, se nomme, et n'a point à subir l'accolade outrageante du traître. Au moment où il dit : « C'est moi », tous reculent et tombent à la renverse, miracle que les synoptiques ignorent absolument. (*Matth. XXVI, 47 et suiv. Marc XIV, 43 et suiv. Luc. XXII, 47 et suiv. Jean. XVIII, 3 et suiv.*).

---

(1) Il est assez étrange que les gens armés aient eu besoin d'un traître pour leur désigner Jésus parmi ses apôtres...

Comment concevoir que Pilate n'ait trouvé personne pour guider les soldats ?

Jésus n'était donc pas connu, lui, qui avait fait une entrée si sensationnelle à Jérusalem, et prêché devant la foule ?

Cependant, peu après, deux servantes reconnaissent dans Pierre un de ses disciples, et cela malgré ses dénégations !!!

Mystère et contradictions !!!

Devant qui Jésus est-il ensuite conduit ? Devant Caïphe, disent les uns ; devant Anne, dit saint Jean. *(Matth. XXVI, 57. Marc. XIV, 53. Luc. XXII, 54. Jean, XVIII, 13)*.

Chose incroyable ! S'il fallait admettre l'authenticité de tous les récits évangéliques, nous ne connaîtrions même pas la date exacte de la mort de Jésus. Le 14 de Nisan, les Juifs immolaient l'agneau pascal ; c'est naturellement à ce jour que saint Jean place l'immolation de « *l'agneau de Dieu qui porte les péchés du monde* » ; les synoptiques, au contraire, la reculent jusqu'au lendemain. *(Matth. XXVI, 2. Marc. XIV, 1. Luc. XXII, 1. Jean. XIX, 14)*.

Jésus marche vers le Calvaire « portant sa croix », dit saint Jean. Non point, nous disent les synoptiques : Simon de Cyrène fut seul chargé de l'instrument du supplice. *(Jean XIX, 17. Matth. XXVII, 32. Marc. XV, 21. Luc. XXIII, 26)*.

Les synoptiques ne sont pas davantage d'accord avec saint Jean sur ce qu'ils rapportent des personnes qui avaient suivi Jésus jusqu'au Calvaire.

En effet, les premiers prétendent que quelques femmes seules, parmi lesquelles se trouvaient Marie de Magdala et Marie, mère de Jacques et de Joses, et la mère des enfants de Zébédée, regardaient *de loin* ce qui se passait, lorsque Jésus était élevé sur la croix, car, dès l'arrestation du Maître, tous les disciples avaient fui. Saint Jean dit, au contraire, que la mère de Jésus et la sœur de sa mère, ainsi que Marie de Magdala, étaient debout au pied de la croix, avec Jean son disciple préféré, qui recueillit ses dernières paroles. *(Matth. XXVII, 55, 56. Marc. XV, 40. Luc. XXIII, 49. Jean XIX, 25)*.

Si la mère du Christ s'était réellement trouvée au pied de la croix, cette circonstance n'eut certainement pas été négligée par les synoptiques.

Les synoptiques sont muets sur les clous qui

auraient servi au crucifiement, et ne parlent que de gibet et de pendaison (1) (XIV).

Ce n'est que dans l'Évangile selon saint Jean qu'apparaît la légende du crucifiement avec des clous. *(Matth. XXVII, 35. Marc. XV, 24. Luc. XXIII, 33. Jean XX, 20-25.)*

Le crucifiement eut lieu à la 3ᵉ heure, dit saint Marc. A la 6ᵉ heure, l'interrogatoire chez Pilate n'était pas terminé, dit saint Jean *(Marc. XV, 25. Jean XIX, 14).*

L'angoisse de Gethsémani, la crise suprême : « Mon Père, pourquoi m'as-tu abandonné, etc. » ? manquent dans le récit de ce dernier.

Les prodiges qui signalent la mort de Jésus, sont tout aussi fabuleux que ceux qui marquent sa naissance. Saint Jean n'en parle pas ; quant aux trois autres, Saint Matthieu en rapporte le plus. D'après lui, les ténèbres couvrirent la terre depuis la 6ᵉ heure jusqu'à la neuvième, c'est-à-dire depuis midi jusqu'à trois heures ; la terre trembla, les rochers se fendirent, le voile du temple se déchira, les sépulcres s'ouvrirent et plusieurs corps de saints en sortirent et se montrèrent à diverses personnes à Jérusalem. Saint Marc et saint Luc n'en disent pas autant. Ils ne parlent que des ténèbres et du voile du temple. *(Matth. XXVII, 45 et suiv. Marc. XV, 33 et suiv. Luc. XXIII, 44 et suiv.).*

Les historiens à l'exemple de saint Jean ne disent mot de tous ces événements, ce qui ne doit pas surprendre puisque, d'après les évangélistes eux-mêmes, personne ne s'en aperçut à Jérusalem. En effet, on ne voit pas qu'un seul de ceux qui avaient accusé Jésus ait été pris de terreur et se soit converti.

D'après les synoptiques, Joseph d'Arimathie enveloppe provisoirement le corps de Jésus d'un linceul blanc pour le déposer au tombeau, et les fem-

---

(1) Par le mot *crux* (croix) les Romains entendaient une *forca* (potence) et le mot *crucifier* signifiait *pendre* (*Pétrone Satyricon III, 112*).

mes qui l'accompagnent reviennent le surlendemain avec des parfums pour l'embaumer. Saint Jean le fait ensevelir le soir même et d'une façon définitive, après embaumement, par Joseph assisté de Nicodème. (*Matth. XXVII, 59 et suiv. Marc. XV, 46 et 47. Luc XXIII, 53 et suiv. Jean XIX, 38 et suiv.*).

Non seulement, aucun rapprochement n'est possible entre les récits des trois premiers évangélistes et ceux qui sont attribués à saint Jean, il n'existe même aucune ressemblance, pour le fond comme pour la forme, entre les discours que les synoptiques attribuent à Jésus et ceux que Jean met dans sa bouche. D'après les premiers, Jésus parle avec simplicité, netteté et une abondance toute naturelle. Sa parole, qui n'a rien de préparé, est constamment à la portée de ses auditeurs. Ce sont ou de courtes et profondes sentences ou de saisissantes paraboles, et l'enseignement en est surtout moral et pratique.

Dans le quatrième Évangile, au contraire, le langage du Christ est mystique, abstrait, monotone, obscur. Les entretiens ont surtout le dogme pour objet. Ce sont d'interminables dissertations, adressées souvent hors de propos à des interlocuteurs qui ne pouvaient les comprendre, et roulant spécialement sur sa nature divine, sa préexistence, ses rapports métaphysiques avec le Père, etc., etc.

D'après les synoptiques, Jésus manifeste une animation, des ardeurs, des colères, qui révèlent la vie de l'homme. Ils ne savent pas précisément ce qu'ils doivent penser du Christ : ils sont accablés de sa sagesse, de sa bonté, de sa puissance ; à proprement parler, ils ignorent qui il est ; le nom qu'ils lui donnent marquent leur incertitude : ils se contentent de l'appeler « *Maître* » ; ils le croient suscité par Dieu pour la libération d'Israël.

Combien, au contraire, cette figure a grandi dans l'esprit de l'auteur du 4ᵉ Évangile ! Le Maître des bords du lac de Galilée atteint chez lui à la voûte des cieux, à la profondeur des enfers : Jésus est la manifestation du *Verbe Eternell*... C'est évidemment là un concept platonico-alexandrin...

Origène (1) écrit que Celse (2) reprochait à Jésus d'avoir emprunté plusieurs maximes à Platon (3). (*Orig. contr. Cels* 1, 6) et saint Augustin (4) avoue que ce sont les œuvres de Platon qui ont inspiré le commencement de l'Evangile selon saint Jean. (*Aug. Confess. L. III. Cap.* 9, 10, 20).

Nous terminerons ici notre parallèle bien que la matière soit loin d'être épuisée.

Nous en avons dit assez, pensons-nous, pour convaincre les moins clairvoyants, que les Evangiles ne peuvent être que l'œuvre d'hommes enthousiastes qui, dans leur ardeur pour la « *Bonne Nouvelle* », ont presque réussi à faire de Jésus le Nazaréen une figure légendaire (XV).

∗∗∗

Il est certain, l'histoire le démontre, que le christianisme, à son début, ne comptait qu'un petit nombre d'adeptes, et que même quelques années après la mort du Christ, la nouvelle secte vivait presque ignorée.

Proscrits par les Romains, les premiers chrétiens, qui ne se composaient que de femmes, de besogneux, d'infirmes, d'opprimés et de gens du peuple de la pire espèce (5) (XVI), se réfugièrent dans les

---

(1) Célèbre docteur de l'Eglise, né à Alexandrie (185-253).

(2) Célèbre philosophe néo-platonicien, qui vivait au 2ᵉ siècle. Dans son remarquable ouvrage intitulé : *Discours véritable*, qu'il publia de l'an 176 à l'an 180, il passe au crible le christianisme naissant. Il y accuse, entre autres, Jésus d'avoir plagié Platon...

(3) Célèbre philosophe grec, disciple de Socrate et Maître d'Aristote (439-358, avant l'ère chrétienne). Il fonda dans l'*Académie*, une école philosophique qui, pendant longtemps, fut une pépinière d'hommes vertueux et de penseurs éminents.

(4) Evêque d'Hippone, le plus célèbre Père de l'Eglise latine (354-430). Ses principaux ouvrages sont : La « *Cité de Dieu*. — Les *Confessions*. — Le *Traité de la Grâce*.

(5) Saint Paul nous donne un joli échantillon de la manière dont les chrétiens de son temps pratiquaient la morale :

déserts où ils vivaient misérablement, se disputant souvent entre eux.

Ce n'est que, de longues années après que, devenus plus nombreux, ils sont l'objet de terribles persécutions de la part des Empereurs romains.

Constatons ici ce fait étrange que l'histoire du christianisme ne date que de l'époque de son accroissement ; qu'il n'est fait aucune mention des temps d'infortune qui suivirent immédiatement la mort de Jésus.

Comme nous l'avons dit déjà, la morale du Christ était simple et élevée, parce que, dégagée de toute forme, elle allait sans détour vers le bien.

A mesure que la nouvelle religion se répandit, des transformations nombreuses changèrent de fond en comble l'œuvre du Réformateur : des ambitieux convertirent en chaînes les doux liens de la fraternité proclamés par le martyr de la Croix.

Peu à peu, la domination des prêtres est venue étouffer les libres aspirations de la conscience vers son Créateur. Le Christianisme s'est avili ; son histoire s'est faite triste et lugubre ; une horrible suite de crimes a marqué la route par laquelle le clergé a voulu arriver à l'asservissement universel des âmes ; l'humanité, devenue le jouet de l'ambition sacerdotale, a connu ses plus mauvais jours (XVI).

Voyons maintenant de quelle manière l'Eglise a appliqué les enseignements du Christ.

Jésus avait dit : « Mon royaume n'est pas de ce monde ». *(Jean XVIII, 36).*

«On publie de toutes parts, écrit-il, qu'il y a parmi vous de l'impudicité, et une telle impudicité que, même parmi les Gentils, on n'entend parler de rien de semblable ; c'est que quelqu'un d'entre vous est l'amant de la femme de son père. Et cependant vous êtes enflés d'orgueil, et vous n'avez pas été plutôt dans l'affliction, afin que celui qui a commis cette action fût retranché du milieu de vous ! *(Première Epître aux Corinthiens, V. 1 et 2).*

Et les Papes, par la fraude et le crime, se sont octroyé le pouvoir temporel (XXIII).

Jésus avait dit : « Heureux ceux qui souffrent persécution pour la justice. Ne jugez pas et vous ne serez pas jugés ». (*Matth. V, 10. VII, 1*).

En 1179, le Pape Innocent III fonde l'Inquisition. Le Pape Grégoire IX (1227-1241) donne à ce tribunal une organisation plus précise. Les Dominicains sont spécialement chargés de martyriser les victimes. Innocent IV (1243-1254), Boniface VIII (1294-1303) et Clément V (1305-1314), s'occupent l'un après l'autre de la réglementation de cette officine criminelle (XX).

Jésus avait dit : « Vous ne tuerez point ». (*Matth. V. 21*).

Que dire de toutes les calamités qu'a répandues sur notre pauvre planète le fanatisme catholique ? Que dire de ce concile d'Ephèse, appelé par les contemporains le concile du brigandage ; du patriarche d'Alexandrie avec ses parabolans ; de l'Archimandrite Barsumas, avec ses assommeurs, et de ces articles signés, le poignard sur la gorge, par des évêques fous de terreur ? Que dire de Cyrille (c'est un saint ! ! !), de Cyrille l'émeutier, de Cyrille l'assassin (*biog. p. 56*). Que lui avaient fait les Juifs d'Alexandrie ? (1). Que lui avait fait la pauvre et docte Hypatie, sa belle et platonicienne victime (2). Rien sans doute, mais c'était un saint :

---

(1) Cyrille, qui était un saint, devait nourrir une haine mortelle contre les Juifs établis depuis sept cents ans à Alexandrie, où ils avaient acquis droit de cité (*V page 43*).

Il excita contre eux les moines et le bas peuple, fit raser leurs synagogues et assassiner tout Juif qui eut le malheur de tomber entre leurs mains.

Ainsi Alexandrie perdit 40,000 de ses meilleurs citoyens.

(2) Hypatie était la fille du plus célèbre mathématicien et astronome de son temps, Théon d'Alexandrie. Elle s'était fait remarquer de bonne heure par sa rare intelligence et sa merveilleuse beauté. Sous la direction de son père, elle avait cultivé les parties les plus difficiles des

aussi fut-il impitoyable. Que dire du supplice de Priscillien, de la persécution des Gnostiques ; de tout le sang versé pour la querelle des Iconoclastes ; de la croisade des Albigeois ; de saint Dominique, cet apôtre de l'incendie et de l'extermination ; des Vaudois enfumés dans les gorges du Piémont ; des guerres du sacerdoce et de l'Empire, mémorables par le rapace égoïsme de la papauté et son hautain mépris de la vie et de la liberté humaines ; de l'Inquisition, ce monstre à gueule de flammes et à tête de dominicain ; des exploits de Torquemada ; de ces Juives de Tolède que l'on tenaillait aux mamelles ; de Philippe II, le roi chéri des Papes ; d'Alexandre VI, le pape aimé du diable, de la Saint-Barthélemy ; des massacres d'Irlande ; de ces trois petites filles de onze ans, de neuf ans et de six ans, brûlées vives comme sorcières à Wurtzbourg ; de ces quinze millions d'Indiens exterminés en Amérique ; de cette statue mécanique de Nuremberg qu'on appelait la *Bonne femme* et qui, comme le Moloch phénicien, étouffait ses victimes dans un baiser brûlant ; de cet infortuné chevalier de la Barre, condamné en plein dix-huitième

---

mathématiques et de l'astronomie, et elle y avait joint l'étude de la philosophie.

Elle entreprit d'enseigner, à son tour, les sciences exactes et la philosophie qu'elle avait si profondément étudiées. Des flots d'auditeurs se pressaient au pied de la chaire où montait cette jeune fille si savante et si éloquente.

C'est cette femme supérieure que Cyrille poursuivit de sa haine. Il était jaloux de l'empressement que mettaient à l'entendre ceux qu'il eût voulu voir près de sa chaire à lui, d'où il fulminait ses furibonds anathèmes.

Il trama dans l'ombre, sema parmi les chrétiens des bruits calomnieux contre la docte Hypatie et, s'il ne fut pas lui-même l'instigateur du meurtre, il est du moins certain que ce fut un lecteur de son église nommé Pierre, qui fut l'exécuteur du crime.

Un jour de carême de l'an 415, au sortir de son cours, Hypatie fut arrachée de sa litière par une bande de fanatiques qui la massacrèrent, mirent son corps en lambeaux, et en brûlèrent les débris, après en avoir dispersé la plus grande partie dans les carrefours de la cité.

siècle, par arrêt du Parlement, sur un mandement de l'évêque d'Amiens, à avoir le poignet droit tranché, la langue arrachée, à être tenaillé et brûlé vif, pour avoir, lui, enfant de dix-neuf ans, passé devant une procession sans la saluer (1).

Si la terre venait à regorger le sang de toutes les victimes de l'Eglise, qu'elle a bu pendant tant de siècles, la mer en serait rouge d'une rive à l'autre de l'Océan, et, si on empilait les uns sur les autres

---

(1) C'était en juillet 1766, l'infortuné jeune homme fut torturé, mutilé et enfin décapité et brûlé devant la cathédrale d'Abbeville. Sa mémoire fut réhabilitée par un décret de la Convention du 25 Brumaire an II, et Abbeville lui a élevé une statue.

Une humble pierre, que surmontera le buste de l'enfant martyr, se dressera bientôt sur la place du Tertre, en face de la *Basilique du Sacré Cœur de Montmartre*, comme témoignage de protestation contre les crimes de l'Eglise, et pour rappeler aux troupeaux de crédules naïfs, qui, aux jours de pèlerinages dominicaux, se rendent au *Sacré Cœur*, le souvenir de cette victime de la lâcheté séculaire des moines de l'Inquisition (XX).

Nul n'ignore que la Basilique du *Sacré Cœur* a été plantée comme un drapeau sur la colline de Montmartre, là même où Loyola, le 15 août 1534, rassembla ses dix premiers complices, pour fonder cette institution souple et insinuante, à laquelle il donna le nom de *Société de Jésus*, en souvenir, sans doute, des larrons entre lesquels le doux homme de paix fut crucifié ; là, où ils s'unirent par un triple serment, en vue d'assurer à la ténébreuse milice la puissance et la richesse ; là où, ils jurèrent la direction de l'Eglise par les jésuites, l'asservissement des rois aux jésuites ; l'exploitation de l'humanité tout entière aux jésuites...

Les membres de cette société néfaste, à volonté prêtres ou laïques, peuvent porter tous les costumes, se plier à toutes les circonstances, s'insinuer dans toutes les classes et faire partie de toutes les sociétés. Impossible à dévisager, le laïc échappe au soupçon, et ce n'est plus qu'à sa souplesse et au mystère dont il s'entoure, qu'on peut dire : C'est un jésuite !

L'ordre est divisé en douze provinces, placées sous le commandement d'un provincial. A la tête, au centre de la catholicité, à Rome, se trouve le *général*. L'obéissance passive est la loi de tous les sociétaires, l'abnégation de toute personnalité, la règle.

Le général, qui est assisté d'un conseil, ne reste soumis qu'au pape, *quand il ne lui commande pas !!!*...

tous les ossements de toutes les hécatombes humaines immolées sur le mot d'un pape, on éleverait au ciel une pyramide plus haute que l'Himalaya (XX).

Jésus avait dit : « Aimez vos ennemis, faites du bien à ceux qui vous haïssent ». (*Matth. V, 44*).

Que dire des papes invectivant, menaçant, anathématisant, excommuniant ceux qui ne prétendaient point s'incliner devant leurs exigences ? (1).

Le premier anathème a été lancé par saint Paul. « Si quelqu'un, dit-il, n'aime point le Seigneur Jésus-Christ, qu'il soit anathème ! *Maran-atha !* (*Paul, Ire Épître aux Corinth. XVI, 22*).

Après la mort de Grégoire XI, en 1378, il y eut, jusqu'en 1417, c'est-à-dire pendant trente-neuf ans, deux et quelquefois trois papes rivaux, soutenus chacun par des nations entières. Chacun de ces papes anathématise et excommunie les partisans de ses concurrents, de sorte que toute la chrétienté est excommuniée ; de là naissent des guerres impies et des massacres sauvages (XXI).

Jésus avait dit : « Les renards ont leur tanière, les oiseaux ont leur nid, mais le fils de l'homme n'a pas où il puisse reposer sa tête ». (*Matth. VIII 20*).

Et son prétendu vicaire habite le plus vaste palais du monde dont les caves renferment des milliers de bouteilles de vins fins et de liqueurs. Outre son personnel nombreux, le pape a encore à son service trois cents prélats, évêques, chanoines, capucins, jésuites et frocards de toutes espèces. Dans les écuries, il a cinquante chevaux pur sang ; il possède, en outre, des centaines de maisons, châteaux, couvents, pensionnats, etc., etc.

Jésus avait dit : « Ne vous amassez pas des trésors sur la terre où les vers et la rouille gâtent tout. « Nul ne peut servir deux maîtres à la fois ; car ou il haïra l'un et aimera l'autre, ou il se soumettra à

---

(1) Au Concile général de Trente, sur 125 questions traitées, il y a eu 126 anathèmes.

l'un et méprisera l'autre. Vous ne pouvez servir Dieu et les richesses ». (*Matth. VI, 19* et *24*).

En 1590, le pape Sixte V laisse, à sa mort, dans le château de Saint-Ange, et comme fortune personnelle, la somme énorme de 20 millions en monnaie de France, récoltée durant son pontificat. Cette somme représenterait de nos jours un trésor vingt fois supérieur.

Les papes ont toujours su réaliser de brillantes fortunes. En 1860, Pie IX invente le denier de saint Pierre, et son successeur, Léon XIII, possède plusieurs millions placés à la Banque d'Angleterre (*d'après le Financial advertiser*) (1). Et nous voyons des prêtres trafiquer du ciel et de l'enfer, débiter des miracles et des prières, rançonner les vieillards et les orphelins, capter les successions, arracher l'or, l'argent, les gros sous, même aux terreurs des moribonds, aux angoisses des malades, à toutes les faiblesses physiques et morales.

Jésus avait dit : « Quant vous voudrez prier, ne

---

(1) Rappelons (*d'après l'Italia de Rome*) quelle est à peu près la fortune de Léon XIII : « Le pape possède le Vatican avec ses annexes, l'Eglise de saint Pierre de Rome, d'innombrables propriétés, et enfin a eu pour héritage *dix millions de francs*. Il possède en tout *deux milliards, 120 millions*, doù il tire un revenu de 120 millions, soit 10 millions par mois, 2 millions par semaine, 40,000 francs par jour, plus de 17.000 francs par heure, 285 francs par minute, et près de 8 francs par seconde; et tout cela sans y comprendre le rendement variable du denier de saint Pierre (a), le trésor de saint Antoine de Padoue et l'impôt que paient annuellement les congrégations, les couvents, les collèges, les églises, etc., etc. Pauvre homme ! ! !

(a) Les affaires de Lourdes rapportent au pape chaque année plus *d'un million de francs* que les pères Oblats de l'Immaculée Conception lui paient en redevance pour le Denier de saint Pierre.

A la suite de l'épouvantable catastrophe d'un train déraillé, la clientèle pouvant avoir moins de ferveur, le pape a fait construire dans les jardins du Vatican une grotte miraculeuse tout-à-fait pareille à celle de Lourdes. L'inauguration en a été faite solennement.... Cette grotte attirera sans nul doute immensément de gogos, et la cassette papale en ressentira les brillants effets.

faites point de longs discours comme les païens, qui s'imaginent qu'à force de paroles ils seront exaucés ». (*Matth. VI, 7*).

Et les théologiens ont composé de longues prières, des oraisons innombrables, des litanies de toutes espèces, à l'usage des fidèles.

Jésus avait dit : « A celui qui veut vous appeler en justice pour enlever votre tunique, abandonnez-lui votre manteau ». (*Matth. V, 40*).

En 1849, sur les sollicitations du pape Pie IX, qui ne veut pas perdre son pouvoir temporel, l'armée française fait le siège de Rome, et replace sur le trône temporel le Souverain Pontife.

En 1867, les chassepots font merveille à Mentana. Pie IX ne consent à abandonner ni son manteau ni ses Etats, et ses fidèles veulent mettre l'Europe à feu et à sang pour relever leur fétiche du Vatican !

Jésus avait dit : « Vous savez que les princes qui possèdent l'autorité sur les peuples, prétendent avoir puissance sur eux. Il n'en sera pas ainsi parmi vous, mais quiconque voudra être le plus grand sera votre serviteur. (*Matth. XX, 25 et suiv.*).

Pourquoi donc alors cette hiérarchie cléricale et cette ambition envahissante des prêtres qui, semblables à l'éponge, cherchent à s'agrandir par leurs absorbantes convoitises ?

Jésus leur avait recommandé l'humilité, et ils nous étonnent tous les jours par leur arrogance, leur soif de domination, leur indomptable orgueil.

Il faut ajouter à cette somme les dons que le pape reçoit chaque année des fidèles et qui peuvent être évalués à *100 millions*, les legs provenant des moribonds, d'anciennes Madeleines soumises ou repenties, et de vieilles douairières hypnotisées, encore 100 millions.

Nous faisons abstraction du produit de différentes dispenses, de la vente des titres de noblesse et des décorations (un procès récent nous a appris que, moyennant 22,500 fr., on peut, un beau matin, se réveiller dans la peau d'un prince, et que la Grand' Croix de saint Grégoire-le-Grand coûte la bagatelle de 6,500 francs).

« L'amour des richesses, a dit saint Paul, est la racine de tous les maux ». (*Paul, 1re Epît. à Timothée. VI, 10*).

— Humbles ! eux ! eux qui rampent quelquefois, mais qui ne plient jamais. — Humbles ! eux, qui veulent être les maîtres de nos affaires publiques et de nos affaires privées, les directeurs de nos femmes et les maîtres de nos enfants, les maîtres de nos cadavres !

« Et Pierre répondit à Jésus : Quand tous se scandaliseraient de toi, moi je ne serai jamais scandalisé.

« Jésus lui dit : En vérité, je te dis que cette nuit même, avant que le coq ait chanté, tu me renieras trois fois.

« Et comme on demandait à Pierre s'il n'était pas disciple de Jésus, il se mit à faire des imprécations et à jurer qu'il ne connaissait pas cet homme ». (*Matth. XXVI, 33, 34 et 74*).

Douloureux enseignement qui nous montre Jésus renié par le disciple dont l'exemple doit être suivi par les Pontifes institués pour prêcher l'œuvre évangélique, et ces Pontifes, en face de la défection de Pierre, osent encore proclamer leur infaillibilité (XXII).

En parlant des prêtres et des théologiens de son temps, Jésus avait dit : « Ils font toutes leurs actions pour être remarqués des hommes ; ils portent de larges phylactères (1) ; ils ont de plus longues

---

(1) Bandelettes en peau de veau noir (*Théfilim*), à l'intérieur desquelles se trouvent inscrites, sur deux morceaux de parchemin roulés ensemble, avec de l'encre noire, et très pure, composée d'après une formule spéciale, ces paroles de l'Ecriture :

« Ecoute Israël ! aie grand soin de faire ce que le Seigneur t'a commandé, afin que tu sois heureux et multiplies de plus en plus selon la promesse que l'Eternel, le Dieu de tes Pères, a faite de te donner une terre où couleront des ruisseaux de lait et de miel.

« Ecoute, Israël, l'Eternel ton Dieu, est *le seul et unique Seigneur*. Aime-le de tout ton cœur, de toute ton âme, de toutes tes forces, etc., etc., etc.,... ».

Les Juifs orthodoxes portent encore aujourd'hui des *Thefilim* sur le front et liés autour du bras de la main gauche, pendant leur prière du matin.

franges à leurs vêtements (1); ils aiment les premières places dans les festins et les premiers sièges dans les synagogues (IV bis), à être salués dans les places publiques et à être appelés : « *Rabbi* ». Mais, pour vous, ne désirez pas qu'on vous appelle *Rabbi*,

---

Le port des phylactères est ordonné par Moïse, en ces termes :

« Que les commandements que je te prescris aujourd'hui soient gravés dans ton cœur. Tu les inculqueras à tes enfants ; tu leur en parleras dans ta maison et en voyage, en te levant et en te couchant. *Tu les attacheras en signe sur ta main, et ils seront comme des fronteaux entre les yeux.* Tu les écriras sur les poteaux de ta maison et sur tes portes ». (*Deuteron VI, 4 et suiv.*).

(1) Les Israélites étaient tenus de porter des franges (*Tsitsith*) aux coins de leurs burnous, en vertu des paroles suivantes de l'Ecriture :

« L'Eternel dit à Moïse : ordonne aux enfants d'Israël d'attacher, eux et leurs descendants, des franges aux quatre coins de leurs burnous, et d'ajouter à ces franges un fil de laine blanc. En les regardant, vous vous rappelerez les préceptes de l'Eternel, pour les accomplir, et vous ne succomberez pas aux séductions de votre cœur et de vos yeux ». (*Nombres XV, 37 et suiv*).

Les Israélites qui se piquaient de dévotion, portaient les franges plus longues que le vulgaire, et c'est à eux que Jésus fait allusion.

Les Juifs modernes ne portent plus de franges aux quatre coins de leur manteau ou de leur pardessus ; mais, comme il est avec le ciel et la loi de Moïse des accommodements, ils ont remplacé le burnous de leurs ancêtres par un long châle en laine blanche avec rayures gris-bleu aux extrémités (*Thaleth*), et, aux quatre coins duquel sont fixées des franges (*Tsitsith*).

A la synagogue, pendant le service divin du matin, l'Israélite mâle, majeur, c'est-à-dire âgé de treize ans révolus (*Bar-Mitzwah*) s'en couvre les épaules et même la tête, après avoir par trois fois embrassé les tsitzith et loué Dieu de lui avoir prescrit d'en porter.

Et, comme la vanité ne perd jamais ses droits en Israël, l'Israélite riche ou simplement aisé, porte un thaleth en soie ou en cachemire orné de galons en or.

Les Juifs orthodoxes portent, en tout temps, (*sous leurs vêtements ?*) une petite pièce d'étoffe carrée (*Arbe kanfath*) aux quatre coins de laquelle sont fixées des franges.

Ainsi que le thaleth, l'arbe kanfath remplace le burnous ancestral. *On lui donne de l'air* pour faire, *chez soi*, sa prière du matin, et on embrasse les tsitzith comme il est dit plus haut.

parce que *vous n'avez qu'un seul Rabbi, et que vous êtes tous frères*. N'appelez non plus personne sur la terre votre *Père*, parce que vous n'avez qu'un Père qui est dans les cieux. (*Matth. XXIII, 5 et suiv.*). Il renouvelait ces recommandations toutes les fois que, le démon de l'orgueil s'emparant de ses disciples, ils se querellaient pour savoir lequel serait le plus grand.

Et les prêtres pourtant, se font tous appeler *Père* au confessionnal ! Nous avons les *pères assomptionistes*, les *pères augustins*, les *pères barnabites*, les *pères bénédictins*, les *pères blancs*, les *pères carmes*, les *pères camilliens*, les *pères capucins*, les *pères chartreux*, les *pères cisteriens*, les *pères dominicains*, les *pères de l'Immaculée Conception*, les *pères jésuites*, les *pères lazaristes*, les *pères maristes*, les *pères marianistes*, les *pères de la miséricorde*, les *pères oblats*, les *pères de l'oratoire*, les *pères passionnistes*, les *pères prémontrés*, les *pères récollets*, les *pères rédemptoristes*, les *pères salésiens*, les *pères du Saint-Esprit*, et une foule d'autres pères ! ! !

Ajoutez à cela les *Docteurs en théologie*, les *Éminences*, les *Grandeurs*, les *Monseigneurs*, les *Révérences*, et tout au haut de la pyramide, SA SAINTETÉ, LE FRONT CEINT D'UNE TRIPLE COURONNE.

On dirait vraiment que l'Église a pris pour tâche de faire le contraire de ce que le Christ avait enseigné.

Jésus avait dit : « Gardez-vous des faux prophètes qui viennent à vous comme des brebis et qui, au-dedans sont des loups dévorants ». (*Matth. VII, 15*).

Et les faux prophètes sont venus avec des croix pectorales d'émeraudes, de topazes, de saphirs, de brillants et de rubis, suspendues à des chaînes d'or massif, avec des tiares et des mitres resplendissantes de perles et de pierres précieuses, vêtus luxueusement comme des femmes, chargés de bijoux et de dentelles, avec de longues traînes de fine étoffe blanche, ou de pourpre ou de soie, ou de brocard, imitant d'abord la voix innocente et douce des brebis, mais affamés, dans leurs cœurs, de désirs effrénés, insatiables, cruels et dévorants, comme des loups, répandant autour d'eux la terreur, la misère et la haine.

Jésus avait dit : « On n'allume point une lampe pour la mettre sous le boisseau : on la met sur le chandelier et elle éclaire tous ceux qui sont dans la maison ». (*Matth. V, 15*). « Malheur à vous, docteurs de la loi, parce que vous vous êtes saisis de la clef de la science ; vous n'y êtes point entrés vous-mêmes et avez encore empêché d'y entrer ceux qui voulaient le faire ». (*Luc. XI, 52*).

Et l'Eglise, de tout temps, a mis le boisseau sur les lumières de la science, parce que ses sapes prudentes ébranlent et ruinent par la base les colonnes miraculeuses de ses temples de l'absurde ; elle s'est constamment opposée à sa propagation, et s'est évertuée à faire la nuit dans les esprits, parce que c'est l'ignorance qui est la source de sa domination sur les âmes.

Les chrétiens brûlent la célèbre bibliothèque d'Alexandrie, fanatisés par l'évêque Théophile, qui les conduit à l'assaut de tous les monuments de la civilisation païenne (II).

En 1502, Christophe Colomb, le célèbre navigateur, est persécuté par l'Inquisition d'Espagne, parce qu'il avait découvert l'Amérique (XX).

En 1663, l'illustre Galilée, est condamné à la prison perpétuelle par l'Inquisition de Rome, pour avoir soutenu que la terre tourne autour du soleil et non pas le soleil autour de la terre. Placé entre le bûcher d'une part et la rétractation de l'autre, il dut, voulant éviter le sort de Giordano Bruno, brûlé vif en 1600, faire à genoux, dans le couvent de la Minerve, une abjuration solennelle (XIX).

« Qui tient la jeunesse tient l'avenir, écrit Eugène

Pelletan (1); les Jésuites le savaient avant Leibnitz (2). Pour prendre possession de la société future, ils ont ajouté aux vœux des autres ordres le vœu d'enseignement.

. . . .

« Quant à leur enseignement en lui-même, il est tout ce qu'on peut attendre de gens qui ont pris pour mot d'ordre : *Guerre à l'esprit humain!*

. . . .

« La science ? Page en blanc ! où peut-elle mener si ce n'est à l'incrédulité ? « Elle n'est qu'une maladie de l'esprit », a dit Joseph de Maistre (3), cet autre Ignace de Loyola. « Le plus grand peuple, selon lui, est *le plus redouté de ses voisins;* la science ne fait que rendre l'officier *paresseux.* Jamais, ajoute-t-il, un membre de l'Académie n'a pris une frégate à l'ennemi ».

« L'histoire naturelle ? Article à retrancher ! Y a-t-il rien de plus ridicule que de regarder un brin d'herbe à la loupe ou d'étudier la chronique d'un coléoptère qui passe de l'état de larve à l'état de monstre ailé, condamné à ne vivre qu'un mois de printemps, et à bourdonner autour d'une fleur d'aubépine ?

« La Géologie ? Chose inutile, pour ne pas dire factieuse contre Dieu. La Genèse suffit pour connaître la date de la création. Toute autre que celle-là ne peut être qu'une antidate inventée par l'athéisme.

« L'Astronomie ? Homme, baisse les yeux ; en les levant au ciel, tu pourrais commettre un sacrilège.

---

(1) Ecrivain, philosophe et homme politique français, remarquable (1813-1884).

(2) Illustre philosophe et savant allemand, né à Leipzig, chef de l'école optimiste (1646-1716) ; sa philosophie fut enseignée, rédigée et développée par Wolf qui, le premier, a tracé une encyclopédie complète des sciences philosophiques.

(3) Philosophe ultramontain (1754-1821).

L'Inquisition a eu raison de prendre le vieux Galilée par les cheveux et de lui frapper la tête contre les dalles d'un cachot pour le forcer à renier, la bouche dans la poussière, la rotation de la terre, pendant qu'elle tournait sous les pieds de ses bourreaux.

« L'histoire ? La science du passé n'est-elle pas toujours, au dire de Joseph de Maistre, une connaissance *infecte*, qui ne peut que donner la fièvre putride à la pensée ? » Est-il nécessaire d'apprendre à la jeunesse le nom de celui qui mit Carcassonne à feu et à sang, de celui qui assassina Henri III, de cet autre qui assassina Henri IV, et de cet autre encore qui assassina Guillaume d'Orange ? Cachons le passé au présent, on risquerait de médire du pape Alexandre VI, que de Maistre veut bien appeler cependant *un mauvais sujet !*

« Telle instruction, telle éducation ; même but, même système : *abetir*, *avilir*, voilà le programme... ». (*Eugène Pelletan. Dieu est-il mort ? p. 92 et suiv.*).

Voulez-vous connaître l'influence déplorable de l'Eglise romaine dans les pays où elle règne, lisez l'éloquente statistique suivante :

STATISTIQUE DE L'INSTRUCTION EN EUROPE

Danemark. — L'instruction y est obligatoire. Au Danemark, ainsi que dans la grande île d'Islande, tous les habitants savent lire ;

Suède. — L'instruction y est obligatoire. Sur 100 habitants, 1 seul ne sait pas lire ;

Suisse. — L'instruction y est obligatoire. Sur 100 habitants, 2 ne savent pas lire ;

Hollande. — Les secours publics sont retirés aux familles indigentes qui n'envoient pas leurs enfants à l'école. Sur 100 habitants, 3 ne savent pas lire ;

Norvège. — L'instruction y est obligatoire. Sur 100 habitants, 3 ou 4 ne savent pas lire ;

Allemagne. — L'instruction y est obligatoire. Sur 100 habitants, 4 ne savent pas lire.

Les pays arriérés sous le rapport de l'instruction, sont :

L'*Espagne*   qui comprend 80 o/o d'illettrés (1);
Le *Portugal*,   »   73   »   »
L'*Italie*,   »   70   »   »
L'*Autriche*,   »   69   »   »
L'*Angleterre*,   »   49   »   »
La *France*,   »   30   »   »
La *Belgique*,   »   28   »   »

Que dire de toute l'Amérique du Sud ?

Dans la République argentine, le dernier recensement relève des chiffres vraiment attristants en faveur de l'abrutissement des masses.

L'histoire générale, aussi bien que la pathologie mentale montrent que la moralité des peuples est en raison directe de leur instruction ; que tous les peuples qui ont mis leur foi dans les symboles, dans les tabernacles, dans les arches saintes, dans les reliques, dans les sacrés-cœurs saignants, qui n'ont pas appelé à eux les lumières de la science et de la raison, n'ont pas tardé à être précipités dans une ruine morale, intellectuelle et matérielle, irréparable.

L'Irlande et la Pologne n'existent plus comme nations ; l'Italie et l'Espagne ont passé par les phases les plus sombres de la décadence, cette dernière entraînant dans sa ruine Cuba et les Philippines ; et si la France a pu échapper à ce que Saint-Simon appelle le « *chancre rongeur de Rome* », et s'est arrêtée dans la descente vers l'abîme, c'est qu'elle a fait sa glorieuse *Révolution*.

---

(1) Douze millions y sont consacrés seulement à l'instruction et soixante-dix-sept millions au clergé pour une œuvre d'abêtissement et de servitude.

En revanche, tous les pays de *libre examen* n'ont fait que grandir et prospérer. Voilà le fait matériel. Renan (*biog.*, *p. 27*) a dit que le catholicisme est la crétinisation de l'individu ; que l'éducation par les Jésuites et les frères de la doctrine chrétienne arrête et comprime toute vertu summative, tandis que les protestants — disons la liberté — la développe ». (1).

La malpropreté est l'indice le plus certain du fanatisme religieux, et cette malpropreté est en raison directe de ce fanatisme. La malpropreté du corps et la malpropreté de l'esprit marchent de pair. Le pouilleux Labre (2) et la noble Elisabeth de Hongrie (3) ont été placés par l'Eglise au rang des plus grands saints, le premier pour avoir réprouvé à l'égard de l'eau l'horreur que la nature ressentait jadis à l'égard du vide ; la seconde, parce qu'elle se délectait aux déjections des mendiants. Ils furent les apôtres de la saleté et conquirent le ciel dans l'ordure.

En Suisse, par exemple, où la propreté est raffinée, il n'existe qu'un seul canton, le Valais, dont la population est sale, et ce canton est catholique. Le crétin du Valais est classique. Le Valais est aussi le canton du goître par excellence.

Alors que du lac de Genève au lac de Constance, les plus pauvres chàlets ont un air de joie et de coquetterie, dans le Valais, la plupart des indigènes

---

(1) Dans une lettre publiée par la *Revue bleue*, Renan a développé sa pensée en ces termes : « La religion que j'envisage comme définitive..., c'est la religion en esprit et en vérité, le culte du Père céleste sans prêtres ni cérémonies. Cela est indubitablement dans l'Evangile et cela y est à l'Etat de pensée dominante. Si l'Eglise a déplorablement manqué à ce programme, il y a toujours eu des protestations au sein du christianisme, dans le sens évangélique pur. Enfin, la forme la plus avancée de l'Eglise de Jésus qui est le protestantisme, aspire de plus en plus à ce culte pur. C'est en ce sens, et en ce sens seulement que j'ai pu appeler le christianisme la religion définitive ». (*Revue bleue, mars 1895*).

(2) Chartreux français (1748-1783).
(3) Reine de Hongrie (1207-1231).

grouillent dans la malpropreté. A Zermatt, on voit, à côté de grands hôtels, les chaumières, à moitié ensevelies sous le fumier, et les familles riches vivre tout entières dans une seule chambre, à côté de leurs bestiaux.

En France, la Bretagne est la région la plus sale, et c'est aussi la plus catholique.

L'Espagne et l'Italie sont les pays les plus sales de l'Europe, et ce sont les plus catholiques.

L'Eglise a toujours combattu avec énergie les pratiques hygiéniques.

A la fin du deuxième siècle, saint Clément d'Alexandrie (1) ne permettait qu'aux femmes l'usage des bains, qu'il appelait une *impudente volupté* pour les hommes. (Barbeyrac. — *Traité de la morale des Pères*, ch. X, § 23. — *Amsterdam, 1728*).

Saint Athanase (2) enseigne qu'il est défendu aux vierges qui ont pris J.-C. pour époux de se laver autre chose que les pieds, les mains et la figure, à condition de n'employer qu'une seule main à la toilette du visage (*De virginitate Opera*, t. pp, p. 116).

Saint Jérôme (3) cite comme modèle saint Hilarion, qui conserva toute sa vie le même cilice. Ce fut une règle des couvents.

En 395, dans la haute Thébaïde, un couvent de cent religieuses ne se lavaient jamais les pieds. Elles n'avaient pour vêtement qu'un cilice qu'elles gardaient jour et nuit, jusqu'à ce qu'il tombât en pourriture. (*Fleury, Hist. ecclés., t. V, liv. XX, chap. IX*). D'où les pestes, les épidémies et les maladies à l'état endémique qui ravageaient si fréquemment le monde et décimèrent les populations du moyen âge.

Michelet (4) a admirablement résumé le moyen

---

(1) Docteur de l'Eglise, mort en 217.
(2) Patriarche d'Alexandrie, célèbre père de l'Eglise (301-378).
(3) Père de l'Eglise latine à qui on doit la *Vulgate* (331 à 420).
(4) Illustre historien et philosophe français. — Auteur d'une histoire de France (1798-1874).

âge en quatre mots : « *Mille ans sans bain* ». Mille ans de crasse, de pestes, de lèpres et de maladie de peau, parce que mille ans de fervent catholicisme.

« Et ils vinrent à Jérusalem, et Jésus étant entré dans le Temple, il commença à chasser ceux qui vendaient et achetaient dans le Temple. Et il les enseignait disant : « N'est-il point écrit : Ma maison sera appelée la maison de prières par toutes les nations, mais vous en faites une caverne de voleurs ? ». (*Marc XI, 15 et 17*).

Qui a transformé les églises en bazars où l'on se sert de l'enseigne du Dieu de pauvreté pour tenir boutique d'indulgences ? Qui a installé dans les temples des bureaux de location pour les stalles du Paradis ?

Qui organise chaque année la procession équestre de Renaix et la procession dansante d'Echternach ?

Qui fait ramper à plat ventre les pèlerins sur le tombeau de sainte Begge ; qui les fait se tordre entre les colonnes de saint Vincent ? Qui ouvre des chapelles où l'on fait voir, contre argent, des chemises sans couture, du sang qui se liquéfie au commandement, et des boulets qu'on ne peut compter ?

O Christ ! insurgé divin ! Quand tu chassais les marchands du temple, prévoyais-tu qu'en ton nom, ceux qui se disent tes ministres, feraient un jour du saint lieu un antre de voleurs ?

Ils touchent à tout, exploitent tout, vendent tout, font pouvoir et argent de tout.

Leur marchandise, c'est la conscience, c'est la croyance, c'est la foi, le plus pur de notre être ; c'est l'intérieur, c'est la paix des maisons ; c'est le repentir, la frayeur, la faiblesse d'un mourant ; c'est la faute d'un père, l'erreur de la mère extorquée aux confidences naïves et tremblantes d'une jeune fille ; c'est la naissance, le mariage, l'enfance, la vieillesse, la maladie, l'agonie, tout ce qu'il y a de solennel, de touchant, de respectable enfin...

Ils tiennent boutique ouverte dans la sacristie des

églises. Ils vendent des messes (1), des indulgences (XXV), de l'eau bénite, des billets des confessions la permission d'épouser sa cousine, son oncle, sa tante (2), de manger de la viande le vendredi, de faire trois repas au lieu de deux, ou deux au lieu d'un, pendant certains jours, et surtout depuis le mardi-gras jusqu'à Pâques. C'est ridiculement odieux ! ! !

On trouve chez eux des restrictions, des compositions, des conventions, des transactions de toutes sortes envers et contre Dieu, au moyen desquelles vous pouvez impunément vous faire traître, voleur,

---

(1) Le sacrifice de la messe, en tant que propitiatoire pour les péchés des vivants et des morts, est regardé par l'Eglise comme le moyen *principal* de soulager les âmes du purgatoire, et les indulgences ne sont qu'une opération subordonnée; les messes pour les morts constituent donc un côté très distinctif dans toutes les églises catholiques. Mais, excepté dans les occasions comparativement rares, telles que le *Jour des morts* et les anniversaires de certaines associations, etc., ces messes se disent, non pas pour les fidèles décédés en général, mais pour des individus, et elles se paient selon un tarif fixe. Le résultat de cet usage et de la doctrine qui s'y rattache, c'est que les riches achètent des milliers de messes applicables au repos de leur âme ou de celle de leurs parents ou amis. Voici où aboutit ce système : un homme riche, qui peut à peine être sauvé, et qui, selon la doctrine catholique, devrait rester le plus longtemps dans le purgatoire et y souffrir le plus, sera délivré infiniment plus vite que le pauvre dont les parents ou les amis n'auront pas les moyens de payer des messes. Il y a plus : en retenant d'avance une telle quantité de messes, les riches empêchent qu'il n'y ait le temps ou l'occasion d'en dire gratuitement pour les pauvres, lors même que les célébrants seraient disposés à le faire, car d'après une règle qui souffre très peu d'exceptions, chaque prêtre ne peut dire qu'une messe par jour. Prenez, par exemple, une église de village, où la famille du riche propriétaire de l'endroit a commandé plusieurs centaines de messes à l'intention d'un parent décédé; le prêtre ne peut refuser ; mais que deviennent dans l'intervalle tous les indigents de la paroisse pendant que la priorité est réservée aux personnes aisées?
La religion catholique, qui se vante d'être tout particulièrement *la religion des pauvres* n'est donc, en réalité, que *a religion d'argent* (XVIII).

(2) L'Ecriture sainte prohibe le mariage entre un neveu et sa tante. (*Lévit. XVIII, 12-14*).

parjure, faussaire, tuer ami ou ennemi, père, mère, frère, sœur, consommer le péché contre nature, tous les incestes imaginables, et les plus monstrueux sacrilèges, sans danger pour votre âme, sans le moindre accroc à votre salut éternel (1) Sixte IX (1471-1484), que la prodigalité entraîne, recourt à tous les moyens pour remplir son trésor qui se vidait. L'historien Cornélius Agrippa, qui vivait à cette époque, nous apprend que ce pape inventa toutes espèces de taxes vexatoires ; il spécula sur le produit de la vente des indulgences, des pardons, du rachat des peines du purgatoire; il n'était rien dont on ne put se faire absoudre avec de l'argent ; en payant bien, on était exempt des punitions destinées aux assassins, aux empoisonneurs et aux parricides.

Comme on le voit, au temps jadis l'on n'y mettait point de façon ; c'était le temps où, pour de l'argent, on concédait aux bandits des permis de vol, où un camérier disant à Innocent VIII (1484-1492), qu'il avait acheté un évêché avec des simonies, et avait vendu des sauf-conduits à des voleurs, celui-ci répondait : « Vous avez bien agi, car Dieu ne veut point la mort du pécheur, mais qu'il paie et qu'il vive ! »

On faisait mieux, on le gravait sur la pierre des monuments funèbres dans les églises. On peut encore en voir un échantillon à Anvers, dans l'église de Saint-Jacques. Il y a là un tombeau élevé à la mémoire d'un nommé *Corneille Van Landschodt*. Sur la pierre tombale se trouve cette inscription en vers flamands :

« *Men windt den hemel met geweld,*
Of is te koop door Kracht van geld ».

---

(1) C'est à Jean XII (1316-1334) qu'est due l'idée de vendre à *prix fixe*, la rémission de tous les crimes ; c'est lui qui inventa le *Tarif de la pénitence apostolique*, plus tard revu et complété par Alexandre VI (1492-1503). Jules II (1503-1513) et Léon X (1513-1521) l'étendent, et ce dernier abandonne même une partie des profits à sa sœur Madeleine, peu repentie.

Ce qui veut dire :

« *On gagne le ciel à l'aide d'efforts,*
Ou on peut l'acheter à force d'argent. »

Au moins, voilà qui est parler net. Il est probable que le défunt *Van Landschodt* avait donné pas mal d'écus au curé de Saint-Jacques. Ses héritiers ont voulu le constater. Mais l'aveu nous a paru curieux à noter.

Ils travaillent pour tous les besoins et pour toutes les bourses. Ils ont des indulgences qui rachètent de dix ans, de vingt ans, de cent ans, de mille ans de purgatoire (le pape peut même délivrer des *indulgences héréditaires* pour *une*, *deux* ou *trois* générations, quand on y met le prix); ils en ont d'autres qu'ils nomment *plénières*, qui font aller tout droit au paradis (1) (XXV).

(1) Les princes catholiques de l'Allemagne, alarmés des progrès du protestantisme, se réunissent en diète à Nuremberg, en 1522, et adressent au pape une pétition, afin d'obtenir de lui un remède aux « *cent abus dont se plaint la nation allemande* » et qu'ils énumèrent dans leur supplique. Voici quelques-uns de ces abus :

« N° 5 Que la permission de pécher impunément est accordée à prix d'argent;

« N° 67 Qu'on exige des pécheurs plus d'argent que de pénitence;

« N° 91 Que les évêques extorquent de l'argent pour le concubinage des prêtres.

Les pétitionnaires exposent ensuite leurs griefs plus en détail et les classent par chapitres« :« Les vendeurs de Bulles d'Indulgence, disent-ils, déclarent qu'au moyen de ces pardons obtenus pour de l'argent, non seulement les vivants peuvent obtenir l'absolution de leurs péchés *passés et à venir*, mais cette absolution peut même s'appliquer à ceux qui sont morts et qui souffrent des peines du purgatoire, pourvu qu'une certaine somme soit déboursée... chacun se promettait l'impunité en péchant à proportion de l'argent dépensé par lui en indulgences. De là, les fornications, les incestes, les adultères, les parjures, les homicides, les vols, la rapine, l'usure, et toute une hydre de calamités. Car quel est le crime capable de faire trembler les hommes, s'ils viennent à se persuader que, grâce au trafic des Indulgences, ils pourront obtenir la permission de pécher impunément moyennant finance, et quelque grande que soit la somme qu'ils auront à payer? »

Ils ont des dispenses de jeûne, depuis l'œuf jusqu'au faisan truffé, depuis la noix sèche jusqu'au turbot à la hollandaise.

Ils ont des messes basses, des messes demi-hautes, des messes très hautes, des messes de huit heures et des messes de midi, des messes de chapelle et des messes de chœur; des messes que l'on dit et des messes que l'on chante ; des messes au serpent et des messes à l'orgue; des messes à quatuor et des messes à grand orchestre.

Ils ont des enterrements à deux cierges, à cent cierges, à dix mille cierges allumés ; ils en ont avec la croix de bois, avec la croix de cuivre, avec la croix d'argent, avec la serge unie, avec du drap noir larmé de blanc, avec du velours broché, brodé,

---

Parlant ensuite des *cas réservés* (c'est-à-dire des péchés dont les confesseurs ordinaires ne peuvent pas absoudre, mais qui sont réservés pour l'évêque ou, dans quelques cas, pour le pape), les princes ajoutent :

« Mais, si quelqu'un a le moyen de payer, non seulement les infractions à ces règles sont autorisées, mais l'Indulgence lui donne la permission de les violer impunément à l'avenir. Il en résulte que ceux qui obtiennent une dispense semblable en profitent pour commettre le parjure, le meurtre, l'adultère, et d'autres atrocités du même genre, puisque le premier prêtre venu peut leur donner, grâce à l'Indulgence, une absolution vénale ».

Et le pape, au lieu de nier la vérité de ces horribles accusations, admet implicitement les faits tels qu'ils ont été exposés. Disons plus, il ne peut pas les nier, car le livre intitulé « *Tarif de la pénitence apostolique* (voir p. 81, note) existait alors et existe toujours, donnant un tarif régulier pour l'absolution des péchés de tout genre, y compris la simonie, le meurtre commis par un prêtre, l'inceste, le vol, etc...

Quelques détails sont très curieux. Ainsi pour le meurtre d'un père, d'une mère, d'un frère, d'une sœur, ou d'une épouse, le prix de l'absolution est 1 ducat 4 carlini, quand le meurtrier est un laïque. Mais si plus d'une personne a été assassinée parmi celles que nous venons d'énumérer, et si l'on achète une seule absolution pour toutes les victimes, le prix entier doit être payé pour le premier nom porté sur la liste, et moitié prix pour les autres. Dans des circonstances pareilles, le meurtrier, s'il est prêtre, est tenu de faire le voyage à Rome.

blasonné, avec des artistes de l'Opéra, le tam-tam et la trompette à pistons.

Ils tiennent un immense assortiment de bimbeloterie, de quincaillerie, d'épicerie religieuse, et d'autres objets sacrés, tels que reliquaires, rosaires, chapelets, épines de la vraie couronne (elles ont donné plus de *huit cents rejets*), clous de la Passion (*une trentaine*, y compris celui dont a été forgée la couronne des rois lombards (1); bois de la vraie croix (*trois cents* hommes suffiraient à peine aujourd'hui à la porter (2); crèche de Bethléem (elle existe encore en partie dans plusieurs églises et le foin qui s'y trouvait est allé échouer en Lorraine); cruches des Noces de Cana (les six cruches sont devenues légion); fruit du jardin des Oliviers; doigts de saint Jean, tête de Jean Baptiste (se trouve dans la cathédrale d'Amiens, au monastère de Saint-Jean d'Angély, à l'Escurial (en Espagne), chez les religieux du Liban, sans compter *deux crânes*, l'un à Venise, l'autre à Bologne); squelette de saint Denis (il en existe *deux exem-*

---

(1) La couronne fut commandée, en 591, par Théodolinde, veuve d'Antaris, roi des Lombards, lorsqu'elle se remaria avec Agilulphe, duc de Turin. Cette couronne n'a de fer qu'un certain intérieur surmonté de six plaques d'or recouvertes d'émail vert à fleurs rouges, bleues et blanches, dessinées en filets d'or, pour faire comprendre au roi qui la ceint, que la royauté est un poids lourd, caché sous un éclat trompeur. Au sommet de la couronne se trouve la croix traditionnelle. La tradition veut que le fer intérieur soit l'un des clous ayant servi au crucifiement du Christ.
Déposée dans le trésor du monastère de Monza (Italie), elle fut portée par Charlemagne lorsque, en 774, il fut sacré roi de Lombardie. En 1452, elle fut portée à Rome pour le couronnement de Frédéric IV et, en 1530, à Bologne, pour le couronnement de Charles-Quint. Ce fut en 1805 que Napoléon Ier réunit, à Milan, la couronne de fer à la couronne de France. Lorsque la Lombardie tomba au pouvoir de la maison impériale d'Autriche, la couronne de fer fut transportée à Milan, et elle fut remise au roi d'Italie après la guerre de l'Indépendance italienne.

(2) Calvin disait qu'en réunissant les morceaux du bois de la croix, on pourrait en faire le chargement d'un navire.

plaires, l'un à S‍ᵗ-Denis et l'autre à Sᵗᵉ-Emmerau); corps de l'apôtre saint Barthélemy (se trouve *tout entier* à l'église de Bénévent et de Sᵗ-Pierre, à Rome; le mont Cassin et Reims possèdent également chacun *une grande portion du même corps*; on lui connaît, en outre, trois têtes, une à Naples, une à Reichenau et une troisième à Toulouse, *deux sommets de la tête*, à Francfort et à Prague, *une partie du crâne* à Maestricht, une *mâchoire* à Steinfeld, une *partie de mâchoire* à Prague, *deux mâchoires* à Cologne et *une mâchoire* inférieure à Murbach, *un bras et une main* à Gersiac, *un second bras couvert de chair* à Béthune, *un troisième* à Amalfi, *une grande partie d'un quatrième* à Foppens, *un cinquième* et *une partie d'un sixième* à Cologne, *un septième* à Andechs, *un huitième* à Ebers, *trois grands os de la jambe ou du bras* à Prague, le *fragment d'un bras* à Bruxelles, et, dans vingt autres lieux, d'autres parties du corps, sans compter des bagatelles comme la peau, les dents et les cheveux); fragment d'un cordon ombilical du Christ, son prépuce (on compte *sept prépuces* pour une seule circoncision); son sang (le sanctuaire de Vormezeele près d'Ypres (Belgique) possède, depuis 1152, le *saint sang* du Christ; il consiste en grains de sable imprégnés du sang du Christ et fut rapporté de Rome par un chanoine du couvent de Voormezeele); ses cheveux, ses dents, ses larmes (l'Église nous montre à Vendôme et à Marseille les larmes que le Christ versa au tombeau de Lazare); ses langes, sa robe sans couture (Argenteuil, Trèves, Moscou et Rome s'en disputent la possession); son suaire, (la cathédrale de Sᵗ-Jean à Bezançon et l'église de Cadouin (Dordogne), possèdent un saint suaire dont elles se disent l'unique propriétaire; il existe également dans la cathédrale de Turin une étoffe jaune portant diverses empreintes et qu'on vénère comme étant le suaire du Christ); on montre à Rome, à Turin et à Jaen (Espagne), un linge portant l'empreinte du visage du Christ (1); cheveux de la Vierge (le sanctuaire de Notre-Dame-du-Trésor, à Remiremont, dans les Vosges, possède une statue de la Vierge en bois de cèdre, sur laquelle les cheveux ont poussé, et la Vierge, dans une apparition, a expliqué que c'étaient là ses propres cheveux); son voile (Notre-Dame-du-Saint-Voile, à Coupiac, au diocèse de Rodez, possède le voile de la Vierge, une belle toile qu'on jurerait être du linon de Hollande); sa chemise (la somptueuse cathédrale de Notre-Dame-du-Pilier, à Chartres, exhibe aux fidèles disposés à financer, la chemise même de la Vierge ; cette cathédrale tient ce vêtement intime de la munificence de Charles-le-Chauve, en 876 ; particularité bizarre : la sainte chemise de la Vierge est en soie); son lait (plus de *soixante-neuf* églises possèdent, en reliques, ce précieux liquide (2); le trésor de l'Eglise de St-Servais, à Maestricht (Hollande) détient également le lait de la bonne Vierge); son soulier (le célèbre sanctuaire de Notre-Dame-du-Puy, en Auvergne, possède le soulier de la Vierge).; son cordon (Notre-Dame du St-Cordon, à Valenciennes, possède un cordon miraculeux ayant appartenu à la Vierge); la chandelle d'Arras (bout de bougie apporté du ciel par la Vierge au xiie siè-

---

(1) La tradition rapporte que le Christ, portant sa croix, avait rencontré une femme qui lui essuya le visage et que l'empreinte était restée sur le linge.
En souvenir de cette légende on représentait la tête du Christ sur un linge, tenu par une femme. Au bas était écrit: *Vera iconica*, c'est-à-dire en basse latinité, *véritable image*.
Au moyen âge, les moines ne comprenant pas ces mots, crurent, en les réunissant, y trouver le nom de la femme en question.
C'est ainsi que fut crée sainte Véronique.

(2) « Il n'est ni si petite villette, disait Calvin, ni si méchant couvent, soit de moines, soit de nonnaines, où l'on ne montre du lait de la sainte Vierge, les uns plus les autres moins. Tant il y a que si la sainte Vierge eût été une vache, ou qu'elle eût été nourrice toute sa vie, à grand'peine en eût-elle pu rendre une aussi grande quantité. (*Calvin.* — *Traité des reliques*). »

cle, et dont on s'est longtemps servi comme un charme contre la peste; après avoir été perdue et oubliée, la chandelle d'Arras a été retrouvée et son culte renouvelé, il y a une vingtaine d'années); élixir de saint Vincent de Paul (qui guérit l'anémie, la neurasthénie, la chlorose, en vingt jours); pastilles dites au miel, de saint Antoine de Padoue (qui guérissent tous les maux); pommade antiherniaire des Trappistes; eaux du Jourdain et de la piscine de Siloé (dont les vertus ne sont pas indiquées); eau de mélisse des Carmes (qui conserve au teint sa fraîcheur); eau de la Salette (1) (qui guérit la brûlure et le mal de dents); eau de Lourdes (2) (qui guérit toutes

---

(1) En 1846, une vieille dévote, nommée Mlle Lamerlière, dans un singulier accoutrement, se montre à deux enfants pauvres d'esprit, sur la montagne de la Salette (Isère). Elle leur parle en un mauvais français de la turpitude humaine, et accuse l'absence de la foi de causer la maladie des pommes de terre. La chose fait grand bruit, et la vente des eaux miraculeuses de la Salette augmente le trésor du clergé. Et voyez jusqu'à quel point est poussé l'aveuglement de certains catholiques ! La condamnation de Mlle Lamerlière, par le tribunal de Grenoble, à cause de l'indigne comédie qu'elle venait de jouer, n'empêcha pas ce commerce scandaleux d'avoir le plus grand succès ! ! !

(2) Vers 1850, Mme P... (de Toulouse à Montpellier, tout le monde prononce son nom), femme d'un chocolatier, est surprise un soir dans la grotte de Massabielle, aux environs de Lourdes, en galante compagnie d'un officier de cavalerie, par une petite vachère, Bernadette Soubiros, qui pourrait jaser !.. Cacher derrière elle le vaillant guerrier, prendre un air inspiré et disposer gravement sur chacun des pieds de l'enfant les fleurs qu'elle porte, est l'affaire d'un instant.

Puis l'Immaculée Conception — c'est le nom que la voyante lui donne — adresse la parole en patois à la petite vachère, en l'engageant à revenir...

Voilà un miracle accompli dans des conditions hydrauliques meilleures que celui de la Salette. La fontaine de Lourdes débite un volume d'eau infiniment supérieure à celui de la source de la Salette (a). Le clergé a élevé au-dessus de

---

(a) Grand émoi depuis quelque temps chez les hommes noirs : Notre-Dame de Lourdes est convaincue d'être une grotesque opération de bazar. La supercherie est évidente ; les cléricaux sont affolés.

Un ingénieur hydrologue, M. Louis Probst, a découvert

les maladies ; elle est à la fois dépurative, rafraîchissante antiseptique, digestive, reconstituante et inoffensive ; un grand nombre d'étudiants qui, lors d'un concours avaient eu la précaution de *tremper leurs plumes dans la fontaine*, passèrent tous et quelques-

la colline une église monumentale ; les murs de la chapelle et les parois de la fontaine étalent aux regards les *ex-voto* de toutes les infirmités guéries par la vertu miraculeuse de la fontaine. Enfin, trois ou quatre couvents sont sortis instantanément du sol au sommet des hauteurs voisines, comme autant de témoins en pierre de taille, appostés pour certifier la résidence à poste fixe de la Vierge dans la vallée de Lourdes ; et depuis, les trains de plaisir de la Compagnie du Midi y déchargent constamment des caravanes de pèlerins (XII).

Louis XI adressait des prières aux images de la vierge d'Embrun et de Cléry, comme si c'étaient deux personnes distinctes et rivales, jusqu'à un certain point. Cette rivalité s'est renouvelée de nos jours entre la Vierge de la Salette et celle de Lourdes où la jalousie la plus vive existait, il n'y a pas bien longtemps, entre les gardiens des deux sources. « C'en est fait de Notre-Dame de la Salette, disait tristement un partisan de cette Vierge, avec une grossièreté assez instructive : *Notre-Dame de Lourdes l'a envoyée se faire f...* ».

Ajoutons que, dans la cathédrale de Chartres, il y a deux statues rivales de la Vierge, l'une dans la nef, l'autre sous terre, dans la crypte ; chacun a sa confraternité particulière et ses dévots exclusifs.

---

que les Pères de la grotte volaient la confiance et l'argent des croyants, car l'eau mise aux bidons et gourdes des pèlerins ou jetées dans la piscine miraculeuse, ne vient pas du tout de la grotte où Mme P... jouait l'Immaculée Conception ; elle vient du Gave par une canalisation très compliquée dont M. Louis Probst a mis le plan sous les yeux du public.

M. Probst était un croyant. Venu à Lourdes avec sa femme malade, celle-ci s'en retourna plus malade encore. La foi de l'époux fut, à vrai dire, un peu ébranlée par cette constatation.

Plusieurs fois depuis, il retourna à Lourdes pour se livrer à des investigations méthodiques et vérifier si, oui ou non, cette source abondante était un don de la Vierge.

Après des recherches consciencieuses, il constata que l'eau débitée aux croyants comme divine et miraculeuse, est tout simplement l'eau du Gave que les prêtres, au moyen de procédés souterrains du plus *modern-style*, ont amenée au point voulu.

uns avec distinction, grâce à des papiers écrits avec ces plumes); eau de saint Roch anticholérique ; barbons (poissons qui crient) des lacs de Tibériade et de Génésareth ; roses de Zéricho ; cailloux de la vallée de Josaphat ; médaille de saint Joseph (qui arrête les incendies, assure le succès dans les examens, et guérit miraculeusement ceux qui les portent); médaille de saint Benoît (qui protège contre toute attaque magique et diabolique, guérit les fractures, purifie les eaux d'un puits dont il eût été impossible de faire usage, rend fertiles les arbres fruitiers improductifs, et a protégé contre les obus pendant le siège de la Commune, toutes les maisons de Paris aux fenêtres desquelles on l'avait suspendue); Agnus Dei (petite médaille de cire, obtient pour ceux qui la portent protection contre la langueur spirituelle; elle purifie des péchés véniels et efface les dernières traces laissées par les péchés après confesse; elle met les démons en fuite, empêche la mort subite, donne la prospérité temporelle, garantit les soldats sur le champ de bataille, et leur procure la victoire; elle sert d'antidote contre les poisons, arrête les épidémies, les tempêtes et les ouragans, délivre du naufrage et procure des accouchements faciles ; malheureusement ce précieux médaillon est assez cher et limité par conséquent, aux riches, car le Pape seul peut le bénir, et généralement à de longs intervalles, de sorte qu'on ne peut pas aisément se le procurer); chaîne de saint Pierre, petit modèle, qui a touché la relique originale (celui qui la porte en guise de chaîne de montre, obtient le bienfait de plusieurs indulgences, et ne coûte que 1 fr. 20) (1); chemise de la Vierge, petit modèle, de celle qui est conservée à Chartres (pro-

---

(1) On vient de faire une nouvelle découverte, c'est une *médaille électrique* provenant du tombeau du Christ; *elle guérit toutes les maladies*. L'on ne nous dit pas où l'on peut se la procurer. C'est vraiment dommage, car sa possession aurait fait économiser à bien des pauvres malades un voyage dispendieux à Lourdes.

tége un duelliste contre l'épée de son adversaire); images, (1) complaintes, cantiques par milliers de millions, (*Voir Traité des superstitions, par l'abbé Thiers. Dictionnaire des reliques, par Collin de Plancq. Le cordon séraphique, par Mgr de Ségur. Funiculum Triplex, par Francis Walsh, de l'Ordre de saint François*. Huguet, *Vertu miraculeuse de la médaille de saint Joseph. Dom Guéranger, La dévotion de Marie, en exemples. Essai sur la médaille de saint Benoît d'Arramville. Origine et Effets de la médaille de saint Benoît. Lafond, Histoire des chaînes de saint Pierre. Miracles de Notre-Dame de Lourdes, etc., etc., etc.*)

Puis, à certains jours, quand les affaires ont été bonnes, ils donnent des fêtes : tous les ravissements, toutes les extases des yeux et de l'ouïe. L'église, ce jour-là, étincelle d'or et de cristal ; on y marche sur des tapis et il y a des rideaux aux fenêtres pour l'agrément du teint des dames. Les miroirs n'attirent-ils pas les alouettes ?

Les paroles que Jésus prononçait, il y a dix-huit siècles, il vous les adresserait encore aujourd'hui, s'il revenait parmi nous, et il ajouterait :

« Prêtres gras, repus, vêtus de pourpre et d'or, qu'avez-vous fait de mes enseignements, vous qui encensez le veau d'or ; qui, dans vos prières, faites une large part aux riches et une maigre part aux pauvres ; vous qui refusez des prières, au malheureux qui se tue et canonisez l'idiot qui se ma-

---

(1) Il ne sera bientôt plus question de pilules laxatives ou toniques, ni même d'eau de Lourdes ou de pastilles au miel de saint Antoine de Padoue. Les dévots, pour guérir tous leurs maux, mangeront des images de la sainte Vierge que vendent les révérends Pères Prémontrés. Le prospectus dit :

« Les miniatures de la mère de Dieu, *qu'il faut prendre tous les jours pendant la prière*, ont une telle efficacité que nombre de bons croyants en ont éprouvé des *soulagements absolument miraculeux*. »

cère (1) ; vous qui avez sacrifié au Dieu de paix et de miséricorde des millions de victimes sur les bûchers par la torture et les persécutions (XX).

Allez, ministres prévaricateurs, vous n'êtes point ses disciples !!! ».

Avant d'examiner les parties principales de ce grand corps qui projette son ombre sur tous les points du globe, remontons à l'origine d'une religion que l'orgueil et l'astuce ont convertie en une immense erreur.

Du temps de Jésus, il existait en Palestine un ordre antique et respectable qui avait nom : Essénisme (IV).

Cet ordre, remarquable par la simplicité de sa croyance et la pureté de ses mœurs, a excité l'admiration des contemporains. Philon *(biog. p. 14)*, Josèphe *(biog. p. 8)* et Pline (2) en parlent dans leurs écrits avec une égale admiration.

« Les Esséniens, dit le premier, sont les hommes les plus vertueux de la terre ; entre eux point de différence de caste : ils vivent dans une concorde fraternelle. »

Pline et Josèphe confirment le jugement de Philon.

Les Esséniens devaient certainement attirer les sympathies d'une nature aussi élevée qu'était celle du Christ. Aussi le Réformateur s'affilia-t-il à leur

---

(1) Le suicide *lent* est excusable aux yeux de l'Église catholique, quand il est inspiré par le désir de satisfaire à la justice divine, et la crainte de l'enfer.

« Ce n'est point être homicide de soi-même, dit le cardinal Gousset, archevêque de Reims, que d'abréger sa vie par les austérités de la pénitence, pourvu que les jeûnes, les privations, les veilles ou macérations auxquelles on se livre ne soient pas *indiscrètes*. En tout cas, la bonne foi, le *désir de satisfaire à la justice divine, la crainte de l'enfer*, excusent facilement les exc s de ce genre ». (*Gousset. Théolog. morale à l'usage des confesseurs, 1853*).

Et ces choses là se répètent dans les sermons !!!

(2) Littérateur romain distingué, auteur du *Panégyrique de Trajan* et de *Lettres célèbres* (62-115).

ordre et s'aida-t-il, plus tard, de l'élément essénien pour fonder sa doctrine.

Le Christianisme de Jésus et l'Essénisme avaient d'ailleurs entre eux tant de rapports que, dans les premiers siècles de notre ère, un savant bénédictin osa écrire que la croyance essénienne était une essence du Christianisme et que, par conséquent, celui-ci datait antérieurement.

Erreur qui tombe devant les preuves palpables de documents authentiques.

Le christianisme établi, les premiers chrétiens vivaient retirés et souvent divisés entre eux.

Bientôt, sans nous arrêter à leurs migrations, à leurs luttes intestines, aux persécutions dont ils furent l'objet, bientôt nous les retrouvons à Rome, puissants et aspirant à tenir le sceptre du monde. (XVI) Ils ont pour chef le Pape, dont la parole infaillible fait courber le front des peuples et des rois. (XXII)

Comment, et par quels moyens sont-ils arrivés à ce degré de puissance?

Ecoutons les pères de l'Eglise ; ils nous le diront eux-mêmes. Voici les paroles de l'évêque Synésius : (1).

« Le peuple est peuple et veut absolument qu'on le *trompe;* c'est ce qu'ont bien compris les prêtres égyptiens, qui célébraient leurs mystères dans un asile impénétrable aux regards des profanes, de crainte que le peuple ne surprît leurs mystères et ne se fachât.

« Pour moi je serai toujours philosophe avec moi-même, mais prêtre avec le peuple » (*In calv. p. 515*).

---

(1) Ecrivain et philosophe grec que, sur la fin de sa vie, les habitants de Ptolémaïde, dans la Cynéraïque, réclamèrent pour leur évêque. Il ne consentit à se laisser baptiser, ordonner et mitrer que sous la condition de conserver ses chiens de chasse, ses chevaux, ses enfants, sa femme et... ses opinions. Il mourut en 410.

Voici ce qu'écrivit saint Grégoire de Nazianze (1) à saint Jérôme (*biog. p. 78*) :

« Il ne faut que du babil pour en imposer au peuple. Moins il comprend, plus il admire. Aussi nos pères et nos docteurs ont souvent écrit, non ce qu'ils pensaient, mais ce que leur faisaient dire les circonstances et le besoin. » (*Hiéron. ad Nep.*).

On le voit, l'esprit de fraternité, la pratique naturelle des vertus, ont été écartés par les chefs du Christianisme. Ils ont mis la religion au service de leur orgueil, et c'est par eux-mêmes que l'humanité a connu leurs abrutissantes théories.

Étouffer l'intelligence des peuples, afin d'en faire les complices de leur œuvre satanique, s'appuyer sur les mauvais instincts des masses pour arriver à dominer l'humanité entière, tel fut leur but, tel est encore leur rêve.

Ce que voulaient les Papes, c'est régner sur le monde.

Aussi, quelle fut leur joie, quand ils virent les nations à leurs genoux, des rois, des empereurs leur baiser les pieds (XVI).

Sans souci de la dignité humaine, ils ne reculaient pour arriver à leurs fins, ni devant l'iniquité ni devant la violence.

Aussi l'Histoire est-elle pleine du récit des souffrances de leurs victimes. Jeanne d'Arc (2), Savonarole (3), Etienne Dolet (4), Vanini (5), Giordano Bruno (XIX), qui moururent sur le bûcher ; Ramus

---

(1) Célèbre théologien, père de l'Eglise grecque (328-389).

(2) Surnommée la *Pucelle d'Orléans*, héroïne française, brûlée vive à Rouen, en 1431, comme relapse et sorcière (II).

(3) Dominicain italien, brûlé pour cause d'hérésie (1452-1498).

(4) Erudit français, brûlé comme hérétique à Paris, martyr de ses opinions philosophiques (1509-1546).

(5) Célèbre philosophe italien, brûlé vif à Toulouse pour avoir écrit *quatre livres sur les Secrets admirables de la Nature, reine et déesse des mortels*. (1585-1619)

(La Ramée) (1), qui périt dans le massacre de la Saint-Barthélemy ; Roger Bacon (2) qui fut chargé de fers ; Campanella (3) qui subit six ans de torture et languit pendant vingt-sept ans dans un sombre cachot, accusé de sorcellerie ; Van Helmont (4) qui n'échappa que par la fuite aux supplices qui l'attendaient, et tant d'autres qu'il serait trop long de citer.

Et, ce qui leur servit surtout à se rendre puissants, c'est la *confession auriculaire*.

La *confession*, que les chefs du cathocisme n'ont d'ailleurs pas plus inventée qu'ils n'ont inventé la plupart de leurs dogmes et de leurs usages, se pratiquait à certaines époques de l'année chez les sectateurs de Christna, ainsi que dans les mystères égyptiens, phrygiens et autres.

Les premiers chrétiens confessaient leurs fautes graves *publiquement*, à l'instar des Esséniens.

Ce ne fut qu'au vii° siècle que, frappés d'une part des inconvénients de la confession publique (une femme de Syracuse avait fait devant tous l'aveu de ses relations intimes avec l'évêque Nectaire et son successeur Chrysostôme), comprenant, d'autre part, combien il leur serait utile de pénétrer dans le secret des cœurs, les prêtres fondèrent la confession auriculaire, cet outrage perpétuel à la pudeur et à l'inviolabilité de la conscience humaine.

Elle ne fut d'abord obligatoire que pour les moi-

---

(1) Philosophe français, un des plus célèbres dialecticiens du xvi° siècle. Avant Descartes proclama que le critérium de la vérité est dans la seule raison (1515-1572).

(2) Célèbre philosophe anglais, auteur du « *Novum Organum* ». Cet ouvrage, rédigé en aphorismes, renferme sa méthode, qui est *l'observation et l'induction, fondée sur l'expérimentation ou des expériences nombreuses et variées*. C'EST LA SEULE MÉTHODE QUI PEUT BANNIR DE L'ENTENDEMENT HUMAIN LES FANTOMES QUI L'OBSÈDENT, LES SOPHISMES ET LES ERREURS QUI OBSCURCISSENT LA VÉRITÉ (1560-1626).

(3) Philosophe italien, combattit la Scholastique (1568-1639).

(4) Célèbre médecin belge (1577-1644).

nes et les moinesses, et les hauts dignitaires de l'Eglise seuls recevaient les révélations du confessionnal.

Profonde perspicacité ! ! !

Afin de s'assurer dans l'avenir la puissance universelle sans partage, on commence par s'emparer de l'esprit de ses propres affiliés.

Plus tard, le quatrième Concile de Latran, en 1215, fit de la confession auriculaire une obligation générale (XVIII) (1).

Plus de mystères, dès lors, que ne pénètre cette police sacrée qui, étendant son action sur toutes les familles, contraint le fils à dénoncer son père, le père, son fils, la fille à accuser sa mère, la femme, son mari, l'amante à livrer son fiancé (2).

Que de victimes de la confession les pages sanglantes de l'histoire de l'Inquisition ne nous font-elles point connaître ! ! !

Ils l'ont dit eux-mêmes : « Moins le peuple comprend, plus il admire ».

Il fallait donc que l'ignorance fut complète ; que *toute* pensée indépendante fût proscrite ; que tout ce que des cerveaux d'élite pouvaient apporter de lumière, de science, fût étouffé, et l'on arriverait ainsi à régner sans conteste, sur une humanité abrutie, mais docile.

Des siècles se sont écoulés ; ce qui était opprimé s'est affranchi. La confession, de nos jours, n'exerce

---

(1) Plutarque (50-120), célèbre historien et moraliste grec, auteur de la *Vie des hommes illustres* et des *Traités de morale*, nous a conservé le mot remarquable d'un Spartiate qu'un prêtre voulait confesser :

« Est-ce à Dieu ou à toi que je me confesse ? ». A Dieu, répondit le prêtre. En ce cas, fit le Spartiate, *homme retire-toi!* (*Plutarque. Dits remarquables des Lacédémoniens*).

(2) L'Inquisition forçait, sous peine de complicité, le fils à dénoncer son père, le père son fils, la femme son mari. Tu te frappes la tête sur la pierre de ton cachot et tu te dis : Qui donc a répété le mot que mon oreille seule a pu entendre ? Tu le demandes, malheureux ! Ta femme n'a-t-elle pas un confesseur ? (XX).

plus son influence malsaine que sur ceux qui, redoutant les flammes de l'enfer, demandent à de vaines pratiques l'absolution de leurs fautes.

Ni la prison, ni le glaive, ni les bûchers, n'ont empêché le progrès de se frayer une route lumineuse à travers les ténèbres du passé.

Rome a voulu tuer la raison humaine ; cette raison la tuera un jour. Et déjà les signes du temps présagent la chute définitive d'un pouvoir qui ne s'est maintenu qu'en versant à flots le sang des peuples.

Voici venir la science et la liberté qui préparent au genre humain de meilleures destinées.

Ils ne sont plus les jours où le mal était coté en raison de la valeur personnelle des individus ; où les puissants de ce monde croyaient se faire pardonner leurs crimes en se pliant à de frivoles observances ; où il était loisible à chacun de tromper, de dépouiller son semblable, quitte à se faire absoudre en payant au clergé le prix convenu.

Lorsque, en lisant les Pères de l'Eglise, on voit de quels arguments naïfs, sinon ridicules, ils se sont servis dans la confection des dogmes, on s'étonne, à bon droit, ou de tant de crédulité, ou de tant de mauvaise foi.

Eux, qui ne firent que propager, sous d'autres noms, les croyances de la sagesse antique, qui les autorisait à lancer l'anathème sur ces croyances ?

Eux, qui ne firent que continuer, sous de nouvelles formes, les religions anciennes, qui les autorisait à maudire ces religions ? (XVIII et XVIII *bis*).

Ignoraient-ils que rien ne leur appartenait en propre, pas même les sacrements ?

Examinons maintenant les *dogmes principaux* sur lesquels repose cette religion qu'un abîme immense sépare du christianisme de Jésus (IX).

« Par son chef, enseigne la théologie chrétienne, le genre humain avait péché contre Dieu. Il ne pouvait se réhabiliter qu'en rachetant sa faute par l'expiation ; mais, afin que l'expiation eût l'efficacité suffisante pour racheter la faute, il fallait qu'elle l'égalât. Or, la faute elle-même était égale à la justice qu'elle avait violée ; et comme cette justice était infinie, la faute était infinie, et l'expiation devait l'être aussi.

« L'homme, étant fini par sa nature et devenu encore plus fini, si on peut le dire, par son péché, ne pouvait donc tirer de son fond l'expiation réclamée par la justice qui le poursuivait, et qui ne pouvait s'abdiquer elle-même sans cesser d'être infinie et dès lors divine. Il aurait fallu que l'homme pût devenir Dieu et que, dans cet état, il s'immolât à Dieu.

« Or, ce fut un prodige semblable qu'il plût à la bonté de Dieu de produire pour le salut du genre humain, en lui annonçant, dès sa chute même, un libérateur qui sortirait de la race humaine et à qui s'unirait la nature divine, pour faire de lui une victime capable d'égaler l'expiation à la faute. C'est ainsi que Jésus-Christ, pour racheter le genre humain, dut être une victime infinie, victime comme homme, infinie comme Dieu ». (*Auguste Nicolas.* — *Etudes philosophiques sur le christianisme*, *3ᵉ édition, t. I, p. 295*).

Et M. Nicolas aurait pu ajouter : *Dieu eût cependant la complaisance d'accorder à Jésus-Christ un répit de 4000 ans, et il est juste de convenir que c'était quelque chose.*

On le voit, le dogme de la *chute originelle* est le *dogme fondamental* et générateur de tout le christianisme dogmatique. De ce dogme, en effet, découlent celui de l'*incarnation* du *verbe* et de la *rédemption* du genre humain (1).

---

(1) L'Eglise, en même temps qu'elle déplore la chute originelle, se console par le spectacle des biens ineffables que la Providence a su en tirer, et elle ne craint pas de s'écrier : « *O heureuse faute, qui a mérité d'avoir un tel réparateur !* » « *O felix culpa, quæ talent meruit habere redemptorem !* »

Le sang jouait un grand r le d ns les anciennes religions.

Incompréhensibles mystères ! ! !

Est-il croyable qu'un Dieu, la puissance, la justice, la bonté infinies, punisse les enfants pour la faute de leurs premiers pères ; que sa miséricorde ne puisse se manifester qu'à la condition d'un sacrifice sanglant, sauvage, infâmant subi par son propre fils, par un autre lui-même, et de la main d'hommes *fatalement choisis* par lui pour être les instruments de cette sanglante expiation (1).

Notre raison et notre conscience ne s'accommoderaient jamais d'une doctrine qui efface la personnalité humaine et la justice divine, d'une doctrine qui fait reposer notre salut sur la plus grande ignominie dont l'histoire conserve la mémoire (2), et qui, pour expliquer ses prétentions, nous fait vivre tous ensemble dans l'âme comme dans le corps du premier

---

A peu près toutes établissaient la *purification*, l'*expiation* et la *rédemption* par le sang. Presque tous les dieux en demandaient. *Calchas immola Iphigénie. Jephté sa propre fille.* Chez les Hébreux, les prêtres étaient consacrés avec du sang. « Tu tremperas ton doigt dans le sang, dit le Dieu de Moïse, et tu en mettras sur l'oreille droite, sur le pouce de la main droite et du pied droit d'Aaron et de ses fils ; tu en verseras sur leur tête et sur leurs vêtements. Mon autel doit être perpétuellement arrosé de sang.» (*Lévitique VIII, 23 et suiv.*). Il n'est donc pas étonnant que le même Dieu ait exigé et reçu le sang de son fils en expiation des crimes du genre humain ; ce qui fait dire à saint Paul : « Il n'y a point de rémission sans l'effusion du sang ».

Le dogme de la rédemption a passé par les phases les plus étranges ; pendant longtemps on crut que le Christ avait procuré le salut des hommes en offrant une rançon au diable (*Voir Bost, pasteur*).

(1) Les chrétiens n'ont jamais pardonné aux juifs le supplice de Jésus, bien que, par suite de leur dogme de la rédemption, ce soient eux qui en ont le plus profité (XIV).

(2) Tertullien (*biog., p. 10*) l'avoue avec une incroyable naïveté. Défiant la logique, rejetant, comme la pire des tentations, les recours à la raison, il ose écrire : « Ce qui est indigne de Dieu est précisément ce qui me convient le mieux. Le fils de Dieu a été crucifié ; je n'ai garde d'en rougir, précisément parce que la chose est honteuse ; le fils de Dieu est mort, cela est croyable surtout parce que c'est inepte et absurde ; il est ressuscité, rien n'est plus certain, car c'est impossible. » (*Tertul. De Carne Christi. Cap V*).

homme, d'une doctrine qui nous enseigne que quelque nombreux que nous soyons dans la succession des âges, nous faisons partie d'Adam, en esprit et en matière ; que nous avons pris part à son crime et que nous devons avoir notre part dans sa condamnation (1).

Le sentiment profond de notre liberté morale se refuse à cette assimilation fatale qui nous enlèverait notre initiative, qui nous enchaînerait malgré nous, à un péché lointain, mystérieux auquel nous n'avons point pris part, et qui nous ferait subir un châtiment que nous n'avons point mérité

Le *libre arbitre* est la négation formelle du péché originel, ou le péché originel est la négation formelle du libre arbitre (XVIII).

Continuons :

« Dans le sacrifice de ce divin médiateur, l'humanité, couverte du mérite de ses souffrances, a pu s'approcher de ce Dieu redoutable qu'elle avait offensé, et ce Dieu lui-même, sans être retenu par sa justice, désormais satisfaite, a pu se réconcilier avec le monde.

« Ce n'est pas que, par là, l'humanité soit sauvée immédiatement et sans participation. Non, elle est sauvée comme elle avait été perdue, médiatement par le nouvel Adam et volontairement par son adhésion au secours dont il est la source ». (*Auteur cité, Tome II, p. 22*).

« Le baptême est la porte par laquelle on entre dans la société chrétienne ; il nous *lave* devant Dieu du péché originel, nous revêt d'innocence comme d'une *robe blanche* et nous fait passer de la famille d'Adam à celle de Jésus-Christ.

« Il dépose dans notre âme un levain de grâce qui fermente en secret, se développe avec notre

---

(1) Cette doctrine souffre cependant une exception. La mère de Jésus, par un privilège accordé à elle seule, a été préservée du péché originel ; c'est ce que l'on appelle l'*Immaculée Conception*. Pie IX, de son autorité privée, ajouta aux articles de foi de l'Eglise celui de l'Immaculée Conception.

raison et notre volonté et tend à neutraliser le vieux levain de la concupiscence qui est dans notre chair, et qui doit soulever plus tard tant de désordres. » (*Auteur cité. Tome I, p. 220*).

Ainsi le baptême seul peut effacer la tache originelle qui entraîne damnation.

La nécessité du baptême pour le salut est un dogme rigoureux. Les enfants morts sans baptême ne sont point admis au ciel. Divers conciles, entr'autres un concile de Carthage et un concile de Florence, l'ont déclaré solennellement. Saint Augustin (*biog., p. 62*), ce bilieux architecte d'une théologie féroce, s'exprime d'une manière aussi positive, et il ajoute que ce serait tomber dans l'hérésie pélagienne que de prétendre qu'il y a quelqu'autre place que la droite ou la gauche, le paradis ou l'enfer... (XVIII *bis*).

Toute âme qui quitte le corps, affirme-t-il, n'eût-elle qu'un jour et même moins, sans la grâce du médiateur et le sacrement qui la confère, est destinée aux peines futures (enfer), et reprendra son corps au jugement dernier pour qu'il souffre avec elle. » (*Saint August. ad. Hieronym. epist 28*).

Et ceux qui n'ont pu être baptisés ou même n'ont jamais entendu parler du baptême? Tant pis pour eux. Ainsi le veut la règle. C'est déjà dur mais insuffisant, paraît-il. Le salut n'est assuré qu'à ceux à qui Dieu, selon son bon plaisir, infuse sa grâce qui doit les soutenir dans les voies de la sanctification « ce dont les damnés n'ont pas à se plaindre, *puisqu'ils étaient nés pour l'être et l'avaient mérité.* » (*Saint August. ad Optat, epist 157* (1).

---

(1) Lorsque, dans un accouchement difficile, la mère se trouvait en danger, l'Eglise jusqu'ici n'autorisait pas la *craniotomie*, c'est-à-dire la tentative qui, pour sauver la mère, sacrifiait l'enfant. La mère devait mourir pour qu'on pût baptiser l'enfant. Mais cela va changer. Un jeune médecin de Lyon a inventé une seringue *intra utérine* qui permet le baptême du fœtus dans le sein de la mère avant l'opération.

Une fois baptisé, le petit être est craniotomé, c'est-à-dire

Aujourd'hui cependant, l'Eglise a daigné faire grâce de la peine de l'enfer aux enfants innombrables qui meurent sans baptême, et elle a inventé pour eux les *Limbes*, où, sans souffrir, ils sont privés de la vue de Dieu...

Mais le baptême ne garantit nullement le salut. L'enfant baptisé a cessé d'être *damné*, mais il reste *damnable*, car le baptême a effacé la faute originelle en ce sens seulement qu'il rend l'homme susceptible de *grâce* aux yeux de la justice Infinie.

Avant le baptême, qui tire tout son prix du sombre mystère de la rédemption, l'homme était nécessairement damné. Grâce à ce sacrement, sa condamnation cesse d'être nécessaire, mais son salut sera toujours éventuel.

Horrible blasphème qui fait de Dieu le plus odieux des tyrans ! Qu'est-ce en effet que la *grâce*, sinon une espèce de *prédestination*, une injustice qui nous décharge de toute responsabilité envers les hommes et envers Dieu ; car cette prédestination est absolument gratuite : il n'y a rien en l'homme qui la prévienne ; elle ne dépend d'aucun mérite, puisqu'au contraire les mérites de l'homme ne sont qu'un effet de la prédestination (XXIV) (1).

Or Dieu, qui voit et qui sait tout, ne devrait faire naître que ceux qui sont destinés à arriver au bonheur éternel par leur liberté *aidée de sa grâce*, et ne point accorder l'existence à tous ceux qui, par un péché perpétuel, seraient prédestinés aux peines éternelles ; à moins que Dieu ait souhaité, horrible pensée, se donner, dans l'éternité, le spectacle de nos tortures. (*Pour plus de détails, voir 3ᵉ partie*).

---

dépecé, en toute sûreté de conscience pour l'opérateur religieux.

Nous avions déjà un assortiment de bimbeloterie religieuse (*Voir p. 84 et suiv.*). Nous aurons maintenant la *seringue mystique*.

(1) C'est en inventant de pareils dogmes que les théologiens ont détruit la croyance en Dieu dans le cœur des hommes, et c'est en les exploitant que les prêtres ont rendu la religion à la fois ridicule et odieuse.

Ne trouvant rien pour justifier Dieu et ne pouvant cependant le suspecter d'injustice, on a trouvé un mot qui permet de couper court à toute discussion, et dans ce mot, l'on a enfoui toutes les sottises qu'on a voulu faire croire. Ce fameux mot, dont on s'arme sans cesse, s'énonce ainsi :

Mystère ! ! !

Arrière, peuples de tous les temps, qui avez adoré un Dieu magnanime, juste et d'une bonté infinie ! ! !

Arrière vous tous, qu'a rendus religieux le spectacle des magnificences de l'Univers ! ! !

Le Seigneur s'est manifesté aux prêtres chrétiens. Par leur bouche, il a été révélé à l'humanité stupéfaite que Dieu n'est ni magnanime, ni juste, ni bon, mais vindicatif, emporté, jaloux, et que, pour la faute d'un jour, il réserve à ses malheureuses créatures des tourments éternels (XVIII *bis*).

Blasphème effroyable qui insulte à la majesté du Créateur ! ! !

Ennemis de la raison, ils ont de tout temps réuni leurs efforts pour la tenir dans l'obscurité. Mais la raison est au ciel de l'intelligence ce qu'est le soleil au ciel matériel (XXIX).

Hommes de cœur et d'intelligence, si l'union de vos meilleures forces ne suffit pas encore à déchirer le voile que l'orgueil d'une secte étend sur l'humanité, espérez dans l'avenir.

Le paganisme lui aussi était puissant ; en est-il moins tombé ?

Mais, en tombant, il a légué au monde le souvenir d'une société grande par la poésie et l'art. Nous lui devons ce qu'il y a de meilleur dans notre littérature. Ses écrivains sont nos modèles, ses législateurs sont nos maîtres, ses artistes sont nos guides.

« La Grèce, si petite, a fait plus que tous les empires, dit Michelet. (*Biog. p. 78.*) Avec ses œuvres immortelles, elle a donné l'art qui les fit, l'art surtout de création, d'éducation, qui fait les hommes.

« Elle est (c'est son grand nom) le *peuple éducateur*. »

Goëthe (1) n'a pas craint de dire qu'il regardait l'avénement du christianisme et la mort du paganisme comme un double malheur pour la civilisation, comme une cause de décadence et de recul.

Si les dieux du paganisme se souillaient aux vices humains, c'est que les vices aussi bien que les vertus étaient divinisées. Les unes flétrissaient les autres, mais le *Dieu inconnu*, cet *Être suprême* que les anciens n'osaient définir d'un nom, planait au-dessus de tout (2).

C'est lui qu'on ravale, en nous le représentant sous l'image de la Trinité (XVIII). *Dieu le Père* est un vieillard cassé, décrépit, à barbe blanche, la tête entourée du disque solaire, qui porte une robe amaranthe et un manteau bleu, un vieillard grondeur et cacochyme, asthmatique, à qui la tête et les pieds tremblent, un centenaire égoïste, superbe, suffisant et sanguinaire. *Dieu le Fils* est une innocente victime qui souffre et qui se plaint. *Dieu le Saint-Esprit*, lui, qui doit représenter l'amour divin, nul ne le connaît, nul ne s'en occupe, nul ne l'aime ; c'est une colombe ou des langues de feu et, pour le reste, il est nul.

Aujourd'hui, l'esprit humain a soif de liberté, il veut l'examen ; l'Eglise le lui refuse parce qu'elle n'y saurait résister, parce qu'elle n'est pas dans la vérité.

Espérez dans l'avenir ! ! !

La raison reprendra ses droits et, quant au passé,

---

(1) Le plus célèbre des poètes de l'Allemagne, auteur de *Faust*, de *Werther*, etc., etc. (1749-1832).

(2) « Pour les grands esprits de l'antiquité, dit M. Schuré, les dieux ne furent jamais qu'une expression poétique des forces hiérarchisées de la nature, une image parlante de son organisme interne, et c'est aussi comme symbole des forces cosmiques et animiques que ces dieux vivent indestructibles dans la conscience de l'humanité ». (E. Schuré. *Les Grands Initiés*).

il ne sera plus pour les âges futurs que le poignant tableau de l'abdication de la raison humaine au profit d'une secte ambitieuse et perverse!!!

TROISIÈME PARTIE

LA RELIGION DE L'AVENIR

La condamnation, la confusion et la chute du Christianisme dogmatique (Voir *Avant-Propos*), laisseront-elles nos populations sans croyances religieuses ?

Non. L'homme ne se nourrit pas uniquement de pain, mais il porte en lui un invincible besoin d'idéal. Or, les stériles négations ou les affirmations brutales d'un grossier matérialisme ne pourront jamais donner satisfaction aux pressantes réclamations du sentiment, aux aspirations élevées de l'âme humaine.

Le matérialisme rabaisse l'homme, tarit la source de ses plus nobles sentiments et conduirait fatalement les sociétés aux abîmes (XXVI).

Le matérialiste, limitant l'existence au tombeau, peut, *logiquement*, n'avoir d'autre objectif que la vie confortable et gaie, avec le minimum de travail, le minimum d'efforts. Notre globe ne peut être, pour lui, qu'un vaste champ clos, qu'une vaste lice où l'intérêt est le seul mobile qui doive nous guider, qu'une chasse où les plus fourbes et les plus violents, au mépris de toute équité, ont la supériorité. La *justice universelle*, l'*amour*, le *respect*, la *vénération*, la *poésie*, la *morale*, la *sagesse*, tels que les sent, les comprend et les définit tout homme qui se place au-dessus de nos codes (1), ne sont pour lui qu'une utopie de rêveurs imbéciles, tranchons le mot, qu'un *piège à niais!!!*

Le jour va venir où, remontant aux doctrines du profond Orient, expliquées à la lumière de la science et confirmées par les expériences du spiritisme contemporain, des philosophes, des penseurs, des savants formuleront la doctrine religieuse de l'avenir (XXVII).

Quelle sera cette doctrine ?

Nous allons essayer d'élucider cette question, en nous plaçant en dehors de toute idée préconçue, c'est-à-dire que, dans notre étude, nous n'aurons d'autre guide que la *raison*, la *science* et la *conscience*.

DIEU.

La création obéit à des lois *immuables*. Le mouvement universel qui s'effectue dans un ordre imperturbable et constitue la grande harmonie de la nature, se produit-il sous l'impulsion d'une *force directrice consciente* que l'on appelle *Dieu*, ou est-il l'effet du *hasard*, de la *nécessité* ou de toute autre *force aveugle ?*

La *loi fatale* de la matière, si elle n'est *poussée, lancée* ou dirigée par une *force intelligente*, est le *mouvement aveugle*. Sa manifestation générale est la *pesanteur* qui l'oblige à *retomber* sans cesse sur elle-même et à *se broyer*.

Cependant tous les systèmes planétaires gravitent avec une régularité qui est propre à chacun, sans jamais sortir des lignes tracées. *L'ordre et l'harmonie règnent dans l'univers ;* mais l'ordre et l'harmonie sont les résultats de calculs profonds, de savantes combinaisons qui témoignent d'une sou-

---

(1) Il s'en faut bien que nos codes sanctionnent toutes les règles de la loi morale. *Tout ce qui est légal n'est pas moral. Non omne quod licet honestum est*, disaient les Romains. (*Dig. De Reg. Jiv.*, 144.)

mission parfaite de tout dans le monde à une force intelligente, dirigeante et irrésistible, que nous appelons *Dieu* (1). Dieu se révèle dans le brin d'herbe comme dans l'étoile, dans l'infiniment petit comme dans l'infiniment grand. Tout est harmonie dans le mouvement des milliards d'atomes qui forment le grain de sable, comme dans les lois qui règlent la course des soleils et des planètes dans les cieux.

★★★

Les rapports les plus intimes existent entre l'*intelligence divine* et l'intelligence humaine, à telles enseignes que l'on peut considérer cette dernière comme une *émanation*, un *reflet*, une *image* de la première (XXVIII). Toute finie qu'elle est, elle représente l'intelligence infinie dans l'âme humaine; elle ne diffère de celle qui est en Dieu que comme une goutte d'eau diffère de l'Océan, ou plutôt le fini de l'infini. Bien qu'incommensurables entre elles, il y a harmonie nécessaire entre l'intelligence divine et l'intelligence humaine, comme nous allons le démontrer.

La science par excellence, la *mathématique*, nous apprend les relations qui doivent exister entre les globes et les courbes qu'ils décrivent dans l'espace. Euclide (2), Archimède (3), Leibnitz (*biog. p. 74*), Newton (4), et d'autres savants nous ont fait connaître, par le seul effort de leur intelligence, ces

---

(1) Les premiers hommes adoraient le Soleil qu'ils appelaient : *Celui qui brille*, le *brillant*, en sanscrit *Deva*, d'où l'on a fait *Deus*, *Dieu*.

(2) Célèbre géomètre grec (323-283 avant l'ère chrétienne).

(3) Le plus grand géomètre de l'antiquité, né à Syracuse 287 ans avant l'ère chrétienne. Il fut tué au siège de cette ville 212 ans avant l'ère chrétienne.

(4) Illustre mathématicien, physicien, astronome et philosophe anglais. Il découvrit les lois de la gravitation universelle, la décomposition de la lumière, les principales lois de l'optique; il inventa aussi en mathématique des méthodes aussi simples qu'exactes (1642-1727).

courbes et leurs propriétés. Or, ces courbes sont représentées *matériellement* dans l'infini par le mouvement des corps célestes. Donc l'intelligence humaine a les rapports les plus intimes avec celle du *grand mathématicien*, du *grand moteur* des corps célestes.

Remarquons encore ce fait qui consolide notre raisonnement : En 1846, Leverrier (1), après avoir étudié dans son cabinet les causes qui devaient produire certaines perturbations d'Uranus, arriva à cette déduction qu'il devait exister une planète considérable au-delà de cet astre. Peu après, Galle, de Berlin, inspectant le ciel, vit la planète Neptune dans la région et avec le mouvement indiqués par Leverrier.

Nos astronomes ne prédisent-ils pas les éclipses bien longtemps avant qu'elles arrivent ?

« L'ordre de l'univers, dit Proclus, un des principaux philosophes de l'école d'Alexandrie (412-485), manifeste une *cause ordonnatrice*. Si cette cause, s'ignore elle-même, elle suppose avant elle une autre cause qui se connaît et à laquelle la première devra d'être cause. Sinon la cause qui s'ignore serait à la fois inférieure à ceux des êtres qui se connaissent eux-mêmes, et cependant supérieure à eux parce qu'elle les produit, ce qui est impossible. »

En d'autres termes : *Il est impossible que la conscience sorte de l'inconscience, la volonté, l'intelligence de ce qui est privé de raison.*

« Ceux qui ont dit qu'une fatalité aveugle avait produit tous les effets que nous voyons, dit Montesquieu (2), ont dit une grande absurdité ; car

---

(1) Célèbre astronome français (1811-1877).

(2) Illustre publiciste français, auteur de l'*Esprit des Lois* et *De la Grandeur et de la Décadence des Romains* (1689-1755).

quelle plus grande absurdité qu'une fatalité aveugle qui aurait produit les êtres intelligents. » (*Montesquieu, Esprit des Lois I, 1.*)

« Ou les astres sont de grands géomètres, écrit Voltaire (1), ou l'éternel géomètre a arrangé les astres. » (*Voltaire, Diction. Athéisme.*)

L'athéisme, cependant, après s'être appuyé, pour le soutien de sa thèse, sur l'*ordre immuable* qui préside aux grands événements de l'Univers, ne craint point de se contredire en se prévalant de certains désordres, peut-être plus apparents que réels, pour nier l'existence de Dieu. Mais que conclure de désordres partiels qui n'arrivent jamais à troubler l'harmonie de l'ensemble, ni à en compromettre l'existence, sinon que Dieu, *Architecte suprême de l'Univers*, n'en est point l'unique artisan ?

Le rôle que nous jouons nous-mêmes ne constitue-t-il pas la preuve de cette vérité ? La création est-elle achevée sur notre planète, et ne travaillons-nous pas à la parfaire ? Et si nous ne parvenons à bien faire qu'à la condition de nous bien pénétrer du plan général, pourquoi n'y aurait-il pas au-dessus de nous des êtres plus puissants que nous, mais comme nous soumis à cette condition pour l'accomplissement de la tâche qui leur est dévolue, pouvant, comme nous, se tromper et se trompant souvent ?

Dans l'Univers, tous les mondes et tous les êtres ont leur place et forment une harmonie. Entre l'homme et Dieu, il existe un nombre infini d'êtres ou d'esprits intermédiaires qui remplissent cet intervalle et forment le lien ?

La loi de *continuité des êtres* est aujourd'hui vérifiée et scientifiquement proclamée. Chaque être, chaque monde s'avance vers la perfection et se

---

(1) Célèbre prosateur, poète et philosophe français. Par son horreur pour l'intolérance, le fanatisme religieux et les superstitions il exerça une influence immense sur les esprits au xviii**e** siècle (1694-1778).

transforme. Il y a une échelle ascendante des êtres depuis la molécule, qui est dans le minéral, jusqu'à l'être par excellence ou parfait : *Dieu*. (*Voir plus loin : Loi d'évolution.*)

L'étude de la nature nous apprend que notre planète fut pendant des milliers de siècles privée d'êtres vivants. A une époque inconnue, les plantes, les animaux et les hommes firent leur apparition les uns après les autres. Qui les forma, qui leur donna la vie? A cette question, il ne saurait y avoir d'autre réponse que celle-ci : *le hasard*, *la nature*, *la nécessité* ou une *cause intelligente*.

Qu'est-ce que le hasard?

Le hasard est le concours possible de causes *indépendantes* les unes et des autres.

L'*irrégularité* est son caractère constant. Rien de *continu* ne sort de lui. Il y a un mot qui est l'opposé du hasard, c'est le mot *suite*. On ne tire pas le même numéro cent fois de suite; on ne fait pas tomber un dé sur le même côté cent fois de suite, à moins qu'il soit *pipé* (piper un dé, c'est le préparer afin qu'il amène un tel résultat). Or, quand on considère l'ordre toujours renaissant de la nature, ses lois immuables, ses révolutions toujours constantes dans une infinie variété, cette chance unique et conservatrice d'un monde tel que nous le voyons, qui revient sans cesse malgré cent autres millions de chances de perturbation et de destruction, on peut dire que *la nature est pipée*, car elle tire le même numéro et amène le même dé depuis des milliers de siècles. Depuis des milliers de siècles, tout ce qui naît, tout ce qui vit, tout ce qui meurt obéit à la même loi, suit le même ordre, passe par les mêmes vicissitudes. Et, si un heureux hasard, si la rencontre fortuite d'atomes ou d'éléments en dissolution, en putréfaction, pouvaient faire éclore quelque structure *régulière*, *organique*, le même hasard, dans sa perpétuelle inconstance, ne détruirait-il pas ce qu'il aurait construit?.. Car là où il n'y a point d'intelligence, il n'y a point de dessein prémédité, de plan suivi, d'esprit de suite. Nous voyons cependant le contraire se manifester dans l'ordonnance des agrégats inorganiques les plus simples, comme dans les formes les plus compliquées des êtres organisés.

A-t-on jamais vu le hasard produire quelque chose d'intelligent? « Qu'on me donne de la matière et du mouvement, disait Descartes (1), et je vais créer un monde ! » Eh bien, voilà l'atmosphère plus ou moins agitée ; non seulement elle est matière, — mais elle contient, tout préparés, les matériaux dont sont formés les hommes, les animaux et les plantes ; pourquoi donc s'il était capable de produire, le hasard, secondé par les mouvements de l'air, ne combinerait-il pas sans cesse ces éléments, de telle sorte qu'il en résultât un être vivant quelconque?

Voici, d'ailleurs, une pierre de touche infaillible, selon nous, pour reconnaître si une chose vient du hasard ou d'une cause intelligente. S'il y a *accord* et *correspondance*, *assortiment* et *liaison* entre les éléments constitutifs de cette chose, *qui tous tendent vers un but commun*, elle ne peut être le produit du hasard qui ne saurait avoir ni plan ni but. Or, si l'on examine une plante, un animal, un homme, on voit que tous leurs éléments constitutifs sont ordonnés avec un art infini, avec une connaissance parfaite des lois de la mécanique, et l'on doit reconnaître qu'ils ont tous leur raison d'être.

Y a-t-il un homme sensé qui oserait prétendre

---

(1) Célèbre philosophe, physicien et géomètre français. Fondateur de la philosophie moderne, Descartes prend son point de départ dans la *conscience* de l'esprit, sous l'autorité de l'évidence rationnelle. Sa méthode est contenue dans le *Discours de la Méthode*, qui est aussi un monument de la langue française. Nous lui devons encore : *Méditations sur la philosophie première;* les *Passions de l'âme;* le *Monde* ou *Traité de la Lumière;* la *Mécanique* (1596-1650).

que les feuilles et les racines ne sont point faites pour nourrir les plantes, les fleurs pour engendrer les fruits, les yeux pour voir, les oreilles pour entendre, la bouche pour manger, les poumons pour respirer, les pieds pour marcher, les ailes pour voler ? etc.

Peut-on nier que ce soient là des buts bien déterminés et des moyens admirablement propres à les atteindre ? Ils ne sauraient donc être l'ouvrage du hasard, qui est *aveugle*.

Est-ce la *Nature* qui forma les hommes, les animaux et leur donna la vie ? Qu'est-ce que la nature ? Si l'on entend par ce mot une nature *sage*, *prévoyante*, disposant tout d'après un plan concerté d'avance, on change le mot en conservant la chose. Cette nature, c'est la *cause intelligente* que nous appelons Dieu.

Est-ce la *nécessité*, le *milieu* ou la *vie* qui créa les hommes et les animaux ?

Comment peut-il se faire qu'avant que l'ensemble de leurs organes fut formé, c'est-à-dire avant leur existence, ils aient éprouvé la nécessité d'exister ?

Il est démontré aujourd'hui qu'aussitôt que la vie a été possible sur la terre, tous les êtres organisés ont commencé à y apparaître successivement et dans l'ordre de complication de leurs organes. Il leur fallait donc des *milieux convenables* pour qu'ils pussent naître, croître et se développer. Mais il fallait préparer ces milieux, combiner les germes des êtres et les placer dans ces milieux, et tout cela ne se fait pas sans calcul, et ne peut, dès lors, être l'œuvre d'atomes se groupant au hasard.

L'apparition des êtres organisés sur la terre est-elle, comme d'aucuns le prétendent, tout simplement l'œuvre de la *vie ?* Qu'est-ce à dire ? Notre raison se refusant à se payer de mots, nous demanderons ce que c'est que la vie ? Est-elle une simple conséquence de l'organisme ? Est-elle due à un principe particulier, comme semblent l'indiquer certaines morts qui laissent intact l'organisme ? C'est plus que probable. Quoi qu'il en soit, voici une chose sur laquelle tout le monde est d'accord : pour se manifester, la vie a besoin d'un organisme, et nous nous voyons ramené à notre question : Qui présida à l'organisation des premiers êtres vivants ? Nous poursuivons donc.

Voici quelques kilogrammes d'eau, de gaz et de matière solide, combinés entre eux, et avec des forces mystérieuses, de telle sorte qu'il en résulte un homme. Cet homme vit ; il a conscience de son existence ; il sent, jouit, souffre et conserve le souvenir des choses passées. Doué d'intelligence, il pense et raisonne ; il possède des organes qui le mettent en rapport avec le monde extérieur ; il communique ses pensées à ses semblables ; il se transporte d'un lieu à un autre au gré de ses désirs, et, prodige des prodiges, il est double, mâle et femelle, et procrée des êtres qui lui ressemblent.

Si nous analysons sa structure, nous lui trouvons une charpente osseuse, si solide qu'elle supporte sans se rompre de très lourds fardeaux, si artistement construite, qu'elle protège efficacement les organes délicats, indispensables à la vie : le cerveau, par la boîte épaisse du crâne, les poumons, le cœur (avec ses deux oreillettes, ses deux ventricules, véritable modèle de pompe aspirante et foulante), par une double rangée de côtes, liées et consolidées par les os du sternum, si souple dans son ensemble que son corps peut prendre les postures les plus variées.

Parmi ces os, nous remarquons ceux des doigts et nous admirons l'habileté du constructeur qui plaça le pouce de manière à permettre à la main de saisir les objets volumineux et de se jouer avec les plus délicats ; nous admirons également les os dont la bouche est armée ; leur dureté et leur forme les rendent éminemment propres à la trituration des aliments ; les autres os ne méritent pas moins notre admiration, mais il faut savoir se borner. Passons à d'autres fonctions.

Triturée par les dents et imprégnée de la salive que distillent des appareils spéciaux, la nourriture va se décomposer dans l'estomac et les intestins, où elle trouve des dissolvants parfaitement appropriés aux diverses transformations qu'elle doit subir. Produit essentiel et définitif de la digestion, le sang, chassé par le cœur, circule dans tout le corps, portant jusqu'aux extrémités la chaleur et la vie, distribuant sur son chemin, à tous les organes, les matériaux que chacun d'eux choisit et s'assimile pour croître, ou met à profit pour remplacer ses molécules mortes et devenues inutiles. Puis ce sang revient aux poumons par les veines, s'y débarrasse des substances dont il s'est chargé et, revivifié par l'oxygène, reprend, dans les artères, sa course féconde qui ne cessera qu'avec la vie.

Des réseaux nerveux tapissent les surfaces internes et externes du corps auquel il donne la sensibilité, tandis que des faisceaux de nerfs, pénétrant dans tous les organes, leur rendent le même service, et qu'en esclaves soumis et agiles, ils vont exciter les muscles, qui impriment aux membres tels ou tels mouvements, suivant les ordres de la volonté de l'homme.

Les plus minutieuses précautions abondent dans l'organisme humain; bornons-nous à un exemple: le moindre choc, une imperceptible poussière, peuvent offenser les yeux, ces organes précieux autant que délicats, absolument différents par leur composition aqueuse, de tous les autres organes. Pour préserver de dangereuses atteintes ces merveilleux instruments d'optique, ils se trouvent placés dans de profondes cavités, entourées d'os saillants; ils sont abrités par des sourcils et par des paupières toujours humides et armées de cils.

La construction merveilleuse de l'œil, dont la pupille se dilate ou se contracte, selon la quantité de lumière ambiante mise en harmonie avec la sensibilité de la rétine, faisait exclamer à Newton (*biog.*, *p. 106*) que celui qui avait fait l'œil devait être un fameux opticien.

Mais non seulement des précautions sont prises pour éviter les accidents, il y en a aussi pour les réparer : des chairs viennent-elles à se déchirer, des os à se rompre, les os brisés se soudent, les chairs brûlées ou emportées sont remplacées par de nouvelles, etc., etc.

Si une fonction de la vie exige un liquide spécial, des glandes, toujours placées aux endroits les plus convenables, s'empressent de l'élaborer. Parmi ces glandes, les unes distillent la salive ou les larmes, les autres le lait, celle-ci la bile, celle-là, qu'on trouve dans toutes les articulations, forme la synovie, cette liqueur onctueuse qui lubréfie le jeu de ces articulations. Et pour fabriquer des liquides de compositions si diverses, ces admirables alambics puisent au même réservoir, dans le sang, les éléments dont ils ont besoin.

Plus on étudie le corps humain, plus on y découvre de merveilles. Il n'est pas un organe, il n'est pas un rouage, tant petit soit-il, de cette superbe machine, qui n'offre aux yeux de l'observateur attentif des phénomèmes dignes de son admiration.

Après avoir esquissé ce portrait d'ailleurs fort incomplet du roi de la terre, nous nous arrêtons et nous nous posons cette question : le *hasard*, la *nécessité*, le *milieu*, la *vie* ou toute autre force aveugle, a-t-elle formé cet être dont toutes les parties attestent un art infini, dont toutes les forces tendent vers un même but — témoignage incontestable d'un dessein bien arrêté ? — Et la main sur la conscience, nous répondons : Non, l'homme n'est pas l'œuvre du hasard : *une intelligence puissante a pu seule créer cet être prodigieux.*

M. Tiberghien, l'éminent professeur de philosophie à l'université de Bruxelles, s'exprime ainsi sur le sujet qui nous occupe :

« Le corps humain, modèle d'organisation, est

un seul et même tout, un tout formé de parties diverses et contrastantes, de matières liquides et solides, dures et molles, fibreuses et charnues, de vaisseaux artériels et veineux, d'organes pour la nutrition et pour les relations actives ou passives avec les corps extérieurs : prodigieuse variété dans une unité parfaite ; et toutes ces parties sont ensuite profondément rattachées à l'ensemble et directement liées entre elles. Rien n'est séparé dans un organisme : tout est uni à tout, rien n'est confus, tout est distinct de tout, *rien n'est livré au hasard: tout est exactement mesuré, pondéré, ordonné, en rapport avec tout.* Le hasard aurait-il amené tant de combinaisons merveilleuses par la rencontre fortuite des éléments ? » *(Tiberghien. Cours de philosophie.)*

L'étude de la nature nous fait d'autres révélations encore : elle nous montre des lois et des faits qui ne peuvent absolument pas être l'œuvre du hasard aveugle, et doivent nécessairement être attribués à l'intervention d'une puissance intelligente. Ainsi cette étude nous fait voir par quelle admirable harmonie de la nature les deux règnes, animal et végétal, vivent l'un de l'autre, se font équilibre, et se fournissent l'un à l'autre l'acide carbonique et l'oxygène dont l'incessant échange renouvelle la vie et purifie l'atmosphère.

Cette étude nous apprend encore qu'il y a en toutes choses économie de ressorts, unité de système et proportionnalité entre les fins et les moyens ; en un mot, que des *lois sages* président au perfectionnement de tout ce qui existe.

Chacune de ces lois suffit pour prouver aux esprits exempts de préjugés une *Intelligence ordonnatrice ;* réunies, elles forment un faisceau de preuves capables, ce nous semble, de porter la conviction dans les esprits les plus rebelles, s'ils sont restés droits et sincères.

⁎⁎⁎

Si nous interrogeons le cœur humain, il nous

répond que c'est pour lui un besoin de croire à l'Être Suprême; qu'un sentiment intime, un instinct impérieux le lui annonce, et les instincts ne trompent jamais. Si, n'obéissant pas à un parti pris de nier quand même, le cœur de l'homme vient à douter, il souffre et désire ardemment recouvrer la foi. Ce besoin est universel; il s'est toujours fait sentir et les peuplades les plus sauvages adorent le *Grand Esprit*. La révélation du cœur marche donc encore ici d'accord avec celle de la nature (1).

Dieu se révèle également à tout être pensant par la raison (XXIX). Les sens nous révèlent les phénomènes de la nature ou du monde physique; la raison nous dévoile les lois ou les principes du monde moral, *le bien, le beau, le vrai, le juste*, et nous conduit de cause en cause jusqu'à l'être infini et absolu, principe premier de tout ce qui est. La raison bien dirigée atteste aussi sûrement l'existence de Dieu que les sens proclament l'existence de la matière.

En même temps que la nature, le cœur humain et la raison nous montrent l'action d'un sublime ordonnateur, les lois morales, par l'intermédiaire de la

---

(1) Les hommes possèdent tous le sentiment religieux, mais à des degrés différents, comme cela a lieu pour les autres sentiments; nous éprouvons tous plus ou moins le besoin de croire; nos âmes ne vivent point de négations : il leur faut une nourriture plus substantielle. L'on ne doit donc pas s'étonner en voyant les impressions, les aspirations de leur première jeunesse renaître chez beaucoup d'incrédules, au déclin de leur vie, quand le soin des affaires a cessé de les préoccuper. Alors, *faute de mieux*, ils retournent à la religion de leur enfance, pour lui demander des affirmations, des consolations que leur refuse le matérialisme.

Les fondateurs de religion et les chefs de nation ont su profiter habilement des sentiments religieux des masses pour asseoir leur domination et la rendre durable. Afin d'augmenter l'intangibilité des prescriptions qu'ils édictaient, il fallait leur imprimer un caractère sacré, en faisant intervenir la Divinité; mais, quoi qu'on en ait dit, ils n'ont pas *inventé* ces sentiments: ils les ont simplement *exploités*.

conscience, nous parlent éloquemment d'un principe de justice, d'une providence universelle.

« La conscience, dit Léon Denis (1), le montre en nous, ou plutôt elle montre en nous quelque chose de lui, et ce quelque chose, c'est le sentiment du Devoir et du Bien; c'est un idéal moral vers lequel tendent les facultés de l'esprit et les sentiments du cœur. Le devoir ordonne impérieusement: il s'impose. Sa voix commande à toutes les puissances de l'âme. Il y a en lui une force qui pousse les hommes jusqu'au sacrifice, jusqu'à la mort. Lui seul

---

(1) Ecrivain, conférencier et philosophe français remarquable, membre de nombreuses sociétés savantes, il présida avec grande autorité, à Paris, en 1900, le *Congrès spirite, et spiritualiste*, toutes écoles réunies (magnétisme, spiritisme théosophie, occultisme, hermétisme).

Léon Denis est président d'honneur de la *Société française des études psychiques de Paris*, de la *Fédération spirite du Sud-Est de la France*, des *Unions spirites de Catalogne et du Brésil*, etc., etc. Ses principaux ouvrages sont : *Après la mort, Christianisme et Spiritisme. Pourquoi la Vie?* Parmi le grand nombre d'appréciations élogieuses de la Presse sur la première de ces œuvres, nous en prenons deux, au hasard.

Du *Journal*, de Paris :

« Il est un homme qui a écrit le plus beau, le plus précieux livre qui j'aie lu jamais. Il a nom Léon Denis, et son livre : *Après la mort*. Lisez-le, et une grande pitié, mais libératrice et féconde, vous viendra brusquement de nos manifestations de regrets, de notre peur de la mort et de notre grand deuil de ceux que nous croyons perdus.

« Alex. HEPP. »

Du *Triboulet*, de Paris :

« De beaux ouvrages ont été écrits sur le spiritisme... Je ne crois pas qu'il en soit de plus admirable que celui de M. Léon Denis : *Après la mort*. Ce livre est comme une fleur poussée — le gui sacré — entre les rameaux du *Livre des Esprits*; il en est la grâce, le parfum, la poésie céleste. Bien que traitant des questions les plus abstraites, il est rayonnant comme une étoile, compréhensible même pour les moins lettrés, parce qu'il révèle la vérité éternelle; apporte la consolation réconfortante qu'attendent les cœurs endeuillés, leur donne la suprême espérance de retrouver dans l'au-delà ceux dont ils pleurent la perte.

« Vraiment, celui qui a pensé une telle œuvre et l'a rendue accessible aux foules anxieuses, peut remercier Dieu de lui avoir fait une telle destinée. »

« Jean DE MALMOUSQUE. »

donne à l'existence sa grandeur et sa dignité. La voix de la conscience est la manifestation en nous d'une puissance supérieure à la matière, d'une réalité vivante et agissante.

« Parfois une voix puissante, un chant grave et sévère s'élève des profondeurs de l'être, retentit au milieu des occupations frivoles et des soucis de notre vie pour nous rappeler au devoir. Malheur à celui qui refuse de l'entendre. Un jour viendra où le brûlant remords lui apprendra qu'on ne repousse pas en vain les avertissements de la conscience (1).

« Oui, il est en chacun de nous des sources cachées d'où peuvent jaillir des flots de vie et d'amour, des vertus, des puissances sans nombre. C'est là, c'est dans ce sanctuaire intime qu'il faut chercher Dieu. Dieu est en nous, ou tout au moins il y a en nous un reflet de Lui. Or, ce qui n'est pas, ne saurait être reflété. Les âmes réfléchissent Dieu comme les gouttes de la rosée du matin réfléchissent les feux du soleil, chacun suivant son éclat et son degré de pureté.

« C'est par cette réfraction, par cette perception intérieure et non par l'expérience des sens que les hommes de génie, les grands missionnaires, ont connu Dieu et ses lois et les ont révélés aux peuples de la terre.

« La science a ruiné à jamais la notion d'un Dieu anthropomorphe, fait à l'image de l'homme et extérieur au monde physique. Mais une notion plus haute est venue se substituer à celle-ci, celle d'un Dieu *immanent*, toujours présent au sein des choses. L'idée de Dieu n'exprime plus aujourd'hui pour

---

(1) La voix de la conscience est si délicate qu'il est facile de lui imposer momentanément silence : la conscience peut être assoupie, elle n'est pas morte; il se peut même que ses pointes soient d'autant plus déchirantes et plus cruelles que son sommeil a été plus profond. C'est le réveil du lion, qui a puisé dans le repos une vigueur nouvelle pour déchirer sa proie.

nous celle d'un être quelconque, mais l'idée de l'*Être*, lequel contient tous les êtres.

« L'Univers n'est plus cette *création*, cette œuvre tirée du néant, dont parlent les religions. L'Univers est un organisme immense, animé d'une vie éternelle. De même que notre propre corps est dirigé par une volonté centrale qui commande ses actes et règle ses sentiments ; de même que chacun de nous, à travers les modifications de sa chair, se sent vivre dans une unité permanente, que nous nommons l'*âme*, la *conscience*, le *moi*, ainsi l'Univers, sous ses formes changeantes, variées, multiples, se connait, se réfléchit, se possède dans une *Unité vivante*, dans une *Raison consciente*, qui est Dieu.

« L'Etre Suprême n'existe pas en dehors du monde. Il est l'*Unité Centrale* où viennent aboutir et s'harmoniser tous les rapports. Il est le principe de solidarité et d'amour par lequel tous les êtres sont frères. Il est le foyer d'où rayonnent et se répandent dans l'infini toutes les puissances morales : la sagesse, la justice et la bonté !

« Il n'est donc pas de création spontanée, miraculeuse : la création est continue, sans commencement ni fin. L'Univers a toujours existé. Il possède en soi son principe de force, de mouvement. Il porte son but en lui-même. Le monde se renouvelle incessamment dans ses parties ; dans son ensemble, il est éternel. Tout se transforme, tout évolue par le jeu continu de la vie et de la mort, mais rien ne périt. Tandis que, dans les cieux, des soleils s'obscurcissent et s'éteignent, tandis que des mondes vieillissent, se désagrègent et s'évanouissent, sur d'autres points des systèmes nouveaux s'élaborent, des astres s'allument, des mondes naissent à la lumière. A côté de la décrépitude et de la mort, des humanités nouvelles s'épanouissent dans un rajeunissement éternel (XXVIII).

« Et l'œuvre grandiose se poursuit à travers les temps sans bornes et les espaces sans limites, par le travail de tous les êtres, solidaires les uns des autres, et au profit de chacun d'eux. L'Univers nous offre le spectacle d'une évolution incessante, à laquelle tous concourent, tous participent. Un principe immuable préside à cette œuvre gigantesque. C'est l'Unité universelle, l'Unité divine, laquelle embrasse, relie, dirige toutes les individualités, toutes les activités particulières, en les faisant converger vers un but commun qui est la *Perfection dans la Plénitude de l'existence*. *(Léon Denis. Après la mort)*.

Nous avons la notion de *l'infinité de l'espace, de l'éternité du temps et de la perfection*, et cependant notre intelligence est *finie* et *imparfaite*. Si nous n'admettions point l'existence d'un *Infini supérieur* qui nous inspire la notion de l'infini, de l'éternel et du parfait, ce serait notre nature finie et imparfaite qui aurait pu concevoir l'infini, l'éternel et le parfait, ce qui est impossible, attendu qu'il doit y avoir dans la cause au moins autant que dans son effet. Donc la notion que nous avons de l'infini, de l'éternel et du parfait implique l'existence d'un Infini supérieur, c'est-à-dire de Dieu.

Pour nous résumer, nous dirons :

Dieu n'est pas une personne, un être formé par un ensemble de parties; il n'est pas le résultat d'une addition, un infini numérique, mais bien le *Tout permanent en lui-même, la Réalité absolue, l'Etre qui comprend en soi tout ce qui existe, la substance qui contient en germe toutes les qualités potentielles finies*, comme le gland contient en germe toutes les qualités potentielles du corpulent chêne.

Il est *la cause de toutes les causes, la tige éternelle d'où partent tous les rameaux de la nature: Son souffle anime toute vie. Sa Raison infinie*, son *Moi conscient* est la *Raison consciente*, le *conscient de l'Univers*; son *Energie infinie donne naissance à toute force.* Il est *l'aimant d'où émane toute Sagesse,* tout *Amour,* toute *Justice.* Il est le *Noyau de toute Conscience,* l'*Essence de toute Intelligence,* la *Source de toute Lumière.* Il est l'*Idéal Éternel en qui résident les Principes Suprêmes du Vrai, du Beau et du Bien.*

Dieu est l'*Indéfinissable,* en même temps qu'il est l'*Inconnaissable.* Nous ne pouvons voir en Lui que ce que nous voyons dans l'homme. Qui voit l'Univers voit Dieu autant que l'homme peut le voir ; comme celui qui voit le corps de l'homme et ses mouvements voit l'homme autant qu'il peut être vu. Mais *le principe* de ses mouvements, de sa vie, de son intelligence, de ses pensées, de ses sentiments, son *être interne,* échappe à tout examen ; il reste caché sous l'enveloppe que la main touche et que l'œil perçoit.

Dieu n'est pas le croquemitaine féroce, sauvage, extravagant, arbitraire que nous devons à l'imagination perverse des théologiens sans cœur et sans entrailles. Il n'est point le Dieu de saint Paul qui prédestine, de toute éternité, les uns au salut, les autres à l'enfer (XXIV). Il n'est point celui de saint Augustin (*biog. p. 62*) qui damne impitoyablement, sans rémission possible, les enfants morts sans baptême. Ce Dieu n'est pas davantage celui de l'Église. Si la prédestination et la damnation ou la relégation dans les limbes des enfants morts sans baptême sont dignes de toute réprobation, le feu éternel pour les hérétiques et les non-croyants de toute catégorie ne l'est pas moins. (*Voir p. 100 et 101.*)

Nous voilà bien loin du Dieu *terrible, jaloux, vengeur* et *implacable* de la Bible (*Exode XX.5. Deutéron VI.15*).

Pour être juste, nous devons cependant faire remarquer à la décharge de Moïse (*biog. p. 26*), que ce grand législateur, afin de pouvoir conduire et discipliner le peuple juif à peine sorti de l'esclavage et encore à moitié sauvage, s'est vu obligé de lui imposer une législation draconienne. De ce ramassis grossier, turbulent et indocile, avide de jouissances et de brigandages, Moïse est parvenu à faire un peuple robuste, que ni les malédictions ni les persécutions n'ont pu détruire.

Il a dû lui imposer la croyance au *Dieu-Un* avec une verge de fer, lui inspirer une telle crainte, une telle vénération de ce Dieu terrible, jaloux, vengeur, implacable, qu'il s'incarnât dans sa chair, qu'il devînt son symbole national, le but de toutes ses aspirations et sa raison d'être. Il fallait imprimer l'idée du *Dieu-Un* en lettres de feu sur son âme, et, sans ces mesures implacables, le monothéisme n'eut jamais triomphé du polythéisme envahissant de la Phénicie et de Babylone. (*Voir p. 26 et 27.*)

Nous ne pouvons malheureusement plaider aucune circonstance atténuante en faveur des théologiens chrétiens, parce que ceux-ci avaient pour devoir strict de s'inspirer des paroles de Jésus s'adressant à des hommes plus avancés, et leur disant : « Le Dieu que vous avez *craint* jusqu'aujourd'hui, je viens vous apprendre à *l'aimer* ; le Dieu que vous avez cru *terrible, jaloux, vengeur, implacable*, je viens vous le montrer *doux, bon* et *miséricordieux*, comme un Père ».

La notion de Dieu, tout en s'imposant à l'esprit, échappe à l'analyse, au même titre que les notions de l'*infini* de l'*espace* et de l'*éternité du temps*, notions *primordiales* auxquelles on ne peut se dérober et qui ont ce double caractère de s'imposer et d'être incompréhensibles.

Il vaudrait mieux ignorer la Divinité que d'en avoir des idées basses, fantastiques, injurieuses, indignes d'elle ; ce n'est pas un mal de l'ignorer de bonne foi, mais c'est un grand mal de l'outrager.

« J'aimerais mieux, dit Plutarque (*biog. p. 95*), qu'on pensât qu'il n'y eût jamais de Plutarque au monde, que de croire que Plutarque est injuste, colère, inconstant, vindicatif, et tel qu'il serait bien fâché d'être. »

Les religions dogmatiques ont fait de Dieu un

bourreau, cent fois plus barbare et cent fois plus monstrueux que les bourreaux de la terre ; car celui-là n'est jamais assouvi : il lui faut l'éternité ! Elles lui ont fait dire tant de sottises et commettre tant d'iniquités qu'elles en ont dégoûté les gens d'esprit. Le catholicisme, notamment, a répandu tant de bile contre la raison, contre la liberté, contre la civilisation moderne, contre tout ce qui fait la dignité et la moralité de l'être humain, que les hommes censés indifférents jusqu'ici, ou tout au moins railleurs, ont rendu à cette religion défi pour défi, et, par esprit de représailles, ont relégué Dieu dans les silencieuses solitudes de l'inaccessible.

En donnant à Dieu nos passions, nos faiblesses, nos sentiments d'amour et de haine, nos emportements et nos colères, la théologie vulgaire a été la cause indirecte du courant d'athéisme qui parcourt le monde moderne.

Jamais l'esprit humain n'aurait douté de Dieu, si cette théologie, au lieu de s'enfermer dans son infaillibilité, avait suivi la pente des siècles et développé la science de Dieu en harmonie avec la science de l'Univers et de l'humanité.

Tout le progrès des sociétés consiste exclusivement dans l'idée que l'homme se fait de Dieu. Si Dieu est fait à l'image de la Société qui l'a conçu, la Société, à son tour, est plus ou moins le reflet du Dieu qu'elle s'est donné. Il n'est rien dans cet idéal suprême que l'homme ne prétende réaliser un jour dans les lois et les institutions.

Une notion étroite de Dieu fausse tous les sentiments et engendre la superstition, le fanatisme et l'intolérance. Mais quand l'Etre Infini sera bien compris ; quand les hommes sauront que Dieu n'est pas un *être arbitraire* n'obéissant qu'à ses caprices, mais bien la *Lumière Eternelle* en qui résident *toute sagesse*, *toute bonté*, *toute justice*, ils sauront aussi que plus les peuples seront *sages*, *bons* et *justes*, plus ils se rapprocheront de la Divinité et plus aussi ils seront heureux.

— Mais, objectera peut-être quelque sceptique, si Dieu est toute sagesse, toute bonté, toute justice, pourquoi permet-il le mal ? S'il ne peut pas l'empêcher, il n'est pas tout-puissant, il n'est pas Dieu, s'il peut l'empêcher et ne le veut pas, il n'est pas bon, mais méchant ?

Voici notre réponse :

— De même que la nature n'a point reçu sa forme actuelle tout d'un coup, mais après une série d'évolutions réparties sur un grand nombre de siècles, de même le genre humain est conduit à sa condition finale et régulière par une suite de transformations dont le temps est l'élément nécessaire. En d'autres termes, l'idée d'un Etre sage gouvernant l'Univers, implique celle du progrès dans l'humanité, et les évolutions qui s'opèrent dans son sein sont les phases d'une éducation qui se poursuit à travers les âges, et destinée à amener la pleine et parfaite réalisation de l'ordre divin dans le monde moral.

L'homme a été soumis dès son apparition sur la terre à toutes les conditions de la vie physique ; à peine supérieur aux animaux, il ne s'est élevé que peu à peu à l'état de civilisation.

Si l'on veut bien comparer son état actuel à celui de l'homme préhistorique, le chemin parcouru par cet être, les progrès accomplis par lui, on verra clairement sa tendance vers un idéal de perfection.

Tout s'améliore, tout se transforme. La somme du bien s'augmente sans cesse, et la somme des maux s'amoindrit. Au bien seul ont été données la constance, la perpétuité, la durée ; le mal n'est qu'une négation qui tente d'être, sans arriver jamais à une véritable existence ; il est passager, transitoire et doit disparaître un jour. Le bien seul doit régner. Le mal, c'est la situation d'infériorité, c'est l'échelon précédant la phase transitoire que traversent les êtres dans leur ascension vers un état meilleur...

— Mais, pourquoi Dieu a-t-il voulu que l'homme

primitif fut d'une ignorance absolue en toutes choses ?

En d'autres termes : Pourquoi Dieu n'a-t-il pas créé les hommes *parfaits*, il leur eut ainsi épargné les vicissitudes et les maux de la vie terrestre ?

— Dieu est *infini ;* or, l'idée de l'infini exclut celle de deux ou de plusieurs infinis. Deux ou plusieurs infinis se limiteraient réciproquement et par là même ne seraient pas infinis. Dieu ne peut donc se reproduire lui-même, c'est-à-dire former des êtres semblables à lui. De là, nécessité de limites et l'imperfection pour les créatures.

— Mais, répliquera-t-on peut-être encore, Dieu aurait pu cependant épargner à l'homme un développement *lent*, *pénible*. Pourquoi attendre si *longtemps* ?

— Si longtemps! Le temps est relatif, et le calendrier change suivant les diverses évolutions des astres. Qu'est-ce que le temps écoulé ? Pour l'individu presque rien ; pour l'Univers une durée relative. Les évolutions de la nature nous révèlent un développement continu. C'est la *loi du progrès*. Si elle n'existait pas, ce serait l'*immobilité éternelle*, sans aucun mode de dépérissement ni de transformation. Vous trouvez lentes ces évolutions, parce que vous les mesurez à l'infime durée de votre existence terrestre. Vous faites l'effet de gens qui, pour quelques semaines de froidure, s'imaginent que l'hiver va durer toute l'année.

— Mais Dieu aurait pu cependant épargner à l'homme la souffrance, les infirmités, la décrépitude ?

— Non, à moins de couvrir la terre de routes, de chemins de fer, de villes, la mer de vaisseaux, et de donner à l'homme l'instinct d'utiliser toutes ces choses et de s'en servir. En agissant ainsi, Dieu se fût-il montré bon envers le genre humain ? Non certes ; car n'ayant rien à inventer, rien à créer, l'intelligence nous devenait inutile, et Dieu ne nous en eût point dotés. Nous n'eussions pas été ses associés et les continuateurs de son œuvre ; le rôle de l'homme ne possédant que l'instinct eût été analogue à celui du castor ou de l'abeille. Ce rôle lui eut donné le bonheur, sans doute, mais un bonheur relatif. Il eut ignoré les jouissances que procurent les inventions, les découvertes, les perfectionnements et les beaux-arts ! Semblable aux animaux, ses frères inférieurs, il n'eût commandé ni à eux, ni aux forces de la nature. Qui de nous envierait un pareil bonheur ?

Le mal peut se diviser en deux catégories : le *mal physique* et le *mal moral*. Nous jetterons un coup d'œil rapide sur chacune d'elles pour en découvrir les causes et l'utilité.

Dieu ne pouvait soustraire l'homme aux *privations*, puisqu'alors, satisfait de la plus chétive condition, il eût croupi dans l'inertie et fut demeuré éternellement dans la sauvagerie, sans se mettre en peine ni en mesure de remplir sa tâche ; les privations ont été et sont encore les plus énergiques stimulants pour faire progresser l'homme ; c'est pour se soustraire à leurs atteintes qu'il invente, améliore, perfectionne toutes choses. « La nécessité, dit le proverbe, est la mère de toute industrie ».

L'homme est donc un être doué d'intelligence et que les *privations* rendent plus intelligent encore. Il accomplit des travaux sans nombre qui multiplient ses jouissances et le préparent au développement de ses facultés physiques et morales, de manière que, sans s'en douter, et en dépit de lui-même, sa route se trouve forcément tracée dans un sillon progressif qu'il lui faut poursuivre jusqu'au bout.

Dieu ne pouvait épargner aux hommes les *maladies*, effets prochains ou éloignés des privations, des chagrins et des excès de tous genres. Ne pouvant nous les épargner, il les utilisa en les faisant servir au progrès ; les maladies en effet incitent l'homme à étudier les minéraux, les végétaux, les plantes, l'air, les eaux, les phénomènes atmosphériques ; elles le poussent à méditer sur le jeu de ses organes et leurs fonctions ; elles ont créé l'anatomie et les autres sciences concernant l'homme et sa nature.

Les *volcans* sont les soupapes nécessaires à la régularité du fonctionnement interne de la Terre. Les *éruptions volcaniques*, qui causent tant de terribles désastres, forcent les peuples à confesser leur solidarité, et les engagent à étudier les phénomènes qui s'accomplissent dans l'épaisseur de la croûte terrestre.

Les *épidémies* leur commandent de purger la terre des foyers pestilentiels, en quelque lieu qu'ils se trouvent. Les *naufrages*, les *tempêtes*, les *contagions*, les *incendies*, les *épizooties*, etc., conduisent les nations civilisées aux portes du garantisme par les Sociétés d'assurances. Les *disettes* les engagent à former des Sociétés pour la consommation. Il n'est pas jusqu'aux chenilles et aux chardons qui ne prêchent la solidarité et les avantages de l'association.

Les redoutables *météores atmosphériques* contribuent aussi au développement de l'intelligence : chaque jour ils invitent l'homme à demander à la science les moyens de conjurer leurs ravages et à l'association, ceux de les réparer.

Pour armer les navires contre la fureur des *tempêtes*, on fit de profondes recherches en physique et en mécanique ; pour soustraire les habitations aux *coups de foudre* et les récoltes à ceux de la *grêle*, la physique trouva le *paratonnerre*, et elle trouvera sans doute bientôt le *paragrêle*. (1)

Aux *débordements* du Nil on doit, dit-on, la géométrie et, sans les *inondations* dévastatrices causées dans les temps modernes par les déborde-

---

(1) Aujourd'hui, on combat les orages et la grêle par la vaporisation des nuages obtenue au moyen de l'ébranlement de l'air produit par des décharges d'artillerie, ou par des fusées dont les pétards éclatent à une hauteur moyenne de 400 à 500 mètres.

ments des grands fleuves, on eût vraisemblablement tardé encore à étudier l'influence des forêts sur la distribution des eaux et des climatures ; ainsi les grandes perturbations de la nature révèlent à l'homme sa puissance, et les succès obtenus lui en promettent de plus importants encore.

Voilà certes de précieux avantages, de féconds enseignements que l'homme retire des choses et des êtres considérés par lui comme mauvais, parce qu'ils causent des dommages et des souffrances, mais ce ne sont pas les seuls ; en lui montrant qu'il y a une multitude de choses nuisibles dont nous pouvons tirer profit, en nous faisant voir, par exemple, que les poisons les plus violents se changent, quand nous le voulons, en remèdes salutaires, l'expérience nous provoque à de nouvelles recherches sur les propriétés des choses.

Ce qui précède suffit, pensons-nous, pour prouver que le mal physique pousse efficacement le genre humain à l'étude de son domaine actuel, la terre, à la création et au perfectionnement des sciences, de l'industrie, des arts et du commerce, en un mot à la réalisation des conditions indispensables à l'accomplissement de son perfectionnement.

Voltaire (*biog.*, *p. 108*) entrevoyait déjà cette grande et consolante vérité, quand il écrivit : « Qui sait si le mal qui règne depuis tant de siècles ne produira pas un plus grand bien dans des temps encore plus longs ? »

Passons au *mal moral :*

Les *soucis*, les *chagrins*, les *déceptions et les autres peines de l'esprit et du cœur*, sont les conséquences de la *sensibilité*, et celle-ci est déjà une magnifique conquête que l'être ne réalise qu'après de longues étapes passées dans les formes inférieures de la vie, comme nous le démontrerons au cours de ce travail.

Plus l'esprit monte, plus la vie devient intense, plus la sensibilité se développe et avec elle la souffrance. La douleur est un enfantement. Il ne peut y avoir de sensibilité sans douleur, ni de plaisir sans sensibilité.

Supprimer la douleur, c'eût été limiter la sensation et entraver l'épanouissement de la vie qui est précisément le but de la vie. Le mal n'étant qu'une « privation » stimule le désir et le désir, stimulant nos efforts, nous fait avancer vers le bonheur.

Nous devons à la souffrance tout ce qu'il y a de bon en nous, tout ce qui donne du prix à la vie ; nous lui devons la pitié, nous lui devons le courage, nous lui devons toutes les vertus.

La douleur est un moyen d'éducation, d'élévation : elle façonne l'âme en lui enseignant le courage, l'abnégation, l'esprit de sacrifice et l'esprit de solidarité ; par elle les caractères se trempent, l'expérience s'acquiert. Pour apprendre, il faut faire des *efforts*, et pour faire des efforts, il faut *souffrir*. Tout effort est une souffrance.

De même que la liqueur se distille dans l'alambic, de même que le grossier minéral, sous l'action du feu et des eaux, se change en pur métal, de même l'âme, sous les lourds marteaux de la douleur, s'ennoblit et se purifie.

La douleur est le feu purificateur qui conduit vers Dieu. Elle est le véhicule de l'ascension, le moteur du progrès, le grand ressort de la vie. Née des libertés relatives, elle aide à la conquête de la liberté absolue. Concluons donc, en disant :

Sans les luttes qui stimulent les facultés, l'homme se laisserait aller à une insouciance funeste à son avancement. Les luttes contre les éléments développent les forces physiques et l'intelligence. Les luttes contre le mal moral développent les forces mâles ; elles ouvrent la carrière à toutes les vertus morales, nobles et généreuses ; le courage, la patience, la résignation, le sacrifice et le dévouement ne peuvent s'exercer qu'au milieu des adversités de la vie ; la grandeur morale de l'homme ne se révèle que dans le malheur. La douleur est le creuset où s'effectue toute purification, la fournaise où fond l'égoïsme, où se dissout l'orgueil, où s'apprend l'humilité.

Les maux qui frappent l'homme sont des leviers à l'aide desquels Dieu l'excite sans relâche à se perfectionner. En frappant l'homme, le mal le sollicite à chercher les moyens de l'éviter ou de le guérir, et chaque victoire remportée le fait avancer d'un pas vers la perfection. Le mal est nécessaire pour arriver au bien et pour pouvoir l'apprécier.

L'AME

« *Nosce te ipsum* » *Connais-toi toi-même*, disait la sagesse antique (1). Et, en effet, comment pouvons-nous, si nous ne nous connaissons pas, savoir la destinée qui nous est faite, le but vers lequel nous devons tendre, les devoirs qui nous incombent.

L'Ame, c'est-à-dire ce *quelque chose* qui, en nous, *sent*, *pense*, *veut* et *agit*, est-elle une entité indépendante de l'organisme, auquel elle ne serait liée que passagèrement, ou n'est-elle que le produit de la vibration inhérente à la matière cérébrale ?

Dans le premier cas, cette âme est-elle d'une essence absolument indestructible, et continue-t-elle à agir d'éternité en éternité, ou n'a-t-elle à espérer que le néant après la mort, ou après un certain nombre d'existences ?

Si elle est immortelle, est-elle bien sûre de revivre dans la plénitude de sa personnalité, et quelles sont, dans l'affirmative, les conditions de la vie future ?

D'où vient l'âme avant de s'incarner dans un corps ?

Ce sont là des questions qui ont le plus intéressé les philosophes, parce qu'il n'en est point de plus

---

(1) « *Nosce te ipsum* » est la traduction latine de la fameuse inscription grecque : « *Gnôte Seauton* », placée sur le fronton du temple des Delphes.

importantes, ni qui méritent, à un même degré, d'occuper l'esprit du penseur et de s'imposer à ses méditations.

« L'immortalité de l'âme, dit Pascal (1), est une chose qui nous importe si fort, qui nous touche si profondément, qu'il faut avoir perdu tout sentiment pour être dans l'indifférence de savoir ce qui en est. Toutes nos actions et nos pensées doivent prendre des routes si différentes, selon qu'il y aura des biens éternels à espérer ou non, qu'il est impossible de faire une marche avec sens et jugement, qu'en la réglant par la vue de ce point, qui doit être notre dernier objet. » (*Pascal. Pensées. Chap. 1.*)

Les plus puissants arguments que l'on ait jamais invoqués contre l'immortalité de l'âme peuvent se résumer ainsi : L'âme ne peut exister sans organes : elle naît avec le corps, se développe avec lui et vieillit avec lui. La pensée est nécessairement et essentiellement subordonnée à des conditions physiques. En effet, l'enfant pense à peine ; l'homme mûr (en bonne santé) jouit de toutes ses facultés intellectuelles ; celles-ci déclinent chez le vieillard, se pervertissent dans un âge très avancé, s'annulent à peu près chez les mourants et abandonnent complètement les morts. Que devient donc l'âme lorsqu'un corps expire ? Mais ce n'est pas tout. Interrogez les phrénologistes ; à la simple inspection du crâne ils vous diront : Voilà un homme qui pense bien ; en voilà un autre qui pense mal ; en voilà un troisième qui pense de telle façon. La phrénologie ne se trompe pas. Il faut donc admettre avec elle que toutes les manifestations de notre âme dépendent de la conformation de notre cerveau ; de telle sorte que, s'il était possible d'enlever successivement à un homme, sans le tuer, les parties de son encéphale qui correspondent à chacune de ses fa-

---

(1) Illustre philosophe mathématicien et physicien français (1623-1662), auteur de : *Sections coniques ; Triangle arithmétique. Expériences touchant le vide ; les Provinciales ; les Pensées.*

cultés mentales, on réduirait progressivement le domaine de son intellect, jusqu'au point de ne lui laisser ni idée, ni sensation. Dans ce cas encore, que deviendrait son âme ? Or, cette fiction est presque journellement réalisée par des faits. Entrez dans une maison d'aliénés : l'un a perdu la mémoire, l'autre ses affections, un troisième, son jugement, un quatrième jusqu'à l'instinct de sa conservation ! Mais quelle est l'origine de tous ces malheurs ? Quelles causes ont donc pu ainsi altérer l'essence qui nous anime ? Un accident tout physique, une chute, un coup sur la tête, ou bien encore une violente émotion, voilà ce qui fait délirer toutes ces âmes en peine ! Mais quoi ! notre âme est ainsi soumise aux moindres éventualités de la matière ? Son existence est liée à ce point à celle de l'organisme ! Pas de souffrances, pas d'altérations qui ne soient communes aux deux ! Et vous voulez qu'ils ne meurent pas ensemble. Paradoxe ! Orgueilleux paradoxe dont se bercent les hommes qui, pour se rendre moins amères les approches de la dissolution totale, se sont plu à rêver la constante chimère de la vie éternelle. L'âme est une émanation spéciale d'éléments matériels groupés dans des conditions déterminées. Elle n'est que de la matière indéfiniment différenciée par le cerveau, par une sorte de sublimation.

Pour les matérialistes l'homme n'est donc qu'une *machine vivante*, *un automate*, un *jouet*, un *fantoche* obéissant aveuglément aux seules lois physiques, chimiques et mécaniques qui fonctionnent partout dans l'univers. (1).

Dans un pareil système, il n'y a aucune place pour la liberté. Les matérialistes d'ailleurs en conviennent : ils disent que l'homme est l'esclave de

---

(1) Combien pourrait-on trouver, parmi les matérialistes, d'adeptes qui consentissent, par respect pour leurs idées, à passer pour des *automates intellectuels*, c'est-à-dire pour des imbéciles (dans le sens du mot latin *imbecillus*)? Pas un. *Risum teneatis ! ! !*

la nature et que sa volonté est irrésistiblement déterminée par les sollicitations du dehors.

Il n'y a donc ni hommes honnêtes ni hommes vicieux, et la conséquence de cette conception, c'est que la société n'a pas plus le droit de juger la moralité d'un acte que de le punir, et logiquement est tenue de faire disparaître toute législation qui repose sur le principe de la responsabilité humaine.

Pour qu'on ne nous accuse pas d'exagération, laissons parler les chefs de l'école matérialiste, et citons leurs propres conclusions :

« Les causes ou dispositions physiques : les *tempéraments*, les *sexes*, les *âges*, la *santé*, la *maladie*, le *régime* et le *climat* déterminent le moral de l'homme, sa manière de sentir, de penser et d'agir. Ses mœurs, ses opinions, ses actions, son caractère en dépendent. Il est donc visible que l'âme dépend du corps et ne fait qu'un avec lui. Elle est un résultat de l'organisation : la pensée est une fonction du cerveau. Le cerveau sécrète la pensée comme le foie sécrète la bile (1) et l'estomac digère les aliments. » (*Cabanis. Des rapports du physique et du moral.*)

« Il y a le même rapport entre la pensée et le cerveau qu'entre la bile et le foie, ou entre l'urine et les reins... D'après les principes de la physiologie, il est impossible de détruire les dispositions de l'esprit... Quand des pédagogues se vantent d'inspirer de nobles sentiments à des enfants, on ne peut accueillir leurs présomptions qu'avec un sourire de pitié. » (*C. Vogt. Physiologische Briefe.*)

« Toute vérité vient des sens. La pensée est un mouvement de la matière. La conscience est une propriété de la matière. La volonté est un mouvement de la nature. Comment la peine pourrait-elle intimider celui qui commet un crime, résultat

---

(1) *Sécrétion*, depuis, a paru impropre : la pensée aujourd'hui est un *mouvement* du cerveau, une *vibration* inhérente à la nature cérébrale.

logique, direct et inévitable de la passion qui l'anime ? Il n'y a pas de volonté libre ; il n'y a point de fait de volonté qui soit indépendant de la somme des influences qui, à chaque moment, déterminent l'homme, et posent même autour des plus puissants, les limites qu'ils ne peuvent franchir. » *(J. Moleschott. Circulation de la vie.)*

« L'homme, comme être physique et intelligent, est l'ouvrage de la nature. Il s'ensuit que, non seulement tout son être, mais aussi ses actions, sa volonté, sa pensée et ses sentiments sont *fatalement* soumis aux mêmes lois qui régissent l'univers. Il n'y a qu'une observation superficielle et bornée de l'être humain qui puisse admettre que les actions des peuples et des individus sont le résultat d'un arbitre absolument libre et ayant conscience de soi-même. » *(L. Buchner. Force et matière.)*

« La nature est notre mère, c'est entendu : mais si nous sortons de son sein, c'est pour y rentrer tôt ou tard. Le grain de blé jeté au sillon germe et sort de terre. L'épi devient du pain, se transforme en chair et en sang, en ovule fécondé d'où sort l'enfant, c'est-à-dire l'homme ; puis le cadavre engraisse la terre qui portera d'autres moissons, et ainsi dans les siècles des siècles, sans qu'on puisse dire ni comprendre pourquoi.

« Car s'il est quelque chose de vain et d'inutile au monde, c'est la naissance, l'existence et la mort de ces innombrables parasites, faunes et flores qui végètent comme une moisissure et s'agitent à la surface de notre infime planète, entraînées à la suite du soleil, vers quelque constellation inconnue. Indifférente en soi, mais nécessaire sans doute, puisqu'elle est, cette existence ayant pour condition la lutte acharnée de tous contre tous, la violence, la ruse, l'amour plus amer que la mort, cette existence aux yeux de tous les êtres conscients peut-elle paraître autre chose qu'un rêve sinistre, qu'une hallucination douloureuse au prix de laquelle le néant serait le souverain bien ?

« D'autre part, si nous sommes les fils de la nature, si elle nous a donné l'être, c'est nous, à notre tour, qui l'avons douée de toutes les qualités idéales qui la parent à nos yeux. L'éternelle illusion qui enchante et qui tourmente le cœur de l'homme est et demeure son œuvre. Dans cet univers où tout est ténèbres et silence, lui seul veille et souffre sur cette planète, parce que lui seul peut-être médite et réfléchit.

« C'est à peine s'il commence à comprendre la vanité de tout ce qu'il a cru, de tout ce qu'il a aimé, le néant de la beauté, le mensonge de la bonté, l'ironie de toute science humaine. Après s'être naïvement adoré dans ses dieux et dans ses héros, quand il n'a plus ni foi, ni espoir, voici qu'il sent que la nature elle-même se dérobe, parce qu'elle n'était, comme tout le reste, qu'apparence et duperie. Seul sur ce monde que ravage la mort, au milieu des débris de ses idoles brisées, se dresse le fantôme de ses éternelles, de ses incurables illusions. » (*Jules Soury. Philosophie naturelle*.)

Le philosophe matérialiste Guiau a publié, en 1885, une *Esquisse d'une morale sans obligation ni sanction*.

Par une étrange et heureuse inconséquence, nos modernes matérialistes, qui nient la *liberté morale*, nous parlent souvent de *vertu*, de *dévouement à la patrie et à l'humanité ;* ils exaltent sans cesse la *liberté politique* et se donnent pour les champions du *droit* et de la *justice*.

On peut dire, à l'honneur de la nature humaine, qu'ils se calomnient eux-mêmes : leurs actions réfutent leurs paroles ; leur cœur vaut mieux que leur esprit ; l'homme vaut mieux que le système.

Mais il n'importe pas moins de réfuter l'erreur où ils sont tombés, afin d'empêcher que d'autres ne s'égarent à leur suite !!!

A leur désespérante doctrine, *dénuée d'ailleurs*

de toute preuve quelconque (1), nous opposons les arguments suivants :

— Il n'y a pas d'effet sans cause et, ce qu'il y a dans un effet, doit se trouver dans sa cause. Le cerveau ne peut produire la pensée, la volonté, le sentiment, la conscience, parce qu'il n'y a pas entre les deux termes le rapport nécessaire qui existe, par exemple, entre l'eau bouillante et la vapeur. Dans ce dernier cas, il y a simple transformation ou mutation de forme ; dans le premier, nous ne voyons rien de commun entre les éléments plastiques d'un cerveau et la *conscience*, la *pensée*, la *volonté*, le *sentiment*, l'*âme*.

Comment expliquer dès lors qu'une substance matérielle, telle que la substance du cerveau, douée d'étendue, de cohésion, de densité, puisse se transformer en une chose telle que la pensée, la volonté, le sentiment qui ne possèdent aucun de ces caractères ?

Aussi les matérialistes les plus intelligents et les plus instruits ont-ils fini par soutenir que, dans leur système, ce qui se transformait en vie et conscience, ce n'était pas la matière du cerveau, mais la *vibration* inhérente à cette matière.

« Quand même, dit le professeur Huxley, on trouverait un équivalent mécanique pour chaque pensée et chaque sentiment particulier, encore aucun mouvement moléculaire ne pourrait l'expliquer. »

Hœckel, lui-même, ce grand prophète du mécanisme universel, déclare que « si l'on ne prête une *âme* à l'atome, les phénomènes les plus vulgaires et les plus généraux de la chimie deviennent inexplicables. *Le plaisir* et le *déplaisir*, ajoute-t-il, *l'attraction* et la *répulsion*, doivent être communs à tous les atomes. »

---

(1) Les matérialistes ont une singulière logique. Ils prétendent que nous ne connaissons ni la matière ni l'esprit, puis ils affirment qu'ils savent, de science certaine, que l'âme est le résultat de la matière organisée... Cela est peu conséquent.

Si l'âme n'était que la résultante de la réunion des divers éléments formant le corps, et de leur complication mécanique, elle en dépendrait *fatalement* et *totalement*, et cependant nous voyons se produire le contraire.

Qu'y a-t-il, en effet, de plus indépendant que la pensée, qui peut se transmettre même d'une antipode à l'autre ? Ceci est aujourd'hui parfaitement démontré : des savants sérieux l'ont constaté de manière à ne plus laisser aucun doute. Et comment croire alors qu'elle puisse être le produit de certains arrangements de la matière ?

Si la matière, quelque bien organisée qu'elle fût, pouvait penser, cet acte ne devrait jamais se produire en dehors des sensations éprouvées par les organes; or, nos pensées sont à chaque instant en contradiction avec nos sensations organiques, et notre esprit sait modifier les impressions de nos organes, les concentrer et en altérer les résultats. Si les organes étaient les principes mêmes de la pensée, nous ne pourrions avoir d'autres goûts ni d'autres penchants que ceux qui se lient à nos besoins matériels, et il n'en est point ainsi. Quel est donc l'organe ou la série d'organes qui peut nous faire concevoir l'amour de ce qui est beau, juste et vrai ? Cet amour du bien moral n'est-il pas à chaque instant en opposition avec l'amour du bien-être physique, dont la satisfaction est vivement et constamment sollicitée par nos organes ; et comment ceux-ci, s'ils étaient les moteurs originaires, uniques de la pensée, pourraient-ils produire des effets contraires à leur propre intérêt, à leur propre nature ? Notre âme et notre corps ne sont-ils pas à chaque instant en lutte l'un avec l'autre, et ne voyons-nous pas l'âme, indépendante et généreuse, sacrifier fréquemment les besoins du corps aux nobles sentiments des affections dévouées, de la justice, de la vérité, de la liberté, de l'honneur, de l'amour de tout ce qui est bien ? Est-ce que la matière organisée ou non connaît quelque chose de ces grandes idées ?

L'âme ne prouve-t-elle pas la supériorité de sa nature lorsqu'elle lutte courageusement contre la douleur, lorsqu'elle réprime les penchants et les passions qui ont le principe dans le corps ; lorsque, pour rester fidèle au devoir, ou faire triompher une idée, elle affronte courageusement la mort et les supplices ; lors même que, comprenant mal sa fin et dans un but égoïste, par un acte que la morale condamne, elle rejette le fardeau de la vie ? Tout cela non seulement prouve que l'âme est distincte du corps, mais qu'elle a une autre destination.

L'idée du dévouement, du sacrifice, sera toujours la pierre d'achoppement de tous les systèmes matérialistes, parce qu'elle est contraire à tout ce que ces systèmes enseignent, et que l'existence de cette idée ne peut cependant être méconnue.

Virgile a dit cette forte parole : « *Mens agitat molem* » (*Virgile. Enéide*, VI, 727.) « L'âme fait son corps », et les faits les plus éclatants la justifient. Voici, par exemple, un homme honorable et honoré qui a un fils dont il est plus que fier. Tout à coup il apprend que ce fils a commis un *faux* qui le flétrit à jamais, et il succombe sous une attaque d'apoplexie foudroyante !

Est-ce le corps qui a été frappé par la terrible nouvelle ? Non, c'est l'âme qui a été foudroyée et qui, à son tour, a foudroyé le corps.

Nous savons, nous sentons que si l'organisme peut influer sur notre âme et parfois la tyranniser, il n'est, en définitive, que son serviteur. Souvent même elle le mène en maîtresse : le corps n'en peut plus, en proie aux feux de la maladie, on le voit se désorganiser et mourir ; si l'âme se confond avec lui pourquoi semble-t-elle surgir au-dessus de cette matière en ruine ? Qui donc ne l'a sentie reprendre le dessus et dire au corps : Redresse-toi, mécanisme fragile ; ton maître te parle ; tes fibres sont inertes, ton élasticité est à bout, je te l'ordonne, il faut qu'elles vibrent une dernière fois.

Avec la matière, avec l'attraction, l'électricité, la lumière, la chaleur, nous ne pourrons jamais former que des machines, mais non un être pensant doué d'affectivité. Et la plus parfaite de ces machines ne sera jamais qu'un automate dont un mathématicien pourra déterminer à l'avance toutes les fonctions, alors que la puissance d'investigation des mathématiques s'arrête à la lisière même du monde organique.

C'est donc calomnier l'homme que de le définir « une matière organisée ». Ceux-là seuls rendent un légitime hommage à sa grandeur qui le définissent avec Platon *(biog. p. 62)* : « Une intelligence servie par des organes », ou bien encore : « Un être capable de mourir pour la justice ».

Les organes sont des *moyens*, des *instruments de perception* et non pas la perception elle-même.

L'organisme est un *outil* plus ou moins parfait au service de l'âme qui en règle les mouvements et les soumet au contrôle de la raison. Elle joue le rôle d'un mécanicien habile faisant fonctionner une machine et veillant incessamment à la réparation des rouages dérangés. Si la machine est *entièrement détraquée, l'âme se croise les bras*, et nous observons la *folie* ; si un rouage ou deux répondant à un effet, manque, l'effet n'est point produit ; de là l'*anomalie*, qui est opposée à l'effet voulu : la *manie*. Si toute la machine est usée et ne fonctionne que difficilement et qu'imparfaitement, nous avons la *caducité*.

Tous nos soins doivent donc tendre à conserver à l'organisme son équilibre. C'est par une bonne hygiène, une nourriture saine et le travail physique bien compris, bien dirigé, que nous conserverons au corps la santé, la souplesse et la vigueur qui lui sont nécessaires pour que l'âme puisse le manier avec facilité et le dominer.

Affliger son corps, le mortifier par esprit de pénitence est donc un *suicide lent*, inexcusable aux yeux de la raison. *(Voir page 91, note 1.)*

L'âme étant indépendante du corps, n'a pu être créée en même temps que lui. Il est vrai qu'elle se perfectionne avec lui, mais non en proportion de la perfection des organes, puisqu'elle brille le plus souvent d'un vif éclat dans des corps malingres et contrefaits. Chez le vieillard, loin d'être affaiblie, souvent elle ne fait que gagner en énergie et en vitalité, tandis que le corps matériel s'est usé. L'âme n'est pas toujours malade avec le corps, puisqu'on observe des personnes constamment souffrantes, présenter une vivacité d'esprit, une gaîté extraordinaire. Pour que l'âme ne fût pas un être distinct du corps, il faudrait qu'elle ne fût qu'une vibration inhérente à la matière du cerveau, c'est-à-dire un rien ! Or, la raison peut-elle admettre que le rien sente, pense, se connaisse, calcule, combine, étudie l'être, agisse sur lui, le modifie, le manipule à son gré ?

Lorsque la vie abandonne un corps, et que ses organes restent intacts encore (dans l'asphyxie, par exemple), peut-on affirmer que les matériaux composant ce cadavre contiennent l'homme tout entier, ou tel qu'il était complet précédemment, intelligent, actif ? N'est-ce qu'une horloge arrêtée, un ressort détendu. Quelque principe inconnu n'échappe-t-il pas qui était l'existence même, qui donnait à l'ensemble de l'être cette force d'unité, d'assimilation, d'instinct conservateur ou de résistance vitale, qui n'est même pas étranger au végétal contre l'action destructive des corps environnants ?

La phrénologie, il est vrai, nous démontre que certaines aptitudes sont attachées au plus ou moins de développement des organes cérébraux. Mais elle ne nous initie, après tout, qu'au jeu d'un mécanisme, et cette science ne nous a jamais expliqué le *moteur* laissant, sous silence le *pourquoi*, et par quel effet tel organe se développe plutôt que tel autre.

« Au lieu d'avancer que nous avons telle faculté, telle disposition parce que nous avons tel organe, dit Charles de Villers, dans une lettre écrite à Georges Cuvier (1), il faut poser en principe que *nous avons tel organe parce que nous avons telle faculté, telle disposition*, en sorte que nos facultés ne procèdent pas de nos organes, mais bien nos organes de nos facultés ». Un autre phrénologiste, le docteur Richard, regarde cette appréciation comme le point de départ le plus sûr en phrénologie. « Elle seule, dit-il, laisse à la volonté de l'individu et de la société toute leur importance, car elle seule ne détruit pas la notion du libre arbitre, sans lequel il ne saurait exister pour nous, pures machines, de liberté privée ou publique ».

Voici, au demeurant, un exemple remarquable qui démontre, d'une façon saisissante, l'influence qu'exercent nos facultés sur notre organisation.

Un jeune Ecossais, Georges Bedder, était né avec une merveilleuse aptitude pour le calcul. Son père, pour tirer parti de cette aptitude, le promène de village en village. Ils logent dans de méchantes auberges, avec des gens de la plus basse classe, et, dans cette partie de sa vie, Georges Bedder ne peut que contracter de vulgaires penchants. Bientôt cependant, des personnes notables d'Edimbourg s'intéressent à lui, le prennent sous leur protection et le placent dans une institution où il reçoit une éducation morale. Il devient successivement ingénieur militaire et ingénieur civil.

M. Deville, phrénologiste anglais, suit le développement de l'intelligence de Georges Bedder, et prend soin de mouler sa tête aux différentes époques de sa vie. Le buste n° 1, est moulé à l'âge de huit ans. On y remarque le front presque droit ; la partie antérieure de l'organe des sentiments moraux est très développée ; il en est de même de l'organe des facultés réflectives, de celui de l'idéalité et du

---

(1) Célèbre naturaliste français, créateur de l'anatomie comparée et de la paléontologie (1769-1832).

calcul. L'innéité, c'est-à-dire la disposition du sujet en naissant, était donc bonne. Dans le buste n° 2, dépression marquée des facultés réflectives. Georges Bedder a treize ans. Dans le buste n° 3, moulé à seize ans, on remarque une dépression considérable dans l'organe des sentiments moraux, qui a reculé presque d'un pouce en huit ans. Cette dépression s'explique par les mauvaises fréquentations de Georges. Enfin, dans les deux derniers bustes, il y a une grande augmentation dans le siège des facultés réflectives, et dans celui des sentiments moraux. Le front s'est avancé dans la partie antérieure et a subi un retrait sensible dans la partie postérieure.

Peut-on trouver un exemple plus frappant en faveur de la toute-puissance des facultés sur l'organisation et l'énergie créatrice de la liberté ?

Georges Bedder naît avec d'heureuses facultés, déjà en partie développées à huit ans, bien qu'aucune éducation ne lui ait été donnée. Mais il naît dans la pauvreté ; son père exploite le talent de son fils et le promène de foire en foire avec des bateleurs et des artistes de bas étage. Cette funeste influence, au lieu de développer dans le sens du bien l'innéité du sujet, dégrade peu à peu ses facultés. Cette époque de rétrogradation dure jusqu'à seize ans. Mais alors Bedder est placé dans une institution et reçoit les bienfaits d'une éducation morale, qui porte bientôt ses fruits. Les facultés de Georges Bedder reviennent à leur état naturel, ensuite le dépassent. Ce fait est d'une importance capitale.

Si l'organisation de Georges Bedder s'est d'abord détériorée, puis améliorée, ce n'est pas par une influence matérielle directement exercée sur le corps ; c'est par tout ce qu'il y a de plus spirituel au monde : la pensée, les habitudes morales, l'éducation.

Les organes se modifient, non pas au hasard, mais par suite de changements de l'existence dus très nettement à l'âme. Ils révèlent les instincts, mais ne les donnent pas. (1)

On pourrait citer d'autres faits non moins positifs.

★*★

Non seulement l'homme croit instinctivement à son immortalité, mais encore il la sent. Quelque artiste inspiré charme-t-il ses oreilles par un de ces chefs-d'œuvre mélancoliques et profonds dont les maîtres ont le secret, alors un frisson électrique sillonne tout son être ; il voit se déchirer les limites de son étroit horizon, et son âme prend son essor vers l'infini. C'est que cette musique lui parle la vraie langue du pays de ses rêves. Si nous connaissons ici-bas ce terrible mal que Bossuet (*biog. p. 9*) appelle l'*inexorable ennui*, c'est que notre âme ressemble à un océan vide. Elle mesure d'un regard la distance qui sépare l'idéal qu'elle entrevoit de la réalité qu'elle touche et sa tristesse n'est qu'une nostalgie.

★*★

D'où vient à l'homme cette envie secrète de se survivre à lui-même, d'éterniser son nom dans la mémoire de ses semblables ? Le villageois l'éprouve comme le savant et comme le guerrier. Le savant veut aller à l'immortalité par ses ouvrages, le guerrier par ses exploits, et le villageois voudrait vivre du moins dans le souvenir de ses enfants : il s'afflige à l'idée que, bientôt peut-être, il sera oublié ; il voudrait attacher son nom au bâtiment qu'il achève, à l'arbre qu'il plante, au terrain ingrat qu'il a su rendre fertile.

Mais c'est surtout chez les hommes fameux que se rencontre cet amour immense de célébrité qui s'étend à la postérité la plus reculée, et se repaît de la pensée que leurs grandes et belles actions feront l'entretien de tous les âges. Pourquoi cela,

---

(1) Le nez de l'ivrogne bourgeonne parce qu'il boit trop, mais il ne boit pas trop, parce que son nez bourgeonne.

s'ils n'étaient préoccupés de l'espoir de jouir eux-mêmes de leur gloire dans les siècles futurs ?

L'homme se sent si passager ici-bas qu'il a toujours de l'émotion en pensant à ce qui est immuable.

Si l'homme veut bien s'interroger lui-même, s'il veut bien pénétrer d'un regard profond dans les replis les plus intimes de son cœur, il trouvera que ce qui forme la base de tous ses efforts, ce qui est le ressort caché de ses actions, c'est un désir insatiable de progrès. Toutes ses pensées, tous ses sentiments, sont tournés vers un mystérieux idéal de perfection, de beauté et de grandeur, vers la connaissance absolue, la souveraine vertu, et la félicité infinie. Il s'enthousiasme devant tout ce qui lui apparaît comme véritablement supérieur et céleste. En présence d'un des chefs-d'œuvre de l'art, il est dans le ravissement ; les découvertes de l'intelligence le frappent d'admiration ; lorsqu'il est témoin d'une bonne action, ses yeux se remplissent de délicieuses larmes. Mais toujours au-delà il poursuit un idéal que ne peuvent satisfaire ni les plus sublimes merveilles artistiques, ni les plus belles œuvres de la pensée humaine, ni les plus héroïques dévouements. Ah ! c'est que son cœur est rempli de Dieu et que rien ici-bas n'est capable de réaliser son inimitable modèle.

O vous qui pleurez la perte d'un être cher qui faisait par sa bonté, par tout ce qu'il avait de meilleur l'enchantement et la fête de notre vie, ne vous êtes-vous pas écriés avec Victor Hugo (1) :

---

(1) Le 26 février 1902, on a célébré, dans une apothéose grandiose, le centième anniversaire de la naissance de ce génie incomparable qui fut Victor Hugo. Ce fut un puissant serviteur de la vérité, un patriote incomparable, un grand

« Le cœur ne peut errer ! La chair est un songe, elle se dissipe. Quiconque aime, sait et sent qu'aucun des points d'appui de l'homme n'est sur la terre. Aimer, c'est vivre au-delà de la vie. Ceux qui partent ne s'éloignent point... Ils assistent, témoins attendris, à notre monde de ténèbres. Ils sont en haut et tout près. O, qui que vous soyez, qui avez vu s'évanouir dans la tombe un être cher, ne vous croyez pas quittés par lui. Il est toujours là. Il est à côté de vous plus que jamais. *Les morts sont les invisibles, mais ils ne sont pas les absents.* La créature aimante exige la créature immortelle. Le cœur a besoin de l'âme. » (*Victor Hugo. Extrait d'un discours sur la tombe de Mlle de Putron, à Guernesey.*)

---

penseur, courageux, payant de sa personne, acceptant pour ses idées la souffrance et l'exil.

Fût-il jamais réquisitoires plus éloquents, plus précis que ceux où il stigmatisa, en termes immortels, les disciples de Torquemada (a), les marchands de faux miracles, les publicistes qui font métier de religion et accrochent leur enseigne «*aux clous saignants de Jésus-Christ.* »?

Il a châtié avec le fouet qui servit au Christ à chasser les vendeurs du Temple, les pharisiens et les tartufes modernes; il les a marqués du fer rouge de son éloquence le jour où il a écrit ces vers impérissables :

Vous seriez des bourreaux, si vous n'étiez des cuistres ;
Pour vous, le glaive est saint et le supplice est beau ;
O monstres ! Vous chantez dans vos hymnes sinistres
    Le bûcher, votre seul flambeau.

Auteur des poésies : *Odes et Ballades, Orientales, Châtiments, Contemplations, Légende des Siècles, Année terrible;* des romans : *Notre-Dame-de-Paris, les Misérables;* des œuvres dramatiques : *Hernani, Ruy-Blas, le Roi s'amuse, Marion Delorme,* et des *évocations,* des *études,* des *lettres,* etc. etc.

Victor Hugo fut le plus illustre des poètes et des écrivains français du XIXe siècle. Il fut même artiste du dessin et de la plume, et même grand artiste et sculpteur de talent.

(a) Dominicain de sinistre mémoire, fut Inquisiteur général en Espagne. Il afficha un si grand zèle pour la foi catholique, en multipliant les condamnations et les supplices, que les papes furent obligés d'intervenir pour modérer son zèle (1430-1498).

Victor Hugo a dit aussi sur le bord de la fosse de Frédéric Soulié : « Les penseurs ne se défient pas de Dieu ; ils regardent avec tranquillité, avec sérénité, quelques-uns avec joie, cette fosse qui n'a pas de fond. Ils savent que le corps y trouve une prison, mais que l'âme y trouve des ailes. Oh ! les nobles âmes de nos morts regrettés ne tombent pas dans un piège ! Non, le néant n'est qu'un mensonge ! Non, elles ne rencontrent point dans les ténèbres cette captivité effroyable, cette affreuse chaîne qu'on appelle le néant ! Elles y continuent, dans un rayonnement plus magnifique, le vol sublime de leur destinée immortelle. »

C'est encore l'illustre poète qui a écrit :

> C'est un prolongement sublime que la tombe.
> L'on y monte étonné d'avoir cru qu'on y tombe.

Et Lamartine (1) :

> Qu'est-ce que mourir ? Brisons ce nœud infâme,
> Cet adultère hymen de la terre avec l'âme.
> D'un vil poids à la tombe, enfin, se décharger.
> Mourir n'est pas mourir, mes amis, c'est *changer !*

« En donnant à l'homme un noble visage tourné vers les étoiles, dit Ovide (2), Dieu voulut qu'il contemplât les cieux. » « Os homini sublime dedit et erectos ad sidera, tollere vultus, cœlumque tueri jussit. » *(Ovide. Metam. lib. I.)*

Belle et simple image pour exprimer l'invincible tendance de l'homme à chercher plus haut que la terre un idéal digne de ses aspirations intimes.

« Pourquoi, se demande Louis Figuier, pourquoi

---

(1) Célèbre poète français. Ses principaux ouvrages sont : *Les Méditations poétiques, Harmonies poétiques et religieuses, Jocelyn, l'Histoire des Girondins, Voyage en Orient,* et le *Cours familier de la littérature.* (1790-1869.)

(2) Poète latin, auteur des *Métamorphoses*. Il mourut en exil dans la Mésie, près du Pont-Euxin (43 ans avant et 17 ans après l'ère chrétienne).

chez tous les hommes et chez tous les peuples élève-t-on les yeux vers le ciel dans les moments solennels, dans les élans de la passion, dans les angoisses de la douleur ? A-t-on jamais vu personne, dans ces circonstances, contempler avec la même insistance, la terre, ou ce qui s'étend sous nos pieds ? C'est toujours vers le ciel que s'élèvent nos yeux et nos cœurs. Les mourants élèvent vers le ciel leurs regards défaillants, et c'est vers les espaces célestes que nous portons nos regards quand, absorbés par une rêverie profonde, nous nous laissons aller à la dérive de l'imagination qui nous emporte dans le vague et l'infini. Il est permis de croire que cette tendance universelle à diriger notre vue vers les cieux, est une intuition de ce qui nous attend après notre vie terrestre, une révélation naturelle du domaine qui sera le nôtre un jour dans l'empyrée céleste ». *(Louis Figuier. Le lendemain de la mort.)*

***

Pourquoi ce respect pour le moule brisé de l'homme, si l'homme ne doit être au dénoûment de la vie qu'un peu de fumier ? Ce respect est involontaire, impérieux, de tous les temps, chez toutes les nations. Il fait partie de l'âme humaine, il est né avec elle comme un élément constitutif de son essence.

Cette argumentation tirée du respect que l'âme humaine a pour les morts a été développée magistralement par Guizot (1), dans ses *Méditations*, et par Renzier-Joli, dans ses *Horizons du Ciel*.

***

Si l'homme doit mourir tout entier, pourquoi la vertu candide est-elle si souvent victime, tandis que le succès est le partage des perversités habiles ? Qu'est-ce que cette vie, sinon une suite de labeurs

---

(1) Célèbre homme d'Etat, un des plus grands historiens et écrivains français (1787-1875).

monotones, d'enthousiasmes factices, de déceptions amères, de séparations déchirantes ? Et ce serait là le dernier mot de la bonté divine à notre égard ?

Non, cela ne peut être. Il faut la vie d'outre-tombe pour toutes les espérances déçues, pour toutes les infortunes imméritées, pour tous les sentiments incompris.

Il faut la vie d'outre-tombe afin que la destinée puisse tenir toutes les promesses qu'elle nous a faites au matin de la vie, et que le crime et la vertu n'aient point le même héritage pour sanction. Si tout devait finir avec notre dernier soupir, pourquoi nous avoir trompés ? Pourquoi nous avoir bercés de vaines espérances ?

Pourquoi nous avoir laissés entrevoir du sein des misères terrestres, les rives enchantées que nous ne devons jamais atteindre ?

Ceux qui croient que leur individualité ne va pas au-delà de ce lambeau de chair que nous appelons le corps, sont bien à plaindre ! Comment ne sentent-ils pas qu'ils sont mieux que cela, parce que la pensée qui est en eux est aussi indépendante de ce corps qu'un liquide ou un gaz est indépendant du flacon qui l'emprisonne.

O vous qui ne voyez que la matière et qui ne croyez qu'à l'immortalité des atomes, pourquoi votre pensée irait-elle au néant, quand votre corps, qui n'est que pourriture, demeurerait éternel dans chacune de ses molécules ? Non ! non ! Notre pensée qui est le critérium de notre individualité, l'action directe de notre âme, la raison d'être de notre entité, ne saurait être la conséquente de la matière, puisqu'elle agit à son insu et contre son gré et ses désirs.

Nous compléterons les arguments de la dialectique en faveur de l'immortalité de l'âme, par des preuves *expérimentales* qui font de cette immortalité une certitude scientifique.

La phrénologie nous démontre que tous les tissus qui composent le corps humain,— depuis les parties molles du cerveau jusqu'aux parties les plus dures de la charpente osseuse, — sont sans cesse renouvelés. Des molécules nouvelles viennent dans tous les organes remplacer à chaque instant les molécules éliminées par le fonctionnement de la vie, de telle sorte que, au bout de trois ans, le corps humain est entièrement renouvelé. (1)

Nous ne vivons donc qu'à la condition de nous transformer sans cesse dans chaque molécule corporelle. On peut dire que *jamais la même matière ne sert deux fois à la vie*. Lorsqu'un acte est accompli, la parcelle de matière vivante qui a servi à le produire a disparu. Si le phénomène reparaît, c'est une matière nouvelle qui lui a prêté son concours.

Et cependant, il y a en nous *quelque chose* qui persiste à travers tous ces changements, qui les constate, les analyse, les comprend, les compare, les achemine, les dirige vers un but et en relie toutes les successions.

---

(1) L'urine, la sueur et l'haleine sont les véhicules qui transportent en dehors les déchets vitaux. Ces trois fonctions résument le total des pertes que l'homme fait chaque jour par la désassimilation. Nous perdons ainsi environ 3 kilogrammes par jour, soit en moyenne 1,0 kilogrammes annuellement, soit 40,000 kilogrammes pendant la durée moyenne de l'existence humaine.

Voici l'exemple le plus frappant de la manière dont le phénomène se produit : Nos cheveux, nos ongles poussent continuellement, et si on les taille pour qu'ils ne dépassent pas une certaine longueur, il arrive, nécessairement, qu'au bout d'un certain temps, il ne reste plus rien des cheveux ni des ongles primitifs. Ce qui était à la racine est monté au sommet, puis a disparu.

Eh bien ! le même mouvement de remplacement a lieu dans tout le corps par le fonctionnement de la vie et, dans un laps de temps, variable pour chaque organe, mais qui ne saurait dépasser trois ans pour tout l'individu, le corps humain est entièrement renouvelé.

Malgré ce continuel renouvellement, ce *quelque chose* fait que nous sommes toujours *les mêmes hommes ;* que nous avons conservé l'instruction acquise et le souvenir de ce que nous avons fait dans notre jeunesse et notre âge mûr ; que nous avons conscience des émotions ressenties ; que, en un mot, nous avons conservé la *mémoire* de nos actions et de nos impressions.

On doit donc conclure que le corps n'est que l'habit, l'enveloppe d'un être *immatériel* et *permanent* qui, pendant que la matière se régénère incessamment, reste toujours le même, ou du moins ne change qu'en augmentant sans cesse son sens physique, son sens intellectuel et son sens moral.

Ce quelque chose de permanent est ce que l'on appelle *l'âme.*

Ce que nous venons d'expliquer pour l'homme s'applique naturellement à tous les êtres organisés. *(Voir plus loin : Loi d'évolution.)*

***

Les expériences nombreuses faites avec l'éther et le chloroforme démontrent, à l'évidence, que ces agents anesthésiques n'atteignent que les mouvements qui sont de l'ordre matériel, tandis que les fonctions intellectuelles, qui sont de l'ordre des sentiments, restent en activité. Il se produit même des effets singuliers qui démontrent que, pendant l'opération chirurgicale faite sur un patient anesthésié, l'âme se sépare de son organisme matériel ; il se sent un corps d'une légèreté impalpable (1) ; l'un de ces patients endormi par l'éther disait : « Une brise délicieuse me pousse à travers les espaces, comme une âme doucement emportée par son ange gardien. »

L'indépendance de l'âme n'est-elle pas prouvée d'une manière incontestable dans tous les cas où

---

(1) Nous verrons plus loin qu'il en est réellement ainsi, l'âme possédant un corps fluidique qui ne forme pour ainsi dire qu'un avec elle.

les facultés intellectuelles sont affranchies de l'action des sens par l'action d'un anesthésique ? En effet, pendant que le corps est torturé, l'âme éprouve des sensations délicieuses de jouissance et de bonheur, souvent dans un autre monde que celui où elle vit ordinairement. Les chairs peuvent être froissées, meurtries, divisées, l'opéré ne se sent pas ; son esprit plane dans des régions inconnues, franchit les espaces sans fin, accomplit en quelques minutes les événements de plusieurs années, ou est plongé dans des extases et des rêves souvent accompagnés d'un vif sentiment de bien-être et de bonheur.

Tous ces faits prouvent la complète aliénation de l'âme, des sens, de la vie animale. Elle pense à des choses absolument différentes de celles dont les impressions habituelles lui fournissaient le sujet. Elle continue de vivre et d'exister, mais dans un autre monde plus en rapport avec sa nature, et il est évident que tous ces phénomènes prouvent surabondamment que *l'âme est la seule réalité permanente chez l'homme.*

Mais n'est-il pas étonnant de voir à quel point tous ces phénomènes d'anesthésie ressemblent à ceux qu'en magnétisme on obtient dans le sommeil lucide ?

Dans cet état, le sujet voit à distance ; il se transporte en plusieurs endroits qu'on lui désigne ; il décrit ce qu'il perçoit, ce qui se passe ; il *voit* dans l'organisme ; il indique le siège d'une maladie, les remèdes à employer...

Schelling (1) avait déjà reconnu l'importance capitale du somnambulisme dans la question de l'immortalité de l'âme. Il remarque que, dans le sommeil lucide, il se produit une élévation et une libération relative de l'âme par rapport au corps,

---

(1) Célèbre philosophe wurtembergeois (1775-1846), auteur de la *Science de l'absolu* ou *Philosophie de l'identité*

telle qu'elle n'a jamais lieu dans l'état normal. Chez les somnambules, tout annonce la plus haute conscience, comme si tout leur être était rassemblé au foyer lumineux qui réunit le passé, le présent et l'avenir. Loin qu'ils perdent le souvenir, le passé s'éclaire pour eux, l'avenir même se dévoile quelquefois dans un rayon considérable. Si cela est possible dans la vie terrestre, se demande Schelling, n'est-il pas certain que notre personnalité spirituelle qui nous suit dans la mort, est déjà présente en nous actuellement, qu'elle ne naît pas alors, qu'elle est simplement délivrée et se montre dès qu'elle n'est plus liée au monde extérieur par les sens ? L'état après la mort est donc plus réel que l'état terrestre.

Remarquons encore que, sous l'influence d'une émotion forte, et dans toutes les circonstances où l'âme est absorbée par une passion violente, il lui est possible de s'extérioriser, de manière à se transporter instamment dans un lieu déterminé.

La concentration de toutes les facultés de l'âme sur un objet lui fait perdre le sentiment de tout ce qui ne l'occupe pas dans cet instant. Au fort de la mêlée, le soldat ne sait pas qu'il est blessé, Archimède (*biog. p. 106*), absorbé par la méditation d'un problème mathématique, ne s'aperçoit ni de la bataille ni de la prise de Syracuse, et il est tué par un soldat auquel il refuse de répondre.

Pour que notre démonstration soit complète, nous ajouterons que les *phénomènes spirites* prouvent, à tout esprit non prévenu, de la manière la plus irréfutable, que l'âme se retrouve au-delà de la tombe *dans la plénitude de toutes ses facultés.*

Il est vrai que ces Messieurs de la *Science officielle* rient, comme des niais vulgaires, de ces phénomènes qu'ils repoussent. (1)

---

(1) Voici en quels termes choisis le *Dictionnaire ency-*

Mais la *Science officielle*, que n'a-t-elle pas rejeté *à priori* ?

Elle a repoussé la *circulation du sang*, le *galvanisme*, la *navigation à vapeur*, le *paratonnerre*, l'*éclairage au gaz*, les *chemins de fer*, la *chute des aérolithes*, le *magnétisme animal*, la *théorie ondulatoire de la lumière*, l'*homéopathie*, la *téléphonie*, et le reste...

De quel persiflage n'a-t-elle pas salué, à une époque récente, les découvertes de Boucher de Perthes, le créateur de l'*anthropologie préhistorique*, science accréditée aujourd'hui, et qui jette de vives lueurs sur l'origine des sociétés humaines ?

Lorsque Harvey (1) démontra la circulation du sang, pas un seul médecin de plus de cinquante-cinq ans n'admit le fait : tous se moquaient du démonstrateur.

On tourna en ridicule le premier qui proposa d'éclairer Londres au gaz.

Elle avait prétendu, la *Science officielle*, que les locomotives ne pourraient jamais se déplacer sur des rails, parce qu'elles n'auraient pas le frottement nécessaire, et que déjà, par une rotation rapide des roues sur les rails glissants, il se produirait une chaleur telle qui mettrait tout le train en feu ; mais la palme revint à l'*Académie de Munich*, qui déclarait que la vitesse serait si insupportable qu'elle rendrait *fous* les voyageurs et même ceux qui les verraient passer !!!

On connaît la réponse que le célèbre Lavoisier (2) fit un jour, au nom de l'*Académie des*

---

clopédique *des sciences médicales* fait le portrait des spirites :

« Ce sont des *naïfs de bonne foi* ; les habiles s'en servent pour appeler le public et à s'en faire, sans grands efforts, un revenu vraiment sérieux. »

(1) Médecin anglais (1578-1658).

(2) Illustre chimiste français, né à Paris, l'un des créateurs de la chimie moderne. Il fit partie de la commission chargée d'établir le système métrique. Mort sur l'échafaud (1743-1794).

sciences, à propos des aérolithes : « Il n'existe pas de pierres dans le ciel ; il ne saurait par conséquent en tomber sur la terre ». C'était là cependant un fait constaté depuis longtemps et que la *Science officielle* refusait d'admettre.

En 1831, le docteur Castel disait à l'*Académie de médecine*, à la suite de la lecture d'un rapport fait par une commission de cette Académie sur le magnétisme animal : « Si la plupart des faits énoncés étaient réels, ils détruiraient la moitié des connaissances acquises en physique. Il faut donc bien se garder de les propager en imprimant le rapport. »

Lorsque Young donna des preuves de la théorie ondulatoire de la lumière, il fut hué par la *Science officielle*.

Se rappelle-t-on toutes les moqueries, tous les sarcasmes qui accueillirent l'homéopathie, aujourd'hui parfaitement admise par la *Faculté*, sous le nom de *dosimétrie* ?

La découverte de l'électricité par Galvani (1) fut la risée de tout le monde savant sous le nom de *danse des grenouilles*. N'en a-t-il pas été de même du spiritisme qui, sous le nom de *danse des tables*, plongea dans une gaieté folle nombre de personnages aussi officiels que superficiels ?

Le téléphone fonctionnait depuis quelque temps déjà en Amérique, tandis qu'à Paris, un *savant* démontrait par A + B, en s'appuyant sur les données de la *Science officielle* du jour, que la communication téléphonique était une impossibilité.

Le *savant* M. Bouillaud pinçait le nez à l'opérateur qui lui faisait entendre le phonographe, en lui disant : « Mon ami, vous me prenez pour un imbécile, vous êtes ventriloque !!! »

La *Science officielle* a toujours excommunié toutes les grandes découvertes, toutes les idées nouvelles qui ont bouleversé l'état des connaissances ou plutôt des ignorances humaines, à un moment déterminé de l'Histoire.

---

(1) Célèbre physicien et médecin italien (1737-1793).

Toutes les sciences nouvelles sont entrées dans les Académies ; *aucune n'en est sortie.*

Il y a bien longtemps déjà que Henri de Pène écrivait : « Si les charlatans de toute couleur sont agaçants avec leurs coups de grosse caisse, les savants ne le sont pas moins avec l'éteignoir qu'ils prétendent poser sur tout ce qui est en dehors de leurs flambeaux officiels. »

Et Arago (1) : « Celui qui, en dehors des mathématiques pures, prononce le mot *impossible*, manque de prudence. »

Et Eugène Nus : « Les Académies sont les bornes qui jalonnent les chemins de la science. »

Victor Hugo (*biogr. p. 144*) a écrit sur le même sujet :

« La table tournante et parlante a été fort raillée. Parlons net, cette raillerie est sans portée.

« Remplacer l'examen par la moquerie, c'est commode, mais peu scientifique. Quant à nous, nous estimons que le devoir étroit de la science est de sonder tous les phénomènes : la science est ignorante et n'a pas le droit de rire ; *un savant qui rit du possible est bien près d'être un idiot*. L'inattendu doit toujours être attendu par la science. Elle a pour fonction de l'arrêter au passage et de le fouiller, rejetant le chimérique, constatant le réel. La science n'a sur les faits que son droit de visa. Elle doit vérifier et distinguer. Toute la connaissance humaine n'est que triage. Le faux compliquant le vrai, n'excuse pas le rejet en bloc. Depuis quand l'ivraie est-elle prétexte à refuser le froment ? Sarclez la mauvaise herbe, l'erreur, mais moissonnez le fait et liez-le aux autres. La conscience est la gerbe des faits.

« *Mission de la science* : tout étudier, tout sonder. Tous, qui que nous soyons, nous sommes les créanciers de l'examen, nous sommes ses débiteurs

---

(1) Astronome et physicien, l'un des plus grands savants du xixe siècle (1786-1853).

aussi. On nous le doit et nous le devons. Éluder un phénomène, lui refuser le paiement d'attention auquel il a droit, l'éconduire, le mettre à la porte, lui tourner le dos en riant, c'est faire banqueroute à la vérité, c'est laisser protester la signature de la science.

« Le phénomène du trépied antique et de la table moderne a droit comme un autre à l'observation. La science psychologique y gagnera sans nul doute. Ajoutons ceci, qu'abandonner les phénomènes à la crédulité, c'est faire une trahison à la raison humaine.

« Du reste, comme on le voit, le phénomène toujours rejeté et toujours reparaissant n'est pas d'hier. » (*Victor Hugo. William Shakespeare*).

Victor Hugo a fait don d'une partie de ses manuscrits à la Bibliothèque nationale. Un chercheur, M. Jacques de Valay, a relevé, sur le manuscrit de la *Légende des Siècles*, l'annotation suivante :

« Constatation d'un phénomène étrange auquel j'ai assisté plusieurs fois, c'est le phénomène du trépied antique. Une table à trois pieds dicte des vers par des frappements, et des strophes sortent de l'ombre. Il va sans dire que je n'ai jamais mêlé à mes vers un seul de ces vers venus du mystère : je les ai toujours religieusement laissés à l'inconnu qui en est l'unique auteur ; je n'en ai pas même admis le reflet ; j'en ai écarté jusqu'à l'influence. Le travail du cerveau humain doit rester à part et ne rien emprunter aux phénomènes. Les manifestations extérieures de l'invisible sont un fait et les créations intérieures de la pensée en sont un autre. La muraille qui sépare les deux faits doit être maintenue dans l'intérêt de l'observation et de la science. On ne doit faire aucune brèche et un emprunt serait une brèche. A côté de la science qui le défend, on sent aussi la religion, la grande, la vraie, l'obscure, l'incertaine qui l'interdit. C'est donc, je le répète, autant par conscience religieuse que par conscience littéraire, c'est par un respect pour le phénomène même, que je m'en suis isolé, ayant pour loi de n'admettre aucun mélange dans mon inspiration et voulant maintenir mon œuvre telle qu'elle vit, absolument mienne et personnelle. — V. H., 28 février 1854. »

M. Jacques de Valay fait remarquer, avec raison, que cette note, explique, à elle seule, les magnifiques évocations du poëte à l'*Ombre*, les *Voix de l'Ombre*, les *Voix du Gouffre*, etc.

Victorien Sardou (1) écrivait, le 30 novembre 1888, à M. Raimbaud, une lettre dont nous extrayons les passages suivants :

« Il y a plus de quarante ans que j'observe, en curieux, les phénomènes qui, sous les noms de magnétisme, somnambulisme, extase, seconde vue, etc., étaient dans ma jeunesse la risée des savants. Quand je me hasardais à leur faire part de quelque expérience où mon scepticisme avait dû se rendre à l'évidence, quel accueil, quelle gaieté ! — J'entends encore le rire d'un vieux docteur de mes amis à qui je parlais de certaine fille que des passes magnétiques mettaient en état de catalepsie. Un coup de feu partait subitement à son oreille, un fer rouge effleurait sa nuque. Elle ne bronchait pas ! « Bast ! me répondit le bonhomme, les femmes sont si trompeuses ! »

« Or, voici que tous les faits niés alors de parti pris sont acceptés, affirmés par les mêmes gens qui les traitaient de jongleries. Il n'est pas de jour où quelque jeune savant ne me révèle des nouveautés que je connaissais avant qu'il fût né. Je n'y vois rien de changé que le nom ; ce n'est plus le *magnétisme*. — Vous pensez bien que ce mot sonnait mal aux oreilles de ceux qui l'avaient tant ridiculisé, — c'est l'*hypnotisme*, la *suggestion* : désignations qui ont meilleur grâce. En les adoptant, on donne à entendre que le *magnétisme* n'était réellement

---

(1) Auteur dramatique français très distingué, né à Paris, en 1831. A été président d'honneur du *Congrès spirite et spiritualiste*, tenu à Paris en 1900.

qu'une duperie dont on a fait bonne justice, et que la science officielle mérite doublement notre reconnaissance. Elle nous en a délivrés et nous a dotés en échange d'une vérité scientifique : l'*hypnotisme*, — qui, d'ailleurs, est exactement la même chose. (1)

« Je citais un jour, — je parle de loin — à un fort habile chirurgien, ce fait, aujourd'hui bien connu, de l'insensibilité produite chez certains sujets, en les obligeant à regarder fixement un petit miroir ou quelque objet brillant, de façon à provoquer le strabisme. Cette révélation fut accueillie comme elle le méritait, par de bons éclats de rire et quelques fines plaisanteries sur mon « miroir magique ». — Des années se passent ; le même homme vient un matin déjeuner chez moi, et s'excuse d'être en retard. Il a dû arracher une dent à une jeune fille très nerveuse et très craintive : « Et j'ai, dit-il, tenté sur elle une expérience nouvelle et fort curieuse. A l'aide d'un petit miroir métallique, je l'ai si bien endormie, que j'ai pu extraire la dent sans qu'elle s'en doutât ». — Ici, je m'écrie: « Pardon, mais c'est moi qui, le premier, vous ai signalé le fait, et vous vous en êtes bien moqué ! » Désarçonné tout d'abord, mon homme a vite fait de se remettre en selle. « Bon ! me dit-il, vous me parliez magie ; mais ceci est de l'hypnotisme ! »

« Toute la science officielle a traité nos pauvres vérités méconnues de cette façon-là ! — Après les avoir bien bafouées, elle se les est appropriées ; mais elle a eu soin de changer les étiquettes.

« Enfin, quel que soit leur nom, les voilà dans la place. Et puisque nos savants ont fini par découvrir à la Salpêtrière ce que tout Paris a pu voir, sous Louis XV, au cimetière Saint-Médard, il y a lieu d'espérer qu'elle daignera s'occuper un jour

---

(1) Et même l'*hypnotisme* a été raillé, conspué, ridiculisé, il y a à peine quelques années. L'hypnotisme était un numéro de café-concert ou d'estaminet cantonal. Ce soir-là, le boulanger et le mercier suspendaient un instant leur partie de cartes.

de ce spiritisme qu'elle croit mort de ses dédains, et qui n'a jamais été plus vivace. Elle n'aura plus ensuite qu'à lui imposer un autre nom, pour s'attribuer le mérite de l'avoir découvert... après tout le monde. »

Plus tard, le 17 février 1894, Victorien Sardou écrivait encore à un ami une lettre qu'a publiée la *Gazette de Paris*, et où nous trouvons le passage suivant :

« Voilà quarante ans que j'admire la parfaite imbécillité avec laquelle la science officielle se refuse à admettre des faits qui, en tant que faits, s'imposent à quiconque se donne sérieusement la peine de les vouloir connaître. »

L'illustre auteur dramatique a écrit, pour Mme Sarah Bernhardt, une pièce qui a été jouée à la Renaissance, et intitulée : *Spiritisme*.

Interviewé à ce sujet par un rédacteur du *Figaro*, Victorien Sardou lui a fait une déclaration identique à celle que nous venons de transcrire... et il a ajouté : ... « Je suis même très fier, — aujourd'hui que les grands savants du monde, les géologues, les chimistes et les physiciens les plus renommés d'Angleterre, commencent à croire à ces phénomènes inexplicables (1), parce qu'ils les ont vus, — de pouvoir dire que je suis un précurseur du spiritisme. » (*Figaro* du 25 novembre 1896).

Mais, pourquoi ces Messieurs de la *Science officielle* persistent-ils à fermer les yeux et à se boucher les oreilles lorsqu'on prononce devant eux le mot de *Spiritisme* ? Mais tout simplement parce que ce mot détonne à leurs oreilles comme une faute grave contre la syntaxe usuelle et professionnelle du scepticisme, et que le Spiritisme renverse la plupart des théories et des conclusions qu'ils appellent *scientifiques*, c'est-à-dire conforme à leur science.

On a la robe du professeur et les avantages atta-

---

(1) Sardou a-t-il bien écrit : *inexplicables* ? Nous ne le pensons pas. C'est *extraordinaires* qu'il a sans doute dit ou voulu dire.

chés au grade ; on s'est fait une petite conviction orthodoxe, commode et portative, qui ne brusque pas les idées reçues, et l'on fait son petit bonhomme de chemin sous la pluie de décorations données aux savants très sages. Pourquoi irait-on s'embarquer sur la galère qui fait voile vers l'inconnu ? Pour aborder où ? La négation est bien plus simple et surtout... plus profitable...

Et puis, l'on s'évite la peine d'étudier, de réfléchir, de raisonner, ce qui a cet immense avantage de favoriser merveilleusement la paresse. — Ce sont là des considérations qui n'ont certainement pas échappé à la perspicacité de ces Messieurs.

Mais, si la Science officielle ferme encore obstinément les yeux et se bouche les oreilles devant les phénomènes spirites, en revanche des milliers de personnalités des plus notables, des hommes de la plus haute valeur scientifique, littéraire, philosophique et morale ont compris que le respect humain, la crainte de l'opinion, n'est pas le commencement de la sagesse, mais bien de la couardise ; que le devoir strict de la science est d'étudier tout problème qui se présente à elle franchement. Partis du scepticisme le plus absolu, ils ont osé regarder les phénomènes spirites en face, avec le désir secret — il faut bien le dire — d'en constater l'absurdité.

Eh bien ! après de longues et consciencieuses expériences, dans des conditions éminemment scientifiques, en employant tous les moyens de contrôle destinés à écarter les cas d'illusion suggestive, d'hallucination et de fraude, inconsciente ou non, tous sont venus courageusement déclarer qu'ils avaient épuisé toutes les hypothèses émises pour l'explication des phénomènes, et que *l'interprétation spirite seule* donnait raison de *tous les faits* qu'ils avaient été à même d'observer. (1)

---

(1) La Société anglo-américaine des recherches psychi-

Tous aussi ont reconnu que l'humanité se trouve en présence d'une science nouvelle dont la portée est incalculable, parce qu'elle révèle à nos yeux la vie intégrale avec une lumineuse évidence, et, dès lors, conduit nécessairement l'âme humaine vers une conception plus haute, vers une compréhension plus large de sa nature et de sa destinée, conception qui porte en elle le germe de toute une révolution morale, tout un principe nouveau d'éducation et de rénovation.

On peut citer :

En France : MM. Allan Kardec (1), l'éminent fondateur de la doctrine spirite ; Jaubert, président du tribunal de Carcassonne, Sardou, Louis Blanc, Vacquerie, Chaigneau, Bonnemère, Nus, Meunier, Denis, Delanne, Bouvery, Sausse, Bouvier, de Reyle, de Faget, Loys de Remora, Fabre des Essarts, hommes de lettres distingués ; comte de Rochas d'Aiglun, colonel administrateur de l'Ecole polytechnique ; commandant Darget ; Richet, professeur de physiologie à la Faculté de médecine de Paris ; Sabatier, professeur de zoologie et d'anatomie comparée à la Faculté des sciences de Montpellier ; Ségard, médecin principal de la marine ; Bayol, médecin, conseiller général des Bouches-du-Rhône et ancien gouverneur du Dahomey ; Bonnet, Boucher, Baraduc, Bécour, Chazarain,

---

ques est arrivée aux mêmes conclusions, après une étude de *quinze années*...

Cette Société compte parmi ses membres des personnages réputés par leur haute science et leur situation dans le monde.

(1) Penseur profond et savant érudit, Allan Kardec, le premier, en Europe, fut porté à l'étude des phénomènes spirites. Son esprit sagace ne fut pas longtemps à en découvrir le côté positif et à en tirer tout un enseignement moral et une grandiose philosophie. Après plusieurs années d'études, il publia le *Livre des Esprits* qui eut un succès considérable. Vinrent ensuite le *Livre des Médiums*, le *Ciel et l'Enfer*, l'*Evangile selon le Spiritisme*, la *Genèse*, et plusieurs œuvres posthumes qui nous montrent la grandeur, la beauté, les vérités de l'Au-delà (1804-1869).

Dariel, Dupouy, Dusart, Gibier (1), Huguet, Legrand, Moutin, Puel, médecins distingués ; D'Alesi, peintre célèbre ; Jacolliot, dont le *Spiritisme dans Monde* joint à ses révélations sur le *Fakirisme*, firent sensation ; Bourget, de l'Académie française ; Maxwell, substitut du procureur général à Bordeaux ; Dumas père, de Balzac, Eugène Sue, Victor Hugo, Théophile Gautier, célèbres romanciers philosophes ; J. Reynaud, M. Lachâtre, Ch. Fauvety, philosophes et écrivains distingués ; E. Vauchez, ancien secrétaire général de la *Ligue de l'Enseignement* de France, etc., etc.; Mmes George Sand, E. de Girardin, J. Bécour (Paul Grendel), R. Noeggerath, princesse Karadja, Lucie Grange, A. Bourdon, baronne de Saint-René, baronne de Watteville, écrivains spirites remarquables ; princesse Wiszniewska, présidente de la Ligue des Femmes pour la paix universelle, etc., etc.

En Angleterre : MM. William Crookes, l'homme le plus savant et le plus respecté de l'Angleterre, membre de l'Académie royale de Londres, président du Congrès scientifique pour l'avancement des sciences en Angleterre — la feue reine Victoria l'a

---

(1) Le docteur Gibier, un jeune savant, élève favori de Pasteur et professeur au *Museum*, a publié deux ouvrages : le *Spiritisme* ou *Fakirisme occidental* (Paris 1887) et *Analyse des choses* (Paris 1889), dans lesquels il étudie avec conscience et affirme avec courage, l'existence des phénomènes spirites. Déclaré hérétique par la docte Académie de médecine, *il a perdu sa situation officielle et a dû s'exiler aux Etats-Unis* où il a continué avec un grand succès ses expériences spirites; il y est décédé en 1900, après quinze années passées loin de sa patrie et de ce qu'elle renfermait de cher pour lui.

Le docteur Gibier est un exemple remarquable du sort qui attend tout savant assez osé pour chercher la vérité hors des chemins frayés par la discipline empirique des corps constitués.

Quant au docteur Richet, le successeur de Broca à la Faculté qui, après plus de cinq années d'études, osa se prononcer affirmativement en ce qui concerne la réalité des phénomènes spirites, ses travaux antérieurs l'ont trop fortement ancré pour qu'on lui appliquât la même mesure.

anobli en récompense des immenses services qu'il a rendus à la science ; Gulliet, Elliotson, physiologistes distingués ; Varley, membre de l'Académie royale, ingénieur en chef des Compagnies du télégraphe, inventeur du condensateur électrique (1); sir Alfred-Russel Wallace, qui partage avec Darwin l'honneur d'avoir découvert la théorie de l'évolution des espèces (2) et John Lubbock, célèbres naturalistes ; Morgan (3), président de l'Académie royale de mathématiques de Londres ; Barrett, professeur de physique au Collège royal des sciences de Dublin ; Coll Lane Fox, président de l'Institut d'Anthropologie ; Savage, prédicateur célèbre ; Barkas, géologue distingué, membre de la Société de géologie de Newcastle ; Robert Chambers, un des publicistes les plus renommés de l'Angleterre ; Sergeant Cox, jurisconsulte éminent, philosophe et écrivain ; Auggins et Challis, astronomes distingués ; Stainton Moses (Oxon) (4), professeur à l'Université d'Oxfort; Dale Owen, William Howitt, Britton, Hougton et Mme Hardinge, écrivains bien connus ; Sexton (5), célèbre conférencier, directeur

---

(1) Dans une lettre à William Crookes, Varley dit : « Dans l'ancien et le nouveau monde, je ne connais pas d'exemple d'un homme de bon sens qui, ayant étudié avec soin les phénomènes spirites, ne se soit pas rendu à l'évidence. »

(2) « J'étais, dit M. Wallace, un matérialiste si convaincu qu'il ne pouvait y avoir dans mon esprit aucune place pour une existence spirituelle. Mais *les faits sont des choses opiniâtres et les faits me vainquirent.* Les phénomènes spirites sont aussi bien prouvés que les faits de toutes autres sciences. »

(3) Morgan a écrit : « Je suis parfaitement convaincu de ce que j'ai vu et entendu d'une manière qui rend le doute impossible. Les spirites sont certainement sur la trace qui mène à l'avancement des sciences physiques ; les opposants sont les représentants de ceux qui ont entravé tout progrès. »

(4) Ce savant a consacré cinq années de son existence à l'étude des phénomènes spirites, avant de se prononcer.

(5) M. Sexton avait mené une des campagnes les plus vives contre le spiritisme. Pendant *quinze années*, il lutta, ergota, objurga, ce qui ne l'empêcha pas, en homme consciencieux qu'il était, d'expérimenter loyalement. Au bout

du journal : *La Science mentale* ; Oliver Lodge, physicien fort estimé, président de l'*Association pour l'avancement des sciences* ; lord Raleigh, le docteur Publer, Walter Leaf, F.-W.-H. Myers et d'autres savants illustres ; Gladstone et Balfour (1), premiers ministres ; lord Lindsay ; le général Drayson, Sa Majesté la reine Victoria, etc., etc.

Les plus convaincus sont précisément ceux qui ont étudié le spiritisme dans le but d'en prouver l'absurdité, entre autres William Crookes.

Un jour l'Angleterre apprend que le savant physicien et chimiste qui a découvert le thalium, inventé le radiomètre et l'ampoule qui a servi à la découverte des rayons X, que Crookes prend la plume pour réduire à néant les conclusions de la Société dialectique de Londres qui, après un examen de dix-huit mois, avait affirmé la réalité des phénomènes spirites. L'incrédulité triomphe !!!

Crookes étudie pendant quatre ans, dans son laboratoire, la question en vrai physicien, à l'aide d'appareils électriques, enregistreurs, balances automatiques, magnétomètre, galvanomètre réflecteur, graphiques, photographie (2), etc., etc., et déclare que tout est vrai ! Il fait mieux : il atteste que ses amis et lui ont obtenu des résultats plus stupéfiants que tous ceux qu'il avait l'intention de contester ! Fureur des gens qui l'eussent couvert de de fleurs, s'il avait répondu à leur attente ! On conteste ses expériences ! Il apporte l'attestation des témoins, savants comme lui. On fait courir le bruit qu'il se ravise et rétracte tout ce qu'il a dit dans son livre : *Recherches sur le Spiritualisme*, et il répond par un démenti formel.

---

de quinze années d'études et de recherches, il se déclara définitivement acquis à la cause qu'il avait si obstinément combattue.

(1) M. Balfour a déclaré que « le Spiritisme est infiniment plus important que toute autre question politique ou sociale. »

(2) Il a pu réfuter ainsi victorieusement l'opinion de ceux qui ne voient dans les spirites que des hallucinés, car la plaque photographique est difficilement hallucinable.

En avril 1897, passant à Paris, il déclare à un *reporter* du « *Matin* » que, non-seulement il maintient ses affirmations, mais se propose de reprendre, à bref délai, ses expériences de Spiritisme.

En octobre 1898, au Congrès de l'*Association britannique pour l'avancement des sciences*, Crookes s'exprime ainsi :

« Je n'ai rien à rétracter ; je m'en tiens à mes déclarations déjà publiées, je pourrais même y ajouter beaucoup ».

En Amérique : MM. James Mapes, professeur de chimie et de philosophie à New-York, Robert Hare, docteur en médecine et professeur de chimie à l'Université de Pensylvanie ; Edmonds, ancien juge au tribunal suprême de New-York et ancien président du Sénat de Washington ; Gray, physicien distingué à New-York ; Robert Dale Owen, Coues, savants éminents ; Edison, célèbre inventeur ; Denton, professeur de géologie ; Hodgson (1), professeur de psychologie à l'Université de Boston ; Elliot (1), président de l'Université de Harward ; James (1), professeur de psychologie à la même Université ; Newbold (1), professeur à l'Université de Pensylvanie ; Hyslop (1), professeur de logique et de science mentale à l'Université de Columbia, de New-York.

---

(1) Le docteur Hodgson est un des derniers convertis parmi les savants et qui a combattu le spiritisme pendant de longues années.

Après de nombreuses expériences, il a fait cette déclaration : « Je n'avais qu'un but : découvrir la fraude et la supercherie.

« J'étais profondément matérialiste, ne croyant pas à l'existence après la mort, et aujourd'hui je dis simplement : Je crois.

« La démonstration de la survivance m'a été faite de façon à m'ôter même la possibilité d'un doute.

Les professeurs Elliot, James, Newbold et autres professeurs éminents ont participé à ces expériences et ont contresigné cette déclaration.

Dans son rapport publié par le *New-York World* du 8 Mars 1900, le professeur Hyslop se prononce dans le même sens.

Ainsi que William Crookes, James Mapes étudie les phénomènes spirites pour les démentir et, après de nombreuses expériences, affirme la conviction la plus résolue. Il en est de même de Robert Hare qui commence ses études, par employer, dit-il, ce qu'il possède d'influence « pour *arrêter le flot montant de démence populaire qui, en dépit de la science et de la raison, se prononce si opiniâtrement en faveur de cette grossière illusion appelée Spiritisme.* » Et il finit par affirmer la réalité de tous les phénomènes qu'il voulait réfuter.

En Allemagne : MM. Schauenberg, Schopen, Simrock, de Fellersleben, Schade, professeurs à l'Université de Bonn et savants fort distingués ; Böhm, directeur de l'Observatoire de Prague ; Zöllner (1), professeur d'astronomie à l'Université de Leipzig ; Fechner, Weber, Schreibner, Kichte, Hellenbach, Party, Braun, Ulrici, Carl du Prel, Maïer, Finze, Seithel, savants publicistes dont les noms font autorité ; les docteurs Cyriax, Kerner, Andrée, Langsdorff, Schrenck, Notzing, etc., etc.

En Italie : MM. Lombroso (2), l'éminent crimi-

---

(1) De matérialiste convaincu, Zöllner devint spirite, à la suite des phénomènes produits en sa présence.

(2) La conversion du docteur Lombroso au spiritisme date de 1891. Voici comment il la raconte lui-même dans une lettre à M. Ernest Ciolfi à Naples (25 juin 1891) :

« Peu de savants, dit-il, furent plus incrédules que moi en matière de spiritisme ; ceux qui en douteraient n'ont qu'à consulter mon ouvrage : « *Les fous et les anormaux* » (« *Pazzi et anomali* ») ou mes « *Études sur l'hypnotisme* » (« *Studi sull' ipnotismo* ») dans lesquels je me suis laissé aller presque jusqu'à insulter les spirites.

« Mais, après avoir vu repousser par des savants des faits comme celui de la transmission de la pensée, du transfert des sens, faits qui, très rares, n'en sont pas moins réels et que j'avais constatés *de visu*, j'ai commencé à croire que mon scepticisme pour les phénomènes spirites était de même nature que celui des autres savants pour les phénomènes hypnotiques.

« Sur ces entrefaites, il me fut offert d'étudier des phénomènes chez un médium, certainement extraordinaire, Eusapia ; j'acceptai avec empressement d'autant plus que je

naliste ; Morselli (1), Ercole, Chiaia, Tamburini, Finzi, Ermacova, Virgilio, Bianchi, Masucci (2), Vizioli, Ascensi, San Angelo, Defiosa, Paravicini, Porfirio-Para, Simoncelli, Pacola, Norsa, Paolo Visani, Scozzi, Aureliano, Frifofer, Porro (3), médecins distingués : Brofferio (4), professeur de

---

pouvais les étudier avec d'autres aliénistes distingués, tels que Tamburini, Virgilio, Bianchi, Vizioli qui étaient aussi sceptiques en cette matière, et qui pouvaient m'aider à contrôler les observations. »

Suit ensuite le récit de tous les phénomènes observés et qui démontrent à l'évidence l'indépendance de l'âme.

Inutile d'ajouter que les plus grandes précautions avaient été prises pour éviter toute supercherie.

Qui eût dit que le grand maître en anthropologie en arriverait à ce point après avoir tant malmené le spiritisme ?

(1) M. Mosselli, après avoir été un adversaire acharné du spiritisme, écrit ceci : « Je refuse toute valeur à la fameuse campagne d'opposition entreprise par la *Patrie* (un journal italien), car elle ne révèle tout au plus que quelques grossières escroqueries; j'accuse d'ignorance crasse le vieux professeur d'académie Blaserma ; je déclare que le spiritisme mérite pleinement d'être étudié par les savants et j'avoue que j'y crois entièrement.

« Moi, le matérialiste obstiné, moi le directeur énergique d'un journal intransigeant et positiviste, moi ! on voudrait me faire passer pour la victime d'une hallucination, ou pour un crédule néophyte ! »

(2) « Après les séances auxquelles j'ai assisté à Naples, écrit le docteur Masucci, j'ai été obligé de démolir tout l'édifice de mes convictions philosophiques auxquelle j'ai consacré une partie de ma vie. »

(3) Le professeur Porro, témoin des manifestations psychiques obtenues par le médium Eusapia Paladino, exprime le dicton paradoxal :

« Aujourd'hui les Universités confèrent le titre de docteur pour sciences naturelles ; avant la fin du siècle, elles le donneront pour les sciences surnaturelles et psychiques.

(4) Le professeur Brofferio a écrit une lettre qu'il a dédiée à tous les spiritualistes qui n'ont pas craint le ridicule. Lui-même a eu le courage de ses opinions et, comme Lombroso, a opéré une volte-face complète. Il y a dix ans, Brofferio regardait les phénomènes spirites comme une superstition du XIX° siècle, et une épidémie puissante, mais transitoire, causée par la fermentation d'anciennes erreurs, par la peur de la mort, et par l'amour du merveilleux, inhérent à l'humanité. Plus tard, ayant étudié la psychologie, puis le psychisme, le professeur est arrivé à cette

philosophie; Schiapparelli, directeur de l'Observatoire de Milan; Falcomer, Fumagalli et Rossi Pagnoni, hommes de lettres distingués; Gerosa, physicien; De Amicis, physiologiste distingué; Giovanni Damiani, professeur d'un immense savoir; les colonels Balhatove et Biancotti; le capitaine Volpi, publiciste spirite distingué; Vassallo (1) génial et piquant humoriste de la littérature italienne moderne etc., etc.

En Suisse : MM. Thury, professeur de physique et d'histoire naturelle à l'Académie de Genève; Metzger et Gardy, littérateurs distingués, etc., etc.

En Espagne, MM. Ramon de la Sagra, membre correspondant de l'Institut de France, savant naturaliste, auteur de plusieurs publications scientifiques; vicomte de Torrès-Solanot, écrivain distingué; les professeurs Azevedi et Otero (2) Emilio Castelar, ancien chef d'Etat, etc., etc.

En Russie : MM. Bütlerow, Wagner et Ostrogradski, célèbres professeurs de l'Université de Pétersbourg; Aksakof, conseiller secret de feu Alexandre III, linguiste et écrivain célèbre; le comte de Bodisco, chambellan de l'Empereur (3), etc., etc.

En Pologne : MM. Okorowicz, naturaliste distingué; Miradsky, peintre célèbre, etc., etc.

---

conviction que : 1° Les phénomènes sont réels; 2° que toutes les explications données à ce sujet, celle des spirites est de beaucoup la plus probable... Il termine en disant qu'il ne faut rien nier de parti pris, et pense, avec Voltaire, que l'obstination n'est simplement que l'énergie des imbéciles.

(1) Directeur du *Secolo XIX*, le plus important journal de Gênes, M. Vassallo charmait tout le monde par son aimable cynisme à l'égard du spiritisme.
Aujourd'hui, après de nombreuses expériences faites avec le médium Eusapia Paladino, il se déclare absolument convaincu.

(2) Otero qui était un matérialiste *enragé*, suivant sa propre expression, fut obligé de rendre les armes devant l'évidence.

(3) Les expériences de Bodisco, remarquables par la rareté relative des phénomènes étudiés, font l'objet d'un joli petit volume intitulé : *Traits de Lumière*.

Le spiritisme s'est largement développé sous les feux croisés des railleries, des sarcasmes, des injures et des calomnies. Il possède actuellement plus de 40 millions d'adeptes (sans compter ceux qui ne se font point connaître), et le mouvement spirite prend de jour en jour des proportions gigantesques. Non seulement il a pénétré dans les couches inférieures et moyennes du peuple, mais il compte beaucoup d'adeptes dans les plus hautes sphères de la Société.

Le spiritisme possède une littérature considérable, des centaines de journaux, des cercles, des groupes, des fédérations et une armée de propagateurs écrivains et orateurs.

Un peu de patience encore, et la science officielle sera contrainte, sous peine de verser dans l'odieux, et même dans le ridicule, de vérifier tous les faits spirites, à ne plus s'arrêter aux étroites hypothèses qu'elle affectionne (1), amoureuse de sa propre myopie, et à *découvrir* le spiritisme sous un nom tiré du grec, comme elle a découvert le magnétisme sous le nom d'*hypnotisme*... cent ans après Mesmer.

Nous nous sommes étendu un peu longuement sur la question spirite, parce qu'elle est toute d'actualité, et que c'est incontestablement parmi les spirites que se recruteront tout d'abord les adeptes de la Religion de l'Avenir.

---

(1) La *science officielle* ne pouvant plus nier les phénomènes spirites qui lui crèvent les yeux, a recours, pour les expliquer, aux grands mots de : *subconscient, conscience subliminale, automatisme psychique*, etc., etc., sous lesquels se cache le vide d'une idée réelle, comme de magnifiques oripeaux recouvrent des figures de cire : de loin pour les naïfs, c'est quelque chose, de près, ce n'est plus rien que fantasmagorie.

Il n'a pas cependant été possible à la *science officielle* de déformer le nom du *magnétisme curatif*. Obligé d'en reconnaître les bienfaits, le corps médical — à part d'honorables exceptions — affiche la prétention de le confisquer à son profit.

L'on peut se demander maintenant comment l'âme, élément essentiellement spirituel, peut se mettre en rapport avec le corps, élément essentiellement matériel ?

Le corps et l'âme sont deux extrêmes : ils sont entre eux comme l'huile et l'eau, et d'essence tellement différente qu'ils ne pourraient jamais entrer en rapport l'un avec l'autre, sans un troisième élément, les rapprochant, les associant, les unissant comme en chimie, les carbonates alcalins unissent l'huile et l'eau par la saponification.

Ce troisième élément est un corps *éthérique* ou *fluidique* dont on ne connaît pas la nature. Tout ce que l'on sait, c'est que ses propriétés font voir qu'il est plus subtil que les agents dynamiques, tels que l'électricité, le magnétisme, la chaleur, la lumière.

Le corps fluidique était connu des anciens, sous différentes dénominations, dont voici les principales :

Les Védas	le nomment	Corps éthéré ;
Les Indous	»	Linga Sharira ;
Les Egyptiens	»	Baï ;
Zoroastre et Platon	»	Ka ;
Les hiérophantes et les anciens initiés	»	Corps astral, éthéré, fluidique ou vitalisant ;
Les Mages	»	Feu vivifiant ;
Les Pythagoriciens	»	Esprit du monde ;
Les Grecs	»	Magnès, char subtil, véhicule lumineux ;
Les Romains	»	Ombre ;
Paracelse et Van Helmont	»	Archée ;
Les philosophes hermétiques	»	Mercure vivant ;

Les magiciens du moyen-âge	le nomment	Médiateur plastique ;
Lao Tseu (600 ans av. J.-C.)	le nomme	Corps lumineux ;
Moïse	»	Rouach ;
Saint-Paul (1er Épître aux Corinthiens, XV, 40, 44.)	»	Corps spirituel ;
Les magnétiseurs . .	l'appellent	Fluide magnétique ou fluide vital ;
Les occultistes, les théosophes et les spirites.	»	Corps astral, double fluidique, périsprit, double, corps fluidique ;
Fourier	le nomme	Corps aromal ;
Baréty	»	Force neuririque ;
Reichenbach	»	Od, lumière odique ;
Dassier	»	Fantôme posthume ;
Allan Kardec	»	Périsprit ;

Le *périsprit*, puisé dans le *fluide universel* ou *cosmique* (1) qui le forme et l'alimente, comme

---

(1) C'est dans le fluide universel que réside le principe de toute vie et, par suite, de toute force.
Ce fluide obéit à l'impulsion de l'esprit, qu'il soit incarné ou désincarné.
Le fluide universel, est le *Télesme* d'Hermès, l'*Azote* des Alchimistes, l'*Evestrum* de Paracelse, la *Lumière Astrale* des Kabbalistes, l'*Akasa* des Hindous, l'*Aor* des Hébreux.
L'éther des physiciens n'est qu'un mode déjà assez éloigné du fluide cosmique lequel, infiniment subtil, pénètre tous les corps, et par lequel se transmettent les ondes de chaleur de lumière et d'électricité. Ses *océans* servent de ciment à

l'air forme et alimente le corps matériel, est l'enveloppe fluidique de l'âme, avec laquelle il ne forme pour ainsi dire qu'un, car il n'est pas possible de concevoir une âme sans un corps qui l'individualise. Pendant la vie, le fluide périsprital s'unit molécule à molécule au corps physique et sert de véhicule à toutes les sensations. Pour celles qui viennent de l'extérieur, on peut dire que le corps physique reçoit l'impression, le fluide périsprital la transmet, et l'âme, l'être sensible et intelligent, la reçoit ; lorsque l'acte part de l'initiative de l'âme, on peut dire que l'âme veut, que le fluide périsprital transmet et que le corps exécute. C'est par les courants magnétiques que le périsprit communique avec l'âme, et c'est par le *fluide nerveux* ou *force vitale* qu'il est lié au corps.

L'ingénieuse machine qu'on appelle le *cerveau* n'est donc qu'une sorte de *phonographe* destiné à recevoir et à transmettre à l'âme, enfermée dans le corps, les sensations du monde terrestre, en même temps qu'un *télégraphe* destiné à transmettre à ce monde les messages de l'âme.

« Nos sens, dit Kant (1) sont autant d'*obstacles* que de *moyens* de la connaissance. Armés, par exemple, d'yeux construits sur le modèle du téléscope (ou

---

tous les mondes. Il est le grand médiateur entre l'invisible et le visible, entre l'esprit et la matière, entre le dedans et le dehors de l'Univers. C'est le *périsprit divin*. Il corporise l'esprit et spiritualise la matière. Newton l'appelle « *sensorium Dei* » le « *cerveau de Dieu* ».

(1) Célèbre philosophe allemand, auteur fameux de la *Critique de la raison pure*, de la *Critique de la raison pratique* et de la *Critique du jugement*, traités très estimés. Professeur à l'Université de Koenigsberg en 1770, il prédit en ces termes l'avènement du spiritisme :

« Bientôt, et le temps en est proche, on arrivera à démontrer que l'âme humaine peut vivre, dès cette existence terrestre, en communication étroite et indissoluble avec les entités immatérielles du monde des Esprits ; il sera acquis et prouvé que ce monde agit indubitablement sur le nôtre et lui communique des influences profondes, dont l'homme d'aujourd'hui n'a pas conscience, mais qu'il reconnaîtra plus tard » (1724-1800).

bien sur celui du spectroscope ou du microscope), nous aurions, en effet, *toute une autre idée, toute une autre image de l'Univers* et du monde terrestre que nous ne l'avons dans notre état actuel.

« Si un homme eût été élevé dès son enfance dans une chambre où la lumière ne pénétrât que par un petit trou pratiqué dans un volet, il regarderait le trou comme essentiel à la faculté de voir, et l'on ne parviendrait pas sans peine à lui persuader que la perspective s'agrandirait si l'on venait à démolir les murs de sa prison. »

« Le périsprit, dit Allan Kardec, (*biog. p. 161*) étant un des éléments constitutifs de l'homme, joue un rôle important dans tous les phénomènes physiologiques et jusqu'à un certain point dans les phénomènes psychologiques et pathologiques. Quand les sciences médicales tiendront compte de l'influence de l'élément spirituel dans l'économie, elles auront fait un grand pas et des horizons tout nouveaux s'ouvriront devant elles; bien des causes de maladies seront alors expliquées, et de puissants moyens de les combattre seront trouvés ». (*Allan Kardec. Œuvres posthumes*).

C'est grâce au périsprit que l'on peut comprendre l'évolution des êtres vivants. C'est en lui que s'incrustent toutes les sensations, les pensées et les volitions de l'être pendant sa vie terrestre; c'est dans son cerveau que s'accumulent toutes les acquisitions intellectuelles, les souvenirs de l'être. Elles s'y impriment en lignes phosphorescentes, et c'est sur ces lignes que se modèle et se forme le cerveau de l'enfant à sa naissance.

L'atavisme que les naturalistes attribuent à l'hérédité ne peut s'expliquer que par lui, à cause de sa stabilité en présence du flux perpétuel des molécules vivantes (1).

---

(1) « Dans les premières incarnations humaines, dit M. Chaigneau, la personnalité a encore peu de force et l'Esprit subit jusqu'à un certain point l'empreinte du moule fatal où il se développe; de là les observations qui ont été faites

Le périsprit évolue et progresse avec l'être; sa subtilité est en raison directe du progrès de l'âme (1).

Il assure la conservation de l'individualité, du type organique, pendant que la matière change incessamment,— fixe les progrès accomplis, et synthétise l'état d'avancement de l'être.

Il y a entre la substance des périsprits puisés dans le fluide universel, mais imprégnés de fluides matériels de la terre, des nuances plus nombreuses, des différences plus grandes qu'entre tous les corps terrestres et tous les états de la matière pondérable ; le *fluide périsprital est donc l'essence qui individualise tous les êtres entre eux.*

Le périsprit est le canevas sur lequel l'âme, à la naissance, et pendant l'état embryonnaire déjà, forme son corps physique en s'emparant des éléments terrestres, des éléments matériels répandus dans l'Univers, dont elle fait, par assimilation, sa chair, son sang, ses muscles.

Le corps physique est un produit du travail incessant de l'âme, qui agit sur lui par l'organisme similaire du périsprit, de même que l'Univers visible n'est qu'un dynamisme de l'Esprit infini qui agit éternellement sur le fluide universel ou cosmique qui est son périsprit à lui.

« Dans chaque être dès l'origine, dit M. Gabriel Delanne, un de nos plus jeunes et de nos plus érudits écrivains spirites, on peut constater l'existence d'une force qui agit dans une direction fixe et invariable, suivant laquelle sera édifié le plan sculptural du nouveau venu ». (*G. Delanne. La vie animique*).

---

sur l'influence de l'hérédité. Mais plus l'esprit est avancé, plus son caractère devient personnel et plus il se manifeste indépendant des conditions héréditaires » (*C. Chaigneau. Les Chrysanthèmes*).

(1) De là cette conséquence très importante, que plus un magnétiseur est sain d'esprit et de corps, c'est-à-dire plus il est pur, plus aussi est salutaire le fluide qu'il émet dans la magnétisation.

«La force vitale contenue dans le germe, influence le périsprit, et celui-ci développe ses lois ; mais cette force vitale a été plus ou moins modifiée par le progéniteur, et ce sont ces modifications partielles qui vont se reproduire dans le nouvel être, car la matière physique sera organisée par le périsprit suivant l'influence de la force vitale ». (*G. Delanne, L'évolution animique*).

Ecoutons la grande voix de Claude-Bernard (1) proclamer la nécessité d'une idée préconçue et directrice pour expliquer la formation de l'embryon :
« Nous voyons dans l'évolution de l'embryon apparaître une simple ébauche de l'être avant toute organisation des contours du corps et les organes sont d'abord simplement arrêtés, en commençant par les échafaudages organiques provisoires qui serviront d'appareils fonctionnels temporaires du fœtus. Aucun tissu n'est alors distinct. Toute la masse n'est alors constituée que par des cellules plasmatiques et embryonnaires. Mais dans ce canevas vital est tracé le *dessin idéal d'un organisme encore invisible pour nous, qui a assigné à chaque partie et à chaque élément sa place, sa structure et ses propriétés*. Là où doivent être des vaisseaux sanguins, des nerfs, des muscles, des os, et les cellules embryonnaires se changent en globules de sang, en tissus artériels, veineux, musculaires, nerveux et osseux ». (*Claude Bernard. Les phénomènes de la Vie*).

Ailleurs l'illustre physiologiste précise ainsi sa pensée :
« Ce qui essentiellement du domaine de la Vie et qui n'appartient ni à la physique, ni à la chimie, ni à rien autre chose, c'est l'*idée directrice* de cette action vitale. Dans tout germe vivant, il y a une idée directrice qui se développe et se manifeste par l'organisation. Pendant toute sa durée, l'être reste sous l'influence de cette même force vitale créatrice,

---

(1) Illustre physiologiste français (1813-1878).

et la mort arrive lorsqu'elle ne peut se réaliser. C'est toujours la même idée qui conserve l'être en reconstituant les parties vivantes désorganisées par l'exercice ou détruites par les accidents ou les maladies ». (*Claude Bernard. Introduction à la Médecine*).

Bien que le périsprit pénètre le corps physique dans toutes ses parties, il n'y reste cependant pas enfermé, comme une liqueur dans un vase : il rayonne plus ou moins au dehors, en raison directe de sa pureté, comme une lumière à travers un globe, et forme autour de chaque individu une *atmosphère* particulière (*aura*) qui laisse sa trace dans le milieu où il vit et exerce une réelle influence sur son entourage immédiat.

Ainsi, dans une réunion sympathique, animée de bonnes et bienveillantes pensées, l'âme se dilate, par ce qu'il y règne une atmosphère fluidique salubre.

« La vertu informative de l'âme rayonne tout autour du corps » fait dire Dante (1) à Virgile (2) dans la *Divine Comédie*.

Mais lorsque notre volonté pousse le périsprit et le dirige, il se meut avec toute la force que nous sommes capables de lui imprimer. Il est mû comme les rayons lumineux envoyés par les corps embrasés.

Il peut même parfois, mais dans une certaine mesure seulement, se séparer momentanément du corps matériel ; il lui reste alors uni par un lien fluidique.

Le fluide périsprital a probablement aussi une odeur particulière à chaque individu. — Cela expliquerait bien des choses ! ! ! Ne serait-ce pas cette odeur, par exemple, qui permet au chien, dont l'odorat est tellement développé que Buffon (3) a pu dire

---

(1) Célèbre poëte italien, auteur de la *Divine Comédie* (1265—1321).

(2) Le plus célèbre des poëtes latins, auteur de l'*Enéïde*, des *Géorgiques* et des *Bucoliques* (70—1 avant l'ère chrétienne).

(3) Célèbre naturaliste et grand écrivain français, auteur de l'*Histoire Naturelle* et des *Quadrupèdes*. Ses écrits

que « *que chez lui l'odorat est l'organe universel du sentiment* », qui permet au chien de suivre les traces de son maître ?

Ne serait-ce pas cette odeur qui annonce à certains animaux l'approche d'un ennemi redoutable, bien que cet ennemi se trouve souvent encore fort éloigné.

Mais, objectera-t-on peut-être, si le périsprit est immuable, pourquoi ces changements dans l'aspect extérieur? D'où provient l'évolution que l'on constate de la naissance à la mort ? A cette question voici la réponse de M. Gabriel Delanne :

« Il faut attribuer cette évolution à l'énergie vitale, quantité finie qui va sans cesse en diminuant jusqu'à l'extinction finale. Le principe d'activité qui nous fait vivre est une somme restreinte d'énergie qui s'épuise par son emploi même. De la conception à la mort la puissance qui construit et répare l'organisme va toujours en diminuant. Alors que, durant les neuf mois de la gestation, l'ovule fécondé augmente en poids plus d'un million de fois, le nouveau-né gagne seulement le triple la première année, un sixième, la seconde, puis de moins en moins les suivantes. De trente à quarante ans le corps reste stationnaire. Il diminue ensuite de poids jusqu'à la fin. Comme des projectiles mus par une impulsion brusque, les êtres lancés dans la vie ont au début leur maximum de force vive. Ils la perdent ensuite peu à peu à surmonter des résistances, et, quand ils l'ont toute dépensée, leur course s'arrête. Au moment de l'incarnation, le périsprit fixe en lui la force qui émane des progéniteurs; c'est elle qui va mettre son mécanisme fonctionnel en mouvement et qui sera la source de son activité : c'est donc à l'intensité variable de cette force qu'est

---

sur les sciences naturelles sont admirables. Il a eu l'intuition de presque tous les phénomènes expliqués après lui. Malheureusement, il s'était cru obligé de concilier la vérité avec la religion, et c'était une tâche par trop difficile. (1707—1788)

due l'évolution. Pendant la vieillesse, le périsprit a toujours les mêmes propriétés, mais elles s'exercent plus faiblement à mesure que le principe d'animation diminue ». (*Gabriel Delanne. Etude sur les vies successives. Mémoire présenté au Congrès de Londres de 1901*).

L'existence du corps fluidique a été établie expérimentalement :

Vers 1853, un docteur en philosophie viennois, le baron de Reichenbach, découvrit que certaines personnes dont le sens du tact, du goût et de la vue étaient plus ou moins hyperesthésiés et qu'il nomme *sensitifs*, que ces personnes, après avoir séjourné plusieurs heures dans une obscurité absolue, voient, comme un brouillard plus ou moins lumineux, non seulement les radiations obscures pour nous de l'électricité statique ou dynamique, mais encore les effluves qui s'échappent des aimants, des cristaux, des plantes, des animaux et du corps de l'homme. Il donna à cette force fluidique le nom d'*od*.

Citons quelques extraits des *lettres odiques* du baron autrichien : « Conduisez un sensitif dans l'obscurité; prenez avec vous un chat, un oiseau, un papillon et plusieurs pots de fleurs. Après quelques heures d'obscurité, vous lui entendrez dire des choses curieuses. Les fleurs sortiront de l'obscurité et deviendront perceptibles; d'abord elles sortiront de l'obscurité générale sous la forme d'un nuage gris isolé; plus tard, il se formera des points plus clairs; à la fin, chaque fleur deviendra distincte et les formes apparaîtront de plus en plus nettement... Mais, sans lumière, on ne peut rien voir dans l'obscurité : Il faut la présence de la lumière pour apercevoir la plante avec une telle évidence qu'on peut non seulement en reconnaître la forme, mais encore la couleur. D'où vient cette lumière? elle sort de la plante elle-même, qu'elle éclaire : germes, anthènes, pistils, corolles, tige, tout apparaît finement illuminé; on peut même apercevoir les feuilles quoique plus sombres.

« Votre papillon, votre chat, votre oiseau, tous apparaîtront de même dans l'obscurité ; certaines parties de ces animaux deviendront lumineuses. Bientôt le sensitif déclarera qu'il vous voit vous-même... Fixez son attention sur vos mains : d'abord elles auront une faible ressemblance avec une fumée grise, ensuite elles ressembleront à une silhouette sur un fond faiblement éclairé ; enfin les doigts paraîtront avec leur propre lumière ; il verra à chaque doigt un prolongement luisant qui pourra parfois paraître aussi long que le doigt lui-même. Le corps entier se dessine d'une lueur bleuâtre à droite, et jaune rougeâtre à gauche ».

La manifestation lumineuse engendre des radiations capables de traverser des corps opaques, témoin l'expérience suivante faite encore par Reichenbach :

« Un de mes sensitifs, dit-il, attendait dans la chambre noire le moment où sa puissance visuelle aurait atteint l'intensité maxima. A coté de lui, séparé par une cloison en briques, se trouvait un pupitre sur lequel je m'occupais. Quel ne fut pas l'étonnement de mon sujet lorsqu'il aperçut ma silhouette se détachant brillante sur le mur et reproduisant exactement tous mes mouvements.

« Un escalier ménagé dans un autre bâtiment, conduisait dans la chambre obscure, et cela tout contre le mur qui séparait les deux corps de logis. Si, pendant qu'un sujet sensible restait dans l'obscurité, je me déplaçais sur cet escalier, il voyait mon image se mouvoir sur la face intérieure du mur.
— D'autres sensitifs voyaient, lorsque quelqu'un se promenait au-dessus de la chambre, une tache lumineuse prendre naissance à chaque pas. Une sensitive couchée dans une chambre très obscure, voyait des taches ovales lumineuses se produire sur le plancher de sa chambre. Elle s'en effraya et, lorsqu'on regarda la chose de près, on se rendit

compte que l'apparition de ces taches coïncidait avec les mouvements d'une personne habitant la pièce de dessus ».

Le baron de Reichenbach, on le voit, avait déjà fait de la photographie à travers les corps opaques longtemps avant la découverte du professeur Rœntgen ; seulement, au lieu d'une plaque photographique, il s'était servi d'une plaque organique, la rétine de son sujet qui, à travers une cloison, avait nettement aperçu les effluves s'échappant du corps du professeur.

Le colonel de Rochas et le professeur Durville ont constaté que les sujets en état somnambulique pouvaient apercevoir en plein jour les lueurs odiques qui échappent cependant à la faiblesse de notre vue. (*Durville. Traité expérimental de magnétisme, p. 284 et suiv.*)

⁂

Les docteurs Baraduc, Luys et Lebon, ainsi que M. Jodko ont réussi à fixer sur la plaque sensible du photographe les radiations de la pensée et les vibrations de la volonté. Des expérience concluantes avaient d'ailleurs déjà été faites à ce sujet par le commandant Darget, qui avait obtenu, de son côté, de remarquables résultats sur la photographie de la pensée. On a même pu reproduire le double fluidique de l'homme qui est le centre de ces radiations. Le colonel de Rochas et le docteur Barlemont ont obtenu, chez Nadar, la photographie simultanée du corps d'un sensitif (médium) et de son double momentanément séparés.

Voici sur le même sujet le témoignage de M. Dassier. M. Dassier est un disciple d'Auguste Comte ; c'est assez dire qu'il ne peut être soupçonné de tendresse pour les siences occultes ; son témoignage n'en aura que plus de valeur.

« Vers la fin de 1869, écrit-il, me trouvant à Bordeaux, je rencontrai un soir un de mes amis qui se rendait à une séance de magnétisme, et qui me proposa de l'accompagner. J'acceptai son invitation, désireux de voir de près une séance magnétique que je ne connaissais alors que de nom. Cette séance n'offrit rien de remarquable : c'était la répétition de ce qui se passe dans les réunions de ce genre. — Une jeune personne, paraissant assez lucide, faisait l'office de somnambule et répondait aux questions qu'on lui adressait. Je fus cependant frappé d'un fait inattendu. Vers le milieu de la soirée, une des personnes présentes ayant aperçu une araignée sur le parquet, l'écrasa du pied. « Tiens, s'écria, au même instant, la somnambule, je vois l'esprit de l'araignée qui s'envole » ! ! ! « Quelle est la forme de cet esprit, demanda le magnétiseur ? « Il a la forme de l'araignée, répondit la somnambule ». (Dassier. *L'humanité posthume, p. 83. et suiv.*)

M. Dassier ne sut que penser d'abord de cette réponse, lui, qui ne croyant à la survivance d'aucune forme chez l'homme, ne pouvait en admettre davantage chez les animaux ; mais il changea bientôt d'avis, car il cite un grand nombre de manifestations posthumes d'animaux, et toujours ceux-ci apparaissent sous la forme qu'ils avaient sur la terre. Il croit même possible le dédoublement de certains animaux pendant la vie terrestre. — Mais, afin de concilier ce phénomène avec ses théories préconçues, il émet l'avis que cette ombre de corps reste désincarnée durant une période pendant laquelle elle peut même, dans des conditions anormales, être temporairement visible, mais qu'elle finit par disparaître rapidement sous l'assaut incessant des forces physiques, chimiques et atmosphériques. Cette assertion est toute gratuite, attendu que le périsprit, formé par la matière sous sa *forme primordiale (fluide cosmique)*, subsiste par lui-même. Il serait aussi impossible de l'anéantir qu'il est impossible de détruire un atome matériel.

L'homme est donc composé de *trois éléments* :

1º D'un *élément inférieur* ou *corps physique* (l'*homme objectif, extérieur*) ;

2º D'un *élément supérieur*, âme des idéalistes,

esprit des théosophes, des occultistes et des spirites, source de la *conscience*, de l'*intelligence*, de la *volonté*. On ne connait pas l'essence qui forme l'âme, de même qu'on ne connait pas l'essence de Dieu ; et

3° D'un *élément intermédiaire, périsprit* ou *corps astral, corps éthéré, fluidique, double,* etc., etc. (l'homme *réel*).

On trouve dans les livres de Moïse, et dans la Kabbale *(Doctrine secrète des juifs)* des expressions magnifiques — le corps physique mis de côté, — des *trois* éléments de la vie de l'homme, à savoir :

1° La *Neschamah, l'âme, l'esprit.*

2° Le *Néphesch, l'esprit terrestre, (force vitale)* ; et

3° Le *Rouach, l'esprit des vies de toutes les existences, de toutes les pérégrinations auxquelles l'âme est assujettie avant de remonter vers sa source, Dieu. (le périsprit).*

*
* *

Mais d'où vient l'âme humaine quand elle entre dans un corps, et où va-t-elle quant elle en sort ?

A ces deux questions, nos théologiens répondent par une doctrine qu'ils ont la prétention d'imposer à notre foi, et contre laquelle se soulèvent en même temps notre cœur et notre raison. La voici en quelques mots :

Pour chaque corps qui se forme, et au moment même de la formation, Dieu crée une âme destinée à l'animer. Ainsi, voici Dieu qui devient le serviteur de l'homme, et sa volonté souveraine comme sa vertu créatrice est subordonnée à nos passions et à nos caprices les plus grossiers. Il vaudrait autant dire que la création des âmes est l'œuvre du hasard, puisque la volonté divine est réduite à se manifester au gré des circonstances ou des occasions qui lui sont fournies par l'homme. Nulle sagesse, nulle bonté, nulle justice ne président donc à la création des âmes ! ! !

Que la vie de l'homme ne dure qu'un instant ou qu'elle se prolonge au-delà d'un siècle, cette épreuve décide, à tout jamais, de son sort à venir. S'il meurt en naissant, mais *après avoir reçu l'eau du baptême*, il va tout droit au Paradis et y jouit du même bonheur que celui qui a combattu et souffert pendant une longue vie pour la vérité et la justice. Si, au contraire il a eu le malheur de naître de parents n'ayant jamais entendu parler du baptême, ou ne croyant pas à son efficacité, ou si l'on n'a pas eu le temps d'accomplir cette formalité, il va dans les limbes où l'on est privé de la vue de Dieu, et où, selon Dante (*biog. p. 176*) grand théologien comme on sait, on n'éprouve d'autre peine que de soupirer. Mais s'il meurt en état de péché mortel, le gouffre de l'enfer l'attend, et il y endurera, non pas pendant cent ans, non pas pendant cent mille ans, non pas pendant mille millions de siècles, mais *pendant l'éternité*, d'horribles tourments ; tandis que s'il n'avait eu à se reprocher que quelques péchés véniels, ou s'il avait été en état de grâce, il eût été admis au Paradis, dans le premier cas, après un séjour plus ou moins long en purgatoire, selon la gravité de la faute à purger ; dans le second cas, sans s'arrêter nulle part. (1)

Un homme a mené pendant toute sa vie la conduite la plus dépravée, la plus criminelle ; il s'est souillé de tous les vices : mais, au moment de mourir et durant quelques minutes, il accomplit scrupuleusement ses devoir religieux et reçoit une

---

(1) Sur notre globe, chaque jour 70,000 personnes meurent, et 69,000 au moins tombent en enfer, pour toujours, d'après les données de la théologie !

Des millions d'infidèles, d'hérétiques, de schismatiques, de libres penseurs vivent et meurent sans se soucier de l'Eglise, hors de laquelle il n'y a point de salut !

Et Dieu, qui est « amour » permet que cette foi, qui seule peut sauver l'homme, soit si lente à se propager (*Voir page 41, note*) ; que cette Eglise, qui est l'unique bercail des élus, soit suspecte aux peuples comme aux rois ! O *altitudo ! O profondum !*

absolution pleine et entière. Un autre a été toute sa vie un homme de bien : bon, charitable, indulgent pour tout le monde, honnête dans toute l'acception du mot, adorant Dieu dans le fond de son cœur ; mais il n'a pas pratiqué selon la foi : il a été, si vous le voulez, déiste, protestant, juif ou musulman, et volontairement ou involontairement n'a pas reçu la dernière absolution ou les eaux du baptême.

Quel est leur sort réciproque dans la vie future ?

Le premier est sauvé ; il n'a pas eu beaucoup de peine pour cela ; le second ne l'est pas ; à quoi lui ont servi toutes ses vertus, puisque son sort est le même que s'il eût fait le mal, car « *hors de l'Eglise, point de salut! ! !* »

« L'élu, non seulement s'abreuve de délices dans la contemplation de Dieu, dont il s'occupe à chanter les louanges, mais encore comme distraction et comme condiment à son bonheur, il entend les hurlements des réprouvés, les crépitations de leurs chairs qui brûlent ; il sent l'odeur qui s'en exhale comme un parfum agréable, et voit les contorsions horribles que la douleur imprime à leurs membres. Et, charme inexprimable ! parmi ces derniers, il reconnaît souvent un père une mère, un fils, une fille, un frère, une sœur ou bien quelque ami avec lequel il a eu sur la terre les relations les plus intimes. Quelques-uns, sans doute, ont tous ces bonheurs à la fois, et les autres doivent leur porter envie, car ce sont les élus parmi les élus, les aristocrates du Paradis.

« Avons-nous voulu faire, en traçant ces lignes, une lugubre plaisanterie ? Non, nous avons exposé la doctrine que l'Eglise enseigne, la solution qu'elle donne du problème de nos destinées. Cela paraît impossible, mais cela est. Ecoutez plutôt saint Thomas d'Aquin : (1)

---

(1) Père de la théologie catholique, surnommé l'*Ange de l'École*. Sa *Somme* de *théologie (summa theologica)* vaste compendium, est le plus grand monument de la Scolastique (1227—1274).

« Les bienheureux, sans sortir de la place qu'ils occupent, en sortiront cependant d'une certaine manière, en vertu de leur don d'intelligence et de vue distincte, afin de considérer les tortures des damnés ; et, en les voyant, non seulement *ils ne ressentiront aucune douleur, mais ils seront accablés de joie, et ils rendront grâce à Dieu de leur propre bonheur en assistant à l'ineffable calamité des impies.* » (*Somma théologica, supplementum ad tertiam parteia quest. XCXIV, art. 1, 2 et 3. Tome II. Paris 1617*).

C'est aussi l'opinion de saint Bernard (*Traité de l'amour de Dieu, chap. XIV. N° 40*).

« Beati cœlites non tantum, non cognatorum sed nec parentum sempiternis suppliciis a dullam miserationem trehentur ; tunc lacte buntur justi cum viderint vindictam ; manus tuas lavatunt in sanguine peccatorum » (*Drexclius, de reterno damnotorum carcere et Rogo. Epitre dédicatoire au nonce apostolique Carafa. — Munich 1630*).

« On se demande avec stupeur, s'écrie Eugène Nus, à qui nous empruntons ces lignes, comment une religion d'amour et de fraternité a pu aboutir à cette insensibilité monstrueuse, à cet égoïsme forcené ? Dieu des conciles, laisse-moi la pitié ou retire moi le Ciel !

« Et ce n'est pas tout ! N'allez pas croire que les plus grandes vertus, comme celle d'un Socrate (1)

---

(1) Illustre philosophe grec, fondateur de la philosophie ancienne, fils d'un pauvre sculpteur nommé Sophronisque et d'une sage-femme, Phœnarite, fut le précepteur du genre humain comme de ses compatriotes.

Il fut accusé, à l'âge de 70 ans, et traduit en justice comme coupable de corrompre la jeunesse, de mal parler des Dieux et d'enseigner le mépris des lois ; il ne voulut pas se défendre ni être défendu. Condamné d'abord à une simple amende, et obligé, suivant la loi athénienne, de la fixer lui-même, il irrita ses juges par sa réponse fière qui parut orgueilleuse et hautaine ; il fut condamné à boire la ciguë. L'exécution de la peine ayant été retardée, il passa ce temps à converser avec ses amis, et refusa de profiter

ou d'un Marc-Aurèle, (1) par exemple, puissent vous préserver de l'enfer. La vertu est ici une question très secondaire ; l'important, c'est que Dieu, en vous formant, ait voulu vous sauver, et pour cela, vous ait fait naître dans un pays catholique, si vous êtes né après la venue du Christ, ou d'une famille juive, si vous êtes né avant sa venue.

« Ainsi Dieu n'a fait le monde que pour satisfaire à un caprice cruel, en sauvant les uns et en damnant les autres ! Il ne pouvait être heureux qu'à la condition d'entendre résonner *éternellement* à ses oreilles le double concert des élus chantant ses louanges et des réprouvés le maudissant au milieu des douleurs !

« Quel Dieu ! et quel homme de cœur voudrait lui ressembler ? Etonnez-vous après cela que Proudhon, (2) en pensant sans doute à cette monstrueuse création de nos théologiens, ait dit : «Dieu, c'est le mal» (*Eugène Nus. Les grands Mystères*).

C'est le dogme de l'enfer éternel qui a contribué, pour une grande part, à créer l'incrédulité qui nous envahit.

N'est-il pas abominable ce christianisme dogmatique dont l'axe tourne sur deux pôles : *un enfer sauvage* et un *paradis puéril et barbare ?*

Ainsi, d'après la doctrine catholique, Dieu pardonne à un parricide, à un incestueux, à un assassin qui, à la dernière heure de son infâme vie, aura eu un éclair de foi, une velléité de repentir, et l'heureuse chance de trouver à son chevet un prêtre romain pour l'absoudre.

---

des moyens d'évasion que l'un d'eux (Criton) lui avait offerts. Le jour même de sa mort, il s'entretint avec eux de l'immortalité de l'âme. Ses derniers moments furent ceux d'un sage. Il porta la coupe à ses lèvres, et mourut avec une simplicité vraiment stoïque. Avant de mourir il recommanda à un de ses amis de sacrifier un coq à Esculape, voulant dire que la mort est la guérison de tous les maux. (469 ou 470 à 399 avant l'ère chrétienne).

(1) Le plus vertueux des empereurs romains. Il régna de 161 à 180.

(2) Célèbre socialiste et publiciste français (1809—1865).

Voici, par exemple, un scélérat qui assassine sa victime en plein sommeil ; cette victime n'est pas en état de grâce, c'est-à-dire qu'elle a quelques péchés mortels sur la conscience, et la voilà plongée pour toujours dans l'enfer. L'assassin, lui, a eu le temps de se reconnaître, de se confesser et d'obtenir l'absolution, avant de monter sur l'échafaud, et le voilà sauvé ! ! !

Et Dieu recevra dans sa gloire un saint Dominique (1170—1221), mort dans l'exercice de son ministère, et entrant au ciel la torche encore à la main, comme il entrait à Béziers et à Cahors.

Sur qui donc tomberez-vous, flammes de la vengeance éternelle ? Bossuet (*biog. p. 9*) va nous le dire avec cette pompe de parole qui lui est familière. Il va nous montrer pour toute réponse (nous citons ses propres termes) : « TANT DE SAGES, TANT DE CONQUÉRANTS, TANT DE GRAVES LÉGISLATEURS, TANT D'EXCELLENTS CITOYENS : UN SOCRATE, UN MARC-AURÈLE, UN SCIPION, UN CÉSAR, UN ALEXANDRE, TOUS PRIVÉS DE LA CONNAISSANCE DE DIEU ET EXCLUS DE SON ROYAUME ÉTERNEL ». (*Oraison funèbre de Louis de Bourbon, prince de Condé*).

Avant lui, saint Augustin (*biog. p. 62*) avait déjà dit : « SANS LA FOI EN JÉSUS-CHRIST, TOUTES LES VERTUS SONT INUTILES ET MÊMES PÉCHÉS, VICES, CRIMES. L'INCRÉDULE, BIEN QUE BIENFAISANT, JUSTE, INDULGENT, CHASTE, TEMPÉRANT, CHARITABLE, ET LES VIERGES, FEMMES, VEUVES PUDIQUES, MAIS NON CROYANTES SONT DAMNÉS A JAMAIS » (*Saint Augustin, De la foi catholique*).

Le Concile général de Latran confirme ainsi la doctrine de saint Augustin : « L'ÉGLISE DES FIDÈLES EST UNE ET UNIVERSELLE ; HORS D'ELLE, NUL ABSOLUMENT N'EST SAUVÉ.

Socrate, (*biog. p. 185*) Marc-Aurèle, (*biog. p. 186*) la pureté, la bonté, le dévoûment, l'héroïsme, la pitié même, brûlant d'amour pour Dieu et pour les hommes, esclaves du devoir, modèles de toutes les vertus, damnés à jamais, souffrant à jamais, désespérés à jamais, parce qu'ils n'ont pas cru en Jésus-Christ. Et pour cela, à jamais ! ! !

Une âme qui a conçu l'enfer chrétien, qui l'a mesuré de haut en bas, qui l'a regardé en face et qui, dans l'éblouissement de cette vision affolante, l'a accepté sans révolte, est une âme infernale (XVIII bis).

*
* *

Que dit la loi, quand elle se révèle à l'homme?

Fais ceci, évite cela, parce que ceci est bien et cela est mal. Ce qui, évidemment, veut dire qu'il résultera pour lui un bien de ce qu'elle ordonne et un mal de ce qu'elle défend.

S'il n'en était pas ainsi, la loi serait fausse ; elle ne serait qu'une pure illusion de notre esprit. La sanction est donc indispensable pour que la loi soit vraie, car la sanction, c'est la raison même de la loi, en quelque sorte la loi elle-même.

Qu'on essaie de séparer la loi de la sanction, on ne le pourra pas.

Pourquoi l'homme devrait-il faire une chose et en éviter une autre, si les conséquences pour lui devaient être les mêmes? La loi lui dit : Ne mange pas trop, car c'est mal ; mange suffisamment, car c'est bien. Et la loi est vraie, puisque s'il mange trop, il s'indigère, et, s'il ne mange pas assez, il perd ses forces. Mais si le contraire avait lieu, la loi serait fausse. Et la douleur qui accompagne l'indigestion ou la perte des forces est un avertissement pour qu'il ne persévère pas dans son erreur et ne se prépare pas ainsi des malheurs plus grands. La loi lui commande donc dans son intérêt, et c'est lui qui se trompe quand il croit avoir avantage à la violer : c'est sa vue qui est trop faible pour apercevoir les conséquences éloignées de ses actes (XXX).

Pourtant, dans ce monde, nous voyons souvent le scélérat, non seulement se soustraire au châtiment mérité, mais encore, comme conséquence de ses crimes, obtenir la fortune, la considération, les honneurs, le pouvoir, et après de longs jours passés dans les plaisirs, sortir de la vie comme un convive repu et satisfait. L'homme honnête, au contraire, à cause même des scrupules que son amour pour la justice fait naître en lui, voit, la plupart du temps, la fortune et la considération le fuir, est en butte à la calomnie, aux moqueries, à la haine de ses semblables, et ne termine une vie passée dans les privations et les souffrances que par une mort désolée !

Faudra-t-il s'écrier avec Brutus: (1) « *O vertu, tu n'es qu'un nom !* »

Non, il faut voir dans ce fait ce qu'il contient de plus clair, une preuve nouvelle et éclatante d'une vie à venir où s'exerce l'inévitable justice; car, nous le répétons, la loi doit être revêtue d'une sanction.

Mais, en même temps que la loi veut une sanction, elle la veut proportionnée à la gravité de l'infraction, puisque, par le fait, la sanction n'est que la réaction de la nature des choses violentées, et que toute réaction est égale à l'action. Plus le coupable aura dépassé la mesure dans la quantité des aliments qu'il aura pris, plus aussi sera forte et douloureuse l'indigestion. De plus, la réaction ne peut durer que tout autant que l'action se continue. — Si le coupable reconnait son erreur, s'il se corrige, s'il ne retombe pas dans la même faute, la loi n'étant plus violentée, la sanction ne peut plus avoir lieu, puisqu'il ne peut plus se produire

---

(1) Fils d'une sœur de Caton d'Utique. Irrité des usurpations de César, excité par les reproches de ses amis, par les billets qu'on jetait secrètement sur son tribunal de préteur : « *Tu dors, Brutus, et Rome est dans les fers !* », il entra dans une conspiration contre la vie de César.

Poursuivis par Antoine et Octave, les conspirateurs furent vaincus ; Brutus, désespérant alors du salut de la République, s'écria: « *O Vertu, tu n'es qu'un nom !* » puis se jeta sur une épée que lui tendit un de ses amis. (86—42 avant l'ère chrétienne).

de réaction. La peine ne pourrait donc être éternelle que s'il était possible qu'il se rencontrât un être éternellement obstiné à violer la loi, et alors ce serait justice. Mais est-il possible qu'un être s'obstine à ce point ? Non, il échapperait ainsi à la grande loi du progrès qui régit providentiellement tous les êtres. Il peut persister dans le mal durant des années, des siècles même, mais il arrive toujours un moment où son opiniatreté fléchit devant la souffrance. La douleur, cette grande éducatrice est là qui veille, et doit finir par ouvrir les yeux au plus obstiné.

La vraie justice n'est pas celle qui punit pour punir, mais celle qui châtie pour améliorer, et telle est la justice divine qui «ne veut pas que le pécheur meurt, mais qu'il se convertisse et qu'il vive». C'est pour l'avoir ainsi comprise que nos jurisconsultes ont formulé ces magnifiques axiomes : « *Toute peine est immorale quand elle dépasse la gravité du délit. — Toute peine est immorale quand elle respire la vengeance en excluant la charité. — Toute peine est immorale quand elle ne tend pas, par sa nature, à l'amendement du coupable.* »

Que penser dès lors d'un Dieu qui inflige au coupable des peines éternelles, alors même que ce coupable se repentirait, reconnaîtrait ses torts et ne demanderait qu'à réparer le mal qu'il aurait fait ? d'un Dieu qui enlèverait ainsi tout espoir au condamné et ne lui laisserait d'autre parti à prendre que celui de maudire son bourreau ? Ce Dieu serait le plus infâme, le plus atroce des criminels.

Que penser encore de cette justice qui punit l'innocent pour le coupable, l'enfant qui naît pour le crime d'un pauvre couple avec lequel il n'a aucun lien si, comme l'affirme la doctrine que nous combattons, Dieu tire du néant, à l'époque de notre naissance, l'âme qui nous constitue ce que nous sommes ?

Enfin que penser de la *prédestination* ? Etait-il

possible d'imaginer une plus barbare absurdité (XXIV).

Non, cette doctrine ne peut être acceptée comme solution au problème de nos destinées, parce qu'elle blesse à la fois nos sentiments d'humanité, toutes nos notions de justice, et constitue la plus sanglante injure à l'auteur des choses, auquel nous ne pouvons pas croire sans nous le représenter comme le type de toutes les perfections, de l'amour sans bornes et de la justice absolue.

Il nous faut donc une autre solution à ce problème. Quelle est-elle ? Cette solution n'est autre que la doctrine de la grande *vie progressive des âmes* sur le théâtre infini de la création. Ainsi nous ne sommes tous que des esprits incarnés. Tous, nous avons déjà subi plusieurs incarnations, et nous sommes loin d'en avoir épuisé la série. Chaque vie mortelle, chaque incarnation temporaire est un creuset où l'esprit s'épure, une lutte où ses facultés se développent, un échelon qu'il doit franchir sur la grande échelle qui mène à la perfection.

Cette doctrine est rationnelle, consolante ; c'est une doctrine de progrès qui révèle dans le monde moral un plan, un but. Cette doctrine explique l'homme et justifie Dieu (1).

Aussi, loin d'être une *nouveauté*, elle peut revendiquer en sa faveur la plus antique et la plus universelle tradition. Elle se retrouve plus ou moins défigurée dans la plupart des monuments sacrés ou profanes, et elle n'a subi d'autre éclipse que celle du moyen âge

---

(1) Nous prions le lecteur de ne pas confondre la doctrine de la grande vie progressive des âmes avec l'ancienne métempsycose animale, qui n'était qu'un prétexte pour empêcher qu'on se nourrit de la chair des animaux. Le progrès, qui est une loi immuable, ne peut admettre aucun recul sur l'éternelle voie du devenir ; il est dès lors impossible qu'une intelligence ayant réuni, par ses efforts personnels, une somme de connaissances, de facultés, puisse redescendre au degré inférieur. D'ailleurs l'âme humaine possède une forme périspritale qui ne peut plus entrer dans le corps d'un chien, d'un cheval ou de tout autre animal.

Nous n'avons que l'embarras du choix en fait de citations, pour montrer que la foi en une série d'existences, les unes antérieures, les autres postérieures à la vie présente, a existé chez presque tous les peuples anciens ; que cette foi grandit et s'impose chaque jour davantage aux esprits éclairés.

« Si l'on examinait, dit Jean Reynaud (1), tous les hommes qui ont passé sur la terre depuis que l'ère des religions savantes y a commencé, on verrait que la grande majorité a vécu dans la conscience plus ou moins arrêtée d'une existence prolongée par des voies invisibles, en deçà comme au delà des limites de cette vie. Il y a là, en effet, une sorte de symétrie si logique, qu'elle a dû séduire les imaginations à première vue ; le passé y fait équilibre à l'avenir, et le présent n'est que le pivot entre ce qui n'est plus et ce qui n'est pas encore. Le platonisme a réveillé cette lumière agitée par Pythagore (2) et s'en est servi pour éclairer les plus belles âmes qui aient honoré les temps anciens.

« Ne semble-t-il pas que vous devenez en quelque sorte un autre être lorsqu'après vous être représenté, conformément *au préjugé habituel*, que vous n'êtes que d'hier dans l'Univers, vous venez à vous représenter, au contraire, que votre naissance n'est en réalité qu'un des accidents d'une longue vie et qu'il s'est écoulé déjà bien du temps depuis que vous vous agitez dans les mondes ? Ne sentez-vous pas tout-à-coup plus de poids dans votre personne, y sentant plus d'ancienneté ?

. . . .

---

(1) Philosophe et homme politique (1806-1863).
(2) Fameux philosophe grec du VIe siècle avant l'ère chrétienne. Parmi les philosophes grecs, ce fut le plus savant et le plus illustre. Maître en toutes sciences de l'époque : mathématiques, médecine, physiologie, astronomie, il dépassa à un tel point son siècle et l'antiquité elle-même, que son système, ébauche grandiose de ceux de Copernic et de Galilée, anticipa de deux mille ans sur les découvertes de la science moderne.
Le génie de Pythagore influa beaucoup sur celui des plus eminents philosophes des âges postérieurs.

« Motivées de si loin, les conditions de mon existence actuelle m'intéressent désormais davantage ; et je prends même plus d'assurance à l'égard des éventualités de l'avenir, lorsque je me dis : *J'ai longtemps pratiqué l'Univers ;* à Dieu ne plaise qu'une croyance, qui agrandit ainsi notre domaine spirituel, puisse jamais nous paraître indifférente ! Qui sait d'ailleurs toutes les ressources qu'y rencontrerait la théologie pour expliquer tant de choses qui, hors de là, sont inexplicables ?... » (*Jean Reynaud. Terre et Ciel*).

Nous lisons dans les *Védas* (*Védas* signifie *Savoir*), cette Bible de l'Inde, qui se perd dans la nuit des temps (VIII) ; « Si vous vous livrez à vos désirs, vous ne faites que vous astreindre à contracter en mourant de nouveaux liens avec d'autres corps et avec d'autres mondes ».

M. de Vogüé résume ainsi son étude sur l'ancienne croyance des Egyptiens : « Prise à l'origine et avant les mystères subtils qui la défigurèrent, la doctrine égyptienne nous présente le voyage aux terres divines comme une série d'épreuves, au sortir desquelles s'opère l'ascension dans la lumière, la manifestation au jour et la réunion de la parcelle errante à la substance éternelle. »

Nous trouvons dans le Phédon : « C'est une opinion bien ancienne que les âmes en quittant le monde, vont aux enfers et que, de là, elles reviennent sur ce monde, et retournent à la vie après avoir passé par la mort...

« Il me semble aussi, Cébès, qu'on ne peut rien opposer à ces vérités, et que nous ne nous sommes pas trompés quand nous les avons reçues ; car il est certain qu'il y a un retour à la vie, que les vivants naissent des morts, que les âmes des morts existent, et que les âmes vertueuses sont mieux et les méchantes plus mal » (*Socrate. Le Phédon*).

« Notre âme dit Platon (*biog. p. 62*) existait quelque part avant d'être dans cette forme de l'homme. Voilà pourquoi je ne doute pas qu'elle soit immortelle. »

Les sages de la Grèce avaient puisé leur philosophie dans les sanctuaires de l'Égypte ; de là les hautes conceptions de Pythagore (*biog. p. 192*) sur la transmigration des âmes, et de Socrate (*biog. p. 185*) sur la vie future.

On dramatisait la réincarnation dans les mystères d'Eleusis en Grèce, comme en Egypte dans les mystères d'Isis, et les différents degrés d'initiation représentaient les degrés divers de la vie ascendante de l'Esprit (1).

---

(1) Depuis les temps les plus reculés, deux doctrines ont eu cours dans l'humanité : la doctrine *exotérique*, pour la multitude naïve, à qui l'on jetait en pâture la légende ou la mythologie, et la doctrine *ésotérique*, réservée aux seuls initiés, pour qui on levait le voile ; de là l'institution des *Mystères*.

Les mystères révélaient *progressivement* à un petit nombre de personnes d'une sagesse reconnue, après leur avoir fait subir plusieurs épreuves, et jurer un secret inviolable :

1° *La pluralité des existences ; les épreuves successives de l'âme* ;

2° *L'Unité de Dieu* ;

3° *La pluralité des mondes habités, la rotation de la terre*, telle qu'elle fut enseignée plus tard par Copernic et Galilée. (La première idée de la révolution qu'il devait opérer dans les cieux, fut suggérée à Copernic, comme il le dit lui-même, par un ancien philosophe grec, Philolaüs, le pythagoricien.

Les différents *grades* ou *degrés* de l'initiation symbolisaient les existences successives.

Dans les mystères, le principe suivant était toujours proclamé : « Nul ne peut franchir violemment un grade sans l'épreuve et le mérite. » Il était défendu aussi à l'initié d'un grade de pénétrer, avant d'y être promu, les secrets d'un grade supérieur. Cette dernière défense était la condamnation du suicide.

L'homme ne peut s'affranchir volontairement du degré terrestre de l'initiation.

Déjà les *initiés* Juifs avaient, à une époque reculée, consigné la doctrine *ésotérique* dans deux ouvrages célè-

« C'est un dogme reconnu de toute antiquité et

---

bres : le *Sohar* et le *Sepher Jezirah*. Leur réunion forme la *Kabbale*, remontant, dit-on à Moïse, et donnée par lui à soixante-dix vieillards, en même temps que le *Décalogue* pour le vulgaire enfantin.

Les *Mystères* pour les gentils, la *Kabbale* pour les Hébreux ont donc été la doctrine secrète destinée aux âmes spirituelles et déjà avancées. Elle a été recueillie dans les premiers âges du Christianisme par les sectes néo-chrétiennes. En effet, partout on en trouve des traces au sein de ces sectes : «*Mystères cachés, couverts parmi les hérétiques (Gnostiques) du Voile du silence* », dit saint Irénée (a) (*Albert Réville. Revue des Deux Mondes 1865, t. I, p. 1010*).

Parlant des Simoniens, saint Irénée mentionne aussi chez eux l'existence d'un « *sacerdoce des mystères* » «*Mystici Sacerdotes* » (*Irenoeus, Adv. haereser, t. I, chap. 23*), et dit que chez les Basilidiens on enseignait aux élus des *doctrines cachées* qu'à peine un sur mille ou deux sur dix mille pouvaient connaître (*Idem, t. I, chap. 24*).

Tertullien, (*biog. p. 10*), reprochait aux Valentiniens (secte gnostique du IIᵉ siècle) d'avoir emprunté leurs cérémonies aux Mystères d'Eleusis.

« Ils soumettent à des *épreuves sévères*, dit-il, ceux qu'ils initient et leur scellent la langue lorsqu'ils font des épopies (initiés). Le silence est obligatoire : on doit conserver avec soin ce que l'on n'a pu se faire révéler qu'après une longue préparation » (*Tertullien, cité par Matter. Hist. critique du Gnosticisme. Paris 1843, t. II, p. 365, etc.*)

La tradition de la branche française de l'Ordre du Temple relate qu'Hugues de Payens — ou un de ses successeurs dans la Grande Maîtrise — fut initié en Orient dans une communauté de chrétiens Johannites, qui s'était transmis, de patriarche en patriarche, la véritable doctrine de Jésus, laquelle fut adoptée par les Templiers.

Pendant le moyen âge, la doctrine ésotérique sommeille et s'éclipse momentanément, mais elle n'est pas étouffée : elle germe toujours, *à petit bruit*, dans les sociétés secrètes qui ont leur origine dans les Mystères. Aujourd'hui ces sociétés ont généralement perdu leur secret ou ne le comprennent plus.

C'est donc au spiritualisme moderne qu'échoit la mission de renverser les fétiches qui encombrent l'emplacement du *Temple de l'Avenir*, en développant et en faisant revivre la doctrine ésotérique.

(a) Evêque de Lyon, martyr en 202.

universellement admis, dit Plotin (1) que les Dieux assurent à chacun le sort qui lui convient et qui est en harmonie avec ses antécédents et ses existences successives » (*Livre IX de la deuxième Ennéade.*)

Le divin Platon (*biog. p. 62*) avait dit avant lui. « *Apprendre, c'est se souvenir.* » Toutes les aptitudes qui nous distinguent, ne sont-elles pas dues à des travaux que nous avons effectués dans des existences antérieures ? Une aptitude qui ne porterait pas en elle la raison de son existence serait un phénomène sans cause. On n'apprend bien que ce que l'on sait déjà. »

Jamblique (2) a écrit au sujet de la doctrine des Vies successives, un passage remarquable :

« La justice de Dieu, dit-il, n'est point la justice des hommes. »

« L'homme définit la justice sur des rapports tirés de sa vie actuelle et de son état présent ; Dieu la définit relativement à nos existences successives et à l'universalité de nos vies. Ainsi les peines qui nous affligent sont souvent les châtiments d'un péché dont l'âme s'était rendue coupable dans une vie antérieure. Quelquefois Dieu nous en cache la raison, mais nous ne devons pas moins l'attribuer à sa justice » (*Jamblique. Trait des mystères égyptiens*, sec. VI, chap. 4).

Le grand poëme persan, Masnawi-Mamwi, contient les passages suivants :

« Si votre âme purifiée réussit à émerger de la mer mystérieuse de l'ignorance, elle verra, avec ses yeux ouverts, le commencement et la fin. Elle vient

---

(1) Philosophe grec de l'Ecole d'Alexandrie (205-270 avant l'ère chrétienne). Il ne put rédiger lui-même son système philosophique. Ses divers traités épars furent revus par son élève Porphyre, et classés en six *Ennéades*. C'est le principal monument de la philosophie Alexandrine.

(2) Philosophe grec de l'Ecole d'Alexandrie, adversaire déclaré du christianisme (IV° *siècle*).

d'abord dans le règne minéral, puis elle entre dans le règne végétal, y reste pendant des âges et oublie durant tout ce temps qu'elle a habité dans le règne minéral ; lorsque du règne végétal elle passe dans le règne animal, elle perd la mémoire de son règne végétal...

. . . .

« Enfin, le Créateur la tire du règne animal pour l'incarner dans l'humanité.

« C'est ainsi qu'elle voyage de monde en monde et qu'elle finit par acquérir la raison. Elle ne se rappelle plus les stages antérieurs de son intelligence et doit s'élever au-dessus de son état intellectuel actuel, s'affranchir des désirs, de l'avarice, et expérimenter des milliers de degrés extraordinaires d'intelligence. » (*Livre IV. Départ. oriental*, N^{lle} série. Vol. I, n° 4).

**

Les Hébreux adoptèrent presque généralement la doctrine des vies successives. Certains passages de la Bible expriment d'une manière fort claire cette doctrine ; nous pourrions en citer beaucoup ; nous nous bornerons au suivant :

Jérémie (1) fait dire à Dieu : « *Je t'ai connu avant que tu ne fusses dans le sein de ta mère* » (*Jérémie I. 5*).

L'idée de réincarnation était tellement répandue dans le peuple Juif, que l'historien Josèphe *(biog. p. 8)*, qui faisait profession de foi en la réincarnation, reprochait aux Pharisiens de son temps de n'admettre la transmigration des âmes qu'en faveur des gens de bien seulement. (*Josèphe. Guerre des Juifs. Livre VIII. Chap. VII*).

« L'idée de la préexistence, dit Jean Reynaud *(biog. p. 192)*, ayant régné d'une manière générale sous le second temple, il est inévitable, en effet,

---

(1) L'un des quatre grands prophètes (629-586 avant l'ère chrétienne). On a de lui des *Prophéties et des Lamentations*.

qu'elle ait laissé au moins quelques marques dans le recueil du Nouveau Testament qui nous a ramassé tant de choses précieuses de cette période. Aussi la sent-on courir, en quelque sorte, sous les textes de l'Evangile. Voyez, par exemple, la préoccupation unanime du peuple, de laquelle tous les évangélistes témoignent également, au moment de l'apparition du prédicateur de Nazareth : il ne s'agit pas de savoir quels sont les parents du nouveau prophète, ses antécédents, sa ville natale ; il s'agit de savoir qui il est, quel est le personnage des anciens jours qui revit en lui ? Est-ce Elie (1) ? Est-ce Jérémie ? Est-ce quelqu'autre ? « Et il interrogeait ses disciples, est-il écrit dans Matthieu, disant : « Qui les hommes disent-ils que soit le Fils de l'Homme ? Mais ils lui dirent. Les uns disent que c'est Jean-Baptiste, les autres Elie, ceux-ci Jérémie (*biog. p. 197*), ou quelqu'un des prophètes. Et Jésus leur dit : « Et vous, qui dites-vous que je sois ? » C'est un fait qui est répété presque exactement dans les mêmes termes chez Luc et chez Marc (Matth. XVI, 13. Luc. IX, 18. Marc VIII, 27).

Vous le voyez, non seulement il y a là une croyance générale dans le peuple d'Israël, mais Jésus, lorsqu'il l'entend énoncer devant lui par ses disciples, ne la contredit pas, ne la condamne pas : il la laisse tranquille et porte ailleurs son discours.

Il y a plus. A côté de la question : qui est Jésus ? devait naturellement se poser, sous l'influence des mêmes croyances, la question parallèle : qui est Jean Baptiste ? Or, c'est par Jésus lui-même que les Evangiles font répondre à celle-ci : « Je vous le dis, en vérité, rapporte Matthieu, il ne s'est pas élevé entre les enfants des hommes un homme plus grand que Jean Baptiste, et si vous voulez le savoir, c'est lui-même Elie qui doit venir. »

Remarquez bien qu'il ne s'agit pas ici d'une assertion sans conséquence. La préexistence de Jean

---

(1) Prophète juif au temps d'Achab et de Jézabel. Il avait pour disciple Elisée.

ainsi déterminée jouait un rôle capital dans la théorie messianique : elle levait la difficulté relative à la venue d'Elie qui, selon la déclaration du prophète, alors présente à toutes les imaginations, devait, au jour du salut, précéder celle du Messie. Elie n'a pas encore paru, disait le peuple, donc il est impossible que le Messie soit déjà sur la scène.

Les disciples l'interrogèrent disant : « Que disent-ils donc les Pharisiens et les Scribes, qu'il faut qu'Elie vienne d'abord ? »

C'était une fin de recevoir en apparence invincible, mais Jésus y répond en déclarant que l'apparition d'Elie s'est réellement accomplie par la renaissance du prophète, dans la personne de saint Jean Baptiste (*J. Reynaud. Terre et Ciel*).

Ici, ce ne peut être évidemment d'Elie descendu du ciel qu'il s'agit, puisque Jean Baptiste était né de Zacharie et d'Elisabeth, cousine de Marie, mais bien d'Elie *réincarné*.

Nous lisons dans le 4ᵉ Evangile :

« En vérité, je vous le dis : Avant qu'Abraham fût, j'étais » *(Jean VIII, 58)*.

Lorsque Jésus passait, il vit un homme qui était aveugle dès sa naissance. Et ses disciples lui firent cette demande : « Maître, est-ce le péché de cet homme ou le péché de ceux qui l'ont mis au monde qui est cause qu'il est aveugle ?» *(Jean IX, 1 et suiv.)*

Pourquoi les disciples demandent-ils à Jésus, comme une chose toute simple, si c'est à cause de son péché que cet homme est né aveugle? C'est que les disciples de Jésus étaient convaincus qu'on pouvait avoir péché avant de naître et par conséquent qu'on avait déjà vécu.

Nous trouvons dans le même Evangile ce passage : « Jésus répondit à Nicodème : En vérité, je te dis que si un homme ne *naît de nouveau*, il ne peut voir le royaume des cieux ».

Nicodème est bouleversé de cette réponse, parce qu'il la prend dans son sens grossier. « Comment, dit-il, un homme peut-il renaître quand il est vieux?

Peut-il rentrer dans le sein de sa mère pour renaître une seconde fois ? » Jésus reprend : « En vérité, je te dis que si un homme ne *renaît d'eau et d'esprit*, il ne peut entrer dans le royaume de Dieu. Ce qui est né de la chair est chair, et ce qui est né de l'esprit est esprit. Ne t'étonne point de ce que je t'ai dit : il faut que vous renaissiez de nouveau. Le vent souffle où il veut et où il va. Il en est de même de tout homme qui est né de l'esprit » *(Jean III, 3 et suiv.)*

On ne doit pas oublier que chez les Hébreux l'eau était considérée comme le principe de toute matière ; on était alors sous le régime des trois éléments : l'eau, l'air et le feu, et le Christ n'avait aucune raison pour aller au-delà de la science d'alors. S'en tenant donc aux données scientifiques de son temps, il dit : « Si un homme ne renaît de l'eau, principe de toute matière, par conséquent du corps, et de l'esprit, principe de l'âme, il n'entrera pas dans le royaume de Dieu. Au surplus, l'interprétation de ce verset par le verset suivant : « Ce qui est chair est né de la chair, ce qui est esprit est né de l'esprit », est trop nette pour nous laisser le moindre doute sur ce qu'entend dire Jésus. Ce dernier verset est le corollaire du premier et ils se complètent l'un par l'autre. La réincarnation est là tout entière.

Le Christ ajoute à ces paroles : « Vous êtes maître en Israël et vous ignorez ces choses ! » S'il se fut agi, comme le prétendent certains docteurs de l'Eglise, de renaissance purement spirituelle opérée par le baptême, cette surprise du Christ serait incompréhensible, car Nicodème aurait pu répondre ceci : « Assurément, Seigneur, j'ignore ces choses, car il est bien permis, même à un maître en Israël, d'ignorer ce que vous venez révéler au monde pour la première fois ». Les paroles du Christ devaient donc avoir un sens plus profond et son étonnement pourrait peut-être se traduire ainsi : « J'ai pour la multitude des enseignements à sa portée, et je ne lui livre la vérité que dans la mesure où elle peut la comprendre. Mais avec vous, qui êtes maître en Israël, et qui, en cette qualité, devez être initié à des mystères plus élevés, j'avais cru pouvoir aller plus loin. »

Cette interprétation semble d'autant plus lumineuse que la Kabbale des Hébreux enseigne la pluralité des mondes et des existences. (*Voir p. 194, note*).

La doctrine des vies progressives avait encore beaucoup de partisans parmi les Juifs du moyen âge. Léon de Modène (1571-1648), rabbin de Venise, écrit à ce sujet : « Il y a des Juifs qui croient, comme Pythagore, que les âmes passent d'un corps à un autre, ce qu'ils nomment *Gilgul (roulement)* et qui tachent d'appuyer leur opinion sur plusieurs passages des Ecritures pris la plupart de l'Ecclésiaste et de Job ; mais ce sentiment n'est pas universel. Cependant on n'est point tenu pour hérétique ni en le défendant, ni en l'attaquant » (*Leo de Modène Historia dei Riti Hebraïci et osservanze degli Hebrei di questi tempi. — Part. 5. Cap II. Edit 1638* (1).

Il résulte donc de ce document que le champ serait libre sur la question parmi les fidèles du culte israélite.

---

(1) Léon de Modène publia un recueil des lois cérémonielles juives, sur les instances d'un lord Anglais, à l'intention du roi Jacques Ier. Il donne la nomenclature de toutes les prescriptions auxquelles les Juifs sont soumis dans toutes les circonstances de la vie. « Pendant que j'écrivais ce livre, dit-il dans l'introduction, j'avais oublié que j'étais moi-même juif : j'ai parlé en témoin sincère et impartial. J'avoue que je me suis appliqué à écarter de ma religion le ridicule que pourraient lui valoir ses nombreuses pratiques cérémonielles ; mais je n'avais pas l'intention de les défendre ou de les pallier ; mon but était de raconter et non pas de convaincre.

Léon de Modène a publié encore d'autres ouvrages fort remarquables dans lesquels il émet certaines propositions ayant pour but de purifier le Mosaïsme de toutes sortes de scories dont il s'était couvert à travers les siècles. (*Vieux monde Juif, note 1*) (XVI).

Les causes de la différence des conditions proviennent, selon Origène (*biog. p. 62*), d'existences antérieures. « *Quoniam justitia debet Creatoris in omnibus apparere* », « *par la raison que la justice du Créateur doit apparaître en toutes choses* » « Comment admettre, dit-il, qu'il suffise du caprice d'un scélérat violant une jeune fille, ou des fantaisies d'un libertin, pour obliger Dieu à créer une âme et à l'envoyer sur terre ? » (*De principiis lib. II. cap. IX*).

Il considère la doctrine des vies progressives comme le seul moyen d'expliquer certains récits bibliques, et spécialement l'antagonisme profond qui existait entre Jacob et Esaü.

Jésus parle des nombreuses demeures dont se compose le royaume de son père *(Jean XIV. 2)* et Origène, commentant ces paroles, ajoute : « Le Seigneur fait allusion aux stations différentes que les âmes doivent occuper après qu'elles ont été dépouillées de leurs corps actuels et qu'elles en ont revêtu de nouveaux. »

Saint Jérôme (*biog. p. 78*) affirme que la doctrine des vies progressives était enseignée, dès les temps les plus anciens, comme une vérité *ésotérique* et traditionnelle à un petit nombre d'initiés. » (*Voir p. 194 note*). Il recommande de ne point la divulguer. (*Hieron. Epist. ad Demetriæ*).

« Pourquoi, parmi les hommes, se demande saint Augustin *(biog. p. 62)* l'un est-il doué d'un génie supérieur, tandis que l'autre, par la faiblesse de son intelligence, semble tenir de l'animal déraisonnable plutôt que de l'homme ?

« Si nous naissons tous enfants du péché, nous naissons tous également coupables, notre condition devrait donc être la même. Quoi, voici deux jumeaux ; l'un est doué d'un génie supérieur, l'autre ressemble à une brute. Je demande la raison de cette inégalité intellectuelle, et l'on me répond qu'ils sont l'un et l'autre enfants du même péché.

N'est-ce pas une cruelle dérision ? Celui qui naît semblable à une brute n'est-il pas en droit de dire : Si je suis enfant du péché, mon frère l'est également, nous sommes tous deux coupables ou innocents ; pourquoi notre condition n'est-elle pas la même ? »

Ces questions font honneur à l'intelligence de saint Augustin ; mais ce qui ne fait pas honneur à son caractère, c'est qu'il n'a pas cherché à les résoudre.

*
* *

Lucain (1) dans sa *Pharsale* parle de la croyance des Gaulois, nos ancêtres, aux diverses incarnations des Esprits. Le poète latin s'adresse aux Druides en ces termes : « Selon vous, Druides, les ombres ne vont pas peupler les demeures silencieuses de l'Erèbe et les pâles royaumes de Pluton : *le même esprit, dans un monde nouveau, anime un nouveau corps. La mort* (si vos hymnes contiennent la vérité) *n'est que le milieu d'une longue vie.* »

*
* *

Selon la foi druidique, les Gaulois avaient, dans le monde antique, la plus ferme, la plus claire notion de l'immortalité.

L'homme immortel, esprit et matière, venu d'en bas, allant en haut, transitait par cette terre, y demeurait passagèrement ainsi qu'il avait demeuré et devait demeurer dans ces autres sphères qui brillent innombrables au milieu des abîmes de l'espace.

On sait que les Gaulois faisaient partir l'âme de l'abîme *Anoufn*, le règne minéral, pour la faire entrer dans le cercle des transmigrations où elle parcourait successivement les degrés du règne végétal, animal et hominal, avant de pouvoir entrer dans *Gwynfid*, le cercle de la félicité, le ciel.

---

(1) Poète latin né à Cordoue, neveu de Sénèque, le philosophe et auteur de la *Pharsale*. Il avait étudié à fond les doctrines gauloises. Il s'ouvrit les veines pour échapper au supplice que Néron lui réservait comme conspirateur (36 à 68).

Cette croyance était si fortement enracinée chez nos pères qu'elle se réflétait dans la vie sociale par une foule de coutumes. Ainsi les Gaulois se prêtaient de l'argent à restituer dans l'autre monde. On chargeait le défunt du jour de commissions pour les amis morts précédemment et, dans ce but, on plaçait dans son tombeau des messages et des cadeaux.

De nombreux volontaires s'offraient à la mort lorsqu'ils la croyaient utile au bien général.

C'est surtout en présence de l'ennemi que les Gaulois manifestaient un mépris de la mort effrayant pour leurs adversaires. En face des légions romaines admirablement organisées, munies de machines puissantes, en face des soldats abrités du bouclier, couverts d'armures offensives et défensives, on les voyait, mus par un besoin de défi incroyable, par un amour insensé du danger, se précipiter en avant, la poitrine nue, pleins d'une ardeur furieuse, sans attendre ni les ordres, ni les combinaisons des chefs. (*César. Bell. Gall. t. VI.*)

Leur symbole vraiment sacré était le *gui* trouvé sur le chêne. Le chêne, emblème de la force, signifiait Dieu, l'éternelle source de la vie ; le gui, toujours vert, malgré les frimas, et enté sur le chêne sans se confondre avec lui, était l'emblème de l'esprit immortel.

★★★

Nous lisons dans le *Nouveau Coran* (*Exposition d'une partie de la doctrine secrète de l'Islam*) :

« Question XXII : Lorsque l'âme a perdu sa coquille, elle s'en forme une nouvelle (*v. 5*) ; les âmes des hommes et des animaux reviennent à la terre par le ruisseau de l'enfance (*v. 14*) ; l'homme qui meurt va à Dieu et renaît plus tard dans un corps nouveau : le corps reste à la tombe, l'esprit revient à la matrice (*v. 15*) ; cette doctrine est aussi vieille que le monde et Dieu l'enseigna dans les commencements (*v. 17*) ; l'âme humaine ne va pas dans le corps des bêtes (*v. 18*), au contraire : les âmes des animaux inférieurs passent dans des corps d'animaux plus élevés, puis dans des corps de sauvages, et enfin dans des corps d'hommes civilisés (*v. 19*). L'homme n'est immortel que dans son corps spirituel, lequel ne pourrit jamais (*v. 26*) ; il pleure en sortant de son corps ; il pleure aussi quand il y entre de nouveau (*v. 41*).»

« Question XXIII : Le corps n'est qu'un masque que l'âme prend et quitte pour en revêtir d'autres plus tard (*v. 17*); ceux qui s'aiment se retrouvent dans une incarnation future (*v. v. 26 et 27*) » (*Old truths in new light*).

« La secte mahométane actuelle des *Borahs* croit à la métempsycose animale, tout comme les Indous, et, comme eux, s'abstient de chair *(Colebrooke Asiate Researches).*

Chez les philosophes et les savants, l'idée des vies progressives n'a jamais cessé d'avoir des représentants.

Déjà au XVIIe siècle, Cyrano de Bergerac (1) disait, à l'imitation des prêtres gaulois : « Nous mourons plus d'une fois et, comme nous ne sommes que des parties de cet Univers, nous changeons de forme pour reprendre vie *ailleurs*, ce qui n'est point un mal, puisque c'est un chemin pour perfectionner son être et arriver ainsi à un nombre infini de connaissances ».

Plusieurs de nos contemporains, sans paraître s'inspirer des Druides, annoncent cependant aussi que la destinée de l'âme est de voyager de mondes en mondes.

« La philosophie, dit Charles Bonnet (2), nous

---

(1) Ecrivain original et spirituel (1620—1655).
(2) Savant philosophe et naturaliste suisse ; à l'âge de vingt ans, il fut nommé membre correspondant de l'Académie des sciences, à la suite d'une communication de Réaumur,

donne les plus hautes idées de l'Univers. Elle nous le représente comme la collection systématique ou harmonique de tous les êtres créés. Elle nous apprend qu'il n'est un système que parce que toutes les pièces, s'engrenant pour ainsi dire les unes dans les autres, concourent à produire ce tout unique, qui dépose si fortement en faveur de l'unité et de l'intelligence de la cause première.

« L'existence et les déterminations particulières de chaque être sont toujours en rapport avec l'existence et avec les déterminations des êtres correspondants ou voisins. Le présent a été déterminé par le passé, le subséquent par l'antécédent. Le présent détermine l'avenir. L'harmonie universelle est ainsi le résultat de toutes les harmonies particulières des êtres coëxistants et des êtres successifs.

« Non seulement tous les systèmes et tous les grands corps d'un même système sont harmoniques entre eux, ils le sont encore dans leur rapport avec la coordination et avec les déterminations des divers êtres qui peuplent chaque monde planétaire.

« Tous ces êtres, gradués ou nuancés à l'infini, ne composent qu'une même échelle dont les degrés expriment ceux de la perfection corporelle et de la perfection intellectuelle que renferme l'Univers.

« L'Univers est donc la somme de toutes les perfections réunies et combinées, et le signe représentatif de la perfection souveraine.

« Le degré de perfection acquise déterminera, dans l'avenir, le degré de bonheur ou de gloire dont jouira chaque individu. Il y aura donc un flux

---

sur une curieuse découverte naturelle faite par le jeune érudit.

A une époque plus avancée de sa vie, Ch. Bonnet devenu aveugle, par suite de trop longs travaux microscopiques, s'adonna aux études métaphysiques et produisit deux remarquables ouvrages : *Contemplations de la nature et Palingénésie sociale*, dont les citations ci-dessus ne sont que des fragments (1720—1793).

perpétuel de tous les individus de l'humanité vers une plus grande perfection ou un plus grand bonheur, car un degré de perfection acquis conduira par lui-même à un autre degré, et parce que la distance du créé à l'incréé, du fini à l'infini est infinie, ils tendront continuellement vers la suprême perfection sans jamais y atteindre ». (*Charles Bonnet. Palingénesie, Partie XIV. Id. Part. VIII*) (*XXXI*).

***

L'illustre Franklin, (1) un des hommes qui ont le plus honoré l'humanité par le génie et la sagesse, écrivait : « Faute d'histoire et de faits, notre raisonnement ne peut aller loin quand nous voulons découvrir ce que nous avons été avant notre existence terrestre, ou ce que nous serons plus tard. »

Cette foi en la doctrine des vies successives explique l'épitaphe suivante que Franklin se composa à lui-même :

« Ici repose, livré aux vers, le corps de l'imprimeur Benjamin Francklin, comme la couverture d'un vieux livre dont les feuillets sont arrachés, et le titre et la dorure effacés ; mais, pour cela, l'ouvrage ne sera pas perdu, car il reparaîtra, comme il le croyait, dans une nouvelle et meilleure édition, revue et corrigée par l'auteur » (*Works of Benjamin Francklin. VI. p. 596. Boston 1840*).

***

Le philosophe Hume (2) écrit : « Si nous raisonnons, le simple bon sens nous dit que ce qui est incorruptible doit être ingénérable. Donc, si l'âme est immortelle, c'est qu'elle existait avant notre naissance ; si son existence antérieure ne nous concernait pas, son existence future ne nous concer-

---

(1) Homme d'Etat et publiciste, né à Boston. Un des fondateurs de l'indépendance américaine, inventeur du paratonnerre. Dans sa jeunesse, il avait été imprimeur (1706- 790).

(2) Philosophe positiviste par excellence, et historien anglais (1711--1776).

nerait pas davantage » (Hume. *L'immortalité de l'âme*).

***

Dans une lettre à Madame de Stein, Goëthe *(biog. p. 103)* s'écrie : « Pourquoi le destin nous a-t-il liés si étroitement ? Ah ! dans des temps lointains, tu fus ma sœur ou mon épouse !... Et de tout cela, il n'en reste qu'un souvenir vague, planant comme un doute sur mon cœur, en réminiscence de l'antique vérité, toujours présente au-dedans ».

Sir Humphry Davy, (1) s'applique aussi à démontrer la pluralité des existences de l'âme : « L'existence humaine, dit-il, peut être regardée comme le type d'une vie infinie et immortelle, et sa composition successive de sommeils et de rêves pourrait certainement nous offrir une image approchée de la succession de naissances et de morts dont la vie éternelle est composée » (*Humphry Davy. Les derniers jours d'un philosophe. Traduction de C. Flammarion*).

***

Charles Fourier (2) était tellement convaincu que nous renaissons, qu'on trouve dans ses ouvrages la phrase suivante : « Tel mauvais riche pourra venir mendier à la porte du château dont il a été le propriétaire ».

***

Il n'est pas jusqu'à Proudhon *(biog. p. 186)* lui-même, qui ne se soit senti un moment entraîné de ce côté. Le passage suivant d'une lettre adressée par le grand démolisseur à M. Villaumé, le 13 Juillet 1857, en est la preuve : « En y songeant, je me demande si je ne traîne pas la chaîne de quelque grand coupable, condamné dans une existence antérieure, comme l'enseigne Jean Reynaud ? »

---

(1) Grand chimiste, et philosophe anglais, inventeur de la lampe de sûreté pour les mineurs (1778-1820).
(2) Chef de l'école phalanstérienne (1772-1837).

« Qui empêche, dit Lessing, (1) que chaque homme ait existé plusieurs fois dans le monde ? Cette hypothèse est-elle si ridicule pour être la plus ancienne et parce que la raison humaine la comprit du premier coup dans ces temps primitifs, lorsqu'elle n'avait pas encore été faussée et affaiblie par les sophismes des diverses écoles ? Pourquoi n'aurais-je pas fait dans le monde tous les pas successifs vers mon perfectionnement, qui seuls peuvent constituer pour l'homme des récompenses et des punitions temporelles ? Pourquoi ne ferais-je pas plus tard tous ceux qui me restent à faire, avec le secours si puissant de la contemplation des récompenses éternelles ? Mais je perdrais trop de temps, me dit-on. Perdre du temps ? Qu'est-ce qui peut me presser ? Toute l'éternité n'est-elle pas à moi ? » (*Lessing. Education du genre humain*, n° 94 à 100. Berlin 1780).

« La mort, écrit Leibnitz, (*biog. p. 74*) n'est, comme la naissance, qu'une transformation ; il n'y a pas de mort, mais un progrès perpétuel et spontané du monde tout entier vers le comble de beauté et de perfection universelle dont les œuvres de Dieu sont capables ; le monde marche donc vers une condition toujours meilleure.

« La vie de chaque créature, ajoute l'illustre philosophe, n'est donc qu'une suite d'états, tous liés entre eux, c'est-à-dire comme une chaîne, dans laquelle l'existence présente, à un moment donné, figure comme un anneau distinct, mais néanmoins lié à toute la chaîne. C'est la nature de la substance créée de changer continuellement suivant un certain ordre qui la conduit spontanément, s'il est permis de se servir de ce mot, par tous les états qui lui arrivent, de telle sorte que celui qui verrait tout,

---

(1) Célèbre écrivain allemand (1729—1781).

verrait dans son état présent tous ses états passés et à venir » (*Leibniz. Théodicée part. I*).

⁎⁎⁎

Emmanuel Kant (*biog. p. 172*) croit que « notre âme sort imparfaite du soleil, passe par tous les stages planétaires, progresse ainsi peu à peu et s'éloigne sans cesse jusqu'à ce qu'elle atteigne le Paradis dans l'étoile la plus éloignée et la plus froide de notre système » *(Histoire générale de la nature)*.

⁎⁎⁎

Fichte (1) écrit : « Dans la nature, chaque mort est une renaissance... ; il n'y a pas de principe de mort en elle, car elle est la vie et tout en elle est vie.

« La nature me fait mourir, parce qu'elle doit me faire revivre.... Ces deux systèmes, le système purement spirituel et le système sensuel — ce dernier consistant en une série incommensurable d'existences séparées, — sont dans mon esprit depuis que ma raison a été développée ».

⁎⁎⁎

« Ne connaissez-vous pas, dit Herder, (2) des hommes rares et grands qui ne peuvent être devenus tels en une seule existence humaine, qui doivent avoir existé bien des fois déjà, avant d'avoir atteint à cette pureté de sentiment, à cette impulsion instinctive pour tout ce qui est beau, vrai et bon ? » (*Herder. Dialogues sur la Métempsycose*).

D'après G. Schlegel, (3) « La nature n'est autre

---

(1) Philosophe allemand, disciple de Kant (1762—1814). Métaphysicien profond et hardi, moraliste et publiciste éloquent, il développa l'idée du droit en l'appuyant sur celle de la liberté, et sut communiquer à la jeunesse des universités l'enthousiasme d'un patriotisme élevé dans ses « *Discours à la nation allemande.* »

(2) Célèbre écrivain et philosophe allemand (1744—1803).

(3) Poète et critique allemand remarquable (1767—1845).

chose que l'échelle de la Résurrection, laquelle, degré par degré, nous conduit en haut, ou plutôt qui monte de l'abîme de la mort éternelle au sommet de la vie » *(G. Schlegel. Œuvres esthétiques et miscellanées).*

⁂

Nous empruntons à Maxime Ducamp, (1) les fragments suivants :

« Je crois en mon âme, émanation essentielle de Dieu, partie intégrante de lui et divine comme il est divin ; je crois à mon âme immatérielle et progressive de sa nature, intelligente dans ses opérations, éternelle dans sa destinée !

« Elle a vécu déjà sous une forme palpable, et elle vivra encore ; elle ira gravissant l'échelle ascensionnelle de l'agrandissement intellectuel.

« Je crois à la persistance du moi, force latente dont je suis certain et qui parfois surgit dans toute sa clarté, conscience endormie, mais toujours vivante, qui se réveille le jour où la mort se rend maîtresse de mon corps. Bientôt je vais mourir, c'est-à-dire bientôt je serai approprié à une transformation nouvelle ; alors mon âme, dépouillée de cette enveloppe charnelle qui l'emprisonne et dont elle cherche toujours à sortir, mon âme, rentrée en pleine possession de son moi, comprendra tous les progrès qu'elle a déjà faits, apercevra ceux qui lui restent à faire, se rendra compte des effets et des causes et s'incarnera joyeusement dans un autre corps, afin de continuer l'œuvre pour laquelle Dieu l'a choisie.

« Je crois à la mission providentielle de ces hommes d'abnégation, apôtres et prophètes, qui ont élevé l'esprit humain en l'initiant à des vérités supérieures, et qui ont jeté sur leur race des semences dont les générations venues ensuite ont récolté les fruits ; je crois à Zoroastre, à

---

1) Homme politique et écrivain français, des dernières années du xix siècle.

Manou, à Abraham, à Moïse, à Confucius, à Jésus-Christ, à Manès, à Mahomet, à Luther et à bien d'autres encore ; je crois à ceux que j'ai vus de nos jours, doux, bienfaisants, pacificateurs, réhabilitant la chair et fécondant l'esprit, et qu'on a abreuvés d'outrages, afin qu'ils aient aussi leur martyre, comme le *Fils de l'Homme*. Je repousse de toute ma raison cet épouvantail insensé de peines éternelles, d'enfer plein de flammes, de diables incarnés et de satans maudits à toujours : fantasmagorie risible, dont les méchants ont usé pour terrifier les faibles ; je crois à un Dieu d'indulgence et de miséricorde ; le Dieu de vengeance est mort et ne renaîtra plus ; les temps sont passés des divinités de colère et de terreur ; les cieux impitoyables sont fermés à jamais ; Jehovah Sabaoth n'a plus d'armées et voilà que le sang de son Fils ne suffit plus à désaltérer l'humanité haletante ! » (*Maxime Ducamp. Livre Posthume*).

*_**

On lit dans un des ouvrages d'Eugène Pelletan (*biog. p. 74*) :

« Par l'irrésistible logique de l'idée, je crois pouvoir affirmer que la vie mortelle aura l'espace infini pour lieu de pèlerinage. L'homme ira donc toujours de soleil en soleil, montant toujours, comme sur l'échelle de Jacob, la hiérarchie de l'existence, passant toujours selon son mérite et selon son progrès de l'homme à l'ange, de l'ange à l'archange » (*Eugène Pelletan, Profession de foi du XIXe siècle*).

Ainsi, progrès nécessaire et continu, plus ou moins rapide seulement, suivant les mérites.

*_**

Un de nos romanciers les plus célèbres, Alexandre Dumas père, (1) s'exprimait ainsi sur la question qui nous occupe :

« Je ne sais ce que j'ai fait de bon, soit dans ce

---

(1) Célèbre romancier français (1803—1870).

monde, soit dans les autres mondes où j'ai vécu avant de venir dans celui-ci, mais Dieu a pour moi des faveurs spéciales» (*Alexandre Dumas. Mémoires. Chap. LXIX. Paris 1863*).

⁂

Balzac, (1) dans son beau et inimitable ouvrage: *Seraphitus Seraphita*, expose des vues originales et profondes sur les différents *existers* des âmes et sur leurs *transmigrations variées* avant qu'elles arrivent au monde de la lumière.

C'est lui qui a écrit : « Adieu pierre, tu seras fleur ! Adieu fleur, tu seras colombe ! Adieu colombe, tu seras femme ! »

⁂

George Sand (2) se montre aussi adepte de la doctrine de la migration des âmes, dans les lignes suivantes:

« Si nous ne devons pas aspirer à la béatitude des purs Esprits du pays des chimères, si nous devons entrevoir toujours au-delà de cette vie un travail, un devoir, des épreuves et une organisation limitée dans ses facultés vis-à-vis de l'infini, du moins il nous est permis par la raison et il nous est commandé par le cœur, de compter sur une suite d'existences progressives en raison de nos bons désirs... Nous pouvons regarder cette terre comme un lieu de passage et compter sur un réveil plus doux dans le berceau qui nous attend ailleurs. De mondes en mondes, nous pouvons, en nous dégageant de l'animalité qui combat ici-bas notre spiritualité, nous rendre propres à revêtir un corps plus pur, plus approprié aux besoins de l'âme, moins combattu et moins entravé par les infirmités de la

---

(1) Remarquable écrivain, brillant, fécond, charmant conteur et analyste à la fois. Auteur de la *Comédie humaine*. La langue française lui doit cette harmonie, ce nombre dont on ne la croyait pas susceptible avant lui.

(2) Illustre romancière française, de son vrai nom Aurore Dupin, baronne Dudevant (1804—1876).

vie humaine, telles que nous les subissons ici-bas »
(*George Sand* : *Histoire de ma vie*).

Dans un de ses romans philosophiques de la plus haute portée, mis à l'index par la cour de Rome, George Sand fait parler ainsi un laïque s'adressant à un prêtre coupable :

« Quel que soit votre sort parmi nous, vous verrez clair un jour au-delà de la tombe ; et comme je ne crois pas plus aux châtiments sans fin qu'aux épreuves sans fruit, je vous annonce que nous nous retrouverons quelque part où nous nous entendrons mieux et où nous nous aimerons au lieu de nous combattre ; mais, pas plus que vous, je ne crois à l'impunité du mal et à l'efficacité de l'erreur. Je crois donc que vous expierez l'endurcissement volontaire de votre cœur par de grands déchirements de cœur dans quelqu'autre existence. Il ne tiendrait pourtant qu'à vous de rentrer dans la voie directe du bonheur progressif. L'âme humaine est douée de magnifiques puissances de repentir et de réhabilitation ; ceci n'est pas contraire à vos dogmes et le mot de contrition dit beaucoup » (*George Sand. Mlle de la Quintini*).

**

Michelet (*biog. p. 78*) témoigne de sa sympathie pour les mêmes idées quand il appelle le chien un candidat à l'humanité, et lorsqu'il dit, en parlant des oiseaux : « Que sont-ils ? des âmes ébauchées, des âmes spécialisées encore dans telles fonctions de l'existence, des candidats à la vie plus générale, plus vastement harmonique où est arrivée l'âme humaine » (*Michelet. L'oiseau*).

**

« Dans notre marche progressive vers l'idéal, dit M. Laurent, l'éminent professeur de l'Université de Gand, nous sommes appelés à faire nous-mêmes notre destinée. La liberté de Dieu dans la création implique la liberté de la créature ; l'homme, être libre, est capable de mérite et de démérite. Ses existences successives sont une rétribution faite par la justice divine de ses fautes et de ses vertus. Mais la marche de l'homme vers la perfection suppose qu'il est perfectible et que la loi du progrès préside à son développement. Ainsi la vie individuelle, permanente et progressive, accroissement du bien, diminution du mal, telle est dans sa généralité la plus haute, la destinée de l'homme.

« C'est nous-mêmes qui préparons notre existence future, laquelle sera une suite de notre existence présente. Notre vie en ce monde est déterminée par notre vie antérieure, et les conditions de notre vie future dépendront de l'usage que nous faisons de notre libre arbitre dans celle-ci. Il en résulte que notre travail de perfectionnement n'est pas stérile ; ce que nous avons gagné en vertu nous restera, et c'est de l'emploi de nos facultés que dépendent les conditions de nos existences futures » (*Laurent. Philosophie chrétienne*).

« A mesure que les institutions progressent, dit M. Tiberghien, l'éminent professeur de l'Université libre de Bruxelles, l'horizon de l'esprit s'étend dans les mêmes proportions ; nous ne connaissons aucune borne à notre perfectibilité, ni à l'amélioration de la société, au point de vue de l'art, de la science, de l'industrie. Il est donc certain que la mission de l'homme ne se termine pas sur la terre et la métaphysique démontre, contre le matérialisme, qu'elle ne peut s'achever que dans le temps infini. La destinée terrestre de l'âme n'est, en conséquence, qu'une partie de sa destinée entière » (*Tiberghien. Les commandements de l'Humanité*).

« Notre présence, en telle ou telle partie de l'Univers, dit Louis Figuier, n'est pas l'effet d'un caprice du sort ou le résultat du hasard : c'est la simple station d'un long voyage que nous accomplissons à travers les mondes. Avant de naître sur terre, nous avons déjà vécu, soit à l'état d'animal supérieur, soit à l'état d'homme. Notre existence actuelle n'est que la suite d'une autre.

« Notre tâche ici-bas est de polir notre âme, de la débarrasser des liens terrestres, de la dépouiller des défauts qui l'alourdissent et l'empêchent de s'élever radieuse vers les sphères éthérées. Toute existence humaine mal remplie est à recommencer.» (*Louis Figuier. Le lendemain de la mort*).

Enfin pour terminer cet exposé, relatons encore, sur notre sujet, l'opinion de Mazzini (1) et de Victor Hugo (*biog. p. 144*).

Voici quelques fragments extraits de la profession de foi de Mazzini :

«Je crois en Dieu, Esprit et Amour, Seigneur et Educateur ;

« Je crois en une loi morale, expression souveraine de son esprit et de son amour ;

« Je crois en une loi de devoir que tous nous sommes appelés à comprendre, à aimer, et, s'il est possible, à réaliser par nos actes ;

« Je crois que la vie est, pour nous, l'unique manifestation visible de Dieu, et en elle nous devons chercher les indices de la loi divine ;

« Je crois que, de même que Dieu est un, une est la vie, une aussi la loi de la vie, dans sa double manifestation : dans l'individu et dans l'humanité collective ;

« Je crois en la *conscience*, révélation de la vie dans l'individu, et en la *tradition*, révélation de la vie dans l'humanité, comme les deux seuls moyens que Dieu nous ait donnés de comprendre ses desseins ; et que, quand la voix de la conscience et celle de la tradition s'accordent dans une affirmation, cette affirmation renferme la vérité ou une partie de la vérité ;

« Je crois que l'une et l'autre, religieusement interrogées, nous révèlent que la loi de la vie est le Progrès : Progrès indéfini dans toutes ses manifes-

---

(1) Célèbre patriote républicain italien (1808—1872).

tations, inhérent à la vie même, se développant successivement à travers toutes ses phases ;

« Je crois que la vie étant une, une aussi sa loi ; le même progrès qui s'accomplit dans l'humanité collective et nous est révélé par la tradition, doit également s'accomplir dans l'individu ; et comme le progrès indéfini, entrevu, conçu par la conscience et prédit par la tradition, ne peut se vérifier en entier dans la courte existence terrestre de l'individu, je crois qu'il s'accomplira ailleurs, et je crois en la continuité de la vie manifestée en chacun de nous, et dont l'existence terrestre n'est qu'une période ;

« Je crois que, de même que dans l'humanité collective, toute conception d'amélioration, tout pressentiment d'un idéal plus vaste et plus pur, toute aspiration au bien, se traduit tôt ou tard en réalité, de même dans l'individu toute intuition du vrai, toute aspiration aujourd'hui inefficace vers l'idéal, est une promesse de développement futur, un germe qui doit se développer dans la série des existences qui constituent la vie ;

« Je crois que, de même que l'humanité collective conquiert de plus en plus et successivement l'intelligence de son propre passé, de même l'individu, en avançant toujours dans la voie du progrès et en proportion de son éducation morale, conquerra la conscience et la mémoire de ses existences passées ;

« Je crois non-seulement au progrès, mais encore à la solidarité des hommes dans le progrès ; je crois que, de même que dans l'humanité collective, les générations s'enchaînent aux générations et que la vie de l'une aide l'autre en la fortifiant, de même les individus s'enchaînent aux individus, et la vie des uns, soit ici ou ailleurs, à la vie des autres ; je crois aux affections pures et constantes, qui sont une promesse de communion dans l'avenir, un lien invisible, mais fécond d'action, entre les morts et les vivants ;

« Je crois que le progrès, loi de Dieu, doit infailliblement s'accomplir pour tous ; mais je crois aussi que, devant nous-mêmes en avoir conscience et le mériter par notre œuvre, Dieu nous laisse le temps et l'espace comme sphère de liberté dans laquelle nous puissions l'accélérer ou le ralentir.

« Je crois ensuite en la liberté humaine, condition nécessaire de la responsabilité ;

« Je crois en l'égalité humaine, c'est-à-dire qu'à tous Dieu donne les facultés et les forces nécessaires à un égal progrès ; je crois que tous nous sommes appelés et élus à l'accomplir plus ou moins vite, suivant l'œuvre de chacun ;

« Je crois que l'existence actuelle est un gradin pour l'existence future ; la terre, le lieu d'épreuve où, en combattant le mal et aidant au bien, nous devons travailler à mériter de monter ; je crois que c'est un devoir, pour tous et pour chacun, de travailler à sanctifier cette loi de Dieu, en la mettant en œuvre autant qu'il est possible ; et de cette foi, je déduis toute la morale. »

« Victor Hugo ne doutait pas qu'il ne retrouvât ses amis dans les mondes futurs. Quand les athées lui disaient : « La preuve que vous n'existerez pas demain, c'est que vous n'existiez pas hier. Vous avez beau chercher dans le passé, vous ne trouverez pas », Victor Hugo répondait : « Qui vous dit que je ne me retrouve pas dans les siècles ? Vous direz que c'est la légende des siècles. Shakspeare (1) a écrit : « La vie est un conte de fées qu'on écrit pour la seconde fois ». Il aurait pu écrire : pour la millième fois. Il n'y a point de siècle où je ne voie passer mon ombre.

« Vous ne croyez pas aux personnalités survivantes sous prétexte que vous ne vous rappelez

---

(1) Le plus célèbre poëte national dramatique de l'Angleterre, auteur d'un grand nombre de chefs d'œuvre, tels que *Roméo et Juliette*, *Hamlet*, *Macbeth*, etc. (1564-1616).

rien de vos existences antérieures, mais comment le souvenir des siècles évanouis resterait-il imprimé en vous, quand vous ne vous souvenez pas des mille et une scènes de votre vie présente ? Depuis 1802, il y a eu en moi dix Victor Hugo ; croyez-vous donc que je me rappelle toutes leurs actions et toutes leurs pensées ? La tombe est noire ; quand j'aurai traversé la tombe pour retrouver une autre lumière, tous ces Victor Hugo me seront quelque peu étrangers, mais ce sera toujours la même âme » (*Extrait d'un article d'Arsène Houssaye*).

Dans les *Misérables*, Victor Hugo laisse tomber de sa plume cette vague interrogation : « D'où venons-nous, et est-il bien sûr que nous n'ayons rien fait avant d'être nés ? L'homme est composé de matière et d'esprit, l'animalité vient aboutir en lui et l'ange commence en lui. De là cette lutte que nous éprouvons tous, entre une destinée future que nous pressentons et les souvenirs de nos instincts antérieurs, dont nous ne nous sommes pas entièrement détachés : un amour charnel et un amour divin ».

Et ailleurs :

« Dieu est. Dieu étant absolu, parfait, n'a pas créé le parfait, l'absolu, parce qu'il se serait reproduit lui-même ; alors Dieu a créé l'imparfait et le relatif, et il y a mis l'homme. L'homme souffre parce qu'il est dans l'imparfait et le relatif.

« Le reste de la création, sur cette terre, depuis la pierre où commence la vie minérale, jusqu'au singe où se termine la vie animale, s'échelonne et se métamorphose progressivement, de telle façon que la vie minérale de la pierre passe dans la vie animale du singe. Cette même vie animale se perfectionne progressivement du mollusque au poisson, du poisson à l'oiseau, de l'oiseau au quadrupède dont le plus intelligent est le chien ; du chien, cette même vie animale passe et monte au singe. Au singe finit la vie animale. Ici commence la vie hottentote (1) : le nègre commence la vie intellectuelle, l'homme la continue. Pourtant l'homme, lui-même, n'est qu'au bas de l'échelle intellectuelle, échelle invisible et infinie où chaque esprit monte dans l'éternité. Dieu est en haut de cette échelle.

« Tous les mondes progressent : ils sont tous en travail. Notre terre n'est qu'un de ces mondes, dont le nombre est incalculable. Notre globe a passé successivement par des temps plus ou moins barbares, c'est-à-dire qu'il a passé de l'état sauvage à l'état barbare et de l'état barbare à l'état civilisé... Le jour moral commence. Le jour moral se lève en France. A Paris, il se lève seulement dans quelques rares esprits, au nombre desquels se trouvent tous les hommes de génie, espèce de demi-dieux, depuis les hommes de génie inventeurs, jusqu'aux hommes de génie artistes, philosophes et penseurs » (*Victor Hugo. Journal de l'exil*).

⁂

On le voit, les grands poètes, les grands romanciers, les grands historiens, les grands philosophes, les grands penseurs partagent, à peu près tous, la croyance dans la pluralité des existences de l'âme. Ces nobles intelligences répudient avec le même dégoût les théories matérialistes et les théories des théologiens. Plus religieuses qu'on ne se le figure généralement, elles croient sincèrement à l'existence de Dieu et aux évolutions progressives de l'âme humaine dans l'infini des cieux. C'est que rien n'est plus rationnel au fond que cette doctrine qui peut paraître étonnante au premier abord.

Quand on l'examine sans parti pris, on voit, avec ravissement, que seule elle résout tous les grands problèmes et nous donne l'explication plausible d'une foule de phénomènes qui semblaient autant de mystères accablants.

---

(1) Ici, Victor Hugo se trompe. Nous démontrerons plus loin : *Réponse aux objections, N° 6*, qu'entre le singe et l'homme, il existe plusieurs chaînons intermédiaires.

L'idée des vies successives est si naturelle que, sans la tyrannie exercée sur nous par l'habitude d'idées contraires, que l'éducation nous impose dès notre enfance, nous l'accepterions sans effort. « Il n'est pas plus étonnant de naître deux fois qu'une : tout est résurrection dans la nature » Ces paroles que, dans *La Princesse de Babylone*, Voltaire (*biog. p. 108*) met dans la bouche du Phénix, au moment où il renaît de ses cendres, ne vous semblent-elles pas, dans leur simplicité et leur énergique concision l'expression même de la vérité ?

Que de problèmes dans notre destinée, impossibles à résoudre d'une manière satisfaisante par une autre doctrine, et dont celle-ci nous fournit une solution rationnelle ! Que d'obscurités elle éclaire ! Que de difficultés elle lève ! Que de nuages elle dissipe ! La loi de la pluralité des existences nous découvre le véritable sens de la vie et de la mort. Elle constitue le nœud capital dans l'évolution de l'âme, et nous permet de la suivre en arrière et en avant jusque dans les profondeurs de la nature et de la Divinité. D'abstraite ou de fantastique, elle la rend vivace et logique en montrant les correspondances de la vie et de la mort. La naissance terrestre est une mort au point de vue spirituel, et la mort une résurrection céleste. L'alternance des deux vies est nécessaire au développement de l'âme, et chacune des deux est à la fois la conséquence et l'explication de l'autre.

«À la vérité, dit Montaigne (1), je treuve si loing d'Epaminondas (2), comme je l'imagine, jusqu'à tel que je cognois, que j'enchérirais volontiers sur Plutarque (*biog. p. 95*) ; et je dirais qu'il y a plus distance de tel à tel homme qu'il n'y a de tel homme à telle beste ; et qu'il y a autant de degrés d'esprits,

---

(1) Célèbre philosophe et moraliste français, auteur des *Essais* (1533-1592).
(2) Célèbre général thébain (411-363 avant l'ère chrétienne).

qu'il y a d'ici au ciel de brasses et autant innumérables ».

Quelle distance, en effet, entre l'intelligent Européen et le Hottentot stupide ! entre Socrate *(biog. p. 185)* et ce vil assassin qui eût nom Dumolard ! Comment expliquer cette inégalité dans le développement intellectuel et moral, que, dans certains cas, on serait tenté d'appeler une inégalité de nature, si l'on n'admettait pas qu'il y a entre l'esprit inférieur et l'esprit supérieur le même rapport qu'entre l'enfant et l'homme fait, et quelquefois entre l'homme et l'ange ; si l'on n'admettait pas que le dernier a plus longtemps vécu que le premier et a pu progresser dans un plus grand nombre de vies successives ?

Ou Dieu n'existe pas, ou il est infiniment juste, et si les âmes arrivent sur la terre en sortant toutes jeunes de ses mains, comment expliquer la scandaleuse inégalité des conditions terrestres ? Pourquoi les diversités de races ? Pourquoi la race blanche, intelligente, avancée, civilisée et les malheureuses peuplades de l'Asie centrale ? Pourquoi la brute et l'homme de génie ? Pourquoi l'être infirme, disgrâcié de la nature à côté de l'être resplendissant de vie et de santé ? Pourquoi celui-ci est-il né dans un palais et l'autre dans un bouge ? Pourquoi celui-ci est-il en proie à toutes les douleurs et à tous les chagrins, et celui-là voit-il tout succéder au gré de ses désirs ? Pourquoi l'un obtient-il, par sa naissance, richesse, position sociale, honneurs et bien-être, et l'autre n'a-t-il hérité de ses parents que larmes et pauvreté ? Au premier, tout sourit, tout s'empresse, sa venue au monde est un jour de fête ; à lui les douces caresses, l'amour et la protection d'une orgueilleuse paternité ; la naissance du second, au contraire, est un surcroît de famille ; c'est presque un malheur. Et tout cela pourquoi ? D'où vient cette différence ? Pourquoi aux uns tout le miel et aux autres toute l'amertume de la vie ? Pourquoi tant d'enfants qui naissent dans la maladie et la souffrance et qui souvent ne jettent qu'un cri jusqu'à l'heure prématurée de leur mort ?

On pourrait multiplier ces questions auxquelles la théologie ne trouve d'autre réponse que ces mots lumineux : «Dieu l'a voulu ainsi. Est-ce qu'il appartient à l'homme de lui demander des comptes ?»

Mais l'inégalité des conditions n'est rien si on la compare à l'inégalité des âmes elles-mêmes. Dira-t-on que c'est un effet de la différence d'organisme physique et de l'éducation? Nous répondrions à cela que ces causes peuvent tout au plus expliquer les supériorités apparentes, mais non les réelles.

L'organe sert plus ou moins bien la faculté, mais ne la donne pas, nous l'avons surabondamment démontré (*Voir p. 138 et suiv.*). De telle sorte qu'un esprit très développé dans un corps mal conformé peut faire un homme fort ordinaire, tandis qu'un esprit relativement moins avancé, servi par de bons organes, fera un homme qui lui sera en apparence beaucoup supérieur. Mais cette fausse supériorité, qui ne consistera que dans la faculté d'expression et non dans la puissance de penser, ne fera illusion qu'à l'observateur superficiel et ne trompera pas l'esprit pénétrant. « Il n'est pas douteux dit, Jules Simon (1) qu'il y ait des esprits d'élite dont la valeur restera toujours inconnue, parce que la faculté d'expression leur manque. On voit de ces âmes pleines d'idées que le vulgaire dédaigne et qui passent pour inférieures et dénuées de sens, quoique les esprits pénétrants saisissent quelquefois dans leur langage des traits d'une force incomparable. On se demande en pensant à elles, si l'on n'est pas en présence d'un génie emprisonné dans une forme qui l'empêche de se manifester dans sa puissance et sa splendeur ? »

Quant à l'éducation, n'avons-nous pas tous les jours sous les yeux la preuve que, si son influence est grande, elle ne va pas pourtant jusqu'à changer

---

(1) Philosophe et homme politique français (1814-1898).

complètement la nature de l'homme, à faire d'un scélérat un prix Monthyon et d'un idiot un Newton (*biog. p. 106*) ?

Qu'on nous explique comment les âmes, dès le bas âge, montrent des aptitudes et des penchants si divers et indépendants des idées acquises par l'éducation ? Dans la grande mêlée humaine, il n'y a pas deux hommes qui se ressemblent. Voici deux enfants nés des mêmes parents, soumis aux mêmes influences. Celui-ci, bien que fort studieux, reste médiocre, tandis que son frère, quoique fort peu appliqué, remporte toutes les couronnes. L'un plumera vif l'oiseau qui lui tombera sous la main ; l'autre ne pourra voir battre un animal sans pleurer. L'un se montrera égoïste au point de vouloir tout pour lui ; l'autre se montrera généreux au point de ne rien se laisser. Le premier semble un petit démon ; le second un petit ange.

Que d'honnêtes gens qui n'ont jamais reçu de leçons de personne, qui même ont été obligés de combattre contre de pernicieux enseignements, et que d'infâmes coquins qu'on a élevés avec tous les soins imaginables ! Commode (1) n'était-il pas le fils et le disciple de Marc-Aurèle (*biog. p. 186*) ? et peut-on faire un mérite aux leçons des Jésuites, ses maîtres, de l'indépendance de pensée de Voltaire *(biog. p. 108)*, de son horreur pour l'intolérance et le fanatisme religieux, et de son mépris des superstitions ?

Qui fut le précepteur du bûcheron Lincoln (2), de son successeur, le tailleur Johnson (3), et de leur illustre compatriote, le forgeron Elihu Burrit, le promoteur de la société de la paix universelle ?

Et, n'y a-t-il pas des hommes dont on peut dire

---

(1) Célèbre par ses cruautés, fut empoisonné et étranglé.
(2) Président des Etats-Unis, mort assassiné (1800-1865).
(3) Président des Etats-Unis en 1865 (1808-1876).

qu'ils se ressouviennent plutôt qu'ils n'apprennent !

Hermogène (1), dès l'âge de quinze ans, enseigne la rhétorique à Marc-Aurèle.

Pierre de Lamoignon, dès le même âge, compose des vers grecs et latins que l'on trouvait fort remarquables, et il n'était pas moins avancé dans l'étude du droit que dans la culture des lettres.

Le célèbre Saunderson (1683-1739), privé de la vue depuis l'âge d'un an, par suite de la petite vérole, trouve le moyen, sans autre aide qu'un syllabaire et quelques livres que lui procure son père, de se familiariser avec les classiques, au point de pouvoir comprendre, dans les originaux grecs et latins, les œuvres d'Euclide (*Biog. p. 106*), d'Archimède (*Biog. p. 106*), de Diophante (2), de Newton (*Biog. p. 106*), et cela avant d'avoir atteint l'âge de 20 ans. A 25 ans, il est professeur de mathématiques et de physique à l'Université de Cambridge et il expose, avec une merveilleuse clarté, dans ses cours, les lois de la lumière, le spectre solaire, la théorie de l'arc-en-ciel, choses qu'il n'a jamais contemplées.

En 1791, naît à Lubeck un enfant du nom de Henri Heinekem. A dix mois, il commence à parler distinctement, et deux mois après il apprend le Pentateuque ; à quatorze mois, l'Ancien et le Nouveau Testament. A deux ans, il sait l'histoire ancienne, comme l'ont sue les plus érudits investigateurs de l'antiquité. Au dire de ses admirateurs, Cicéron (3) l'aurait pris pour un *alter ego* quand il parlait latin, et il en aurait remontré aux meilleurs littérateurs de son époque sur les délicatesses de la langue française.

Jean-Philippe Baratier possède et écrit, à quatre ans, le français, l'allemand et le latin ; à six ans, le grec ; à sept ans, l'hébreu dont il traduit la grande

---

(1) Rhéteur grec du 2ᵉ siècle.
(2) Mathématicien grec du 4ᵉ siècle, inventeur présumé de l'algèbre.
(3) Le plus éloquent des orateurs romains. Mort assassiné (106-43 avant l'ère chrétienne).

Bible rabbinique en quatre volumes in-folio, traduction qu'il renforce l'année suivante d'un gros volume de notes et de dissertations sur *l'Itinéraire du Rabbin Benjamin*.

Le fameux ingénieur suédois Ericsson, dès son plus jeune âge, montre un tel génie pour les sciences mécaniques, qu'à douze ans il est inspecteur au grand canal maritime de Suède et a 600 ouvriers sous ses ordres.

Pascal (*Biog. p. 131*), sans avoir jamais reçu la moindre leçon de calcul, découvre à douze ans, la plus grande partie de la géométrie plane, et retrouve, à treize ans, le traité des sections coniques d'Euclide.

Les pâtres Mangiannello et Mondeux, ainsi que le mendiant Inaudi, font de tête des calculs à dérouter un lauréat de l'Ecole polytechnique.

Mozart (1), dès sa troisième année combine déjà des consonnances sur le clavecin et exécute une sonate à quatre ans ; à douze ans il compose *Bastien et Bastienne*, un petit opéra-comique, qui a été repris à Paris, salle Favart, en juin 1900.

Thérèse Milanollo joue du violon toute enfant, de manière à étonner les capitales de l'Europe ; en parlant d'elle, le fameux violoniste Baillot (2) disait : « On dirait qu'elle a joué du violon avant de naître ».

Paganini (3) joue admirablement du violon avant cinq ans.

Rembrandt (4), avant de savoir lire, dessine comme un grand maître.

Pic de la Mirandole (5) connaît à seize ans tout ce que l'on savait à son époque.

En 1868, les journaux français nous entretien-

---

(1) Illustre compositeur allemand (1756-1791).
(2) Célèbre violoniste français (1771-1832).
(3) Célèbre violoniste italien (1784-1846).
(4) Illustre peintre hollandais (1608-1669).
(5) Savant italien (1463-1494).

nent, d'après le journal anglais de médecine le *Quarterly*, d'un phénomène bien étrange : c'est une petite fille dont le docteur Hun fait connaître l'étonnante histoire. Jusqu'à l'âge de treize ans, elle est restée muette et n'a pu parvenir qu'à prononcer les mots : papa et maman. Puis, tout à coup, elle s'est mise à parler avec une volubilité extraordinaire, mais *dans une langue inconnue*, n'ayant aucun rapport avec l'anglais. Et, ce qu'il y a de plus surprenant, c'est qu'elle se refuse à parler cette dernière langue, la seule pourtant qu'on lui parle, et oblige ceux avec qui elle vit, son frère, par exemple, un peu plus âgé qu'elle, à apprendre la sienne où l'on trouve quelques mots français, quoique, au dire de ses parents, on n'en eut jamais prononcé aucun devant elle.

Comment expliquer ces faits autrement que par le souvenir d'une langue parlée dans une existence antérieure ? Il est vrai qu'on peut les nier, mais c'est un journal sérieux de médecine, des savants qui les rapportent ; la négation est un moyen bien commode et l'on en fait peut-être un trop fréquent usage. Il est dans beaucoup de cas l'équivalent du diable, ce *Deus ex machina* des prêtres qui vient toujours à point pour tout expliquer et dispenser de l'étude.

M. A. Siret, membre de l'Académie des Beaux-Arts de Belgique, a publié la biographie d'un jeune et déjà célèbre paysagiste brugeois, Frédéric Van Kerckhof, mort le 2 avril 1873, à l'âge dix ans et onze mois. En voici quelques extraits :

« A sept ans, sans savoir dessiner, Frédéric ébauchait des séries de petits paysages parfaitement caractérisés. De huit à neuf ans, il s'amusait à copier à l'huile des paysages gravés à l'eau forte. Jamais cela ne ressemblait à l'original. L'enfant y mettait son sentiment à lui, lequel se traduisait par un ton de coloration particulier. Tous les petits tableaux peints par lui sont d'une profondeur de mélancolie que jamais artiste ancien ni moderne n'ont su obtenir. Tout paysage l'exaltait et l'attristait. Que voyait-il dans cette reproduction de la nature ? Quel chant de tristesse et de douleur venait donc emplir cette âme pour qu'elle débordât ainsi en pleurs et en élégies ? Son œuvre s'élève à plus de trois cents petits panneaux. Il en faisait parfois plusieurs dans une journée ; sa famille en possède cent cinquante environ.

« Frédéric ne sut jamais faire autre chose que le paysage, qu'il jetait, pour ainsi dire, en une fois sur le panneau, ainsi que nous l'ont déclaré ceux qui l'ont vu travailler. Le 31 août 1874, Edmond Richter, le puissant coloriste français, ayant eu accidentellement l'occasion de voir une vingtaine de panneaux de Frédéric, félicita le propriétaire de posséder des esquisses de Théodore Rousseau en si grande quantité. On eut toutes les peines du monde à détromper Richter, et, quand il connut la vérité, l'artiste ne put s'empêcher de verser une larme sur tant d'avenir évanoui... Toutes les études de Frédéric constituent, pour les artistes qui pensent, une des plus profitables leçons qui se puissent donner, car on peut y voir ce qui ne s'est encore jamais produit : la manifestation d'une intelligence dans sa pureté native et n'ayant subi l'influence d'aucun contact extérieur » (*A Siret. Journal des Beaux-arts du 15 Septembre 1874*).

Du « *Figaro* » :

« En ce moment se tient, dans la frivole Rue de Paris, entre le Palais de la Danse et quelque Manoir à l'envers, un austère et d'ailleurs fort intéressant congrès de Psychologie.

« Il s'en faut que toutes ses séances soient consacrées à de transcendantales et arides discussions. Celle d'avant-hier, notamment, eût été pour étonner et ravir le public le plus profane.

« M. le professeur Charles Richet nous a mis sous les yeux et a fait vivre devant nous un des plus stupéfiants phénomènes cérébraux qui se puissent concevoir.

« Imaginez un petit enfant de trois ans et demi, encore habillé d'une robe, encore paré de boucles longues comme on l'est à cet âge où les « petits garçons sont encore petites filles », comme dit l'un d'entre eux...

« Ce mioche, ce rien du tout, ce petit Poucet qu'il faut jucher sur la table du bureau pour qu'on le puisse voir, et dont la gracieuse frimousse par moments rit à l'auditoire, et, par d'autres, semble abîmée dans une large rêverie, est doué d'un cerveau prodige, étourdissant, et tel qu'on n'en a probablement jamais rencontré de si précoce.

« Il avait deux ans et demi, à peine, lorsque sa mère, excellente musicienne, entendit tout d'un coup, avec stupeur, résonner le piano qu'elle venait de quitter et de refermer. Après avoir joué je ne sais quelle page de musique classique, elle avait passé dans la pièce voisine, et voilà que l'instrument redisait, à quelques fautes près, la phrase musicale, main droite et accompagnement.

« Son étonnement grandit encore, quand elle aperçut son bébé, le petit Pepito qui, de mémoire et de la façon la plus spontanée, restituait les notes et les accords entrés dans son cerveau quelques minutes auparavant.

« Dès lors, le vieux et lamentable piano de sa mère devint l'inséparable de sa vie. Ce marmot, par ailleurs joueur, gai, plein d'entrain à vivre, s'attacha à l'art musical, *sans professeur*, avec une persistance passionnée absolument invraisemblable à pareil âge. Et il fit des progrès étourdissants en quelques mois.

« Il a joué devant les congressistes une série d'airs connus et d'improvisations. Il est difficile de concevoir chose plus étonnante. Sa petite main, quelque écart qu'il cherche à donner à ses doigts, n'embrasse guère que cinq notes de l'octave. Il ne peut donc plaquer d'accords ; quand il veut en donner un, il fait une succession très rapide de notes, faute de mieux.

« Cela n'empêche que son jeu, plein de chaleur et d'émotion, tantôt vigoureusement frappé, tantôt mélancolique et plein de rêverie, est d'une extraordinaire puissance d'expression. Ce bébé, qui ne sait pas lire une note, qui n'a jamais reçu une leçon d'harmonie ou de composition, restitue avec une rare fidélité l'air inconnu que vous lui faites entendre, lui trouve des variations, le reprend dans différents tons, le développe très musicalement.

« Ou bien encore — ses beaux yeux d'enfant perdus dans une méditation si profonde, si intense qu'on en est impressionné — Pepito compose, et ce petit être qui ne sait absolument rien de la vie, qui n'a connu l'émotion que quand on lui a refusé un gâteau, ou quand on lui a fait prendre de l'huile de ricin, trouve des phrases emportées ou mélancoliques ; il nuance son chant ! En outre, il s'est fait une technique qui lui permet de bâtir une petite composition assez d'aplomb pour qu'un harmoniste de profession n'y trouve à redire que çà et là dans le détail.

« Jamais, à ma connaissance, vocation ne s'affirma d'une façon plus éclatante, à un âge si tendre.

« Quand, le morceau fini, le petiot se retourne vers l'auditoire en secouant ses longues boucles et éclate de rire, comme s'il venait de jouer une farce bien bonne, l'enthousiasme est à son comble.

« Pepito Rodrigues Ariola paraît alerte, bien portant, vivace. Il y a chances pour que ce soit un jour un compositeur de génie. A en juger par ce qu'il fait à trois ans et demi, je me demande ce que ce cerveau donnera à l'âge où il pourra concourir pour le prix de Rome ? »

(Le Figaro du 25 Août 1900)

Du *Soir* de Bruxelles :

« Si incroyable que cela paraisse, l'Université de la Nouvelle-Orléans vient de délivrer un *certificat médical* à un étudiant *âgé de cinq ans* et nommé Willie Gwin. Les examinateurs ont ensuite déclaré, en séance publique, que le jeune Esculape était le plus savant ostéologue auquel ils eussent jamais délivré un certificat. Willie Gwin est le fils d'un médecin connu. (1)

« A ce propos, les journaux transatlantiques publient une liste de leurs enfants prodiges.

« L'un d'eux, à peine âgé de 11 ans, a récemment fondé un journal appelé *The Sunny Home*, qui, dès le troisième numéro, tirait déjà à 20,000 exemplaires. Pierre Loti et Sully Prudhomme sont les collaborateurs du Chatterton américain.

« Parmi les prédicateurs célèbres des Etats-Unis, on cite le jeune Dennis Mahan, de Montana, qui, dès l'âge de six ans (il en a actuellement neuf), étonna les fidèles par sa profonde connaissance des Ecritures et par l'éloquence de son verbe.

« Parmi les *boys* prodiges du Nouveau Monde, il faut citer un autre, l'ingénieur George Steuber, qui compte treize printemps, et Harry Dugan, le plus fameux voyageur de commerce des Etats-Unis, qui n'a pas encore atteint sa neuvième année. Harry Dugan vient de faire une tournée de 1000 milles (environ 1600 kilomètres) à travers la République étoilée, où il a fait des affaires colossales pour la maison qu'il représente.

« En Europe les enfants prodiges sont plus rares. L'Allemagne cependant se vante d'avoir donné le jour à Henri Weber, un émule de Mozart qui, quoique à peine âgé de de sept ans, a déjà composé plusieurs remarquables sonates et « fughettes » et termine un opéra qui, dit-on, étonnera le monde musical (2).

« En Victor Righetti, l'Italie peut se glorifier d'avoir produit un grand sculpteur de dix ans, dont

---

(1) D'après les journaux transatlantiques les plus récents (1902), Willie Gwin assistait avant même qu'il put marcher à toutes les opérations de son père. — Il compte déjà une nombreuse clientèle, et se fait, avec ses ses consultations, un revenu de 100 à 150,000 dollars (500,000 à 750,000 francs, par mois !!!

(2) Berlin raffolait vers la fin de l'année 1903 d'un petit Hongrois prodige, le jeune Franz von Veczey, qui n'avait que dix ans et rappelait l'étourdissante précocité de Paganini par son talent de violoniste.

la dernière œuvre : *La Madone et l'Enfant*, touche au sublime de l'art ».

(*Le Soir du 26 juillet 1900.*)

On a applaudi avec enthousiasme, en 1901, dans plusieurs concerts de Paris, un violoniste hongrois de sept ans nommé Kun Arpad.

Ce petit bonhomme vous nuance de la façon la plus délicieuse une romance de Mendelsohn et vous ne sauriez croire avec quelle souplesse agile et avec quelle netteté il exécute le fameux *Mouvement perpétuel* de Paganini. Kun Arpa est déjà une célébrité.

En août 1901, l'Académie musicale et l'Institut populaire de France ont décerné un diplôme d'honneur à un enfant de huit ans, le petit André Chévy, de Foncquevillers, qui manifeste des dispositions extraordinaires. Cet enfant a une facilité d'improvisation surprenante, et exécute avec un réel talent sur le piano les morceaux de sa composition.

Mademoiselle France Darget, la fille d'un commandant de l'armée française, à l'âge de dix ans, poétise comme les enfants s'amusent. Son premier recueil de poésies admirables a paru en 1902 avec une préface très élogieuse de Sully-Prudhomme.

En 1903, elle a publié un second recueil de *Poésies Nouvelles* précédées de ses *premières poésies*.

Mlle France Darget a déjà pris une bonne place parmi les littérateurs contemporains.

Voici maintenant Mademoiselle Hélène Smith, demoiselle de magasin à Genève, observée par le professeur Flournoy, en 1901 :

Hélène Smith ne connaît que l'Anglais ; plongée dans le sommeil magnétique, elle raconte qu'elle fut autrefois la sixième femme d'un hindou du douzième siècle, et s'exprime en sanscrit mêlé d'arabe. Et M. Flournoy, après de longues recherches à la bibliothèque de la Sorbonne, reconnaît exacts les dires de Hélène Smith.

Depuis des centaines d'années la ville hindoue était détruite ; ses habitants parlaient bien le sanscrit mêlé d'arabe, langue extrêmement difficile à reconstituer.

De l'*Eclair*, de Paris :

« Il y a quelques jours, la Société des auteurs dramatiques admettait une nouvelle adhérente, auteur de plusieurs pièces jouées en province, qui avaient plus que le piquant des saynètes innocentes des pensionnats. Son nom était de Champmoynat, son pseudonyme Carmen d'Assilva. Elle avait écrit la *Nourrice*, vaudeville en deux actes, *Brouillés depuis un an*, comédie en deux actes, l'*Avocate*, un acte à cinq personnages, la *Baignoire*, jouée à Fécamp, et dont les journaux locaux ont fait grand éloge, *Quand l'amour nous tient, l'amitié perd ses droits*, etc. On vit s'approcher de l'impressionnante table verte, où ce jour-là présidait M. Victorien Sardou (*biog.* 1. *157*), une enfant — une gamine encore—dont les robes courtes laissaient, jusqu'aux genoux, deviner les jambes grêles, ses abondants cheveux noirs épars dans le dos. Elle avoua son âge : dix ans, étant née à Paris le 5 mars 1892 : c'était l'auteur de *Quand l'amour nous tient !*

— « Mademoiselle, lui dit M. Sardou, vous êtes le plus jeune des auteurs dramatiques ; je vous engage à persévérer... »

« Le cas est unique d'une fillette de dix ans qui fait concurrence à Labiche et à Émile Augier. La surprise est plus vive encore si l'on considère que ce n'est pas là un début, et que voilà déjà *plusieurs* années que cette fillette écrit.

— « Mais, mon Dieu, madame, demandions-nous hier à sa mère, à quel âge votre fille a-t-elle donc commencé ?

— « Je serais fort en peine de vous le dire, monsieur. Aussi loin que remontent mes souvenirs, je la vois bâtissant de petites scènes, répétant les actes dont elle est le témoin, en faisant des drames que son imagination brode, avec une espèce de méthode et de logique. Nous étions à Londres, elle avait cinq ans, Lady Churchill, qui nous connaissait, s'intéressait à sa précocité, aux contes singuliers éclos dans son esprit, qu'elle disait avec une science de petite comédienne. Lady Churchill voulut que la reine l'entendît. Nous fûmes invitées à la Cour. Là, devant la souveraine surprise, et la princesse de Galles, ma fille récita, en anglais, des histoires composées par elle en cette langue qui n'est pas sa langue maternelle. Mais elle a appris l'anglais je ne sais ni où ni comment. »

« Mlle Carmen assiste à l'entretien, avec son sérieux précoce, qui dément ce qu'il y a en elle par les jupes courtes et les cheveux flottants de la fillette ; elle est à l'entretien gravement, avec, dans ses grands yeux noirs et profonds, la flamme un peu dure d'un regard aigu, qu'un sourire a atténuée rarement. Son aspect n'est point d'une enfant. La face pleine, le teint cuivré, elle semble porter sur ses débiles épaules une tête un peu trop lourde. Et comme sa mère parle de la manière dont elle a *appris* l'anglais, elle rectifie, précise, méticuleuse :

— « Je ne l'ai pas *appris*, je l'ai *su* ».

« Il y a là un phénomène curieux d'assimilation ; nous le rencontrons chez bien des petits prodiges, mais borné à des actes mécaniques. Ce qui déconcerte, ce qui déroute, ce qui effraie même, c'est le don d'observation développé à ce degré chez une si jeune fillette. Nous avons lu ses vers, ses pages de prose, ses pièces qui roulent sur nos plus secrets sentiments. Il y a là, pour un cerveau de cet âge, une maturité déconcertante.

« L'observation ne lui en déplaît point ; il nous paraît même qu'elle la flatte ; elle dissimule un sourire satisfait, et nous dit :

— « Je prétends que lorsqu'on écoute et que l'on voit, il n'y a plus qu'à analyser..., j'analyse..., voilà tout. J'analyse malgré moi... J'ai peu lu, très peu, et seulement les classiques ; comme j'ai une mémoire prodigieuse, je les ai retenus par cœur, mais je ne leur emprunte rien. J'observe et j'écris ce que je vois... Vais-je en omnibus ? je dévisage-

mes voisins et mes voisines ; je soupçonne leurs pensées ; je reconstruis leurs romans d'une vie ou d'une heure. Les aventures que je leur suppose me dictent les scénarios que je bâtis, mais toujours, toujours avec mon observation directe. »

« Plusieurs écrivains ses confrères sont venus la voir. M. Valabrègue lui a dit : « Vous êtes un médium : ce sont les Esprits. »

« Elle a éclaté de rire : elle ne croit pas aux Esprits ; elle ne se sent nullement suggestionnée pendant son travail, mais elle reconnaît que c'est une disposition imprévue de sa nature.

— « J'écris comme je respire, c'est un besoin physique.

« Pendant sa toute petite enfance, ces dispositions alarmèrent les médecins de sa famille. On redoutait la méningite. Plus tard, leur diagnostic devint inquiétant, on lui ordonna le calme des bois.

— « C'est ça qui est rasant, les bois, les sites, les montagnes, les horizons tout seuls... La nature immobile, sans rien qui grouille, sans rien qui vive... Autant boucher ma fenêtre avec un palmier et étendre un tapis de laine verte par terre. Ce que j'aime, ce dont je ne peux pas me passer, c'est du spectacle que je bois par tous les pores, celui de la vie, de la vie universelle, la vie des gens, la vie des bêtes... Car je les comprends les bêtes, je les analyse comme les gens ; elles ont leur petite âme.., et je vous dirais quand mon chien rit... »

« A ce cantique païen à la vie, ne vous méprenez point : ce n'est pas d'enthousiasme que parle cette enfant ; elle a déjà pesé la vanité des choses et son jeune printemps a des mélancolies d'arrière-saison.

— « La vie, je la raconte telle que je la vois..., telle que je la surprends, telle que je l'analyse. Et ce n'est rien de très propre, allez ! J'en sais les mensonges, les arias et les giries, tout le ridicule et le factice. On me regarde comme un événement : « Une petite fille ! Où a-t-elle appris tout cela ? » Vos étonnements me font sourire ; c'est vous qui avez été mes initiateurs... Ah ! vous croyez donc qu'on a des yeux pour ne rien voir ?... Et quand on voit, qu'on ne voit pas de quoi il retourne ? »

« Nous la regardons ! Elle parle avec une affectation gouailleuse, un accent de raillerie qui pèse, et nous lui disons que ses œuvres, dont l'art est par quelques côtés resté puéril, sont d'une acuité de sentiments stupéfiante et qu'on les sent empreints d'une sorte d'ironie amère et méchante...

— « Qu'est-ce que le monde vous a fait ?

— « Mais rien, il est vilain, voilà tout ; il est sale, il vaudrait mieux ne pas le connaître ».

— « Votre pessimisme précoce fait penser à ce bébé qui vint au monde, regarda autour de lui, à moitié route, dit : « C'est ça, le monde ? Eh bien, moi je rentre ! »

— « Oui, mais moi, je suis bien contente de n'être pas rentrée... Je ne m'embête pas... pas du tout !... Je m'amuse, je m'amuse de la vie. Je la mets en comédie et je la joue. Mme Page, de l'Odéon, me donne des leçons, M. Mounet-Sully m'encourage. M. de Féraudy me guide par la main... Je ne veux pas être actrice, mais je tiens à m'interpréter. J'ai trois actes que l'on verra quelque part cet hiver, je l'espère...

— « Pourrait-on connaître le sujet ?

« Elle tapota de ses mains nerveuses la jupe courte qui couvrait ses genoux.

— « Une étude de psychologie : la femme avant le mariage et après... J'ai saisi, je crois, jusqu'aux plus intimes nuances... »

« Dix ans.

« Et voilà le nouveau phénomène de Paris. Convenez qu'il n'est pas banal.

(*L'Eclair du 25 juin 1902*).

Du *Petit Bleu*, de Bruxelles :

« L'autre jour, nous narrions à nos lecteurs la précocité surprenante d'une petite fille, Mlle Carmen d'Assilva qui, à l'âge de dix ans, possède déjà un bagage d'auteur dramatique. Et voici que dans le dernier numéro de la *Revue Latine*, M. Souriau, l'éminent psychologue, nous présente une autre petite fille douée supérieurement et dont les poésies ont l'accent et l'empreinte des hautes originalités.

« A la différence du petit prodige que M. Sardou félicitait à une réunion de la Société des auteurs dramatiques, Mlle Antonine Coullet n'a rien livré d'elle-même jusqu'ici à la publicité. Elle a toutes les qualités de son âge, y compris la modestie d'une enfant qui s'ignore. Elle joue comme les autres gamines, et sa poupée lui est tout aussi chère que la poésie. Mais tout à coup, écrit M. Souriau, en plein jeu, elle demande la permission de « faire un vers », c'est-à-dire d'écrire quasi sans hésitations ni ratures, une pièce plus ou moins longue dont le thème est tantôt une commémoration historique, tantôt une description, tantôt une peinture de sentiments intimes, car, et ce n'est pas le moindre sujet d'étonnement que cause cette précocité si rare, Mademoiselle Coullet a toutes les notes d'un vrai poète, et toujours elle est elle-même dans ce qu'elle écrit. Il va de soi qu'elle n'évite pas les réminiscences, mais celles-ci ne réussissent jamais à étouffer, dans ses productions, ce qui la distingue de ses devanciers. Même dans des sortes de pastiches — par exemple une peinture du Sahara, qu'elle n'a pas vu — elle trouve moyen de sauver la banalité du sujet et les redites qu'il impose par telle ou telle image, où se marque sa personnalité :

> Le sable du désert, d'un jaune de topaze,
> Comme un profond tapis se creuse sous les pieds.

« Et cette image familière, qu'elle a eu l'idée d'introduire dans une description si malaisée, suffit à nous démontrer que Mlle Coullet a du poète l'un des dons les plus précieux, celui de transposer les impressions. Elle a un autre don à un degré qui stupéfie à cet âge, celui de transposer aussi les sensations visuelles en sensations auditives, et c'est ainsi qu'ayant vu les chevaux dressés au faîte du Grand Palais, lors de la dernière Exposition universelle, elle a consigné son souvenir en ces termes évocateurs :

> Sur un palais puissant je t'aperçus, quadrige !
> Magnifique, rougi des rayons du couchant,
> Comme un son plein d'orgueil se dresse dans un chant !

« Mlle Coullet a encore un autre don, qui nous confond chez une petite fille, dont les visions devraient être exclusivement individuelles et concrètes ; elle sait généraliser et abstraire avec l'assurance de la maturité qui réfléchit, compare, et déduit. Un papillon a frappé son regard ; qu'en dira-t-elle ?

> Quand vous le regardez, vous croyez voir un rêve.

«Et voilà que ce seul vers nous découvre, comme une noble perspective, toute une suite de pensées où la poésie s'accompagne de réflexibilité.

« Jamais peut-être, même chez Victor Hugo, le lyrisme n'a été si spontané, ni aussi précocement personnel. Le bagage des lectures de Mlle Coullet consiste dans ses livres de classe et dans quelques recueils de vers, plus le théâtre de Racine qu'elle a en adoration. Il y a là juste de quoi éveiller la chanterelle qui dormait dans ce petit cerveau ; il n'y a même pas de quoi la nourrir, et c'est ce qui explique les inexpériences techniques, qui ne sont pas le moindre charme de cette délicieuse poétesse. Mais il est juste d'ajouter qu'il n'a pas manqué à Mlle Coullet tous les autres excitateurs cérébraux que l'artiste recherche, à l'exclusion des artifices malsains, lorsqu'il entend rester dans la vérité de la nature et de l'art. Elle a des sens affinés, elle voit et entend, elle entend surtout, et il est à supposer que les sons qui frappent les oreilles de ses compagnes sans rien leur apprendre, constituent pour elle des moteurs d'effusions lyriques excellents. Une sonnerie de trompettes, un chant d'oiseau, les notes graves ou grêles d'un piano et jusqu'au vent

dans les arbres d'un jardin public, ne sont-ce pas
là autant d'harmonies régulatrices de notre émotivité, si celle-ci a l'acuité voulue pour se projeter en
cris, en mots, en phrases intelligibles ?

« A cet égard, je ne puis mieux faire, en guise
de conclusion, que de rappeler un merveilleux
passage de Fromentin. Le peintre du désert, dans
l'unique roman qu'il nous a laissé, un des chefs-
d'œuvre de la littérature française au XIXᵉ siècle,
fait raconter à son héros Dominique comment le
vers naquit sur ses lèvres balbutiantes d'adolescent. Et l'on dirait qu'il a prévu la venue du génie-
enfant, qui peut-être donnera un grand poète à la
France, lorsqu'il nous montre Dominique appliquant son ouïe à suivre la sonnerie de la retraite
militaire, ou notant la cadence de plus en plus
ralentie et éteinte, conservant ce rythme, souligné
par celui d'une marche de soldats, dans son esprit,
le répétant mentalement, jusqu'à ce qu'il devienne
une sorte d'appui mélodique, sur lequel il met
enfin des paroles :

—«Je n'ai aucun souvenir des paroles, ni du sujet,
ni du sens des mots ; je sais seulement que cette
exhalaison singulière sortit de moi, d'abord
comme un rythme, puis avec des mots rythmés,
et que cette mesure intérieure tout à coup se traduisit, non seulement par la symétrie des mesures,
mais par la répétition double ou multiple de certaines syllabes, sourdes ou sonores, se correspondant et se faisant écho. J'ose à peine vous dire
que c'étaient là des vers, et cependant ces paroles
chantantes y ressemblaient beaucoup ».

(*Petit Bleu du 6 juillet 1902*).

Et à côté de ces enfants prodiges, combien d'autres, dont les aptitudes, dont les réparties font
rêver et forcent les hommes mûrs à leur prédire de
grandes destinées.

Ce sont des faits, et ces faits ne peuvent s'expliquer que par la *préexistence de l'âme*. Les hommes apportent en naissant le capital intellectuel, artistique ou moral qu'ils ont accumulé dans leurs *vies antérieures*. De là le phénomène des *idées et des aptitudes innées*; celles-ci se manifestent ici-bas comme *tendances* à agir dans une direction déterminée et précèdent tout exercice de nos facultés dans la vie actuelle ; de là les *aptitudes précoces* et ces goûts prononcés qui déterminent les *vocations*. Le génie lui-même n'est fait que d'une longue suite de vies où la pensée a mûri et peu à peu a donné une moisson luxuriante.

« Les *idées innées*, écrit M. Schuré, prouvent, à elles seules, une existence antérieure ; nous naissons avec un monde de souvenances vagues, d'impulsions mystérieuses, de pressentiment divins.... »

(*E. Schuré. Les grands Initiés*).

De toutes ces considérations et de tous ces faits réunis, auxquels on en pourrait ajouter beaucoup d'autres, ne découle-t-il pas la conséquence légitime et irrésistible que la préexistence de l'âme est une réalité et que, dès lors, il n'est pas surprenant qu'à toutes les époques de l'histoire, il se soit trouvé des esprits élevés qui y ont cru ?

Quand on y réfléchit sérieusement, on arrive à cette conviction que non seulement cette croyance est vraie, mais encore qu'il est impossible qu'elle ne le soit pas.

Si elle est fausse, comment comprendre la justice de Dieu ? Nous avons reconnu l'absurdité des peines éternelles, mais même avec des peines et des récompenses temporaires, pour qu'elles puissent être justement appliquées, ne faudrait-il pas, s'il n'y a qu'une seule épreuve, que nous la subissions tous dans les mêmes conditions de durée, d'obstacles à vaincre, de difficultés à surmonter, et que chacun de nous entrât dans la lice armé des mêmes facultés et avec le même poids à porter? Eh bien, nous savons tous que cela n'est pas. Est-il besoin de le démontrer ?

Ceux qui croient que notre individualité ne commence qu'avec cette vie, nous répondraient mal que la justice divine s'exerce par les traitements différents qui nous attendent dans la vie d'outre-tombe. Ce serait, au contraire, cette seconde vie qui mettrait le comble à l'injustice, car les conditions si inégales où nous nous trouverions à notre point de départ et qui rendraient la vertu si facile aux uns, si difficile aux autres, ne mettraient-elles pas *ipso facto* les biens du Ciel sous la main de ceux-là et hors de la portée de ceux-ci?

Or, quand quelques privilégiés, après toutes les douceurs si peu méritées de leur vie terrestre, auraient encore à jouir par surcroît de toute la béatitude de la céleste demeure, les déshérités, en si grand nombre, dont le sort est d'être constamment malheureux dans cette vie et dans l'autre, ne seraient-ils pas fondés à se plaindre qu'il n'y ait pas plus de justice dans le Ciel que sur la terre, et que là, comme ici, avec le Roi d'en-haut, comme avec les rois d'en bas, tout ne soit qu'antipathie et passe-droit, ou préférence et favoritisme?

Le seul moyen de sortir de la difficulté est donc de reconnaître la vérité de cette idée si naturelle et si juste, que les épreuves sont multiples; que ceux que nous voyons entrer dans la lice avec de plus grandes facultés sont de vieux lutteurs qui les ont acquises par des efforts antérieurs, tandis que ceux qui y entrent avec des facultés moindres, sont des débutants qui n'ont pas le droit d'être jaloux des richesses de leurs aînés, puisqu'il ne tient qu'à eux d'en acquérir autant en suivant leur exemple.

Mais où, dans quel milieu, sur quelle planète s'accompliront toutes ces existences?

Notre destinée est-elle de gravir à chacune de nos incarnations un échelon de l'échelle immense que forment les mondes? Ou bien toute la série de nos incarnations doit-elle s'accomplir sur la même planète? Ou bien encore, ne méritons-nous de nous élever à un monde meilleur que celui où nous sommes, qu'en atteignant par l'effort un certain degré de perfection ?

Si nous ne faisons que poser en passant le pied sur un monde, pour nous envoler aussitôt sur un autre, celui où nous sommes momentanément doit nous intéresser fort peu. Sans liens avec lui dans l'avenir comme dans le passé, nous ne pouvons guère le considérer qu'avec les sentiments du fermier pour la terre qu'avant peu il abandonnera. Nous ne sommes portés à y fonder rien de durable, à y entreprendre aucune œuvre qui demande plus d'une génération pour son achèvement et dont les avantages ne puissent être recueillis que par ceux qui viendront après nous. Si, au contraire, nous y avons vécu et si nous devons y vivre encore bien souvent, si notre sort est, pour ainsi dire, lié au sien, nous nous y attachons davantage. Nous le cultivons avec plus d'amour ; nous ne craignons pas d'y entreprendre d'utiles travaux ; nous savons au besoin nous imposer des sacrifices et nous condamner à de longs et pénibles efforts pour l'améliorer, parce que nous sommes convaincus qu'en travaillant pour nos descendants, c'est pour nous-mêmes que nous travaillons.

Le moyen âge fut assurément une époque bien calamiteuse ; les hommes de ce temps-là revivent aujourd'hui, bénéficiant des progrès accomplis, et sont plus heureux parce qu'ils ont de meilleures institutions. Mais qui a fait ces institutions meilleures ? Ceux-là mêmes qui en avaient de mauvaises jadis ; ceux d'aujourd'hui devant revivre plus tard dans un milieu encore plus épuré, récolteront ce qu'ils auront semé ; ils seront plus éclairés, et ni leurs travaux antérieurs n'auront été en pure perte.

Ces considérations et celles qui ont été développées précédemment devraient suffire pour rendre évidente l'opinion que nous avons vécu et que nous vivrons encore un grand nombre de fois sur la terre ; mais il en est de plus puissantes et de plus décisives.

Le progrès de l'humanité à travers les siècles,

tant dans l'ordre intellectuel que dans l'ordre moral est lent, mais il est réel. Les poussées lentes mais profondes de l'évolution sont irrésistibles. Malgré nous, en dépit des lourdes passivités de notre inertie, le progrès chemine sans arrêts, et les utopies de la veille arrivent souvent à n'être que les timides réalités d'aujourd'hui ou de demain.

« Il est curieux, dit un des chefs de l'école matérialiste, de comparer les crânes antiques trouvés dans les excavations, avec les têtes des générations actuelles. Il en résulte que la forme du crâne des Européens a augmenté en volume depuis les temps historiques. L'abbé Frère, de Paris, a fait d'intéressantes études à ce sujet : elles prouvent que, plus le type humain est antique et primitif, plus la région occipitale du crâne présente de développement et la région frontale d'aplatissement. Les progrès de la civilisation paraissent avoir eu pour résultat d'élever la partie antérieure du crâne et de déprimer la partie occipitale » (*Büchner. Force et Matière*).

Comme on le voit, l'homme des temps primitifs se confondait presque avec la brute. Que de temps et d'efforts il a dû lui falloir pour arriver à ce degré de civilisation qui lui a permis de laisser quelque trace dans l'Histoire ! ! !

Celle-ci ne remonte pas bien haut dans la vie de l'humanité, et pourtant la période qu'elle embrasse est suffisante pour nous montrer de sensibles progrès accomplis. Les idées et les sentiments des hommes de nos civilisations modernes diffèrent notablement des idées et des sentiments des hommes des civilisations antiques. Dans la brillante Athènes, à l'apogée de cette civilisation grecque tant vantée, Socrate (*Biog. p. 185*) était obligé de garder beaucoup de ménagements pour dire à ses concitoyens que la femme et l'esclave avaient une âme comme l'homme libre.

Plusieurs siècles plus tard, en 585, le deuxième Concile de Mâcon agitait encore la question de savoir si les femmes ont une âme. Ce Concile se décida pour l'affimative, en se référant au texte de la Genèse sur le péché originel. Ce péché, d'ailleurs, a eu un effet déplorable pour la femme ; il l'a dégradée au point que presque tous les Pères de l'Eglise ne se contentent pas de l'appeler : « *Un vase d'infirmités et d'imperfections* », et de lui rappeler avec dédain qu'elle a été tirée d'un *os surnuméraire* de l'homme, mais lui décochent encore des traits dans le genre de ceux-ci :

« Femme, dit Tertullien *(biog. p. 10)*, tu devrais toujours t'en aller dans le deuil et en guenilles, offrant aux regards des yeux pleins de larmes de repentir, pour faire oublier que tu as perdu le genre humain. Femme ! tu es la porte de l'enfer ».

« Tête du crime, s'écrie saint Jérôme *(biog. p. 78)*, arme du diable..., quand vous voyez une femme, croyez que vous avez devant vous, non un être humain, pas même une bête féroce, mais le diable en personne ».

« Souveraine peste que la femme, dard aigu du démon, dit saint Jean Chrysostôme *(biog. p. 56)*. Par la femme, le diable a triomphé d'Adam et lui a fait perdre le paradis. »

« La femme, dit saint Jean de Damas, est une méchante bourrique, un affreux ténia qui a son siége dans le cœur de l'homme ; fille du mensonge, sentinelle avancée de l'enfer qui a chassé Adam du Paradis. »

« J'aimerais mieux entendre le sifflement du basilic que le chant d'une femme, dit saint Cyprien.

Déjà l'Ancien Testament ne s'était montré guère aimable envers le beau sexe. Voici ce qu'en pense Salomon, le plus sage et le plus galant des Rois (1) : « La femme, dit-il, est plus amère que la mort. Son cœur est un filet, ses mains des chaînes. Quiconque désire être agréable à Dieu, la fuira ;

---

(1) Il n'avait que sept cents femmes et trois cents concubines (*I Rois XI, 3*), sans compter les jeunes filles dont le nombre était *incalculable* (*Cant. VI, 8*), pour la satisfaction de ses royaux caprices.

mais elle s'emparera toujours du pêcheur » (*Ecclésiaste VII, 26*).

Et c'est cependant la femme qui introduit le prêtre dans la famille, l'installe au foyer domestique ; c'est elle qui lui livre nos enfants et l'aide à les crétiniser ! ! !

Cette petite digression nous a conduit un peu loin de notre sujet : *le progrès de l'humanité*. Nous nous empressons d'y revenir pendant qu'il en est temps encore.

L'Athénien Athénophore suggéra un jour à Alexandre (316 à 323 avant l'ère chrétienne), l'unique héros chevaleresque de l'antiquité, d'après l'historien Cantu, de faire, pour se récréer, pendant qu'il était au bain, enduire de naphte un jeune garçon et de mettre le feu à l'enduit !

Qui oserait aujourd'hui faire une semblable proposition au monarque civilisé même le moins chevaleresque ?

Ce même Alexandre, pour honorer les funérailles de son ami Ephestion, faisait égorger toute une nation qu'il venait de vaincre.

Les sacrifices humains étaient communs à tous les peuples anciens, même au peuple élu de Dieu, au peuple juif. Le sacrifice d'Abraham et de Jephté en sont une preuve.

Quand au théâtre la foule assemblée entendit pour la première fois ce vers de Térence (1) :

« *Homo sum, et humani nihil a me alienum puto* ». (*Je suis homme, et rien de ce qui touche à l'humanité ne doit m'être étranger*), la surprise, l'étonnement, l'admiration furent universels. Le poëte disait là une chose nouvelle, inouïe, qui n'est pourtant qu'un lieu commun pour notre époque.

Quel bouleversement dans les esprits avait dû

---

(1) Célèbre poëte, auteur de nombreuses comédies (194 à 158 avant l'ère chrétienne).

être la « *Déclaration des droits de l'homme et du citoyen* », à une époque où l'on n'avait pour ainsi dire pas la notion de liberté et d'égalité.

Le progrès dans les sciences, dans les arts, dans l'industrie sont encore plus grands. Il faut être aveugle pour le nier.

Si l'on se reporte par la pensée à l'époque où les rois fainéants étaient conduits en voiture attelée de bœufs ; où il n'y avait ni instruction, ni routes, ni moyens de communication, et que l'on observe ensuite l'état général des sciences, des arts, de l'industrie, l'on admire avec juste raison les progrès accomplis.

Si, il y a seulement soixante ans, on avait dit qu'avec un fil de fer on pourrait correspondre d'un bout du monde à l'autre en quelques minutes, on eut été traité de fou, d'utopiste. Et aujourd'hui l'on est arrivé à correspondre sans fil.

De même pour celui qui, il y a seulement trente ans, aurait affirmé que l'on arriverait à pouvoir faire entendre sa voix de Paris à Bruxelles ; cependant le téléphone prouve aujourd'hui que la chose existe...

Les progrès moraux sont la conséquence des progrès scientifiques ; c'est une vérité incontestable que l'instruction et la science amènent le bien-être ; celui-ci adoucit les mœurs et rend meilleur...

Eh bien ! comment expliquer cette marche progressive de l'humanité, vers le beau et le bien, si l'on admet que les Esprits ne font que passer comme un torrent sur notre planète et n'interrompent jamais leur course à travers les mondes ? Si, à chaque existence nouvelle, l'âme changeait de résidence astrale, la terre resterait toujours le domaine des Esprits inférieurs, puisqu'au fur et à mesure que ceux-ci s'élèveraient, ils émigreraient vers d'autres planètes.

On doit donc admettre qu'ils passent par autant de réincarnations terrestres que l'exige l'expérience à acquérir et l'assimilation des connaissances inhérentes à notre planète ; et ce n'est que lorsqu'ils ont acquis le degré de perfection voulu qu'ils peuvent trouver un libre accès dans un monde supérieur.

Ainsi, comme ce sont presque toujours les mêmes âmes qui renaissent un grand nombre de fois sur la même planète, le progrès s'explique tout naturellement, car il est forcé.

Chaque génération, de ceux que nous disons nos ancêtres, vit au milieu de nous et par nous. Si cela n'était pas, pourquoi les derniers venus profiteraient-ils du travail de leurs prédécesseurs, sans efforts, et sans autre peine que d'être nés après eux?

La vie est une école dont nous sommes les pupilles. Elle nous initie peu à peu aux préceptes que nous devons connaître et pratiquer pour nous élever de plus en plus vers la perfection. Et c'est pourquoi il est nécessaire que nous revenions plusieurs fois sur le même globe et que nous passions successivement par l'épreuve de la richesse et celle de la pauvreté, de la puissance et de la faiblesse, tantôt doués d'une organisation physique qui, laissant à nos facultés tout leur essor, nous permet de jouer un rôle brillant sur la scène du monde ; tantôt, au contraire, gênés par des organes rebelles, et condamnés à une impuissance et à une infériorité d'autant plus pénibles que nous pouvons quelquefois avoir le sentiment de notre supériorité réelle.

La série des vies obscures et humbles nous force à nous détacher des choses vaines, futiles, et trempent le caractère. Elles nous fournissent des occasions d'accomplir des actes de dévouement, de sacrifice ; sacrifice à la famille, à la patrie, à l'humanité qui nous élèvent et nous sanctifient. Les épreuves sont comme une fournaise où fondent l'égoïsme et l'orgueil. Quand la souffrance nous tenaille, la sensibilité s'affine, l'esprit s'épure (*Voir p. 125 et suiv.*). Rappelons-nous les grands exemples, la mort de Socrate (*biog. p. 185*), du Christ, de

Jeanne d'Arc (*biog. p. 93*), les gibets du moyen âge, les martyrs de tous les temps !

Arrière donc les plaintes ridicules et inutiles contre la destinée. Sachons que la seule chose qui doit nous préoccuper sur cette terre, c'est de nous acquitter avec résignation des devoirs que nous impose la condition, quelle qu'elle soit, dans laquelle nous sommes placés.

Nous ne voulons pas parler ici de cette résignation mystique qui a tant pesé sur le moyen-âge et ses successeurs, et suspendu le progrès social, en refusant aux masses populaires tout droit à l'amélioration de leur condition.

Cela a été une des grandes victoires de la Révolution française d'avoir proclamé les principes d'une nouvelle morale sociale, dont les conséquences se poursuivent désormais dans l'humanité.

Au lieu de nous répandre en imprécations vaines contre notre destinée, nous devons essayer d'améliorer notre sort par le travail ; et si, malgré tout, nous ne réussissons pas, nous consoler en songeant que les efforts que nous aurons faits, auront grandi notre âme.

Pendant seize siècles, le christianisme dogmatique a dirigé et instruit le peuple ; pendant seize siècles, les consciences lui ont pleinement appartenu ; il les a pétries, façonnées, manipulées selon ses vues, et cependant, il n'a pu empêcher les folles utopies qui se sont produites de nos jours, et il est impuissant à contenir les plaintes du prolétariat moderne.

On a ignoré l'enchaînement et le but des destinées humaines ; on a isolé l'homme de l'ensemble des créations ; on n'a pas vu dans son état présent les conséquences d'un passé indubitable, malgré son obscurité ; et il en est résulté que l'homme s'est fait centre, qu'il a méconnu à la fois son origine, sa mission et sa fin ; ce qui était pour lui une phase nécessaire à son bonheur, il l'a regardé comme une ironie de destin. D'un monde ainsi constitué l'idée de Dieu devait vite s'effacer. On est bien près de le nier lorsqu'on n'aperçoit nulle part le doigt de sa providence.

Comme on croyait n'avoir pas à lutter contre sa volonté souveraine, mais seulement contre l'aveugle déité du hasard, des penseurs ont rêvé le paradis sur terre; les malheurs de notre séjour ici-bas et de notre société, ils les ont attribués à une organisation vicieuse, et, quand les réformes qu'ils indiquent seront opérées, le mal, selon eux, disparaîtra avec sa cause ; les inégalités seront aplanies, le bonheur et le bien être seront le lot de tous ; tous vivront sur le même pied et recevront une rémunération égale, quel que soit le genre de travail qu'ils accompliront (XXXII).

A ces beaux rêves, il ne manque que deux conditions : que les habitants de la terre soient des anges, et que la terre elle-même soit un séjour de délices, ce qui ne peut arriver que dans l'avenir, et par une distribution d'âmes supérieures.

Que l'humanité s'améliore progressivement ; que notre globe s'élève peu à peu sur l'échelle des mondes, que le sort des classes déshéritées soit singulièrement amélioré, nous le croyons, parce qu'ainsi le veut la loi du progrès, c'est-à-dire l'évolution constante vers le mieux ; mais quand l'humanité terrestre sera arrivée à son terme de perfection, elle sera transfigurée : elle participera à l'unité bienheureuse des sociétés célestes ; les conditions de vie, de progrès, d'avancement hiérarchique seront changées.

*
* *

C'est un grave erreur de croire qu'on peut édifier une société idéale avec des éléments vicieux. La société ne se fait pas *à priori*, mais se développe comme un corps organisé selon la loi de continuité. Si l'éducation agit sur l'homme, l'homme, à son tour, agit sur la société et lui fait subir les transformations qu'il a subies lui-même. Quand l'homme est renouvelé, il faut que la société se renouvelle. Il importe donc, *avant tout*, de *transformer l'homme intérieur, pour réaliser définitivement les réformes extérieures.*

Tout s'enchaîne dans l'ordre de la connaissance comme dans l'ordre des faits. Le progrès est fait d'alluvions.—Nos plus récentes conquêtes sont l'œuvre de tous les siècles.

L'état actuel doit se lier à l'état futur, comme il se lie à l'état passé. « Le présent est gros de l'avenir, disait Leibnitz, (*biog. p. 74*), sinon la vie sociale manquerait d'unité et d'enchaînement. » *C'est donc la valeur individuelle qui fait la valeur des institutions. La Société n'est que le reflet de la culture humaine.*

Ce ne sont pas les théories qui aujourd'hui manquent aux hommes, mais les hommes qui manquent aux théories. Il ne s'agit pas dans la vie réelle de faire abstraction du fond des choses, comme dans les mathématiques, pour changer les conditions organiques des peuples et des gouvernements : il faut changer les éléments qui les composent.

***

S'il est une vérité qui résulte de tout le développement philosophique de l'humanité, c'est qu'une œuvre ne manque jamais d'ouvrier. Aussitôt que les temps sont venus pour exécuter quelque grande entreprise et que toutes les conditions extérieures sont favorablement disposées, des Esprits supérieurs viennent, par pur dévoûment, s'incarner sur notre planète. De ce nombre sont ces hommes qui, à toutes les époques, ont paru sur la terre comme de brillants météores et ont contribué à donner une grande impulsion au progrès humain.

On les reconnaît à la distance considérable qui les sépare de leur siècle. Ces hommes s'appellent le Bouddha (1), Confucius (2), Moïse (*biog. p. 26*), Socrate (*biog. p. 185*), Platon (*biog. p. 62*), Aris-

---

(1) Fondateur du Bouddhisme contre le formalisme des Brahmes (5ᵉ siècle avant l'ère chrétienne).

(2) Le plus grand philosophe de la Chine (551 à 479 avant l'ère chrétienne). Le fond de sa doctrine, toute morale, avait pour but de dissiper les ténèbres de l'esprit et d'améliorer les instincts du cœur en flétrissant les vices.

tote (1), Plotin (*biog. p. 196*), Jésus, Bacon (*biog. p. 94*), Jean Huss (2), Luther (3), Descartes (*biog. p. 110*), Allan Kardec (*biog. p. 161*) etc., etc. etc.

Les civilisations antiques ont laissé des œuvres dont la perfection fait l'admiration et l'étonnement des hommes de nos jours. Herculanum (4), Pompéï (5), les ruines superbes de la Grèce, de l'Italie, de l'Asie, de l'Egypte, du Mexique et du Pérou sont là pour nous montrer quel degré de perfection elles avaient atteint... Comme les masses de nos pays civilisés sont incontestablement supérieures à celles au sein desquelles ces œuvres se sont produites, la seule conséquence qu'on puisse tirer de leur perfection, c'est que ceux qui les ont exécutées venaient de plus haut pour nous servir d'initiateurs, de guides et de modèles...

Il est probable aussi que la terre, à son tour, envoie dans les mondes inférieurs, ou même parmi des populations arriérées de notre planète, quelques-uns de nos Esprits les plus avancés, pour éclairer leurs frères plus faibles d'entendement. Ces esprits en mission peuvent ainsi acquérir bien des mérites et réparer bien des fautes antérieures.

Il va de soi que ce que nous venons de dire s'applique à tous les mondes habités, attendu qu'une étroite solidarité relie toutes les parties de l'Univers.

Passons maintenant à la *nécessité de l'incarnation*.

---

(1) Célèbre philosophe grec (384 à 322 avant l'ère chrétienne). Il fonda, en 334 une école nouvelle, dite péripatéticienne, et devint, en 343, le précepteur d'Alexandre-le-Grand.

(2) Grand théologien, un des précurseurs de la Réforme (1378-1416).

(3) Moine augustin, chef de la Réformation religieuse en Allemagne (1483-1546).

(4) Ville de l'Italie ancienne ensevelie sous les laves du Vésuve l'an 79, et mise à jour depuis 1811.

(5) Ville de l'Italie ancienne au pied du Vésuve; lors de l'éruption de 79, Pompéï fut ensevelie sous la lave et ses ruines ne furent retrouvées qu'au XVIII° siècle.

L'esprit inférieur, l'esprit jeune, dont la volonté est encore chancelante, répugne nécessairement au travail, à l'effort. Il lui faut le fouet de la nécessité ; il lui faut les besoins qui stimulent ; il lui faut la lutte contre les exigences matérielles, les difficultés de la vie, parce que, dans cette lutte, l'intelligence se développe, la volonté se trempe, l'expérience grandit, l'âme acquiert des forces nouvelles. (*Voir page 101*).

Voyez les enfants, voyez les sauvages.

La Bible considère le travail comme un châtiment ; l'Eden est représenté comme un endroit délicieux où il n'y a rien à faire qu'à écouter chanter les petits oiseaux. Si l'homme n'eût point péché, il serait donc.... un propre à rien. (*XVIII chute originelle.*)

On a dit avec raison que la paresse est la mère de tous les vices. Il y a dans nous une inclination à la paresse qui est le plus fort de nos penchants ; et, s'il y a si peu d'hommes vertueux, c'est moins par indifférence pour la vertu que parce qu'elle tend toujours à agir et que nous tendons toujours au repos.

Pour pousser l'âme, à son début, dans la voie du progrès, du développement, il fallait l'obliger à l'effort. Et, pour cela, le seul moyen consistait à la lier à un organisme qui lui créât des besoins. (*Voir p. 98 et suiv*).

Ce n'est que par une transfusion incessante des âmes dans les corps que le progrès humain peut exister ; autrement l'homme, faute du temps nécessaire, ne saurait acquérir moralement aucun bien réel, si la mort mettait un terme à ses travaux.

L'incarnation est donc nécessaire jusqu'à ce que l'âme ait vaincu sa plus grande ennemie, la paresse, jusqu'à ce qu'ayant dépouillé toutes les passions des sens, les jouissances intellectuelles et morales aient seules de l'attrait pour elle, et que le devoir seul lui commande en maître.

L'incarnation est encore nécessaire, parce que

Dieu a voulu que l'homme fût son collaborateur, en travaillant à améliorer la planète qu'il habite, tout en s'améliorant lui-même. Les hommes doivent monter par la lumière et par la vertu, mais ils doivent aussi embellir le monde qui est le théâtre de leur activité, par les arts, l'industrie, et le faire progresser dans la hiérarchie des sphères par la civilisation. Il doivent, en s'améliorant eux-mêmes, améliorer la société, et la faire passer de l'état d'incohérence à l'état « d'harmonie ».

Puisque l'âme doit subir plusieurs incarnations, comment s'effectue pour elle *le passage d'une vie à l'autre*. Est-ce que le moment de la mort serait aussi le moment précis de la naissance, et l'âme s'envolerait-elle pour s'unir de suite à un autre corps ?

« S'il en était ainsi, dit Firmen Nègre, la coïncidence ne serait-elle pas fortuite ? or rien n'est fortuit dans la nature : tous les phénomènes ont leurs lois apparentes ou cachées, connues ou inconnues. Il faudrait donc, pour que la coïncidence se réalisât entre le moment de la mort et celui de la réincarnation, qu'il y eût égalité constante entre les naissances et les décès ce qui n'est pas. La supposition d'une telle loi naturelle impliquerait la nécessité d'une incarnation immédiate, impulsive, forcée, irréfléchie, sans rapport avec la quotité des vacances disponibles.

« Le caractère impératif et fatal de chaque incarnation produirait, le plus souvent, un sort dépourvu de moyens de progrès et de réparation utile. Supposons, par exemple, que nous ayons eu des rapports déméritants dans une vie antérieure, avec nos compatriotes de France, et que la loi de coïncidence nous fasse naître en Chine. Comment pourrions-nous exercer une réparation efficace loin de ceux que nous avons lésés, loin de leurs enfants, de leurs parents, héritiers directs de l'honneur de leur maison ? Si nous avons attaqué leur patrimoine matériel ou moral, n'est-ce pas près d'eux que nous devrions vivre pour le rétablir, s'il est possible, et réparer nos fautes sur le théâtre même de nos actions ? Le bon sens prouve qu'il doit en être ainsi et que les lieux d'affection pour l'âme sont naturellement ceux où elle a déjà vécu. L'attachement que nous avons pour les nôtres, pour ceux que nous avons déjà aimés, nous fait une joie aussi de revenir près d'eux, et ce retour désiré, nécessaire, explique mieux que les liens du sang, nos communes sympathies. En somme, l'homme n'est bon ou méchant que par ses propres efforts. Ne plus faire de dettes, ce n'est pas payer les anciennes. Pour réparer le tort que nous avons fait, il faut revenir au point de départ, où les effets du mal existent encore.

« Le passage d'une vie à une autre n'implique donc pas l'incarnation immédiate sur la terre ou ailleurs, quoique l'incarnation soit une loi de nature et que, sans elle, nous comprenions moins le progrès. Rien dans la science ni dans la raison n'empêche de concevoir que l'état d'esprit décorporé, plus libre, ne puisse convenir qu'à celui qui a atteint une haute perfection dans les mondes d'épreuves où il a dû passer. C'est peut-être aussi un bienfait de la Providence d'accorder un temps de repos relatif à l'âme fatiguée des luttes de la vie matérielle. Dans ce cas, l'espace lumineux sans bornes, l'éternel midi des steppes étoilés convient mieux à la nature de l'âme affranchie, car là doit être son habitat naturel et, sans doute définitif pour l'esprit pur. Après les vies de souffrances et d'épreuves, survient la vie heureuse, la vie de prières, l'éternité des divines affections.

« Cet habitat ne saurait être que temporaire pour l'être imparfait, dans l'intervalle de deux incarnations successives où la mémoire du passé nous est sans doute restituée » (*Firmin Nègre. Revue scientifique et morale du spiritisme. Septembre 1896*).

⁎

Peut-on, dès cette vie, se faire une idée à peu près exacte des conséquences de nos actions dans l'espace lumineux sans bornes, c'est-à-dire dans la vie spirituelle ?

Oui, si l'on ne perd pas de vue que la justice inévitable rend ses arrêts par la logique même des choses ; qu'une loi éternelle de la nature place la réaction après l'action. En d'autre termes : *Nos actions sont des semences et nous récoltons, en bien ou en mal, ce que nous avons semé !* De même qu'une rose produit des roses et un chardon d'autres chardons, de même et par le même ordre naturel, *le bien engendre le bien, et le mal enfante le mal.* Toute cause est grosse d'un effet. Les conditions de la vie spirituelle sont liées aux actions de la vie présente, comme la qualité du fruit à la nature de l'arbre qui le porte.

Ne voyons-nous pas l'imprévoyance et la paresse engendrer la misère ; la gloutonnerie, l'indigestion, la débauche, mille maladies honteuses, la médisance, la calomnie, l'horreur que le médisant et le calomniateur inspirent aux honnêtes gens ; enfin les crimes, en général trouver leur châtiment dans les remords ??? Et il ne peut pas en être autrement. Pour que la nature de la peine corresponde exactement à la nature de la faute, il faut que la première soit la conséquence nécessaire de la seconde. De sorte que l'on peut fort bien dire : *Ce n'est pas Dieu qui nous punit, mais nous nous punissons nous-mêmes.* C'est la nature qui est la grande justicière. Chacun supporte les conséquences naturelles et inévitables d'une vie bien ou mal employée. Une sorte de nécessité enchaîne l'homme à ses œuvres ; il y a dans ces œuvres accomplies, bonnes ou mauvaises, quelque chose d'impérissable qui s'incorpore à la vie spirituelle. Aussi la conscience humaine a-t-elle proclamé avec une grande vérité que « *l'on est toujours puni par où l'on a péché* ».

Ici-bas, l'hypocrite peut cacher ses vices sous le masque de l'honnêteté, et exercer ses scélératesses tout en obtenant l'estime et l'éloge de ses semblables. Mais quand l'heure de la mort a sonné, l'Esprit se montre sans voiles, avec ses laideurs ou avec ses beautés, et il ne peut pas plus échapper à l'horreur qu'inspirent les premières qu'on ne peut lui refuser l'admiration due aux secondes.

Comme alors nos sentiments doivent changer ! Comme les remords doivent ressusciter puissants et terribles ! Que de regrets de n'avoir pas voulu écouter cette voix qui nous disait que nous lâchions la proie pour l'ombre ! Nous reconnaissons alors, avec désespoir, la faute de ne nous être occupés que de l'homme matériel et d'avoir négligé l'Esprit immortel.

La satisfaction de nos passions nous procure des jouissances vives, mais grossières ; les plaisirs des sens nous enivrent, et nous ne nous apercevons pas que leur répétition fréquente fait contracter à notre âme des habitudes qui l'enchaînent à la matière et la lui rendent indispensable. *Ce que nous lions dans ce monde sera lié dans l'autre*, et *ce que nous délions sera délié ! ! !* Si nous lions notre âme aux plaisirs des sens, quand elle aura perdu le corps, ces plaisirs se changeront inévitablement en douleurs, parce qu'elle n'aura plus l'organe nécessaire à leur satisfaction. Et pourtant les objets seront là présents et pleins d'irrésistibles attraits. Voilà le Tantale de la sagesse antique !!!

L'égoïste ne trouvera que le vide, l'indifférence autour de lui. *L'envieux* sera plongé dans une sorte de nuit produite par l'accumulation de ses mauvaises pensées, de ses propos méchants. *L'orgueilleux* assistera au triomphe de ceux qu'il avait humiliés. Le *sensuel* sera consumé par des désirs qu'il ne pourra plus satisfaire. *L'avare*, qui trouvait une jouissance infinie dans la contemplation de ses trésors, s'arrachera des cheveux imaginaires et éprouvera les plus grands déchirements en voyant ses héritiers, qui, après l'avoir maudit de son vivant, danseront sur sa tombe, vendront ses maisons, dissiperont ses billets de banque et ses pièces d'or sans qu'il puisse l'empêcher. Le *gourmand*, entraîné par sa passion, visitera les tables splendidement servies et, dévoré de toutes les ardeurs de la gourmandise, il ne pourra les satisfaire. Le *suicidé* éprouvera, pendant plus ou moins longtemps, la sensation du genre de mort qu'il avait choisi, et il comprendra tardivement que l'épreuve qu'il avait cru éviter, c'était la réparation due, le rachat du passé, et qu'il faudra l'affronter de nouveau, par le retour dans la chair. Le *scélérat*, qui comptait sur le néant, se sentira tout-à-coup saisi d'épouvante en se voyant survivre ; plongé dans de profondes ténèbres morales qu'il aura amassées sur son âme, son imagination effrayée les peuplera de fantômes sinistres, dont il croira entendre la voix prononcer, avec le retentissement du tonnerre, la sentence de sa réprobation éternelle. Et qui sait combien de temps cet état pourra durer ?

Parcourez la liste des crimes et vous trouverez facilement celle des peines correspondantes. Il ne s'agit pas ici de diables cornus, armés de fourches, tourmentant les damnés, de chaudières bouillantes, de contes de nourrices et de grand'mères ; nous sommes en présence de la froide raison, de l'inexorable logique.

Si, au contraire, loin de nous rendre les esclaves du corps, nous ne lui accordons que ce qu'il lui faut pour l'entretenir dans l'état de santé et de vigueur nécessaire à en faire un instrument utile à l'accomplissement de notre tâche ; si nous le maîtrisons, si nous ne recherchons que les jouissances élevées de l'âme, si notre vie a été employée à faire le bien, comme notre sort sera différent, quand nous rentrerons dans le monde spirituel ! Nous éprouverons d'abord la satisfaction indicible de nous trouver grandis, et grandis par nos propres efforts !

Puis, comme nous n'aurons plus à traîner le poids lourd de la matière, et qu'elle ne nous aveuglera plus, nous pourrons nous élever plus haut vers les régions de la lumière, notre œil fortifié en supportera mieux les divins rayonnements, et nous

nous abreuverons plus largement aux sources des vérités éternelles. Et notre bonheur sera d'autant plus grand qu'il sera multiplié par celui de nos amis, heureux de nous avoir vus sortir triomphants de l'épreuve, et que les regrets et les jouissances matérielles ne viendront pas le troubler.

Enfin, quand l'heure d'une nouvelle réincarnation aura sonné, quand il faudra de nouveau reprendre la chaîne d'une nouvelle existence pour poursuivre la tâche ardue, l'œuvre d'élévation et de purification, ce séjour dans le monde spirituel ne nous aura pas été inutile, bien au contraire ; les vérités que nous aurons été admis à y contempler et dont nous nous serons nourris ne seront pas perdues pour nous : nous les porterons en nous à l'état latent : elles feront partie de notre constitution morale et se révèleront par des aptitudes plus puissantes, des capacités supérieures...

Nous pourrons donc fournir une meilleure carrière que dans nos incarnations précédentes et, à la mort, nous élancer vers des régions encore plus élevées que celles d'où nous serons descendus. (1)

---

(1) Tout est comme tout, sur la terre comme dans le monde spirituel, dans l'ordre matériel comme dans l'ordre moral, l'un n'étant que la photographie de l'autre. Car bonne comparaison est raison, quoi qu'en disent ceux qui n'ont pas de raison. Cela suffit pour faire comprendre que les Esprits prennent dans le monde spirituel la place qu'ils doivent occuper d'après la pesanteur spécifique de leur périsprit, dont la subtilité, comme nous l'avons vu, est dans un rapport constant avec la supériorité morale de l'âme. Les Esprits les plus lourds, les plus matériels, restent à terre ; d'autres s'élèvent à 1 mètre, d'autres à 100, d'autres à 1000, et ainsi de suite, selon leur degré d'épuration. On voit de suite que ceux qui sont liés à leur coffre-fort, à leur voiture, à leur château, ne pouvant lâcher prise, souffrent comme des damnés de voir jouir les autres, tandis que ceux qui ont passé leur vie à étudier, à faire du bien à leurs semblables, à se détacher des vains plaisirs matériels, quittent joyeusement la terre pour s'élancer dans des régions élevées de l'espace, en emportant avec eux leurs acquis moraux, scientifiques, spirituels, les seuls qui puissent les suivre et dont la mort ne peut les dépouiller.

⁂

Il ne nous reste plus qu'une question à traiter, celle de l'origine de l'âme.

Où était l'âme avant de venir par la première fois animer un corps humain ? Ce degré de sensibilité, d'intelligence, de volonté qu'elle montre au début, est-il un pur *don de Dieu*, ou bien l'a t-elle acquis après un long séjour dans les formes inférieures de la création ? En d'autres termes, *l'homme sort-il de l'animal, ou est-il une création distincte, séparée de cette nature inférieure, par une faveur spéciale ?*

Si l'homme est une créature favorisée, si aucun lien ne l'attache à l'animal, ce dernier n'a-t-il pas le droit de se plaindre d'injustice ? « L'animal, comme dit Michelet (*biog. p. 78*), n'a-t-il pas aussi son droit devant Dieu ? » (*Michelet*, Bible de l'Humanité).

Les animaux sentent, cela est incontestable. Or la sensibilité entraîne nécessairement un certain degré d'intelligence, de volonté, comme ces deux facultés, à leur tour, la supposent. Si donc l'animal a une âme, cette âme a autant le droit de se perfectionner, d'entrer dans l'humanité, quand elle a atteint le *summum* de développement que l'animalité comporte, que la nôtre a le droit de revêtir une nature supérieure, quand, par ses efforts, elle l'a mérité.

L'animal est soumis à la douleur. Cet argument de la douleur plaide si fort en faveur du passage de l'animal à une existence supérieure, que plusieurs philosophes, Descartes (*biog. p. 110*) entre autres, ne pouvant s'y soustraire autrement, sont venus à nier qu'il fût doué de sensibilité, à ne le considérer que comme un pur automate ; mais il faut en rabattre lorsque, par une étude attentive, on arrive à discerner chez lui des facultés rudimentaires en tout semblables aux nôtres. Les sentiments et les intuitions, les émotions et les facultés diverses, telles que l'affectivité, l'attention, la prévoyance, la curiosité, l'imitation, l'abstraction, le jugement, le raisonnement, l'association des idées, la mémoire, l'imagination, un langage d'action et un langage de voix ne font pas défaut aux animaux. (1)

A l'appui de ce que nous venons de dire, nous ne citerons que quelques faits qui démontreront, mieux que tous les raisonnements, l'intelligence chez les animaux.

Prenez un bâton et frappez un chien quelconque. Il se défend et vous mord. Prenez le même bâton et frappez votre propre chien, il ne se défend pas. Pourquoi ? Parce que vous êtes son maître, parce que vous l'avez élevé, parce que vous le nourrissez, parce que vous vivez avec lui, parce que vous le traitez bien.... Est-ce que ce chien ne fait pas acte d'intelligence, de raisonnement, de volonté, de reconnaissance ?

« Lorsque Gall quitte l'Allemagne et vient s'établir à Paris, il emmène avec lui son chien. Dans les commencements, le pauvre animal paraît étonné et malheureux de ne plus rien comprendre à la conversation. Peu à peu, cependant, il apprend le français et devient également fort dans les deux langues. « Je m'en suis assuré, affirme Gall, en disant devant lui des périodes en français et en allemand » (*E. Menault, Intelligence des animaux. p. 281*).

« Dans la nuit du 28 au 29 décembre 1896, une maisonnette de Puteaux s'écroula entraînant dans sa chute une femme et ses trois enfants. La mère et sa fille aînée furent écrasées et tuées sur le coup ; les deux autres enfants survécurent. Le père, retenu par un travail de nuit dans une usine avec plusieurs de ses camarades, ignorait absolument cette terrible catastrophe.

« A quatre heures du matin, son chien vint le chercher à l'usine. Surpris par l'arrivée en pleine

---

(1) La doctrine de l'insensibilité des animaux, inventée par le christianisme, formulée par le médecin espagnol Pereira, rajeunie par Descartes, embrassée par les jansénistes de Port-Royal, défendue par plusieurs philosophes chrétiens, n'a, Dieu merci, aujourd'hui, qu'un tout petit nombre de partisans ! ! !...

nuit de cet animal, le père eut le pressentiment qu'un malheur était survenu dans sa maison ; cependant, tranquillisé par ses camarades, il resta à son travail, croyant à une simple escapade de son chien. Le malheureux ne connut la vérité que le lendemain matin » (*Le Matin de Paris, du 30 Décembre 1896*).

Le chien était venu de lui-même à l'usine, à l'issue de la catastrophe. Le chien avait eu l'intuition du malheur qui frappait son maître, et il venait le chercher pour l'amener sur le lieu de la catastrophe.

Il y a bien ici une marque de *sentiment*, de *réflexion*, de *volonté* d'agir au profit de quelqu'un, dont ce chien fournit un exemple indéniable.

« A Strasbourg, on a été à même de constater que la cigogne sait faire preuve de reconnaissance vis-à-vis des hommes, ou du moins des dames. Dans une rue étroite de la ville, des femmes charitables trouvèrent, un de ces matins, sur le toit de leur maison, une cigogne blessée. Elles recueillirent la pauvre bête, dont une aile saignait abondamment.

« Une voisine, au cœur tendre, apprenant la chose, vint offrir ses services pour soigner la blessée, lui laver sa plaie, la nettoyer. La bête se laissa faire ; mais, le lendemain, cherchant sa bienfaitrice, elle passa bravement le mur séparant les cours des deux maisons, et alla se blottir auprès de celle à qui, paraît-il, elle avait voué sa reconnaissance.

« Bien plus, gravissant majestueusement l'escalier derrière elle, elle entra dans la maison et la suivit jusque dans sa chambre. C'est en vain que, désirant rendre la liberté à l'oiseau, qu'elle pensait suffisamment guéri, la bonne dame le mit sur le toit pour qu'il pût prendre son vol ; il rentra par la fenêtre et redescendit auprès de sa bienfaitrice qu'il s'obstina à ne pas vouloir quitter » (*L'Aurore de Paris, juillet 1901*).

« Voici qui va confondre les rares personnes qui prétendent que les animaux sont des êtres inintelligents. Le chien, un gentil caniche, dont nous allons parler, est, non seulement intelligent, mais encore d'une honnêteté scrupuleuse.

« Une ménagère, Mme Joséphine Bousseron, âgée de cinquante-deux ans, demeurant rue des Couronnes, faisait son marché, hier matin, sur le boulevard de Belleville. Au moment de payer un poisson dont elle venait de faire l'acquisition, elle s'aperçut qu'elle n'avait plus son porte-monnaie, contenant une somme assez importante. La pauvre femme se lamentait, se désespérait, convaincue qu'il lui avait été dérobé par un habile pickpocket, quand, tout à coup, au moment où elle allait se rendre au commissariat de police pour faire sa déclaration, elle vit arriver le caniche qui tenait fortement serré entre ses deux mâchoires, le porte-monnaie qu'elle venait de perdre.

« Le brave animal le laissa tomber à terre et se mit à pousser des jappements joyeux. Puis, avant que Mme Bousseron, toute heureuse, ait eu le temps de le caresser, il se perdit dans la foule. « Absolument authentique ! » (*Le Matin de Paris du 18 Décembre 1901.*)

Victor Hugo avait à Jersey un chien. Le poète voulait le baigner, mais le chien ne voulait pas.

De là, le drame ou plutôt la comédie qui va suivre :

« J'avais une corde dans ma poche, raconte Victor Hugo, je la passai à l'anneau de son collier et je posai mon prisonnier à terre. Il fut si stupéfait qu'il ne comprit pas bien d'abord ; il marcha même un moment derrière moi ; mais sur la grève, la réalité lui apparut, et, furieux, humilié surtout, il se coucha sur le dos et refusa absolument d'avancer. Je me fâchai, je le menaçai, il ne fit pas un mouvement. Cela me mit en colère, je ne voulus pas être vaincu par un chien et par un chien gros comme un rat, je tirai la corde et je le traînai sur le sable jusqu'à la lame.

« Cette férocité l'intimida. Il renonça à lutter. Les jours d'après il fallait le voir marcher derrière moi, la corde au cou, sombre, courroucé, mais sans résistance. Cependant ceux qui le connaissaient avaient peine à croire qu'il se fût vraiment résigné et qu'il ne cherchât pas quelque chose.

« Un jour, en arrivant sur la grève, j'entendis qu'il toussait.

« Sa toux me fut un remords. Je me dis que je l'avais enrhumé. Je le détachai.

« Vint une semaine de pluie pendant laquelle je ne me baignai pas non plus. Une observation que je fis, c'est que pendant toute cette semaine humide, il ne toussa pas du tout.

« Ceci fut mon premier soupçon. Le soleil revenu, je fis une épreuve. Je pris ma corde et je la montrai à Triboul. Aussitôt il eut une quinte violente.

« Je ne l'attachai pas encore. Mon orgueil humain ne pouvait croire un chien capable de cette imagination. Toutes les fois que j'allais me baigner et que je tirais la corde de ma poche, le drôle avait des accès de toux effrayants ; mon bain pris, il était guéri jus'qu'au bain suivant. Rien ne rend l'homme impitoyable comme d'avoir été dupé ; dès que je fus certain que ce chien m'avait menti, j'eus une joie sauvage à le lier, et à plonger sa toux et à la replonger ! Cette immersion prolongée le désenrhuma radicalement.

« Il se dit que rien ne pouvait plus le protéger, et il se rendit. Il ne tousse plus. »

La distribution solennelle des récompenses de la *Société protectrice des animaux*, à Paris, réunissait, le 1er juin 1903, au Cirque d'Hiver, une fort nombreuse assistance. La cérémonie était présidée par M. Mougeot, Ministre de l'Agriculture.

Un lauréat avait, entre tous, éveillé la curiosité et la sympathie générales. C'était un beau chien de montagne à qui la Société décernait un magnifique *collier d'honneur*.

Les sauvetages que *Tram* a accomplis, soit sur terre, soit sur eau, ne se comptent plus. C'est de plus un chien d'une probité exemplaire qui, en maintes occasions, a fidèlement rapporté des billets de banque et des bijoux perdus.

Quand l'homme souffre avec lui, il semble que l'animal supporte mieux ses souffrancs. Le cheval, le chien, le chat d'un homme malheureux souffre pour son maître, et supporte avec lui, sans murmurer, la faim et la soif. Tout le monde, à Paris, connaît l'histoire de *Marquis* et de *Zizi*, ce chien et ce chat, les seuls amis du malheureux M. Hauregard, mort de faim dans les premiers jours de février 1900.

Bien longtemps après le décès de son maître, et malgré les multiples attentions dont il fut l'objet de la part de son nouveau père nourricier le pauvre *Marquis* poussa encore des hurlements lamentables, et passa des heures à la porte du misérable réduit où est mort M. Hauregard.

Quant à *Zizi* qui fut recueilli par une voisine, il griffa, à plusieurs reprises, sa nouvelle maîtresse, et fit l'impossible, pendant des semaines, pour retourner dans la chambre mortuaire.

Pendant fort longtemps, les deux amis de l'infortuné M. Hauregard refusèrent toute nourriture!!!

Lorsqu'on lit attentivement les recueils consacrés à l'étude des facultés chez les animaux, on ne peut s'empêcher de croire à la similitude du principe pensant chez l'homme et l'animal. *(Voir Agassiz, L'Espèce; Darwin, Descendance; Menault et Romanes, l'Intelligence des Animaux ; Gabriel Delanne, l'Evolution animique).*

Que d'animaux, à qui, comme on le dit vulgairement, il ne manque que la parole pour être des hommes. Que d'intelligence dans le chien, ce candidat à l'humanité, d'après Michelet *(biog. p. 78)*, et que Montaigne *(biog. p. 221)* avait raison quand il disait qu'il y a plus de distance de tel homme à tel homme que de tel homme à telle bête ! Dupont de

Nemours (1) appelait les animaux nos frères cadets, et saint François d'Assise (2), cette âme affolée d'amour, qui communiait avec la nature entière, les haranguait en leur donnant aussi le titre de frères.

Nous attendons ici l'amour-propre froissé qui se récrie. Il croit plus volontiers les erreurs qui lui plaisent que les vérités qui lui déplaisent.

Est-il plus ridicule et plus difficile de sortir, par une évolution toute naturelle, constante, d'un être inférieur, que de naître tout d'un coup du limon de la terre ?

Est-il moins raisonnable de voir en l'homme un animal perfectionné qu'un Adam dégénéré ? Non assurément. Et si la religion dit *oui*, la science répond *non*.

Est-il plus humiliant pour l'homme d'avoir des liens de parenté avec un animal aimant et dévoué comme le chien, par exemple, qu'avec certains monstres à face humaine ?

Oui, nous descendons, ou plutôt nous montons de l'animal. C'est notre noblesse même que, partis de si bas, nous soyons déjà si haut.

L'amour-propre, ce triste défaut, qui voile l'esprit et dévoile la sottise, est un guide bien dangereux pour celui qui cherche la vérité, et a toujours été pour l'homme une source funeste d'erreurs. En lui inspirant le constant désir de se distinguer de ses semblables par une origine plus noble, plutôt que par la pratique des vertus, il a créé des âmes d'hommes libres et d'esclaves, des âmes de monarques et de sujets, des âmes de nobles et de roturiers, de bourgeois et de manants, de riches et de pauvres, de blancs et de noirs.

L'amour-propre est allé plus loin ! Il a refusé l'âme à l'esclave et même à la femme (*voir p. 243*), et il

---

(1) Eminent philosophe, auteur de plusieurs ouvrages remarquables, notamment «*La philosophie de l'Univers, Oromasis*, poëme philosophique (1789—1817)

(2) Fondateur de l'ordre franciscain (1182—1226).

a fallu tous les efforts des philosophes pour faire comprendre, après bien des siècles, le ridicule et l'odieux de semblables distinctions.

Après cela, comment s'étonner que l'amour-propre se cabre quand on lui dit que l'âme humaine n'est que la dernière évolution de l'âme animale sur le globe que nous habitons.

Et pourtant, il n'est pas difficile de voir qu'elle vient encore de plus bas, attendu que *l'intelligence anime toute matière proportionnellement à l'évolution, en raison directe du progrès accompli.*

« La descendance animale de l'homme, écrit M. Gabriel Delanne s'impose avec une lumineuse évidence à tout penseur sans parti pris. Nous sommes le dernier rameau épanoui du grand arbre de la vie. Nous résumons, en les accumulant, tous les caractères physiques, intellectuels et moraux que l'on remarque isolément chez chacun des individus qui forment la série des êtres.

« La nature s'est chargée de nous en fournir un exemple frappant à la naissance de chaque être. Tout être qui vient au monde, reproduit, dans les premiers temps de sa vie fœtale, tous les types antérieurs par lesquels la race a passé avant d'arriver à lui. C'est une histoire sommaire de l'évolution de ses ancêtres ; elle établit irrévocablement la parenté animale de l'homme, en dépit de toutes les protestations plus ou moins intéressées » (*G. Delanne, L'Evolution animique.*)

L'Embryogénie établit, en effet, que l'être à naître passe dans l'embryon par toutes les formes qui ont précédé le degré auquel il appartient ; que toutes ces formes avortent successivement pour lui, et que de la dernière seulement, répondant ordinairement au degré de ses géniteurs, il sort radieux comme pour attester que, parti du point originaire, il n'a pas dû s'arrêter à des manifestations caduques, qui lui ont seulement servi de passage pour atteindre le point culminant pour son espèce.

Il a été successivement dans le sein maternel : *cellule* d'abord, puis *mollusque, poisson, reptile,* oiseau, quadrupède, *pour aboutir enfin à l'humanité*. Qu'une faculté *nouvelle, puissante*, apparaisse, à un moment donné, dans son espèce, et l'être embryonnaire franchira le degré ultime actuel comme les autres (ce dernier degré étant devenu caduc pour lui, aussi bien que les degrés précédents), pour s'épanouir dans un degré plus haut, dans une espèce nouvelle. (1)

Les mêmes causes produisent les mêmes effets. Les animaux domestiques sont les mêmes êtres qui vivaient jadis à l'état sauvage, et l'odeur des fauves réveille dans leur enveloppe fluidique des souvenirs qui se rattachent à la souffrance et à la mort, sous la dent des carnassiers; de là leur frayeur !!!

Et cependant, depuis combien de générations nos animaux domestiques n'ont-ils plus été en lutte contre les lions ou les tigres. Il y a donc transmission dans l'espèce de quelque chose qu'on peut nommer instinct. Mais comment admettre que les animaux domestiques rapportent cet acquit dans leur vie actuelle, si auparavant, leur enveloppe fluidique n'a pas servi de réceptacle aux fortes sensations provenant du passé?

On a remarqué aussi que les bengalis élevés sous nos climats se mettent à construire des nids

---

(1) L'homme, sur notre globe, est le type dernier, *jusqu'à présent*, d'une série d'êtres animés. Il n'y a aucune raison d'admettre qu'il soit arrivé à un point d'arrêt définitif, alors que rien ne s'arrête dans l'universelle évolution. Sans doute, si l'on se reporte aux plus lointaines périodes historiques, ne trouve-t-on guère de grandes modifications dans la forme humaine. Mais que sont quelques milliers d'années par rapport aux siècles sans nombre de la préhistoire, par rapport aux immenses périodes géologiques?

Il est cependant possible de suivre les caractéristiques de la loi d'évolution, même au point de vue anatomique : *développement de la partie frontale du crâne au détriment de la partie occipitale et maxillaire, tendance à la diminution du nombre et de la grosseur des dents, à l'amoindrissement du système pileux.*

Un *sixième sens, le sens psychique*, s'éveille déjà chez les plus affinés, et les rend aptes à percevoir les choses du monde invisible.

d'une perfection étonnante, lorsqu'on met des graminées à leur disposition. Et justement ce nid sera identique à ceux de ses ancêtres vivant sous d'autres latitudes.

Les hommes civilisés, à leur tour, sont les mêmes hommes qui, jadis, vivaient à l'état sauvage, après leur sortie de l'animalité. N'apportons-nous pas dans notre organisme comme des vestiges de notre passage à travers les espèces inférieures? D'où nous viennent certains organes atrophiés, tel que le cœcum qui, existant chez les ruminants, est devenu inutile chez nous? le muscle servant à remuer l'oreille, atrophié chez l'homme, mais fonctionnant chez l'âne, le cheval?

D'où nous viennent ces instincts sauvages, bestiaux, qui se réveillent encore en nous? Ne recélons-nous pas au tréfonds de nous-mêmes des cavernes morales où s'agitent encore les êtres les plus vils, les plus rusés, les plus abjects, les animaux les plus féroces de la création?

« Expliquera qui voudra, dit Georges Sand, (*biog. p. 213*), ces affinités entre l'homme et certains êtres secondaires de la création. Elles sont tout aussi réelles que les antipathies et les terreurs insurmontables que nous inspirent certains animaux inoffensifs... C'est peut-être que tous les types départis chacun spécialement à chaque race d'animaux se trouvent dans l'homme. Les physionomistes ont constaté des ressemblances physiques ; qui peut nier les ressemblances morales? N'y a-t-il pas parmi nous des renards, des loups, des lions, des aigles, des hannetons, des mouches ? La grossièreté humaine est souvent basse et féroce comme l'appétit du pourceau » (*George Sand. Histoire de ma vie*). (1)

---

(1) Les meurtriers ont presque toujours les mâchoires fortes et proéminentes, les mains épaisses et charnues, les dents courtes et aiguës. L'escroc se rapproche du renard : lèvres minces, nez allongé et pointu, mouvements doux et souples, tandis que le cambrioleur a la voix rêche et dure : c'est un enroué perpétuel. Voyez

C'était l'idée de Leibnitz (*biog. p. 74*), et cette idée ne déplaisait pas à Voltaire (*biog. p. 108*), que les corps sont bâtis d'une infinité de petits êtres, qu'il appelle *monades*. Tous ces petits êtres sont des points mathématiques, des espèces d'âmes qui n'attendent qu'un habit pour se mettre dedans. (*Leibnitz. Monadologie*).

Cette croyance est aujourd'hui scientifiquement prouvée.

« Il est démontré par la science, dit M. Gabriel Delanne, que tous les tissus des êtres vivants sont formés de cellules qui ne diffèrent de celles des végétaux que par la variété de leurs formes et par leur membrane, enveloppe généralement très mince ; mais ces cellules, comment sont-elles constituées ?

« Bien que leurs formes varient extraordinairement, elles se composent toujours de trois parties : 1° un noyau solide qui est dans l'intérieur ; 2° un liquide qui baigne le noyau ; 3° une membrane qui enveloppe le tout. La partie essentielle, vraiment vivante, est le liquide auquel on a donné le nom de *protoplasma*. (1) De sorte que ce liquide gélatineux constitue réellement le fondement de la vie organique. Tant qu'il est vivant dans les millions de

---

les yeux à l'éclat vif et aux regards fuyants, au clignotement inquiétant des paupières de cet homme, comme ceux de la bête inquiète, et où l'astuce heureuse allume parfois des étincelles. Inutile de lui demander son vice ? C'est un fourbe, un hypocrite, et souvent un homme aux passions viles ; c'est un reptile. Il glissera sur vos questions et n'avouera qu'après mille circonlocutions, nous dirions volontiers mille circonvolutions.

Le nez qui s'abaisse long et plat jusque sur la lèvre supérieure révèle une terrible brutalité d'instinct et de raisonnement.

Le nez crochu en bec d'oiseau de proie marque la rapacité ou l'avarice.

Tous nos traits portent le stigmate de nos passions ou l'auréole de nos vertus. N'oublions jamais cette locution populaire, si expressive et si juste dans sa vulgarité : «C'est un bon chien».

(1) Le mot *protoplasma* vient du grec : *proto*, premier et *plasma*, ouvrage modelé ou façonné.

cellules qui composent un corps, ce corps, est vivant ; s'il vient à mourir dans une partie quelconque des cellules qui composent un membre du corps, ce membre meurt ; enfin, si le protoplasma se détruit dans la totalité des cellules, le corps entier est mort.

« C'est dans le sein tiède des mers primitives, sous des conditions de lumière, de chaleur et de pression, qu'il serait difficile de reproduire maintenant, que s'est formé le protoplasma, première manifestation de la vie et de l'intelligence qui doivent se développer progressivement et parallèlement, en produisant l'innombrable multitude de formes si variées des végétaux et des animaux, pour aboutir, après une longue série de siècles, à l'œuvre patiemment poursuivie, l'apparition de l'être conscient : l'*homme*. (*Gabriel Delanne. L'évolution animique*).

« Le développement embryonnaire, dit, à son tour, M. Quimpton, membre de l'Académie des Sciences, reproduit, en raccourci, l'évolution séculaire des organismes, et montre la parenté de tous les êtres. A la 4me semaine, l'embryon humain a encore des branchies, comme les poissons ; il est pourvu d'une queue, et il serait impossible de le distinguer de l'embryon d'un chien du même âge.

« Tous les êtres dérivent de colonies cellulaires marines. Le milieu intérieur des organismes les plus élevés, présente, tout comme celui des éponges ou des coraux, la composition minérale de l'eau de mer, et le globule blanc, qu'on n'avait jamais pu faire vivre dans aucun milieu artificiel, vit parfaitement dans l'eau de mer.

« Un organisme peut donc être représenté comme une masse d'eau de mer où vivent dans les conditions aquatiques des origines, les cellules qui le constituent » (*Quimpton. Académie des Sciences*).

Nous ajouterons que tous les êtres jusqu'à l'homme *inclusivement*, ont été primitivement hermaphrodites.

Au commencement, les êtres naissaient d'autres

êtres par bourgeonnement, par scissiparité, c'est-à-dire par division de l'individu ou par formation de germes cellulaires... Certains organismes, dits inférieurs, se reproduisent encore de cette façon.

D'autres êtres sont demeurés hermaphrodites. Ils réunissent les deux sexes, tels que le colimaçon, la sangsue, le lombric, l'huître et, en général, tous les acéphales.

La séparation des sexes ne s'est produite sans doute que fort longtemps après l'apparition de l'homme. Elle s'opéra *lentement* (*natura non fecit saltus, la nature ne procède pas par sauts*), et fut un perfectionnement qui modifia l'être.

Et, ce qui vient à l'appui de cette vérité, c'est que beaucoup de végétaux et d'animaux possèdent des organes devenus inutiles et qui n'avaient leur raison d'être que quand ils étaient des deux sexes. Ainsi, l'homme a des traces de mamelles qui ne se développent pas et qui n'ont d'utilité que chez la femme. (1)

Il est probable que, lorsque Dieu jeta la terre dans son Univers, il y répandit un *élément spirituel*, émané de lui et se subdivisant à l'infini (*Involution*); la moindre partie de cet élément dut être appelée à l'individualité et arriver, par un développement progressif, à former nos âmes qui, par le fait de leur origine, tendent sans cesse à se rapprocher de leur source : Dieu *(Evolution)*.

---

(1) Cette notion scientifique, relativement récente à notre époque, n'était certainement pas inconnue aux *Grands Initiés* de l'antiquité, comme paraît l'attester la Genèse.

Mais, comme les idées abstraites et les notions scientifiques n'auraient pas été comprises par le peuple hébreu, dépourvu encore de toute culture intellectuelle, Moïse, (*biog. p. 26*) initié aux mystères d'Egypte, s'est vu dans la nécessité de leur donner une forme *concrète* qui parlât mieux à l'esprit de ceux auxquels il s'adressait.

— Nous lisons, en effet, au 1ᵉʳ chapitre de la Genèse, verset 27, que Dieu créa d'abord l'homme « *mâle et femelle* ».

Puis seulement au chapitre suivant, verset 21, que Dieu endormit Adam, lui prit une côte et en forma la *«première femme»*.

C'est bien là l'explication de la séparation des sexes mise à la portée d'intelligences qui n'étaient pas encore à même de la comprendre sous la forme scientifique.

Mais nos âmes ne sont pas une partie séparée de l'essence divine, comme on sépare une partie d'un tout matériel. Elles sont comme une effusion, à peu près comme la clarté du soleil qui n'est pas le soleil même.

Toutes les âmes ayant la même origine, la même vie et la même fin, s'ensuit-il que leur avancement se fasse de la même manière ? Non. Bien qu'astreintes à passer à travers tous les règnes et à réaliser, de par la loi de justice, la même somme d'efforts, la même somme de perfections, toutes ne suivent pas la même route : toutes ne sont point obligées de dormir dans le même minéral, de germer dans la même plante, de s'éveiller dans le même animal. En se retrouvant dans le monde spirituel, elles forment une harmonie d'ensemble ; les divers acquis se réunissent, et chaque âme apporte aux autres ce qu'elle a appris.

A quelque degré d'élévation que l'âme se trouve arrivée, elle porte en elle le couronnement et la synthèse des puissances inférieures de la nature et contient, en germe, toutes les facultés supérieures (puissance, intelligence, amour); elles y sont à l'état rudimentaire, comme tous les organes dans les premiers filets du fœtus informe, comme toutes les parties de l'arbre dans la semence.

Le but final de l'âme est la perfection (XXXI); le bonheur suprême en est la conséquence. Chaque âme y arrive plus ou moins promptement, suivant l'usage bon ou mauvais qu'elle fait de son libre arbitre (XXX) à travers ses vies successives.

La doctrine de l'évolution implique nécessairement l'idée de Providence, soit de direction suprême. On ne saurait concevoir une évolution vers un but quelconque sans une pensée, une action dirigeante, mais s'exerçant dans des conditions à laisser libre la détermination des volontés individuelles des hommes (XXX), sauf à ramener au plan général les écarts, les déviations produites par le fait de ces libertés, de ces volontés particulières.

« La doctrine de l'évolution, dit Léon Denis,

(*biog. p. 117*) n'exclut pas celle des causes premières et des causes finales. La plus haute idée que l'on puisse se faire d'un ordonnateur, c'est de le supposer formant un monde capable de se développer par ses propres forces, et non par une intervention incessante et de continuels miracles.

« L'évolution sans cause et sans but ne serait-elle pas le plus immense, en même temps que le plus aveugle des miracles ? » (*Léon Denis. Après la mort*).

Réponse aux objections

Quelques objections ont été faites à la doctrine des réincarnations et à la loi d'évolution. Nous allons les examiner successivement et y répondre sous forme de questionnaire.

1. — S'il est vrai que nous ayons traversé un certain nombre de fois la présente phase de l'existence, d'où vient chez tous cette *absence complète de souvenir ?*

— Y a-t-il rien de plus fugitif que le souvenir? Il ne subsiste, en général, même dans notre existence actuelle, qu'en raison de l'influence qu'il a sur cette existence.

Aucun de nous ne se souvient du temps passé dans le sein de sa mère, ou même au berceau. Peu d'hommes conservent la mémoire des impressions, des actes de la première enfance. Ce sont pourtant là des parties intégrantes de notre existence actuelle. Chaque matin, au réveil, nous perdons le souvenir de la plupart de nos rêves bien que ces rêves nous aient semblé, dans le moment, autant de réalités.

La chenille se souvient-elle de l'œuf? la chrysalide se souvient-elle de la chenille? Cela empêche-t-il le papillon de s'épanouir dans la suprême incarnation de son être, glorieuse métamorphose, fleur ailée qui, dans l'ivresse de son vol, a tout oublié, lui aussi, et la chenille et la chrysalide?

Ce n'est pas en arrière qu'il faut regarder ; c'est en avant, vers l'avenir qu'il faut préparer, qu'il faut conquérir !

Qu'importe d'ailleurs une guenille usée, et qui se rappelle de l'avoir portée ! Une pensée supérieure préside d'ailleurs à nos oublis. *L'oubli du passé doit être la condition indispensable de tout progrès.* On oublie parce que cela est nécessaire à la liberté des études nouvelles. L'un, par exemple, venant sur la terre pour étudier l'état de pauvreté, serait plus vite découragé des durs et inévitables labeurs de cette existence, s'il savait, s'il se souvenait qu'il a été riche et puissant. Un autre, au contraire, pourrait être tellement indifférent à son sort, qu'il resterait dans l'inaction et perdrait le bénéfice de sa situation. D'ailleurs, ce passé de chacun de nous a des taches et des souillures. En parcourant la série des temps évanouis, en traversant les âges de brutalité, nous avons dû accumuler bien des fautes, bien des iniquités. Echappés d'hier à la barbarie, le fardeau de ce souvenir serait accablant pour nous. La vie terrestre est bien pénible, même pour ceux que les éprouvés appellent les heureux. Que serait-ce si, au cortège de nos maux présents, venait s'ajouter le souvenir des souffrances, des crimes ou des hontes du passé ?

Le souvenir de nos vies antérieures ne serait-il pas également lié au souvenir du passé des autres ? En remontant la chaîne de nos existences, la trame de notre propre histoire, nous retrouverions la trace des actions de nos semblables. Les inimitiés se perpétueraient de vies en vies, de siècle en siècle. Il est bon que le voile de l'oubli nous cache les uns aux autres et, en effaçant de notre mémoire de pénibles souvenirs, nous délivre d'un incessant remords.

Le but de l'existence humaine étant d'éclairer, d'idéaliser, d'ennoblir l'âme, de l'arracher aux passions matérielles, le résultat, le but seul a sa valeur. Quelle fleur brillante porte la marque de l'engrais qui l'a nourrie et de l'instrument qui a sarclé les mauvaises herbes autour d'elle ?

Selon l'expression du poète païen initié aux mystères, l'être qui se réincarne a bu au fleuve *Léthé ou de l'Oubli*. Chaque renaissance est un rajeunissement. Dans la vie qui va recommencer, il apporte toutes les énergies acquises, toutes ses virtualités ; durant chaque existence, des éléments nouveaux lui facilitent sa marche en avant, lui font acquérir quelques qualités et le dépouillent de quelques imperfections. Chacune de ces existences est ainsi un nouveau point de départ où l'être est ce qu'il est, sans avoir à s'inquiéter de ce qu'il a été.

D'ailleurs la connaissance du périsprit fait fort bien comprendre comment le souvenir peut être temporairement affaibli, *sans se perdre jamais*. Les phénomènes du somnambulisme nous offrent, à ce sujet, un exemple de ce qui a lieu pendant l'incarnation et après la mort.

Le sujet endormi se trouve dans un état nerveux tout-à-fait différent de celui dans lequel il était pendant la vie ordinaire. L'enregistrement des sensations n'a plus lieu normalement : il se crée en quelque sorte une seconde individualité, ou plutôt c'est *son moi* qui *se présente sous un aspect différent de la même individualité*. Dans l'état normal, celle-ci nous apparaît telle que nous la connaissons avec sa mémoire et *les acquisitions de sa vie présente ;* puis, dans l'état anormal, c'est-à-dire dans l'état de somnambulisme, cette individualité, constituant toujours son moi, nous apparaît *avec les acquisitions de toutes ses vies antérieures*.

Toutes les opérations intellectuelles qui se produisent pendant le sommeil, se gravent dans le périsprit et n'influencent pas les cellules du cerveau matériel. De sorte que, revenu à la vie ordinaire, le sujet n'a plus la conscience de ce qu'il a dit ou fait pendant son état somnambulique. Mais vient-on à le replonger de nouveau dans cet état, quel que soit le temps écoulé, il se souvient immédiatement de ce qui s'est passé dans le sommeil précédent, te prédit quelquefois, avec une exactitude mathématique, ce qui arrivera dans le prochain. Ce sont deux vies superposées, accolées, et dont l'une ignore l'autre.

Est-ce que l'existence actuelle n'est pas divisée en deux parties : le sommeil et la veille ? Eh bien ! nous retrouvons-nous moins les mêmes au réveil, parce que nous avons perdu la mémoire de ce qui s'est passé pendant le sommeil ?

La perte de la mémoire dans la réincarnation n'est donc pas un argument sérieux.

La vie normale de l'âme est la vie éthérée. Les existences corporelles ne sont que des intervalles, de courtes stations dans l'existence spirituelle.

Lorsque l'âme revient sur la terre, au moment de l'incarnation, son périsprit s'unissant molécule à molécule au corps physique, il se produit dans le premier des modifications qui, en changeant son rythme vibratoire, lui enlèvent *momentanément*, *temporairement*, pendant sa vie matérielle, le souvenir de ses vies antérieures, comme le somnambule qui se réveille n'a plus conscience de tout ce qui s'est passé pendant qu'il dormait.

Cependant, malgré cet oubli momentané, l'âme n'en conserve pas moins le patrimoine intégral des idées ou des vertus acquises, et cela suffit. Que lui importe de savoir où et comment elle a fait ses classes, pourvu qu'elle se sente en possession de son diplôme !

D'ailleurs, sans conserver la mémoire des détails de leurs vies antérieures, beaucoup d'esprits en conservent des intuitions et comme de vagues souvenirs. C'est ainsi peut-être qu'on pourrait expliquer chez certains aliénés le phénomène des *idées fixes*. Et nous-mêmes, dans certains moments de rêverie profonde, n'avons-nous pas eu le vague souvenir de notre passé mystérieux ? N'avons-nous pas revu certains tableaux, entendu certaines harmonies qui avaient jadis charmé nos cœurs ? Pourquoi tel paysage, sans être plus beau que tel autre, nous plaît-il davantage ? Ne serait-ce pas parce qu'il ressemble mieux à notre ancien pays natal ? Quelquefois ne nous arrive-t-il pas que nous pensons reconnaître des lieux auxquels nous faisons une première visite ? D'autres fois, en apprenant une science, nous pensons ne faire que la rapprendre ; d'autres fois encore, nous nous sentons comme interrogés jusqu'au fond de nous-mêmes, par le récit d'un événement, et nous répondons : Nous étions là !

On pourrait également attribuer à un vague souvenir l'antipathie invincible que l'on éprouve pour certaines personnes ou même pour certains animaux, et qu'aucun effort ne peut vaincre.

Sans même tenir compte de ce fait que l'âme a comme l'intuition de son passé ; que les tendances naturelles instinctives sont comme des réminiscences de ses instincts, de ses penchants antérieurs, on peut dire que nous pouvons préjuger de la vie passée par les épreuves de la vie présente.

D'ailleurs, il est des hommes qui affirment avoir conservé le souvenir d'autres existences. Ceci est plus fort.

Dans ses beaux vers, Ovide, (biog. p. 146) après avoir exposé sa doctrine, retrace à ses disciples émerveillés les phases diverses de ses différentes existences, depuis le siège de Troie auquel il prétend avoir assisté.

Pythagore (biog. p. 192) se souvient avoir été Hermotime, Euphorbe et un Argonaute. Il reconnait dans le temple de Delphes le bouclier qu'il portait pendant la guerre de Troie, lorsqu'il était Euphorbe.

Julien, dit l'Apostat (1), se rappelle avoir été Alexandre de Macédoine, Empédocle (2) affirme qu'il se souvenait avoir été garçon et fille.

---

(1) Empereur romain de 861 à 363. Prince éclairé et philosophe, si maltraité dans les chroniques cléricales, pour avoir abandonné le *pseudo-christianisme* par dégoût de ses disputes et horreur de ses excès.

(2) Philosophe Médecin d'Agrigente, florissait vers 460 avant l'ère chrétienne. Il admettait les quatre éléments : *l'eau, la terre, l'air* et *le feu* ; il y ajouta deux autres principes : *l'amitié* et *la discorde.*

Parmi les modernes le grand poète de Lamartine (*biog. p. 140*), dans son « *Voyage en Orient* » déclare avoir eu des réminiscences très nettes. Il reconnut, dit-il, la vallée de Térébinthe et le champ de bataille de Saül, ainsi que le tombeau des Machabées, ce qui lui faisait demander s'il n'avait pas déjà vécu deux fois ou mille fois.

On pourrait objecter dans ce cas qu'il y a *fausse reconnaissance*, *paramnésie* ou *clairvoyance*. Mais, comment admettre cette hypothèse en présence des détails, des noms, donnés par de Lamartine ?

Ponson du Terrail (1), Théophile Gautier (2), Alexandre Dumas, père (*biog. p. 212*), ont affirmé, à plusieurs reprises, leur croyance, basée sur des souvenirs intimes relatifs à des vies passées.

Le poète Méry (3) affirmait qu'il se souvenait avoir vécu à Rome du temps d'Auguste, et dans l'Inde où il avait été Brahme.

Dans un article biographique que lui a consacré Pierre Dangeau, nous trouvons le passage suivant :

« Il a des théories singulières ; ce sont pour lui des convictions.

« Ainsi, il croit fermement qu'il a vécu plusieurs fois ; il se rappelle les moindres circonstances de ses existences précédentes, et il les détaille avec une verve de certitude qui impose comme une autorité.

« Ainsi, il a été un des amis de Virgile (*biog. p. 176*) et d'Horace (4) ; il a connu Auguste Germanicus ; il a fait la guerre dans les Gaules et en Germanie. Il était général et il commandait les lignes romaines lorsqu'elles ont traversé le Rhin. Il reconnaît dans les montagnes des sites où il a campé, dans les vallées des champs de bataille où il a

---

(1) Romancier français (1829—1871).
(2) Poëte et critique français (1811—1873).
(3) Poëte romancier français (1798-1886).
(4) Célèbre poëte latin, auteur d'*Odes*, d'*Epîtres*, de *Satires* et du fameux *Art poétique* imité par Boileau (65 ans avant l'ère chrétienne).

combattu. Il se rappelle des entretiens chez Mécène, qui sont l'objet éternel de ses regrets. Il s'appelait Minius.

« Un jour, dans sa vie présente, il était à Rome et il visitait la bibliothèque du Vatican. Il y fut reçu par des jeunes hommes, des novices, en longues robes brunes, qui se mirent à lui parler le latin le plus pur. Méry était bon latiniste, en tout ce qui tient à la théorie et aux choses écrites, mais il n'avait pas encore essayé de causer familièrement dans le langage de Juvénal. En entendant ces Romains d'aujourd'hui, en admirant ce magnifique idiome si bien harmonisé avec les monuments de l'époque où il était en usage, il lui sembla qu'un voile tombait de ses yeux ; il lui sembla que lui-même avait conversé, en d'autres temps, avec des amis qui se servaient de ce langage divin. Des phrases toutes faites et irréprochables tombaient de ses lèvres ; il trouva immédiatement l'élégance et la correction ; il parla latin ; enfin, il eut en latin, l'esprit qu'il a en français. Tout cela ne pouvait se faire sans un apprentissage, et s'il n'eût pas été un sujet d'Auguste, s'il n'eût pas traversé ce siècle de toutes les splendeurs, il ne se serait pas improvisé une science impossible à acquérir en quelques heures.

« Son autre passage sur la terre a eu lieu aux Indes, voilà pourquoi il les connaît si bien ; voilà pourquoi, quand il a publié la *Guerre du Nizam*, il n'est pas un de ses lecteurs qui ait douté qu'il n'eût habité longtemps l'Asie. Ses descriptions sont vivantes, ses tableaux sont des originaux ; il fait toucher du doigt les moindres détails ; il est impossible qu'il n'ait pas vu ce qu'il raconte, le cachet de la vérité est là.

« Il prétend être entré dans ce pays avec l'expédition musulmane en 1035. Il y a vécu cinquante ans, il y a passé de beaux jours, et il s'y est fixé pour n'en plus sortir. Là il était encore poète, mais moins lettré qu'à Rome et qu'à Paris. Guerrier d'abord, rêveur ensuite, il a gardé dans son âme les images saisissantes des bords de la Rivière

Sacrée et des rites des Indous. Il avait plusieurs demeures à la ville et à la campagne ; il a prié dans les temples d'éléphants ; il a vu debout les splendides ruines qu'il signale et que l'on connaît encore si peu.

« Il faut lui entendre raconter ces poèmes, car ce sont de vrais poèmes que ces souvenirs à la Swedenborg (1). Il est très sérieux n'en doutez pas. Ce n'est pas une mystification arrangée aux dépens de ses auditeurs ; c'est une réalité dont il parvient à vous convaincre.

« Et ses doctrines sur l'histoire qu'il possède admirablement ! Et ses plaisanteries si fines, qui jettent un jour nouveau sur tout ce qu'elles touchent ! Et ses récits qui sont des romans où l'on pleurerait si on osait, après avoir ri sans pouvoir s'empêcher de le faire ! Tout cela fait de Méry un des hommes les plus merveilleux des temps où il a vécu, et même de ceux où son âme errante attendait son tour, afin de rentrer dans un corps et de faire de nouveau parler d'elle aux générations successives». (*Pierre Dangeau. Journal littéraire* du 25 septembre 1864).

Un officier de marine a écrit à la *Revue Spirite*» de Paris qu'il se souvenait d'avoir vécu et d'être mort assassiné à l'époque de la Saint-Barthélemy. « Si je vous disais, dit-il, que j'avais sept ans lorsque j'eus ce rêve ; que, fuyant, je fus atteint en plein dos de trois coups de poignard. (*Revue Spirite 1860*).

M. Lagrange fait savoir à la même *Revue* qu'il connaît à la Vera-Cruz un enfant qui guérit par l'imposition de ses petites mains ou à l'aide de remèdes végétaux dont il donne la recette. Quand on lui demande où il les a eus, il répond que *lorsqu'il était grand, il était médecin*. Cette faculté extraordinaire s'est déclarée à l'âge de quatre ans, et bien des personnes, d'abord sceptiques, se sont ensuite déclarées convaincues(*Revue Spirite, 1880*).

---

(1) Philosophe mystique suédois (1688-1772).

Le souvenir d'existences passées, bien que fort rare, l'est pourtant moins qu'on ne le pense ; l'histoire en fournit de nombreux exemples.

*
* *

2. — Vous enseignez que la vie terrestre est une *expiation* des fautes antérieures. Pour être profitable à l'esprit réincarné coupable, cette expiation devrait exister avec le souvenir des fautes pour lesquelles on vient ici-bas, car *celui-là n'est point puni qui ignore pourquoi il est puni ?*

— Nous n'avons jamais prétendu que l'homme fût sur la terre pour expier ; nous ne confondons pas les deux existences, celle de l'*épreuve* et même de la *réparation*, et celle de l'*expiation*, qui est l'autre.

Eh bien ! la mémoire se retrouve dans l'autre vie où elle est nécessaire pour que l'expiation soit efficace autant que juste...

Lorsque l'esprit s'est dégagé des entraves matérielles, il se retrouve dans l'au-delà avec sa pleine conscience, avec son entière responsabilité, avec tous les fruits accumulés de ses vies antérieures. Alors il peut juger des progrès accomplis dans sa dernière incarnation.

Plus l'esprit est épuré, plus le souvenir de ses existences antérieures est vivace et peut remonter haut....

Heure amère de désillusions et de remords, alors que réapparaissent les mauvaises actions et les crimes ! Toujours ils sont présents à sa pensée, et les passions et les vices qui déjà ont été son tourment sur la terre, sont ici d'impitoyables justiciers qui vont le frapper jusqu'à ce qu'il reconnaisse ses erreurs, ses fautes, ses crimes. Et ces souffrances morales durent pendant un temps plus ou moins long et qui, pour beaucoup de malheureux esprits, est l'*enfer* qu'ils croient *éternel* !

Heure exquise, en revanche, de satisfaction sereine et de joies ineffables, quand revit le souvenir des bonnes actions simplement accomplies et des dévouements désintéressés. (*Voir pages 256 et suiv.*)

La vie terrestre n'est qu'une étape sur le chemin de l'éternité. La mémoire y est voilée. Nous renaissons avec notre héritage du passé, bon ou mauvais, pour jouer sur la terre un nouvel acte de notre destinée, pour acquitter nos dettes antérieures, pour développer nos puissances morales et poursuivre notre ascension.

« A chacun selon ses œuvre », dit l'Evangile. L'ascension morale et spirituelle a pour condition expresse l'*expiation* et la *réparation* personnelles. Qui a commis la faute en supportera les conséquences nécessaires. Il faudra travailler pour effacer jusqu'aux dernières traces. Et, ces traces effacées, continuer la marche en avant et en haut, au sein de la même société qui, témoin et victime de la chute, aura sa part aussi des joies et des bénéfices du relèvement...

« Dans la loi des réparations, écrit l'excellente Madame Nœggerath, on ne peut cependant pas dire, comme dans la législation judaïque : « Œil pour œil, dent pour dent ». L'être qui a failli par manque de progrès vient réparer avec son acquis de progrès ; il vient effacer sa flétrissure avec l'amour qui a grandi en lui, avec le dévouement, le sentiment de solidarité qu'il a appris à connaître dans le monde spirituel, et il réparera. *Il réparera en vertu de son propre vouloir et non par châtiment. Le rachat d'une faute ne se fait pas parce que l'âme y est condamnée. Le rachat d'une faute se fait par amour.* » *(Mme R. Nœggerath. La survie).*

Les vies se suivent et ne se ressemblent pas, mais elles s'enchaînent avec une logique impitoyable. Si chacune d'elles a sa loi propre et sa destinée spéciale, leur suite est régie par une *loi générale,* qu'on pourrait appeler la *répercussion des vies* (*Karma*). D'après cette loi, les actions d'une vie ont leur répercussion *fatale* dans la vie suivante. Non seulement l'homme renaît avec les instincts et les facultés qu'il a développés dans sa précédente incarnation, mais le genre même de son existence est déterminé par le bon ou le mauvais emploi qu'il a fait de sa liberté dans la vie précédente. La manière dont chacun de nous pose le pied sur la terre, à l'instant où il y aborde, n'est qu'une suite de la façon dont il marchait précédemment dans l'Univers.

La justice éternelle, c'est l'éternelle harmonie entre la liberté des actions et la fatalité de leurs conséquences.

Chaque incarnation conditionne la suivante et comporte une somme de responsabilités en rapport avec le degré de développement de l'esprit (XXX). Le progrès accompli dans les existences précédentes forme donc le point de départ de l'existence actuelle, car chaque existence est une page blanche que nous devons remplir au mieux de notre avancement. L'expérience que nous avons acquise, les énergies que nous avons conquises, nous servent pour chaque lutte nouvelle…

La mort, qui n'est qu'un réveil, nous rend la mémoire que la naissance nous avait voilée.

Encore quelques étapes, et nos corps seront tellement spiritualisés, qu'ils ne seront plus une entrave à la lucidité de l'Esprit. De même qu'il y a des *mondes opaques*, tels que les planètes, et des mondes *lumineux*, tels que les soleils, tout porte à croire qu'il y a dans les profondeurs de l'espace des mondes plus admirables encore, que nous appellerons des *mondes célestes*, et plus haut des mondes inimaginables, que nous appellerons des *mondes divins*.

Or, cette magnifique hiérarchie des mondes n'est que le champ de bataille des Esprits qui s'épurent ou le séjour des Esprits épurés. Parmi ceux-ci, les uns sont pour ainsi dire opaques, à force d'être soumis à l'instinct ou à la matière. D'autres sont déjà lumineux et travaillent à devenir célestes. A mesure qu'ils montent par des évolutions progressives, ils sont servis par des organes toujours plus parfaits, qui leur sont fournis par un mode de génération spéciale dans les sphères toujours plus élevées qu'ils doivent habiter. Il arrive donc un moment, dans cette vie ascensionnelle, où le corps devient, pour ainsi dire, diaphane. C'est alors que l'esprit entre dans la pleine conscience de sa propre vie. Il voit se dérouler devant lui, dans une vision merveilleuse, le panorama de ses existences. Il rentre, par la mémoire, en possession de tout son passé et comprend, dans un ravissement ineffable, la raison des péripéties qu'il a traversées depuis son point de départ jusqu'au sommet où il est arrivé.

Nous sommes donc appelés à penser que tous les êtres forment une échelle graduée depuis la microscopique galionelle (gal. ferruginea), jusqu'à Dieu, principe et fin de tout ce qui existe. Chaque monde est un vaste amphithéâtre formé d'innombrables gradins, et ces gradins divers sont occupés par autant de séries d'êtres plus ou moins parfaits. Chaque monde, à son tour, n'est qu'un gradin plus ou moins élevé de cet amphithéâtre immense, infini, qui s'appelle l'Univers. Dans ces mondes naissent, vivent, meurent des êtres en rapport, par leur perfection relative, au séjour plus ou moins heureux qui leur est assigné. Ainsi, l'homme parti du dernier des mondes, s'épurant, progressant, s'*angélisant* par des transformations successives, monte un à un les échelons de cette magnifique *échelle de Jacob*, gravite toujours vers Dieu, en se rapprochant sans cesse de son essence, de sa lumière, sans jamais s'y perdre ou s'y confondre (XXXI).

Avec de tels horizons, on s'explique la douleur et on la brave. On plane sans efforts au-dessus des petites misères, des petites passions de ce monde. On se sent grand dans sa poussière et joyeux dans son agonie.

La conception mesquine de l'Univers provoque le désespoir, le blasphème, et conduit à l'athéisme; tandis que, dans notre manière d'envisager l'œuvre divine, tout s'explique et tout s'harmonise. L'humanité terrestre, avec ses dépravations et ses souffrances, trouve sa place dans les degrés inférieurs de cette vaste hiérarchie, et l'unité du plan divin nous apparaît dans sa magique beauté. Etant plus loin de soleil de la perfection, notre petit monde est plus obscur et l'ignorance y résiste mieux à la lumière. Les passions mauvaises y ont conservé plus d'empire et y font plus de victimes, parce que son humanité n'est encore qu'à l'entrée de la spiritualité. C'est un lieu de travail où l'on se *dégrossit*, où l'on se purifie pour avancer de quelques pas vers la perfection. C'est un noviciat où nous amassons les connaissances et les vertus qui nous serviront de diplôme ou de carte d'entrée dans les mondes supérieurs.

* *
*

3. — Si la loi de la réincarnation existait, elle détruirait nécessairement les liens de la famille ?

— Si réellement il en était ainsi, nous n'aurions qu'à nous incliner : on ne recule pas devant les conséquences de la vérité. Mais, heureusement, il n'en est rien. Les Esprits désincarnés forment des groupes sympathiques, en vertu de leurs tendances, de leurs relations antérieures et de leur même degré d'avancement. Ces groupes se donnent rendez-vous sur la terre pour lutter ensemble, courir les mêmes périls et acquérir un avenir meilleur ; ils forment ici-bas des familles bien unies. D'ailleurs une affection profonde, partagée, est indestructible. Nous pouvons nous-mêmes avoir été nos propres ancêtres, tant il est vrai qu'on revient souvent dans les centres qui nous attirent et qui nous plaisent.

Si tous les membres d'une famille progressent avec la même ardeur durant cette existence, ils se retrouveront plus unis encore après la mort. La véritable famille se compose ainsi des âmes qui se comprennent, s'attirent, se sentent faites pour s'aimer. Comparé à cette attraction, le lien du sang n'est que secondaire, parfois bien fragile. On peut en dire autant de l'époux et de l'épouse ; s'ils sont heureux, s'ils s'aiment, c'est qu'ils sont bien assortis, c'est-à-dire aussi bons, aussi avancés l'un que l'autre ; dès lors la séparation causée par la mort n'est que momentanée.

Il arrive cependant que des Esprits se réincarnent

dans des milieux étrangers *plus avancés* ou *moins avancés* que le leur et où ils ne trouvent pas toujours toute la sympathie dont ils auraient besoin.

Ils se réincarnent dans des milieux *plus avancés* lorsqu'ils pensent pouvoir y acquérir des vertus ou des connaissances devant favoriser leur élévation ; et, dans des milieux *moins avancés*, quand ils savent devoir y rencontrer et vaincre certaines difficultés qui sont de nature à stimuler leurs facultés, difficultés qu'ils ne trouveraient point dans leurs propres milieux où, probablement, ils se seraient laissés aller à une insouciance funeste à leur avancement.

Des hommes excellents ont eu pour fils des monstres. Périclès (1) fut le père de deux sots ayant noms Parallas et Antippas, plus encore un certain Clinias, extravagant à l'état normal et fou furieux par intermittence. L'intègre Aristippe (2) donna le jour à l'infâme Lysimachos, Thucydide (3) à l'inepte Milésias. Phocion (4), Socrate (*biog. p. 185*), Thémistocle (5) engendrèrent des fils indignes, et le frère d'Alexandre le Grand s'appela Arrhidée l'Imbécile. Marc-Aurèle (*biog. p. 186*), le plus vertueux des empereurs romains, avait pour fils Commode (*biog. p. 224*), célèbre par ses cruautés.

Lorsqu'un esprit mauvais ou antipathique se réincarne dans une famille homogène, il s'y trouve comme étranger, et l'on dit avec plus de vérité qu'on ne pense : *Celui-là n'est pas de la famille*.

---

(1) Orateur et homme d'Etat grec fort distingué. Chef du parti démocratique, il exerça sur ses concitoyens une influence bienfaisante ; il encouragea les lettres et les arts, orna Athènes d'admirables monuments et mourut 429 ans avant l'ère chrétienne.

(2) Philosophe grec, fondateur de l'école cyrénaïque (4e siècle avant l'ère chrétienne).

(3) Célèbre historien grec, auteur de l'*Histoire de la Guerre du Péloponèse* (471-401 avant l'ère chrétienne).

(4) Général et orateur athénien, célèbre par son désintéressement et injustement condamné à boire la ciguë (402-317 avant l'ère chrétienne).

(5) Général athénien, commanda la flotte athénienne lors de l'invasion de Xerxès (514-449 avant l'ère chrétienne).

Des légions de savants, de lettrés, de poètes, d'artistes, d'orateurs, de philosophes, d'historiens, c'est-à-dire tous ceux qui, par le prestige du talent ou l'ascendant de la vertu, exercent une grande influence sur l'opinion, sont issus de parents obscurs, et quelquefois même dépourvus de valeur morale. Ainsi Socrate (*biog. p. 185*) était le fils d'un pauvre sculpteur, Copernic (1) d'un boulanger, Kepler (2) d'un cabaretier et fut lui-même garçon cabaretier dans sa jeunesse, Diderot (3) fils d'un coutelier de Langres, d'Alembert (4) enfant trouvé, ramassé par une nuit d'hiver sur le seuil d'une église par la femme d'un vitrier. Newton (*biog. p. 106*) et Laplace (5) étaient fils de pauvres paysans; sir Humphrey Davy (*biog. p. 208*) domestique d'un pharmacien ; Faraday (6) ouvrier relieur ; Franklin (*biog. p. 207*) apprenti-relieur ; J.-J. Rousseau (7) horloger, fils d'un pauvre horloger ; Lincoln (*biog. p. 224*) était bûcheron et Johnson (*biog. p. 224*) tailleur ; Elihu Burrit, le promoteur de la paix universelle, était forgeron, etc., etc.

Lorsqu'un esprit plus avancé s'incarne dans une famille arriérée, il excite l'étonnement, parfois la jalousie et l'on a l'histoire de *Joseph vendu par ses frères*.

Les Esprits qui font ainsi le sacrifice de quitter

---

(1) Célèbre astronome polonais, démontra le double mouvement des planètes sur elles-mêmes et autour du soleil. La première idée de la rotation de la terre lui fut suggérée par un ancien philosophe grec, Philolaüs, le pythagoricien (1473-1543).

(2) Illustre astronome allemand, auteur d'une théorie sur la planète Mars et des lois dites *lois de Kepler*, d'où Newton sut dégager le grand principe de l'attraction universelle (1571-1630).

(3) L'un des fondateurs de l'*Encyclopédie* (1713-1784).

(4) Célèbre philosophe et écrivain français (1717-1783).

(5) Célèbre astronome et mathématicien français, créateur de la mécanique céleste (1749-1827).

(6) Célèbre physicien et chimiste anglais (1791-1867).

(7) Célèbre écrivain et philosophe suisse, auteur d'*Emile*, de *la Nouvelle Héloïse*, du *Contrat Social*, etc., etc. (1712-1778).

ceux qu'ils aiment ne les quittent jamais complètement ; *pendant le sommeil, ils les retrouvent ;* pendant le jour, ils sont obligés de reprendre sur la terre le joug qui leur pèse, qui les fait souffrir, mais il faut qu'ils apprennent à lutter contre les antipathies des autres et contre celles qu'ils éprouvent eux-mêmes.

Parfois aussi, des âmes géniales renaissent dans des corps infirmes, souffreteux, pour s'humilier et acquérir les vertus qui leur manquent : la patience, la soumission, la résignation.

Ici se pose naturellement la question de savoir si les Esprits sont libres de choisir à leur gré leurs incarnations.

Nous pensons que plus les Esprits sont avancés, plus aussi il leur est dévolu une part plus grande dans le choix de leurs incarnations. Selon nous, les Esprits inférieurs les subissent ; les Esprits moyens choisissent entre celles qui leur sont offertes ; les Esprits supérieurs qui s'imposent une mission, les élisent par pur dévouement.

Plus les Esprits sont évolués, plus aussi ils conservent, dans leurs incarnations, la conscience claire, irréfragable de la vie spirituelle qui règne au-delà de notre horizon terrestre, qui l'enveloppe comme une sphère de lumière et envoie ses rayons dans nos ténèbres.

Voici un exemple qui démontre, de la façon la plus nette, que la loi des réincarnations consolide *le plus souvent* les liens de la parenté, bien loin de les détruire.

« Il y a douze ans, écrit M. Isaac G. Forster, j'habitais Ill., comté d'Effingham. J'y perdis une enfant, Maria, au moment où elle entrait dans la puberté. L'année suivante, j'allai me fixer à Dakota, que je n'ai plus quitté depuis. J'eus, il y a neuf ans, une nouvelle fille que nous avons appelée Nellie, et qui a persisté obstinément à se nommer Maria, disant que *c'était son vrai nom duquel nous l'appelions autrefois.*

« Je retournai dernièrement dans le comté d'Effingham, pour y régler quelques affaires, et j'emmenai

Nelly avec moi. *Elle reconnut notre ancienne demeure et bien des personnes qu'elle n'avait jamais vues, mais que ma première fille Maria connaissait fort bien.*

« *A un mille se trouve la maison d'école que Maria fréquentait. Nellie, qui ne l'avait jamais vue, en fit une exacte description et m'exprima le désir de la revoir. Je l'y conduisis, et, une fois là, elle se dirigea directement vers le pupitre que sa sœur occupait, me disant*: « *Voilà le mièn !* » (*Isaac G. Forster, Milwankee sentinel, du 25 septembre 1892*).

Cet exemple prouve, en outre, d'un façon remarquable, comme nous l'avons écrit précédemment, que beaucoup de personnes se rappellent une ou plusieurs de leurs existences antérieures.

« Par des considérations d'ordre plus élevé, dit Allan Kardec (*biog. p. 161*), on renaît souvent dans le même milieu, dans la même nation, dans la même race, soit par sympathie, soit pour continuer, avec les éléments déjà élaborés, les études que l'on a faites, soit pour poursuivre des travaux commencés, que la brièveté de la vie ou les circonstances n'ont pas permis d'achever. Cette réincarnation dans le même milieu est la cause du caractère distinctif des peuples et des races ; tout en s'améliorant, les individus conservent la nuance primitive, jusqu'à ce que le progrès les ait complètement transformés.

« Les Français d'aujourd'hui sont donc ceux du siècle dernier, ceux du moyen âge, ceux des temps druidiques ; ce sont les exacteurs et les victimes de la féodalité, ceux qui ont asservi les peuples et ceux qui ont travaillé à leur émancipation, qui se retrouvent sur la France transformée, où les uns réparent dans l'abaissement leur orgueil de race, et où les autres jouissent du fruit de leurs labeurs. Quand on songe à tous les crimes de ces temps où la vie des hommes et l'honneur des familles étaient comptés pour rien, où le fanatisme élevait des bûchers en l'honneur de la divinité, à tous les abus de pouvoir, à toutes les injustices qui se commettaient au mépris des droits les plus sacrés, qui peut être certain de ne pas y avoir plus ou moins trempé les mains et doit-on s'étonner de voir de grandes et terribles *réparations collectives* ?

« Mais, de ces convulsions sociales sort toujours une amélioration ; les Esprits s'éclairent par l'expérience ; le malheur est le stimulant qui les pousse à chercher un remède au mal ; Ils réfléchissent dans le monde spirituel, prennent de nouvelles résolutions, et quand ils reviennent, ils font mieux. C'est ainsi que s'accomplit le progrès de génération en génération. » *(Allan Kardec. Œuvres posthumes.)*

Tout s'enchaîne dans la vie des sociétés comme dans la vie des individus. Tout acte *collectif* a sa conséquence aussi bien que tout acte privé. Nous étions les générations du passé, nous serons les générations de l'avenir. Nous récoltons ce que nous avons semé autrefois ; ce que nous semons aujourd'hui, nous le récolterons plus tard. Le bien engendre le bien, le mal produit le mal et, par suite, le malheur et la souffrance. Si la justice n'est pas là, qu'on nous dise alors où il faut la chercher.

Toute collectivité est responsable non-seulement du mal qu'elle fait à l'ensemble, mais encore de celui qu'elle laisse faire par son indifférence et sa faiblesse. En d'autres termes : *Il y a pour les peuples comme pour les individus une* JUSTICE IMMANENTE. Cette justice, pour être visible, attend parfois des siècles, car le temps est à l'action ce qu'est la distance au levier. Les fautes des pères rejaillissent sur leurs descendants. Le mal fait produit forcément un autre mal, mais l'autre mal détruit le premier comme l'incendie détruit la torche.

Voici, à l'appui de ces vérités, quelques exemples historiques, pris au hasard entre des centaines.

En 1314, Clément V, de connivence avec Philippe-le-Bel, supprime l'Ordre du Temple. Les Templiers sont traînés devant les Inquisiteurs qui les accusent des crimes les plus abominables. On les fait périr dans les tourments de la question ou par le feu des bûchers.

Les biens du Temple sont placés sous séquestre, et le roi se hâte de mettre la main sur les trésors de l'Ordre déposés au Temple de Paris (XX).

La *Justice immanente* devait *infailliblement* atteindre, dans leurs œuvres, leur mémoire et même leurs restes mortels, les persécuteurs de cet Ordre illustre. Les tombeaux de Clément V et de Philippe-le-Bel sont tous deux violés, le premier à Avignon, pendant les agitations calvinistes, le second à St-Denis, pendant les troubles de la Révolution. Leurs restes sont outragés et jetés au vent, comme l'ont été ceux de leurs victimes.

C'est au Temple de Paris qu'a été arrêté Jacques de Molay, Grand-Maître de l'Ordre, et que s'est ensuite installé Philippe-le-Bel; c'est au Temple qu'est emprisonné le dernier des Capétiens qui exerça le pouvoir absolu, et il n'en sort, comme autrefois Jacques de Molay, que pour monter à l'échafaud.

Clément V croit, par sa complicité, servir les intérêts de la papauté; il ne fait que l'abaisser dans le monde et montrer aux rois et aux peuples qu'ils n'ont rien à craindre du Pape, s'ils sont assez forts pour le braver. Quand Clément V meurt, le monde est mûr pour la venue de Luther.

En quelques années, l'Allemagne échappe à la papauté. La *Réforme*, les *Sociétés secrètes*, la *Gnose* se dressent plus puissantes que jamais, et la *philosophie indépendante* alliée au protestantisme, va achever l'œuvre commencée.

L'Europe échappe partout au Pape, et la Révolution française va montrer comment elle va de même échapper aux Rois. Les droits de l'homme promulgués au nom de *Jacobus Burgundus Molay*, avec les initiales L. D. P. (*Lelia destrue pedibus. Foule aux pieds les lys*), c'est la sentence prononcée depuis six siècles contre les héritiers de Philippe-le-Bel.

*
* *

En 1492, Christophe Colomb découvre l'Amérique. Des hommes groupés en nations y vivent heureux, possesseurs d'immenses richesses... On sait, d'après le témoignage non suspect de Barthélemy de Las Casas (1) que, pendant les quarante premières années qui suivent cette découverte, plus de *quinze millions* d'individus sont suppliciés avec une cruauté inouïe par les Espagnols. D'ordinaire on les brûle vifs, ou on les pend par treize ensemble à d'énormes potences disposées spécialement dans ce but ; ce chiffre de treize victimes avait été imaginé en guise d'hommage à Jésus-Christ et aux douze apôtres (XX).

Non-seulement les Espagnols tirent peu de profit des immenses richesses extorquées aux malheureux Hindoux qui les avaient accueillis comme des envoyés du Ciel ; mais, ces richesses mêmes font leur malheur. Depuis lors, l'Espagne ne fait que péricliter. Alors qu'on la croit au faîte des grandeurs, sa ruine se prépare. Il serait cruel de rappeler les incidents lamentables de sa résistance aux Etats-Unis, si l'on peut appeler résistance le spectacle de flottes entières détruites en fuyant le combat, et d'une forteresse formidable comme Santiago, défendue par 23.000 soldats, capitulant sans même attendre un commencement de siège.....

Il fallait que l'Espagne réparât sa dureté envers l'Amérique ; que ses colonies asservies devinssent des Etats libres et qu'elle même se régénérât.

— La révocation de l'édit de Nantes, en 1685, détermine l'émigration de l'élite intellectuelle de la France. Les émigrés emportent avec eux tous les secrets de l'industrie française et la haine du nom français.

La France est ruinée matériellement et dégradée moralement, par suite des terribles effets de cette

---

(1) Célèbre prélat espagnol, évêque de Chiapa, défendit avec zèle les Américains contre l'oppression de leurs conquérants (1474-1566.)

révocation dont les conséquences ont leur répercussion en 1870.

Ce qui a fait la suprématie militaire, commerciale et industrielle de l'Allemagne, ce qui lui a donné tous les instruments pour combattre victorieusement la France, ce sont les réfugiés français dont les descendants ont repris la route de Metz un fusil allemand sur l'épaule.

Il fallait réparer les crimes du passé. Les anciens tortionnaires reviennent pour être les victimes des anciens réfugiés français réincarnés en Allemagne. (XX bis).

Nous lisons dans le journal *Le Matin*, de Paris, sous la signature de M. CHARLES LAURENT :

« Guillaume II vient de nous rappeler Louis XIV, de la manière la plus inattendue et probablement sans y tâcher. A l'issue des grandes manœuvres impériales, il a, comme tous les ans, accordé de l'avancement à de nombreux officiers de l'état-major allemand, et entre autres à MM. :

« De Borries, de Beaulieu-Marconnay, d'Hauteville, de Mantey, de Memerty, de Gabain, de Garnier, Saarbourg, de Dewall, Travers, de Guionneau, de Renouard, Huguenin, de Lucadou, de Houwald, de Gentil de Lavallade, de Borrell du Vernay, Genée, d'Heil, d'Outrelepont, Giroz de Gaudi, baron d'Ardenne, de Colomb, etc., etc...

« On croirait lire une page de l'*Annuaire de l'armée française !* Pourtant, hélas ! ce sont bien là des noms allemands : ceux qui les portent descendent des familles protestantes qui émigrèrent ou furent expulsées de nos provinces à la révocation de l'Edit de Nantes. Le Roi-Soleil a donné ces sujets au roi de Prusse ou à l'empereur d'Allemagne, il y a deux cent dix-sept ans. Ils se sont établis en Brandebourg, en Silésie, en Saxe, en Bavière ; ils ont librement pratiqué la foi de leurs pères dans ces divers pays, aujourd'hui réunis ou fédérés sous le sceptre des Hohenzollern, et quelques-uns d'entre eux, comme les du Verdy du Vernois, ont marqué dans les campagnes du siècle dernier, parmi les adversaires les plus animés et les plus habiles de leur ancienne patrie ». (*Le Matin* du 27 septembre 1903.)

*
* *

Le massacre de milliers de chrétiens, constituant un des actes les plus odieux commis par le gouvernement ottoman, ses conséquences ne se feront pas attendre bien longtemps.

L'heure du châtiment sonnera aussi pour les Anglais, à cause de leurs crimes de lèse-humanité aux Indes, au Cap, et tout récemment au Transvaal et dans la République d'Orange.

Cette majestueuse loi des conséquences des actes nous donne la clef de l'enchaînement des faits. Elle est comme une radiation de la pensée divine ! Malgré le sombre capuchon de matière qui pèse sur nous et obscurcit nos perceptions, nous sommes saisis de respect et d'émotion en présence de cette loi qui préside aux destinées des sociétés et des mondes !!!

*
* *

4. — N'y a-t-il pas quelque chose de révoltant à placer côte à côte dans le même avancement les bourreaux et les victimes, les oppresseurs et les opprimés, les tyrans et leurs malheureux sujets, les grands inquisiteurs et les innocents livrés au bûcher, Phryné (1) avec Lucrèce (2), une vierge pudique avec une vile courtisane ?

Nous espérons bien, pour notre compte, ne jamais trouver parmi nos enfants, nos proches ou nos amis, des monstres comme Gilles de Retz (3), Lacenaire

---

(1) Courtisane grecque, célèbre par sa beauté. Praxitèle la prit comme modèle pour ses statues de Vénus.

(2) Dame romaine qui se tua de désespoir après avoir été outragée par un fils de Tarquin le Superbe, événement tragique qui amena l'établissement de la république à Rome (1509 ans avant l'ère chrétienne).

(3) Grand seigneur du XVᵉ siècle qui s'amusait à voler aux paysans des environs de son château-fort jusqu'à cent vingt-cinq enfants que, pendant des orgies sodomiques, il faisait mourir en de cruels supplices.

ou Dumolard? d'effroyables tyrans comme Néron, Attila ou Timour, sans compter les criminels célèbres ou vulgaires dont la conduite fait frémir?

— Tout ascensionne. Un vulgaire morceau de charbon se transforme en un étincelant diamant. L'être le plus dégradé, le plus bas tombé est destiné à gravir les hauteurs sereines des consciences épurées. Et les Gilles de Retz, les Lacenaire, les Dumolard, les Néron, les Attila, les Timour arriveront, par le labeur et la souffrance, et d'existence en existence, à un état futur de bonté et de gloire.

Nous sommes dès lors persuadés que jamais nous ne trouverons aucun de ces scélérats parmi les nôtres ou parmi nos amis, mais nous y rencontrerons peut-être les héros d'autres réincarnations méritantes et pénibles que ces coupables auront subies, dans lesquelles ils se seront rachetés, et le premier rachat sera l'effacement de leur nom exécrable que nul ne saura au royaume des cieux. Motif nouveau et tout puissant de faire admettre la vérité des réincarnations.

5. — Si nous devons tous arriver, à quoi bon réformer sa vie, à quoi bon s'inquiéter?

— « Ce raisonnement serait juste, dit Allan Kardec (*biog. p. 161*), si la non-éternité des peines entraînait la suppression de toute sanction pénale. L'état heureux ou malheureux dans la vie spirituelle est une conséquence rigoureuse de la justice divine, car une identité de situation entre l'homme bon et le pervers serait la négation de cette justice. Mais, pour n'être pas éternel, le châtiment n'en est pas moins pénible; on le redoute d'autant plus qu'on y croit davantage, et l'on y croit d'autant plus qu'il est plus rationnel. Une pénalité à laquelle on ne croit pas, n'est plus un frein, et l'éternité des peines est de ce nombre.

« Cette croyance a eu son utilité et sa raison d'être à une certaine époque. Aujourd'hui, non seulement elle ne touche plus, mais elle fait des incrédules. Avant de la poser comme une nécessité, il faudrait en démontrer la réalité. Il faudrait surtout qu'on en vit l'efficacité sur ceux qui la préconisent et s'efforcent de la démontrer. Malheureusement, parmi ceux-ci, beaucoup trop prouvent par leurs actes qu'ils n'en sont nullement effrayés. Si elle est impuissante à réprimer le mal chez ceux qui disent y croire, quel empire peut-elle avoir sur ceux qui n'y croient pas? Chacun admettra, au contraire, comme une justice, une pénalité d'une durée proportionnée à la gravité de la faute, et à la persistance de l'endurcissement dans le mal, mais laissant toujours la porte ouverte au repentir.

« Jusqu'ici le dogme de l'éternité des peines n'a été combattu que par le raisonnement (XVIII *bis*); nous allons le montrer en contradiction avec les faits positifs que nous avons sous les yeux et en prouver l'impossibilité.

« Selon ce dogme, le sort de l'âme est irrévocablement fixé après la mort. C'est donc un point d'arrêt définitif opposé au progrès. Or, l'âme progresse-t-elle, oui ou non? Là est toute la question. Si elle progresse, l'éternité des peines est impossible.

« Peut-on douter de ce progrès quand on voit l'immense variété d'aptitudes morales et intellectuelles qui existent sur la terre, depuis le sauvage jusqu'à l'homme civilisé? La différence que présente un même peuple d'un siècle à l'autre? Si l'on admet que ce ne sont plus les mêmes âmes, il faut admettre alors que Dieu crée des âmes à tous les degrés d'avancement, selon le temps et les lieux; qu'il favorise les unes, tandis qu'il voue les autres à une infériorité perpétuelle, ce qui est incompatible avec la justice qui doit être la même pour toutes les créatures.

« Il est incontestable que l'âme arriérée intellectuellement et moralement, comme celle des peuples barbares, ne peut avoir les mêmes éléments de bonheur, les mêmes aptitudes à jouir des splendeurs de l'infini, que celles dont toutes les facultés sont largement développées. Si donc ces âmes ne progressent pas, elles ne peuvent, dans les conditions les plus favorables, jouir à perpétuité d'un bonheur pour ainsi dire négatif. On arrive donc forcément, pour être d'accord avec la rigoureuse justice, à cette conséquence que les âmes les plus avancées sont les mêmes que celles qui étaient arriérées et qui ont progressé. Mais ici nous touchons à la grande question de la pluralité des existences, comme seul moyen de résoudre les difficultés. » (*Allan Kardec. Le Ciel et l'Enfer.*)

VI. — Vous prétendez que l'homme descend de l'animal. L'animal qui se rapproche le plus de l'homme est le singe, et cependant quelle distance entre le singe et l'homme le plus sauvage? Pour que votre théorie puisse avoir quelque vraisemblance, vous devriez nous *montrer un ou plusieurs chaînons ou êtres intermédiaires reliant le singe à l'homme*, et vous ne le faites point, par la raison fort simple que cet échelon ou ces échelons n'existent pas?

— La doctrine évolutionniste affirme qu'entre le singe et l'homme il existe ou il a dû exister un ou plusieurs chaînons intermédiaires, c'est-à-dire des *préhommes*. En dépit des nombreuses dénégations qui leur étaient opposées, les anthropologues et les savants qui s'occupent d'anatomie comparée ont généralement admis cette doctrine, et beaucoup n'ont pas désespéré d'en trouver la preuve directe en fouillant dans les terrains géologiques récents.....

Longtemps ils ont cherché vainement les restes fossiles de nos ancêtres. Ils découvrirent bien en beaucoup d'endroits des témoins de l'activité de l'homme préhistorique : silex taillés, os travaillés, etc., mais la pièce décisive, le squelette manquait. Ils se rapprochaient néanmoins de la solution du problème, et certains crânes, comme celui de Neanderthal, étaient trouvés et paraissaient être un des chaînons intermédiaires entre le singe et l'homme.

En 1895, un médecin militaire hollandais, le docteur Dubois, découvrit, dans l'île de Java, des ossements fossiles, une boîte crânienne, des dents et un fémur ayant appartenu à un être humain, ossements dont les caractères anatomiques tenaient à la fois de l'homme et du singe.

On appelait cet être le *pithécanthrope* ou *anthropopithèque*, et bon nombre de savants tombèrent d'accord pour voir dans ces ossements les restes fossiles de l'ancêtre de l'homme prévu par la doctrine évolutionniste. Toutefois, certains élevèrent des objections relatives soit à la nature des terrains dans lesquels avaient été trouvés les ossements du pithécanthrope, soit à l'interprétation de certains caractères anatomiques tirés de ces ossements mêmes; le problème ne leur parut pas définitivement résolu par cette découverte. Les différences anatomiques relevées sur le squelette du pithécanthrope, objectaient-ils, ne pourraient-elles pas provenir d'un état morbide, d'un état pathologique du sujet? D'autres disaient volontiers : *testis unus, testis nullus (un seul témoin, pas de témoin)*.

Enfin, en 1901, un professeur de l'Université d'Agram, le docteur Kramberger, découvrit en Autriche-Hongrie, à Krapina (Croatie), des débris fossiles de crânes et de squelettes humains. Ces représentants d'une humanité primitive seraient les ancêtres tant cherchés de nos races humaines actuelles. L'homme de Krapina serait l'intermédiaire entre l'homme et le singe.

Cette découverte fait tomber les dernières objections. L'homme de Krapina n'est pas unique de son espèce. Les débris de crânes et de squelettes humains découverts se rapportent à une dizaine d'individus et les caractères anatomiques qu'ils présentent ne peuvent pas être une anomalie individuelle, comme on a pu l'avancer pour le pithécanthrope javannais, vu qu'ils sont le trait commun de dix crânes reconstitués.

Ainsi, on a pu clairement reconnaître que les bords supérieurs de l'orbite étaient extrêmement saillants et volumineux. Cette particularité anatomique approche l'homme de Krapina du fameux pithécanthrope de Java, avec cette différence cependant que le *préhomme* de Krapina a le front plus élevé. Le professeur autrichien, auteur de la découverte, voit dans ces sourcils saillants un caractère fort net qui rapproche du singe ces représentants d'une humanité primitive.

L'aspect tout particulier de ces crânes humains exhumés, si caractéristique soit-il, ne constitue pas à lui seul l'importance de la découverte. Ces restes fossiles ont été trouvés à côté d'autres qui relèvent la valeur de la trouvaille. A côté d'eux on a recueilli, côte à côte, des ossements de l'ours des cavernes, de l'auroch (bison priscus) et du rhinocéros chevelu (rhinocéros tichorhynus), qui vivaient à la même époque que l'homme de Krapina, puis des traces remarquables de l'activité de ce dernier, des instruments en pierre, une hache en os, des objets portant de nombreuses traces de feu, etc., etc.

Ces découvertes sont d'une importance capitale, elles nous montrent que toute une race d'hommes a existé, aux temps préhistoriques, contemporains de grands mammifères aujourd'hui disparus, ayant des caractères anatomiques les rapprochant du singe et du pithécanthrope de Java et déjà, cependant, possédant les premiers outils de travail. Elles sont une nouvelle et éclatante démonstration de la vérité de la doctrine évolutionniste...

RÉSUMÉ

Nous terminerons notre étude par un résumé, aussi succinct que possible, des vérités essentielles qui sont appelées à servir d'assises à l'établissement de la Religion de l'Avenir :

I. Une *Intelligence suprême* régit les mondes. Cette Intelligence, que l'on appelle Dieu, est le *Moi conscient* de l'Univers, et c'est *dans* l'Univers, *pour* l'Univers et *par* l'Univers que la pensée divine s'objective.

II. Toutes les créations se développent suivant une chaîne toujours ascendante, sans aucune solution de continuité perceptible dans la série ascentionnelle. Le règne minéral passe insensiblement au règne végétal, le règne végétal au règne animal et celui-ci au règne hominal, sans que l'on puisse saisir de ligne de démarcation nette.

Elles se développent doublement, au matériel, comme au spirituel. Ces deux formes de l'évolution sont parallèles, solidaires, la vie n'étant qu'une manifestation de l'Esprit qui se traduit par le mouvement.

III. L'âme s'élabore au sein des organismes rudimentaires. A base de l'évolution, elle n'est qu'un simple élément de vie. Pour devenir ce qu'elle est dans l'humanité actuelle, il a fallu qu'elle traversât tous les règnes de la nature. Force aveugle et indistincte dans le minéral, individualisée dans la plante, polarisée dans la sensibilité et l'instinct des animaux, elle tend sans cesse vers la monade consciente dans cette lente élaboration, pour arriver enfin à l'homme, *summum* de la création terrestre animée.

Elle n'est encore qu'à l'état d'ébauche dans l'animal qui n'a jamais qu'un organisme partiel ou incomplet, constitué par quelque qualité prédominante ; chez l'homme seul tous les organes sont pleinement achevés et développés dans leurs justes proportions ; chez lui, l'âme acquiert la conscience et ne peut plus redescendre. Mais, à tous les degrés, elle prépare et façonne son enveloppe matérielle.

IV. — L'évolution de l'âme est infinie et chaque existence n'est qu'un anneau de la chaîne infinie de la vie. A quelque degré d'évolution que l'âme soit arrivée, elle porte en elle le couronnement et la synthèse des puissances inférieures de la nature qui sont les traces de son passage à travers tous les règnes. Elle possède aussi *en germe* toutes les facultés supérieures (puissance, intelligence, amour), comme le gland contient *en germe* toutes les qualités potentielles du chêne. Ces facultés supérieures, l'âme est destinée à les développer, à travers ses vies successives, par la réflexion, l'éducation et l'expérience.

V. L'âme progresse à l'état corporel et à l'état spirituel. L'état corporel lui est nécessaire jusqu'à ce qu'elle ait atteint un certain degré de perfection ; elle s'y développe par le travail auquel est elle assujettie pour ses propres besoins et y acquiert des connaissances pratiques spéciales. Une seule existence corporelle étant insuffisante à ces fins, elle reprend un corps aussi souvent que cela lui est nécessaire et, à chaque fois, elle arrive avec le progrès qu'elle a accompli dans ses existences antérieures et dans la vie spirituelle.

VI. Dans l'intervalle des existences corporelles, l'âme vit de la vie spirituelle. Elle se retrouve dans l'au-delà avec sa pleine conscience, avec son entière responsabilité. Vie exquise de joies ineffables quand sa dernière incarnation a été utilement employée. Vie de désillusion et de remords, alors que réapparaissent les mauvaises actions et les crimes. L'âme souffre par le mal même qu'elle a fait, de manière que son attention étant incessamment portée sur les suites du mal, elle en comprenne mieux les inconvénients et soit excitée à s'en corriger. Elle prend des résolutions viriles, et, le temps venu, redescend dans un nouveau corps, afin de s'y améliorer par le travail et l'étude. Toujours elle conserve l'intuition, le vague sentiment des résolutions prises avant de renaître.

VII. Lorsque l'âme a acquis sur un monde la somme de progrès que comporte l'état de ce monde, elle le quitte pour s'incarner sur un monde plus avancé où elle acquiert de nouvelles connaissances, et, ainsi de suite, jusqu'à ce que l'incarnation dans un corps matériel ne lui étant plus utile, elle vit exclusivement de la vie spirituelle, où elle progresse encore dans un autre sens et par d'autres moyens. Arrivée au point culminant du progrès, elle jouit de la suprême félicité ; admise dans les conseils de Dieu, elle a sa pensée et prend rang parmi ses missionnaires, ses ministres directs pour le gouvernement des mondes, ayant sous leurs ordres les Esprits à différents degrés d'avancement.

VIII. L'âme a un corps fluidique (*périsprit*) dont la substance est puisée dans le fluide universel ou cosmique, qui le forme et l'alimente, comme l'air forme et alimente le corps matériel.

Le périsprit est plus ou moins éthéré selon les mondes et le degré d'épuration de l'âme. Chez les âmes inférieures et dans les mondes inférieurs, sa nature est plus grossière et se rapproche davantage de la matière brute.

Le périsprit est le canevas sur lequel l'âme forme le corps physique ; ce dernier n'est qu'une seconde enveloppe, plus grossière, plus résistante, appropriée aux fonctions qu'il doit remplir et dont le périsprit se dépouille à la mort.

Le périsprit est l'intermédiaire entre l'âme et le corps, c'est l'organe de transmission de toutes les sensations. Par celles qui viennent de l'extérieur, on peut dire que le corps éprouve l'impression, le périsprit la transmet et l'âme, l'être sensible et intelligent, la reçoit ; lorsque l'acte part de l'initiative de l'âme, on peut dire que l'âme veut, que le périsprit transmet et que le corps exécute.

C'est par les *courants magnétiques* que le périsprit communique avec l'âme et c'est par la *force vitale* qu'il est lié au corps.

Le périsprit n'est pas enfermé dans les limites du corps comme dans une boîte ; par sa nature fluidique, il est expansible : il rayonne au dehors et forme autour du corps une sorte d'atmosphère que la force de la volonté peut étendre plus ou moins ; d'où il suit que les personnes qui ne sont pas en contact corporellement, peuvent l'être par leur âme, et se transmettre, à leur insu, leurs impressions, quelquefois même l'intuition de leurs pensées (*télépathie*).

Telle est, résumée en quelques lignes, la doctrine qui, selon nous, est appelée à devenir la foi religieuse de l'avenir.

Cette doctrine s'appuie d'une part sur les travaux

du passé, sur l'universalité des principes qui se trouvent à la source de toutes les grandes religions, et forme, d'autre part, le fond de toutes les grandes philosophies de l'Orient.

Elle a été professée par les Druides (1) et par les plus grands génies de l'antiquité et des temps actuels On la trouve dans la Kabbale hébraïque, elle se retrouve aux origines du Christianisme, et elle est conforme aux croyances de toutes les branches du Spiritualisme moderne (2).

La théologie chrétienne croyait l'avoir saisie, emprisonnée, puis étouffée, mais elle n'était qu'assoupie. Plus puissante que toutes les forces coalisées qui vivent dans les ténèbres, elle a fini par triompher de tous ses ennemis et, aujourd'hui, elle sort de sa longue léthargie, plus vivante, plus forte, plus robuste que jamais...

Dans les temps tourmentés où nous vivons, quand les notions les plus élémentaires de liberté, de vérité, s'obscurcissent, quand les principes de la vie mo-

---

(1) « La croyance si vive de nos pères en l'immortalité éclate jusque sur leurs monuments funéraires. Au lieu de l'urne païenne noyée dans les pleurs, on trouve des sculptures gauloises qui représentent le personnage mortuaire les yeux levés vers le ciel, d'une main tenant le cippe, de l'autre à demi-ouverte, montrant l'espace; au lieu de ces stériles inscriptions du paganisme qui n'imploraient jamais que les souvenirs et les larmes, on en voit chez nos pères, qui savent, à côté du regret, recommander l'espérance. On connaît celle-ci, découverte sur les bords du Rhône :

« Si absit cinis hac in urna, tunc spiritum cerne in cujus salutem nihil temere dictum est » (*si la cendre manque dans cette urne, alors regarde l'esprit sur le salut duquel rien n'a été dit témérairement*).

« Qu'il y a de grandeur dans cette épitaphe ! quel parfait affranchissement de tout lien matériel ! Et qu'elle avait de puissance la religion capable d'inspirer d'aussi beaux sentiments » (*Encyclopédie nouvelle au mot* DRUIDISME. *p. 112.*)

(2) Le Spiritualisme moderne se divise en trois grandes branches : *Le Spiritisme, la Théosophie et l'Hermétisme.* Leurs croyances sont identiques dans leurs grandes lignes, dans leurs traits essentiels : *Loi d'évolution, existences successives, réincarnations ;* elles ne diffèrent que dans des questions d'importance secondaire :

rale, l'existence de Dieu, l'immortalité de l'âme, sont sans cesse remis en question, il sera bientôt reconnu que cette doctrine constitue le plus puissant *levier moralisateur*, parce que *seule*, elle sauvegarde la dignité humaine, donne une base à la morale, satisfait à la fois le sentiment et la raison, en réunissant dans une synthèse unique, la science, la philosophie et la religion (1).

Elle donne, en effet, la solution de l'énigme du monde, et explique d'une manière *simple, rationnelle, scientifique* (2), les raisons de notre séjour ici-bas, les précocités sublimes, les génies enfants, en même temps que les inégalités de longévité, d'intelligence, de sensibilité morale ou affective, de conditions sociales, d'aptitudes, de caractères, de mérites.

Elle fait ressortir, avec une puissance de logique

---

(1) « Jusqu'ici, écrit Léon Denis (*biog. p 117*,) la raison et le sentiment, les deux puissances de l'âme ont été en lutte, en perpétuel conflit. De là une cause profonde de souffrance et de désordre pour la Société humaine. La religion, en faisant appel au sentiment et en écartant la raison, tombait souvent dans le fanatisme, dans l'égarement. La science, en procédant dans le sens contraire, restait sèche et froide, impuissante à régir les mœurs.

« Qu'elle ne sera pas la supériorité d'une doctrine qui vient rétablir l'équilibre et l'harmonie entre ces deux forces, les unir, leur imprimer une impulsion commune vers le bien ? Il y a là, on le comprendra, le principe d'une immense révolution. Par cette conciliation du sentiment et de la raison, le Spiritisme devient la religion scientifique de l'avenir. L'homme, affranchi des dogmes qui contraignent et des infaillibilités qui oppriment, recouvre son indépendance et l'usage de ses facultés. Il examine, juge librement et n'accepte que ce qui lui paraît bon » (LÉON DENIS. *Dans l'Invisible — Spiritisme et Médiumnité*).

(2) Elle est scientifique parce quelle ne s'appuie pas seulement sur la logique la plus inflexible, mais aussi parce qu'elle repose sur une base plus rigoureuse, plus inébranlable encore : les expériences *directes sensibles*, du Spiritisme moderne.

Elle se rattache, d'autre part, à toutes les données de l'astronomie, de la physique, de la chimie, de la dynamique, aussi bien qu'elle nous fournit la solution des plus difficiles problèmes de la biologie, de la physiologie et de la morale philosophique.

qu'aucune autre doctrine n'a possédée, la fraternité et la solidarité des âmes, découlant de leur origine et de leurs fins communes, et fait disparaître, du même coup, les préjugés de race, de caste, de religion et d'époque.

Elle détruit, non seulement les erreurs de la superstition, du surnaturalisme et de l'athéisme, mais encore elle permet d'asseoir sur des bases inébranlables notre idéal de justice.

Cette doctrine est une doctrine de salut qui, *seule aussi*, peut inspirer confiance aux esprits mûrs, réfléchis et indépendants, raffermir les convictions vacillantes, indécises, réconforter les âmes qui souffrent des tristesses, des misères, des hontes, de la vie présente, apporter le courage aux désespérés et, comme un phare lumineux, éclairer la marche de l'humanité vers des régions toujours plus hautes et plus sereines ! ! !

De même que le soleil dissipe les ombres de la nuit, de même aussi cette doctrine dissipera les erreurs qui sont la nuit de l'esprit ; pour elle, il n'y aura ni digues ni frontières, il n'y aura point d'obstacles.

Elle exercera d'abord son empire sur les esprits cultivés, et son influence rayonnera de proche en proche sur la majorité des hommes qui dirigent la Société. Elle se traduira par une marche plus ferme et plus sûre imprimée aux affaires publiques, par la réforme du système d'éducation, gagnera insensiblement les générations qui nous suivent, et modifiera profondément les rapports sociaux, aujourd'hui si empreints de particularisme et d'intolérance.

Elle sera le lien sacré de toutes les intelligences et de toutes les consciences, et fera éclater cette profonde vérité d'un grand poète :

Le monde en s'éclairant s'élève à l'unité.

(LAMARTINE).

APPENDICE

PENSÉES SUR LA PRIÈRE

M. Guizot (*biog. p. 147*) a écrit sur la prière les lignes suivantes :

« Seul, entre tous les êtres ici-bas, l'homme prie. Parmi ses instincts moraux, il n'y en a point de plus naturel, de plus universel, de plus invincible que la prière. L'enfant s'y porte avec une docilité empressée. Le vieillard s'y replie comme dans un refuge contre la décadence et l'isolement. La prière monte d'elle-même sur les jeunes lèvres qui balbutient à peine le nom de Dieu, et sur les lèvres mourantes qui n'ont plus la force de le prononcer. Chez tous les peuples, célèbres ou obscurs, civilisés ou barbares, on rencontre à chaque pas des actes et des formules d'invocation. Partout où vivent des hommes, dans certaines circonstances, à certaines heures, sous l'empire de certaines impressions de l'âme, les yeux s'élèvent, les mains se joignent, les genoux fléchissent pour implorer ou pour rendre grâce, pour adorer ou pour apaiser. Avec transport ou avec tremblement, publiquement ou dans le secret du cœur, pour l'homme, prier, en dernier recours, c'est combler le vide de son âme ; c'est dans la prière qu'il cherche, quand tout lui manque, de l'appui pour sa faiblesse, de la consolation pour ses douleurs, de l'espérance pour sa vertu.

« Personne ne méconnait la valeur morale et intérieure de la prière. Par cela seul qu'elle prie, l'âme se soulage, se relève, s'apaise, se fortifie ; elle éprouve, en se tournant vers Dieu, ce sentiment de retour à la santé et au repos qui se répand dans le corps, quand il passe d'un air orageux et lourd dans une atmosphère sereine et pure.

« Quelle est l'efficacité extérieure et définitive de la prière ? Ici est le mystère, l'impénétrable mystère des desseins et de l'action de Dieu sur chacun de nous. Ce que nous savons, c'est que, soit qu'il s'agisse de notre vie extérieure ou intérieure, ce n'est pas nous seuls qui en disposons selon notre pensée et notre volonté propres. Tous les noms que nous donnons à cette part de notre destinée qui ne vient pas de nous-mêmes, hasard, fortune, étoile, nature, fatalité, sont autant de voiles jetés sur notre impiété ignorante (1). Quand nous parlons ainsi, nous refusons de voir Dieu où il est. Au delà de l'étroite sphère où sont renfermées la puissance et l'action de l'homme, c'est Dieu qui règne et agit. Il y a dans l'acte naturel et universel de la prière, dans cette action permanente et toujours libre de Dieu sur l'homme et sa destinée, une foi naturelle et universelle. « Nous sommes ouvriers avec Dieu, dit saint Paul, ouvriers avec Dieu, et dans l'œuvre des destinées générales de l'humanité et dans celle de notre propre destinée présente et future ». C'est là ce qui nous fait entrevoir la prière comme le lien qui unit l'homme à Dieu ; mais là s'arrête pour nous la lumière. « Les voies de Dieu ne sont pas nos voies » ; nous y marchons sans les connaître ; croire sans voir (2) et prier sans prévoir, c'est la condition que Dieu a faite à l'homme en ce monde, pour tout ce qui en dépasse les limites. C'est dans la conscience et l'acceptation de cet ordre surnaturel (3) que consistent la foi et la vie religieuse ». (*Guizot. L'Eglise et la Société chrétienne*).

---

(1) Nous faisons nous-mêmes notre destinée. Si M. Guizot avait connu la loi de la *répercussion des vies*, il se serait, sans nul doute, exprimé autrement.

(2) La foi *aveugle* n'est plus de notre temps. La *vraie foi* doit reposer sur la *raison*, la *conscience* et le *libre examen*. Elle ne doit reconnaître que des principes découlant de l'observation directe et de l'étude des lois naturelles.

(3) Le mot *surnaturel* est un mot vide de sens. Le surnaturel n'existe pas : tout est soumis à des lois naturelles.

⁂

« La prière, dit, de son côté, Léon Denis (*biog. p. 117*), c'est la pensée tendue vers le bien, c'est le fil lumineux qui rattache les mondes obscurs aux mondes divins, les Esprits incarnés aux âmes libres et rayonnantes. La dédaigner, c'est dédaigner la seule force qui nous arrache au conflit des passions et des intérêts, qui nous transporte au-dessus des choses changeantes et nous unit à ce qui est fixe, permanent, immuable dans l'Univers. Au lieu de repousser la prière, en raison des abus ridicules ou odieux dont elle a été l'objet, ne vaut-il pas mieux l'utiliser avec sagesse et mesure ? C'est d'une âme recueillie et sincère, c'est avec son cœur qu'il faut prier. Evitons les formules banales en usage dans certains milieux. Dans ces sortes d'exercices spirituels, notre bouche seule a remué, notre âme est restée muette. A la fin de chaque jour, avant de nous livrer au repos, descendons en nous-mêmes, examinons avec soin nos actions, sachons condamner les mauvaises afin d'en éviter le retour et applaudissons à ce que nous avons fait d'utile et de bon. Demandons à la Suprême Sagesse de nous aider à réaliser en nous et autour de nous la beauté morale et parfaite. Loin de la terre, élevons nos pensées ! Que notre âme s'élance, joyeuse et aimante, vers l'Éternel ! Elle redescendra de ces hauteurs avec des trésors de patience et de courage, qui lui rendront facile l'accomplissement de ses devoirs, de sa tâche de perfectionnement.

« La puissance souveraine ne représente pas seulement la justice, elle est aussi la bonté immense, infinie, secourable. Or, pourquoi n'obtiendrions-nous pas dans nos prières tout ce que la bonté peut concilier avec la justice ? Nous pouvons toujours demander appui et secours aux heures de détresse. Dieu seul sait ce qui est le plus convenable pour nous et, à défaut de l'objet de nos demandes, il nous enverra toujours soutien fluidique et résignation. (1)

---

(1) L'homme dans le malheur puise dans la prière à la fois force et consolation : en ce sens, elle est toujours exaucée. « Comme l'encens ranime le charbon qui s'éteint, dit Gœthe (*biog. p. 103*), la prière ranime l'espérance dans le cœur de l'homme *(Gœthe, Maximes)*.

Mais qu'attendent habituellement les âmes dévotes des prières qu'elles adressent au ciel ? Des *faveurs injustes* ou des *grâces impossibles*. Il faudrait que, pour elles, Dieu fît des miracles ou qu'il favorisât leur intérêt personnel au détriment d'un intérêt souvent non moins légitime.

Un marchand de parapluies demande la pluie, tandis que le marchand de fourrures demande la gelée ; deux armées en présence invoquent également le Très-Haut pour remporter la victoire. Dieu ne saurait satisfaire à des vœux si opposés...

Il suit de là, qu'adresser à Dieu des prières qui, exaucées, entraîneraient le malheur et la ruine d'autrui, c'est lui faire injure et le supposer capable d'injustice. Mais ce n'est pas tout : les âmes dévotes vont encore bien plus loin dans leur façon injurieuse et méprisante de concevoir la divinité. Pour déterminer Dieu à leur accorder ce qu'elles désirent, elles n'hésitent pas à faire sur lui des tentatives de corruption ! Et, quand nous parlons de Dieu, nous entendons également les saints qui sont censés servir d'intermédiaires entre les hommes et la Divinité.

On donne de l'argent aux prêtres pour dire des messes *en faveur* des âmes du purgatoire ; les chapelles où sont adorés les saints réputés par *leur influence* (?) auprès de Dieu voient leurs troncs se remplir d'argent ; enfin, on achète des indulgences. (XXV)...

. . . .

Il faut laisser à la prière, en tant qu'elle s'adresse directement à Dieu, toute la vertu qu'on est en droit de lui attribuer. Il serait étrange, en effet, que, l'homme étant libre, Dieu ne le fût pas ! que l'homme conservant dans la sphère de son activité physique et morale, dans son pouvoir et dans son savoir (XXX), la complète indépendance de ses actes et la libre disposition de ses volontés, l'Être Tout-Puissant et Infini fût seul irrévocablement lié par la fatalité.

Dieu est libre à tout instant de ses déterminations comme nous le sommes des nôtres. Mais il ne peut l'être que dans la mesure même du raisonnable, du juste et du vrai. Jamais il ne violera, pour notre bon plaisir, les lois de l'ordre universel. C'est un crime de lèse-majesté divine, une idolâtrie, un sacrilège de croire que Dieu peut changer *capricieusement* le cours naturel des choses sur l'intercession d'un saint ou d'une sainte qu'on aura imploré de préférence à

« Lorsqu'une pierre vient frapper les eaux, on voit vibrer la surface en ondulations concentriques. Ainsi le fluide universel est mis en vibration par nos prières et nos pensées, avec cette différence que les vibrations des eaux sont limitées alors que celles du fluide universel se succèdent à l'infini. Tous les êtres, tous les mondes, sont baignés dans cet élément, comme nous le sommes nous-mêmes dans l'atmosphère terrestre. Il en résulte que notre pensée, lorsqu'elle est mue par une force d'impulsion, par une volonté suffisante, va impressionner les âmes à des distances incalculables. Un courant fluidique s'établit des unes aux autres et permet aux Esprits élevés de nous influencer, de répondre à nos appels des profondeurs de l'espace (1).

« La prière faite en commun est un faisceau de volontés, de pensées, rayons et parfums, qui se dirige avec plus de puissance vers un but. Elle peut acquérir une force irrésistible, une force capable de soulever, d'ébranler les masses fluidiques. Quel levier pour l'âme ardente, qui met dans cet élan tout ce qu'il y a de grand, de pur, d'élevé en elle! Dans cet état, ses pensées jaillissent comme un courant impétueux, en larges et puissants effluves. Quelquefois, on a vu l'âme en prière se dégager du corps et, ravie, en extase, suivre elle-même la pensée bouil-

---

Dieu lui-même, ou bien, ce qui est pire encore, que l'offrande d'un cierge ou de tout objet analogue, peut exercer une influence sur les décrets de la Providence.

En conséquence, nous estimons que la prière qui doit prédominer doit être celle de l'hommage de la reconnaissance à Dieu pour le remercier de ses bienfaits; prière aussi d'admiration pour toutes les merveilles de la création.

Une prière encore sensée, c'est de demander l'inspiration suffisante en vue d'une œuvre légitime quelconque à accomplir.

(1) Lorsqu'on veut prier, l'on doit se recueillir, concentrer fortement sa pensée et l'envoyer par un effort de sa volonté vers le but que l'on veut atteindre. L'efficacité des prières est en raison directe de la perfection de l'âme. Quelques unes ne dépassent pas l'atmosphère terrestre; d'autres s'élancent dans l'espace infini et vont impressionner les âmes à des distances incalculables.

lonnante qu'elle projetait en avant-coureur vers l'infini. L'homme porte en lui un moteur incomparable, dont il ne sait tirer qu'un médiocre parti. Pour le mettre en œuvre, deux choses suffisent cependant : la foi et la volonté.

« La prière pour autrui, pour nos proches, pour les infortunés et les malades, quand elle est faite avec un cœur droit et une foi ardente, peut aussi produire de salutaires effets. Même lorsque les lois de la destinée lui font obstacle, lorsque l'épreuve doit être accomplie jusqu'au bout, la prière n'est pas inutile. Les fluides bienfaisants qu'elle porte en elle s'accumulent pour se déverser à la mort dans le périsprit de l'être aimé.

« Il en est de même pour les âmes souffrantes. La prière opère sur elles comme une magnétisation à distance. Elle pénètre à travers les fluides épais et sombres qui enveloppent les Esprits malheureux ; elle atténue leurs soucis, leurs tristesses. C'est la flèche lumineuse, la flèche d'or perçant leurs ténèbres. Quelle consolation pour ces Esprits de sentir qu'ils ne sont pas abandonnés ; qu'il est des êtres qui s'intéressent à eux. Cette pensée leur rend le courage et l'espoir » (*Léon Denis. Après la mort*) (1).

La prière est une action magnétique qui nous détache de la matière, nous rapproche de Dieu et nous place ainsi sous les rayonnements vivifiants des effluves divins. Des lucidités nouvelles pénètrent notre esprit quand nous avons élevé notre âme vers Dieu, et nous nous sentons alors plus courageux et plus forts en face de la vie terrestre remplie d'afflictions.

La prière est un encens parfumé qui va embaumer les sphères célestes et se répandre en tourbillons floconneux et légers au milieu des Esprits souffrants. Il s'en dégage un baume qui cicatrise les

---

(1) La prière pour autrui est la plus puissante, parce qu'elle n'est pas entachée d'égoïsme.

plaies des êtres spirituels coupables. Ils reprennent courage et, voyant qu'aimer Dieu, le prier, est consolant et fortifiant, ils aiment aussi et prient. Ils se repentent d'avoir violé les lois morales et ils ont honte de leurs fautes.

Les meilleures prières sont celles qu'exhale notre âme dans des élans d'amour ou sous l'empire d'une grande émotion. La prière alors devient irrésistible. Malgré nous, le cœur se resserre ; après s'être resserré, il se dilate ; l'âme s'épanouit, s'échappe et monte vers Dieu.

Il est, dans l'existence, des heures sombres où l'homme, fatigué des luttes incessantes contre les amertumes de la vie, se laisse dominer par le désespoir ; des moments où, terrassé sous l'étreinte d'une passion fatale et coupable, il perd complètement son énergie et se réfugie abattu, brisé, dans le suicide ; des moments, où la poésie des rêves, les illusions de la jeunesse s'effacent, ou plutôt se fondent comme un mirage, pour faire place aux froides et positives réalités de la vie.

C'est dans ces moments d'abattement et de prostration morale, pendant lesquels les sentiments de devoir et de dignité sont étouffés par les déceptions, le désespoir et les regrets ; c'est dans ces moments que la prière est le seul baume efficace propre à relever le courage des désespérés et à leur rendre les sentiments d'honneur et de dignité.

★★★

La prière étant un élan de l'âme vers Dieu, un appel à sa miséricorde, un hommage à sa grandeur, ne peut être mise en formules à réciter à certaines heures, à certaines époques, dans certaines circonstances déterminées. Elle ne peut dès lors dégénérer en un acte routinier, en un devoir qu'on accomplit à la hâte, au milieu du bruit, de l'irrévérence ou de la distraction.

Lorsque donc on éprouve le besoin de prier, il faut s'isoler dans un lieu silencieux, prendre une attitude recueillie et abandonner son âme à Dieu en lui parlant comme à un père ; ainsi seulement elle peut entrer en communication avec lui.

La prière écrite, quelque parfaite qu'elle soit, est impuissante, si l'élan du cœur ne la complète, si l'enthousiasme de l'âme ne l'échauffe.

Voici, à titre de simple exemple, un *Pater* qui contient, en abrégé, toute la doctrine de la *religion de l'avenir* :

Notre Père qui es partout dans l'Univers, que Ton Nom soit aimé et vénéré de tous tes enfants ; que Ton Règne arrive, c'est-à-dire le règne de la justice et de la concorde dans le monde ; que Ta Volonté, immuable dans sa perfection, soit connue et réalisée sur la terre comme dans les myriades de mondes qui roulent et gravitent dans l'espace insondable de l'infini !!!

O Toi qui, par une évolution constante nous as fait parvenir à la dignité d'homme et nous a donné la faculté de Te comprendre et de T'aimer dans tes œuvres, garantis nous des erreurs, des superstitions et des mensonges propagés par de mauvais esprits réincarnés qui, abusant de Ton saint Nom, nous ont ravi, pendant tant de siècles, les libertés que tu nous as données !!!

Notre Père, si bon, si juste, si clément, dont le regard chargé de tendresse embrasse tous les mondes à la fois, pardonne-nous nos fautes, comme nous les pardonnons à ceux qui se sont rendus coupables envers nous !!!

O Toi, Lumière des lumières, Raison consciente de l'Univers, permets que tous nous soyons dociles à la voix de la *raison*, Ton *Verbe*, qui ne trompe pas, et ne nous laisse point succomber aux tentations de la matière, mais délivre-nous des maux dont elle est la source !!!

Notre Père, Toi qui es le principe de justice et d'amour sans bornes, fais que le germe du bien arrive à sa maturité, que la source divine de la science, dégagée de toute entrave, brise les chaînes de l'esclavage de tes malheureux enfants terriens qui gémissent et souffrent encore accablés par les misères et les tyrannies humaines ; fais que la *connaissance*, cette sainte fille de tes volontés suprêmes, nous montre les causes sublimes de la création, en Te faisant apparaître à nos yeux éblouis et charmés, dans ta véritable et splendide majesté (1).

Permets que tous tes enfants réunis sous la même bannière, chantent l'hymne sacré de la *liberté*, de la *fraternité*, de la *solidarité* et de la *Rénovation* universelle !!! Ainsi soit-il !!!

---

(1) Ce paragraphe est extrait, presque littéralement, du Pater des libres penseurs spiritualistes du groupe *la Concorde*, de Béthune.

NOTES

I. — *L'hypocrisie et l'indifférence constituent leur dernier appui.* — On peut dire avec raison que les religions dogmatiques se soutiennent encore par l'hommage purement *extérieur* d'une classe nombreuse d'hypocrites et d'indifférents. Jamais il n'y a eu moins de croyance sincère, jamais moins de foi dans les cœurs. Jetez la sonde dans l'âme des pratiquants, vous trouverez l'abîme sans fond d'indifférence, cyniquement recouvert du voile d'hypocrisie.

C'est donc à ces hypocrites, à ces indifférents, qui acceptent, sans y prendre part moralement, mainte pratique religieuse, qu'il faut attribuer la lenteur du progrès intellectuel.

Entrez dans une église le dimanche, vous la trouverez aussi remplie qu'elle pouvait l'être il y a un siècle, et cependant la foi aveugle a diminué, les fidèles l'avouent eux-mêmes. Quels sont donc ces assistants nombreux, et quelle est la pensée qui les porte à se réunir là, dans ce temple où, pour la plupart du moins, ne les conduit pas la foi?

La part faite de quelques rares croyants, d'un certain nombre d'âmes que le sentiment religieux retient dans le culte de leurs pères, *faute de mieux*, des tartuffes par intérêt ou par convenance mondaine, il reste les mille et une variétés d'indifférents, depuis le pratiquant routinier proprement dit, jusqu'à la dame aux brillantes toilettes qui ne se rend à l'église que pour s'y faire admirer.

Cela fait de la religion une réclame fructueuse, une parade intéressée; et puis, cela pose, cela donne un certain cachet de respectabilité, un vernis de bon ton, un parfum d'aristocratie, comme une loge à l'Opéra ou une promenade en voiture de gala au Bois de Boulogne.

Le clergé ne s'en applaudit pas moins de voir aussi nombreuse la foule de ces clients, pareil à un général présomptueux qui passerait, les prenant pour sa propre troupe, la revue des curieux accourus pour la contempler.

Chacun de ces curieux prenant nécessairement les autres pour des fidèles, y joue, devant tous, la comédie qui se joue devant lui-même, et devient à la fois ainsi dupe et trompeur.

Nous pourrions appliquer à une foule de circonstances de la vie cette observance des pratiques extérieures cachant l'indifférence, mais prêtant au clergé la seule force qu'il demande : celle de l'opinion. Sans cet accord tacite entre l'individu qui feint de croire et le clergé qui feint d'être sa dupe, verrions-nous tant de capitulations honteuses, comme celles qui se répètent chaque jour au lit des mourants ?

Il est un fait bien certain, c'est que l'appui moral accordé par les indifférents à l'exploitation sacerdotale est une faute et une faute grave dont il importe de signaler les conséquences. Nous rangerons parmi les faits les plus dangereux de l'espèce, l'envoi, par certains esprits irréfléchis, de leurs enfants dans les institutions dirigées par le clergé.

Et, à propos de l'éternel argument : « C'est pour avoir la paix dans mon ménage que je laisse faire ma femme », nous répondrons avec le philosophe Goyau :

« La plupart du temps, la femme qui se marie est encore une enfant ; c'est de plus une enfant portée à un certain respect craintif pour l'homme auquel la volonté de ses parents ou la sienne vient de la joindre. Ainsi, dans les premiers temps du mariage, l'homme peut, s'il le veut, avoir une influence décisive sur sa femme, pétrir selon son désir ce jeune cerveau, non encore parvenu à son plein développement, façonner cette intelligence presque aussi vierge que le corps.

« S'il attend, s'il temporise, il sera bien tard, d'autant plus tard que la femme doit un jour reprendre sur son mari toute l'influence que ce dernier a pu avoir sur elle aux premiers jours. La femme, lorsqu'elle connaît pleinement la force de sa séduction, devient presque toujours la dominatrice dans le ménage ; si le mari ne l'a pas formée, si elle est restée avec tous les préjugés et toute l'ignorance de l'enfant, — souvent de l'enfant gâtée, — c'est elle qui, un jour, déformera le mari, le forcera à tolérer d'abord, puis à accepter de compte à demi ses croyances et ses enfantines erreurs ; peut-être un jour, profitant de l'abaissement de son intelligence avec l'âge, elle le convertira, arrêtant du même coup toute sa famille dans la voie du progrès intellectuel.

« Les prêtres comptent bien sur cette domination future et sans appel de la femme ; mais ce qu'ils ne sauraient empêcher, si le mari en a la volonté et la force, c'est la primitive influence qu'il peut exercer : une fois façonnée par lui, la femme ne pourra plus tard que lui renvoyer pour ainsi dire sa propre image, ses propres idées et les projeter dans sa génération, dans l'avenir ouvert ! ».

I *bis*. — *L'enseignement de Jésus devait faire de lui un apostat au premier chef.* — « Les communautés religieuses, dit M. Renan (*biog.*, *p.* 27), n'admettent pas qu'on ne s'enferme pas exclusivement dans leur sein ; elles ont la prétention d'emprisonner à jamais la vie qui a pris chez elle ses commencements ; elles traitent d'apostasie la légitime émancipation de l'esprit qui cherche à voler seul. On croit entendre l'œuf accuser d'ingratitude l'oiseau qui s'en est échappé ; l'œuf a été nécessaire à sa date, puis il devient une gêne, il faut qu'il soit brisé. Les symboles finis, prison de l'esprit infini, protestent éternellement contre l'effort de l'idéalisme pour les élargir. L'esprit, de son côté, lutte éternellement pour avoir plus d'air et de jour. » (*E. Renan. Conférence à la Haye sur Spinoza, le 21 février 1877.*)

Il n'y a de religion vraie que celle qui est pensée, comprise et voulue par chacun de ceux qui la professent. Mais, par quel abus de langage, les hommes font-ils consister *leur religion* dans le culte où ils sont nés, alors que cette religion, que leur raison réprouve, ne dit plus rien à leur âme!

N'y a-t-il rien de plus éloigné de la logique et du simple bon sens?

Et cependant, que de gens se proclament *catholiques, protestants, juifs*, et pour rien au monde ne voudraient abjurer ce qu'ils appellent la *foi de leurs pères*, à laquelle pourtant la leur ne ressemble en aucune façon!

Ils font régulièrement baptiser ou circoncire leurs enfants, se marient à l'église ou au temple, veulent être enterrés avec toutes les cérémonies et oraisons accoutumées, bien que, depuis l'âge de raison, ils aient renoncé à toutes les pratiques religieuses; ce sont des catholiques, des protestants ou des juifs *ad libitum*, en dépit du Pape, de l'Eglise, des Évangiles, de la Bible et du Talmud.

La lèpre de notre temps, c'est l'universelle déliquescence des énergies. On n'a pas le courage de déployer son drapeau, d'assumer la responsabilité de ce que l'on croit être la vérité, de mettre en harmonie ses actes avec ses convictions. On estime qu'il est prudent et habile de se conformer aux usages, d'observer les dehors, lors même que, dans son for intérieur, on a complètement rompu avec tout cela. On veut ne froisser personne, ne blesser aucun préjugé...

C'est ce manque de courage viril et de sincérité qui prolonge l'existence du mensonge et recule, à perte de vue, le triomphe de la vérité.

« Il est aisé, dit le grand philosophe américain Emerson, il est aisé de vivre dans le monde d'après l'opinion du monde, et, d'après la nôtre, dans la solitude. Mais la grande âme est celle qui garde dans le monde, avec une parfaite quiétude, l'indépendance de la solitude ».

⁎

II. *L'Histoire est le témoin fidèle des siècles.* — Dès les premiers siècles du Christianisme, les empereurs, devenus chrétiens, prêtent aux évêques l'appui de leur autorité et de leur puissance contre les livres du paganisme. C'est une guerre à mort, une guerre d'extermination. Point de pitié ni de grâce ! Œuvres philosophiques, œuvres littéraires, œuvres scientifiques, œuvres théologiques, œuvres historiques, œuvres de controverse, tout est détruit ! ! ! Des bibliothèques entières disparaissent dans de vastes incendies sciemment allumés. Ici, on expurge un ouvrage de tels textes compromettants ; ailleurs, on en interpole d'autres...

« Il est certain, fait observer Montaigne (*biog.*, *page 221*), qu'en ces premiers temps que nostre religion commença à gaigner authorité avec les lois, le zèle en arma plusieurs contre toutes sortes de livres payens, de quoy les gens de lettres souffrent une merveilleuse perte ». (*Montaigne. Essais VII et XIX.*)

Lamartine (*biog.*, *page 146*), à son tour, s'exprime sur le même sujet en ces termes énergiques :

« Constantin prêta la massue de l'Empire aux chrétiens pour pulvériser le passé. Les monuments, les temples, les oracles, les bibliothèques, les livres périrent dans les décombres. Rien ne survécut de cet accès de colère sacrée... On sema le feu sur les édifices, la cendre sur le sol, le sel sur la cendre pour empêcher les vieilles superstitions et les vieilles philosophies de regermer jamais de leurs racines. Ce furent les « *Vêpres siciliennes* » *du paganisme*, le 1793 de la littérature... On nie en vain aujourd'hui cette réaction exterminatrice contre tous les monuments bâtis ou écrits de l'antiquité littéraire ; elle éclate partout, non seulement dans les ruines d'Ephèse, de Delphes, d'Alexandrie, dont la poussière est faite de statues mutilées ou de cendres de bibliothèques ; mais dans les écrits des premiers chrétiens et dans les actes des conciles. Tiraboschi, dans sa savante *Histoire de la littérature italienne*, cite le décret du Concile de Carthage qui interdit aux évêques la lecture des auteurs antérieurs au Christianisme ; il cite également le passage de saint Jérôme (*biog., page 78*) où ce Père gourmande amèrement ceux qui, au lieu de lire la Bible, lisent Virgile. On sait le sort de la Bibliothèque d'Alexandrie, incendiée dans un feu de six mois par l'ordre du patriarche Théophile, qui ne laissa rien à faire à Omar ». (*Lamartine. Cours familier de littérature.*) (1)

M. Boissier, enfin, écrit ce qui suit :

« Les supercheries littéraires au profit de la religion sont fréquentes dans le passé. Tantôt, c'est un oracle sybillin inventé de toutes pièces et mis en

---

(1) On attribue généralement au khalife Omar la destruction de la célèbre bibliothèque d'Alexandrie où les seules archives des connaissances humaines étaient conservées. C'est là un des nombreux contes qu'a inventés l'enseignement catholique et qui mettent gaillardement sur le dos des ennemis de la foi les méfaits des chrétiens.

C'est le patriarche Théophile, cet homme infâme, dont les mains étaient successivement souillées d'or et de sang, qui se mit à la tête des moines du désert d'Egypte et des malheureux fanatisés par eux, pour donner l'exemple de l'extermination générale, en rasant le temple de Sérapis à Alexandrie, cette merveille du monde, et en brûlant cette bibliothèque d'Alexandrie, laquelle contenait tous les chefs-d'œuvre païens qui auraient pu nous faire connaître exactement toute l'histoire de l'antiquité.

Omar n'alla jamais à Alexandrie, et, s'il y fût allé, il n'eût guère trouvé de livres à brûler, la bibliothèque ayant cessé d'exister depuis deux siècles et demi, détruite qu'elle fut par le patriarche Théophile, sous le règne de Théodose-le-Grand. C'est aujourd'hui un point d'histoire établi, partout reconnu.

Il y a belle lurette que Heym, en ses *Opuscula academica*, a justifié le farouche Omar — l'épithète est consacrée — du crime imaginaire qui l'a rendu célèbre ; et, avant lui, Renaudot et Gibbon avaient ébauché déjà cette justification.

Elle a été faite avec une telle évidence que, chose piquante, un écrivain catholique, Tamisey de Larroque, déclarait, en 1858, l'assertion courante « impardonnable désormais chez un homme instruit ».

circulation, tantôt un ouvrage complet comme la prétendue correspondance entre Senèque et saint Pierre, ou bien l'intercalation dans Josèphe (III), ou encore comme la fameuse lettre fausse introduite dans les lettres de Pline à Trajan dans laquelle on indiquait quel effet produisait la religion nouvelle. Or on a retrouvé en France, vers 1500, la correspondance originale de Pline avec Trajan et cette lettre ne s'y trouvait pas ». (*Boissier. Revue archéolog., page 115.*)

De nos jours encore, malgré les mille moyens d'information que nous possédons, ne voyons-nous pas les prêtres travestir scandaleusement les faits dans leurs livres, leurs journaux, leurs prédications ?

N'avons-nous pas vu un père jésuite et historien français, du nom de Loriquet (1769-1845) s'immortaliser par le ridicule en racontant froidement que Napoléon fut le lieutenant-général de Louis XVIII ; que, lorsqu'il revint de l'île d'Elbe, on cria dans les rues de Paris : « Vive l'Enfer ! À bas le Paradis ! » et d'autres billevesées du même acabit ?

N'avons-nous pas vu Pie X se répandre en éloges sur Jeanne d'Arc (*biog., page 93*), cette victime de l'Église, et avoir l'air de lui pardonner, de la réhabiliter, quand c'est elle, au contraire, qui aurait le droit de récuser ses juges.

Le 6 janvier 1904, cependant, le cardinal Crétoni, préfet de la Congrégation des Rites, et l'archevêque de Laodicée, Diomède-Panici, secrétaire, ont contresigné le décret qui proclame solennellement, avec l'autorisation du pape, « *l'héroïcité des vertus* (1) *de la vénérable servante de Dieu, Jeanne d'Arc, jeune fille communément appelée la*

---

(1) Dernier degré avant la *béatification*.

Pucelle d'Orléans. » Et, dans ce décret, on peut lire le passage suivant :

« Ayant accompli, mieux que n'eût fait un homme, la mission que Dieu lui avait confiée, ce fut avec le même courage et la même constance *qu'elle reçut les indignes récompenses de la justice humaine.* Prise par les Bourguignons dans une sortie, une infâme trahison la vendit aux Anglais, qui devaient la faire périr de la mort la plus cruelle ; on la conduisit à Rouen, on la traîna devant les tribunaux, toutes les accusations furent portées contre elle sauf celle d'avoir manqué à la chasteté.

« *L'affaire fut conduite par des juges corrompus* et la vierge innocente fut condamnée à la peine du feu. Elle la subit avec courage le 30 mai 1431, les yeux attachés à la croix du Christ, se répandant en prières ardentes et implorant devant la foule immense le pardon de ceux qui la faisaient mourir ».

Ceux qui la faisaient mourir, quand donc l'Eglise les a-t-elle démasqués et flétris, autrement que dans ces phrases hypocrites et doucereuses où l'on parle de « Justice humaine » sans ajouter que c'étaient des prêtres qui la rendaient, et où l'on flétrit la corruption des juges, sans avouer hautement que les *corrompus* étaient tonsurés.

Le clergé, il est vrai, s'efforce aujourd'hui de dégager sa responsabilité dans l'assassinat juridique de l'héroïne. Et, pour pallier, à tout prix, l'écrasante responsabilité qui pèse sur lui, nous le voyons essayer de rejeter toute l'horreur de cet assassinat sur l'ignoble évêque de Beauvais, Pierre Cauchon, que, ne pouvant repêcher dans son infamie, il charge de tous ses torts comme un bouc émissaire.

Dans une publication de circonstance, et dont le but évident est de fausser l'histoire, se rencontre le passage suivant :

« Les ennemis de l'Eglise cherchent aujourd'hui à accaparer Jeanne d'Arc (1) et à la présenter aux

---

(1) Les frocards crient : *Au voleur!* dans l'espoir de cacher leur larcin!!!

populations comme une libre-penseuse, parce que le tribunal qui la condamna fut présidé par un évêque. Ils font de cette admirable fille de l'Eglise et de la France, une ennemie et une victime des prêtres.

« Ils ne savent donc pas ou font semblant de ne pas savoir que ce fameux Pierre Cauchon, évêque de Beauvais, vendu aux Anglais, dont il espérait recevoir l'archevêché de Rouen, avait été chassé de son diocèse par le peuple et le clergé, avant même le procès de Jeanne d'Arc ; que, dès l'année 1431, où mourut l'héroïque Pucelle, il était un des meneurs du concile de Bâle qui se révolta contre le pape Eugène III, qui élut un antipape et qui, anathématisé par le Souverain Pontife, finit honteusement en 1443, non sans avoir vu le misérable Pierre Cauchon mourir subitement en pleine séance, en pleine révolte contre l'Eglise ? »

Autant d'affirmations, autant de mensonges. — Pierre Cauchon fut, en effet, excommunié, mais non à cause du concile de Bâle, non à cause du procès de Jeanne d'Arc, mais parce qu'ayant été nommé, en 1432, c'est-à-dire un an après la mort de Jeanne d'Arc, évêque de Lisieux, il refusa de payer une somme de 400 florins d'or comme redevance (annates). Par son trésorier, l'évêque André, le pape fit signifier, le 20 décembre 1434, à l'évêque Pierre Cauchon qu'il serait excommunié s'il ne payait pas cette dette ; devant cette menace, Cauchon paya et on lui fit grâce. Le procès de Jeanne, dont il se glorifiait, n'avait été absolument pour rien dans son excommunication.

Lorsque Pierre Cauchon mourut d'une attaque d'apoplexie, le 11 décembre 1443, à l'évêché de Rouen, il reçut dans cette ville tous les honneurs mortuaires de l'Eglise, et fut accompagné en procession par les chanoines, les chapelains et tout le clergé de l'église Saint-Condé-le-Vieux jusqu'à la Seine. A Lisieux, il reçut les mêmes honneurs et fut enterré dans la cathédrale. Par testament, il avait fait divers dons à l'Eglise, qui les accepta et fit dire des messes, des prières, etc., pour le repos de son âme.

C'est donc bien injustement et bien jésuitiquement que l'Eglise rejette aujourd'hui toute la faute du procès de Jeanne d'Arc sur l'évêque de Beauvais. L'histoire *impartiale* a cloué au pilori tous les bourreaux tonsurés, crossés et mitrés qui prirent part à cette sanglante tragédie et dont le verdict infâme alluma le bûcher.

Le clergé, qui a l'audace impudente de célébrer aujourd'hui la fête de celle qu'il brûla comme *hérétique, relapse, apostate et idolastre*, c'est ce clergé vendu aux Anglais qui le comblèrent d'or, qui jugea, condamna et exécuta Jeanne.

Après avoir demandé par l'intermédiaire du vicaire général de l'Inquisition de la Foi, que le duc de Bourgogne lui livrât la prisonnière, ce fut lui qui prononça contre elle le dernier supplice. Sur les soixante et onze juges ou assesseurs qui prirent part aux débats, il y avait un évêque, celui de Beauvais, neuf archidiacres, huit chanoines, vingt-deux prêtres, moines, frères prêcheurs, inquisiteurs ou consulteurs du Saint-Office, vingt-trois docteurs en théologie. En outre, trois évêques furent consultés, ceux de Lisieux (1), de Coutances (1) et d'Avranches et seul ce dernier prit parti pour l'héroïne. Enfin, quand elle eut été condamnée, le cardinal de Saint-Eusèbe et les évêques de Noyon et de Boulogne-sur-Mer assistèrent à son exécution, apportant au crime, par leur présence, la sanction officielle de l'Eglise.

L'archevêque de Reims fit un mandement à ses

---

(1) L'évêque de Lisieux affirmait que les révélations de Jeanne étaient inspirées par le Démon ; qu'elle devait être jugée hérétique ; de même l'évêque de Coutances écrivit à l'évêque de Beauvais qu'il jugeait Jeanne livrée au Démon, parce qu'elle n'avait pas deux qualités qu'exige saint Grégoire, la vertu et l'humilité, et que ses assertions étaient tellement hérétiques que, quand même elle les révoquerait, il n'en faudrait pas moins la tenir sous bonne garde.

ouailles pour insulter *post mortem* la Vierge admirable dont il avait béni l'étendard.

Jeanne d'Arc fut jugée selon les règles et les formes prescrites par l'Inquisition et il n'y a point de trace d'une protestation soulevée par le clergé français sur le supplice de l'héroïne.

« Quelques naïfs se sont étonnés, écrit M. Lermina, de l'attitude de l'Eglise dans l'aventure de Jeanne d'Arc ; pourquoi l'Eglise n'a-t-elle pas patronné, soutenu cette jeune fille qui, très croyante, passionnée pour saint Michel, incarna pendant trois ans l'âme de la Patrie française? Pourquoi le clergé ne lui témoigna-t-il que défiance et répulsion? Pourquoi enfin n'intervint-il dans cette histoire, à la fois glorieuse et lamentable, que pour y poser, encore une fois, son cachet sanglant?

« C'est parce que Jeanne était du peuple, avait les croyances simples et naïves du peuple. Elle commit le crime d'agir par elle-même, de son initiative personnelle, et quand elle se rendit à Vaucouleurs, chez le sire de Beaudricourt, elle ne se présenta pas entourée de prêtres et de moines, non plus qu'en février 1429, elle ne requiert pour son dangereux voyage à Chinon l'assistance d'aucun tonsuré. Elle oublia de se faire l'instrument de l'autorité ecclésiastique : elle oublia de prêcher la guerre aux Juifs et aux hérétiques. L'Eglise la vit, par conséquent, d'abord avec indifférence, puis avec défiance, puis avec une haine furieuse.

« Jeanne, que les Tartufes de Rome prétendent canoniser aujourd'hui, pour que les endroits où elle a passé deviennent des succursales profitables de Lourdes, de la Salette et de Paray-le-Monial, n'était pour l'Eglise, au xv° siècle, qu'une envoyée du démon, et ce, parce qu'elle ne songeait pas à réclamer, dès le début de sa mission, l'estampille cléricale.

« Ne se permettait-elle pas à Reims, au sacre du Roi, de parler après l'archevêque et d'ajouter aux éjaculations du prélat, la consécration de son patriotisme et de son dévouement. On lui fit bien voir qu'on ne se met pas impunément au même rang que les princes de l'Eglise : l'autorité spirituelle la châtia pour les grandes œuvres qu'elle avait eu l'imprudence d'accomplir sans elle. Et sur cette page qui devrait être la plus belle et la plus blanche de notre histoire, l'Eglise mit sa tache de sang. Ce fut un archevêque qui l'accusa de sorcellerie ; le pape n'aurait eu qu'un mot à dire à ce Pierre Cauchon pour arracher leur proie aux Anglais. Mais l'acte d'accusation est formel : Jeanne est coupable d'avoir affirmé des révélations que l'Eglise n'a pas sanctionnées.

« Et devant le bûcher du Vieux Marché aux poissons, à Rouen, c'est l'évêque de Beauvais qui refusa de lui relire le texte de son abjuration, c'est le représentant du Dieu de charité qui lui cracha au visage les insultes canoniques : schismatique, idolâtre, invocatrice des démons.

« Pour les bandits à surplis et à dalmatique, elle était le membre pourri qu'il faut retrancher de l'Eglise.

« — Evêque, je meurs pour vous, dit-elle à Pierre Cauchon.

« Encore une fois, l'Eglise avait joué son rôle de tortionnaire et de bourreau. » (*Jules Lermina. Les Crimes du Cléricalisme.*)

*_**

N'enseigne-t-on pas aux élèves des écoles congréganistes que Voltaire (*biog. p. 108*) exhala le dernier soupir à travers les excréments qui emplissaient sa bouche ; que les Juifs et les francs-maçons mangent de la chair d'enfant chrétien au moins deux fois l'an ; que Renan (*biog. p. 27*) mourut dans la fange.

Voici ce que débite à propos de la mort d'Emile Zola, le plus modéré des journaux catholiques de Paris, *la Vérité Française*, qui est le journal de l'Archevêché : « *Ce cynique a expiré parmi les chiens. Dans les déjections et la fange où il vécut, on le trouva grimaçant et froid.* »

Menteurs, inventeurs, calomniateurs !!!

Depuis dix-sept siècles, l'Église fait à la vérité la guerre la plus acharnée et la plus odieuse, s'attaquant aux faits les mieux établis, les falsifiant pour les faire servir à ses desseins. Heureusement les temps ne sont plus où elle pouvait nous faire croire qu'il fît nuit en plein midi ; elle ne réussit plus à nous donner le change en falsifiant l'Histoire.

Une réaction salutaire s'est opérée dans la seconde moitié du XIXe siècle. Les progrès de la science ont réagi sur l'Histoire. On lui a appliqué les procédés de la méthode scientifique : on a cherché les sources, les documents, les preuves, et telle réputation qui avait trouvé moyen d'en imposer à la postérité, s'est écroulée sous le poids des faits. Telle autre qui avait succombé à la méchanceté et au mensonge coalisés, est apparue plus grande débarrassée des calomnies...

Enfin, l'on a mis à nu, avec une logique impitoyable, les erreurs, les mensonges, les enfantillages contenus dans l'*Ancien et le Nouveau Testament*. On a pu démontrer que les récits bibliques ainsi que les autres légendes sacrées ne sont qu'une vaste compilation où quelques vérités précieuses se trouvent comme noyées dans un fatras de choses fausses et inacceptables.

III. — *Les Evangiles sont presque les seuls écrits qui parlent d'une manière plus ou moins positive du Christ.* — Beaucoup de Romains et de Grecs habitaient en ce temps-là la Palestine. Qu'ont-ils dit de Jésus? Rien. Aucun d'eux n'a couché sur le papyrus les événements extraordinaires qui auraient abondé dans ce pays. Ils parlent cependant en plusieurs endroits de la Judée.

Le célèbre philosophe et écrivain Philon (*biog. p. 14*), n'en parle dans aucun de ses écrits.

Certains auteurs ont nié l'existence de Jésus; un mouvement d'opinion s'est même produit en ce sens, il y a quelques années, en Amérique. Ce mouvement tendait à réduire aux proportions d'une légende les origines du christianisme. Mais il existe de nombreuses preuves historiques de l'existence du Christ, et ces preuves sont d'autant plus péremptoires qu'elles émanent des adversaires du christianisme.

Tous les rabbins reconnaissent cette existence, et le Talmud donne la procédure suivie contre Jésus, comme un exemple de celle que l'on devrait suivre contre ceux qui se livrent à la magie et aux sortilèges (*Talmud de Jérusalem. XIV, 16*).

Le philosophe *Celse* (*biog. p. 62*), dans son *Discours véritable*, écrit ceci : « En Egypte, Jésus apprit tous les secrets de la magie, dont les Egyptiens font tant de cas. Il devint fort habile dans cet art ».

Il est d'ailleurs un fait hors de toute contestation, c'est que la secte à laquelle le Christ a donné son nom, existait chez les Juifs avant la prise de Jérusalem par Titus (1), puisque Suétone (2) et Tacite (3) parlent des chrétiens sous les règnes de Claude (4) et de Néron (5), tous les deux en de bien méchants termes.

Suétone n'a que deux phrases, mais elles sont significatives :

---

(1) Empereur romain, philosophe, (79 à 81 de l'ère chrétienne).
Prit et ruina Jérusalem. « J'ai perdu ma journée », avait coutume de dire cet empereur, quand il avait passé un jour sans trouver l'occasion de faire du bien.
(2) Historien latin, auteur des *Douze Césars* (65 à 135).
(3) Célèbre historien latin, auteur des *Annales*, des *Histoires et des mœurs des Germains* (54 à 140).
(4) Empereur romain Il épousa d'abord Messaline, fameuse par ses débauches, puis Agrippine, sa nièce, laquelle l'empoisonna pour placer sur le trône son fils Néron qu'elle avait eu d'un mariage antérieur, et que Claude avait adopté (41 à 54).
(5) Empereur romain. Il fit mourir Britannicus fils de Claude et de Messaline, Agrippine, sa nièce, Octavie sa femme, et se déshonora par ses cruautés (54 à 68).

« Il (l'Empereur Claude) chassa de Rome les Juifs qui excitaient des troubles, à l'instigation d'un nommé *Chrest (Judaeos impulsore Chresto, assidue tumultuantes, Roma expulsit).*

« Les Chrétiens, espèce d'hommes infectée d'une superstition nouvelle et dangereuse (*superstitionis nova et maleficæ*), furent livrés au supplice » (*Suétone. Vie de Claude, chap. XXV*).

Ce fait établit d'une façon positive que, jusqu'à l'an 54, dernière année de Claude, les sectateurs de ce Chrest ou Christ, avaient été confondus avec les Juifs.

Tacite n'est pas moins explicite :

« Néron livra aux plus cruels supplices ces hommes détestés pour leurs forfaits, que le peuple appelle Chrétiens. Ce nom leur vient d'un nommé Christ qui, sous le règne de Tibère, fut puni de mort par le procurateur Ponce-Pilate.

« Cette secte pernicieuse, réprimée d'abord, se répandit de nouveau, non-seulement dans la Judée où elle avait pris naissance, mais à Rome même ; car c'est là que tous les crimes et toutes les infamies affluent de tous les points du monde et trouvent leurs prôneurs ».

Après l'incendie de Rome, les Chrétiens furent accusés de ce forfait.

Et Tacite continue :

« On saisit d'abord des gens qui s'avouaient coupables, et, sur leur déposition, il y en eut un grand nombre qui furent convaincus, sinon d'avoir incendié Rome, du moins de haïr le genre humain. L'on se fit un jeu de leur mort ; les uns, couverts de peaux de bêtes, furent dévorés par les chiens ; les autres, attachés à des croix, furent brûlés pour servir de flambeaux pendant la nuit. Néron prêta ses jardins pour ce spectacle ; il y parut lui-même en habit de cocher, et monté sur un char comme aux jeux du cirque.

« Bien que les Chrétiens fussent des scélérats dignes des plus grands châtiments, on ne pouvait s'empêcher de les prendre en pitié, comme s'ils eussent été sacrifiés, non pas à l'utilité publique, mais à la cruauté d'un seul homme » (*Tacite. Annales, livre XV, chap. 44*).

Ceci se passait au mois de juillet, l'an 64 de l'ère chrétienne, deux ans avant que n'éclatât la guerre des Juifs contre les Romains.

Parmi les historiens contemporains du Christ, Josèphe *seul* (*biog. p. 8*), a écrit le nom de *Jésus*, et encore le passage de Josèphe décèle à l'évidence une sainte et coupable interpolation.

« En ce temps-là, lui fait-on dire (c'est-à-dire au temps de Pilate), était Jésus, homme sage, si toutefois il faut l'appeler homme, car il faisait beaucoup de merveilles. Il enseignait la vérité à ceux qui prenaient plaisir d'en être instruits, et il attira à lui beaucoup de Juifs et même des Gentils; il était le Christ.

« Il fut accusé devant Pilate, par les principaux de notre nation, et Pilate le fit crucifier. Ceux qui l'avaient aimé auparavant, ne cessèrent pas de l'aimer, parce que trois jours après, il se fit voir à eux de nouveau vivant. Les saints prophètes avaient prédit ces choses de lui et plusieurs autres merveilles, et la secte des chrétiens, qui de lui a pris son nom, subsiste encore à présent » (*Antiquités Judaïques. Liv. XVIII. Chap. IV*).

« Un témoignage si formel, se demande M. Peyrat, un témoignage où tout ce qui peut élever Jésus et assurer sa gloire, et formulé avec tant de précision, peut-il venir d'un Juif de race sacerdotale ? (*Antiquités Judaïques. Liv. XVI. Chap. II.*)

« Il a vécu et il est mort Juif, Juif convaincu, opiniâtre, d'ailleurs très occupé de politique, et tenant un rang distingué à la cour des Empereurs. C'est sous le règne de Domitien qu'il a écrit son livre des *Antiquités judaïques*, et il était trop attentif à se ménager la faveur impériale pour exalter le chef d'une religion dont l'Empereur était l'ennemi déclaré. Dans ce passage, en effet, ce n'est pas un Juif qui parle, un Juif modéré et équitable, c'est un chrétien, et un chrétien si transporté par son zèle, qu'il ne songe pas même à modérer ses impressions. Il tranche toutes les questions : « Jésus était le Christ et il est ressuscité ! » Conçoit-on rien de plus opposé à la croyance et à la profession de Josèphe ? Comprend-on cet homme de tant de droiture et de probité reconnaissant que Jésus est le Messie prédit par les prophètes, et ne se faisant pas chrétien ?

« Ce passage rompt le fil de la narration, n'a nulle liaison avec ce qui précède ni avec ce qui suit, et cela seulement est une objection à laquelle il n'est pas aisé de répondre.

« Dans ce qui précède, Josèphe raconte une sédition des Juifs contre Pilate, et dans ce qui suit « un autre accident fâcheux qui, dit-il, causa un grand trouble ».

« Ces mots « un autre accident » ne peuvent avoir rapport qu'au premier qui était la sédition. Le témoignage relatif à Jésus n'a nul rapport avec ces deux événements liés l'un à l'autre par les termes mêmes de l'historien. Or, Josèphe prouve trop, dans tout son ouvrage, combien il possède l'art de mettre chaque chose à sa place, pour qu'on puisse croire qu'il ait gâté par un tel arrangement l'ordre et la netteté de la narration.

« Dans leurs nombreuses et ardentes polémiques contre les Juifs et les Païens, saint Justin (1), Tertullien (*Biog.*, p. 10), Origène (*Biog.*, p. 62), saint Cyprien (2), ne citent pas ce passage de Josèphe. Est-ce que saint Justin dans sa longue dispute avec Tryphon aurait négligé de confondre les Juifs par leur propre historien ?

« Quant à Origène, il parle de Josèphe, mais dans des termes qui tranchent absolument la question : « JOSÈPHE, dit-il, N'A PAS RECONNU QUE JÉSUS FUT LE CHRIST. » (*Contr. Cels. Lib. I, Chap. 47, tome I. Paris 1733*).

« De l'avis de tous les critiques habiles et com-

---

(1) Auteur d'une *Apologie* de la religion chrétienne, martyr en 168.
(2) Evêque de Carthage, martyr en 258.

pétents, ce passage de Josèphe est interpolé et il faut le mettre au rang des fraudes pieuses des premiers chrétiens. » (*Peyrat*, Histoire de Jésus. *Chap. XIII, p. 335.*)

(IV) *Ecoles juives.*—La tradition formait une partie importante de la théologie juive : elle consistait dans le recueil des interprétations successives données sur le sens des Ecritures. C'était parmi les docteurs le sujet d'interminables discussions, le plus souvent sur de simples questions de mots ou de formes, dans le genre des disputes théologiques et des subtilités de la scolastique du moyen-âge ; de là naquirent différentes écoles qui prétendaient posséder chacune le monopole de la vérité. Parmi ces écoles, on en comptait quatre principales, savoir : l'école des *Pharisiens*, celle des *Saducéens*, celle des *Esséniens*, et enfin celle des *Samaritains*.

Les Esséniens formaient plutôt un *Ordre secret*, et les Samaritains plutôt un *schisme* qu'une école.

Les Pharisiens (1) affectaient une grande sévérité de principes, mais on n'ignorait pas qu'un grand nombre d'entre eux se conduisaient en secret d'une manière bien différente qu'ils ne le faisaient en public. La religion était pour eux plutôt un moyen d'arriver que l'objet d'une foi sincère. Ils n'avaient que les dehors et l'ostentation de la vertu. Ils étaient très puissants à Jérusalem.

A côté de la tradition écrite, ils admettaient la tradition orale. Ils croyaient ou plutôt faisaient profession de croire à la Providence, aux anges et à l'immortalité de l'âme.

Ils se distinguaient par des jeûnes, des abstinences

---

(1) Le mot *Pharisien* vient du mot rabbinique *Parusch*, qui signifie : tempérant, abstinant, pieux, austère, orthodoxe.

D'après *Origène* (*biog.*, *p. 62*), la racine de ce mot serait *parasch*, qui se traduit par *séparer*, les Pharisiens affectant une pureté lévitique plus prononcée que les autres hommes, auxquels ils se croyaient supérieurs ; ils aimaient à se *séparer*, à s'éloigner de tout ce qui était commun et impur.

et une multitude de dévotions auxquelles ils attachaient une grande importance. Ils rétrécissaient l'esprit de la loi ; ils la défiguraient par des interprétations fausses et mensongères. On peut regarder les Pharisiens comme les inventeurs de la *casuistique* et des *restrictions mentales* (1). Ils ont

(1) La *casuistique* est cette partie de la théologie qui a pour objet de résoudre les cas de conscience. Elle s'attache à trouver nombre d'excuses pour justifier certains actes que la morale condamne. La casuistique est aujourd'hui subordonnée à ce qu'on appelle le *probabilisme* ; voici en quoi il consiste : telle ou telle action est nettement en opposition avec la loi morale ; vous désirez néanmoins la commettre. Eh bien ! vous pouvez le faire, pourvu que vous obteniez la décision favorable d'un seul casuiste. Et, en fait, il y a à peine un seul crime, quelque affreux qu'il soit pour lequel les casuistes ne trouvent d'excuse...

La *restriction mentale* est la réserve faite tacitement d'une partie de ce que l'on pense pour tromper ceux à qui l'on parle. — Un homme appelé en témoignage est invité par le juge à prêter le serment de dire la vérité. Je le jure, répond-il *verbalement* ; mais il ajoute *mentalement*, à part lui : excepté ce qu'il ne me conviendra pas de dire. Voilà la restriction mentale.

A l'heure qu'il est, l'autorité principale dans l'Eglise catholique, quant aux questions de morale, est saint Alphonse de Liguori (1696—1797), déclaré vénérable par le Pape Pie VI, canonisé par le Pape Pie VII, élevé par le Pape Pie IX à la dignité de docteur de l'Eglise. Les Papes Pie IX et Léon XIII prodiguent leurs éloges aux écrits de Liguori et engagent tous les fidèles à en faire usage.

« *Nous voulons et ordonnons*, dit Pie IX, dans son bref du 7 juillet *1871*, que *non seulement en particulier, mais en public, dans les gymnases*, les *académies*, les *écoles*, les *collèges*, dans les *leçons*, les *discussions*, *dissertations*, *conférences*, *sermons*, et dans les autres *travaux ecclésiastiques* et *exercices chrétiens*, les *livres*, *commentaires* et *opuscules*, enfin *tous les écrits de ce docteur*, comme ceux des autres docteurs de l'Eglise, *soient cités et produits*, et lorsque les circonstances l'exigent, soient mis en pratique. »

D'autre part, Léon XIII, dans son bref du 28 août 1879, souhaite de voir les ouvrages de Liguori *vulgarisés de plus en plus et répandus* entre les mains de tous (*magis ad huc magisque vulgari desiderandum est et ad manus omnium truduci*).

En tant que *saint*, d'après la doctrine catholique, ses écrits ne peuvent renfermer aucune erreur ; en tant que *doc-*

une grande ressemblance avec les membres laïcs et

---

teur, non seulement son enseignement est libre d'erreur, mais il doit servir de guide aux évêques et au clergé quand ils ont à décider des cas de conscience difficiles, et il est la règle d'après laquelle ils seront jugés eux-mêmes (*Léon IV, cité par Benoît XIV. De Canonizatione*, IV, XI, 16). Or, voici ce que nous dit saint Alphonse de Liguori :

« 1° Ceux qui ont assassiné un homme ne sont pas aussi coupables que celui qui les a poussés au crime, et qui, comme tel, mérite l'excommunication » (*Théolog. morale*, IV. 364);

« 2° Si A tue B, afin que C soit soupçonné du crime et souffre par ce fait d'un dommage quelconque, A n'est pas tenu de dédommager C, à moins qu'il ne soit un honnête homme » (*IV. 587*);

« 3° Si un prêtre est attaqué par le mari en flagrant délit d'adultère, il peut le tuer légalement sans encourir pour cela la tache d'irrégularité, pourvu que la visite ait été secrète, de sorte qu'il pût raisonnablement espérer de ne pas être découvert ; et pourtant, s'il a bravé le danger ouvertement, il encourt la faute d'irrégularité » (*IV. 373*);

« 4° Une femme adultère peut nier son péché sous serment, soit en disant qu'elle n'a pas rompu les liens du mariage (l'adultère, en effet, ne les rompt pas), ou, en cas qu'elle ait été à confesse, en affirmant qu'elle est innocente, parce que la confession a effacé son crime ; ou encore, elle peut dire qu'elle n'est pas coupable, parce qu'elle n'est pas tenue de reconnaître sa faute » (*IV. 162*);

« 5° Il est permis à un homme de prêter à haute voix un faux serment, pourvu qu'il ajoute à voix basse quelques circonstances véritables que les personnes présentes ne peuvent pas entendre » (*V. 168*);

« 6° Il est permis d'affirmer sous serment une excuse frivole quelconque ou même de prêter un faux serment devant les juges, si, en disant la vérité, le témoin devait se faire tort à lui-même » (*IV 151-6*);

« 7° Il est loisible à un gentilhomme pauvre de voler pour fournir à ses besoins, s'il a honte de mendier ou de travailler » (*IV. 500*);

« 8° Il est permis à un plaideur, dans une juste cause, de suborner des parjures, afin d'obtenir une sentence en sa faveur » (*III. 3. 777*).

Escobar (1589—1669), autre célèbre casuiste, déclare qu'un religieux ne commet pas de péché et n'encourt pas l'excommunication, s'il dépose, *pour peu de temps*, l'habit de son ordre afin de commettre un péché (*Théolog. morale.* (*l. XIV. 213*).

prêtres d'une compagnie qui ne s'est rendue que trop célèbre dans l'histoire des temps modernes.

Jésus, qui prisait avant tout la simplicité et les qualités du cœur, qui préférait dans la loi l'esprit qui vivifie à la lettre qui tue, s'attacha, à la fin de sa mission, à démasquer leur hypocrisie et s'en fit, par conséquent, des ennemis acharnés.

Il y avait plusieurs catégories de ces hypocrites, savoir : « 1° Le Pharisien *cogne-tête* ou *front sanglant* (*Kizaï*), qui allait les yeux fermés pour ne pas voir les femmes et se choquait le front contre les murs, si bien qu'il l'avait toujours ensanglanté ;

« 2° Le Pharisien *bancroche* (*nifki*), qui marchait dans les rues en traînant les pieds et les heurtant contre les cailloux ;

« 3° Le Pharisien *pilon* (*médoukia*), qui se tenait plié en deux comme le manche d'un pilon ;

« Le Pharisien *fort d'épaules* (*schikmi*), qui marchait le dos voûté comme s'il portait sur les épaules le fardeau entier de la loi :

« 5° Le Pharisien *Qu'y a-t-il à faire ? Je le fais*, toujours à la piste d'un précepte à accomplir ; et enfin

« 6° Le Pharisien *teint* (mot qui a de l'analogie avec les *sépulcres blanchis* dont parle Jésus), pour lequel tout l'extérieur de la dévotion n'était qu'un vernis d'hypocrisie ». (*Talmud. Solab XXII* (1).

Tels sont quelques exemples pris au hasard entre un grand nombre qui affectent tous les principes de la loi morale.. Il n'y a donc, dans l'Eglise romaine, aucune certitude quant aux règles de notre conduite.

Scavini et Gury, auteurs de deux manuels également recommandés, sont aussi immoraux Ceux de nos lecteurs qui désireraient connaître les résultats pratiques du système, pourront consulter les *Praticæ Resolutiones Lectissimorum Casuum*, d'Antonius Diana, examinateur des évêques sous les papes Urbain VIII, Innocent X et Alexandre VII. (*Anvers, 1660*).

(1) L'école des Pharisiens était la plus ancienne.

Les *Saducéens* (1) représentaient le parti sacerdotal et aristocratique. Conservateurs à outrance, ils rejetaient la tradition orale et ne croyaient pas à l'immortalité de l'âme. Ils enseignaient qu'il faut servir Dieu comme on sert les princes, par honneur et non par intérêt. Ils observaient la loi à la lettre et en tuaient l'esprit. C'étaient les sensualistes de l'époque.

Les Saducéens, généralement riches, étaient orgueilleux, dédaigneux, peu accessibles au peuple, aux déshérités ; ils n'étaient point nombreux, mais ils comptaient parmi eux des personnages importants ; ils devinrent un parti politique constamment opposé aux Pharisiens.

Le sentiment d'indépendance qui agitait la nation juive et dont l'écho se répercutait assez vivement chez les Pharisiens, avait peu de prise sur eux ; ils vivaient en très bonne intelligence avec les oppresseurs de leur pays.

Les Esséniens ou Esséens (2), plus nombreux que les Saducéens, mais inférieurs aux Pharisiens, étaient divisés en deux parties : les *agissants* et les *contemplatifs* ; les derniers vivaient comme des anachorètes ; les autres cherchaient à propager leurs doctrines dans les masses. Jésus faisait partie de ces derniers.

« Les Esséniens, dit Josèphe (*Biog.*, *p. 8*),

---

(1) Les Saducéens eurent pour fondateur *Zadoc*, vers l'an 106 avant l'ère chrétienne.
(2) Le nom Esséneen ou Esséen signifie guérisseur, du mot syriaque *Assa* ou *Asva* (*guérison*), comme en grec le nom de *Thérapeute* ; et les notions que nous possédons sur les Esséneens de Palestine et sur les Thérapeutes d'Egypte permettent de regarder ces deux ordres comme les branches d'un même tronc dont les racines le rattacheraient à une civilisation plus antique que celle des Hébreux. Esséniens et Thérapeutes avaient sans doute beaucoup reçu de la science sacerdotale de la vieille Egypte et certainement aussi de l'Inde brahmantique.

croient que les corps sont mortels et corruptibles, mais que les âmes sont incorruptibles et impérissables. Sorties des pures régions de l'éther, elles sont enfermées dans les liens du corps comme dans une prison, à l'aide d'une substance fluide issue de la vie universelle, et constituant la vie propre de l'être(1). Elles ne sont pas plutôt affranchies de ces liens charnels qu'elles s'élèvent dans l'air et s'envolent joyeuses dans les espaces. » (*Josèphe, Antiq. Judaïq.*)

« Les Esséniens, dit Philon (*biog., p. 14*), étudient les Saintes Écritures à leur manière, en *philosophes*, et les expliquent *allégoriquement*. Le septième jour de la semaine, ils s'assemblent tous solennellement, s'assoient en demi-cercle, — et séparés en même temps selon leur degré d'initiation dans l'ordre —, avec toute la gravité de la bienséance, la main droite sur la poitrine et la gauche le long du côté. Alors, un des plus habiles se lève et leur fait un discours d'une voix grave et sérieuse. Ce qu'il leur dit est raisonné et sage, sans ostentation d'éloquence. Ce sont des recherches et des explications si justes et si solides qu'elles excitent et soutiennent l'attention et laissent des impressions qui ne s'effacent point. Pendant que celui-ci parle, les autres l'écoutent en silence, et tout au plus marquent leur approbation par le mouvement des yeux et de la tête » (*Philon. De vita contemplativa*).

Les Esséniens avaient leurs biens en commun et mangeaient à la même table ; leur nourriture était frugale et plus végétarienne qu'animale.

Chose remarquable pour le temps : les Esséniens n'étaient point servis par des esclaves ; ils eussent cru agir contre la loi de la nature qui, disaient-ils, a fait naître libres tous les hommes.

Leur costume se composait d'une robe blanche en lin, (symbole de la pureté de l'âme), et d'un burnous de la même couleur ; ils partageaient la

---

(1) C'est le *périsprit* dont nous avons parlé pages 170 et suivantes.

journée entre le travail, la méditation, la prière, et se livraient à l'étude de la morale.

Ceux qui possédaient des facultés supérieures s'occupaient particulièrement de philosophie et de médecine, cherchant avec ardeur les propriétés des végétaux et des minéraux. Ils connaissaient les effets du fluide magnétique sur l'organisme humain, et envisageaient ces connaissances comme appartenant au domaine secret des degrés supérieurs de leur ordre. Ils se faisaient enfin un devoir d'en faire servir la pratique au soulagement de l'humanité... Les Esséniens étaient les *initiés* Juifs.

Si l'on examine les doctrines et les mœurs des Esséniens que Philon et Josèphe nous ont fait connaître, on remarque que presque tous les éléments constitutifs du christianisme de Jésus se retrouvent dans la philosophie de cet ordre. Ainsi l'amour de Dieu et du prochain était le fond de la morale essénienne ; l'égalité était recommandée et pratiquée chez les Esséniens qui n'admettaient d'autre maître que Dieu, qu'ils appelaient *Père ;* jamais ils ne lui offraient de sacrifices dans le Temple. Ils considéraient le mensonge et le serment comme des actes aussi criminels que la vengeance et la guerre ; la douceur, la débonnaireté, l'humilité, la simplicité innocente de l'enfance si prisées par l'Evangile, étaient des vertus esséniennes. Le dédain des richesses, le peu de goût pour la vie de famille qui se remarque chez Jésus, caractérisaient également les Esséniens. A force de se confondre avec l'humanité et de vivre pour elle, le Christ ne reconnaît même plus sa mère et déclare n'avoir de frères, de sœurs et de mère, que ceux qui écoutent sa parole et font la volonté de Dieu (*Math. XII. 49-50, Marc. III. 34 et 35, Luc VIII. 21*).

C'est aux Esséniens que Jésus a certainement emprunté cette grande et noble pensée que l'Etre qui remplit le monde de sa splendeur, n'a pas besoin d'être adoré dans un temple ; que son temple est l'Univers et que son vrai sanctuaire est un cœur pur adorant le Père Céleste en esprit et en vérité.

La ressemblance entre la doctrine de Jésus et celle des Esséniens s'étend même aux rites, aux expressions habituelles. Le baptême, c'est-à-dire le bain matinal *(Toblé Schacharith)* était une pratique essénienne ; la Cène même se pratiquait chez les Esséniens avant d'avoir été célébrée par le Maître de Nazareth avec ses apôtres. Les expressions dont Jésus se sert dans ses entretiens sont également empruntées de préférence au vocabulaire essénien. Cette phrase : « *Schalam Halechem !* » *Que la paix soit avec vous !* était leur mot de ralliement et constituait ordinairement leur apostrophe.

Les Esséniens restaient étrangers à la politique, aux révolutions, et cherchaient à établir la paix et la tranquillité en tous lieux.

Nous ne pousserons pas plus loin le parallèle. Il doit suffire à établir que Jésus s'inspira de l'élément essénien pour fonder sa doctrine. Plus tard, ses prétendus disciples puisèrent encore à d'autres sources (XVIII et XVIII *bis*).

Jésus n'avait certes pas prévu le christianisme actuel et encore moins le catholicisme, qui devaient, non pas anéantir, mais ajourner pour longtemps toutes les libertés et tous les droits de l'humanité.

Samaritains. — Après le schisme des dix tribus, *Samarie* devint la capitale du royaume dissident d'Israël. Détruite et rebâtie à plusieurs reprises, elle fut, sous les Romains, le chef-lieu de la Samarie, l'une des quatre divisions de la Palestine. Hérode l'embellit de somptueux monuments et, pour flatter Auguste, lui donna le nom d'*Augusta*, en grec *Sébaste*.

Les Samaritains furent presque toujours en guerre avec les rois de Juda ; une aversion profonde, datant de la séparation, se perpétua constamment entre les deux peuples qui fuyaient toutes relations réciproques. Les Samaritains, pour rendre la scission plus profonde et n'avoir point à venir à Jérusalem pour la célébration des fêtes religieuses, se construisirent un temple particulier sur la montagne de Garizim, et adoptèrent certaines réformes : ils n'admettaient que le Pentateuque, contenant la loi de Moïse, et rejetaient tous les livres qui y furent annexés depuis. Leurs livres sacrés étaient écrits en caractères hébraïques de la plus haute antiquité. Aux yeux des Juifs orthodoxes, ils étaient hérétiques et, par cela même, méprisés, anathématisés et persécutés. L'antagonisme des deux nations avait donc pour unique principe la divergence des opinions religieuses, bien que leurs croyances eussent la même origine.

Les Samaritains prétendaient descendre de la tribu d'Ephraïm. Les rabbins du Talmud les désignent sous le nom de Couthéens. Leurs descendants vivent encore actuellement dans quelques contrées du Levant, et particulièrement à Naplouse, l'ancienne Sichem, et à Jaffa. Ils observent la loi de Moïse avec plus de rigueur que les autres Juifs et ne contractent d'alliance qu'entre eux.

IV bis. *Jésus paraît au temple dans la Cour des Gentils*. — Les Juifs n'avaient qu'un seul temple, celui de Jérusalem, où s'offraient les sacrifices et se célébraient les grandes cérémonies du culte. Ils devaient s'y rendre en pèlerinage trois fois par an, aux jours solennels des fêtes de la *Pâque*, de la *Pentecôte* et des *Tabernacles* (*Exode XXIII. 17*, *XXXIV. 23*, et *Deuteron. XVI. 16*).

Comme il était impossible que tous vinssent à Jérusalem de toutes les parties de la terre, on choisissait des personnes qui s'acquittaient de ce devoir pour les absents ; on les appelait *stationnaires*.

Les Juifs avaient encore deux ou trois grandes fêtes : la fête des *Trompettes* ou du commencement de l'année religieuse et le jour du *Grand Pardon* ou des *Expiations*.

Le temple était divisé en trois parties :

1º Le *Tabernacle*, subdivisé lui-même en deux parties séparées par un voile de couleur hyacinthe, et comprenant :

a) Le *Saint des Saints* où seul le grand prêtre n'entrait qu'une fois l'an, à la fête des *Expiations* ;

b) Le *Saint* où les prêtres seuls étaient admis ;

2° Le *Parvis des prêtres*, qui n'était accessible qu'aux lévites ; cependant les fidèles pouvaient s'y rendre pour faire leurs sacrifices ; et

3° Le *Parvis d'Israël*, enceinte particulière où se trouvait confiné le peuple.

Une grande cour, destinée aux Gentils, contournait tout l'édifice ; il leur était défendu de la franchir : d'où son nom de *Cour des Gentils*. Là se débitaient des animaux pour les sacrifices, des fleurs, de l'huile pour les petites lampes sacrées, des parfums, des épices, en un mot tous les objets nécessaires au culte ; des changeurs de monnaies y étaient établis avec leurs petites tables, et des boutiques de droguerie s'y trouvaient installées en nombre considérable. Tout cela donnait à la Cour des Gentils l'aspect d'une véritable foire.

Le Temple, était comme chez les Egyptiens, une imitation du système du monde.

Les symboles rappelaient le culte des astres comme en Egypte : les *douze signes du Zodiaque*, représentés sur chacun des drapeaux des douze tribus et par les *douze pierres* de l'urim du grand prêtre, les *sept lumières* ou *planètes* du grand chandelier, la cérémonie de l'*agneau* ou *bélier céleste;* enfin le nom d'*Osiris* lui-même conservé dans son cantique, et l'*arche sainte* ou coffre, imité du tombeau où ce Dieu fut enfermé.

Sur une plus grande échelle, on retrouve dans la construction du temple de Jérusalem, les mêmes allégories, les mêmes dimensions que celles de l'édifice religieux que, par ordre de Moïse, les Israélites s'étaient construit dans le désert.

Moïse, qui était prêtre égyptien, appropria aux idées de son peuple, les sciences et les idées qu'il avait puisées dans les mystères. On les retrouve dans ses symboles, dans ses préceptes et ses commandements.

Aux jours de sabbats ou de fêtes ordinaires, les

Juifs s'assemblaient dans les *synagogues* (du grec *sinaguogué* qui n'est que la traduction de l'expression hébraïque *Beth Haknéseth*, laquelle signifie : *Maison de réunion*). On y récitait des prières publiques, sous la direction du *Président*, des *Anciens* et des *Docteurs de la loi ;* on y faisait aussi des lectures tirées des livres sacrés que l'on expliquait et commentait ; chacun pouvait y prendre part.

Non seulement chaque nation, mais chaque condition avait ses propres synagogues, d'où la synagogue des *Affranchis*, celle des *Alexandrins* dont il est parlé dans les actes des apôtres. Il y en avait plusieurs dans chaque ville ; « on en comptait jusqu'à *quatre-cent-quatre-vingts* à Jérusalem ». (*Midrasch, LII, 6 et LXX. D.*)

Depuis la grande dispersion des Juifs, les synagogues, dans les lieux qu'ils habitent, leur servent de lieu de réunion pour la célébration du culte.

A l'intérieur, il y a des stalles pour les fidèles, un pupitre placé dans une sorte de chaire (*téba*), pour la lecture de la prière, de la loi et des prophètes (1) dont les livres, en forme de rouleaux en parchemin et manuscrits (*séphers*) sont soigneusement enfermés dans une armoire large et basse plus ou moins ciselée (*Eral*), et sont enveloppés dans de riches couvertures de soie brodée.

En avant de l'Eral se trouve le chandelier à sept branches.

Pour la célébration du culte et la constitution d'une assemblée religieuse, il faut là présence de dix personnes *mâles*, (*miniam*), âgées au moins de *treize ans* (*Bar Mitzwah*).

Les femmes s'assemblent dans des galeries d'où elles assistent au service divin, sans être vues des hommes, afin de ne point leur occasionner de distractions !!!!!

La synagogue a un *président* (*Parnaz*) qui est en

---

(1) Par extension, on appelle aussi *téba* l'endroit circulaire de la synagogue où a lieu la lecture des prières, de la loi et des prophètes.

même temps, le chef de la communauté, des *Anciens*, un *lecteur attitré ou appariteur* (*Chazean*) et un *sacristain* (*Chamass*).

Dans les localités où ils sont nombreux, les Juifs ont encore un ou plusieurs *rabbins* (*docteurs de la loi, prédicateurs*). Le chef de tous les rabbins d'une ville s'appelle : *grand rabbin* de telle ou telle ville ; le chef de tous les grands rabbins d'un pays porte le titre de *grand rabbin* de tel ou tel pays.

(V) *Morale mosaïque*. — « Vous ne *haïrez* point votre frère en votre cœur, vous ne vous vengerez point et vous ne garderez point de ressentiment contre les enfants de votre peuple, mais *vous aimerez votre prochain comme vous-mêmes* ». (*Lévit, XIX, 17, 18*).

« Si un étranger habite dans votre pays et demeure au milieu de vous, ne lui faites aucun tort, mais qu'il soit parmi vous comme s'il était né dans votre pays. *Aimez-le comme vous-mêmes*, car, vous aussi, vous avez été étrangers en Égypte ». (*Lévit, XIX, 33, 34*).

« Ayez une seule loi, une seule justice pour vous et pour l'étranger qui demeure avec vous». (*Nombres, XV, 15*).

« Vous ne ferez point de peine à l'étranger, car vous savez quelle est la situation de l'étranger, puisque vous l'avez été vous-mêmes en Égypte ». (*Exode XXIII, 8*).

« Vous ne ferez point d'iniquité en jugement, ni en règle, ni en poids, ni en mesure. Vous aurez la balance juste, les poids justes, les mesures justes ». (*Lévit, XIX, 35 et 36*.)

« Quand vous ferez la moisson de vos terres, vous ne couperez pas en entier le coin de votre champ et vous ne glanerez que ce qui tombera de votre moisson ; vous ne grapillerez pas non plus votre vigne, mais vous l'abandonnerez au pauvre et à l'étranger. (*Lévit, XIX, 9 et 10*).

« Lorsque vous moissonnerez les grains de votre champ et que vous aurez oublié une gerbe, ne retournez pas pour la prendre, mais abandonnez-là à l'étranger, à l'orphelin et à la veuve. Lorsque vous aurez recueilli les fruits des oliviers, vous ne retournerez pas pour reprendre ceux qui seront restés sur l'arbre, mais vous les laisserez à l'étranger, à l'orphelin et à la veuve. Quand vous aurez vendangé votre vigne, vous n'irez pas recueillir les raisins qui y seront demeurés, mais vous les laisserez à l'étranger, à l'orphelin et à la veuve. Souvenez-vous que vous avez été vous-mêmes esclaves en Egypte ». (*Deutéron, XXIV; 19, 20, 21 et 22*).

« Quand votre frère sera devenu pauvre et qu'il tendra vers vous ses mains tremblantes, vous le soutiendrez ; vous soutiendrez aussi l'étranger et le forain, afin qu'ils vivent avec vous. (*Lévit, XXV, 35*).

« La haine excite les querelles, la charité couvre toutes les fautes ». (*Prov. X, 12*).

« Sur le chemin de la vertu, vous trouverez la vie ; le sentier droit conduit à l'immortalité ». (*Prov. XII, 28*).

« Ne vous réjouissez pas quand votre ennemi sera tombé, et que votre cœur ne tressaille pas de joie dans sa ruine ». (*Prov. XXIV, 17.*)

« Si votre ennemi a faim, donnez-lui à manger ; s'il a soif, donnez-lui à boire ». (*Prov. XXV, 21*).

« Un esclave qui s'est enfui, vous ne le livrerez pas à son maître ; il demeurera au milieu de vous dans l'endroit qu'il aura choisi. Vous ne l'opprimerez point et vous le laisserez vivre libre et heureux dans vos cités ». (*Deutéron, XXII, 15*).

» Vous ne ferez pas de tort au mercenaire pauvre et indigent d'entre vos frères ou d'entre les étrangers qui demeurent dans votre pays. Vous lui donnerez son salaire le jour même qu'il aura travaillé, avant que le soleil se couche. Vous ne ferez point d'injustice à l'étranger ni à l'orphelin et vous ne prendrez point pour gage le vêtement de la veuve ». (*Deutéron. XXIV, 14 et suiv.*).

« Vous n'emmusellerez point votre bœuf lorsqu'il foulera le grain ». (*Deutéron, XXV, 4*).

« Le juste a égard à la vie de sa bête, mais les

entrailles des méchants sont cruelles ». (*Prov. XII, 10*).

« Si vous rencontrez le bœuf de votre ennemi, ou son âne égarés, vous ne manquerez pas de le lui ramener ». (*Exode XVIII, 4 et 5*).

« Vous n'affligerez point la veuve ni l'orphelin ;

« Si vous prêtez de l'argent au pauvre qui est avec vous, ne vous comportez pas avec lui en usurier ;

« Si vous prenez en gage le vêtement de votre prochain, vous le lui rendrez avant que le soleil soit couché, car sa seule couverture est son vêtement pour couvrir sa nudité ; où coucherait-il ?

« Vous ne médirez point des juges et vous ne maudirez pas le chef de votre peuple. » (*Exode XXII, 22-28*).

« Ne sois pas trop prompt avec ta bouche, et que ton cœur ne se presse pas trop à s'épancher en vaines paroles devant l'Eternel ; car le Seigneur est en haut du ciel, et toi, tu es ici-bas sur la terre ; que pour cette raison les paroles de la prière soient succinctes ». (*Ecclés. V. 1*).

(VI) *Morale des grands prophètes juifs.* — « Qui vous demande de venir dans mes parvis ? Vos néoménies, vos sabbats, vos jours de fête me sont indifférents, et vous avez beau multiplier vos prières, je ne veux point les écouter. Ce n'est pas cela que je désire. Ce que je demande, c'est que vous soyez purs et vertueux, que vous vous éloigniez du mal, que vous pratiquiez la justice, que vous secouriez l'opprimé, que vous preniez la défense de la veuve et de l'orphelin ». (*Isaïe. I. 12 et suiv.*).

« Que m'importe la multitude de vos victimes ? J'en suis rassasié ; la graisse de vos béliers me soulève le cœur ; votre encens m'est en abomination ; je ne puis plus souffrir vos nouvelles lunes, vos sabbats et vos fêtes ; purifiez vos pensées, cessez de mal faire ; apprenez le bien, cherchez la justice, assistez l'opprimé et l'orphelin, défendez la veuve ». (*Isaïe. I. 11 et suiv.*).

« Courber la tête comme un roseau, se couvrir d'un cilice et de cendres, voilà ce que vous appelez un jeûne agréable au Seigneur. Est-ce là le jeûne auquel je prenne plaisir, que l'homme se mortifie un jour ? Le jeûne que je préfère le voici : détachez-vous des liens du vice ; brisez le joug de la méchanceté ; partagez votre pain avec celui qui a faim ; donnez l'hospitalité au malheureux et au persécuté ; couvrez la nudité du pauvre ; ne soyez pas insensible aux souffrances de votre semblable ; rompez les chaînes de l'esclavage et affranchissez les opprimés ». (*Isaïe. LVIII*, 5, 6 et 7).

« Observez la justice et faites ce qui est juste ». (*Isaïe. LVI. 1*).

« Je prends plaisir à la vertu et non pas aux sacrifices ». (*Osée. VI. 6*).

« L'Eternel ne prend point plaisir aux sacrifices, mais il demande que vous fassiez ce qui est juste, que vous aimiez la bénignité et que vous marchiez en toute humilité devant Dieu ». (*Michée. VI. 7 et 8*).

(VII) *Extraits du Talmud* (1). — L'illustre Hillel, une des plus grandes figures parmi les docteurs du second temple (2) fut un jour accosté par un païen qui lui déclara qu'il était prêt à embrasser le Judaïsme, si le docteur pouvait lui faire connaître le résumé de la loi de Moïse, pendant qu'il se tiendrait debout devant lui sur un pied. « Ce que tu n'aimes pas pour toi, répondit Hillel, ne le fais pas à autrui ; c'est là toute la loi ; le *reste n'en est que le commentaire* ». (*Traité Sabbat. XXX. 6*).

« Il est de votre devoir de nourrir, aussi bien que les pauvre israélites, les pauvres des autres peuples, de visiter les malades des autres peuples, aussi bien que les malades israélites, et de rendre les derniers

---

(1) Chacun sait que le Talmud contient les enseignements des anciens docteurs Juifs.

(2) Hillel, vivait environ cinquante ans avant Jésus. Il était aimé du peuple à cause de son extrême bonté, de sa grande douceur et de sa patience à toute épreuve.

honneurs aux morts des autres peuples, aussi bien qu'aux morts israélites ». (*Traité Guitine V. 1*).

« L'Univers est basé sur trois colonnes: la vérité, la justice et la paix. C'est ainsi qu'il est recommandé par le prophète Zacharie : « Pratiquez dans vos villes la vérité, la justice et la paix ». (*Traité Aboth. I. 16*).

« Celui qui pratique la vertu par amour filial pour son Créateur, est plus digne que celui qui ne la pratique que par crainte d'une punition céleste ». (*Traité Sotah. V. 1*).

« Ne soyez pas comme des esclaves qui servent leur Maître dans l'espoir d'une récompense. Soyez, au contraire, comme des serviteurs qui rendent hommage à leur Maître, sans en rien attendre pour prix de leur fidélité. Alors la crainte de Dieu sera réelle en vous ». (*Traité Aboth. I. 2*).

« Faites le bien pour l'amour du bien, mais non dans des vues ambitieuses ou intéressées. Faites vos comptes avec exactitude et vos décomptes avec ponctualité. C'est-à-dire : faites le commerce honnêtement, loyalement. Soyez persuadés qu'il existe une vie future où le bien reçoit sa récompense et le mal sa punition. Aimez la religion, aimez la bienfaisance, les exhortations et la justice ; ne courez pas trop après les honneurs et ne soyez pas trop fiers de votre savoir. Pénétrez-vous de cette vérité : D'aujourd'hui à demain, votre destinée peut vous ravir ce qui est à vous ; si donc ce que vous possédez légitimement n'est pas entièrement à vous, à quoi bon ce qui ne vous appartient pas légalement ? » (*Traité de Derech Erez. Suta II. 2, 3 et 4*).

« Aimez votre prochain comme vous-même, c'est dans la religion un principe d'une importance majeure. Aimez et honorez le Créateur dans l'humanité, c'est dans la religion le principe le plus sublime ». (*Traité de Médarim. IX*).

« Apprenez à souffrir avec patience et pardonnez facilement les injures ». (*Traité Aboth. XLI. 2*).

« Un soir, dit une légende juive, Abraham se trouvant assis à la porte de sa tente, vit venir à lui un vieillard, âgé de quatre-vingts ans, qui lui demanda l'hospitalité. Abraham le reçut sous sa tente et lui offrit une bouchée de pain (style biblique). Le lendemain matin, tous deux se levèrent. Abraham se prosterna devant l'Éternel et lui rendit ses actions de grâces ; son hôte demeura froid et impassible devant cette manifestation pieuse. Abraham se releva courroucé, saisit un bâton et chassa impitoyablement l'étranger. Mais Dieu intervint : Abraham, lui cria-t-il, qu'as-tu fait ? En chassant cet homme, tu as chassé un de mes enfants, tu as chassé ton frère. Abraham répondit : Seigneur, je l'ai hébergé, je l'ai nourri, et il ne s'est point prosterné pour te rendre grâces. Quoi, misérable ! moi son Créateur, son Père et son Dieu, je l'ai supporté pendant quatre-vingts ans, et toi, faible vermisseau, tu n'as pu le supporter pendant deux jours de suite ! Le patriarche comprit la portée du reproche, courut après le vieillard et lui demanda pardon. Depuis lors, on dit qu'il a toujours pratiqué la charité envers les hommes sans distinction de croyance, de race ou de nationalité. Il fit bien, et nous, aussi, faisons de même. »

(VIII) *Morale des grands philosophes de l'Antiquité. Inde Védique.* — « La résignation, l'action de rendre le bien pour le mal, la tempérance, la probité, la pureté, la répression des sens, la connaissance des Sastras (livres sacrés), celle de l'âme suprême, la véracité et l'abstinence de la colère, telles sont les dix vertus qui constituent le devoir ». (*Sloca 12, du livre VI de Manou*).

N'oublions pas que les Védas, dont le livre de Manou fait partie, sont écrits en sanscrit ancien, c'est-à-dire que la date de leur apparition est bien antérieure à la naissance de Moïse, et, à plus forte raison, à celle du Christ (1).

---

(1) Les Védas sont les livres sacrés des Indous au nombre de quatre : le *Rig-Véda*, le *Same-Véda*, le *Yadjour-Véda* et le *Atharva-Véda*.

« L'âge des Védas, dit le docteur Gibier, (*biog. p. 162*),

« Les hommes qui n'ont point d'empire sur leurs passions ne sont point capables de remplir leurs devoirs. Il faut renoncer aux richesses et aux plaisirs quand ils ne sont pas approuvés par la conscience. Les œuvres qui ont pour principe l'amour de son semblable, doivent être ambitionnées par le juste, car ce sont elles qui pèsent le plus dans la balance céleste. De même que le corps est fortifié par les muscles, l'âme est fortifiée par la vertu.

« De même que la terre supporte ceux qui la foulent aux pieds et lui déchirent le sein en la labourant, de même nous devons rendre le bien pour le mal. — Si tu fréquentes les bons, tes exemples seront inutiles ; ne crains point de vivre parmi les méchants pour les ramener au bien. — Quels que soient les services qu'on rende aux esprits pervers, le bien qu'on leur fait ressemble à des caractères écrits sur l'eau. Mais le bien doit être accompli pour le bien, car ce n'est pas sur la terre qu'on doit en attendre la récompense. — L'honnête homme doit tomber sous les coups des méchants comme l'arbre sandal qui, lorsqu'on l'abat, parfume la hache qui l'a frappé. — Quand nous mourons, nos richesses seules restent à la maison ; nos parents, nos amis nous accompagnent jusqu'au bûcher ; mais nos vertus et nos vices, nos bonnes œuvres et nos fautes nous suivent dans l'autre vie. — L'homme qui n'apprécie les moyens que d'après son envie de parvenir, perd bientôt la notion du juste et des saines doctrines. — Que l'homme juste sache bien que ce

---

n'a pu être établi. Souryo-Shiddanto, astronome hindou, dont les observations contrôlées par la position respective et la marche des étoiles, remontent à 58,000 ans, parle des Védas comme d'ouvrages déjà vénérables par leur antiquité ». (*Docteur Paul Gibier. Le Fakirisme occidental, p. 86.*)

Ces livres religieux ont été retrouvés et traduits pour la première fois en anglais, à Calcutta, en 1840. Le *Rig-Véda* a été traduit en français par M. Langlois, de l'Institut. Paris 1848-1851. 4 vol. in-8°.

qui est au dessus de tout, c'est le respect de soi-même et l'amour du prochain ! — Que l'homme juste ne se rende jamais coupable de médisance, d'imposture et de calomnie ! — Qu'il ait constamment la main droite ouverte pour les malheureux, et ne se vante jamais de ses bienfaits ! — Mais surtout qu'il évite, pendant tout le cours de sa vie, de nuire en quoi que ce soit à autrui ! — Aimer son semblable, le protéger et l'assister, c'est de là que découlent les vertus les plus agréables à Dieu ». (*Chrisna. Maximes*) (*4.800 ans avant l'ère chrétienne*).

Bouddhisme. 1º « Tu ne tueras point ; 2º Tu ne voleras point ; 3º Tu ne seras pas adultère ; 4º Tu ne porteras point de faux témoignage ; 5º Tu ne mentiras point ; 6º Tu ne blasphémeras point ; 7º Tu éviteras toute parole ou action grossière ; 8º Tu seras désintéressé ; 9º Tu ne te vengeras point ; 10º Tu ne seras point superstitieux ». (*Le Bouddha. Décalogue*).

Ce décalogue nous paraît plus complet que celui de Moïse, et les maximes morales du Bouddha sont admirables. Au point de vue de la douceur, de la charité, de la bienveillance, elles ne peuvent être dépassées. Tendre pour les hommes, le Bouddha comprend encore dans son amour, les animaux, nos frères inférieurs.

Obligé d'abréger, nous résumons les principales maximes : « *Compassion sans bornes envers toutes les créatures et prohibition de toute cruauté ;* constance inébranlable dans la foi ; profonde humilité ; recherche de la perfection par le renoncement et la domination de l'esprit sur le corps». (*Le Bouddha. Principales maximes*).

Le Bouddhisme, de même que les Evangiles (mais six cents ans avant ceux-ci), avait renversé les privilèges de la naissance, les classifications arbitraires entre les hommes, et effacé les distances qui séparent les individus et les frontières qui divisent les peuples.

Morale chinoise. — « Réjouissez-vous du succès des autres et affligez-vous de leurs revers, comme si vous vous trouviez à leur place. — Secourez les hommes dans leurs besoins. — Sauvez les hommes dans le danger. — Ayez pitié des veuves et des orphelins. — *Montrez-vous humain envers les animaux* ». *(Lao-Tseu (1). Des récompenses et des peines) (590 ans avant l'ère chrétienne).*

Cette dernière pensée est d'origine indoue ; on la retrouve chez les Persans, mais *on n'en trouve aucune trace dans l'Evangile.* (IX *bis*).

« Celui dont le cœur est droit et qui porte aux autres le même sentiment qu'il a pour lui-même, ne s'écarte pas de la loi morale, ni des devoirs prescrits aux hommes par leur raison. Il ne fait pas aux autres ce qu'il désire qu'on ne lui fasse pas à lui-même ».

Maxime qu'on a donnée comme inventée par Jésus et qui était déjà bien vieille :

« Conduisez-vous toujours avec la même retenue que si vous étiez observé par dix yeux et montré par dix mains. — Apprenez à bien vivre et vous saurez bien mourir. — Ayez la droiture du cœur et aimez votre prochain.

« Apprenez et réfléchissez et aimez-vous les uns les autres ». *(Confucius* (2), *Khoung-Fou-Tseu. Maximes).*

Voici encore quelques-uns de ces préceptes qui visent l'humanité tout entière.

---

(1) Célèbre philosophe chinois qui vivait environ 600 ans avant l'ère chrétienne.

(2) Confucius naquit l'an 551 avant l'ère chrétienne. La religion de Confucius est une philosophie sans dogmes, sans prêtres, et qui fait consister la sagesse dans la modération

« L'humanité est le fondement de tout. L'humanité est la première et la plus noble de toutes les vertus. La pitié filiale est une des vertus principales, la source de l'enseignement, la loi éternelle du ciel, la justice de la terre, le point d'appui de l'autorité, le premier lien social et la mesure de tout mérite. C'est grâce à elle qu'on peut suivre cette chaîne de cinq vertus qui sont comme les liens de la société : *l'humanité, la justice, l'ordre, la droiture, la sincérité* (1).

« C'est par la pratique de ces vertus, que l'homme se perfectionne au lieu de se dépraver. — Depuis l'homme le plus élevé en dignité jusqu'au plus humble et plus obscur, le devoir est le même pour tous : corriger et améliorer sa personne ; le perfectionnement de soi-même, telle est la base fondamentale de tout progrès et de tout développement moral. Nul ne peut être heureux s'il ne possède les vertus privées.

« Dans les méchants, haïssez le crime, mais s'ils reviennent à la vertu, recevez-les comme s'ils n'avaient jamais commis de fautes. On peut enlever et réduire en servitude un général vaillamment défendu par une armée entière. On ne peut ôter au plus faible des hommes la liberté de sa pensée ». (*Confucius. Entretiens*).

La morale chinoise a donné quinze cents ans de paix sociale à ces peuples qu'on nomme barbares.

MORALE ÉGYPTIENNE. — Un papyrus égyptien de l'époque ptolémaïque, conservé à la Bibliothèque

---

en toutes choses, dans le respect des lois, des parents et des ancêtres. Elle a principalement pour but de dissiper les ténèbres et d'améliorer les instincts du cœur en flétrissant les vices.

(1). C'est pour se rappeler en tout temps ces cinq vertus cardinales, que les Chinois portent cinq boutons à leurs vêtements.

nationale, à Paris, mentionne les préceptes suivants :

« Ne fais pas ton compagnon d'un méchant homme.

« N'agis pas d'après les conseils d'un sot.

« Qu'il ne t'arrive pas de maltraiter un inférieur ; respecte les vénérables.

« Ne te fais pas un divertissement de te jouer de ceux qui dépendent de toi.

« Ne pervertis pas le cœur de ton camarade s'il est pur.

« Ne sauve pas ta vie aux dépens de celle d'autrui.

« Qu'il n'y ait pas dans le cœur d'une mère d'entrée pour l'amertume.

« Qu'il ne t'arrive pas de maltraiter ta femme, dont la force est moindre que la tienne, mais qu'elle trouve en toi un protecteur.

« Qu'il ne t'arrive pas de faire souffrir ton enfant s'il est faible ; au contraire, prête-lui aide.

« Ne laisse pas ton fils se lier avec une femme mariée ». (*Devérin. Catalogue des manuscrits égyptiens du Musée du Louvre*, 1881, 193).

Sur une tombe découverte récemment à Assonan, par M. Schiparelli, et remontant à la sixième dynastie, on lit cette inscription tracée par son possesseur, Hirkouf : « J'ai fait à mon père une demeure... J'ai été obéissant à mon père ; j'ai fait ce qui plaisait à ma mère ; j'ai été bienveillant envers tous mes frères ; j'ai donné du pain à l'affamé, des vêtements à celui qui était nu, des vases de bière à celui qui avait soif ». (*Revue de l'hist. des relig.*, 1893, 97).

Ces préceptes de morale datent de plusieurs centaines d'années avant le Christianisme.

ANTIQUITÉ GRECQUE ET LATINE. — « La justice absolue est dans la nature comme la loi et la droite raison, et ne dépend pas d'une convention. Celui qui ne commet aucune injustice mérite qu'on l'honore ; mais celui qui ne souffre pas que les autres soient injustes, mérite deux fois plus d'honneurs que le premier ». (*Platon. Lois*).

« Mieux vaut recevoir que commettre une injustice. — On doit s'appliquer à être un homme de bien et non à le paraître. Il ne faut jamais rendre injustice pour injustice, mais le bien pour le mal, car c'est aux fruits qu'on reconnaît l'arbre ». (*Philosophie de Socrate et de Platon*). (*Biog. p. p. 185 et 6a*).

L'Évangile reproduit plusieurs fois, textuellement, cette dernière pensée :

« Ce que tu blâmes dans ton prochain, ne le fais pas toi-même. » (*Thalès*) (1).

« Ce qu'il y a, sans contredit, de plus juste au monde, c'est la justice qui inspire de la bienveillance et de l'affection. » (*Aristote, biog. p. 251*). (*Morale à Nicomaque*).

« Agissez envers vos inférieurs comme vous voudriez que vos inférieurs agissent envers vous ; ne vous permettez rien que vous ne puissiez faire devant votre ennemi... Montrez à ceux qui font le mal des sentiments doux et paternels, et souvenez-vous que nul n'a le droit de s'absoudre soi-même et de se déclarer innocent. » (*Sénèque*) (2).

(IX) MORALE DE JÉSUS. — « Un jour un homme s'approcha de Jésus et lui dit : « Bon maître, que faut-il que je fasse pour mériter la vie éternelle ? Jésus lui répondit : Tu aimeras Dieu de tout ton cœur, de toute ton âme et de toute ta pensée. Celui-ci est le premier commandement.

---

(1) Philosophe grec, chef de l'école ionienne, admit comme principe l'*eau*, ou l'élément humide. Il florissait vers 640 avant l'ère chrétienne.

(2) Philosophe romain, précepteur de Néron, dont il encourut la disgrâce et qui lui donna l'ordre de s'ouvrir les veines (8-65).

« Et le second, semblable à celui-ci, est : Tu aimeras ton prochain comme toi-même. Ces deux commandements sont toute la loi et les prophètes ». (*Matth. XXII, 30 à 40*).

Aimer Dieu, aimer les hommes, voilà toute la loi ; or, de ce double amour comme de leur source découlent toutes les affections, tous les devoirs domestiques et civils qui perfectionnent les hommes et les rendent plus heureux.

« Et comme il sortait pour se mettre en chemin, un homme accourut, se mit à genoux devant lui et lui fit cette demande : « Bon maître, que faut-il que je fasse pour mériter la vie éternelle ? Et Jésus lui répondit : Pourquoi m'appelles-tu bon ? Dieu seul est bon. Si tu veux entrer dans la vie, observe les commandements. — Quels commandements ? lui dit-il. Jésus répondit : Tu ne tueras point, tu ne commettras point d'adultère, tu ne déroberas point, tu ne porteras point de faux témoignage, honore ton père et ta mère et aime ton prochain comme toi-même ». (*Matth. XIX, 16 et suiv. Marc. X, 17 et suiv. Luc. XVIII, 18 et suiv.*).

« Si vous pardonnez aux hommes leurs offenses, votre Père céleste vous pardonnera aussi les vôtres ; mais si vous ne pardonnez pas aux hommes leurs offenses, votre Père céleste ne vous pardonnera point non plus vos offenses ». (*Matth. VI, 14*).

« Toutes les choses donc que vous voulez que les hommes vous fassent, faites-les leur aussi de même, car *c'est là toute la loi et les prophètes.* » (*Matth. VII, 12*).

C'est par ce côté de la doctrine que Jésus se montre profondément Essénien, mais, disons-le, singulièrement révolutionnaire, car cette religion si spiritualisée ne pouvait être que toute intime, toute spirituelle, c'est-à-dire sans intermédiaires, et, par conséquent, sans sacerdoce ni prêtres.

Qu'est-il en effet besoin de ces parasites insatiables, quand la religion qu'il annonce se résume en une ligne : « *Aimez Dieu. Aimez votre prochain !!!*

« Quelqu'un des Scribes demanda à Jésus : Quel est le premier de tous les commandements? Et Jésus lui répondit : Le premier de tous les commandements est : Ecoute Israël, l'Eternel est notre Dieu, l'Eternel est Un. Et tu aimeras l'Eternel de tout ton cœur, de toute ton âme, de toute ta pensée et de toute ta force. C'est là le premier commandement.

« Et le second, qui est semblable au premier, est celui-ci : Tu aimeras ton prochain comme toi-même. Il n'y a pas d'autres commandements plus grands que ceux-ci » (*Marc XII. 28 et suiv.*).

Que de dévots qui croient, en aimant Dieu, pouvoir se dispenser d'aimer le prochain; qui croient même pouvoir le haïr et le persécuter !

« Je veux miséricorde et non pas sacrifice. » (*Matth. XI, 13*).

« En ceci, tous connaîtront que vous êtes mes disciples, si vous vous aimez les uns les autres. » (*Jean. XIII, 35*).

« Aimez vos ennemis et bénissez ceux qui vous maudissent; faites du bien à ceux qui vous haïssent et priez pour ceux qui vous persécutent. » (*Matth. V, 44*).

Rien de plus beau et de plus prophétique en même temps, que cette réponse que fit Jésus à une femme samaritaine qui lui demandait comment il fallait prier Dieu, si c'était sur la montagne ou à Jérusalem : « Femme, crois-moi, le temps va venir où l'on n'adorera le Père ni sur cette montagne ni à Jérusalem. Le temps va venir où les vrais adorateurs adoreront le Père *en esprit et en vérité.* » (*Jean IV, 21 à 25, Id. IX, 24*).

Tout le monde connaît la parabole du bon Samaritain, que nous considérons comme la moelle de l'Evangile.

— « Un docteur de la loi demanda un jour à Jésus : Que faut-il que je fasse pour posséder la vie éternelle?

« — Jésus, lui ayant à son tour demandé : Qu'y-a-t-il d'écrit dans la loi? Qu'y lis-tu ? Il lui répondit : Vous aimerez l'Eternel, votre Dieu, de tout votre cœur, de toute votre âme, de toutes vos forces et de tout votre esprit; et votre prochain comme vous-même.

« Tu as fort bien répondu, lui dit Jésus, fais cela et tu vivras. Et alors l'autre lui demanda : Mais quel est mon prochain ? »

— « Ecoute, lui dit Jésus :

« Un homme qui descendait de Jérusalem à Jéricho, tomba entre les mains de voleurs, qui le dépouillèrent, le couvrirent de plaies, et s'en allèrent le laissant à demi-mort. Il arriva ensuite qu'un sacrificateur (fonctionnaire de la religion) descendait par le même chemin et, quand il le vit, passa outre. Un lévite (prêtre), qui vint au même lieu, l'ayant considéré, passa outre encore. Mais un samaritain (schismatique) (IV) passant son chemin, vint à l'endroit où était cet homme et, l'ayant vu, il en fut touché de compassion. Il s'approcha donc de lui, pansa ses plaies, y versa de l'huile et du vin; et, l'ayant mis sur sa propre monture, l'emmena à l'hôtellerie et eut soin de lui. Le lendemain, il tira de sa bourse deux deniers qu'il donna à l'hôte, en lui disant : « Aie bien soin de cet homme, et tout ce que tu dépenseras en plus, je te le rendrai à mon retour ».

— « Lequel de ces trois hommes a été le prochain de celui qui était tombé entre les mains des voleurs? »

— « Le docteur lui répondit : Celui qui a exercé la miséricorde envers lui.

— « Va donc, lui dit Jésus, et fais de même.» (*Luc X. 25 et suiv.*).

Donc, Jésus déclare que c'est un schismatique qui a accompli la loi, parce qu'il a été bon, secourable, et non ce sacrificateur et ce lévite orthodoxes qui ont détourné la vue du malheureux détroussé par les brigands et laissé par eux couvert de plaies sur la route.

Jésus ne se borne pas à proclamer la doctrine de l'amour sans bornes, il la réalise encore dans sa personne, en un idéal très remarquable, très exceptionnel, et c'est par là surtout qu'il est admirable.

Il termine sa vie par ces sublimes paroles qu'il a certainement prononcées du haut de la croix, car l'évangéliste qui les rapporte n'aurait pu les trouver lui-même :

« Mon Père, pardonne-leur, car ils ne savent ce qu'ils font !» (*Luc XXIII, 34*).

Ce cri jeté par le Christ, au moment de mourir, retentit à travers les siècles comme une malédiction contre l'ignorance et le fanatisme.

Remarque importante sur la morale en général

On voit par les citations que nous venons de faire (V, VI, VII, VIII) que les préceptes de la morale la plus élevée ont été enseignés dès la plus haute antiquité et que les églises chrétiennes ont le plus grand tort d'en revendiquer la paternité.

Jésus a donné à ces préceptes des formes saisissantes, et surtout il les a mis en pratique ; mais il n'a pas eu le monopole de ces sublimes vérités : elles ont de tout temps été gravées dans la conscience de l'humanité.

La société n'est point le résultat d'une convention, d'un contrat ; il n'en faut d'autre preuve que la spontanéité du dévoûment. Y a-t-il une convention, quelle qu'elle soit, qui puisse obliger au sacrifice de soi-même pour autrui, quand on voit l'instinct de la conservation si puissant et si vivace? Le même homme qui vient de se jeter au milieu des flammes ou des eaux, invinciblement attiré par les cris de la victime, ne le verrez-vous pas tenir à la vie dans les plus horribles souffrances ou pendant le cours d'une existence malheureuse? Et si une force secrète, irrésistible, le pousse au dévoûment, malgré le plus profond attachement à la vie, est-il douteux que cette force ait poussé les hommes à se rechercher? L'homme naît éminemment sociable : partout on le trouve vivant en société; un isolement prolongé l'étiole, l'abrutit et rend fou celui dont l'instinct de sociabilité est fort développé. Faible individuellement, il devient fort en unissant ses forces à celles des autres hommes; isolé, il croupit dans l'ignorance; au contact de ses semblables, il s'éclaire et agrandit son intelligence.

La notion humaine de morale avec les sentiments et les devoirs qui en dérivent est sortie de cet instinct de sociabilité, de solidarité. Et cette source de morale n'est même pas propre à notre seule espèce, car cet instinct se trouve déjà en action parmi les races animales dont la constitution est semblable à la nôtre.

Les fondements de la morale ont ainsi leur plus ancienne origine préhistorique dans l'instinct des êtres organisés chez lesquels la vie en commun comporte des rapports et des devoirs sociaux.

La morale est donc une chose essentiellement évolutive, et son évolution, commencée avant l'espèce humaine, se poursuivra encore fatalement chez elle, avec l'évolution même de la civilisation et des idées générales...

« La loi morale, écrit mon excellent ami, Emmanuel Vauchez, ne dépend ni du Bouddha, ni de Moïse, ni de Jésus, ni de Mahomet. Elle est plus vaste que les cathédrales, plus haute que les mosquées, plus large que les synagogues. Elle procède de la conscience humaine : chaque être en porte l'embryon dans son cœur. »(*Emmanuel Vauchez. La Terre.*)

De ce que nous venons de dire se déduit cette conclusion toute naturelle :

Tout ce qui tend à contrarier la sociabilité, la solidarité est MAL, *et tout ce qui contribue à leur développement est* BIEN.

C'est donc un devoir pour tous et pour chacun de combattre le Mal sans paix ni trêve, par la pensée et par l'action, comme aussi d'aider au Bien. Pour vaincre le mal et propager le bien en chacun de nous, il est nécessaire de vaincre le mal et de propager le bien chez autrui.

Nul ne peut conquérir son salut, s'il ne travaille au salut de ses frères.

Nous sommes tous solidaires, car l'humanité peut être considérée comme un seul et même corps dont nous sommes tous les cellules; si une ou plusieurs de ces cellules se pourrissent ou souffrent, le corps entier souffre.

En d'autres termes :

Aime-toi, aime ton prochain.

Aime-toi, c'est-à-dire jouis des bienfaits de la providence, mais n'en abuse pas ; respecte-toi, évite les excès qui dégradent, élargis ton cœur par la bienfaisance, élève ton intelligence par l'étude. En deux mots : *perfectionne-toi*.

Aime ton prochain. Fais jouir les autres des bienfaits de la Providence ; par tes largesses (1), par tes conseils, par tes exemples, fais leur tout le bien que tu peux leur faire. Adoucis leurs souffrances physiques et compatis à leurs souffrances morales. En quelques mots : *Aide de toutes tes forces tes semblables à se perfectionner eux-mêmes.* **Ne perds jamais de vue l'Idéal divin de la perfection, Dieu, à qui nous devons tout rapporter.**

(IX *bis*) *Montrez-vous humains envers les animaux.* — Par respect pour la dignité humaine et par équité, nous devons justice et non pitié, nous devons, par tous les moyens en notre pouvoir, chercher à améliorer leur sort en poursuivant énergiquement la suppression des actes de cruauté et de brutalité qui, malheureusement, s'exercent encore contre nos frères inférieurs.

On peut affirmer avec confiance, que celui qui est cruel envers les animaux ne peut être un homme bon.

L'homme qui s'amuse à voir maltraiter les animaux sans défense abdique sa propre dignité, foule aux pieds ses plus précieuses garanties et mérite qu'une prétendue élite usurpe à son égard le droit

---

(1) Voulez-vous savoir comment il faut donner? Mettez-vous à la place de celui qui reçoit!!!

d'abuser de la force dont il a cru pouvoir se servir envers ses frères inférieurs.

Chaque jour, à toute heure, dans toute ville et dans tous les pays du monde, les animaux travaillent avec fidélité et patience, et accomplissent au profit de l'homme d'innombrables corvées, au prix d'innombrables souffrances.

L'homme a certainement le droit de faire travailler l'animal. En travaillant avec lui, il l'humanise et il l'apprivoise. Tout animal que l'homme fait travailler d'après ses facultés, *sans en abuser*, devient meilleur. Il atteint un âge plus avancé que s'il fut resté oisif dans la sauvagerie.

L'animal n'est pas plus fait que l'homme pour être esclave. C'est un serviteur qui sait distinguer un bon maître d'avec un méchant, qui, maltraité et opprimé, se transforme en malfaiteur.

Nourriture, repos, bienveillance, sont les trois bienfaits auxquels l'animal domestique a droit. Il faut être une brute pour nier que l'animal sente le tort que l'homme se permet à son égard. Le cheval surmené, le chien maltraité, et jusqu'à l'âne sentent quand l'homme leur demande un travail excessif au-dessus de leurs forces. On peut lire ce sentiment dans le regard de l'animal.

La morale bouddhique, aussi bien que la morale chinoise prescrivent la douceur envers les animaux (VIII).

Le cruel silence que l'on constate dans l'Evangile à l'égard des animaux, implique nécessairement le même silence dans les catéchismes catholiques.

C'est un fait lamentable que, durant le règne de l'Eglise du moyen-âge, depuis le IVe siècle jusqu'au XVIe, l'on ne s'occupe point de la question des droits de l'animal et des injustices qu'il subit.

Puis, avec la Réforme et la Renaissance, le sentiment humanitaire se ranime aussi. Mais ce n'est qu'au XVIIIe siècle, époque de lumière et de « sensibilité », dont Voltaire (*biog. p. 108*) et Rousseau (*biog. p. 287*), furent les orateurs, que les droits des animaux ont été reconnus plus délibérément.

Avec la grande révolution de 1789, le sentiment d'humanité, que n'avait ressenti auparavant qu'un seul homme sur un million — philosophe ou poète — commence à se développer peu à peu et à se manifester comme un trait essentiel de la démocratie...

Aujourd'hui encore, nulle part sur la terre, les animaux ne sont traités avec tant de barbarie que dans les pays catholiques. L'affreuse boucherie des courses de taureaux est le monopole des régions catholiques. Les volailles plumées vivantes, les lapins épilés vivants, la sauvagerie des chasses à courre, les combats de coqs, les raids militaires, appartiennent en propre aux populations catholiques.

Inspirons aux jeunes générations, dans tous les actes de la vie, le dégoût du sang et la haine de la violence.

Guerre impitoyable aux *courses de taureaux*, dont les Espagnols eux-mêmes demandent aujourd'hui la disparition !

« De mars à novembre 1901, on n'a pas donné moins de 490 courses de taureaux en Espagne. La valeur des animaux tués (chevaux et taureaux) est de 750.000 francs. Si l'on ajoute à cette somme les appointements des toréadors, le prix des places payées par les spectateurs, on arrive à la somme de 12 millions de francs, chiffre qui représente le total des traitements des instituteurs espagnols » (*Revue pédagogique*).

Guerre aux *modes*, aux *coutumes* qui ne peuvent subsister que par la souffrance des pauvres animaux (1).

---

(1) C'est à l'aide de l'opération césarienne que l'on obtient les plus belles fourrures d'Astrakan. Les paysans, sans anesthésie préalable, bien entendu, ouvrent le ventre de pauvres brebis et en retirent les agneaux qui produisent cette fourrure frisée et soyeuse. Pour se procurer ces fourrures à la mode, on fait donc subir à de pauvres animaux la plus terrible des opérations.

Le commerce des fourrures qui fournit des vêtements de luxe inutiles, est un commerce barbare et absurde.

Il est de mode de couper la queue et les oreilles de cer-

Guerre sans merci à cette « torture expérimentale de laboratoire », appelée la *Vivisection*, mise à la mode par quelques *grands savants* qui prétendent faire servir la douleur de quelques pauvres bêtes au salut d'un grand nombre d'hommes !!!

Le but de cette *Science* (sic), disent-ils, est de déterminer les lois de la nature, c'est-à-dire de classer les phénomènes qui, dans les mêmes conditions, se produisent toujours de la même manière. Or, dans la vivisection, les mêmes conditions ne sont jamais réalisées, parce qu'il n'y a jamais deux sujets identiques. Quelle que soit la question envisagée : localisation des fonctions cérébrales, différenciation de la température du sang artériel ou veineux, fixation des centres nerveux, rôle du cervelet ou de la

---

tains chiens. C'est cette coutume barbare qui prive le chien d'un organe que la nature lui a donné.

Dans certains pays, on emploie les chiens comme bêtes de trait. En 1839, cet emploi fut interdit à Londres et, en 1854, cette interdiction a été étendue à tout le royaume

On coupe aussi la crinière, et on fait l'amputation d'une partie de la queue des chevaux. Et l'animal ne peut plus se défendre des moustiques, des mouches et d'autres insectes.

Le cheval doit être libre de tenir sa tête dans une position naturelle. L'enrènement, qui agit comme un frein, le fait souffrir et engendre de graves maladies.

Et le massacre des phoques que l'on tue à coups de bâton, et qui fournissent ces belles fourrures si recherchées.

Le pinson est très estimé en Belgique Il est de mode de lui crever les yeux. Il chante mieux quand il est aveugle, dit-on. C'est faux !

On ne donne pas à boire au perroquet; on prétend qu'il ne parle pas et qu'il meurt si on lui permet d'étancher sa soif. C'est faux !!!

Et le sport à la mode : le tir aux pigeons !!!

Et la mode de fixer des plumes sur les chapeaux des dames, qui est la cause de la rareté des oiseaux, des oiseaux les plus charmants, les plus joyeux êtres de la nature !!!

Si le commerce des fourrures est barbare, que dirons-nous du commerce des plumes?

Les chiffres et les détails publiés par les écrivains qui ont protesté vainement contre ce dernier crime à la mode, et le pire, sont consternants et prouvent que les dames à la mode ont donné le signal de l'extermination cruelle des petits chantres ailés.

glande thyroïde, les expériences ont fourni des réponses contradictoires aux opérations les plus réputées.

Les vivisecteurs ne sont pas seulement en désaccord entre eux, mais le même vivisecteur n'est pas toujours d'accord avec lui-même dans toutes ses expériences, la dernière donnant des résultats opposés à la prédédente. « Magendie (1), écrit Flourens (2), a sacrifié *quatre mille* chiens pour établir, après Charles Bell, la distinction des nerfs sensitifs et des nerfs moteurs ; puis il en a sacrifié *quatre mille* autres pour prouver qu'il s'était trompé ».

Flourens cite des faits absolument monstrueux ; il s'inscrit en faux contre les affirmations des opérateurs qui prétendent employer des anesthésiques, afin que l'animal ne souffre pas, et il nous apprend qu'ils font prendre à celui-ci du *curare*, un poison qui supprime les mouvements volontaires et augmente l'acuité du sentiment, ce qui fait que *la souffrance qui n'est plus apparente, est beaucoup plus forte.*

Alors ?

Alors la vivisection est scientifiquement *inutile. Moralement*, elle est *odieuse, abominable*. Tous nos efforts doivent donc tendre à en obtenir la suppression par les pouvoirs publics.

(X) *Prophéties concernant le Messie.* — Les Juifs, si souvent réduits en servitude, désignaient sous le nom de *Messie* (de l'hébreu : *Messiach, oint, sacré*), un *homme extraordinaire*, un *guerrier invulnérable* qu'ils attendaient avec une vive impatience, lequel devait les délivrer de la domination étrangère, et faire renaître pour eux toute les joies de l'âge d'or. Ce Messie est un descendant de David qui établit le monothéisme dans toutes les contrées de la terre et

---

(1) Célèbre physiologiste français (1783-1855).
(2) Célèbre physiologiste français (1794-1867).

y fait régner la paix et la fraternité. (*Voir p. 17*, *note*) (1).

Et cette attente se fondait sur les prédictions suivantes :

« Un rejeton sortira du tronc de Jessé (David), un surgeon croîtra de ses racines, et l'esprit de l'Eternel reposera sur lui, l'esprit de sagesse et d'intelligence, l'esprit de conseil et de force, l'esprit de science et de crainte de l'Eternel. Il jugera avec justice les petits, il reprendra avec droiture pour maintenir les débonnaires, il frappera la terre par la parole sévère de sa bouche, et il fera mourir le méchant par le souffle de ses lèvres.

---

(1) Du temps de Jésus, les termes : *Messie, Roi d'Israël, Fils de Dieu*, étaient synonymes. Aussitôt que quelqu'un avait assemblé une troupe de séditieux, dit l'historien Josèphe (*biog. p. 8*), il prenait le titre de *Roi*.

Et les preuves s'en trouvent dans le court abrégé qu'il donne des principales révoltes de cette époque.

« Judas, fils d'Ezéchias, qui osa même aspirer à la couronne ».

« Simon fut assez hardi pour se mettre *aussi* la couronne sur la tête, et la folie du peuple alla jusqu'à le saluer roi. »

« Atronge se porta à ce comble d'audace, que de vouloir aussi se faire roi. Et l'on pouvait dire qu'Atronge ne portait pas en vain ce titre de roi, puisqu'il ne commandait rien qu'on n'exécutât » (*Josèphe. Liv. XVII, chap. XII*).

Il en fut ainsi pendant la guerre des Romains et des Juifs, c'est-à-dire pendant deux siècles.

Les Evangiles établissent également la synonymie des termes : *Messie, Roi d'Israël* et *Fils de Dieu*.

« Es-tu le *Messie*, le *Fils du Dieu béni*? » (*Marc, XIV, 61*).

« Nathaniel répondit : Maître tu es le *Fils de Dieu*, le *Roi d'Israël* » (*Jean, I. 49.*)

Après Jésus, le Samaritain Déhosítéas fut le premier de cette longue série de rois des Juifs ou de messies, qui aboutit, sous Adrien, l'an 182, à la révolte de Barkochébas et à la destruction de la nationalité juive. (*Origène I. L. VII.*)

Il est donc bien établi que chaque révolte contre la domination romaine éclata pendant ces deux siècles, aux cris de *Gloire au Fils de David, Gloire au Roi d'Israël !!!* (*Voir p. 21*).

« La justice sera la ceinture de ses hanches, et la fidélité armera ses reins.

« Le loup habitera avec la brebis, la panthère se couchera auprès du chevreau ; le veau, le lionceau et le veau gras demeureront ensemble, et un petit garçon les conduira.

« La vache et l'ours paîtront ensemble, couchant ensemble leurs petits ; le lion mangera de la paille comme le bœuf.

« Le nourrisson jouera sur l'antre de l'aspic, et l'enfant sevré étendra sa main sur la caverne du basilic.

« Il ne se fera ni tort ni dommage sur toute la montagne de ma Sainteté : car la terre sera remplie de la connaissance de l'Eternel, comme le fond de la mer par les eaux qui la couvrent (*Isaïe*, XI. *1 à 9*).

« De leurs glaives, les peuples forgeront des hoyaux, et de leurs lames des serpes ; une nation ne tirera plus l'épée contre une autre, et l'on n'apprendra plus à faire la guerre » (*Isaïe, II. 4*.)

« Les nations marcheront à ta lumière et les Rois à la splendeur qui se lèvera sur toi.

« Je ferai venir de l'or au lieu d'airain et je ferai venir de l'argent au lieu de fer, et de l'airain au lieu de bois, et du fer au lieu de pierres ; et je ferai que la paix règne sur toi et la justice te gouverne. On n'entendra plus parler de violences dans ton pays, ni de dégâts, ni d'oppression dans tes contrées ; ton soleil ne se couchera plus et la lune ne se retirera plus, car l'Eternel sera pour toi une lumière perpétuelle. Et ceux de ton peuple seront tous justes ; ils possèderont éternellement la terre ; ta petite famille croîtra jusqu'à mille personnes et la moindre deviendra une nation puissante » (*Isaïe. LX, 3, 17 et suiv.*)

« En ce jour-là, je relèverai le tabernacle de David qui sera tombé. Je refermerai les ouvertures de ses murailles. Je rebâtirai ce qui était tombé, *et je le rebâtirai comme il était autrefois*, afin que mon peuple possède les restes d'Idumée et toutes les nations du monde ». (*Amos. IX, 11 et 12*).

« Je retrancherai les chariots de guerre d'Ephraïm, et les chevaux de Jérusalem, et l'arc de combat sera aussi retranché, et le Roi parlera de paix aux nations, et sa domination s'étendra depuis une mer jusqu'à l'autre mer, et depuis le fleuve jusqu'aux bouts de la terre ». (*Zacharie. IX, 10*).

« En ce jour-là, l'Éternel sera le Roi de toute la terre ; en ce jour-là, l'Éternel sera *Un* et son Nom sera *Un* ». (*Zacharie. XIV, 9*).

« Il exercera le jugement parmi plusieurs peuples, et il châtiera les nations puissantes, jusqu'aux pays les plus éloignés.... et elles ne s'adonneront plus à la guerre. Mais chacun se reposera dans sa vigne et sous son figuier, et il n'y aura personne pour les troubler, car la bouche de l'Éternel des armées a parlé ». (*Michée IV 3-4*).

Ces prophéties se sont-elles accomplies lors de l'avènement du Christ ? Non, assurément. Mais, nous objecteront les théologiens chrétiens, elles se réaliseront lors de son *second avènement*. A notre tour nous ferons remarquer que la transformation de l'économie présente ou *parousie*, était considérée par la primitive église comme très proche, et toujours a dû être ajournée. Attendons !!! (1).

---

(1) La secte religieuse du *Seventh Day Adventist*. (*Les Aventistes du 7ᵉ Jour*) a tenu, en octobre 1904, son Congrès annuel, à Mexico.

M. John Wigtmore, une des lumières de la secte, a fait la déclaration suivante, qui ne manque pas d'originalité :

« Le conflit franco-turc est le prélude de la prochaine *fin du monde*. Le différend entre la France et la Turquie déchaînera une *guerre européenne*. Le monde tout entier en souffrira, et finalement, *le Christ reviendra pour la seconde fois sur la terre* ».

Le savant théologien cite à l'appui de sa prophétie, les versets suivants du Chapitre XII du prophète Daniel :

« Or, en ce temps-là, Micaël, ce grand chef qui tient ferme pour les enfants de ton peuple, tiendra ferme, et ce sera un temps de détresse, tel qu'il n'y en a point eu depuis qu'il y a eu des nations jusques à ce temps-là ; et, en ce temps-là, ton peuple, c'est-à-dire quiconque sera trouvé inscrit dans le livre, échappera.

« Et plusieurs de ceux qui dorment dans la poussière de

Et les autres prophéties sur lesquelles ils s'appuient pour prouver la messianité de Jésus, ont-elles été réalisées ? Pas davantage !

En effet, toutes ces prophéties sont vagues, obscures, ambiguës, et il est facile d'en faire ressortir à peu près tous les sens qu'on veut y trouver.

On choisit, par exemple dans l'Ecriture certains passages où il est question des souffrances, de la douleur ou de la puissance d'un personnage quelconque ; on les tronque, on les isole, on les sépare de ce qui les précède et de ce qui les suit, et on applique ces passages à Jésus.

Ainsi, Job est percé d'un glaive de douleur, il représente Jésus ; Joseph est en prison, il représente encore Jésus ; David est puissant, il représente toujours Jésus, bien que ce dernier ait pardonné à ses ennemis et que l'autre les ait maudits, même à son lit de mort.

Suivant une telle méthode, il suffit d'ouvrir l'Histoire pour trouver, avec un peu de bonne volonté, que tel personnage moderne, Napoléon Ier, par exemple, a été annoncé il y a cent ans, il y a mille ans...

En jetant un coup d'œil sur quelques passages des psaumes, on peut trouver à sa disposition toutes sortes de prophéties. Si Jésus eut été noyé, on

---

la terre se réveilleront, *les uns pour la vie éternelle*, et les autres *pour les opprobres* et pour *l'infamie éternelle* ». (*Daniel XII. 1 et 2*).

Est-ce clair ?

Le second avènement du Christ ne nous procurera donc pas la *paix universelle*, mais bien la *guerre universelle*, suivie du *Jugement dernier* et de la *Fin du Monde*. C'est très consolant ! ! !

Mais cette Fin du Monde et ce Jugement dernier ont été prédits si souvent que personne n'y croit plus. Déjà les Evangiles selon Saint Mathieu et Saint Luc, avaient annoncé que la *génération des apôtres en serait le témoin* :

« Je vous le dis en vérité que *cette génération ne passera point* que toutes ces choses n'arrivent ». (Matth. XXIV, 34. Luc XXI. 32).

Nous pouvons donc dormir tranquillement sur nos deux oreilles ! ! !...

aurait relevé les paroles du psaume *LXIX. 1 et 2*. « Les eaux me sont entrées jusque dans l'âme. Je suis enfoncé dans un bourbier profond, dans lequel il n'y a pas à prendre pied ». S'il eût été enterré vivant, celles du psaume *CXIX, 85* : .« Les orgueilleux m'ont creusé des fosses ». S'il eût été poignardé, celles du psaume *CXX, 4* : « Ce sont des flèches aiguës tirées par un homme puissant ». S'il eût été dévoré par les bêtes féroces, celles du psaume *XXII, 12 et 13* : « Plusieurs taureaux m'ont environné ; de puissants taureaux de Basan m'ont entouré ; ils ont ouvert leur gueule contre moi, comme un lion déchirant et rugissant », etc., etc.

Il est aisé de tout voir dans la Bible, cet arsenal si commode pour toutes les thèses, en s'y prenant, par exemple, comme saint Augustin, (*biog. p. 62*), qui a vu tout le nouveau testament dans l'ancien. Selon lui, le sacrifice d'Abel est l'image de celui du Christ ; les deux femmes d'Abraham sont la Synagogue et l'Eglise ; un morceau de drap rouge exposé par une fille de joie qui trahissait Jéricho, signifie le sang de Jésus-Christ ; le serpent d'airain représente le sacrifice de la croix ; les mystères même du christianisme sont, d'après lui, annoncés dans l'ancien testament : la manne figure l'Eucharistie, etc., etc. (*saint Augustin. Serm. 78 et Exp. 157*).

« La Bible, dit Spinoza (1), n'est qu'un nez de cire qu'on tourne et forme comme on veut ; une lunette ou un verre au travers desquels un chacun peut voir justement ce qui plaît à son imagination ; un vrai bonnet de fou qu'on ajuste et tourne à sa fantaisie en cent manières différentes après s'en être coiffé ». (*Spinoza Tractatus theologico-politicus*).

Donnons maintenant quelques exemples de la manière absurde et dépourvue d'examen dont les

---

(1) Philosophe éminent, né à Amsterdam en 1632, mort en 1677. A écrit plusieurs ouvrages fort remarquables.... Etait très versé dans la langue et la littérature hébraïques.

théologiens appliquent au Christ certains passages de l'Ancien Testament.

« Le sceptre et la puissance ne sortiront pas de la maison de Juda, jusqu'à ce que vienne celui qui a été promis, et qui sera l'attente des nations ». (*Genèse, XLIX*, 10).

Or, il y avait longtemps, fort longtemps, que le sceptre était sorti de Juda quand naquit le Christ sous le règne d'Auguste, vers l'an 750 de Rome.

« Je leur susciterai un *prophète comme toi* (ceci s'adresse à Moïse) d'entre leurs frères, et je mettrai mes paroles en sa bouche, et il leur dira tout ce que je lui aurai recommandé. Et il arrivera que quiconque n'écoutera pas les paroles qu'il aura dites en mon nom, je lui en demanderai compte». (*Deuteron, XVIII*, 18 et 19).

Or, si cette prophétie s'applique à Jésus, sa divinité y est singulièrement battue en brèche. Moïse n'était pas Dieu ; or, *un prophète comme lui* implique évidemment l'idée que Jésus ne l'était pas davantage.

Le prophète Osée, faisant parler Dieu, dit : « J'ai sauvé Israël lorsqu'il n'était qu'un enfant et j'ai rappelé mon fils de l'Egypte. Plus mes prophètes l'ont appelé, plus il s'est éloigné d'eux ; il a immolé à Baal, il a sacrifié aux idoles ». (*Osée. XI*, 1 et 2).

L'évangile, selon Saint-Matthieu applique ce passage à Jésus :

« Joseph s'étant levé, prit l'enfant et la mère durant la nuit et se retira en Egypte où il demeura jusqu'à la mort d'Hérode, afin que cette parole que le Seigneur avait dite par son prophète, fût accomplie : « J'ai rappelé mon fils de l'Egypte ». (*Matth. II*, 14 et 15).

Mais l'auteur de cet évangile ne réfléchit pas que le verset 2 du chapitre cité plus haut : « *Ce fils s'est éloigné de mes prophètes ; il a immolé à Baal et sacrifié aux idoles* », place ce Messie sous un jour excessivement défavorable.

David, s'adressant aux principaux d'Israël qui entourent son lit de mort, s'exprime ainsi : « Le

Seigneur m'a dit : Ce sera Salomon, ton fils, qui me bâtira une maison avec ses parvis, car je l'ai choisi pour mon fils et je lui tiendrai lieu de père » (*Paralipomènes. Liv. I. VIII*, 6).

Quel rapport peut-il y avoir entre ces paroles de David aux principaux d'Israël et le Christ ?

On trouve dans l'Evangile selon saint Matthieu : « Or, tout ceci est arrivé, afin que fût accompli ce dont le Seigneur avait parlé par le prophète, en disant : Une vierge concevra et elle enfantera un fils à qui on donnera le nom d'*Emmanuel*, ce qui signifie : *Dieu avec nous !* » (*Matth. I*, 22 et 23).

Le prophète dont il s'agit, c'est Isaïe. Il avait dit : « C'est pourquoi le Seigneur lui-même te donnera un signe : voici l'*alma* (1) sera enceinte et elle enfantera un fils et appellera son nom *Emmanuel*. » (*Dieu avec nous !*)

Le Christ ne s'est jamais appelé *Emmanuel*, mais bien *Jéhoshoua*, dont on a fait *Jésus*, de son nom grec *Jésous*. Il était fils de *Myriam*, que nous appelons *Marie*, femme du charpentier *Joseph*.

« Il mangera du beurre et du miel, jusqu'à ce qu'il sache rejeter le mal et choisir le bien. Mais avant que l'enfant sache rejeter le mal et choisir le bien, la terre que tu as en détestation sera abandonnée par ses deux rois ». (*Isaïe. VII*, 14, 15 et 16).

Le prophète adresse ces paroles à Achas, roi de

---

(1) Le mot *alma* se traduit par : *jeune femme nubile*, de même que son masculin *élem* signifie : *jeune homme à qui pousse la barbe et qui se sent attiré par le sexe*. Alma se dit même d'une femme qui a eu commerce avec un homme.

« La trace de l'aigle au ciel, le chemin du serpent sur le rocher, le passage du vaisseau au milieu de la mer et la voix de l'homme près de la jeune femme (alma) ». (*Prov. XXX*, 19).

« Les reines sont soixante, les concubines quatre-vingts, et les jeunes femmes (*alamoth*, pluriel d'*alma*) sans nombre ». (*Cantique des cantiques, VI*, 8).

Ces jeunes femmes étaient employées à la cour de Salomon, en qualité de musiciennes, de parfumeuses et de joueuses d'instruments.

Il est donc prouvé par la Bible, que le mot *alma* ne préjuge ni la virginité ni la non-virginité.

Juda. Celui-ci, alors engagé dans une guerre contre les rois d'Israël et de Syrie qui s'étaient unis contre lui, voulait appeler le roi d'Assyrie à son secours. Isaïe l'avertit qu'il ne fallait point réclamer ce secours dangereux et lui prédit que les deux royaumes qu'il redoute périront dans un délai rapproché.

Ainsi qu'il le rapporte plus loin, Isaïe était fiancé à une prophétesse qui était là présente. Il fait allusion à cette femme en parlant au roi et lui dit : « Avant que le fils que cette alma me donnera sera sorti de l'enfance, les deux royaumes qui vous inspirent tant de crainte seront dévastés ». Il dit ensuite expressément qu'il s'est approché de la prophétesse qui a conçu et enfanté un fils, et qu'avant que l'enfant sache dire : Père et mère, les deux royaumes seront ravagés.

« Et je pris des témoins fidèles, savoir : Urie, le sacrificateur, et Zacharie, fils de Jéberecja. Puis je m'approchai de la prophétesse, laquelle conçut et enfanta un fils. Et l'Eternel me dit : Appelle-le *Maher schalal has haz*, c'est-à-dire : *hâte butin presse pillage*, car avant que l'enfant sache appeler : mon père et ma mère, on emportera la richesse de Damas et les dépouilles de Samarie en triomphe devant le roi des Assyriens » (*Isaïe. VIII. 2, 3 et 4*). (1).

On ne peut évidemment, sans heurter la logique la plus élémentaire, donner à ce passage d'autre sens que celui-ci : Le prophète veut rassurer le roi Achas à l'égard des ennemis qui lui font la guerre. « Dans quelques années, dit-il, avant que mon premier fils soit sorti de l'enfance, les royaumes ennemis que vous redoutez seront ravagés ».

Mais quel soulagement le roi Achas eût-il trouvé à son affliction, si Isaïe lui avait dit : « Consolez-

---

(1) On ne sait pas grand chose sur la vie d'Isaïe. On ne connaît guère que l'époque où il vécut. Il fut spectateur des premières invasions assyriennes, de la chute de Damas, de Samarie, capitale du Royaume d'Israël. Il est donc du viii° siècle avant l'ère chrétienne. Renan (*biog. p. 27*) l'appelle le plus virgilien des vieux Rabbis d'Israël.

vous, lorsque six cents ans seront écoulés, et que, depuis longtemps, il ne restera plus rien de vous, ni de vos ennemis, une alma concevra et enfantera un fils !!! »

Et, alors même que le mot *alma* signifierait exclusivement *vierge*, et que, dans ce passage d'Isaïe, on voulût voir absolument une promesse concernant Jésus, parce que Marie serait demeurée vierge après la conception de son fils, il faudrait commencer par nous démontrer que l'enfantement n'exclut pas précisément l'état de virginité, ce que l'on aura bien garde de faire, et pour cause.

En Palestine, personne ne semble jamais avoir eu le soupçon que Jésus fut conçu autrement que les autres hommes. On le savait fils de Marie et né à Nazareth.

Il y a plus : chez lui, à Nazareth, et surtout dans sa famille, on n'a jamais cru qu'il fût le Messie, malgré les prodiges inouïs qui auraient marqué sa naissance ; on le considérait, au contraire, comme un insensé, et ses parents voulaient le livrer à l'autorité et se débarrasser de la responsabilité qu'ils croyaient encourir. *(Marc. III, 21. Jean VII, 3, 4 et 5.)* Et c'est pourquoi Jésus prononce ces tristes et significatives paroles :

« Un prophète n'est méprisé que dans son pays et dans sa maison. » *(Matth. XIII, 57. Marc VI, 4. Luc IV, 24 et Jean IV, 44).*

Marie n'est d'ailleurs pas demeurée vierge après la naissance de Jésus, puisqu'elle a eu d'autres enfants.

« Et Joseph ne l'avait point connue (Marie) quand elle enfanta son fils premier-né, à qui elle donna le nom de Jésus ». *(Math. I, 25. Luc II, 7).*

Le premier-né suppose un ou plusieurs autres enfants.

Quand nous n'aurions que cette preuve, nous pourrions affirmer hardiment que Joseph connut sa femme après la naissance de Jésus, et qu'il en eut un ou plusieurs enfants. Mais nous n'en sommes pas réduits là : les preuves abondent. Les Evangiles, qui sont en désaccord et se contredisent formellement sur beaucoup de points, sur celui-ci concordent parfaitement et sont très affirmatifs.

L'Évangile selon saint Matthieu contient, en effet, les paroles suivantes : « Lorsque Jésus parlait encore au peuple, sa mère et ses *frères* étant arrivés et se trouvant au dehors, demandaient à lui parler. Et quelqu'un dit : Voilà ta mère et tes *frères* qui sont au dehors et qui te demandent. Jésus lui répondit : Quiconque fait la volonté de mon Père, celui-là est mon frère, ma sœur et ma mère. » (*Matth. XII, 46, 47, 48, 49, 50*).

« N'est-ce pas là le fils de ce charpentier ? Sa mère ne s'appelle-t-elle pas Marie et ses *frères, Jacques, Joses, Simon et Jude,* et ses *sœurs* ne sont-elles pas toutes parmi nous ? » (*Matth. XIII, 55 et 56*).

Jésus avait donc quatre frères et au moins deux sœurs.

Consultons maintenant les autres évangélistes. Saint Marc s'exprime ainsi :

« Cependant sa mère et ses *frères* étant venus, et se tenant dehors, envoyèrent l'appeler. Or, le peuple était assis autour de lui, et on lui dit : Ta mère et tes *frères* sont là dehors qui te demandent. » (*Marc III, 31 et suiv.*).

« N'est-ce pas là ce charpentier, ce fils de Marie, *frère de Jacques, de Joses, de Jude et de Simon,* et ses *sœurs* ne sont-elles pas ici parmi nous ? et ils se scandalisaient à son sujet. *(Marc VI, 3).*

Saint Luc n'est pas moins explicite :

« Et elle (Marie) enfanta *son fils premier-né* ». (*Luc, II, 7*).

« Cependant sa mère et ses *frères* étant venus vers lui, et ne pouvant l'aborder à cause de la foule du peuple, il en fut averti et on lui dit : Ta mère et tes frères sont là dehors qui désirent te voir. Mais il leur répondit : Ma mère et mes frères sont ceux qui écoutent la parole de Dieu et la pratiquent ». (*Luc, VIII, 19, 20 et 21*).

Enfin, l'Évangile selon saint Jean, celui des

quatre qui s'occupe le moins de la famille du Christ, renferme cependant ce qui suit : « Après cela, il alla à Capharnaüm avec sa mère, *ses frères* et ses disciples ». (*Jean*, II, 12).

« Ses *frères* lui dirent : Quittez ce lieu et vous en allez en Judée, afin que vos disciples voient aussi les œuvres que vous faites. Car personne n'agit en secret, lorsqu'il veut être connu dans le public. Puisque vous faites ces choses, faites-vous connaître au monde. Car ses *frères* mêmes ne croyaient pas en lui. Mais lorsque ses *frères* furent partis, il alla lui-même à la fête non pas publiquement mais comme en secret ». (*Jean*, VII, 3, 4, 5 et 10).

Même les actes des apôtres parlent des frères de Jésus. (*Actes des Apôtres*, I, 14).

Les théologiens prétendent, il est vrai, que ceux que les Evangiles appellent des frères et des sœurs étaient des *cousins* et des *cousines* ; que, chez les Juifs, on appelait frères les cousins. Mais comment expliquer que l'ange de l'annonciation *Gabriel* ait dit à Marie : « Et sachez qu'Elisabeth, *votre cousine*, a conçu aussi elle-même un fils dans sa vieillesse ». (*Luc, I. 36*).

L'ange Gabriel devait savoir qu'on appelait les cousines, *sœurs* et aurait pu dire : *Elisabeth, votre sœur*. Il aurait même dû le dire pour éviter de fâcheux malentendus.

Voici d'ailleurs une autorité presque aussi imposante que celle du Pape. Ce n'est plus un ange, c'est Dieu qui, parlant à Jérémie, appelle *cousin germain*, et non frère, le fils de Sellum, oncle du prophète : « Hanaméel, dit-il, votre *cousin germain*, fils de Sellum, vient vous trouver pour vous dire... » (*Jérémie, XXXII,* 7).

Et au même chapitre, *v.* 12, le prophète s'exprime ainsi : « Et je donnerai ce contrat d'acquisition à Baruch, fils de Nérija, fils de Mahaséja, en présence d'Hanaméel, mon *cousin germain.* »

On pourrait certainement faire d'autres citations ; mais il nous semble que lorsque prophètes, anges, et Dieu même, appellent les fils de frères *cousins germains* lorsque le Saint-Esprit, d'après saint Luc, donne à Elisabeth le qualificatif de *cousine* de Marie, il est difficile de soutenir qu'il a voulu indiquer des cousins et des cousines du Christ quand il a parlé de ses frères et de ses sœurs, et cela, quelque infaillible que l'on se soit proclamé.

Si ces témoignages écrasants n'existaient pas, l'interprétation théologique n'en serait pas moins inadmissible, attendu qu'elle donnerait aux passages des Evangiles que nous venons de citer, un sens tout à fait absurde, car, dans cette hypothèse, ils signifieraient : « Quiconque fait la volonté de mon Père, celui-là est mon cousin, ma cousine et ma mère !!! »

Il nous reste encore à examiner deux célèbres prophéties, l'une d'Isaïe qui, d'après les théologiens chrétiens, dépeindrait, d'une façon saisissante, la passion du Christ ; et l'autre, de Daniel, qui marquerait, avec une étonnante exactitude, le *temps précis* où cette passion devait avoir lieu. Voici la prophétie d'Isaïe :

« Il s'est élevé devant l'Eternel comme un arbrisseau et comme un rejeton qui sort d'une terre desséchée.

« Il est sans éclat et sans beauté et il n'a rien qui attire les regards.

« Il nous a paru comme un objet digne de mépris, le dernier des hommes, et un homme de douleurs... Il a été semblable à un lépreux, à un homme humilié frappé de Dieu. Il a été couvert de plaies pour nos iniquités, et il a été brisé pour nos crimes. Ce châtiment qui nous apporte la paix est tombé sur lui et nous avons été guéri par ses blessures. On le presse, on l'accable ; il s'est laissé conduire à la mort comme un agneau et il n'a pas ouvert la bouche pour se plaindre ». (*Isaïe*, LIII, 2 *et suiv.*).

A qui s'applique le pronom *Il*, dont parle le prophète ? Le verset 11 du même chapitre va nous l'apprendre : « Il jouira du travail de son âme et en sera rassasié ; mon *serviteur* juste en justifiera plusieurs par la connaissance qu'ils auront de lui et lui-même portera leurs iniquités. » C'est donc au serviteur de Dieu qu'Isaïe fait allusion. Il voit ce serviteur toujours persécuté, toujours méprisé, subir le martyre sans murmurer. Cette prophétie peut s'appliquer aussi bien à tous les martyrs qui ont payé de leur sang leur amour de l'humanité, qu'à Jésus. Les Juifs l'appliquent au peuple juif..., et ils n'ont pas tout à fait tort.

Voici ce que dit Daniel :

« Tu sauras donc et tu entendras que depuis la sortie de la parole portant qu'on s'en retourne et qu'on rebâtisse Jérusalem, jusqu'au *conducteur*, il y a *sept semaines et soixante-deux semaines*.

« Et après ces *soixante deux semaines*, l'Oint sera retranché ». (*Daniel*, IX, 25, 26).

Cette prophétie, il faut l'avouer, manque quelque peu de clarté. Mais les prophètes se sont-ils jamais piqués d'être clairs ?

D'après les théologiens chrétiens, le mot *semaine* employé par Daniel, doit se traduire par une révolution de *sept années*, et Pascal, tenant compte de cette interprétation, a démontré que la prédiction a eu son accomplissement *jour par jour... à deux cents ans près*.

Cette étrange naïveté se trouve textuellement dans les « Pensées ». (*Voir l'édition de M. Havet*).

La préoccupation d'attribuer à Jésus tout ce que chaque évangéliste croit que l'Ecriture a prédit de lui, perce à chaque page des Evangiles. Ainsi, pour n'en citer que quelques exemples, l'Evangile selon saint Jean nous apprend qu'à un moment donné, le Christ, du haut de la croix, prononça ces mots : « J'ai soif ». Eh bien, croyez-vous que ce fût parce qu'il avait réellement soif ? Non, c'était afin qu'une des paroles de l'Ecriture s'accomplît (*Jean*, XIX, 28). Que dit cette parole ? « Ils m'ont donné du fiel pour mon repas et, dans ma soif, ils m'ont abreuvé de vinaigre ». (*Psaume LXIX*, 21).

Pendant toute sa vie, Jésus fut désigné sous le nom de « Nazaréen ». Saint Marc et saint Jean ne parlent pas du lieu de sa naissance, tandis que saint Matthieu et saint Luc le font naître à Bethléem pour les besoins de l'accomplissement de la prophétie suivante :

« Et toi, Bethléem, tu n'es pas la moindre des villes de Juda, car c'est de toi que sortira le chef qui conduira mon peuple Israël ». (*Michée, V. 2*).

L'Evangile selon saint Matthieu va même plus loin : il prétend que Jérémie a prédit que le Christ serait trahi pour trente pièces d'argent (*Matth., XXVII, 9*), tandis que cette prophétie ne se trouve point dans Jérémie (*biog., p.* 197).

Nous croyons en avoir dit assez sur ce sujet. Nous pourrions en dire davantage, mais ce serait assurément superflu. Le lecteur doit être suffisamment édifié.

XI. *Divinité du Christ*. — La croyance en la divinité du Christ commence à se former chez les Gnostiques, en vacillant longtemps dans les écrits des Pères apostoliques ; elle s'affirme avec Justinien le martyr (1) et l'Evangile attribué à saint Jean, et elle ne triomphe contre la doctrine plus rationnelle d'Arius (2), le 19 juin 325, au concile de Nicée, que par la pression purement politique de l'empereur Constantin (3).

---

(1) Auteur d'une apologie de la religion chrétienne, martyrisé en 168.

(2) Le savant et vertueux Arius, patriarche de Constantinople, et un grand nombre d'évêques avec lui, ne voyaient en Jésus qu'un missionnaire éminent. Les fidèles enseignés par ces évêques suivaient la même croyance.

« Dire que Dieu a revêtu la nature humaine, écrit Spinoza (*biog. p. 369*), me semble aussi absurde que celui qui dirait qu'un cercle a revêtu la nature du carré. » (*Spinoza. Lettres à Oldenbourg, t. I, p. 339*).

(3) Empereur en 324, transporte le siège de son Empire à Byzance, qui prend alors le nom de Constantinople. Il meurt en 337.

Au commencement du iv° siècle, d'innombrables sectes divisent le christianisme. L'Empereur, ayant besoin d'une religion d'État pour affermir son autorité, pense arriver à ses fins en *paganisant* le christianisme. Il prend en conséquence la résolution de faire décréter l'*homoousie*, c'est-à-dire l'identité de nature entre le Père et le Fils, ainsi que la coexistence de la nature humaine et de la nature divine dans la personne du Christ.

Et, à cet effet, il *convoque* et *dirige* le Concile ; il a soin toutefois de se faire donner, au préalable, par les Pères, le titre d'*Evêque extérieur*, et IL N'ÉTAIT PAS MÊME CHRÉTIEN.

Sur 2.048 évêques assemblés à Nicée, il en trouve 318 qui souscrivent à ses volontés. Il force les autres à déguerpir *(Encycl. Annal., t. 1)* et, avec cette faible minorité ou majorité, aussi simple qu'ignorante et grossière *(Thédore, Hist. ecclés., L. I, C. 17)*, ce prince proclame la divinité du Christ.

Après quoi, il exile Arius et quatorze évêques en Illyrie, renvoie dans leurs diocèses ses complices chargés de riches présents et..... d'un rescrit impérial en vertu duquel tous les écrits hérétiques, ceux d'Arius, en particulier, doivent être brûlés, et dévolus au bourreau tous ceux qui en conserveraient des copies *(Vita Constantinae, Niceph, Calliste, Hist. ecclés., L. VIII. Socrat. Hist. eccl.)*

LE CATHOLICISME EST FONDÉ, SA RÈGLE CAPITALE PROMULGUÉE ET SANCTIONNÉE :

A ce prince cruel, perfide, sanguinaire, souillé de toutes sortes de crimes, meurtrier de son fils Crispus, de sa femme, Fausta, sans compter la mort de son beau-père, de ses deux beaux-frères, ses panégyristes gagés lui ont décerné le titre de *Grand*, que lui ont confirmé à l'envi les historiens catholiques. *(Saint Epiphane, saint Grégoire de Nazianze, etc., etc., etc.)*.

Ils devaient bien cela au prince qui avait dit :

« Les fautes des évêques ne doivent point être publiées, de peur de scandaliser le peuple ; et, si je voyais de mes yeux un évêque commettre un adultère, je le couvrirais de ma pourpre. »

CHÂTIMENTS ÉTERNELS DANS L'AUTRE MONDE ; DANS CELUI-CI, LA TORTURE, LA MORT !

On le voit, Constantin a eu la gloire d'inaugurer la méthode d'après laquelle le bourreau est préposé au maintien des bonnes doctrines, méthode que l'Eglise s'empresse d'adopter et met tous ses soins à perfectionner. (XX) :

« Le catholicisme, dit le pasteur protestant Albert Réville, a marqué le premier pas vers le polythéisme ; les autres en sont la conséquence : c'est le premier pas qui coûte. Du *dithéisme* avec le Christ du IVe siècle, nous passons au *trithéisme* avec le Saint-Esprit dans le symbole *Quicumque* du VIIIe siècle, et nous arrivons au *tétrathéisme* du Concile du Vatican avec Marie-Immaculée : c'est logique. Avec les papes infaillibles, ils augmenteront encore le catalogue, si on leur en laisse le temps » (*Albert Réville. Hist. du dogme de la divinité de Jésus-Christ.*)

« Sans l'ordre de Constantin, dit Allan Kardec (biogr. 161), le Concile de Nicée n'avait pas lieu ; sans l'intimidation qu'il a exercée, il est plus que probable que l'arianisme l'emportait. Il a donc dépendu de l'autorité souveraine d'un homme qui n'appartenait pas à l'Eglise, qui a reconnu plus tard la faute qu'il avait faite politiquement, et qui a inutilement cherché à revenir sur ses pas en conciliant les partis, que nous ne soyons ariens au lieu d'être catholiques et que l'arianisme ne fût aujourd'hui l'orthodoxie et le catholicisme l'hérésie » (*Allan Kardec. Œuvres posthumes*).

Allan Kardec ne nous dit pas pourquoi Constantin reconnut plus tard la faute qu'il avait commise politiquement ? C'est parce que la divinisation du Christ, loin de fonder l'*unité religieuse* et de terminer la lutte entre les diverses sectes chrétiennes, ainsi qu'il s'y était attendu, ne fit que la passionner, l'envenimer, la généraliser... La maladie du temps, la fièvre théologique, puisant de nouveaux éléments dans les décrets conciliaires, s'aggravait de jour en jour, tournant au délire.

Aux nombreuses sectes déjà existantes venaient s'en ajouter de nouvelles « en se tenant par la queue », comme disait plus tard Innocent III : Originiens, Donatiens, Manichéens, Notatiens, Paulinistes, Cerdoniens, Millénaristes, Quartadecimans, Macédoniens, Piscillianistes, Cataphyges, Lunonéens, Hydroparastes, Saccophores, Messaliens, etc., etc.

Parmi une foule d'autres sectes qui surgirent à la suite des précédentes, deux méritent une mention toute spéciale, celle des Monothélistes et celle des Iconoclastes, la seconde surtout en raison des traces sanglantes qu'elle a laissées dans l'histoire.

Parmi les nouvelles questions que soulevait la divinisation du Christ, il en était plus d'une auxquelles l'orthodoxie ne trouvait que des réponses dilatoires. Ainsi, demandaient les opposants, était-il de nécessité à Dieu, pour laver les hommes de leurs péchés, qu'il vînt revêtir un corps mortel, se faire outrager, persécuter, flageller et supplicier par ses propres créatures ?

Pourquoi lui avait-il fallu quatre mille ans de réflexion avant de s'apercevoir que l'enseignement de ses patriarches et de ses ministres, les avertissements et les menaces de ses prophètes, l'exemple des saints ne suffisaient pas à opérer la conversion des pécheurs, à racheter même leurs fautes ?

Le Christ a-t-il réellement pris le titre de *Fils de Dieu*, de *Dieu lui-même* ? Toutes ses paroles ont-elles été bien comprises, bien rapportées par les évangélistes ? S'est-il réellement posé tel que l'a prétendu l'Eglise, à partir du Concile de Nicée ?

Par l'altération, la fausse interprétation, l'interpolation ou l'anéantissement des textes, l'Eglise n'a-t-elle pas été cause de l'amoindrissement de cette touchante et glorieuse personnalité de Jésus, aux yeux de la vraie philosophie ?

Dans les mystères indous, égyptiens, grecs, esséniens, le terme *Fils de Dieu* signifiait *une conscience identifiée avec la vérité divine et une volonté capable de la manifester.*

En se posant comme Fils de Dieu, Jésus ne l'a-t-il pas fait dans le sens de ces mystères, dans le sens qu'il explique lui-même. « Jésus répondit aux Juifs qui voulaient le lapider pour avoir dit : « Mon Père et moi nous sommes un », n'est-il pas écrit dans votre loi : « J'ai dit : Vous êtes des dieux, et vous êtes tous enfants du Très-Haut ? Si elle a donc appelé dieux ceux à qui la parole de Dieu est adressée (et cependant l'Ecriture ne peut être anéantie), dites-vous que je blasphème, moi que le Père a sanctifié et qu'il a envoyé au monde parce que j'ai dit : « Je suis le Fils de Dieu »? (*Jean X. 34, 35 et 36. Psaume LXXXII. 6*).

La qualité de *Fils de Dieu* ne signifie donc pas, dans les livres sacrés des Hébreux, un descendant de Dieu ; elle s'applique en général aux hommes qui vivent saintement et dont la grandeur morale est offerte en exemple au peuple. (*Sap, II, 13, 18. V. 5. Ecclésiast, IV, 14, Osée, I, 10*).

Le verset suivant de l'Evangile selon saint Matthieu, suffirait, au besoin, pour prouver qu'aucune surmétaphysique ne s'ajoutait à cette qualité, et qu'aucune idée de nature surhumaine, d'essence divine n'en ressortait.

« Bienheureux sont ceux qui procurent la paix, car ils seront appelés *Fils de Dieu*.» (*Matth. V. 9*).

Cette interprétation se retrouve jusque dans les *Constitutions apostoliques* :

« Que celui qui a été baptisé... soit chaste, pur, pieux, aimant Dieu ; *fils de Dieu*, qu'il prie, comme un fils prie son père ! » (*Lib. III, XVIII* (*IXᵉ siècle*). (*Voir p. 243, note 3*).

De même les livres sacrés appellent *dieux* les hommes les plus éminents et ceux qui, représentant l'autorité de Dieu lui-même, gouvernent les Etats.

Dans le psaume d'Asaph, les magistrats sont

fréquemment appelés *dieux* : « Dieu s'est trouvé dans l'assemblée des *dieux* ; il juge les *dieux*, étant au milieu d'eux. « (Psaume LXXXII, 1).

Les paroles du psalmiste que Jésus rappelait aux Pharisiens, avaient été dites avant lui, en Chine, aux Indes, en Perse, en Égypte et en Grèce. Elles le furent, après lui, dans les spéculations sublimes des néo-platoniciens. Dans tout le monde romain et grec, il était de foi générale que l'homme juste, en mourant, c'est-à-dire en détachant son âme de ses liens passagers, passait à l'état de Dieu.

Eh bien ! cette doctrine, il est maintenant permis de l'affirmer plus que jamais. Oui, il y a en nous un principe divin émané de l'Éternel, de l'Essence Incorruptible, Omnisciente, qui remplit le monde de sa présence et de sa providence ; ce principe, c'est notre âme. Par elle, nous plongeons en Dieu, nous communions avec lui, nous participons de ses dons, de sa puissance, si, par nos vertus, nos mérites, nous savons dominer la matière, nous affranchir de ses séductions, de ses illusions, des entraves qu'elle apporte à l'œuvre de notre expansion spirituelle.

Tous les êtres sont les fils du Père céleste... Seulement, à des époques marquées, de brillantes intelligences (*Missionnaires*, *Verbes*, *Messies* ou *Fils de Dieu*), descendent sur notre planète et, par pur dévouement, reviennent parmi les hommes pour les éclairer, les moraliser, fût-ce même au prix du martyre. (Voir page 250).

* * *

Voici, à l'appui de notre thèse, d'autres citations extraites du nouveau Testament, qui démontrent à l'évidence que Jésus n'était pas Dieu et qu'il n'a jamais eu la pensée de se faire passer pour tel.

« N'appelez personne, sur la terre votre père, dit Jésus, car un seul est votre Père qui est dans les cieux » (*Matth. XXIII, 9*).

« Il n'y a que Dieu seul qui est *bon* » dit Jésus. (*Matth. XIX. 16, Marc, X. 17, Luc. XVIII. 18*).

« Ses frères ne croyaient pas en Jésus qui leur était un sujet de scandale » *(Jean VII, 3, 4 et 5)*. Il leur dit : « Partout le prophète est honoré, si ce n'est dans sa patrie et dans sa maison » *(Matth. XIII, 57. Marc. VI, 4 Luc III, 24. Jean IV. 44.)* Jésus dit ainsi clairement qu'il est un prophète.

En disant : Moi et mon Père, *nous sommes Un* *(Jean. X, 30)*, Jésus n'entendait-il pas parler d'une unité ou d'une union morale ? Ceci paraît résulter du verset suivant de l'Evangile selon saint Jean : « En ce jour-là, vous reconnaîtrez que je suis en mon père, et vous en moi et moi en vous *(Jean, XIV, 20)*, et de la prière sacerdotale que lui attribue le même Evangile : « Afin que tous soient un, ainsi que toi Père es en moi et moi en toi, afin qu'eux aussi soient un en nous, et que le monde croie que c'est toi qui m'as envoyé » *(Jean, XVII, 21)*.

Les Evangiles ne contiennent nulle part la trop célèbre formule : *Dieu le Fils*, qui a été inventée par l'Eglise au IVe siècle, commencement de son abâtardissement.

Voici d'ailleurs ce que dit saint Paul sur le même sujet : « Après que toutes choses lui auront été assujetties, alors le Fils lui-même sera assujetti à Celui qui a assujetti toutes choses, *afin que Dieu soit tout en tous* » *(1re Epître aux Corinthiens, XV, 28)*.

Les paroles suivantes, du reste, contrastent singulièrement avec la nature divine que l'on attribue au Christ :

« Alors Jésus arriva dans un lieu appelé Géthsémani, et il dit à ses disciples : « Asseyez-vous ici pendant que je m'en vais là pour prier. Et ayant pris avec lui Pierre et les deux fils de Zébédée, il commença à s'attrister et à être dans une grande affliction. Alors, il leur dit : Mon âme est triste jusqu'à la mort ; demeurez ici et veillez avec moi. Et s'en allant un peu plus loin, il se prosterna le visage contre terre, priant et disant : Mon Père, s'il est possible, fais que ce calice s'éloigne de moi ; néanmoins qu'il en soit, non comme je le veux, mais comme tu le veux. Et il s'en alla prier encore une seconde fois, en disant : Mon Père, si ce calice ne peut passer sans que je le boive, que ta volonté soit faite » *(Matth. XXVI, 36 et suiv.).*

« Et à la neuvième heure, Jésus jeta un grand cri en disant : Eli, Eli, Lamma sabachtani ? c'est-à-dire : Mon Dieu ! mon Dieu ! pourquoi m'as-tu abandonné ? » *(Math. XXVII, 46).*

« Quiconque me reçoit, reçoit celui qui m'a envoyé, car celui qui est le plus petit d'entre vous tous sera le plus grand » *(Luc XI, 48).*

« Si Dieu était votre Père, vous m'aimeriez, parce que c'est de Dieu que je suis sorti, et que c'est de sa part que je suis venu, car je ne suis pas venu de moi-même, mais c'est lui qui m'a envoyé. » *(Jean VIII, 42).*

« Je suis encore avec vous pour un peu de temps, et je vais ensuite vers celui qui m'a envoyé. » *(Jean VII, 33).*

« Vous cherchez à me tuer, moi qui suis un *homme* qui vous ai dit la vérité que j'ai apprise de Dieu ». *(Jean, VIII, 40).*

« Vous avez entendu ce que je vous ai dit : « Je m'en vais et je reviens à vous. Si vous m'aimez, vous vous réjouirez de ce que je m'en vais à mon Père, parce que mon Père est plus grand que moi. » *(Jean XIV, 28).*

« Je n'ai point parlé de moi-même, mais mon Père qui m'a envoyé est celui qui m'a prescrit par son commandement ce que je dois faire et comment je dois parler, et je sais que son commandement est la vie éternelle ; ce que je dis donc, je le dis selon que mon Père me l'a ordonné » *(Jan XII, 49 et 50).*

« Jésus leur répondit : Ma doctrine n'est pas ma doctrine, mais la doctrine de celui qui m'a envoyé. Si quelqu'un veut faire la volonté de Dieu, il reconnaîtra si ma doctrine est de lui ou si je parle de moi-même. Celui qui parle de son propre mouvement cherche sa propre gloire, mais celui qui cherche la gloire de celui qui l'a envoyé est véridique, et il n'y a point en lui d'injustice » (*Jean VII, 16, 17 et 18*).

« Celui qui ne m'aime point ne garde point ma parole ; et la parole que vous avez entendue n'est point ma parole, mais celle de mon père qui m'a envoyé » (*Jean, XIV, 24*).

« Le ciel et la terre passeront, mais mes paroles ne passeront point. Pour ce qui est du jour et de l'heure, personne ne le sait, non, pas même les anges qui sont dans le ciel, ni même le Fils, mais seulement le Père. » (*Matth., XXIV, 35 et 36. Marc, XIII, 32*).

« Je ne puis rien faire de moi-même. Je juge selon ce que j'entends, et mon jugement est juste, parce que je ne cherche pas ma volonté, mais la volonté de celui qui m'a envoyé » (*Jean, V, 30*).

« Si vous gardez mes commandements, vous demeurerez dans mon amour, comme j'ai moi-même gardé les commandements de mon Père, et que je demeure dans son amour » (*Jean, XV, 10*).

« Jésus de Nazareth a été un *prophète* puissant en œuvres et en paroles, devant Dieu et devant tout le peuple » (*Luc, XXIV, 18 et 19*).

« Jamais homme ne parla comme parla cet homme » (*Jean, VII, 46*).

« O Israëlites, disait Pierre avec une certaine solennité, écoutez les paroles que je vais vous dire : Vous savez que Jésus de Nazareth a été un *homme* que Dieu a rendu célèbre parmi nous, par les merveilles, les prodiges et les miracles qu'il a faits par lui, au milieu de vous » (*Actes des apôtres, II, 22*).

« Car Dieu était avec *Jésus* » (*Actes des apôtres, X, 38*).

Saint Paul fait du Christ le prototype de l'homme parfait :

« Le *premier* né entre plusieurs frères » (*Epître aux Romains, VIII, 28*). Chaque fidèle a en soi un Christ qui assurera sa résurrection. Jésus est investi d'attributs quasi divins ; mais il ne les a acquis que depuis son immolation volontaire, en récompense de son sacrifice ; en tout cas, il reste nettement subordonné à Dieu *(Première Epître aux Corinthiens, XV, 28).*

Quelques théologiens objectent qu'en raison de sa *double nature*, les paroles de Jésus que nous venons de citer étaient l'expression de ses sentiments comme homme et non comme Dieu. Sans examiner par quel enchaînement de circonstances on a été conduit bien plus tard à l'hypothèse de cette double nature, admettons-la pour un instant, et voyons si, au lieu d'élucider la question, elle ne se complique pas au point de la rendre insoluble...

« Ce qui devait être humain en Jésus, écrit Allan Kardec (*biog., p. 161*), c'était son corps, la partie matérielle ; à ce point de vue, on comprend qu'il ait pu et même dû souffrir comme homme. Ce qui devait être divin en lui, c'était l'âme, l'esprit, la pensée, en un mot la partie spirituelle de l'Être. S'il sentait et souffrait comme homme, il devait penser et parler comme Dieu. Parlait-il comme homme ou comme Dieu ? S'il parlait comme homme, ses paroles sont controversables ; s'il parlait comme Dieu, elles sont indiscutables ; il faut les accepter et s'y conformer, sous peine de désertion et d'hérésie ; le plus orthodoxe sera celui qui s'en rapprochera le plus.

« Dira-t-on que, dans son enveloppe corporelle, Jésus n'avait pas conscience de sa nature divine ? Mais, s'il en était ainsi, il n'aurait pas même pensé comme Dieu, sa nature divine aurait été à l'état latent, sa nature humaine, seule aurait présidé à sa mission, à ses actes moraux, comme à ses actes matériels. Il est donc impossible de faire abstraction de sa nature divine pendant sa vie, sans affaiblir son autorité.

« Mais s'il a parlé comme *Dieu*, pourquoi cette incessante protestation contre sa nature divine que, dans ce cas, il ne pouvait ignorer ? Il se serait donc trompé, ce qui serait peu divin, ou il aurait sciemment trompé le monde, ce qui le serait encore moins. Il nous paraît difficile de sortir de ce dilemme.

« Si l'on admet qu'il a parlé tantôt comme homme, tantôt comme Dieu, la question se complique par l'impossibilité de distinguer ce qui venait de l'homme et ce qui venait de Dieu.

« Au cas où il aurait eu des motifs pour dissimuler sa véritable nature pendant sa mission, le moyen le plus simple était de n'en pas parler, ou de s'exprimer comme il l'a fait, en d'autres circonstances, d'une manière vague et parabolique sur les points dont la connaissance était réservée à l'avenir ; or, tel n'est pas ici le cas, puisque ses paroles n'ont aucune ambiguïté.

« Enfin, si malgré toutes ces considérations, on paraît encore supposer que, de son vivant, il eût ignoré sa véritable nature, cette opinion n'est plus admissible après sa résurrection ; car, lorsqu'il apparaît à ses disciples, ce n'est plus l'homme qui parle, c'est l'Esprit dégagé de la matière, qui doit avoir recouvré la plénitude de ses facultés spirituelles et la conscience de son état moral, de son identification avec la divinité, et cependant alors il dit : *Je monte vers mon Père et votre Père, vers mon Dieu et votre Dieu !*

« La subordination de Jésus est encore indiquée par sa qualité même de médiateur qui implique l'existence d'une personnalité distincte ; c'est lui qui intercède auprès de son Père, qui s'offre en sacrifice pour racheter les pécheurs ; or, s'il est Dieu lui-même, ou s'il lui est égal en toutes choses, il n'a pas besoin d'intercéder, car on n'intercède pas auprès de soi-même » (*Allan Kardec, Œuvres posthumes*).

*_**

Eusèbe (1), reconnaît que, de son temps, les adversaires de la divinité du Christ prétendaient

---

(1) Evêque de Césarée, le père de l'*Histoire ecclésiastique*, (267-338).

tenir leur croyance des apôtres eux-mêmes et soutenaient que Jésus avait été simplement considéré comme un homme jusqu'au temps de Victor, 3ᵉ évêque de Rome, sans que ce dogme eût soulevé aucune opposition.

Le Père de l'Église Lactance, qui vivait en 315, dit: « Le Christ enseigne qu'il n'y a, qu'un seul Dieu; qu'il ne faut adorer que lui. Jamais il ne s'appela Dieu lui-même, car c'eût été violer ce commandement du Seigneur. Si, envoyé sur la terre pour détruire le polythéisme, il avait d'abord annoncé un Dieu et qu'ensuite il en eût établi un autre, c'eût été non fonder la croyance en un seul Dieu, mais chercher à faire sa propre affaire aux dépens de celle du mandataire dont lui venait sa mission; c'eût été séparer son intérêt de la cause de celui qu'il devait faire adorer par l'Univers ». (*Lactance. Divin. Justic. lib. II. Cap. IX, t. 1. lib. IV. Cap. VI et Cap. XIV.*)

Ces passages, qui se trouvent dans les manuscrits et les éditions anciennes, ont été éliminés dans la plupart des éditions postérieures.

Celse (*biog., page 62*) reprochait aux Chrétiens d'avoir fait un Dieu de Jésus et de l'adorer. Origène (*biog., page 62*) repousse ce reproche: « Nous n'élevons, dit-il, ni statues ni temples à Jésus qui nous a défendu d'adorer rien de matériel et d'humain, et qui a voulu que nous adorions Dieu seulement et uniquement par la pureté de nos mœurs et de nos prières que Jésus offre pour nous, Jésus, qui tient le milieu entre ce qui est créé et ce qui ne l'est pas, et qui nous transmet les bienfaits du Père céleste, après lui avoir, comme prêtre, fait connaître nos besoins et nos vœux. Aussi, nous n'adorons pas Jésus, nous l'admirons ». (*Orig. contre Cels. Lib. III. v. 34. Lib. VIII, n° 15.*)

Dépouillé de la fausse auréole de sa divinité, la grande figure du Christ nous apparaît à travers les siècles comme l'incarnation la plus pure de la fraternité humaine. Jésus est pour nous un type, un modèle à suivre. Ses souffrances et sa triste fin nous font verser des larmes de compassion. Missionnaire divin, nous le comprenons (*voir page 250*), nous l'admirons, nous le saluons comme un de nos frères aînés dans la hiérarchie céleste et nous l'aimons de toutes les forces de notre âme. Dieu, nous ne le comprenons pas; son sacrifice et ses angoisses n'ont pour nous aucun mérite, car l'homme n'a jamais besoin ni de rachat ni de rédemption, chacun devant porter son propre fardeau.

« ..... Qu'on ôte, dit Voltaire (*biog., page 108*), tout ce qui est étranger à Jésus, tout ce qu'on lui a attribué en divers temps, au milieu des disputes les plus scandaleuses et des conciles qui s'anathématisaient les uns les autres avec tant de fureur, que reste-t-il en lui? Un adorateur de Dieu qui a prêché la vertu, un ennemi des Pharisiens, un juste, un théiste; nous osons dire que nous sommes les seuls qui soient de sa religion, laquelle embrasse tout l'Univers, dans tous les temps, et qui, par conséquent, est la seule véritable. » (*Voltaire. Profession de foi des théistes.*)

« L'union du divin et de l'humain, écrit le pasteur Albert Réville, est en puissance dans toute âme humaine. Jésus est grand d'une grandeur suprême, parce que, parmi les fils de la terre, il a senti cette union en lui-même si intense et si intime que, sans fermer un seul moment les yeux sur les misères de notre race, il n'a pu donner à Dieu d'autre nom que celui de *Père*. Ce n'est pas en vertu d'un dogme surnaturel, c'est au nom de l'histoire du globe qu'il est permis de dire que l'homme est le fils adoptif de Dieu parmi les créatures. En lui la création devient religieuse, et c'est dans ce phénomène unique, merveilleux, qu'il faut chercher nos titres de noblesse et la révélation de notre destinée supérieure. » (*Albert Réville. Histoire du dogme de la divinité de Jésus-Christ.*)

XII. *Les miracles*. — Personne n'ignore que l'argument capital des théologiens chrétiens comme preuve de la divinité du Christ, consiste dans cette affirmation qu'un Dieu seul pouvait avoir la puissance d'opérer les miracles que les Evangiles attribuent au fils de Marie.

Mais le miracle est le fondement historique de toutes les religions dites positives ; il n'est pas, en effet, une seule de ces religions qui n'ait, surtout à sa naissance, des miracles au moins aussi authentiques pour ses adeptes que ceux du Christianisme.

Homère (1) en énumère de tout à fait rares et d'une qualité bien supérieure à ceux de Jésus. Hérodote (2), Tite-Live (3), Plutarque (*biog.*, *page 95*) dont l'autorité ecclésiastique est bien certainement supérieure à celle de quelques publicains juifs, en racontent d'admirables.

Et les miracles de l'Inde ? Ils sont autrement riches, imprévus, variés ; ils jaillissent d'une imagination autrement féconde ; ils éclatent de poésie et nous emportent d'un élan bien plus fier, toutes ailes déployées, dans la sphère de l'impossible.

L'histoire du prophète Elisée, de l'Ancien Testament, par la nature des miracles accomplis, a une ressemblance frappante avec celle de Jésus.

Apollonius de Tyane, philosophe pythagoricien, lui aussi, fut, à la fois, un thaumaturge et un prophète de premier ordre. Souvent on l'a mis en parallèle avec Jésus. Simon le Mage (*voir page 17*, *note*) fit assaut de prodiges avec saint Pierre, comme plusieurs siècles auparavant, avaient fait les magiciens de la cour du Pharaon d'Egypte avec Moïse. *Et l'Eglise reconnaît l'authenticité de ces miracles et leur identité extérieure avec ceux de Jésus, mais elle les attribue aux puissances infernales.*

« Les faux prophètes et les faux apôtres, dit saint Justin (*biog. p. 331*), faisaient des miracles aussi

---

(1) Célèbre poète grec, considéré comme le plus grand de tous les poètes, auteur de l'*Illiade*, de l'*Odyssée*. On ignore absolument le lieu de sa naissance et où il vécut.

(2) Célèbre historien grec, surnommé le *Père de l'Histoire* (484-406 avant l'ère chrétienne).

(3) Historien latin. Il a laissé sous le titre de *Décades* une remarquable histoire romaine. (59 avant et 19 après l'ère chrétienne).

bien que les vrais ». *(Saint Justin. Dial. cum Tryph*, n° 7.)

Jésus, lui aussi, ne fut-il pas accusé, par les princes des prêtres, de faire ses miracles au nom de Satan? Jeanne d'Arc (biog., page 93) ne fut-elle pas brûlée comme sorcière par les prêtres chrétiens, et, aujourd'hui, ceux-ci n'attribuent-ils pas également au démon les phénomènes spirites?

Qu'est ce qu'un miracle ? C'est la suspension ou l'intervention passagère d'une ou de plusieurs lois de la nature.

Dieu peut-il, à son gré, suspendre ou intervertir, même passagèrement, les lois qui régissent l'Univers ? Évidemment non. Car ce serait supposer, en d'autres termes, Dieu se reprenant et se corrigeant lui-même, faisant, comme on l'a dit, des ratures dans son œuvre, et agissant, à un moment donné, plus divinement qu'à un autre. *Dieu ne peut faire ce qui implique contradiction ; c'est même insulter à sa sagesse que de le croire capable de former le dessein d'une chose absurde.* Ainsi, il ne peut pas faire que ce qui a été n'ait pas été, que le bien soit le mal et que le mal soit le bien, que la partie soit plus grande que le tout, que l'effet précède la cause, qu'un carré soit circulaire et qu'un cercle soit carré. Or, comme l'a fait judicieusement remarquer Spinoza (*biog. p. 369*), ce n'est point des miracles et des prodiges que nous concluons l'existence de l'Être Suprême, mais, au contraire, de l'ordre fixe et immuable de la nature, et cet ordre permanent est un miracle beaucoup plus grand que ne le serait l'interversion passagère d'une des lois naturelles.

Dans le sens scientifique et philosophique du mot, les *lois naturelles sont l'expression de la manière d'être des choses, des rapports nécessaires dérivant de leur nature. Elles sont la logique et la raison même des choses.*

« Les lois, dans la signification la plus étendue, dit Montesquieu (*biogr. p. 107*) sont l'expression des rapports nécessaires qui dérivent de la nature des choses ; et, dans ce sens, tous les êtres ont leurs lois : la Divinité a ses lois, le monde matériel a ses lois, les intelligences supérieures à l'homme ont leurs lois, les bêtes ont leurs lois, l'homme à ses lois.

« Il y a une raison primitive, et les lois sont les rapports qui existent entre elle et les différents êtres, et les rapports des divers êtres entre eux...» (*Montesquieu. De l'Eprit des Lois*, I. 1.)

La nature des choses étant donnée, nous n'avons donc qu'à rechercher les rapports nécessaires qui en dérivent pour connaître les lois. Or, sans la permanence de ces lois, une perturbation incalculable romprait l'équilibre harmonieux du monde. S'il arrivait qu'une seule et unique de ces lois fut suspendue pour un instant seulement, aussitôt l'articulation des causes et des effets dans laquelle chaque loi contribue à maintenir les autres dans leur équilibre normal, tomberait dans un chaos complet.

Et, ce qui est vrai pour les lois physiques, l'est également pour les lois chimiques et les lois morales. Sans la permanence de ses lois, en effet, toutes les sciences et la morale s'écroulent faute d'une base solide. L'expérimentation, l'observation, la raison ne servent plus de rien, et c'est le prêtre, interprète de la volonté divine, qui les remplace.

La science démontre que les éléments qui constituent les corps matériels des êtres organisés, rentrent, après leur mort, dans le mouvement perpétuel de la création ; cessant de faire partie d'un organisme, ils se transforment en air respirable pour les autres êtres, en sève pour les plantes, en parfum pour les fleurs, en vapeur dans l'atmosphère, en goutte de rosée, en eau qui jaillira des sources.

L'oxygène qui nous vivifie et fait battre nos artères, l'azote qui pénètre nos tissus, les oxydes et les sels qui leur donnent de la consistance ont déjà vivifié, alimenté les organismes de nos pères ; les aromes qui embaument les champs et que les vivants aspirent avec délices, renferment des cellules qui ont fait partie intégrante des corps des morts ; la désagrégation de leurs corps fournit des éléments aux fruits qui nous alimentent, et se mêle à l'eau dont nous étanchons notre soif. C'est le cercle éternel de la matière, perpétuellement en mouvement.....

La science nous apprend également que, d'après le jeu incessant de la vie, il se trouve qu'après un certain nombre d'années, aucun des tissus qui composent nos corps matériels ne se retrouve en nous-mêmes ; il ne reste plus rien des cellules qui constituaient nos corps : toutes ont été remplacées par de nouvelles (*voir page 149*). Ainsi, dans une vie normale, nous avons été renouvelés un nombre considérable de fois. *La résurrection des corps est donc une impossibilité.* Non, réplique le prêtre, Dieu est tout puissant et *au jugement dernier nous reprendrons le corps que nous avions de notre vivant. Dieu a parlé et la science doit se taire.*

La combinaison de l'hydrogène et de l'oxygène, sous l'influence d'une étincelle électrique, produit l'eau. C'est là un phénomène qui doit *constamment* se reproduire en vertu d'une relation déterminée entre ces deux gaz, sous l'influence d'une étincelle électrique. Vous faites erreur, dit le prêtre, car Dieu peut, s'il le veut, supprimer ou suspendre passagèrement le phénomène.

Les trois angles d'un triangle valent ensemble deux angles droits. Pourquoi ? Parce que la nature du triangle le veut ainsi, et qu'il est impossible de concevoir un triangle dont la somme des trois angles ne vaudrait pas deux angles droits. Non pas, répond le prêtre, c'est parce qu'il a plu à Dieu qu'il en fut ainsi, et si, demain, il lui plaisait que la somme des trois angles d'un triangle valut trois angles droits, il en serait ainsi.

La science a découvert les lois du mouvement des astres. Au moyen de ces lois, elle détermine le jour et l'heure du passage de Vénus sur le soleil. Elle en avertit l'humanité. De toutes parts, on attend le phénomène, et il s'accomplit suivant les prévisions de la science. Eh bien l'objecte le prêtre, parce que Dieu a créé les lois du mouvement que la science a découvertes, il ne s'en suit nullement qu'il ne soit pas libre de modifier ces lois ou de les suspendre momentanément, dans un intérêt religieux quelconque.

Qui a raison de Galilée ou de l'Inquisition ? Evidemment cette dernière, prononce le prêtre. Que m'importe, ô hommes de génie, vos télescopes et vos calculs ? Qu'ai-je besoin d'étudier la nature et ses lois pour connaître la vérité ? Il n'y a de loi que la volonté de Dieu, et il l'a manifestée dans le livre dont à moi seul appartient l'interprétation. Or, ce livre dit que la terre est le centre, le pivot de l'Univers, que le soleil, la lune et les étoiles sont autant de satellites de la terre créés pour la plus grande satisfaction de l'homme (XIX). Est-ce à vous de contredire Dieu ? Soumettez-vous (1).

L'homicide est un crime, dit le prêtre, parce que Dieu le veut ainsi ; mais si, dans un cas donné, il plaisait à Dieu que l'on fut homicide, l'homicide deviendrait un devoir, même une vertu.

Est-il possible de concevoir une action plus épouvantable, un crime plus odieux que l'infanticide ? Qu'un père égorge son fils, tout homme de cœur en frémit d'horreur ! Abraham pourtant est loué pour ne point avoir hésité un seul instant à immoler Isaac, sur un ordre de Dieu. « Et toutes les nations de la terre, dit la Bible, seront bénies dans celui qui sortira de toi, parce que tu as obéi à ma voix » (*Genèse*, XII, 3).

---

(1) Et le budget des cultes défraie l'enseignement de ces choses-là !

Il serait bientôt temps de devenir logique. Ce qui est mensonge à l'école, ne saurait être vérité à l'Eglise.

Si l'Eglise a raison, alors fermons nos écoles, brulons nos livres, brisons nos instruments, abandonnons nos expériences, et livrons-nous à elle : la Bible, les Evangiles et le catéchisme suffisent.

Si l'Eglise ment, alors il faut, sans plus arder, casser ses ministres aux gages, et rompre définitivement avec elle.

Et les dieux et les déesses du paganisme usent du même privilège que Jéhovah. Agamemnon, le Roi des Rois (1), accomplit un acte vertueux en immolant à la Diane irritée sa fille Iphigénie, dont la déesse lui a demandé le sacrifice par la bouche du prêtre Calchas (2).

On comprend les conséquences fatales de semblables doctrines : l'histoire les a enregistrées en des pages sanglantes.

L'expérimentation, l'observation et la raison nous obligent donc à admettre l'immutabilité des lois physiques, chimiques, scientifiques et morales de l'Univers.

Mais, avancer, dans notre orgueil humain, que les lois de la nature n'ont plus de secrets pour nous, serait outrecuidant. Nous connaissons toute l'étendue de notre ignorance et nous en avons la modestie. Nous ne savons pas jusqu'où peut aller l'énergie de la nature, comme nous ne savons pas non plus juqu'où peuvent s'élever les forces d'un homme.

De nos jours, on est parvenu à soulever un petit coin du voile qui cache certains secrets, et les grandioses inventions récentes ont mis à notre service des forces dont on ne soupçonnait même pas l'existence, il y a quelque dizaine d'années ; combien d'autres restent enfouies dans les ténèbres profondes de l'inconnu ? Combien d'autres encore attendent que le hasard ou des recherches persévérantes viennent les appeler aux fonctions actives et déterminées que la science leur imposera ? Jusque-

---

(1) Roi de Mycènes et chef des grecs qui assiégèrent Troie ; il sacrifia sa fille Iphigénie pour le succès de son entreprise. A son retour, il fut assassiné par Egisthe et Clytemnestre, sa femme.

(2) Devin grec qui accompagna Agamemnon au siège de Troie, ordonna le sacrifice d'Iphigénie et conseilla de construire le cheval de bois.

là, ces forces ne se révèlent, de temps à autre, et presque toujours spontanément, qu'à certaines natures exceptionnelles, douées de facultés extraordinaires.

Or, ces natures ont existé de tout temps. Quelques-unes, comme nous en trouvons des exemples dans toute l'antiquité, ont acquis la connaissance de certaines forces cachées, magnétiques, fluidiques, par leurs vertus, leur travail ou par leur initiation aux secrets traditionnels soigneusement cachés au vulgaire (1) ; d'autres, et celles-là se rencontrent plus souvent qu'on ne le pense, sont douées en naissant de facultés magnétiques surprenantes et si prodigieuses que les forces fluidiques viennent les chercher pour ainsi dire d'elles-mêmes, et produisent des phénomènes qui peuvent paraître miraculeux à bien des gens, même à des savants de notre siècle.

Jésus était une de ces natures : il jouissait d'une force énorme de magnétisme et de pouvoir psychique que non-seulement sa volonté mettait en action par des projections puissantes et concentrées, mais qui agissaient même quelquefois à son insu. « Qui m'a touché ? », a-t-il dit, quand une femme qui avait une perte de sang, depuis douze ans, s'était approchée de lui par derrière. « Quelqu'un m'a touché, car j'ai senti qu'une vertu (2) était sortie de moi » (*Luc. VIII, 45 et 46*).

Jésus était encore possesseur de ce don mystérieux de *double vue* qui, de tout temps, a caractérisé les initiateurs. Dans le grand nombre de miracles qu'on

---

(1) Les forces magnétiques, fluidiques, sous d'autres dénominations, ont été non-seulement connues dans les sanctuaires-secrets, dès la plus haute antiquité, mais encore elles ont été mises en pratique.

Diodore de Sicile, historien grec du siècle d'Auguste et Strabon, géographe grec, mort sous Tibère, rapportent que les prêtres de l'ancienne Égypte savaient provoquer la clairvoyance dans un but thérapeutique. Galien, célèbre anatomiste grec, fait mention d'un temple près de Memphis célèbre par ses cures magnétiques.

(2) Aujourd'hui, on dirait un *fluide*.

lui attribue, les guérisons sont les plus fréquentes. Or, ne savons-nous pas, et n'en voyons-nous pas des exemples tous les jours, que les maladies les plus invétérées, les plus rebelles au traitement de la science médicale rationnelle, non seulement cèdent, mais disparaissent complètement par la *suggestion* ou simplement par l'attouchement de personnes douées de la *force magnétique* (*médiums guérisseurs*) si peu étudiée encore de nos jours.

On lit dans le *Harbinger of Light :*

« Le duc Théodore de Bavière, fils du roi Maximilien, frère de la dernière impératrice d'Autriche et de la duchesse d'Alençon, morte dans l'incendie du Bazar de la Charité, à Paris, est un médium guérisseur remarquable. Il consacre sa vie, avec une rare abnégation, à cette tâche noble et bienfaisante. En Algérie, il opère, dans la population indigène, des cures que l'on dit prodigieuses en nombre et en qualité. Maladies d'yeux, aussi graves qu'en Egypte, disparaissent à la suite de quelques passes magnétiques. Un cas grave de cataracte était le dix-millième sur la liste des succès. Le duc refuse naturellement toute rémunération, sa fortune lui permettant même de venir en aide aux plus malheureux parmi ceux qui, de toutes parts, accourent vers lui pour être soulagés de leurs maux ». (*The Harbinger of Light* de Melbourne, du 1ᵉʳ décembre 1898. — *Un médium royal.*)

Et dans l'*Etoile belge :*

« L'ingénieur Silva, habitant un des plus pittoresques faubourgs de Rio, la Tijuca, voit sa maison assiégée par les clients, dès le plus grand matin. Son traitement médical est tellement curieux et les résultats obtenus si concluants, qu'on semble s'approcher du miracle. Aussi ne manque-t-on de voir à sa porte une queue de malades de toutes les espèces et appartenant à toutes les classes de la société.

« Son traitement consiste tout simplement à appuyer légèrement sa main, pendant quelque temps, sur l'organe affecté, sans chercher à fasciner ou à suggestionner le malade.

« C'est extraordinaire! Mais tout merveilleux que cela puisse paraître, le fait est que différentes personnes, quelques-unes hautement placées, se trouvent en ce moment complètement guéries de maladies dont les médecins s'occupaient sans grands résultats.

« Cet ingénieur-médecin déclare ignorer comment il guérit, en attribuant ce pouvoir à une force inconnue dont il ne sait définir ni l'existence ni la grandeur ». (*Etoile belge du 31 octobre 1899.*)

Un journal de Valparaiso nous parle en ces termes d'un autre médium guérisseur fort remarquable :

« Il paraît qu'il existe dans la région de Choapa, rive du Coquimba, un médium guérisseur dont la renommée s'étend dans un rayon de plusieurs centaines de lieues et lui a valu le surnom de Main Sainte. Tout Santiago s'entretient des cures merveilleuses qu'il opère, soit par la simple imposition des mains, soit par certains végétaux. Les médecins de Choapa l'ont fait comparaître devant le protomédecin pour y être jugé sur le délit de pratique illégale de l'art de guérir.

« Il a comparu devant ses juges, plein d'assurance et le président lui demanda tout d'abord :

« — Qui vous a autorisé à pratiquer l'art de guérir ?

« — La douleur d'autrui et la certitude de pouvoir guérir, les pleurs de la mère qui voit périr son enfant et crie au secours.

« — C'est ainsi que se disculpent les charlatans qui abusent de la crédulité des gens. Voyons votre science ? Comment guérissez-vous ?

« — Par la vertu des plantes.

« — C'est bien vague. Qui vous a enseigné les vertus des plantes ? Comment les découvrez-vous ?

« — Je suis un paysan et j'ai mon expérience.

« J'abrège ce dialogue. Les médecins mirent ensuite sous les yeux de la Main Sainte un homme qui avait une hémorragie et lui dirent de le guérir, après avoir eux-mêmes employé tous les moyens ordinaires: perchlorure de fer, immersion des mains dans l'eau froide, élévation des bras, etc.

« Notre guérisseur prit une herbe dans son alforrjas et en mit dans les narines du malade. O miracle! Le sang s'arrêta de couler aussitôt au grand ébahissement du Conseil médical.

« Le protomédecin, en présence de ce fait, dit à Main Sainte: « Oui tu peux guérir, je t'en accorde la permission ». (De *El Espiritualista*, de Valparaiso *Constancia*, 27 octobre 1901.)

Jemeppe-sur-Meuse, un grand village aux environs de Liège (Belgique), possède actuellement (nous sommes au milieu de 1902) un médium guérisseur stupéfiant, M. Antoine. Rien n'est comparable au succès qu'il obtient; il reçoit chez lui *douze cents malades* chaque semaine. Le chemin de fer du Nord, les vicinaux, les bateaux à vapeur, les voitures de luxe et autres transportent vers Jemeppe une quantité de gens de toute classe, venant de l'étranger même réclamer ses soins entièrement gratuits... N'en soulagerait-il, n'en guérirait-il que la dixième partie, que sa renommée se justifierait absolument!

Ah! qu'une plume autorisée, qu'un écrivain humoristique surtout nous décrive un jour la physionomie de cinq messieurs du parquet liégeois qui, en septembre 1901, se sont assis dans le cabinet où ont passé, à ce jour, plus de *cent vingt mille personnes*, pour assister, pendant deux heures, aux magnétisations (considérées comme *illicites*) du médium guérisseur Antoine, et qui sont retournés chez eux emportant la conviction qu'il existe des choses que l'on n'enseigne ni dans les académies, ni dans les universités! C'est bien là la réflexion que ces Messieurs ont dû se faire qu'Antoine était réellement doué d'une faculté que des lois qui se respectent ne peuvent atteindre dans son exercice humanitaire.

Mais revenons à Jésus.

Il n'usait de ses puissantes facultés qu'en vue du bien. Il opérait ses guérisons en cachette et apportait beaucoup de soin dans la recommandation qu'il faisait à ceux qu'il guérissait de n'en rien dire à personne. (*Matth. VIII, 4. IX, 30. XII, 16. XVII, 9. Marc. I, 43. V, 43. VII, 36. Luc. V, 14.*)

Ses guérisons, n'ayant rien que de fort naturel, la délicatesse et la supériorité de son esprit se seraient révoltées à l'idée de passer pour un thaumaturge, et il se refusait à fonder sur des prodiges ses titres à la foi de ses auditeurs. (*Marc VII, 11.*)

Il est à remarquer que, comme chez tous les magnétiseurs de toutes les époques, le pouvoir fluidique de Jésus était sujet à des variations, à des intermittences, ainsi que cela ressort de ces deux versets de l'Évangile : « Et Jésus leur dit : Un prophète n'est sans honneur que dans sa patrie, dans sa maison et dans sa famille. *Et il ne put faire là aucun miracle (Marc. VI, 4 à 15.)*

C'est là encore une nouvelle preuve de la non-divinité du Christ (XI).

Nous verrons plus loin comment peuvent s'expliquer les faits présentés comme miraculeux dans les diverses religions. Mais, dans l'intérêt de notre thèse, admettons, pour un moment, la possibilité des miracles. Or, l'Église, elle-même, leur enlève toute portée, comme preuve de la divinité du Christ, en déclarant que le démon peut en faire d'aussi prodigieux que lui ; car, si le démon a ce pouvoir, il demeure évident que les faits de ce genre n'ont pas un caractère exclusivement divin. S'il peut faire des choses merveilleuses et prendre la forme d'un ange de lumière pour séduire même les élus et les entraîner aux enfers, comment de simples mortels pourront-ils distinguer les bons miracles des mauvais, et n'est-il pas à craindre qu'en voyant des faits similaires, ils ne confondent Dieu et Satan ?

Ou Dieu permet à l'Esprit des ténèbres de prendre la forme d'un ange lumineux pour mieux séduire les hommes, ou il ne le permet pas.

Dans le premier cas, il faut admettre une complicité révoltante entre Dieu et le diable et ce dernier ne serait alors que le valet-bourreau de Dieu le Père. A quoi bon alors le crucifiement du Fils unique pour sauver les hommes?

Dans le second cas, l'Esprit des ténèbres tient son pouvoir fatal de lui-même, et alors Dieu n'est pas le seul tout puissant. De plus, si Satan est condamné à des supplices éternels, comme l'enseigne la théologie chrétienne, comment se fait-il qu'il puisse sortir de l'enfer pour venir séduire les hommes?

On dit que les peines de l'Enfer sont éternelles. Quand une âme humaine y est condamnée, c'est pour toujours, et jamais Dieu, qui est bon et miséricordieux, ne lui accorde un moment de répit. Mais au démon, cause première de la damnation, il lui donne la permission de venir respirer le grand air et de se promener sur la terre. (*Job. I, 7 et II, 2.*)

Donner à Jésus un tel rival en habileté était une grande maladresse, mais en fait de contradictions et d'inconséquences, on n'y regardait pas de si près à une époque où les fidèles se seraient fait un cas de conscience de penser par eux-mêmes et de discuter le moindre article imposé à leur croyance; alors on ne comptait pas avec le progrès et l'on ne pensait pas que le règne de la foi aveugle et naïve, règne commode comme celui du bon plaisir, pût avoir un terme.

Le rôle si prépondérant que l'Eglise s'est obstinée à donner au démon, a eu des conséquences désastreuses pour la foi, à mesure que les hommes se sont sentis capables de voir par leurs propres yeux. Le démon, ce stupide épouvantail dont on a terrorisé, depuis des siècles, la légion des pauvres d'esprit, est devenu la cognée mise au vieil édifice des croyances et l'une des principales causes de l'incrédulité; on peut dire que l'Eglise, s'en faisant un auxiliaire indispensable, a nourri dans son sein celui qui devait se tourner contre elle et la miner dans ses fondements.

Pour comprendre les faits présentés comme miraculeux dans les diverses religions, il faut écarter, en premier lieu, les exagérations. En effet, selon l'usage de tous les pays, quand un événement extraordinaire se produit, on a vite fait d'y broder, de l'amplifier et, à la longue, ce qui était vrai au début, finit par ne plus être croyable, à force d'impossibilités imaginées et ajoutées par les narrateurs successifs.

Donc, toutes exagérations écartées, ces miracles s'expliquent naturellement et peuvent même s'exécuter avec la plus grande facilité.

Que reste-t-il aujourd'hui des miracles de la Bible ? Peu de chose en vérité. Ne possédons-nous pas la clef des phénomènes merveilleux qu'elle rapporte, tels que ceux de l'extase, de la double vue, de la catalepsie, de l'anesthésie, de la transmission de la pensée, de la prescience, de l'extériorisation de la sensibilité et de la motricité, du dédoublement de l'être humain, de la télépathie, des manifestations spirites, etc. ?

Quant aux miracles les plus en vogue du catholicisme moderne, ils sont ou du domaine de la prestidigitation ou de l'auto-suggestion.

Ainsi la liquéfaction du sang de saint Janvier (1), par exemple, ne présente aucune difficulté pour sa reproduction. Tout le monde sait que le jour même où le miracle avait été opéré en grande pompe par l'archevêque de Naples, le prestidigitateur Bosco le répéta le soir sur le théâtre, en se mettant dans les mêmes conditions.

En 1790, le général républicain, François Cham-

---

(1) Evêque de Bénévent ; martyr en 305 ; patron de la ville de Naples.

pionnet (1), ayant occupé Naples avec les armées de la Révolution, le clergé annonça que le miracle ne se produirait pas tant que ces démons de Français seraient dans la ville. Et la foule était indignée.

Championnet fit alors savoir aux chanoines que si le miracle n'avait pas lieu dans les vingt-quatre heures, la ville serait bombardée.

Aussitôt le sang se mit en ébullition avec une hâte extraordinaire. Le miracle eut lieu tout de suite.

Un pharmacien de l'armée française chercha à connaître les moyens employés pour mener à bien cette petite opération, et voici ce qu'il trouva :

La fiole contenant le précieux sang était fort artistement disposée sur un petit brasier allumé, et le sang de saint Janvier n'était autre chose qu'un morceau de cire fine d'Espagne.

Toutes les personnes qui se sont occupées de magnétisme animal savent que la foi, agissant sur la volonté, peut, par *auto-suggestion*, agir favorablement sur l'organisme d'une personne malade, et contribuer à sa guérison. Dans toute réunion, qui vibre à l'unisson, qui *veut* d'une volonté commune, sourdent des effluves magnétiques, des ondes électriques qui peuvent agir très favorablement sur certains organismes, surtout sur les organismes nerveux...

Ainsi s'expliquent les guérisons opérées à Lourdes. Le prestige du lieu, les démonstrations éperdues et continuelles de la foule, la majesté du site pyrénéen : tout cela impressionne forcément les patients et provoque l'auto-suggestion. Mais l'auto-suggestion est incapable d'un vrai miracle, comme le serait le cas d'une jambe de bois changée en jambe de chair, de pierres changées en fleurs, et tous autres cas analogues.

---

(1) Organisa à Naples la République parthénopéenne 1799) et mourut à Antibes (1762-1800).

Bien que nous ne le connaissions pas, le pouvoir de la nature a des limites, et des faits tels que ceux que nous venons de citer sont certainement en dehors d'elles. Voilà pourquoi N.-D. de Lourdes ne peut nous en rendre témoins. Si N.-D. de Lourdes rendait seulement leurs bras aux manchots, tout le monde croirait. Mais alors ce serait trop simple et N.-D. aime les difficultés.

Il y a plus d'un siècle et demi, on se rendait en pèlerinage sur la tombe du diacre Pâris, au cimetière Saint-Médard. Là aussi on exécutait toutes sortes de miracles, et cette épigramme nous en reste comme un témoignage :

« Un décrotteur à la Royale,
« De son pied gauche estropié,
« Par une grâce spéciale,
« Devint boîteux de l'autre pied. »

Ainsi, à la lueur de la science magnétique, les prétendus miracles de Lourdes s'évanouissent. De même, parmi les guérisons obtenues par Jésus, les apôtres, les saints, beaucoup peuvent s'expliquer par l'exaltation religieuse, la surexcitation des âmes, la crise d'enthousiasme et de foi des sujets auto-suggestionnés.

XII bis. *Résurrection de Jésus.* — La résurrection de Jésus n'a pas un seul témoin oculaire. Les Juifs n'ont certes pas eu la moindre connaissance de cette prétendue résurrection ; ils n'auraient point manqué de se rendre au tombeau pour constater le fait. Au demeurant, les historiens de l'époque qui nous ont laissé des volumes sur les faits qui se sont passés à Jérusalem, se seraient certainement imposé le devoir de rappeler un miracle d'une pareille envergure, et de relater les prodiges qui auraient signalé la mort du Christ.

Mais, s'il n'est pas sorti vivant de son tombeau, nous sommes fermement convaincu — nous verrons plus loin sur quelles raisons nous fondons notre opinion — nous sommes fermement convaincu, disons-nous, qu'après sa mort il est apparu, à diverses reprises, à ses apôtres et à saint Paul sur le chemin de Damas (*Saint Paul*, 1ʳᵉ *Epître aux Corinthiens XV*, 5 *à 8*). Mais il leur est apparu dans le rayonnement de son *corps fluidique, éthéré*. Les expériences spirites modernes démontrent la possibilité des apparitions et même de la matérialisation des Esprits.

D'après Clément d'Alexandrie (*biog. p. 78*), saint Jean enfonce sa main dans le corps de Jésus, et elle passe au travers sans rencontrer de résistance. Ce fait ne peut évidemment se produire qu'à la condition que le corps matériel n'existe point.

Voici, d'ailleurs, sur les apparitions et les matérialisations du corps éthéré de Jésus l'opinion d'un catholique ultra orthodoxe farouche, fougueux partisan de l'ultramontanisme, M. d'Orient, qui a écrit quatre volumes dans lesquels il s'évertue à vouloir prouver que le magnétisme est dû exclusivement au démon, et que toute intervention des esprits dans l'antiquité et de nos jours doit être rangée dans les manifestations sataniques :

« Le corps ressuscité de Jésus, écrit-il, n'était pas matériel, mais bien tout spirituel, puisqu'il passait à travers les murailles et les portes fermées et que, lorsqu'il le voulait rendre palpable et visible, il empruntait aux fluides ambiants de quoi le solidifier et le faire apparaître » (*d'Orient. Destinée de l'âme*, 1847).

M. d'Orient, par ses explications, devançait ainsi sans le savoir les doctrines spirites sur le périsprit et la résurrection purement spirituelle, par dégagement de cette enveloppe fluidique, et sur le mode des apparitions matérialisées.

Si les apôtres n'avaient pas contrôlé *de visu* les apparitions et la matérialisation du corps fluidique de Jésus après sa mort, il est plus que probable que le Christianisme eut avorté. Comment comprendre, en effet, sans ces apparitions et ces matérialisations que les apôtres, qui étaient des hommes ignorants, grossiers, timides, auraient eu le courage de vaincre cette pusillanimité qui les avait portés à s'enfuir au moment de l'arrestation de leur maître, et de tout sacrifier pour sa gloire : honneur, repos et même la vie ?

Ce ne sont plus les mêmes hommes. Ils craignaient tout, ils ne redoutent plus rien. Leur foi était chancelante ; elle est bâtie désormais sur le roc inébranlable d'un fait...

Cet argument a une force si considérable que, quelques auteurs modernes, ne sachant le réfuter, ont imaginé la thèse suivante :

« Jésus, prétendent-ils, n'est pas mort sur la Croix. Nerveux, impressionnable, dans la force de l'âge, il a su résister à trois heures de crucifiement et lorsqu'on le descendit de l'instrument de supplice, il n'était qu'évanoui. Joseph d'Arimathie et Nicodème, aidés par quelques Esséniens, veillaient, priaient, et surtout *agissaient*. Grâce à leurs soins, Jésus survécut à son martyre et put se montrer après son crucifiement, en chair et en os, à ses apôtres. »

Mais la mort de Jésus sur la croix n'a jamais été contestée dès la naissance du Christianisme, par ses ennemis les plus acharnés. Jamais, il n'est venu au Grand Sanhédrin, aux rabbins, aux sophistes grecs ou romains l'idée de prétendre que Jésus n'était pas mort sur la croix, et qu'ainsi il avait été facile de le faire passer pour ressuscité. D'après tout ce qui nous reste des anciennes disputes des apologistes du Christianisme et de ses adversaires, on voit que jamais la controverse n'a roulé sur la réalité de la mort de Jésus, et que, des deux côtés, elle était regardée comme indubitable. Après la croyance la plus antique et la plus invariable des chrétiens, des Juifs et des Païens, on aurait mauvaise grâce aujourd'hui à élever sur ce point le doute le plus léger.

XIII *Martyrs.* Le Christianisme met au nombre des preuves de la vérité de ses dogmes le grand nombre de martyrs qui ont scellé de leur sang la vérité des opinions religieuses qu'ils avaient embrassées.

Les catholiques sont fiers de cette sentence prononcée par Pascal. (*biog. p. 131*) :

« Je crois des témoins qui se font égorger ». Malheureusement pour eux, ils ont fait beaucoup plus qu'il ne fallait pour en détruire toute la force. En effet, les fureurs catholiques ont immolé tant de victimes, dans tous les pays, dans toutes les sectes non catholiques, qu'on a presque multiplié à l'infini les exemples des témoins qui se sont fait pareillement égorger pour une cause qu'on prétend être celle du diable (*Voir le Dictionnaire des hérésies de l'abbé Pluquet, Moreri, etc., etc.* (XX).

Il n'est pas de religion sur la terre, même la plus absurde, qui n'ait eu — surtout à son origine — et a encore ses défenseurs ardents, lesquels ont sacrifié ou sont prêts à sacrifier leur vie pour les idées auxquelles ils ont cru ou croient leur bonheur éternel attaché.

Le mépris de la mort inspiré par une religion est sans doute très propre à faire mesurer le degré de foi que cette religion a su exciter chez ses adeptes, mais non le degré de vérité qu'elle possède.

Nous avons vu (*p. 152*) que le retrait de l'âme, caractérisé par l'insensibilité, paraît s'opérer dans un travail de l'Esprit accompagné d'une attention soutenue.

Une forte excitation cérébrale, provoquée par l'enthousiasme, le fanatisme, la frayeur, l'amour, la colère, etc., etc., peut également donner lieu au dégagement de l'âme et, par suite, à son insensibilité.

Dans un violent accès de colère, on ne sent rien. Voyez deux champions aux prises : ils se frappent, ils se mordent, ils se déchirent, sans éprouver, sans manifester la moindre douleur. Les boxeurs anglais se font *entraîner* avant de se livrer à leurs dangereux exercices ; or, l'entraînement consiste dans une sorte de magnétisation qui rend insensible l'entraîné.

Le guerrier, dans l'exaltation du combat, reçoit les plus graves blessures sans s'en apercevoir. Un peintre célèbre avait reproduit sur la toile une bataille et avait placé au-dessus des combattants, les âmes. La lutte des corps avait cessé que les âmes se déchiraient encore.

Cette dernière hypothèse paraît forcée, mais la lutte des âmes, en dehors des corps, a quelque vraisemblance, puisque, dans le fort de l'action, tous les sens paraissent absorbés et que la sensibilité, qui est le résultat de l'union intime de l'âme avec le corps, disparaît.

Un grand nombre de martyrs ont présenté cette insensibilité et chantaient pendant que les tenailles déchiraient leurs chairs ; leur visage devenait radieux, la joie la plus grande se peignait sur leurs traits. Mutius Scævola (1), exalté par l'amour de sa patrie, a pu exposer sa main aux ardeurs d'un brasier enflammé. Il ne souffrait pas.

Le plus grand nombre de condamnés au dernier supplice sont insensibles. L'âme effrayée des angoisses qu'elle aura à subir, se retire, et la hache du bourreau ne frappe qu'un corps inerte.

Toutes les passions fortes ont leurs martyrs ; l'orgueil, la vanité, les préjugés, l'amour, l'enthousiasme du bien public, font tous les jours des martyrs, ou du moins font que ceux que ces objets enivrent, ferment les yeux sur les dangers auxquels ils s'exposent.

Est-il dès lors surprenant que l'enthousiasme et le fanatisme, les deux passions les plus fortes chez les hommes, aient souvent fait affronter la mort à

---

(1) Jeune Romain qui, pendant le siège de Rome par les Etrusques, pénètre dans le camp ennemi et croyant mettre à mort Forsenna, immole son secrétaire. Conduit devant le roi, il place sa main sur un brasier ardent, comme pour la punir de s'être trompée. On l'appelle dès lors *scævola*, c'est-à-dire *gaucher*.

ceux qu'elles ont enivrés des espérances qu'elles donnent.

D'ailleurs, si le Christianisme a ses martyrs dont il se glorifie, le Judaïsme n'a-t-il pas les siens ? Les Juifs infortunés, martyrisés pendant des siècles par le fanatisme des prêtres, la cupidité des rois, les préjugés religieux et la brutalité envieuse des foules, ne sont-ils pas des martyrs de leur religion, et leur constance prouve autant en sa faveur que celle des martyrs chrétiens peut prouver en faveur du Christianisme (1). Si les martyrs prouvaient la vérité d'une religion, il n'est point de religion ni de secte qui ne pût être regardée comme possédant seule la vérité.

Les idées modernes aussi ont eu et ont encore leurs martyrs. Ces martyrs s'adressaient à la raison, à la justice et à la liberté pour préparer la régénération du genre humain. Ils attaquaient les abus du passé, combattaient l'oppression des siècles et faisaient la guerre au fanatisme, à l'ignorance et à la misère humaine. — Ces martyrs ont fait la *Renaissance, la Réforme, la Révolution française.*

Et aujourd'hui, ils luttent contre une société en décomposition et qui tend à se transformer.

Enfin, parmi le nombre certainement exagéré des martyrs dont le Christianisme se fait honneur (2), il en est beaucoup qui furent plutôt les

---

(1) «Les Chrétiens, dit M. Reynaud, ont fait brûler plus de Juifs que les Romains ont fait dévorer de Chrétiens » (*Léonce Reynaud. La France n'est pas Juive*).

(2) La légende a défiguré les récits des martyrs, la superstition en a multiplié le nombre ; on doit les compter par centaines et non par milliers.

A la liste aussi prodigieuse que fausse des martyrs de la primitive Église, il y a d'ailleurs un témoignage irrécusable à opposer, c'est celui d'Origène (*biog. p. 62*), contemporain, et chrétien aussi follement zélé qu'un autre. Voici ce qu'il dit :

« Il y a eu très peu de martyrs, et encore de loin en loin. Cependant les Chrétiens ne négligent rien pour faire embrasser leur religion à tout le monde ; ils courent dans

victimes d'un zèle inconsidéré, d'une humeur turbulente, d'un esprit séditieux, que d'un esprit religieux. L'Église elle-même n'ose point justifier ceux que leur fougue imprudente a quelquefois poussés jusqu'à troubler l'ordre public, à insulter publiquement et à briser les idoles, à renverser les temples du paganisme. Si des hommes de cette espèce étaient regardés comme des martyrs, tous les perturbateurs de la société auraient droit à ce titre, lorsqu'on les fait punir.

XIV. *Condamnation de Jésus.* — Ce n'est pas le peuple juif qui fit mourir Jésus, mais bien Pilate. Jésus avait troublé la cité, agité la lie du peuple. A la tête d'une foule innombrable, criant : *Hosannah ! Gloire au fils de David ! Gloire au* Roi d'Israël *(Voir page 365, note), qui vient au nom du Seigneur !!! (Matth. XXI, 5 et suiv., Jean XII, 13)* ; il avait levé l'étendard de la révolte et fait une entrée inquiétante dans Jérusalem, au moment d'une grande fête et de l'afflux des pèlerins du monde entier. Il avait, en outre, excité au pillage des boutiques du temple, fait révolutionnaire, attentatoire à la propriété, protégée, honorée par les lois romaines. Au point de vue romain, et étant donné le caractère du procurateur *(Voir, pp. 35 et 36)*, la condamnation de Jésus se justifiait donc amplement...

Le sujet de la condamnation, écrit en latin, en grec et en hébreu portant : « *Jésus le Nazaréen, roi des Juifs* », le partage des vêtements par les bourreaux étaient des coutumes exclusivement romaines.

---

les bourgs, dans les villes, dans les villages » (*Orig. Contra Celsum. Lib. III*).

Contre *un* chrétien martyr de sa foi, il y a *un million* de Juifs martyrs de la leur — et martyrs par les chrétiens. — Le Judaïsme serait donc un million de fois supérieur au Christianisme ? ? ?

D'ailleurs, le supplice de la croix (1) n'existait pas chez les Juifs, mais bien chez les Romains. D'après la loi mosaïque, il y avait trois sortes de supplices : le supplice par le *glaive*, par la *lapidation* et par le *feu*. La tradition ajoutait une quatrième peine, la *strangulation*, pour les crimes auxquels l'Ecriture attache la peine capitale, sans spécifier la nature de l'exécution (*Lévit. XXIV, 16. Sanhéd. VII, 3*). Le Pentateuque parle aussi de la pendaison (*Deutéron, XXI, 22-23*) ; mais ce n'était pas une exécution : c'était une exhibition du cadavre du supplicié.

La *lapidation* était en vigueur sous la domination romaine, ainsi que le prouve surabondamment la lapidation d'Etienne exécutée quelques mois après le supplice de Jésus, et racontée par saint Paul, l'un des *lapidateurs*. (*Actes des Apôtres, VII, 55 à 59*) (2).

On raconte que la foule attroupée devant le tribunal s'écria : « Crucifiez-le ! », mais on ne peut imputer à tout un peuple le fait d'une poignée de gens probablement apostés et stipendiés.

---

(1) La croix avait la forme d'une *potence*, c'est-à-dire qu'elle se composait de deux poutres, l'une verticale et l'autre horizontale réunies et clouées ensemble. Le supplice était la *pendaison*. La chose était si claire pour tous que les Juifs et les Gentils appelaient le Christ « *le pendu* » (*Voir page 60*). Aujourd'hui encore l'Eglise fait chanter :
Stabat mater dolorosa
Juxta crucem lacrymosa,
Dum pendebat filius.
Les criminels étaient attachés à la potence pour être fustigés, exposés et mis à mort.

(2) On exécutait la lapidation en faisant écraser le condamné au moyen d'une grosse pierre qui lui était jetée à la tête *par les principaux témoins à charge*, c'est-à-dire les accusateurs. La mort devait s'ensuivre immédiatement.

Ce n'est qu'après cette exécution capitale que le peuple était admis à jeter des pierres sur le supplicié. (*Deuteron, XVII, 7.*)

De là chez les anciens Juifs cette locution encore aujourd'hui populaire : « Qui oserait lui jeter la première pierre ? » (*Voir pp. 25 et 33*).

Jérusalem ne formait pas d'ailleurs, à elle seule, tout le territoire de la nation juive, et il y avait des populations hébraïques dans le pays des Parthes, dans la Syrie, dans l'Asie mineure, dans les îles de la Méditerranée, au Nord de l'Afrique, en Italie, dans les Gaules, dans la presqu'île Ibérienne, etc.

« Une erreur assez généralement consacrée, dit Esquiros (1), veut que l'ubiquité de la race israélite date de la destruction du second temple par Titus, l'an 70 de notre ère. C'est bien là, en effet, l'époque de la grande dispersion des Juifs ; mais d'authentiques monuments proclament que l'établissement de nombreuses populations hébraïques dans les différentes parties de la terre, remonte plus haut que la ruine de Jérusalem, la construction du second temple n'ayant été saluée que par les débris d'un peuple dont la plupart des tribus étaient déjà dispersées dans l'Extrême-Orient. On retrouve dans l'Abyssinie un rameau judaïque dont les traditions s'arrêtent à l'histoire du roi Salomon (1000 ans avant Jésus-Christ). Ce qui s'est passé depuis ce temps-là dans Israël est comme non avenu pour ces familles éparses de la tige originelle. L'opinion des voyageurs et des rabbins est que la colonie juive de l'Abyssinie fut implantée en Afrique par la reine de Sabba.

« La Chine est également habitée par des Juifs qui ont quitté leur patrie avant la dernière catastrophe. À Bombay, seul, on compte 5.000 de ces Juifs Indo Chinois. (*Voir un ouvrage de l'abbé Sionnet, membre de la Société asiatique de Paris. Essai sur les Juifs de la Chine et sur l'influence qu'ils ont eue sur la littérature de ce vaste empire, avant l'ère chrétienne*).

« Ils ne possèdent pas de manuscrit de la loi, mais leurs cérémonies religieuses et leur foi dans l'unité de Dieu ont résisté à l'influence de l'athéisme qui les entoure. Ils connaissent l'hébreu quoique

---

(1) Littérateur et homme politique français. (1814-1876)

imparfaitement et le prononcent mal, parce que la langue chinoise ne possède pas tous les sons nécessaires à l'articulation de leur idiome primitif. Quelques uns d'entre eux ont été revêtus de la dignité de Mandarin. La date de leur émigration est difficile à fixer; cependant différentes circonstances portent à conclure que les Israélites de Bombay sont venus s'établir en Chine à l'époque de la captivité des dix tribus. Ce qui paraît certain, c'est que leur séjour dans ce pays est antérieur à la naissance de Jésus. Ils ont appris ce nom de la bouche des missionnaires.

« L'Inde a reçu aussi dans un temps qui paraît fort éloigné, quelques essaims du peuple répandu aujourd'hui sur toute la terre. Si les traces de ces anciennes colonies étaient recueillies et si les traditions étaient comparées les unes aux autres, on retrouverait sans doute d'étage en étage, toute l'histoire d'Israël et comme une sorte de Bible vivante ». (*Esquiros. Les Juifs en Hollande. Revue des deux Mondes du 15 Octobre 1856.*)

Malgré ces faits historiques, les Chrétiens ont toujours persisté, et persistent encore, à reprocher le supplice de Jésus à la race juive tout entière. (*Voir page 35.*)

Dans toutes les églises catholiques, l'on a, de tout temps, prêché, et l'on prêche encore, contre *cette race infâme* (sic) une croisade abominable, celle de tous les instincts bas et vils, de toutes les passions furieuses et sanguinaires.

L'antisémitisme n'est pas une doctrine, c'est un fléau, un crime de lèse-civilisation, un écho de vieille barbarie, qui peut mettre encore en mouvement des foules sauvages. C'est une thèse de sectaires formant un parti d'agitation et de pure démagogie; c'est la forme la plus hideuse du banditisme et de l'assassinat qui, en réveillant des haines confessionnelles, pourrait susciter de nouvelles guerres de religion.

Les Jésuites ont inventé l'antisémitisme, afin de détourner leur impopularité sur les Juifs. Il est, en même temps, un moyen machiavélique de faire dévier la question sociale au profit du cléricalisme.

Voulez-vous savoir comment le catéchisme catholique pousse au mépris, à la haine des Juifs. Ecoutez :

« Les Juifs refusent de croire en Jésus-Christ et ne veulent point le reconnaître pour le Messie. Leurs ancêtres l'ont mis à mort, et, en punition de cet affreux *déicide*, ils sont errants et vagabonds sur la terre, portant sur leur front on ne sait quel caractère qui les rend *l'exécration des peuples et l'opprobre de l'Univers* ». (*Abbé Ambroise Guillois. Catéchisme dédié aux maisons d'éducation et aux familles chrétiennes.*)

Et ce catéchisme est destiné à nos enfants et jouit de la haute approbation de M. Bouvier, évêque du Mans.

N'est-il pas abominable d'imprimer ainsi dans ces jeunes cerveaux les germes de détestables préjugés, l'affreux virus de haine contre une catégorie de leurs concitoyens?

Qu'on y prenne garde! Elle est dangereuse la pente de la proscription. Aujourd'hui : *A bas les Juifs! Mort aux Juifs!* en attendant que, sous des prétextes différents, les protestants, les libres-penseurs, qu'on englobe tous sous le nom de *francs-maçons*, deviennent, à leur tour, les victimes de l'intolérance religieuse. Une fois dans cette voie, il n'y a plus de raison pour s'arrêter!!!

Lisez, à ce sujet, ce passage remarquable d'un *communiqué* émané du cardinal Richard, qu'a publié la *Semaine religieuse* de l'archevêché de Paris :

« La constitution *apostolicæ sedis* frappe d'excommunication ceux qui s'affilient aux sociétés secrètes ; et elle frappe de la même peine les fidèles qui ne dénonceraient pas les chefs secrets de ces mêmes sociétés.

« *La dénonciation est obligatoire*, même dans les pays où la franc-maçonnerie est tolérée par le pouvoir civil, où ses membres sont assurés de l'impunité et où l'Église ne peut user de son *pouvoir de coërcition* ». (C'est nous qui soulignons.)

Voilà donc la *dénonciation* érigée en système politique, prescrite par l'Eglise, comme un article de foi.

Cette injonction aux fidèles implique nécessairement l'existence, dans chaque diocèse, d'une autorité, d'un pouvoir, d'un organisme chargé de recevoir les dénonciations, de les centraliser, de les utiliser. Et c'est ainsi que, peu à peu, sans s'en douter, la société civile est enveloppée d'un réseau de surveillance et de police dont les mailles se resserrent de plus en plus. Et cela, cent ans après la proclamation des *Droits de l'Homme!!!*

La peine qui pèse depuis tant de siècles sur la vie de la race juive pour avoir mis à mort le jeune et sublime docteur de Nazareth, n'est donc point méritée. Jésus, d'ailleurs, n'a pas été le seul missionnaire divin, le seul rédempteur, l'histoire en compte beaucoup d'autres. Tel a racheté la conscience, tel la raison, tel le travail. Et presque tous les rédempteurs sont morts au pied de leur œuvre ; ils ont été immolés légalement ou illégalement par les castes tyranniques, par les églises intolérantes, par des institutions barbares contre lesquelles s'étaient élevées leur idée et leur parole.

Quel grand homme n'a pas été victime des lois ou des ingratitudes humaines ? Avant l'apparition de Jésus, on mettait à mort les prophètes, on forçait Socrate (*Biog. p. 185*) à boire de la ciguë. Ceux qui sont venus après le Christ pour travailler à l'avancement de notre globe et de notre race se sont vus, comme Jésus, méconnus, calomniés, persécutés. Quel est le génie que l'épreuve oublia de couronner ? Quel est le héros pour qui la vie fut heureuse et longue ?

Combien les chrétiens n'ont-ils pas sacrifié de novateurs qui ont prêché contre l'Eglise, comme Jésus prêchait contre la Synagogue, qui ont essayé d'*accomplir* la doctrine de Jésus, comme Jésus essaya d'accomplir la loi de Moïse ? Combien de millions de victimes n'ont-ils pas immolées par le feu de l'Inquisition et par des massacres nombreux ? (*XX*)

Que se passerait-il aujourd'hui, si le Christ revenait parmi nous ? Il serait abreuvé d'outrages par les puissants, honni, vilipendé, traqué par les représentants de la science officielle, et déclaré imposteur, fripon, peut-être même l'antéchrist par les prêtres ?...

Un homme de bien, nommé Jean Huss (1), vivait en Bohême, il y a cinq siècles ; réunis en Concile à Constance, il l'ont fait brûler vif. Et le réformateur Calvin (2), qui n'admettait pas la controverse, a osé faire brûler également à Genève, en 1553, le médecin et théologien Servet, parce qu'il avait prétendu que la Trinité était un « diable à trois queues, et le baptême des enfants, une invention de l'enfer. »

Pourquoi ne pas rendre la nation grecque responsable de la mort de Socrate ? (*Biog. p. 185*).

Admettons même un instant que les Juifs, *tous les Juifs*, soient responsables de la mort de Jésus ; mais au lieu de les maudire, les chrétiens devraient, au contraire, leur en témoigner la plus profonde reconnaissance. En effet, le supplice de Jésus n'est-il pas la cause directe de la naissance du Christianisme ? Et comme, selon les Chrétiens, la *rédemption* ne pouvait s'accomplir qu'à la *condition expresse* de ce sacrifier infamant, il fallait *nécessairement* que le Christ se plaçât dans les conditions les plus propres à provoquer son supplice, et que des hommes fussent *fatalement* choisis pour être les instruments de cette sanglante expiation.

Les Chrétiens, tout en maudissant l'indignité des juges qui condamnèrent Jésus, ne bénéficient pas moins, *sans remords*, des incomparables avantages

---

(1) Le théologien Jean Huss fut un des précurseurs de la Réforme. Il fut brûlé vif en 1415.

(2) Propagateur de la Réforme en France et en Suisse, chef des Calvinistes, mort à Genève (1509-1564).

que leur vaut le supplice du martyr de la croix. (*Voir p. 97, note*).

Il est assez singulier cependant que Dieu ait combiné tous ses plans de religion de telle manière que, pour les faire réussir, les crimes des hommes fussent absolument nécessaires.

(XV) *Les Evangiles.* — *Quand ils ont été composés.* — Le mot *Evangile* vient du grec *Evaggelion, Bonne Nouvelle*, par allusion à ce passage du prophète Isaïe : « Jéhovah m'a sacré pour annoncer la *Bonne Nouvelle (Besorah)* aux pauvres, pour guérir ceux dont le cœur est brisé, pour prêcher aux captifs la liberté, aux prisonniers la délivrance, pour annoncer l'année propice de Jéhovah, le jour de la revanche de notre Dieu, pour consoler tous ceux qui pleurent. » (*Isaïe LXI, 1 et suiv.*).

Les textes des Evangiles ont été changés, remaniés, triés, car ce n'étaient pas des livres imprimés, mais des manuscrits copiés et recopiés sans contrôle par de petits cercles obscurs de *fidèles*, généralement ignares. Plusieurs docteurs de l'Eglise le constatent eux-mêmes. Saint Jérôme (*Biog. p. 78*), dit formellement, dans plusieurs de ses écrits, que les Evangiles ont été corrompus et falsifiés, se trouvant déjà, de son temps, entre les mains de toutes sortes de personnes qui y ajoutaient et en retranchaient ce que bon leur semblait, en sorte qu'il y avait, dit-il, autant d'exemplaires différents qu'il y avait de copies différentes. (*Prologues à Paulin. Préface sur Josué. Epître à Galéate. Préface sur Job. Préface sur les Evangiles au Pape* DAMASE).

Les chrétiens avaient d'abord tenu secrets les divers Evangiles qu'avait enfantés la pieuse fraude des fidèles et que l'obscurité seule et le secret avaient pu soustraire à la connaissance générale pendant deux siècles.

Chaque petit troupeau avait, sans opposition, vénéré le code auquel il avait foi, comme lui étant propre, et n'avait ainsi accordé d'autorité qu'à ce que les années et les préjugés de son enfance avaient sanctionné à ses yeux ; mais ces différents Evangiles étaient aussi manifestement en contradiction les uns avec les autres qu'ils étaient le plus souvent incohérents et puérils en eux-mêmes (1). Cela se démontre par le scrupule avec lequel les Pères d'abord et les Conciles dans la suite procédèrent au triage de ce qu'ils honorèrent du titre d'écrits authentiques, en les séparant des livres qu'il leur fut impossible de ne pas condamner comme apocryphes et faux. Ils reconnurent seulement comme authentiques les quatre Evangiles selon Saint Matthieu, Saint Marc, Saint Luc et Saint Jean.

Toutefois, ces quatre Evangiles ne furent déclarés authentiques qu'en l'an 494 par un décret du pape Gélase 1er, pendant la réunion de soixante-dix évêques assemblés en Concile. Ce décret confirmait celui qui avait déjà été rendu par le Concile de Carthage en 397, et celui de Laodicée tenu sous le pontificat de Sylvestre 1er.

A ce recueil d'Evangiles s'ajoutèrent des épîtres considérées comme apostoliques et quelques écrits en nombre variable qui jouissaient d'une popularité spéciale.

L'Eglise ne s'est cependant point fait scrupule de puiser sa croyance en la *descente de Jésus aux enfers* dans un des Evangiles apocryphes dit de Nicodème, et d'imposer cette croyance à tout chrétien par le symbole de Nicée, bien qu'il n'en soit fait nulle mention dans aucun des Evangiles cano-

---

(1) Il nous reste encore des fragments de ces Evangiles. On y voit notamment le récit des miracles opérés par le Christ pendant son enfance, et qui firent faire des gorges chaudes aux païens. Ainsi on y lit par exemple : « Un jour Jésus jouait avec des enfants. Ils s'amusèrent à fabriquer des petits oiseaux en terre argileuse. Aussitôt achevés, ceux de Jésus s'envolèrent à la grande stupéfaction des enfants. Devenu plus grand, Jésus fut grondé par son père parce qu'il lui avait confectionné une table trop courte. Le Christ se mit à la tirer dans tous les sens jusqu'à ce qu'elle eut les dimensions voulues par saint Joseph. »

niques. La descente de Jésus aux enfers est une idée toute païenne. Le *Symbole des Apôtres* fut fait du temps de Saint Jérome *(biog. p. 78)*, c'est-à-dire près de *quatre cents ans après les apôtres.*

Voici, d'après Saint Irénée *(biog. p. 195)*, pourquoi l'on a donné à *quatre Evangiles seulement* le titre *d'authentiques.*

« Bien qu'il existe plusieurs Evangiles, on n'en doit admettre que quatre, parce qu'il n'y a que quatre vents et quatre points cardinaux. L'Eglise étant répandue par toute la terre et l'Evangile étant la colonne et le firmament de l'Eglise, elle doit avoir quatre Evangiles qui, semblables à des colonnes incorruptibles, purifient et vivifient les hommes. ».*(Iren. Adv. Hær. t. III, C. II et XI.)*

Ne croirait-on pas entendre ici la naïve et incompréhensible phraséologie apprise au séminaire par un brave vicaire campagnard?

Les Evangiles canoniques ne furent terminés que vers la fin du IIe siècle. Saint Paul, pendant les seize années que dura son apostolat après la mort de Jésus, ne fait aucune mention des Evangiles. Il parle de l'*Evangile de Dieu*, de l'*Evangile du Christ*, c'est-à-dire la *Bonne Nouvelle* apportée par Jésus. Plutarque *(biog. p. 95)*, qui mourut vers l'an 120 de notre ère ne fait aucune mention des Evangiles dans son *Traité de morale.*

Saint Thomas, qui alla, dit-on, mourir dans l'Inde, convertit d'abord au Christianisme les Abyssins, mais ne leur porta pas les Evangiles.

Les auteurs ecclésiastiques qui ont écrit pendant le 1er siècle, et dans la première moitié du IIe siècle, n'en font aucune mention, mais ils citent d'autres Evangiles qui, depuis, ont été déclarés apocryphes.

Les versions selon saint Matthieu et saint Marc sont citées pour la première fois par l'évêque Papias, qui écrivait vers l'an 150. Il ne cite ni Luc, ni Jean.

Le quatrième Evangile était ignoré de saint Justin *(biog., p. 331)*, qui mourut en 167; il est cité pour la première fois, vers 180, par saint Théophile (1). On peut donc affirmer, sans crainte de se tromper, que tout ce qui a servi à composer les Evangiles adoptés aujourd'hui, ne peut être que la compilation de tous les récits, de toutes les traditions, de toutes les légendes qui avaient cours à cette époque indécise où nous plaçons le commencement de notre ère ; qu'il n'est pas étonnant, dès lors, que les quatre évangélistes, Matthieu, Marc, Luc et Jean, ou plutôt les auteurs anonymes qui se sont parés de leurs noms, ne concordent pas (*Voir 2º partie*), et qu'ils aient mis dans la bouche du Christ des choses contradictoires et souvent inacceptables.

Ainsi, par exemple, ils font dire à Jésus :

« Celui qui ne *hait point son père, sa mère, sa femme, ses enfants, ses frères, ses sœurs, et même sa propre vie*, ne peut être mon disciple. » (*Luc, XIV, 26*).

« A celui qui a, il lui sera encore donné, mais à celui qui n'a rien, cela même qu'il a lui sera ôté » (ce qui, par parenthèse, est assez difficile, s'il n'a rien). (*Matth., XIII, 12*).

« A ceux qui ne sont pas mes disciples, je parle en paraboles, afin qu'en voyant ils voient et n'aperçoivent point, et qu'en entendant, ils entendent et ne comprennent point, de peur qu'ils se convertissent et que leurs péchés leur soient pardonnés. » (*Marc, IV, 11 et 12*).

Ce ne sont pas là des choses charitables !

Que penser de la réponse que Jésus aurait faite à sa mère aux noces de Cana, et que l'Evangile selon saint Jean nous raconte de la manière suivante :

« Le vin étant venu à manquer, la mère de Jésus lui dit : « Ils n'ont point de vin. Et Jésus lui répondit : « *Femme, qu'y a-t-il de commun entre toi et moi ?* » (*Jean, II, 2, 3, 4*).

N'est-elle pas abominable cette réponse, la plus

---

(1) Evêque d'Antioche et l'un des Pères de l'Eglise, auteur d'une *Apologie*, mort vers 190.

dure assurément qu'une mère ait jamais entendu de son fils ?

Nous ne pouvons pas croire que le Christ se soit réellement exprimé comme nous le dit le quatrième évangéliste...

Ce qui prouve encore que les Evangiles ne reproduisent pas exactement les faits, c'est qu'on y trouve des choses extraordinaires dont aucun des historiens contemporains de Jésus ne fait mention, bien que cependant ils fussent de nature à attirer leur attention.

Ainsi, par exemple, le massacre des enfants, prétendûment ordonné par Hérode. (*Voir p. 49 et 50*).

XVI. *Origine du Christianisme.* — En parcourant les pages de l'Histoire, on peut facilement constater qu'à chaque période critique correspond une idée maîtresse, c'est-à-dire une idée qui se produit, résume, synthétise les aspirations, les tendances et les conceptions diverses éparses et disséminées dans tous les esprits.

Cette idée, résultant de la situation économique et sociale de l'état où en est arrivé le développement de la pensée humaine, flotte, pour ainsi dire, dans l'atmosphère, pénètre dans le domaine intellectuel et moral de ce temps, et y détermine des courants nouveaux qui modifient et révolutionnent les rapports sociaux existants.

Cette idée rencontre alors un ou plusieurs hommes puissants par le cœur et par l'esprit qui la font leur ; elle prend corps, devient une force et s'élance de son berceau pour aller remplir au loin l'attente des âmes.

L'on était à une de ces périodes critiques au moment de la venue du Christ.

**

Après avoir traversé vingt siècles de triomphes et de vicissitudes, le vieux monde juif marchait vers sa décadence. Jérusalem était devenu un foyer de corruption ; le judaïsme était tombé dans le domaine d'une scolastique subtile et d'une observance minutieuse d'innombrables pratiques extérieures (*Voir page 11*).

On célébrait avec pompe les cérémonies religieuses, mais la piété n'habitait plus les cœurs.

Le Temple, desservi par une légion de prêtres, où tous les abus trouvaient leur excuse dans l'interprétation méticuleuse de la loi, offrait le spectacle d'un scandale permanent.

Tous les esprits justes et distingués aspiraient à un nouvel ordre de choses qui devait éliminer du Judaïsme sa casuistique étroite, ses discussions arides et ses pratiques futiles. (1)

---

(1) Les Israélites ne se sont guère corrigés : ils sont restés ankylosés dans l'immobilité des formes extérieures de leur culte.

Ce culte, qui est *asiatique*, gêne, dans beaucoup de parties, l'exercice des droits et des devoirs civiques, et maintient entre les Israélites et leurs frères des autres cultes, une ligne fâcheuse de démarcation.

Si donc, ils tiennent à voir cesser les persécutions qui, de tout temps et en tous pays, se sont acharnés après eux, qu'ils s'appliquent à faciliter leur assimilation aux autres citoyens. Il leur suffira, à cet effet, de se dépouiller des pratiques, institutions et coutumes qui ont eu leur raison d'être en d'autres temps et sous d'autres latitudes, mais qui aujourd'hui sont une encombre et une entrave. Qu'ils fassent même subir, si la chose est possible, à certains de leurs noms patronymiques une modification opportune; cela n'en sera que mieux.

D'excellents esprits parmi les Israélites, des rabbins de grand mérite ont tenté, mais en vain, de dégager le Judaïsme des œuvres cultuelles qui ne sont plus de notre temps. Toujours ils se sont heurtés à l'opiniâtreté irréductible de leurs coreligionnaires *pratiquants*.

Quant aux *non pratiquants*, nombreux sont ceux qui, pour échapper aux insultes, aux avanies, aux boycottages de leurs concitoyens chrétiens — notamment dans les pays où les Israélites ne jouissent pas de leurs droits civiques, comme en Russie et en Roumanie, — ont, sans la moindre vergogne, embrassé et embrassent encore tous les jours le christianisme.

Une publication, qu'en cette occurence on ne peut suspecter de partialité, estime à environ 224,000 les Israélites qui se sont *convertis* (*sic*) au christianisme dans le cours

Il y avait peu de riches en Judée ; ceux qui l'étaient (les Saducéens généralement), vivaient en très bonne intelligence avec les oppresseurs de leur pays. Et c'est pourquoi les Juifs pauvres les haïssaient, car tout ce qui leur venait des Romains, les lois, les monuments, la civilisation même, leur était en horreur ; ces Juifs devaient donc sympathiser avec une doctrine qui lançait l'anathème contre les riches, prescrivait la mise en commun de tous les biens, et contractait par cela même l'obligation d'organiser l'assistance des veuves, des infirmes, des vieillards.

« *Toute la multitude de ceux qui croyaient n'avaient qu'un cœur et qu'une âme, et nul ne considérait ce qu'il possédait comme étant à lui ; mais toutes choses étaient communes entre eux. Ils n'avaient aucun pauvre, parce que ceux qui possédaient des fonds de terre ou des maisons les vendaient et en apportaient le prix, qu'ils mettaient aux pieds des apôtres, et on distribuait à chacun selon ses besoins.* » (*Actes des Apôtres, IV, 32 et suiv.*) (1).

N'est-ce pas encore là l'Evangile du socialisme collectiviste contemporain ? Sans doute, le Christianisme a fini par abandonner sa défroque communiste des premiers siècles, mais elle lui a beaucoup servi dès l'abord.

La femme n'occupait dans la société juive qu'une place humble et précaire ; la veuve surtout était le plus souvent abandonnée et peu respectée. Il est dès lors fort naturel que beaucoup devaient se sentir attirées vers une religion qui tendait à leur donner, dans le monde, une situation plus indépendante

---

du XIXe siècle. On en compte 80,000 qui sont entrés dans le protestantisme, 74,000 dans l'église grecque, et 70,000 dans le catholicisme. (*Univers Israélite du 29 Janvier 1904*)

(1) Ananie et sa femme Saphire furent mis à mort parce qu'ils n'avaient apporté à la communauté qu'une partie du prix de leur champ vendu, et s'en étaient réservé par prudence une petite part, en prévision de quelque accident possible. (*Actes des Apôtres, V, 1 et suiv.*).

et surtout plus respectée que celle dont elles avaient joui jusque-là.

Le paganisme *exotérique* (*Voir p. 194, note*) était à son déclin : il ne gouvernait plus les âmes. Ridiculisé dans les satires de Lucien (1) et de Juvénal (2), il subsistait encore comme pratique, par l'empire de l'habitude, grâce à la force d'inertie que possèdent les vieilles institutions ; l'intérêt personnel seul le soutenait : on le disait bon pour le peuple, afin de servir de frein à ses mauvaises passions, comme on le dit aujourd'hui du catholicisme (3).

La philosophie était devenue, grâce à la diffusion des idées platoniciennes, hostile à ce paganisme, et le judaïsme seul répondait aux aspirations monothéistes et moralistes de l'époque ; ses espérances messianiques avaient déjà pénétré dans la culture greco-romaine (poèmes sybillins). Mais ce judaïsme devait se dégager de toutes les formes, de toutes les observances profondément antipathiques aux mœurs de l'Occident (4).

---

(1) Ecrivain grec du deuxième siècle, auteur du *Dialogue des Morts*.

(2) Célèbre poète satirique latin (42-120).

(3) Après dix-huit cents ans de christianisme dogmatique, nous voici revenus à une de ces périodes critiques de l'Histoire. Nous sommes au tournant d'un chemin ; nous allons à une de ces sublimes haltes de l'humanité. Les masses sont agitées par le lourd travail de la pensée. Les intelligences et les consciences sont à la recherche d'un idéal nouveau ; partout un besoin de renouveau, d'édification s'agite dans la profondeur des âmes.

Le christianisme *dogmatique* ne répond plus aux exigences de l'esprit moderne ; l'Eglise de Rome, notamment, est condamnée dans ses mœurs et dans ses lois, dans son histoire et dans sa théologie, dans sa morale et dans ses écoles ; elle est notoirement au-dessous de l'œuvre régénératrice que l'ère nouvelle exige impérieusement. Cette œuvre régénératrice peut se résumer en deux expressions bien déterminées, bien nettes : *Des croyances basées sur la science, la raison et la conscience, et des institutions reposant sur la justice, la solidarité et la liberté.*

(4) Le grand corps philosophique qui relia l'ancien monde au nouveau, fut la fameuse école d'Alexandrie,

Le peuple était malheureux, opprimé. Il n'est dès lors pas étonnant que le christianisme, qui

---

fermée en 529, par l'intolérance chrétienne de l'empereur Justinien (527-565).

Elle avait recueilli de Platon (*biog.*, *p. 62*) l'ésotérisme oriental et égyptien (*voir p. 194, note*), et, si les travaux théologiques réformistes de Philon (*biog.*, *p. 14*), qui fut la gloire de cette école, avaient été goûtés par la généralité de ses coreligionnaires, ils auraient, suivant toute probabilité, fait triompher, dans le monde païen, l'esprit du mosaïsme, et le monde se fut tourné vers le judaïsme réformé de Philon.

Cela est si vrai que saint Paul, lors de son voyage en Asie mineure, trouva un accès facile auprès de beaucoup de païens qui déjà s'étaient tournés vers le mosaïsme, mais qui s'accommodèrent beaucoup mieux du judaïsme réformé de saint Paul, parce qu'il répondait davantage à leurs aspirations et à leurs habitudes.

C'est donc saint Paul qui a créé le christianisme par ses prédictions en Asie mineure parmi les Grecs, en s'aidant de la doctrine de Platon (*biog.*, *p. 62*), et en répudiant certaines prescriptions de la loi juive, telles que la circoncision, les jeûnes, les sacrifices et tout rituel, toute règle extérieure antipathiques au monde gréco-romain.

Il a fait le *christianisme judéo-grec*. Saint Pierre et ceux de Jérusalem ne seraient jamais parvenus à sortir des prescriptions de la loi juive ; longtemps ils ont lutté contre saint Paul ; longtemps ils ont été scandalisés de la direction qu'il avait imprimée au christianisme naissant et ce sont eux qui ont fait le *christianisme judéo-romain*.

Des discussions personnelles et acerbes eurent même lieu à ce sujet entre saint Paul et saint Pierre.

« Quand Pierre fut venu à Antioche, je lui résistai en face, parce qu'il méritait d'être repris.

« Les autres Juifs usaient aussi de dissimulation comme lui, tellement que Barnabas lui-même se laissait entraîner par leur dissimulation.

« Mais, quand je vis qu'ils ne marchaient pas droit selon la vérité de l'Évangile, je dis à Pierre devant tous :

« Si toi qui es Juif, vis comme les Gentils et non pas comme les Juifs, pourquoi entraînes-tu les Gentils à judaïser ? » (*Saint Paul. Épître aux Galates II, 11, 13 et 14*).

« Pierre, en effet, Juif d'origine, et fidèle encore aux traditions des Juifs, méprisait tous ceux qui vivaient en dehors du judaïsme. » (*Origène c. C. II, 1*).

« Les Juifs qui croient en Jésus n'ont point abandonné la loi de leurs pères. Ils continuent d'en suivre les prescriptions ». (*Origène cont. Cels, II, 1*).

Dans une analyse du livre de Baur, professeur de théologie à Tubingue (1847-1867), M. A. Réville dit : « Saint

prêchait l'exaltation des humbles, l'égalité de tous les hommes, la fraternité universelle, et qui s'adressait aux simples, aux pauvres, aux femmes surtout, fut accueilli favorablement.

Sa soumission aux autorités, son indigence, son obscurité, firent regarder la secte naissante comme peu dangereuse, dans un gouvernement accoutumé à tolérer toutes sortes de sectes.

Peu à peu, le nouveau culte, couvert par l'obscurité de ses adhérents et par les ombres du mystère, jeta de très profondes racines, et devint trop étendu pour pouvoir être supprimé. Le gouvernement romain s'aperçut trop tard des progrès d'une association méprisée. Les chrétiens, devenus nombreux, osèrent braver les dieux du paganisme jusque dans leurs temples. Les Empereurs et les magistrats devenus inquiets, voulurent éteindre une secte qui sapait les fondements religieux de l'Etat ; ils persécutèrent des hommes qu'ils ne pouvaient ramener par la douceur et que leur fanatisme rendait opi-

---

Etienne, premier martyr, était du nombre des juifs nazaréens qui avaient accepté les enseignements moraux de Jésus, qu'ils avaient reconnu pour le Messie et qui avaient délaissé les prescriptions de la loi juive ; et ce sont les Juifs restés fidèles à la loi de Moïse, qui n'avaient point accepté Jésus comme le Messie, qui lapidèrent Etienne, comme sacrilège et prévaricateur. A la suite du martyre d'Etienne, le groupe dont il faisait partie, redoutant sans doute la persécution des autres Juifs, se dispersa, et beaucoup se réfugièrent à Antioche, ville grecque de langue et de mœurs. C'est là que naquit le nom de *chrétien*, inconnu jusqu'alors. » (*Baur. Le Christianisme aux trois premiers siècles*). (*Voir aussi Actes des Apôtres, XI, 26*).

Le nom de *Chrétien* vient du mot *Christos*, traduction grecque du mot hébreu *Meschiach*, *Messie*, et ce nom a été adopté par les évangélistes, tous postérieurs à cette époque, et eux ou leurs continuateurs l'ont mis dans la bouche de Jésus, bien des années avant sa création !!!

Comme on le voit, les Chrétiens du temps des apôtres ne s'étaient point encore séparés de la communion juive, attendu qu'ils se considéraient *eux seuls*, comme les *vrais Israélites*, et *Jésus comme le Messie* promis depuis longtemps. Mais la persécution des autres Juifs les força à s'ériger en communautés indépendantes, sous le nom de *chrétiens*.

niâtres; leurs supplices intéressèrent en leur faveur; la persécution ne fit qu'augmenter le nombre de leurs amis ; enfin leur constance dans les tourments parut surnaturelle et divine à ceux qui en furent les témoins. L'enthousiasme se communiqua et la tyrannie ne servit qu'à procurer de nouveaux défenseurs à la secte qu'on voulait étouffer.

Il ne faut pas s'imaginer cependant que le christianisme s'établit du jour au lendemain. Il y fallut bien trois ou quatre siècles. Les habitants des villes furent les premiers à adopter la foi nouvelle ; ceux des campagnes résistèrent fort longtemps (1). C'est vers le milieu du deuxième siècle qu'on voit apparaître les premiers chrétiens, faibles d'abord, humbles, petits, peu nombreux.

Au début du quatrième siècle, l'empereur Constantin (*biog.*, *p. 378*) se présente aux prêtres païens pour se faire absoudre de ses crimes. On lui répond que, parmi les diverses sortes d'expiations, on n'en connaît aucune qui ait la vertu d'effacer autant de cruautés ; qu'aucune religion n'offre des secours assez puissants contre la justice des dieux qu'il a outragée, et Constantin est empereur. Un des flatteurs du Palais, témoin de son trouble et de l'agitation de son âme déchirée par les remords que rien ne peut apaiser, lui apprend que son mal n'est point sans remède ; qu'il existe dans la religion des chrétiens des purifications qui expient tous les forfaits de quelque nature et en quelque nombre qu'ils soient ; qu'une des promesses de cette religion est que quiconque l'embrasse, quelque impie et quelque scélérat qu'il soit, peut espérer que ses crimes seront aussitôt oubliés. Dès ce moment, Constantin se déclare le protecteur d'une secte qui traite aussi favorablement les grands coupables. C'est un scélérat qui cherche à se faire illusion et à étouffer ses remords. Il attend la fin de

---

(1) De là leur nom de *paysans*, qui vient du latin *pagani*, païens.

sa vie pour se faire baptiser, afin de se ménager près du tombeau une ressource qui lavât toute les taches d'une vie entièrement flétrie par le crime. (1)

Ainsi les chrétiens, après avoir été longtemps persécutés, voient leur religion monter sur le trône et jouir de l'appui de l'État. Leur prestige commence à s'établir sous les successeurs de Constantin, et lorsque l'Empire romain est ébranlé, ils s'approprient le pouvoir suprême, ce qui ne leur réussit néanmoins que par le *terrorisme*, par la persécution de ceux qui pensent autrement qu'eux. Le sable imbibé du sang des martyrs de la primitive Eglise n'a pas encore été balayé des arènes, que les successeurs de ces martyrs remplacent les anciens bourreaux, et immolent, au nom du Christ, les adorateurs des dieux anciens. Les chrétiens rendent ainsi aux païens, *au centuple*, les maux qu'ils en ont reçus (2). L'Empire romain est rempli de séditions causées par le zèle effréné de ces *prêtres pacifiques* qui, peu auparavant, ne prêchaient que la douceur et l'indulgence. Ce n'est plus la foi, la conviction qui font les conversions, c'est la force, les faveurs, les immunités et les privilèges. Le nombre des chrétiens devient énorme, mais la corruption devient plus énorme encore (3).

---

(1) C'est un fait historique bien connu et rapporté par saint Jérôme (*biog., p. 78*), que Constantin fut baptisé à son lit de mort, à Nicomédie, par Eusèbe, évêque de cette ville.

Néanmoins on inventa, au cinquième siècle, une fable suivant laquelle cet empereur aurait été frappé de la lèpre et guéri de cette maladie à Rome par le moyen du baptême que le pape Silvestre lui aurait administré dans cette ville.

Pour marquer sa reconnaissance, Constantin lui aurait accordé le droit absolu de souveraineté sur la ville de Rome et sur toute l'Italie.

Ce mensonge, inventé dans un but politique auquel il a efficacement servi (XXIII), retient sa place dans le bréviaire romain, et est lu par tous les prêtres, le 31 décembre de chaque année.

(2) En Orient, les Chrétiens se montrent persécuteurs avant d'être persécutés.

(3) Les successeurs de Constantin, élevés comme chré-

Les Empereurs comblent le sacerdoce de largesses et de bienfaits que, souvent, il méconnait.

tiens, favorisent nécessairement le christianisme et l'imposent même par la force. Charlemagne l'impose aux Saxons et autres peuples vaincus. *Les rois très chrétiens sont donc les véritables inventeurs de la propagande par le fait.*

Mais Mahomet, en fondant l'Islamisme lui arrache, et d'une façon définitive, la possession de l'Asie occidentale et de l'Afrique du Nord.

Le christianisme s'était de plus en plus éloigné des enseignements de Jésus. A sa doctrine si simple et si pure, il avait substitué des articles de foi mystiques, incompréhensibles et déraisonnables. N'y a-t-il rien, en effet, de plus mystique, de plus incompréhensible, de plus déraisonnable que le dogme du *péché originel* et son corollaire la *rédemption* sur lesquels repose tout l'édifice de la religion chrétienne? (*Voir p. 97*) (XVIII).

Par le péché d'Adam et d'Eve, le monde était perdu. Dieu, un jour, cependant, se résolut à le sauver. Etant Dieu, c'est-à-dire tout puissant, il n'avait qu'à manifester sa volonté, et le monde était sauvé. Mais cela eût été par trop simple. Dieu s'y prit autrement pour opérer ce sauvetage. Après avoir réfléchi pendant *quarante* siècles, lui, qui était seul, unique, crut indispensable de devenir triple, tout en restant unique. A cet effet, il engendra un fils, et, à eux deux, ils engendrèrent le Saint-Esprit, et, chose inouïe, ces trois personnes, qui sont chacune Dieu, ne forment cependant qu'un seul Dieu éternel, bien que s'étant engendrées mutuellement. Le Saint-Esprit féconda ensuite, d'une façon immatérielle, une vierge habitant une petite ville de la Palestine. Son fils fut un homme qui était, en même temps, la deuxième personne de la Trinité, c'est-à-dire Dieu. Comme homme il mourut sur la croix et, par ce supplice infamant, le monde fut sauvé. Pour une complication, en voilà une complication !!!

Mahomet enseignait : « Il n'y a qu'un Dieu qui gouverne l'Univers ; il veut être adoré fidèlement par la prière fervente et surtout par la vertu. La vertu consiste dans la soumission aux décrets providentiels, la bienfaisance envers les pauvres et les étrangers, l'honnêteté, la prudence, la propreté, et la bravoure dans les combats. Celui qui accomplit ces prescriptions est un vrai croyant et sera récompensé dans la vie éternelle. (*Mahomet. Le Koran, composé l'an 622 de l'ère chrétienne*).

Les peuples de l'Orient, surtout ceux de l'Asie du Nord, de l'Afrique, accueillirent cet enseignement avec grand empressement, ce qui arrêta non seulement le développement du christianisme dans ces pays, mais l'anéantit encore complètement.

On décharge les prêtres de toutes les fonctions civiles, afin que rien ne les détourne du ministère sacré. Ainsi les pontifes d'une secte, jadis rampante et opprimée, deviennent indépendants ; enfin, devenus plus puissants que les Rois, ils s'arrogent le droit de leur commander en maîtres. Ces prêtres d'un *Dieu de paix*, presque toujours en discorde entre eux, communiquent leurs passions et leurs fureurs aux peuples, et le monde étonné voit naître *sous la loi de grâce*, des querelles et des malheurs qu'il n'avait jamais éprouvés sous les divinités paisibles qui s'étaient autrefois partagé, sans disputes, les hommages des mortels.

« Les bêtes féroces, écrit l'empereur Julien, dit l'Apostat (*biog., p. 277*), ne sont pas plus redoutables que les chrétiens ne le sont les uns aux autres. »

Telle fut la marche d'une religion *innocente* et *pure* dans son origine, mais qui, par la suite, loin de procurer le bonheur aux hommes, fut pour eux une pomme de discorde et le germe fécond de leurs calamités. Elle fit, en quinze siècles, une mer de sang humain autour de l'Evangile; elle réduisit le monde à un état de barbarie qui n'avait jamais eu son pareil depuis l'apparition de l'homme sur la terre, et dont les peuplades les plus sauvages et les plus féroces n'ont jamais donné l'exemple ni connu les souffrances (XX).

Aux fruits on reconnaît l'arbre. Le christianisme a-t-il donné au monde plus d'années de paix et de bonheur que les autres religions ?

Mettez dans un plateau de la balance tous les crimes, toutes les iniquités du paganisme, du judaïsme, du mahométisme de tous les siècles, et, dans l'autre plateau, les crimes et les iniquités d'un seul siècle chrétien du moyen-âge, et ce seul siècle sera plus lourd de sang que tous les siècles réunis de l'antiquité.

Oui, le christianisme, tel qu'il a été pratiqué depuis quinze cents ans, a été un fléau pour l'humanité. Qui oserait prétendre, d'ailleurs, que le monde nouveau, héritier des graves données philosophiques que lui avait léguées l'ancien, n'eût pas marché à pas de géant dans les voies de la civilisation, sans le secours de cette béquille vermoulue que l'on s'apprête à briser en ce moment ? L'invention de l'imprimerie, les écrits des philosophes n'ont-ils pas fait plus pour la cause du progrès que les bulles et les décrétales des papes qui n'ont jamais eu pour objet que de comprimer la pensée et de torturer les consciences. (*Voir pages 102 et 103*).

XVII. *Christianisme primitif*. — Les chrétiens, dans l'origine, ne connaissaient ni temple, ni emblèmes, ni images d'aucune espèce.

« Pourquoi, dit aux Gentils, le Père de l'Eglise Lactance, qui vivait en 304, pourquoi ne levez-vous pas les yeux vers le ciel ? Pourquoi, appelant vos dieux par leurs noms, ne leur offrez-vous pas des sacrifices en plein air ?

« Pourquoi, regardez-vous toujours les murs, le bois, la pierre et non le lieu où vous savez que réellement les dieux habitent ! A quoi bon des temples ? A quoi bon des autels ? A quoi bon des images qui ne témoignent que des personnes mortes ou du moins absentes.

« Il n'y a pas de doute que toute religion manque là où le culte admet des images » (*Lact. Divinis institut. lib. II. Cap II, v. XIX*).

« La religion, dit saint Augustin (*biog.*, *p. 62*), ne consiste pas en cérémonies et en pratiques, œuvres serviles, dont Dieu a affranchi la loi nouvelle » (*Epist. LV, § 35*).

Les Eglises catholique et grecque, tout en déclarant qu'elles admettent le Décalogue comme donné à Moïse par Dieu lui-même, en violent de fait le deuxième commandement, qui proscrit expressément les images sculptées ou jetées en fonte (*Exode* XX. *4. Deuteron. V, 8*) (1).

Dans leurs cathéchismes, ces Eglises ont bien soin de mutiler ce commandement, en lui enlevant ce qui concerne le culte des images; puis, elles amalgament le premier et le second commandement et rétablissent le nombre dix en faisant deux commandements du dixième.

L'Eglise primitive défendait formellement les images dans les oratoires et lieux de réunion. En consacrant cette défense, le concile d'Elvire (313) la motive sur la nécessité d'empêcher que ce que l'on adore se voie sur des murailles.

Au IV° siècle, saint Epiphane (2) se prononce avec force contre le culte rendu aux images, jusqu'à mettre en pièces celles de Jésus-Christ et des saints qu'il trouve exposées aux murs des églises, *à la manière*, dit-il, *des Gentils*.

Au VIII° siècle, on est encore indécis s'il faut rendre un culte aux images. Peu à peu cependant l'usage s'introduit d'avoir chez soi des crucifix. Ensuite viennent les portraits vrais ou faux des martyrs ou des confesseurs de la foi. Il n'y a encore aucun autel érigé en l'honneur des saints, point de messes célébrées en leur nom.

L'usage des statues et des images s'introduit peu à peu dans les églises. Plusieurs évêques ne l'adoptent pas. Saint Cyprien (*biog., p. 331*) y est hostile et le qualifie de païen.

En 727, sur les instances de quelques évêques, l'empereur Léon l'Isaurien (3) veut déraciner l'abus des images; il fait effacer les peintures et abattre les statues. Le peuple, fanatisé par les moines, voyant

---

(1) Aux yeux de Moïse, la statuaire conduit à l'anthropomorphisme, c'est-à-dire à la déification et, par suite, à l'adoration de l'homme, et c'est pourquoi il défend aux Hébreux de représenter Dieu ni en pierre, ni en couleur. Il ne veut pas que des hommes, dans un but de lucre, abaissent l'idéal jusqu'à l'humaniser.
(2) Père de l'Eglise grecque (310-403).
(3) Empereur d'Orient de 711 à 741.

disparaître les objets de son culte, désobéit et se révolte.

Son fils, Constantin Copronyme (1) proclame l'abolition des images. Il tient à Constantinople un concile de trois cent trente-huit évêques qui proscrivent unanimement ce culte. Cet empereur aurait désiré abolir également les moines qu'il a en horreur et qu'il n'appelle que les *abominables*, mais il ne peut y réussir.

Les moines, déjà fort riches par le commerce d'images et de médailles qu'ils exercent sur une très vaste échelle, défendent plus habilement leurs biens que les images de leurs saints.

Le culte des images n'est réellement prescrit et organisé que dans la 7e session du 2e concile de Nicée, l'an 787.

Dans l'origine du christianisme, les plus zélés et les plus instruits d'entre les fidèles enseignent les autres; plus tard, les chrétiens se choisissent des *évêques* (*épiscopi*), c'est-à-dire de simples surveillants, mariés d'ailleurs et pères de famille, vivant comme tout le monde d'un métier ou d'une profession. La coutume juive exigeait que l'homme voué aux travaux intellectuels apprît un état. Jésus exerçait le métier de son père, qui était charpentier; saint Paul était fabricant de tentes (2).

Les évêques deviennent riches et puissants. Avec les prêtres qu'ils ont institués, ils s'organisent en corporation hiérarchisée; l'ambition et l'avidité

---

(1) Empereur d'Orient de 741 à 775.

(2) Les anciens docteurs juifs enseignent qu'il ne suffit pas d'être savant, mais qu'il faut encore exercer un *métier manuel*. « L'application continuelle aux exercices de ce métier, disent-ils, fait qu'on ne pense point à faire le mal et qu'on l'oublie.

« Et tout savant, qui ne s'est point soucié d'apprendre quelque métier, devient à la fois un homme dissipé et déréglé en ses mœurs ».

C'était d'ailleurs un proverbe parmi les Juifs que tout homme qui ne fait pas apprendre un métier à ses enfants, fait la même chose que s'il les instruisait à devenir voleurs de grand chemin.

remplacent la foi. Les évêques de Rome, profitant d'une suite de circonstances favorables, parviennent, mais au bout de dix siècles seulement, à faire admettre la supériorité de leur siège sur les autres et se réservent le titre de Pape (XXIII).

Insensiblement la doctrine de Jésus est enveloppée de dogmes spéculatifs, sans importance aucune, et tout à fait incompréhensibles. Le clergé établit comme articles de foi des subtilités théologiques qu'il a empruntées principalement aux religions de l'Inde et dont il se réserve l'interprétation. Il introduit aussi dans le culte des emblèmes et des usages empruntés au paganisme et qu'il sait perfectionner avec un art infini, pour aboutir définitivement à une espèce d'idolâtrie dans laquelle le *Dieu-Un* du Christ finit par disparaître (XVIII et XVIII *bis*).

XVIII. *Emprunts faits par le christianisme aux religions de l'Inde*. — Les *symboles* se ressemblent, les légendes se répètent, les dogmes se copient. Les Égyptiens, les Chaldéens, les Juifs, puis les Chrétiens tiennent leur *Adam* (*Hadama*) et leur *Eve* (*Heva*) de l'Inde. L'Histoire de ce couple, y compris la tentation du serpent se retrouvent mot pour mot dans les fables de l'Inde.

Comme le *Noë* de la Bible, le *Noë* (*Satyaurata*) des Brahmanes repeuple la terre après le déluge et a trois fils. Après la sortie de l'arche — car il y a aussi une arche là-bas — il boit du *mead* (liqueur de riz) s'enivre et s'endort. Son fils *Charma* — on pourrait prononcer *Cham* — se moque et appelle en riant ses frères qui s'indignent et couvrent de leurs vêtements la nudité de leur père. A son réveil, celui-ci est informé des faits et maudit son fils irrévérencieux : « Tu seras, lui dit-il, le serviteur des serviteurs de tes frères ».

« Après le péché de Hadama et de Heva, écrit M. Jacolliot, *Brahma*(*Jéhovah*) avait annoncé à Heva la venue d'un *sauveur* qui naîtrait dans la petite ville de *Madura*, et qui porterait le nom de *Christna* (en sanscrit, *sacré*).

« Cet enfant était *Vischnou, la deuxième personne de la Trinité indienne*, le *Fils de Dieu* incarné dans le sein de la *Vierge Devanagny* (en sanscrit, *formée par Dieu*) *pour effacer la faute originelle* et conduire l'humanité dans le sentier du bien.

« Devanagny demeura *vierge*, quoique mère, ayant conçu sans opération d'homme, obombrée des rayons de Vischnou, et donna le jour à un enfant divin, dans une tour, où l'avait fait enfermer son oncle *Kausa*, le tyran de Madura, qui avait vu en songe que l'enfant qui en naîtrait devait le détrôner.

« La nuit de la naissance, au premier vagissement de Christna, un grand vent renversa les portes de la prison, tua les sentinelles, et Devanagny fut conduite avec le nouveau-né à la maison du berger *Nauda*, où tous les bergers conduits par un envoyé de Vischnou les fêtèrent.

« En apprenant la liberté de Davanagny et sa fuite merveilleuse, le tyran Kausa, aveugle de fureur, afin de prévenir que Christna lui échappât, ordonna dans tous ses États le massacre des enfants du sexe mâle nés pendant la même nuit que celui qu'il cherchait à tuer (1).

« Mais les soldats passèrent auprès de Christna sans le reconnaître, car il avait pris l'apparence d'un enfant de dix ans.

« L'enfant fit de nombreux miracles et émerveilla tout le monde par sa sagesse et sa vertu. Plus tard, à l'âge de seize ans il s'entoura de quelques fervents disciples, et commença à prêcher une morale que l'Inde n'avait pas encore connue depuis la domination brahmanique (2).

---

(1) On peut voir au musée Guimet (religion de l'Inde, vitrine III) le Dieu Christna enfant, porté sur un panier de l'autre côté de la rivière Yamonnâ, pour échapper au massacre des enfants mâles, ordonné par le tyran Kausa.

(2) Outre sa morale, qui est sublime (VIII), Christna enseigne encore l'immortalité de l'âme et la doctrine des renaissances. — On peut dire qu'il est un des précurseurs du spiritualisme moderne.

« Un jour que Christna priait appuyé contre un arbre, une troupe de Sbires envoyés par les prêtres dont il avait découvert les vices, le tuèrent à coups de flèches, et suspendirent son corps dans les branches pour qu'il fût dévoré par les oiseaux immondes.

« La nouvelle de sa mort parvint aux oreilles d'*Ardjuna*, celui des disciples que Christna aimait le plus, et qui accourut accompagné d'une grande multitude pour recueillir ses restes sacrés. Mais le corps de l'*homme-Dieu* avait disparu ; il était sans doute retourné vers les demeures célestes, et l'arbre, dans les branches duquel il avait été suspendu, apparut subitement couvert de grandes fleurs rouges répandant au loin les plus suaves parfums.

« Christna reçu le nom de *Jezeus* (en sanscrit, *pure essence, incarnation divine*) que lui donnèrent ses disciples, un jour qu'il se montra à eux entouré de rayons lumineux, dans toute la splendeur de la majesté divine» (*Jacolliot. La Bible dans l'Inde*) (1).

---

(1) Nous savons que M. Jacolliot n'a pas été pris au sérieux par les *Orientalistes* de Paris. Mais il ne faut pas oublier deux choses :

1° Ces Messieurs, très savants, qui jamais ne se sont aventurés jusque dans l'Inde, ont, de tout temps, pris leurs renseignements chez les *prêtres des « Missions étrangères »*, et chez MM. les *Jésuites*. Ces saints hommes leur ont raconté que les Chinois et les Indous sont athées. Personne n'ignore que tout ce qui n'est pas *catholique romain* ou *Jésuite*, au dire des *Jésuites*, est nécessairement athée. Ils leur ont raconté aussi que les *Védas* sont une copie de *la Bible Mosaïque*. Or les Védas sont des milliers et des milliers d'années antérieurs à la dite Bible. (Voir *p. 348*, note) ;

2° M. Jacolliot s'est montré hostile aux Jésuites et aux missionnaires, en racontant dans sa « *Bible dans l'Inde* » que, depuis deux cents ans ces religieux qui vont dans l'Inde, ont un mot d'ordre : *fouiller, scruter et tâcher d'accaparer le plus possible de documents, manuscrits sanscrits et autres contenant des matières littéraires, philosophiques et religieuses, et les détruire*.

Et voilà pourquoi M. Jacolliot a été décrié et présenté comme un romancier et non comme un fidèle historien.

Nous sommes complètement désintéressé dans la question,

La Trinité. — Nulle part dans la Bible, il n'est question d'une *trinité égalitaire* de prétendues personnes de la Divinité. L'*Esprit Saint*, le *Saint-Esprit*, l'*Esprit de Dieu* sont de simples attributs du *Dieu-Un* :

« L'*Esprit de Dieu* se mouvait au-dessus des eaux » (*Genèse I. 2*).

« L'*Esprit de Dieu* saisit Saül et le fit prophète. » (*Samuel I. X. 10*).

« L'*Esprit de l'Eternel* qui parle par Samuel. » (*Samuel II. XXIII. 2*).

« L'Esprit de l'Eternel fut sur Jephté. » (*Juges XI. 29*).

---

mais recherchant la vérité, notre humble petit bon sens nous porte à préférer, aux assertions des Orientalistes en chambre de Paris, les dires de MM. *Jacolliot, Dubois, Jancigy, Halhed, Cicé*, etc., qui ont vécu dans l'Inde pendant vingt ou trente ans, et qui en ont appris les langues au milieu des populations.

D'ailleurs, ces savants distingués ne sont pas les seuls qui aient fouillé dans les anciens livres indous : la *Société théosophique* y a fouillé largement.

Tout est curieux et digne d'intérêt dans les ouvrages de M. Jacolliot, mais surtout certains chapitres qui fournissent *la preuve* que les traductions indoues ont été le point de départ des récits contenus dans la Bible des Hébreux et des Evangiles.

A l'appui de ce que nous avons dit plus haut des erreurs involontaires que commettent souvent les plus savants orientalistes, citons encore M. Jacolliot :

« Malheureusement, dit-il, il est presque impossible de remonter aux origines de ce mystérieux pays *sans l'habiter*, sans se pénétrer de ses mœurs, de ses usages, et surtout sans une connaissance approfondie du *sanscrit*, la langue ancienne, et du *Tamoul*, la langue savante actuelle, qui, seules, peuvent vous guider dans ce dédale obscur et vous mettre à même de travailler avec fruit.

« Un reproche que je ferai à beaucoup de traducteurs et d'Orientalistes, tout en admirant leur profonde science, c'est que n'ayant point vécu dans l'Inde, de manquer de justesse dans l'expression, de ne pas connaître le sens symbolique des chants poétiques, des prières et des cérémonies, et d'arriver ainsi trop souvent à des erreurs matérielles, soit de traduction, soit d'appréciation » (*Bible dans l'Inde, page 16*).

« L'Esprit de Dieu saisit Samson. » (*Juges XIV, 6-19*).

C'est la *Trimourti* indienne : *Brahma, Vischnou, Siva*, qui a donné naissance à la *Trinité chrétienne*.

Le dogme de la personnalité du Saint-Esprit, qui n'avait été pour les chrétiens des premiers siècles qu'un mot abstrait, n'exprimant aucune idée formelle, fut ajouté au dogme de la divinité du Christ, mais longtemps après...

Vers la fin du II* siècle, saint Théophile (*biog., p. 421*), signale les hérésies calquées sur certains systèmes brahmaniques.

Sabellius, évêque de Ptolémaïs et Paul de Samosate s'élèvent passionnément, de l'an 250 à 260, contre la doctrine de la trinité, soutenant avec la Bible, que le Saint-Esprit était un simple attribut de Dieu, et que le Christ n'était qu'un homme doué d'une sagesse extraordinaire.

Lactance *(biog., p. 389)* ne mentionne jamais le Saint-Esprit comme une personne distincte : il ne le considère que comme une expression propre à marquer la sainteté du Père et du Fils auxquels il la rapporte successivement. (*Ste Hiaronym, Epist ad Pammach et Océan, t. IV, part. I*).

Le concile tenu à Rome, l'an 370, sous la présidence de l'évêque Damase, et auquel assistent seulement 92 évêques de l'Italie et des Gaules, est le premier qui proclame la consubstantialité du Saint-Esprit avec les deux autres personnes déjà admises dans la divinité. (Dans la trinité indienne, *Siva, l'esprit qui éclaire et qui veille*).

A l'appui de sa thèse, le Concile invoque ces paroles de l'Evangile : « Les baptisant au nom du Père, du Fils et de l'Esprit saint. »(*Matth. XXVIII, 19*).

Quel sens saint Matthieu attache-t-il à l'expression Esprit saint ?

Il appelle Esprit saint, l'Esprit de Dieu *(Matth. III, 16, XII, 28)*. Or, l'Esprit de Dieu n'est pas autre chose que Dieu considéré en tant que spirituel, et n'est pas plus une personne distincte que sa sainteté, sa justice, sa bonté ou quelque autre que ce soit de ses attributs. Dans l'Evangile selon saint Luc, l'Esprit saint est associé à la puissance du Très Haut (*Luc I*, *35*).

Dans les actes des apôtres il est associé à la sagesse et à la foi, et il est dit de Jésus que Dieu l'oignit d'esprit saint et de puissance (*Actes des apôtres*. *VI*, *3 et 5*, *X*, *38*).

Or, le rapprochement seul de ces expressions : esprit saint, puissance, sagesse, foi, ne prouve-t-il pas que, par la première, on entend parler de don, de vertu, de grâce, tout aussi bien que par les autres ? Si l'on fait de l'esprit saint une personne divine, pourquoi n'en ferait-on pas aussi de la puissance, de la sagesse, de la foi, et si l'on ne veut pas personnifier et diviniser ces dernières, pourquoi personnifierait-on et diviniserait-on l'esprit saint ? Et d'ailleurs, si l'esprit saint est une personne divine, le texte du chapitre X des actes que nous venons de citer, reviendrait à ceci : La première personne de la Trinité oignit la seconde avec la troisième. Or, conçoit-on rien de plus inepte que cette onction ? Les versets 6 et 7 du chapitre VI de la seconde Epître de saint Paul aux Corinthiens où l'esprit saint est intercalé entre la chasteté, la science, la patience, la douceur, la charité, la parole de vérité et la puissance de Dieu, donne lieu à des réflexions de même nature.

Non seulement les Evangiles n'ont rien qui autorise à admettre l'abstraction de l'esprit saint comme une personne distincte et réelle, mais ils offrent plusieurs textes qui autorisent à nier cette réalité. Par exemple, dans saint Matthieu, Jésus dit que personne ne connaît le Fils, si ce n'est le Père, et que personne ne connaît le Père, si ce n'est le Fils et celui à qui le Fils aura voulu le révéler (*Matth. XI*, 27). Il est impossible de nier plus expressément l'existence d'une troisième personne divine, qui, devant avoir l'omniscience tout aussi bien que les deux autres, ne connaîtrait absolument pas la seconde, et ne connaîtrait la première qu'au cas où la seconde voudrait bien la lui faire connaître.

Après l'introduction dans le Christianisme du dogme de la Trinité, on modifia plusieurs passages du nouveau Testament, afin de leur faire exprimer les nouvelles doctrines. « Nous avons vu, dit Leblois, à la Bibliothèque nationale, à celle de Sainte-Geneviève, à celle du monastère de Saint-Gall, des manuscrits où le dogme de la *Trinité* n'est qu'ajouté en marge. Plus tard, on l'intercala dans le texte où il se trouve encore.» (*Leblois, pasteur à Strasbourg. Les Bibles et les Initiateurs religieux de l'humanité*).

Le pasteur protestant, Albert Réville, a écrit sur le même sujet les lignes suivantes :

« Les dogmes de la *Trinité* et de l'*Incarnation* formés par le catholicisme, modifiés par la Réforme, dissous par la critique socinienne, inacceptables par la raison, démentis par l'histoire, ont fait leur temps, et les éléments de vérité qu'ils renferment doivent revêtir d'autres formes et rentrer dans une autre conception de choses. Au Dieu de la Trinité doit se substituer le Dieu Unique, supérieur et antérieur au monde, qui épanche dans l'immensité du temps et de l'espace les inépuisables richesses de sa puissance, dont le Verbe éternel est l'Univers, révélation de sa pensée, expression de sa sagesse, gravitation perpétuelle de l'esprit créé vers l'Esprit créateur dont il procède, qui l'aime puisqu'il l'attire, et vers lequel les créatures s'élèvent par une ascension mystérieuse. » — (A. Réville, *Histoire du dogme de la divinité de Jésus-Christ*).

Pour l'Eglise, *Dieu le Père* n'est plus aujourd'hui qu'une divinité honoraire ; elle ne le cultive plus ; elle ne lui élève même plus de chapelle. Elle a écarté *Dieu le Fils* en douceur et n'a conservé de lui qu'un *viscère* qu'elle adore sous le nom de

Sacré-Cœur. Cette ridicule dévotion est due à Marie Alacoque (1) et à son confesseur le Jésuite La Colombière (2). Quant à *Dieu le Saint-Esprit*, lui, qui doit représenter l'amour divin, on ne le connaît pas, on ne l'aime pas, on ne s'en occupe pas. Le culte de la Vierge a tout absorbé dans le monde catholique. (XVIII *bis*).

« Dieu, dit Eugène Pelletan, a changé de sexe. Il était homme, le voici femme. La fête du Christ ne dure qu'un jour, la fête de Marie dure un mois, et quel mois ? Le mois fleuri, le mois embaumé de l'aubépine et de la fauvette ; il y a dans ce culte de la déesse une science approfondie du genre humain ». (*Eugène Pelletan. Dieu est-il mort ?*)

Voici, sur le culte de Marie, quelques citations tirées des *Gloires de Marie*, d'Alphonse de Liguori ; c'est un ouvrage à la fois très populaire, pleinement approuvé par l'Eglise et formellement recommandé aux fidèles :

« Marie est notre seul refuge, notre seul secours, notre seul asile.

« En Judée, dans les temps anciens, il y avait des villes de refuge, et les criminels qui y cherchaient protection, étaient exempts des châtiments qu'ils méritaient. Aujourd'hui ces refuges ne sont pas si nombreux ; il n'y en a qu'*un, et c'est Marie*.

« Avant la naissance de Marie, Dieu se plaignait par la bouche du prophète Ezéchiel qu'il n'y eût personne qui l'empêchât de punir les pécheurs ; mais s'il ne trouvait personne, c'est que *cet office était réservé à la Sainte Vierge*, qui retient son bras, jusqu'à ce qu'il soit apaisé.

---

(1) Religieuse connue par son mysticisme, morte en 1690.
(2) C'est un fait curieux que le Jésuite La Colombière emprunta le culte du Sacré-Cœur à un livre qui lui tomba entre les mains pendant le séjour de deux ans qu'il fit en Angleterre ; en voici le titre : « *The Heart of Christ in Heaven towards Saints on Earth* ». (Le Cœur du Christ dans les Cieux envers les saints sur la Terre). L'auteur en est Thomas Goodwin, pasteur indépendant, qui avait été chapelain de Cromwell.

« Nous serons souvent entendus plus promptement et conséquemment sauvés, si nous avons recours à Marie, et si nous l'invoquons, *que nous l'aurions été en invoquant le nom de Jésus, notre sauveur.*

« *On demande à Dieu bien des choses, sans les obtenir ; on les demande à Marie et on les obtient.*

« Au commandement de la Vierge, toutes choses obéissent, *Dieu lui-même.* (*Imperio Virginis, omnia famulantur, etiam Deus*).

« Le salut des hommes dépend de la faveur et de la protection de Marie ; *celui qui est protégé par Marie sera sauvé ; celui qui ne l'est pas, sera perdu.*

« *Marie n'a qu'à parler et son fils exécute tout* ».

Le Père Eusèbe Nieremberg écrit à son tour :

« Si Marie n'est pas la fille naturelle de Dieu, on peut toutefois l'appeler sa fille adoptive. La Trinité aime la *Mère de Dieu*, non seulement parce que le Père Éternel la regarde comme sa fille, le Fils, comme sa mère, le Saint-Esprit comme sa fiancée, mais parce qu'ils tiennent Marie par le lien commun des trois personnes divines dans le Paradis où ils *se rafraîchissent* et *s'amusent*. (C'est nous qui soulignons).

« Enfin Marie, au dire du Révérend Père, approche Jésus de si près qu'elle le masque en quelque sorte ; quand on lève les yeux au Ciel, ce n'est plus lui qu'on voit, c'est elle ».

Le journal catholique le *Rosaire de Marie* a pour épigraphe : « *Tout, dans le monde, se fait par Marie* ». Alors que reste-t-il à Dieu ?

Sur 433 églises et chapelles publiques de Rome, *cinq* sont dédiées à la Trinité, *quinze* au Christ, *quatre* au Crucifix et *deux* au Saint-Sacrement ; en tout *vingt-six*. Il y en a *deux* dédiées au Saint-Esprit et *quatre cent cinq à la Vierge*, c'est-à-dire *plus de quatorze fois le nombre de toutes les autres ensemble.*

Le *rosaire* est fait de 166 grains dont *un* correspondant au *symbole*, *quinze* au *Pater*, et *cent cinquante* à l'*Ave Maria*, de telle façon que dix fois autant d'adoration est donnée à la Vierge qu'à Dieu.

L'*Angelus* est récité trois fois par jour avec *trois ave* à chaque récitation, de sorte que la Vierge est invoquée *neuf fois par jour*, tandis qu'aucune dévotion semblable n'est recommandée ni à Dieu ni au Christ.

Dans les *Psaumes de Saint Bonaventure* (réimprimés il y a une dizaine d'années à Rome avec l'autorité du Pape), on trouve le *Te Deum* et *plusieurs Psaumes parodiés* par la substitution du nom de la Vierge à celui de Dieu.

La chute originelle. — Le dogme de la chute originelle et celui de la rédemption, qui en est le corollaire (*voir p. 97*), sont d'origine bouddhique, comme nous l'avons vu plus haut.

Jamais il n'a été question du péché originel (que les Allemands appellent péché *héréditaire*) ni dans l'*Ancien Testament* ni dans le *Nouveau*. Et même il est condamné par les prophètes, et notamment par Ezéchiel, qui dit : « *Le fils ne portera pas l'iniquité du père, et le père ne portera pas l'iniquité du fils.* » (*Ezéchiel, XVIII, 20*). C'est saint Augustin (*biog. p. 62*) qui introduisit ce dogme dans l'Eglise, au IVe siècle. Il fut sanctionné par divers conciles d'Afrique et, en 416, par le concile de Milève.

Quel est donc ce péché si grand qui a pu frapper de réprobation à perpétuité tous les descendants de celui qui l'a commis ? Aucun théologien n'a encore pu nous le dire.

Adam, à cause de sa faute, enseigne la doctrine chrétienne, est condamné au travail, lui et ses descendants. Mais pourquoi Dieu fait-il du travail une punition ? Que serait la terre si elle n'était pas fécondée, transformée, assainie par le travail intelligent de l'homme ?

Le travail, c'est l'action, et l'action, c'est la vie.

Dans l'Univers splendide qui étale ses richesses merveilleuses à nos regards admiratifs, tout, depuis le plus misérable vermisseau jusqu'aux astres flamboyants qui gravitent dans l'immensité azurée, tout subit son ascendant inéluctable, tout obéit à son impérieuse domination. Et loin d'être un châtiment, le travail est, au contraire, la source de toute perfectibilité d'où s'échappent pour l'homme des ondes jaillissantes de prospérités, d'élévations et de régénérescences tant physiques, qu'intellectuelles et morales.

Eve est condamnée, elle et ses descendantes, a enfanter dans la douleur. Comment la douleur de l'enfantement peut-elle être un châtiment, puisqu'elle est une conséquence de l'organisme? Tous les animaux enfantent dans la douleur sans avoir cependant goûté la pomme fatale.

Le serpent est condamné à ramper sur le ventre. Il n'aurait donc pas rampé auparavant? Et rampant, est-il moins agile qu'il ne le serait avec des jambes? Cette punition n'en aurait donc pas été une? Il est condamné aussi à se nourrir de la poussière de la terre. Or, tous les serpents sont carnivores.

Jamais il n'est venu à l'idée des docteurs juifs de prendre le récit biblique à la lettre. Ce récit a toujours été considéré par eux comme une allégorie pour montrer que l'homme jouit de la liberté morale. Le nom même des deux arbres de l'Eden, arbre de la science du bien et du mal, arbre de la vie, l'indiquent suffisamment.

Le serpent symbolise le mal qui se nourrit de turpitude, de fange, qui rampe dans l'ombre pour surprendre et blesser lâchement à l'improviste, et qui est méprisé parce qu'il se nourrit et s'engraisse dans la honte. Il guette constamment l'homme : « *le péché guette à ta porte* » (*Genèse, IV. 7*). Mais l'homme le domine, s'il le veut, et lui *écrase* la tête (1).

---

(1) Ne dit-on pas encore aujourd'hui d'une personne mauvaise : c'est un serpent, un reptile, une vipère; je lui écraserai la tête.

Les Pères de l'Église les plus orthodoxes ont d'ailleurs avoué que le récit biblique ne pouvait être entendu à la lettre. Saint Augustin *(biog. p. 62)* pense comme Origène *(biog., p. 62)* que, dans ce chapitre de la Genèse, il faut s'attacher plutôt à l'esprit qu'au texte. Or, si l'aventure d'Adam et d'Eve n'est qu'une allégorie, que devient le dogme de la *Rédemption*? Si le dogme de la Rédemption est vrai, il faut que l'histoire d'Adam et d'Eve le soit également, car ces deux faits sont liés essentiellement l'un à l'autre. La négation du second implique inévitablement la négation du premier, et ruine de fond en comble le christianisme dogmatique.

Voici sur le même sujet quelques extraits très intéressants d'une *lettre ouverte* à l'abbé Méric et que nous empruntons à la *Revue scientifique et morale du Spiritisme* : « Sur quoi repose votre édifice dogmatique ? Sur une énormité, sur le péché originel qui, de déduction en déduction, n'aboutit à rien moins qu'à faire de Dieu, l'auteur de la vie, la plus monstrueuse conception qu'ait jamais enfanté la malheureuse cervelle humaine. Et pourtant cette base, votre dogme fondamental, essayez d'y toucher, tout le reste de votre bâtisse se disloque, tout croule, tout s'effondre : divinité du Christ, trinité, hypostases divines, ciel et enfer catholiques, et le surplus des superstitions complémentaires, y compris la tire-lire du Sacré-Cœur recommandée aux âmes tendres.

« J'ai dit conception monstrueuse, je m'y tiens. Qu'est-ce, en effet, que ce despote tout-puissant, omniscient et parfaitement inconséquent à lui-même qui, après une éternité passée dans sa propre contemplation, s'avise, un matin, de créer le premier couple humain, deux innocents dont l'éducation est toute à faire, et qui, au premier faux pas qu'ils font dans la vie, les condamne à mort sans rémission? Quoi, sans même prévoir la loi du sursis? Demandez à MM. Bérenger et Magnaud ce qu'ils en pensent...

« Et donc le Seigneur avait défendu à Adam de toucher au fruit de la science du bien et du mal, autant dire de chercher à sortir de son ignorance, de tâcher de débrouiller sa conscience. Il essaie, de moitié avec sa compagne, et, sur ce et sans autre forme, les voilà condamnés au maximum. De la part d'un père, convenez que c'est agir... Je ne trouve pas le mot pour qualifier ce jugement paternel. Mais cela me suffit et voici le comble : La faute et la condamnation sont reversibles sur la postérité des coupables, de génération en génération jusqu'à extinction de la dernière. Pourquoi cette condamnation de leurs malheureux descendants encore dans les futures contingences de l'être? Parce qu'ils naîtront entachés, par leur naissance même, de la souillure de leurs premiers parents.

« Ici, seigneur abbé, impossible à moi de comprendre. Serait-ce donc que l'enfant, en prenant corps dans le sein maternel, puise conjointement son âme dans l'âme maternelle et dans l'âme paternelle, ainsi qu'un ruisseau dérivant de deux sources confluentes? Nullement, assurent vos docteurs et l'Eglise avec eux. Il la tient directement et ne peut la tenir que de Dieu, souverain dispensateur des âmes, et ce point ne fait doute pour moi ; mais alors force m'est de conclure que, si souillure il y a, elle lui est infligée par la volonté même de Dieu, son auteur.

« Tous les paralogismes, toutes les susceptibilités de la sophistique cléricale n'y peuvent rien. Si nous admettons le dogme de la culpabilité originelle, la conséquence est inévitable. Dieu est l'auteur du mal, ou suivant le mot de Proudhon (*biog. p. 186*) : Dieu, c'est le mal. Entendons-nous sur ce point, l'abbé, le Dieu catholique, non le nôtre, le dieu d'amour, le dieu de miséricorde et, par-dessus tout, le dieu de justice, celui de Jésus.

« Une remarque, en passant, de simple curiosité : Sans la faute de nos premiers parents, nous eussions été exemptés de payer le tribut à la mort, à ce qu'affirment la crème et la fleur de vos saints Pères, se fondant sur cette belle raison que Dieu, étant la bonté parfaite, ne pouvait vouloir donner l'être à sa créature de prédilection pour la soumettre aux misères d'une vie passagère et finalement aux affres de la mort.

« Admettons et supposons que nos premiers auteurs aient fermé l'oreille aux tentations du malin. Les voilà immortels eux et leurs descendants, n'ayant plus qu'à se laisser vivre comme coqs en pâte au sein de tous les agréments. Combien faudra-t-il de temps à ces descendants pour couvrir la surface de la terre habitable? Quelques dizaines de siècles. La situation ne laissera de devenir pour eux déjà assez embarrassante. Encore quelques dizaines et ils seront si bien tassés et entassés que, en fin de compte, ils ne trouveront plus à se loger que les uns sur les autres et ainsi de suite, formant des colonnes d'équilibristes jusqu'à la lune — le calcul est facile à faire — assez gênés pour faire leur toilette, j'imagine, et tremper leur potage. Je n'insiste pas sur les autres conséquences. Je tenais seulement à constater de nouveau que, en s'embarquant sans trop y regarder à la suite de vos docteurs, on risque parfois d'aller loin et de se noyer dans un océan d'absurdités. Si vos maîtres, pour expliquer l'origine du mal en notre monde, s'étaient contentés de puiser leurs preuves et documents dans la légende mosaïque, il n'y aurait eu que demi-mal. Avec le temps, la réflexion, la recherche, l'effort, on finit toujours par se dépêtrer de l'erreur, on apprend à se servir « de cette lumière qui éclaire tout homme venant au monde ». Mais cela ne leur a pas suffi. Il leur a fallu doubler l'explication d'une monstruosité, d'un enfer éternel. Qu'attendre d'une telle conception? ce qui est advenu en des siècles d'ignorance et de barbarie, l'abêtissement des esprits, l'affolement des consciences en des rêves de niaise béatitude ou des cauchemars terrifiants.

« Une dernière conséquence de votre dogmatique : Dieu sème à sa guise les humains sur la terre. Qu'ils le veuillent ou non, ils sont appelés à tirer à la loterie de la vie un numéro décidant de leur situation dans l'avenir éternel. Aux uns la chance et de bons numéros donnant droit à d'inénarrables et sempiternelles régalades paradisiaques. Oui, mais ces chançards, c'est le petit nombre, les élus. Le surplus, la masse du troupeau, la tourbe innommable est destinée à s'engouffrer dans la géhenne où l'attendent des tourmenteurs inlassables dans leur office d'entretenir les hurlements et les grincements de dents des suppliciés.

« Et c'est pour aboutir à ce beau résultat que Dieu, sortant un matin de la contemplation de ses infinies perfections, s'est dit : « Faisons l'homme à notre image ! » Et il s'est trouvé que ce chef-d'œuvre de conception divine s'est résolu en un pitoyable avortement ! L'auteur du chef-d'œuvre n'avait oublié qu'une chose, de le pourvoir du ressort ou de la clairvoyance nécessaire pour le prémunir contre la première cause d'achoppement. A quoi dû ? A un oubli de la prescience divine ou à une lacune dans la sainteté parfaite et la sapience suprême ? Comment se débrouiller dans ce ténébreux, dans cet effroyable gâchis ?

« — Mes enfants, ma paternité avait certainement la bonne intention de vous préparer une félicité inaltérable, mais les choses ont mal tourné pour vous. Dès lors ma justice exige que vous alliez tous au diable, qui vous attend dans sa chaudière avec les assaisonnements voulus.

« — Allons, mais Seigneur, qu'est-ce donc que votre justice ? Ne valait-il pas mieux nous laisser dans le néant? Nous ne demandions pas à naître !

« — Misérables vermisseaux, pas d'objections. Ma justice est un abîme qu'il vous est interdit de sonder. Allez au diable, allez, maudits !

« Ici, l'abbé, oubliez, je vous en prie, pour une minute votre tonsure et votre rabat, interrogez votre conscience et vos souvenirs, et dites-moi, si, parmi toutes les théogonies qui se sont succédé sur notre boulette terraquée, il en est une où se rencontre une divinité aussi maladroitement barbare que celle que votre Eglise offre à notre adoration.

« Cherchez, fouillez, et si vous découvrez dans les arceaux religieux du passé une conception aussi désespérante, aussi déconcertante que celle-là, je l'irai dire à Rome.

. . . .

« Ce n'est guère que vers la fin du deuxième siècle que cette doctrine de malédiction a commencé à circuler dans quelques églises chrétiennes...

. . . .

« Au troisième encore, si elle rencontrait certaines adhésions, elle était généralement repoussée et combattue par les docteurs dont l'autorité était universellement respectée. Ainsi, de saint Clément d'Alexandrie (*biog.*, *p. 78*), pour ne pas multiplier les citations : « Que l'on me dise, demande-t-il, comment l'enfant qui vient de naître, a prévariqué, comment celui qui n'a encore rien fait, a pu tomber sous la malédiction divine ? ». Saint Clément se croit d'autant mieux fondé à nier cette malédiction qu'il a pour lui, dit-il, l'opinion de saint Pierre qui n'admettait même pas que « Adam formé par les mains de Dieu, ait pu enfreindre l'ordre de son créateur. » (Saint Clément, *tome 11, n° 52*) » (*Tonoeph. Revue scientifique et morale du Spiritisme*, Août 1901).

Pour que notre démonstration soit plus complète encore, nous allons prouver que tous les hommes ne descendent pas d'un seul, depuis six mille ans, comme le prétend la doctrine des théologiens.

Les principales considérations qui contredisent cette doctrine, tirées de l'ordre physique et de l'ordre moral, se résument sur les points suivants :

Au point de vue physiologique, certaines races présentent des types particuliers caractéristiques qui ne permettent pas de leur assigner une origine commune. Il y a des différences qui ne sont évidemment pas l'effet du climat, puisque les blancs qui se reproduisent dans les pays des nègres, ne deviennent pas noirs, et réciproquement. L'ardeur du soleil grille et brunit l'épiderme, mais n'a jamais transformé un blanc en nègre, aplati le nez, changé la forme des traits de la physionomie, ni rendu crépus et laineux des cheveux longs et soyeux. On sait aujourd'hui que la couleur du nègre provient d'un tissu sous-cutané particulier qui tient à l'espèce.

Il faut donc considérer les races nègres, mongoliques, caucasiques, comme ayant leur origine propre et ayant pris naissance simultanément ou successivement sur différentes parties du globe; leur croisement a produit les races mixtes secondaires. Les caractères physiologiques des races primitives sont l'indice évident qu'elles proviennent des types spéciaux. Les mêmes considérations existent donc pour l'homme comme pour les animaux, quant à la pluralité des souches.

Adam et ses descendants sont représentés dans la Genèse comme des hommes essentiellement intelligents, puisque, dès la seconde génération, ils bâtissent des villes, cultivent la terre, travaillent les métaux. Leurs progrès dans les arts et les sciences sont rapides et constamment soutenus. On ne concevrait donc pas que cette souche ait eu pour rejetons des peuples nombreux si arriérés, d'une intelligence si rudimentaire qu'ils côtoient encore de nos jours l'animalité (1); qui auraient perdu toute trace et jusqu'au moindre souvenir traditionnel de ce que faisaient leurs pères. Une différence si radicale dans les aptitudes intellectuelles et dans le développement moral atteste, avec non moins d'évidence, une différence d'origine.

---

(1) Il existe encore aujourd'hui des sauvages qui, par la longueur des bras et des pieds et la conformation de la tête, ont tellement les allures du singe, qu'il ne leur manque que d'être velus pour compléter la ressemblance.

Indépendamment des faits géologiques, la preuve de l'existence de l'homme sur la terre avant l'époque fixée par la Genèse, est tirée de la population du Globe.

Sans parler de la chronologie chinoise, qui remonte, dit-on, à 30,000 ans, des documents plus authentiques attestent que l'Egypte, l'Inde et d'autres contrées étaient peuplées et florissantes au moins trois mille ans avant l'ère chrétienne, mille ans, par conséquent, après la création du premier homme, selon la chronologie biblique.

Des documents et des observations récentes ne paraissent laisser aucun doute aujourd'hui sur les rapports qui ont existé entre l'Amérique et les anciens Egyptiens; d'où il faut conclure que cette contrée était déjà peuplée à cette époque. Il faudrait donc admettre qu'en mille ans la postérité d'un seul homme ait pu couvrir la plus grande partie de la terre; or, une telle fécondité serait contraire à toutes les lois anthropologiques. La Genèse elle-même n'attribue point aux descendants d'Adam une fécondité anormale, puisqu'elle en donne le dénombrement nominal jusqu'à Noé.

L'impossibilité devient encore plus grande si l'on admet avec la Genèse que le déluge a détruit tout le genre humain, à l'exception de Noé et de sa famille, qui n'était pas nombreuse, l'an du monde 1656, soit 2348 avant l'ère chrétienne. Ce ne serait donc en réalité que de Noé que daterait le peuplement du globe; or, vers cette époque, l'histoire désigne Ménès (1) comme roi d'Egypte. Lorsque les Hébreux s'établirent dans ce dernier pays, 642 ans après le déluge, c'était déjà un puissant Empire qui aurait été peuplé, sans parler des autres contrées, en moins de six siècles, par les seuls descendants de Noé, ce qui n'est point admissible (2).

---

(1) Premier roi historique de l'Egypte, fondateur de Memphis.

(2) Manéton, prêtre, historien égyptien, chargé par Ptolémée Philadelphe, roi d'Egypte, de lui présenter l'histoire de l'Egypte, fait remonter la nationalité égyptienne à

Remarquons, en passant, que les Egyptiens accueillent les Hébreux comme des étrangers ; il serait étonnant qu'ils aient perdu le souvenir d'une communauté d'origine aussi rapprochée, alors qu'ils conservent religieusement les monuments de leur histoire.

Une rigoureuse logique, corroborée par les faits, démontre donc, de la manière la plus péremptoire, que l'homme est sur la terre depuis un temps indéterminé, bien antérieur à l'époque assignée par la Genèse, et que les différentes races ont pris naissance simultanément ou successivement, sur différentes parties du globe.

Si l'on s'en rapporte à la Genèse, voici à quelles conséquences on arrive : Adam et Eve sont seuls dans le monde après leur expulsion du paradis terrestre; ce n'est que postérieurement qu'ils ont pour enfants Caïn et Abel. Or Caïn, ayant tué son frère, et s'étant retiré dans une autre contrée, ne revoit plus son père et sa mère, qui sont de nouveau seuls ; ce n'est que longtemps après, à l'âge de cent trente ans, qu'Adam a un troisième fils appelé Seth. Après la naissance de Seth, il vécut encore, selon la généalogie biblique, huit cents ans, et eut des fils et des filles.

Lorsque Caïn vient s'établir à l'orient de l'Eden, il n'y a donc sur la terre que trois personnes : son père et sa mère et lui *seul*, de son côté. Cependant, il a une femme et un enfant ; quelle peut être cette femme et où a-t-il pu la prendre? Il bâtit une ville, mais une ville suppose des habitants, car il n'est pas à présumer qu'il la fait pour lui, sa femme et son fils, ni qu'il a pu la construire à lui seul.

Il faut donc inférer de ce récit même que la contrée était peuplée ; or, ce ne pouvait être par la des-

---

85.000 ans avant ce Ptolémée, qui régnait l'an 200 avant Jésus-Christ.

Diodore de Sicile (*biog.*, *p. 397*), recueille des renseignements analogues et établit une série de 470 rois Egyptiens dans une période de 83.000 ans.

cendance d'Adam, qui alors n'en avait pas d'autres que Caïn.

La présence d'autres habitants ressort également de cette parole de Caïn « Je serai fugitif et vagabond sur la terre, et quiconque me trouvera, me tuera », et de la réponse que lui fait Dieu : « Quiconque tuera Caïn sera puni sept fois au double ».

Et, ajoute le texte : « l'Eternel mit un signe sur Caïn, afin que quiconque le trouverait, ne le tuât point ». (*Genèse, IV, 14 et 15*). Par qui peut-il craindre d'être tué, et à quoi bon le signe que Dieu met sur lui pour le préserver, s'il ne doit rencontrer personne? Si donc il y a sur la terre d'autres hommes en dehors de la famille d'Adam, c'est qu'ils y étaient avant lui; d'où cette conséquence, tirée du texte même de la Genèse, qu'Adam n'est ni le premier ni l'unique père du genre humain.

Le baptême. — Dans les trois jours de sa naissance, chez les sectateurs de Christna, l'enfant devait être ondoyé, c'est-à-dire purifié par l'eau sacré du Gange, et quand l'éloignement empêchait de s'en procurer, par l'eau lustrale, consacrée par les prêtres.

Cette coutume religieuse date dans l'Inde de l'époque védique et Christna l'a consacrée en allant lui-même se plonger dans les eaux du Gange; elle est encore en honneur chez les Indous. Leurs livres sacrés disent que cette eau répandue sur l'enfant a pour but *de le laver de la tache originelle*.

Les païens, longtemps avant l'époque du Christ, pratiquent également cette cérémonie religieuse. La preuve s'en trouve dans Euripide, illustre poète tragique de la Grèce (*406 ans avant l'ère chrétienne*), qui parle de fonts baptismaux placés dans les temples. La croyance dans l'efficacité épuratoire de l'eau par le baptême pour enlever les péchés, était généralement admise. Aussi Ovide (*biog., p. 146*) et Cicéron (*biog., p. 225*) parlent de la cérémonie du baptême comme d'un moyen absurde de rechercher son salut.

Sous la loi de Moïse et la prêtrise lévitique, elle n'était pas une prescription religieuse : c'est donc là une preuve de son origine étrangère.

« Jean vivait au-delà du Jourdain, en Enon, près de Salim. » (*Jean III*, 23), et se baignait chaque matin dans le Jourdain, ce qui explique son surnom de « *Baptiste* » ou *baigneur matinal*.

Jean, comme Jésus, faisait partie de l'Ordre des Esséniens, qui étaient aussi appelés « *Baptistes* ou *Baigneurs matinaux* » (*IV*). « Jean, dit Josèphe (*biog. p. 8*), était un homme de grande piété, qui exhortait les Juifs à embrasser la vertu, à exercer la justice et à recevoir le baptême, après s'être rendus agréables à Dieu en ne se contentant pas de ne point commettre de péchés, mais en joignant la pureté du corps à celle de l'âme ». (Josèphe. *Antiq. Jut. XVIII. 7*).

Ce baptême était une immersion complète du corps que Jean investit d'une importance particulière, comme *symbole de régénération morale*; il n'était qu'un *signe d'affiliation*.

Après les apôtres, des formes superstitieuses furent instituées par l'Eglise et ajoutées à la cérémonie du baptême ; on voulait accorder quelque chose au sentiment de l'époque. Après le concile de Nice, les Chrétiens ajoutèrent au baptême la cérémonie de l'exorcisme et de l'adjuration pour chasser les démons. Différents signes étaient faits avec la croix. On allumait de petites lumières, puis on mettait du sel dans la bouche de la personne à baptiser. Le prêtre touchait la bouche et les oreilles de cette personne avec un doigt enduit de salive, lui soufflait et lui crachait au visage. Durant la période patricienne, cette cérémonie fut suivie dans l'Orient et les néophytes allaient habillés en blanc jusqu'à la Pentecôte. Des exceptions à cette pratique n'avaient lieu que dans les cas de nécessité.

Les néophytes étaient préparés à la chose par le jeûne, la prière et autres exercices de dévotion.

Comme l'opinion s'était établie que, lorsque le baptême était conféré, il effaçait tous les péchés commis précédemment, il n'était pas rare, parmi les cathéchumènes, de différer la cérémonie sanctificatrice aussi longtemps que possible, de crainte que des péchés commis bien antérieurement ne fussent pas expiés. Saint Ambroise ne fut baptisé qu'étant élu évêque de Milan, et d'autres fonctionnaires éminents de l'Eglise ne le furent qu'à l'approche de la fin de la vie. Constatons que l'empereur Constantin (*biog. p. 378*) ne fut baptisé qu'à son dernier soupir, par un évêque hérétique, Eusèbe de Nicomédie, et l'un de ses fils, après avoir été tué. (1)

Le baptême, tel qu'il est pratiqué aujourd'hui, par infusion, ne date que du xiie siècle. On le fit longtemps *par immersion* (2) Saint Pierre baptisa exceptionnellement, *par aspersion*, trois mille Juifs qu'il convertit dès sa première prédication, s'il faut en croire les actes des apôtres. On se demande comment il s'y prit pour baptiser tant de monde à la fois ? Religion et mystère ! ! !

Saint Paul (1re *Epitre aux Corinthiens*, XV, 29)

---

(1) Aujourd'hui, l'Eglise enseigne *formellement* que le baptême efface tous les péchés que l'on a commis avant de le recevoir Voici comment s'exprime sur ce sujet un prêtre, éducateur de la jeunesse :

« Non seulement le baptême efface tous les péchés que l'on a commis avant de le recevoir, mais il remet encore toutes les peines, soit éternelles, soit temporelles qui leur étaient dues ; ainsi un enfant qui meurt après avoir reçu le baptême, monte aussitôt au ciel ; ainsi encore un adulte qui mourrait immédiatement après avoir reçu le baptême, irait droit au ciel, sans passer par les flammes du purgatoire, *quand bien même il aurait commis avant son baptême toutes sortes d'abominations et de crimes, et se serait plongé dans les plus affreux désordres.* » (Abbé Ambroise Guillois, *Catéchisme dédié aux maisons d'éducation et aux familles chrétiennes*, 19e édition, p. 44, avec l'approbation de Mgr Bouvier, Evêque du Mans).

(2) L'Eglise grecque a conservé la vieille coutume et elle reproche à l'Eglise romaine d'avoir abandonné cette pratique pour le baptême actuel.

parle d'une ancienne coutume répandue parmi les Gentils, coutume consistant à baptiser pour les morts. Elle avait des adhérents dans les temps primitifs de la chrétienté, particulièrement parmi les Marcionites, dont la manière d'opérer est décrite par saint Chrysostôme (*biog.*, *p. 56*).

Le baptême des enfants n'était pas en usage dans le rituel catholique, pour la raison probable qu'on les considérait comme n'ayant point de péchés à laver. Ce n'est que lorsque fut introduite dans l'Eglise (*voir p. 301*), l'atroce doctrine qui damne les enfants non baptisés, qu'on commença à leur administrer le baptême (1).

Chose remarquable : Le Christ n'a jamais parlé de péché originel, et n'a jamais baptisé !

Les chrétiens n'ont point fait une fête du baptême de Jésus ; mais ils fêtent sa circoncision et la purification de la Vierge qui sont des actes éminemment juifs.

Quand la raison et la science auront remplacé la superstition dans l'éducation et que la *Religion universelle* dominera les *religions dogmatiques* et les formalités superficielles, la cérémonie du baptême sera abandonnée comme une superfétation religieuse. Il en sera de même de la circoncision, qui ne sera plus considérée que comme une mesure hygiénique propre aux pays chauds (2) (XXVII).

« C'est l'éducation de l'enfance, atteste Diderot (*biog. p. 287*), qui empêche un mahométan de se faire baptiser ; c'est l'éducation de l'enfance qui empêche un chrétien de se faire circoncire. C'est la

---

(1) Plus tard, des théologiens compatissants, honteux de cette férocité, substituèrent à l'enfer les *Limbes* où les enfants morts sans baptême ne souffrent pas, mais sont *à jamais* privés de la vue de Dieu. (*Voir plus loin Les Limbes.*)

(2) La circoncision avait primitivement pour but de supprimer un vice congénital fréquent chez les peuples de l'Asie occidentale. Elle fut généralisée par la religion qui la rendit obligatoire et la réglementa.

raison de l'homme fait qui méprise également le baptême et la circoncision.

La confession. — Deux fois par mois, à la nouvelle et à la pleine lune, les sectateurs du Bouddha confessaient à haute voix leurs fautes devant un tribunal présidé par le plus ancien des prêtres, et recevaient la purification qui leur était imposée. Suivant la gravité des cas, le tribunal ordonnait soit des ablutions, soit des mortifications ou abstinences, soit des amendes ou offrandes, soit des prières ou des pèlerinages.

Dans les mystères égyptiens, phrygiens, esséniens et autres, la confession était également publique.

Dans les premiers temps du christianisme, les fidèles coupables de *fautes graves* étaient tenus de se confesser à *haute voix* devant l'assemblée des fidèles et de se soumettre à la pénitence qui leur était infligée. (*Voir page 94.*)

On cite en faveur de la confession auriculaire deux passages de saint Mathieu (*XVI, 19, XVIII, 18*), d'après lesquels le Christ aurait conféré à Pierre d'abord, aux autres apôtres ensuite, le pouvoir de *lier* et de *délier*; mais les expressions ne signifient en aucune façon *refuser* ou *accorder le pardon* des péchés (3) et signifient encore moins *confesser.*

C'est en dénaturant étrangement le sens primitif de ces mots, qu'au XIIIe siècle le quatrième concile de Latran (1215), institua la *confession auriculaire* et la rendit obligatoire pour les chrétiens des deux sexes : « *Utriusque sexus* », dit le décret.

---

(3) « La formule de *lier* et de *délier* était d'un usage fréquent dans les écoles rabbiniques pour exprimer le fait de déclarer *licite* ou *illicite* telle action, telle pratique, telle application de la Loi, commentée par les docteurs en renom ». (*Réville. Jésus de Nazareth*).

Deux siècles plus tard, en 1429, le concile de Tortose édicta : « Que les médecins ne rendraient pas trois visites de suite aux malades qui ne se seraient pas confessés ».

La confession est regardée par beaucoup de gens estimables comme la sauvegarde des mœurs ; c'est une erreur. A notre avis, cette pratique est extrêmement pernicieuse. Dire qu'elle ne produit aucun bien, serait l'effet d'une injuste prévention. Mais, pour la bien juger, il faut l'examiner en elle-même et voir ce qu'elle doit naturellement produire de bien ou de mal dans l'ordre courant des choses. C'est par la masse des effets qu'il faut juger les institutions qui intéressent la masse de la société. Or, la confession peut bien, à la vérité, contenir des âmes bien nées, des enfants à qui le langage des passions est encore inconnu, et qui, pour cette raison, peuvent être retenus dans le devoir par mille autres moyens. Mais quelles sont les conséquences de la confession à l'âge où les passions agissent dans toutes leurs forces ? Voyons ce que nous démontre à cet égard l'expérience.

D'abord, on ne peut disconvenir que la confession déplaît à tout le monde : c'est un joug que les plus dévots portent avec peine. Il est donc naturel que chacun tâche de s'en affranchir ; et l'on ne doit pas trouver étonnant que les jeunes gens soient les premiers à la trouver incommode, et, par conséquent, cherchent à s'y soustraire. Ainsi le résultat le plus général de cette sujétion imposée à la jeunesse, c'est, en premier lieu, de dégoûter les enfants de la religion, et, en second lieu, de leur faire désirer d'être bien vite assez grands pour secouer impunément une servitude qui leur est insupportable.

Quant à ceux qui, par conviction, conservent l'habitude de la confession, cette pratique devient ordinairement pour eux une entreprise de blanchissage qui permet de salir d'autant plus de linge qu'on a de facilité pour le laver : « *J'en serai quitte pour m'en confesser*, disent-ils, *et ma faute sera pardonnée* ». Chacun sait, d'ailleurs, qu'il existe un moyen facile de faire toutes sortes d'aveux sans honte, c'est de n'avouer à son confesseur attitré que des peccadilles, et de laver son âme des gros péchés mortels en allant, au hasard, demander l'absolution au premier prêtre venu, dans une paroisse quelconque, plus ou moins éloignée, où l'on est sûr de n'être point connu.

En vérité, plus on examine cette matière, plus on est convaincu que la confession est une *prime accordée à la récidive*, puisque son action pernicieuse autorise et encourage tous les crimes par la perverse théorie de la *contrition*, en affirmant aux scélérats et à ceux tentés de le devenir, qu'un seul instant de repentir efface les crimes de toute une vie !

C'est en vertu de cette affirmation que l'Eglise a envoyé au paradis une longue série de monstres, et que le docteur en théologie Edme Pirot put dire de sa pénitente, la Brinvilliers : « *Pendant la dernière heure de sa vie, elle fut si admirable dans son repentir, si bien éclairée par la grâce, que j'aurais voulu être à sa place !* »

Les peccadilles pour lesquelles la pieuse marquise venait d'être décapitée et brûlée en place de Grève en 1676, — ce qui la conduisit selon Edme Pirot, droit en paradis, un peu plus tôt qu'elle ne l'aurait voulu, — étaient, pour cette grande lumière de l'Eglise, peu de chose en présence de sa vie édifiante chez les sœurs de la Visitation. La contrition parfaite qu'elle montra, entre la torture et l'échafaud, valut le Ciel à cet abominable monstre qui avait empoisonné son père, son mari, son amant, ses deux frères, sa belle-sœur, à cette créature perdue de vices contre nature qui essayait ses poisons sur les malades de l'Hôtel-Dieu, sous l'hypocrite prétexte de les soigner, et sur sa femme de chambre, son amie d'enfance, qui, enfin, empoisonna le mari d'une amie, le père et la mère d'une autre, parce qu'ils gênaient les amours contre nature de ces belles !

Voilà ce que la confession pardonne !

Voilà ceux qu'elle place dans son paradis ; encore un peu, elle en ferait des saints comme les Jacques Clément (1), les Châtel (2), les Ravaillac (3), les Jaurigny (4) et tant d'autres encore...

---

(1) Moine dominicain, assassin de Henri III en 1589 (XX).

(2) Jeune fanatique, âgé seulement de 19 ans, qui tenta d'assassiner Henri IV. Mort écartelé. Interrogé sur le mobile de son crime, Jean Châtel répondit qu'il avait contracté chez les Pères de la Compagnie de Jésus, au collège de Clermont, des habitudes honteuses de sodomie, et que pour expier ses péchés, auxquels il n'avait pas la force de renoncer, il avait voulu faire l'action que son régent, le Père Guéret, lui avait présentée comme la plus agréable à Dieu : tuer le Roi. Le Père Guéret fut pendu par ordre du Parlement.

(3) Assassin de Henri IV. Mort écartelé.

(4) Tout le monde en France connaît les hauts faits de Jacques Clément, de Châtel, de Ravaillac, mais ceux de Jaurigny, qui se passèrent en Belgique sont moins connus ; c'est pourquoi nous croyons intéressant de les rapporter.

Philippe II venait de mettre à prix la tête de Guillaume le Taciturne. Un fanatique, du nom de Jaurigny, essaye de gagner la prime promise. Il tire sur Guillaume un coup de pistolet et le blesse fort grièvement. La balle lui entre sous l'oreille droite et lui traverse la joue gauche. Guillaume est pendant des semaines en danger de mort. Jaurigny a sur lui une lettre de Philippe II le recommandant aux magistrats en cas d'arrestation. *Il s'est confessé deux jours avant son crime au dominicain Temmerman qui l'a encouragé, lui a démontré qu'il est licite de priver Guillaume de la vie, parce qu'il le fait non pour biens et argent, mais pour la gloire de Dieu et par zèle de la religion.* IL LUI A DONNÉ L'ABSOLUTION A L'AVANCE.

Jaurigny est mis à mort par les assistants, au moment même du crime ; le dominicain Temmerman est condamné à mort le 28 mars 1582 ; il est étranglé par le bourreau, sur la Grande Place devant l'Hôtel de Ville d'Anvers, ensuite écartelé et ses restes sont placés sur les fourches patibulaires aux quatre principales portes de la ville.

L'on possède encore aux archives, dans les *Vierschaerboeken*, les procès-verbaux de ses interrogatoires et la sentence de condamnation qui confirment les récits des historiens.

A la prise d'Anvers par le duc de Parme, les Jésuites recueillent solennellement les restes de l'assassin et de son confesseur et les exposent comme chose sainte à la vénération des fidèles ; et une pierre sépulcrale est placée dans l'église des dominicains, à Anvers, pour honorer, en termes pompeux, la mémoire de Temmerman. On peut en lire le texte dans l'*Histoire du Taciturne*, par Th. Juste.

Quel est l'honnête homme qui, si le paradis chrétien existait, consentirait à aller s'y souiller en pareille compagnie?

C'est pourtant là que les prêtres veulent placer cette pauvre Jeanne d'Arc (*biog.*, *p. 93*), leur victime!

La bonne, la divine Lorraine, entre Châtel et la Brinvilliers! Il n'y a que l'imagination dépravée des admirateurs de l'Inquisition (XX) pour avoir songé à un si scandaleux accouplement, à une telle profanation! (1)

Que dirons-nous des questions indiscrètes que font les confesseurs aux jeunes filles et même aux femmes mariées?

On est vraiment révolté quand on lit ces interrogatoires, sur *faits* et *gestes* qui, sous forme de *Manuels ou Questionnaires à l'usage des confesseurs*, ont été composés pour l'instruction des séminaristes et des prêtres catholiques. Pour avoir traduit en français le texte latin d'un de ces Manuels, dû à la plume de M. Bouvier, évêque du Mans, MM. Lachâtre et Lincé ont été condamnés par la cour d'assises de Liège (Belgique), à six mois de prison et cinq cents francs d'amende, du chef d'*outrage aux mœurs*.

Tout ce que des cerveaux détraqués, affolés par une existence contre nature, tout ce que le délire des hystériques et des érétomanes furieux peut enfanter d'horreurs est accumulé dans des centaines de pages où le séminariste et le prêtre catholique étudient l'art de se pourrir eux-mêmes en pourrissant les autres.

Dans ces livres, il est vrai qu'on a recours au latin pour confier au papier un tel amas d'ordures. Mais, dans le confessionnal, ce n'est pas en latin que le confesseur parle à la pénitente : c'est en lan-

---

(1) Aujourd'hui, chose étrange, nous voyons les continuateurs de l'évêque Cauchon et des suppliciers de Jeanne d'Arc, la réclamer comme martyre chrétienne, accaparer sa mémoire et lui machiner une apothéose (II).

gue vulgaire qu'il lui pose d'abominables questions, qu'il exige des précisions stupéfiantes, qu'il suggère, explique, discute et fait bien comprendre les inventions de la plus infernale débauche, du vice ignoble, de la corruption morbide.

Après un quart d'heure de tête à tête, souffle à souffle, avec son confesseur, la femme la plus inexpérimentée connaît aussi bien toutes les extravagances des sens que la courtisane la plus érudite après vingt années d'exercice.

Il n'y a sûrement pas de crime qui puisse être comparé à ces souillures d'âmes. Il n'y a pas de prostitution physique aussi sale, aussi écœurante que la prostitution morale des femmes qui vont s'enfermer dans un coin obscur avec un étranger lubrique et papelard, pour fouler aux pieds toute retenue, renier toute pudeur, livrer les secrets de leur âme, de leur corps, de leur lit, trahir leurs parents, leur mari, écouter les propos qu'elles ne toléreraient ni chez un médecin dans un péril de mort, ni chez un amant dans une minute de folie. Regardez-les cependant sortir de cet égout, le front impassible ; ce sont *des femmes honnêtes, des femmes bien pensantes, des femmes dirigeantes, des femmes qui règlent la morale publique* et même la morale officielle.

On connaît quelque chose de plus étrange encore que ces étranges créatures : c'est la mère qui les a livrées, petites filles, à l'ignominie du confessionnal ; c'est le mari qui les y laisse ou qui les y pousse, escomptant le profit de cette soumission répugnante à la puissance cléricale.

Un éminent jurisconsulte anglais, lord Redesdale, il y a quelque vingt ans, a appelé l'attention de la Chambre des lords sur les pratiques du confessionnal. Il a porté à la tribune un *Manuel à l'usage des confesseurs*, dans lequel le prêtre est invité à poser à ses pénitents et surtout à ses pénitentes des questions ignobles et de nature à pervertir les consciences les plus pures. Lord Redesdale a demandé que les autorités ecclésiastiques prissent des mesures énergiques pour empêcher certaines sectes protestantes d'admettre la confession auriculaire dans leur rituel religieux.

Les révélations du noble lord, confirmées par l'archevêque de Cantorbéry, ont produit une profonde impression dans le pays, et cette émotion s'est même révélée par un dessin du *Punch*. Ce dessin représente M. John Bull, muni d'un gourdin, prenant par l'oreille un prêtre qui tient à la main le *Manuel du Confesseur*, et disant à *Lady Britannia* :

« Chaque fois que vous verrez rôder dans vos environs un de ces gredins (*Scoundrels*), vous voudrez bien, Madame, m'envoyer chercher. Je me charge de l'arranger comme il le mérite. N'ayez pas peur ! »

La planche est intitulée : *Un loup vêtu en berger*. On ne peut rien imaginer de plus saisissant que ce dessin.

En 1868, la Cour d'assises de Seine-et-Oise a condamné à dix ans de travaux forcés, l'abbé H... pour *attentat à la pudeur*. Voici ce que disait à ce sujet le Président :

« Dans le courant de l'année 1867, quatre jeunes filles qui allaient faire leur première communion, se présentèrent au confessionnal de l'abbé H..., curé de L..., arrondissement de M... Il leur tint successivement à toutes les quatre les propos les plus obscènes. *Tout ce que peut inventer l'esprit le plus dévergondé, il le dit et il le fit.*

« Cette affaire comporte cependant un enseignement : elle nous révèle ce qu'on peut appeler les mystères du confessionnal. L'abbé H... au lieu de veiller sur la pureté des enfants qui lui étaient confiés, déflorait leurs âmes comme à plaisir. Il appelait leur attention sur les choses ignorées, et, sous prétexte de confession, leur enseignait le vice. IL PRÉTEND QU'IL NE FAISAIT QUE SUIVRE SCRUPULEUSEMENT LE FORMULAIRE D'USAGE QUE TOUS LES PRÊTRES ONT ENTRE LES MAINS. »

Et, depuis 1868, combien ne compte-t-on pas de condamnations de prêtres, pour des *attentats à la pudeur* ???

Qu'on nous permette, pour finir, de rappeler deux documents trop peu connus : c'est d'abord l'*Instruction pour les confessseurs* de l'archevêché de Malines, qui se trouvait transcrite, au bas de toute nomination spéciale de confesseur au XVII° siècle ; on y lit une série de recommandations, parmi lesquelles la suivante, dont on peut s'étonner qu'elle ait été jugée indispensable, et qui constate certains abus, en même temps qu'on les condamne :

« Il est intolérable que certains confesseurs s'oublient à ce point qu'ils racontent à table ce qu'ils ont entendu au confessionnal, ou la manière dont on s'est confessé ; surtout s'ils racontent les péchés mêmes et qu'ils ajoutent que le jour même ils ont entendu de ces choses. Que tous les confesseurs s'abstiennent de cela ; qu'ils sachent qu'autrement ils encourent les peines du sacrilège ! »

Nous avons ensuite les reproches suivants qu'adresse, en 1692, Clément VIII, aux Jésuites en un de leurs chapitres généraux. Les paroles du Pape révèlent l'esprit, la tactique et le plan entier des Jésuites anciens et modernes :

« La curiosité, dit-il, les porte à se fourrer partout et principalement dans les confessionnaux, pour savoir du pénitent tout ce qui se passe dans la maison, entre les enfants, les domestiques et les autres personnes qui y demeurent ou y viennent, et même dans le quartier. S'ils confessent un prince, ils s'emparent du gouvernement de toute la famille ; ils veulent même gouverner ses Etats en lui faisant entendre que rien ne lui réussira sans leurs soins et leur industrie. »

Cette ardeur de *fouiller partout*, de savoir tout ce qui se passe, d'employer la confession comme une sonde a laquelle rien n'échappe, afin de maîtriser peuples et grands et obtenir des donations considérables (1), dérive d'un plan préconçu, suivi de

---

(1) Les Jésuites et autres congrégations possèdent des richesses considérables, acquises sans aucun travail avouable ; les captations, la mendicité, les manœuvres frauduleuses de toutes sortes en sont les seules sources.

sang-froid, avec persistance, mis en œuvre de tous côtés. Ce que Clément VIII constate en termes si précis, suffirait déjà à le faire croire, mais des faits historiques sont là, nombreux et éclatants, qui démontrent que, sous des enveloppes religieuses, toujours cette compagnie qui s'est si tristement fait connaître dans le monde sous le nom de *Société de Jésus*, que toujours cette compagnie que Benoît XIV (1740-1758), appelait les *Janissaires du Saint-Siège*, et qu'illustra Torquemada *(biog., p. 145)*, que toujours cette compagnie, disons-nous, a tramé une grande conspiration politique contre les peuples et les gouvernements.

De tous ces faits, nous nous bornerons à en relater trois :

Le premier a eu tant de retentissement, il est tellement grave qu'il en vaut mille. Voici comment il est rappelé par le président de Thou (1).

« Les Jésuites, écrit-il, furent accusés devant le Sénat de Venise, d'avoir arraché par la confession les secrets des familles, et d'être parvenus, par la même voie, à connaître parfaitement les biens et les facultés des particuliers, et, par conséquent, toute la puissance et toutes les forces de l'Etat, et d'en tenir les registres qu'ils envoient tous les six mois, à leur général, par le moyen des visiteurs, accusations dont on trouve les preuves dans plusieurs écrits que leur fuite précipitée ne leur permit pas d'emporter avec eux » (*Le Président de Thou, dans son Histoire. Liv. 137*).

Ce fait n'est pas dissimulé par Sachin lui-même, un des historiens les plus dévoués à la Compagnie de Jésus (*Sachin. His., 8, sec. Jes., lib. V, n° 156* (2).

Voici le deuxième :

---

(1) Magistrat et historien français, d'une très grande probité, auteur d'une *Histoire de mon temps (1553-1617)*.

(2) Les Jésuites, suprêmement habiles, ont ajouté à la confession la *direction* où l'on cause, qui est pour eux bien plus importante, parce qu'elle donne beaucoup plus de prise sur les consciences.

Le Parlement chasse tous les Jésuites du royaume de France en 1595, par cette sentence :

« Nous ordonnons que les prêtres et les écoliers de la Société de Jésus, perturbateurs du repos public, ennemis de l'Etat, corrupteurs de la jeunesse, sortent du royaume dans le délai de quinze jours, sous peine d'être traités comme criminels de lèse-majesté. Leurs biens seront saisis et confisqués au profit du roi. »

C'est à la même époque que, non contents de mettre l'Europe à feu et à sang par les guerres civiles, les Jésuites portent jusqu'en Amérique leurs sanguinaires dévastations.

Dans le courageux discours qu'Arnaud, avocat de l'Université, prononça devant le Parlement pour obtenir leur expulsion, il dit :

« Sachez que ces exécrables suppôts du pape veulent faire de la France ce qu'ils ont fait de l'Amérique, où vingt millions d'hommes, de femmes et d'enfants ont été pollués, brûlés ou égorgés sous prétexte de religion. Apprenez que leur amour de l'or est aussi insatiable que leur soif de sang, et qu'ils ont dépeuplé des îles entières pour assouvir leur cupidité, en forçant les hommes à s'ensevelir tout vivants dans les ruines, et en contraignant les femmes à labourer la terre rougie du sang de leurs enfants. Sachez donc qu'ils sont les inventeurs de ces nouvelles tortures appelées les gênes publiques, qu'ils font subir à 4,000 hommes à la fois, qui restent exposés pendant des mois entiers à toutes les intempéries des saisons, attachés les uns aux autres par des chaînes de fer, entièrement nus et frappés trois fois par jour jusqu'à ce qu'ils aient indiqué l'endroit où se trouvent cachés de prétendus trésors ; et comme ces infortunés n'ont rien à découvrir, ils s'acharnent sur eux et les font mourir sous les coups de bâton. Si bien que les malheureux Indiens, pour échapper à la barbarie des Jésuites, fuient dans les montagnes ou, dans leur désespoir, se pendent eux-mêmes aux arbres des forêts avec leurs femmes et leurs petits enfants. Apprenez que ces exécrables disciples d'Ignace de Loyola poussent la barbarie jusqu'à donner la chasse aux fugitifs, ainsi qu'on fait ici aux cerfs et aux sangliers, et qu'ils les font manger par leurs dogues ».

Le troisième fait est rapporté par un éminent publiciste français, M. Charles de Mazade, dans la *Revue des Deux Mondes*. Il affirme que, quand Victor-Emmanuel II fit son entrée à Naples après l'annexion de cet Etat à la couronne d'Italie, un dignitaire ecclésiastique s'approcha de lui et lui demanda à voix basse *à qui les rapports des confessions devraient être désormais adressés*. Le roi ne pouvait d'abord en croire ses oreilles, mais il apprit que tel avait été l'usage sous les Bourbons, ses prédécesseurs. (*Revue des Deux Mondes du 1ᵉʳ Décembre 1886, page 735.*)

La messe. — « Brahma est considéré dans les Védas comme s'étant sacrifié pour la création. Il est donc, tout à la fois, sacrificateur et victime, de sorte que le prêtre qui officie tous les matins aux cérémonies du *sarva-meda* (*sacrifice universel*), symbolique de la création, et présente son offrande à Dieu, s'identifie au sacrificateur divin qui est Brahma ; la victime est son fils Christna qui est venu mourir sur la terre pour nous sauver. » (*Jacolliot. La Bible dans l'Inde*).

Remarquons l'analogie existante entre ce sacrifice et la symbolique du sacrifice de la messe.

Ainsi que la messe, cette cérémonie est, dans la religion brahmanique, la plus importante de toutes. Le prêtre ne peut y présider chaque matin qu'après un examen complet de toutes ses fautes et qu'après s'être purifié selon le mode prescrit.

Les autres sacrifices ne sont que secondaires ; ils ont lieu, tantôt en l'honneur des saints personnages parvenus au séjour de la béatitude, tantôt pour attirer la protection de Brahma sur les moissons et les fruits.

Les matières des sacrifices sont : l'huile consacrée, l'eau lustrale (l'*eau bénite*), l'encens brûlé à l'autel sur des trépieds d'or. L'offrande se compose de galette de riz, arrosée de beurre clarifié que le prêtre doit manger après l'avoir offerte à Dieu et sanctifiée par ses prières.

La messe s'est d'abord appelée la *fraction de pain, l'agape fraternelle, la Cène du Seigneur, la communion, la sinaxe, la liturgie, la collecte, le service, l'oblation, le sacrement.*

Le nom de *messe*, qui lui est resté, est le plus impropre de tous, puisqu'il ne rappelle que la dernière formule de la cérémonie : *Ite missa est*, c'est-à-dire : *Allez-vous-en, l'assemblée est congédiée.*

Originairement, et durant les trois premiers siècles, l'assemblée des fidèles avait pour objet principal la commémoration du dernier repas du Christ dans lequel les fidèles mettaient les vivres en commun et se les partageaient (*Saint Paul, 1re Épître aux Corinthiens, XI, 20*. (Voir p. 29-30).

Des abus s'étant produits, ce repas fut réduit au *pain et au vin*. Plus tard, à la suite de nouveaux abus, le pain fut trempé dans le vin et, à partir du XIIe siècle, le vin fut supprimé et réservé aux prêtres seuls.

L'Eglise grecque, respectueuse des anciens usages, donne encore la communion sous les deux espèces.

Plus tard, la communion n'est plus une simple commémoration du dernier repas du Christ ; elle devient un sacrifice (comme dans la religion de Brahma) qui rappelle l'expiation sur la croix ; elle se célèbre sur un autel ; son efficacité dépend des formules prononcées par le prêtre, tenu pour le sacrificateur par excellence. Aux yeux de Clément d'Alexandrie, il n'y a encore là qu'un symbole mystique. Ses successeurs en feront une opération réaliste et magique, tendant à faire entrer dans la vie divine, non seulement les participants, mais même des absents et jusqu'à des morts...

La question de la *présence réelle* du Christ dans le pain et le vin est longtemps discutée. Le Concile de Jérusalem (*754*) est hostile à la présence réelle ; mais le second concile de Nicée (*787*) l'accepte. Toutefois la question reste indécise même après le concile de Rome (*1054*), et elle n'est définitivement tranchée que par un autre concile tenu à Rome en 1215.

Le célèbre concile de Trente (*1545-1563*) *fulmine l'anathème contre quiconque oserait nier* : « *Que le corps, le sang, l'âme et la divinité, en un mot le Christ tout entier, ne sont pas en réalité dans l'hostie ou le calice.* » (*Canon I*ᵉʳ).

Et il ajoute : « *Si quelqu'un dit que Jésus, dans l'Eucharistie, n'est mangé que spirituellement, et non sacramentellement et réellement, qu'il soit anathème !* » *(Canon VIII).*

Les points culminants de la messe, telle qu'elle se célèbre aujourd'hui, sont la *consécration* et *l'élévation*.

Au moment de la *consécration*, le prêtre doit prononcer certaines paroles, à la suite desquelles, d'après l'enseignement de l'Eglise, la *transubstantiation (changement de la substance du pain et du vin en celle du corps et du sang du Christ)* est faite.

Ce miracle est opéré par ce que la théologie catholique appelle : « *opus operatum* », c'est-à-dire que, sans avoir fait quoi que ce soit, il suffit que les paroles soient prononcées pour que le phénomène ait lieu. Le prêtre, fût-il l'homme le plus impur et le plus souillé, eût-il commis les plus abominables crimes, fait descendre le Christ dans l'Eucharistie, lui commande et l'oblige de lui obéir. Toujours l'idée de domination ! Le Pape, bien entendu, jouit, et à plus forte raison, du même privilège. Ce Christ, *vrai Dieu et vrai homme*, il le mange, et, s'il s'appelle Alexandre VI (XXIII), l'empoisonne à l'intention de tel cardinal qui, ayant déplu, doit mourir...

Voici au sujet de l'*efficacité de la Messe*, la copie d'un petit imprimé qu'on distribuait *gratis* aux fidèles qui assistaient jadis aux cérémonies qu'on célébrait plusieurs fois par semaine, dans l'Eglise de Saint-Antoine-de-Padoue, à Paris (Batignolles) :

SAINT-SACRIFICE DE LA MESSE

« La mort de N.-S. sur la Croix au Calvaire, voilà le grand *trésor*. — Le Saint-Sacrifice de la Messe est la clef à l'aide de laquelle nous pouvons y puiser à pleines mains ; chaque fois que nous assistons à la Sainte Messe, nous obtenons les mêmes faveurs que si nous eussions été présents à la mort sanglante de Jésus Christ, au Calvaire.

« Après la consécration, Jésus est aussi réellement présent sur l'autel qu'il l'était dans l'étable de Bethléem à sa naissance la nuit de Noël, lorsqu'il ravissait toute la cour céleste. Sur l'autel, Jésus s'offre pour nous, Jésus prie pour nous et appuie nos demandes. N.-S. a révélé à Sainte-Mechtilde, que nous pouvons à la Sainte Messe l'offrir à son Père avec le prêtre, comme un *trésor* qui nous appartient *absolument*, et nous en serons récompensés généreusement.

« Au moment où le prêtre élevait la Sainte Hostie, sainte Colette a vu N.-S. sur la croix, couvert de sang et de plaies, et priant pour les pécheurs. Saint Laurent Justinien dit que des centaines de pécheurs seront sauvés par les prières que Jésus fait pour eux à la Sainte Messe.

« Par une *seule Messe*, entendue dévotement, nous procurons à Dieu plus de gloire et nous amassons plus de mérites que par toutes les autres prières et bonnes œuvres.

« Par une *seule Messe*, nous expions plus de péchés que par les pénitences les plus austères.

« Par la Sainte Messe, nous témoignons à la Très Sainte Trinité, d'une manière digne d'elle, toute la reconnaissance que nous lui devons.

« Une *seule Messe*, que nous entendons nous-mêmes, nous sera plus utile que plusieurs que l'on fera dire pour nous après notre mort.

« Lorsque nous assistons à la Sainte Messe pour honorer un Saint, nous ne pourrions rien faire qui lui fût plus agréable ; il prend alors nos intentions à cœur, et ne nous abandonne plus.

« En assistant dévotement à la Sainte Messe, on se préserve de malheurs qui, sans ce secours, nous arriveraient. On obtient les bénédictions et la réussite même pour les affaires temporelles.

« On obtient le pardon des fautes vénielles, dont on est résolu de se corriger.

« On obtient la grâce et la force de vaincre les tentations, la conversion des pécheurs, la guérison des malades.

« A chaque Messe on obtient une augmentation de gloire et de bonheur pour le Ciel.

« On obtient la grâce d'une sainte mort.

« A chaque messe que nous entendons avec foi et piété nous diminuons un peu notre purgatoire, de sorte que nous pouvons espérer un purgatoire facile et de courte durée.

« Si nous ne pouvons pas faire dire des messes pour les défunts qui nous sont chers, nous pouvons les délivrer entièrement en assistant dévotement pour eux à la Sainte Messe.

« Au sortir de la vie, lorsque nous paraîtrons seuls en présence du Juge Souverain, qui nous montrera tous les péchés de notre vie et nous en demandera compte, les Messes entendues dévotement seront notre consolation. Lorsque le Prêtre bénit le peuple, Jésus ratifie cette bénédiction et par ce moyen éloigne de nous l'ennemi infernal.

« Le Saint Sacrifice est offert jour et nuit; on peut s'y unir pour donner plus d'efficacité à ses prières.

« Lorsque, par négligence, nous nous privons d'assister tous les jours à la Sainte Messe, nous faisons une perte d'un prix infini.

« Jésus descend sur l'autel, avec des troupes d'Anges, qui prient aussi avec nous et pour nous ».

Permis d'imprimer :

† JEAN-MARIE, *Evêque de Vannes.*

Maintenant que l'*efficacité de la messe* est établie, on devinera facilement pourquoi l'on retrouve si souvent aujourd'hui au bas des lettres de faire-part, à Paris, notamment, la mention : « *On est prié de n'envoyer ni fleurs ni couronnes ?* »

Le journal *Le Matin*, de Paris, du 18 mars 1903, par la plume de Pierre Giffard, nous donne la clef du mystère.

« Le 1er novembre 1899, écrit-il, le jésuite Hippolyte Leroy faisait imprimer à des milliers d'exemplaires une petite plaquette de quatre pages, qu'il répandait à profusion, dans le diocèse de Paris, et où il démontrait victorieusement (vous n'en doutez pas), que le Créateur n'avait aucune tendresse pour les fidèles du culte catholique qui s'attardaient à ce vieux système des fleurs et des couronnes; que, bien au contraire, tous les trésors de son inépuisable bonté, de son pardon final étaient assurés d'avance aux défunts dont les familles et les amis feraient dire des messes avec ce même argent, détourné du tiroir de la fleuriste et du marchand de couronnes pour entrer dans la caisse des paroisses, sous forme de casuel...

« Et, pour que nul n'en ignore, je publie ci-dessous cet opuscule. Il est à lire d'un bout à l'autre :

POUR NOS DÉFUNTS

Ni fleurs, ni couronnes.

« On est prié de n'envoyer ni fleurs ni couronnes. »

« Depuis quelque temps cette formule se lit au bas d'un grand nombre de lettres mortuaires. Nous nous en réjouissons. Elle est la protestation du bon sens et du sens chrétien contre un véritable abus.

« Quelques fleurs déposées sur un cercueil par une main discrète et pieuse peuvent être un témoignage de regret et une marque de respect pour un corps qui fut le temple du Saint-Esprit et doit ressusciter glorieux. Mais ces gerbes et ces couronnes jetées à profusion sur un char funèbre s'accordent mal avec la tristesse et les graves leçons de la mort (1).

« Par là nous soulagerons efficacement les âmes du Purgatoire, et du même coup nous contribuerons à ramener dans notre société si malade les usages chrétiens qui seuls peuvent la guérir.

« Déjà l'an dernier nous avons dans plusieurs villes proposé cette pratique à des associations de piété et de charité. Elle a été partout accueillie avec faveur. Le moment nous semble donc venu de la généraliser.

« Elle se présente du reste avec la haute approbation du cardinal archevêque de Paris. Son Eminence a daigné nous écrire :

« Nous approuvons cette pieuse pensée et nous ne pouvons qu'encourager les fidèles à la mettre en pratique.

Paris, le 25 novembre 1898.

† François, cardinal RICHARD,
archevêque de Paris.

« Que les personnes dévouées aux âmes du Purgatoire, que les chrétiens zélés unissent donc leurs efforts. Qu'ils recommandent cette œuvre, la propagent, répandent cette feuille et, s'ils le peuvent, la fassent reproduire, textuellement ou en abrégé, par un ou plusieurs journaux et revues. Ce sera un excellent moyen de propagande.

« C'est de nos prières que nos chers défunts ont besoin. Nous savons qu'on souffre beaucoup en Purgatoire. Les âmes doivent y payer jusqu'à la dernière obole la dette contractée envers la justice divine par les fautes que la pénitence n'aura pas expiées sur la terre, à moins que Dieu ne leur applique les satisfactions offertes pour elles par les vivants,

---

(1) « Les fleurs nous semblent avoir une place naturelle aux obsèques des enfants morts après le baptême et avant l'usage de la raison. Leur bonheur est assuré et ils en jouissent sans retard. »
Quels chançards !!!

« Ceux que nous avons perdus, nos parents, nos amis, souffrent cruellement et nous pouvons adoucir leurs peines et en abréger la durée. Nous le pouvons par la prière, par l'aumône, par la pénitence et surtout par l'oblation du saint sacrifice de la messe.

« Voilà pourquoi nous voudrions aux fleurs et aux couronnes *substituer l'offrande d'un certain nombre de messes*, et à cet effet nous proposons aux familles chrétiennes deux moyens pratiques :

1º Ajouter aux lettres de faire-part la formule suivante ou une formule analogue : *On serait reconnaissant aux personnes désireuses d'offrir des fleurs ou des couronnes de vouloir bien les remplacer par des messes.*

« 2º Faire célébrer des messes pour les parents ou amis que Dieu rappelle à lui, et l'annoncer à leurs familles. On peut se servir à cet effet d'une carte que nous avons fait lithographier avec bord deuil et qui contient le texte suivant :

M

Nous vous prions d'agréer l'expression de nos sentiments de douloureuse sympathie pour la perte cruelle que vous venez d'éprouver.

Veuillez nous permettre de ne pas offrir de fleurs. Nous croyons mieux entrer dans vos intentions en faisant célébrer des Messes   pour le repos de l'âme de M.   18.

« En travaillant pour les défunts, nous travaillerons aussi pour nous. Les âmes dont nous aurons hâté le bonheur nous obtiendront des grâces d'autant plus abondantes que nous aurons mis plus de zèle à les délivrer. »

Hippolyte LEROY,
de la Compagnie de Jésus.

Paris, le 1ᵉʳ novembre 1899,
35, rue de Sèvres.

« Ainsi, là où des esprits candides voyaient toute

une série de finesses philosophiques, il n'y a tout simplement qu'une vulgaire question de gros sous. Il fallait s'y attendre ! »

Moines et Anachorètes. — Dans la religion de Bouddha, les religieux et les anachorètes étaient honorés et sanctifiés. Ce furent les fakirs de l'Inde qu'imitèrent les premiers cénobites, Paul l'Ermite (1), Saint Antoine (2), Pacôme (3), Siméon le Stylite (4), et d'autres encore.

Ces pratiques étaient si contraires aux idées de la primitive église, que Tertullien (*biog. p. 10*), ne craignait pas d'écrire : « Nous ne sommes pas des Brahmines, des solitaires de l'Inde; nous ne nous retirons pas dans les forêts; nous habitons le monde avec vous; nous fréquentons vos marchés, vos places publiques; nous fatiguons, nous naviguons avec vous; nous travaillons pour la société; nous mêlons notre industrie à la vôtre. »

Les paroles de Tertullien, vraies pour son temps, n'allaient pas tarder à recevoir un complet démenti. Voici ce qu'écrit à ce sujet M. Hippolyte Rodrigues :

« Dès le commencement du siècle qui suivit celui où écrit Tertullien, la vie ascétique, la vie de ces Brahmines ou fakirs qu'il détestait, allait commencer avec Pacôme (325), se bâtisssant de branchages dans la solitude, une cellule autour de laquelle vinrent se grouper vingt, trente autres cellules sembla-

---

(1) Anachorète de la Thébaïde, mort en 341.
(2) Anachorète de la Thébaïde, célèbre par ses tentations (251-336).
(3) Anachorète et fondateur des communautés monastiques (292-348).
(4) Anachorète qui s'est rendu célèbre par ses austérités, ne faisant qu'un repas par semaine. Il finit par quitter sa chaumière et se retira sur le chapiteau d'une haute colonne (en grec *stulos*), du haut de laquelle il haranguait ses fidèles. Il vécut ainsi pendant 28 ans, changeant trois fois de colonne, et demeura 22 ans sur la dernière où on le trouva mort en 459.

bles; puis Hilarion (1), Basile (2), Athanase (*biog. p. 78*), Ambroise (*biog. p. 307*), devinrent les fondateurs de ces vastes communautés qui réunirent jusqu'à trois et quatre mille religieux.

« Bien loin de travailler pour la société, comme les chrétiens de Tertullien, les cénobites de Pacôme et d'Hilarion ne songeaient qu'à se soustraire aux devoirs sociaux et à faire travailler pour eux la société, en vivant de ses aumônes.

« Dès le milieu du IVe siècle, il y avait autant de moines des deux sexes que de gens mariés.

« La multiplication des couvents, la pulullation des moines, la nécessité d'entretenir cette foule de fainéants vivant de mendicité et finissant par accumuler d'immenses richesses, ont été la plaie du moyen-âge, et même des temps modernes jusqu'à la Révolution (3).

« Ces couvents étaient des foyers d'infection. Sur les mœurs dissolues des moines, nous n'avons pas que les témoignages unanimes des laïques, nous avons ceux mêmes des réformateurs, c'est-à-dire des plus grands saints que l'Eglise honore. Un ordre n'était pas plutôt fondé, qu'il fallait le réformer, tant les abus étaient énormes, tant les mœurs y étaient dépravées.

« Les services qu'ont pu rendre les ordres religieux tant en défrichant les terres qu'en sauvant les manuscrits précieux de l'antiquité, ont été fort exagérés. Si quelques ordres religieux défrichèrent des terres incultes, la très grande majorité n'y fut pour rien et ne voulut jamais contribuer que par ses prières aux charges publiques. Et si un certain nombre de précieux vestiges de l'antiquité grecque et romaine ont été sauvés par les copistes des couvents, ces moines ignares en ont fait périr un bien plus grand nombre en grattant les plus beaux manus-

---

(1) Disciple de Saint Antoine (291 à 327).
(2) Père de l'Eglise grecque, évêque de Césarée 229-370.
(3) Nous dirions, nous : *jusqu'à nos jours*.

crits pour en remettre à neuf le parchemin et y inscrire leurs insipides prières. » (*Hippolyte Rodrigues. Les origines des troisièmes chrétiens*).

Célibat des prêtres. — Nous avons vu que, dans la religion du Bouddha, les religieux et les ascètes étaient honorés et sanctifiés. De là le célibat des prêtres catholiques qui n'existait pas dans le christianisme primitif, et qui n'a d'autre but que celui d'isoler le prêtre et de le soustraire aux obligations qui incombent aux autres citoyens.

Le Christ n'était pas marié, mais, dans plusieurs circonstances, il a rendu hommage au mariage. Les apôtres partageaient les mêmes sentiments. Voici l'opinion de saint Paul :

« Il vaut mieux se marier que de brûler. » (*Paul, 1re épitre aux Corinthiens. VII. 9*).

« Le mariage est honorable entre tous, et le lit sans souillure; mais Dieu jugera les fornicateurs et les adultères. » (*Paul. Epître aux Hébreux*, XIII 4).

« Si quelqu'un aspire à la charge d'évêque, il désire une œuvre excellente ; mais il faut que l'évêque — ainsi que le diacre — soit irrépréhensible, *mari d'une seule femme*, sobre, prudent, grave, etc., qu'il gouverne bien sa propre famille, tenant ses enfants dans la soumission; car s'il ne sait pas conduire sa propre maison, comment pourrait-il gouverner l'Eglise de Dieu ?

« Quelques-uns, se révoltant contre la foi, s'attachent à des esprits séducteurs, aux doctrines des démons enseignant des mensonges par hypocrisie, *en défendant aux pasteurs de se marier.* » (*Paul 1re Epitre à Timothée III et IV, 1 et suiv.*).

L'Evangile parle de la belle-mère de saint Pierre, et en grec, belle-mère signifie mère de la femme. Eusèbe (*biog. p. 259*), et saint Clément ((*biog. p. 78*) rapportent que la femme de cet apôtre souffrit le martyre quelques années après la mort de Jésus. La tradition nous a conservé le nom de la fille de saint Pierre : sainte Pétronille.

Le 10e canon du concile d'Ancyre (314) ordonne que les diacres qui, au moment de leur ordination, déclareraient vouloir plus tard se marier, fussent libres de le faire.

Au Concile de Nicée (325), quelques évêques veulent faire insérer un canon obligeant les évêques et les prêtres à se séparer des femmes qu'ils ont épousées avant leur ordination, mais un évêque très considéré, Paphnuce, se lève au milieu de l'assemblée et dit à haute voix qu'il ne faut point imposer un joug si pesant aux ministres sacrés; que le lit nuptial était honorable et le mariage sans taches; que cet excès de rigueur nuirait plutôt à l'Eglise; que tous ne peuvent porter une continence si parfaite et que la chasteté conjugale serait peut-être moins bien gardée; qu'il suffit que celui qui est une fois ordonné clerc n'ait plus la liberté de se marier; mais qu'il ne faut pas le séparer de la femme qu'il a épousée étant encore laïque. Son avis fut suivi de tout le conseil.

Conclusion : Le premier pape, le premier chef infaillible de l'Eglise était marié. Athanase (*biog. p. 78*) cite beaucoup d'évêques de son temps et même des moines ayant des enfants, le mariage des ecclésiastiques étant encore très commun à cette époque. Sidoine Apollinaire (1) voulant faire élire évêque de Bourges, Simplicius, fait non seulement son éloge, mais encore celui de sa femme, et détaille la sage éducation que tous deux donnent à leurs enfants.

Il est bon de noter que certains conciles sur lesquels on s'appuyait et l'on s'appuie encore pour défendre le célibat ecclésiastique, ne condamnent fortement que le concubinage des prêtres. « En 1229, dit l'abbé Vély, les prélats anglais s'assemblent à Londres, pour trouver le moyen de réduire les prêtres à la continence. Ceux-ci fournissent au roi de grosses sommes : il protège le scandale et leur laisse les concubines. En Biscaye, on va jusqu'à ne pas recevoir ceux qui n'ont pas de *commères;* c'est une caution pour la tranquillité des maris. »

---

(1) Poète latin, évêque (430-482).

Tertullien (*biog. p. 10*) et Jérôme l'ascète, ont été les premiers défenseurs du célibat des prêtres. Tertullien avoue cependant que les évêques étaient mariés. Ce n'est que vers la fin du xv⁰ siècle que le préjugé populaire devient favorable au célibat, à tel point que le concile de Gangres est obligé de fulminer des anathèmes contre ceux qui refuseraient de recevoir la communion de la main d'un prêtre marié. Au concile de Trente (1545-1563), on va décider le contraire.

O Conciles logiques et infaillibles !!! (1).

Le Concile de Trente ordonne le célibat des prêtres. Faut-il dire les inconvénients de cette loi monstrueuse ? A l'époque où la continence commence à faire des adeptes, il se trouve un Père de l'Eglise, le savant Origène (*biog. p. 62*) qui, pris d'un zèle fanatique, se fait châtrer pour échapper aux tentations qu'il éprouve. Plus tard, la secte des Valériens se livre également à cette amputation, et il faut que l'Eglise, alarmée, prenne des mesures sévères pour arrêter les ravages causés par cette abominable pratique.

Un bon mariage est toujours moins choquant, quoi qu'on en dise, que les extravagances d'un saint François qui se fait une femme de neige pour éteindre les flammes amoureuses qui le dévorent. Selon saint Augustin (*biog. p. 62*) un humble mariage est préférable à une virginité orgueilleuse. Combien, à plus forte raison, n'est-il pas préférable aux scandales, aux attentats contre nature ?

Paul-Louis Courier (2) apprécie, en ces termes,

---

(1) Le recueil des conciles constitue le registre de l'état civil des croyances contradictoires successivement créées et imposées aux fidèles. Il établit d'une manière mathématique que la thèse de la prétendue immutabilité de l'Eglise constitue une affirmation plus qu'audacieuse.

(2) Paul-Louis Courier occupe une place à part parmi les grands pamphlétaires du XIXᵉ siècle. Personnage original, en opposition permanente avec les préjugés de son temps, il fut un ennemi ardent des oppresssurs de grande et de petite taille. Par le style, comme par les idées, Courier fut un grand écrivain et un libre-penseur. Il mourut,

le vœu de chasteté qu'on fait prononcer aux prêtres et aux religieux :

« Ces malheureux ne se font pas ce qu'ils sont. Dès l'enfance, élevés par la milice papale, séduits, on les enrôle ; ils prononcent ce vœu abominable, impie, de n'avoir jamais femme, famille ni maison ; à peine sachant ce que c'est, novices, adolescents, excusables par là; car un vœu de la sorte, celui qui le ferait avec une pleine connaissance, il le faudrait saisir, séquestrer en prison, ou reléguer au loin dans quelque île déserte. Ce vœu fait, ils sont oints et ne s'en peuvent dédire ; que si l'engagement était à terme, certes peu le renouvelleraient. Aussitôt on leur donne femmes, filles à gouverner : on approche du feu le soufre, le bitume, car ce feu a promis, dit-on, de ne point brûler. Quarante mille jeunes gens ont le don de continence pris avec la soutane, et sont, dès lors, comme n'ayant ni sexe, ni corps. Le croyez-vous ? De sages, il en est, si sage se peut dire de qui combat la nature. Quelques-uns en triomphent ; mais combien peu auprès de ceux que la grâce abandonne dans ces tentations! la grâce est pour peu d'hommes, et manque même au plus juste. Comment auraient-ils, eux, ce don de continence, dans l'ardeur de l'âge, quand les vieux ne l'ont pas ?

. . . .

« Et, sans même parler des crimes, quelles sources d'impureté, de désordre, de corruption, que ces deux inventions du pape, le célibat des prêtres et la confession nommée auriculaire ! Que de mal elles font ! Que de bien elles empêchent ! Il faut voir et admirer là où la famille du prêtre est le modèle de toutes les vertus, où le pasteur n'enseigne rien qu'il ne puisse montrer en lui, et, parlant aux pères, aux époux, donne l'exemple avec le précepte. Là, les femmes n'ont point l'impudence de dire à un homme leurs péchés ; le clergé n'est point hors

---

assassiné d'un coup de fusil, à quelques pas de sa demeure. (1773-1825).

du temple, hors de l'Etat, hors de la loi, tous abus établis chez nous dans les temps de la plus stupide barbarie, de la plus crédule ignorance, difficiles à maintenir, aujourd'hui que le monde raisonne, que chacun sait compter ses doigts. »

Et nous ajouterons, avec Pascal (*biog. p. 131*) :

« *Qui veut faire l'ange, fait la bête !!!* »

Ce dernier mot est la définition même du prêtre, du *prêtre confesseur surtout*.

Et comment n'en serait-il pas ainsi ? Rien n'est incontestablement plus difficile que de garder la chasteté ! Quand nous voyons des saint Antoine (*biograp. p. 476*), des saint Benoît (1), des saint François d'Assises (*biog. p. 265*) contraints de se livrer à des austérités effrayantes, de se rouler dans les épines et dans la neige pour éteindre la flamme amoureuse qui les dévore ; quand nous voyons des solitaires au fond de leur désert, et enfermés dans des trous de rocher, ou murés dans une cellule, être continuellement assaillis par les tentations de la chair ; pourrait-il en être autrement des prêtres qui sont la plupart ni des saints ni des anachorètes ?

Et non-seulement, comme tous les mortels, le prêtre est sujet à faillir; il y est même *plus sujet qu'eux parce qu'il a plus d'occasions de chute.*

Voici à ce sujet un petit extrait des *Analecta* (*Recueils des décisions pontificales*) :

« Considérant

« Que certains prêtres ne craignent pas, tandis que les pénitentes avouent en confession des péchés de la chair, de céder à l'émotion que suscite en eux le démon impur et de faire sur elles des attouchements contraires à la chasteté, profitant du refuge obscur du confessionnal ;

« Que d'ailleurs de si damnables pratiques ont été cause de scandales graves qui portent atteinte à la dignité du sacerdoce ;

---

(1) Prêtre italien, fondateur de l'ordre des bénédictins en 529.

« La Congrégation décide que dans les églises de Rome et des diocèses d'Italie, la porte des confessionnaux ne s'élèvera qu'à hauteur du siège, et ne sera garnie d'aucun voile à sa partie supérieure !!! »

Avez-vous compris ?

Nous ne parlerons pas ici du célibat des frères de la doctrine chrétienne ; les chers frères ont voué leur existence à fesser les petits garçons, comme le dit Béranger (1). De cette vocation si bien sentie résultent les ignobles turpitudes dont, malgré toutes les précautions, retentissent trop souvent nos tribunaux correctionnels et nos cours d'assises.

« Le sacerdoce catholique, dit Michelet (*biog. p. 78*), est fondé sur une double immoralité : le célibat et la confession. Le célibat ecclésiastique est une institution contre nature qui rend le prêtre malheureux, envieux et malfaisant. La confession ouvre à cet homme qui n'a pas de famille, la porte de toutes les familles. Elle lui livre la mère et, par celle-ci, il met la main sur les enfants ; s'il ne peut atteindre le père, il l'isole et le remplace ». (*Michelet, Du Prêtre, de la femme et de la famille*).

L'Eglise ne s'est point contentée d'emprunter à l'Inde *le péché originel, la rédemption, la trinité, le baptême, la confession, la messe, les moines et anachorètes, le célibat des prêtres*, elle lui a pris également son *organisation hiérarchique*, ses *sacrements*, une grande partie de *ses symboles* et même *ses superstitions*.

Les voyageurs qui ont visité l'Inde ont été frappés à toutes les époques des similitudes nombreuses qui existent entre le culte bouddhiste (brahmanisme réformé) et le culte catholique.

Voici sur ce sujet quelques renseignements curieux que nous extrayons d'un travail fort remarquable dû à la plume de M. le comte Goblet d'Al-

---

(1) Célèbre chansonnier français (1780-1857).

viella, sénateur, et professeur à l'Université de Bruxelles qui avait accompagné dans l'Inde le prince de Galles, aujourd'hui Édouard VII :

« J'ai visité plusieurs couvents dans l'île de Ceylan ; ils offrent une ressemblance frappante avec ceux de nos pays...

« Les couvents des Bouddhistes du Nord ressemblent aux nôtres encore plus que ceux de Ceylan. Les néophytes subissent plusieurs années d'épreuves avant de recevoir l'ordination qui leur est conférée avec une certaine solennité. Parmi les moines, un petit nombre seulement arrive à la dignité de *lama*. Ceux-ci ont à leur service des frères lais qui sont chargés d'exercer tous les métiers nécessaires à l'existence matérielle des couvents. »

« Ne croirait-on pas à lire ces détails qu'Ignace de Loyola avait visité une lamaserie avant d'organiser la fameuse société de Jésus? (*Voir p. 66, note*).

« Les moines portent une longue robe serrée autour de la taille par une ceinture ; dans leurs cérémonies, ils revêtent une sorte d'étole ; comme coiffure, ils ont une mître ; les offices se célèbrent trois fois par jour : ils consistent en une récitation d'hymnes entremêlée de musique ; on brûle des parfums devant les autels ; enfin on se sert de cloches, de sonnettes, d'encensoirs et de chapelets, et ces instruments ont la même forme et jouent le même rôle que dans les églises catholiques. Ce serait le cas de dire qu'il n'y a rien de neuf sous le soleil, si les Bouddhistes d'Orient n'avaient le *moulin à prières* de plus que ceux d'Occident (1).

---

(1) Ce sont les Bouddhistes qui ont inventé le chapelet qui permet de répéter mécaniquement les mêmes mots un grand nombre de fois.
Saint Dominique le perfectionna par l'invention du rosaire qui, en triplant les grains du chapelet primitif, permet de répéter les mêmes mots, dans le même ordre, cent cinquante fois de suite. Cela dépasse le chapelet Dzou-Zou des pèlerins bouddhistes, qui a cent six grains, mais n'égale pas le dernier perfectionnement apporté à cette pratique

« Toutes les superstitions catholiques se retrouvent dans le pays : empreintes laissées sur la pierre par les pieds du Bouddha ; divinités aux temples desquelles on se rend en pèlerinage pour obtenir certains avantages particuliers; telle déesse est la patronne des mendiants et les préserve de la faim (cette fonction honorable a été, on le sait, conférée par l'Eglise catholique au bienheureux Labre) (*biog.*, p. 77), tel dieu guérit certaines maladies et tel dieu d'autres. L'Inde a même des eaux miraculeuses : tel réservoir rend les femmes fécondes, tel autre procure la connaissance de l'avenir, la santé du corps et de l'âme. Les bouteilles d'eaux sacrées s'y débitent par milliers, aussi bien qu'à Lourdes ou à Marpingen, et les prodiges qu'elles opèrent sont aussi fréquents que sous notre latitude.

« Les processions sont également en grande vogue dans l'Inde.

. . . .
. . . .

« Pour compléter ce rapprochement que nous avons fait entre les deux cultes, il nous reste à faire ressortir l'analogie frappante des doctrines prêchées par le Christ et par le Bouddha : l'un et l'autre se sont faits les apôtres de la charité, de la tolérance et du renoncement. Une ressemblance indéniable existe même dans les détails de leur biographie. Chose plus remarquable encore ! au nord de l'Inde, un Dieu du nom de *Christna* est adoré dans le district de Mattra où il a plus de cinq mille sanctuaires : la similitude des noms et celle des épisodes de leur vie semblent indiquer que le Christ de Palestine et le Christna de l'Inde ne forment qu'un seul et même personnage ». (*Goblet d'Alviella. Inde et Himalaya. Souvenirs de voyage.*) (1)

---

par le procédé fameux du *moulin à prières* des Bouddhistes, dont on peut voir plusieurs spécimens au musée Guimet, à Paris.

(1) Dans les différentes phases de son existence, Jésus n'a accompli presque aucune action qui n'ait été copiée sur celles attribuées six siècles auparavant à Christna.

De son côté, le Père Huc, de la compagnie de Jésus, n'a pas craint d'indiquer, dans ses *Livres de voyage*, l'étroite similitude des rites bouddhistes et de ceux des églises catholique et grecque. Les formes et les rites bouddhistes se retrouvent encore aujourd'hui au Thibet.

La crosse épiscopale, la mitre, la dalmatique, le chapeau rond que les lamas portent en voyage, la messe, le double chœur, la psalmodie, les exercices l'encensoir avec ses cinq chaînettes, la manière de bénir, — la main droite levée sur la tête des fidèles — l'eau bénite, le rosaire, la discipline et les retraites, le culte des saints, le jeûne, les litanies, la ton-

---

Dans le bouddhisme, la Vierge mère donne un Sauveur au monde en concevant Christna. La conception de Dévanagny est immaculée et c'est Dieu lui-même qui s'incarne en elle ..

A la naissance du Bouddha, une brillante étoile apparaît dans le ciel. Des rois viennent l'adorer. Lorsque l'enfant est présenté au temple, les prophètes présagent de lui des choses merveilleuses. Il étonne les docteurs par sa sagesse.

Avant sa prédiction, le Bouddha se retire dans le désert, y jeûne pendant quatre semaines et repousse les propositions de Mâra, le tentateur, qui lui offre l'empire du monde.

Le Bouddha opère ensuite des guérisons, rend la vue aux aveugles, passe l'eau à pied sec, fournit miraculeusement à ses disciples une nourriture inattendue...

Après sa mort, il apparaît à ses disciples sous une forme lumineuse. Une auréole entoure sa tête.

Le Bouddha a, comme Jésus, son mauvais disciple, traître à son maître, avec cette différence qu'il s'appelle Devadatia au lieu de Judas de Kérioth.

S'appuyant sur ces ressemblances, certains auteurs prétendent que Jésus n'a pas existé et que les Evangiles, qui relatent sa vie, n'ont fait que rééditer la vieille légende du Bouddha.

Jésus a existé, nous l'avons démontré (III), mais tout prouve que les auteurs des Evangiles (XV) ont voulu, pour frapper les imaginations, entourer la mémoire de leur maître de faits prodigieux, et qu'ils ont pris, à cet effet, une partie de ces faits dans les légendes de l'Inde, comme, plus tard, l'Eglise lui a emprunté la plupart de ses dogmes, de ses sacrements, une grande partie de ses symboles, son organisation hiérarchique et même ses superstitions.

sure (1), les reliques, tels sont les points de ressemblance qui ont frappé l'excellent voyageur (2).

Le livre du père Huc a eu naturellement les honneurs de l'Index, et l'indiscret abbé a été récompensé de ses peines en se voyant tout simplement rayé, à Rome, de la liste des missionnaires. Il y a cent ans, on lui aurait réservé le même sort qu'à Jeanne d'Arc (*Biog. p. 93 (II)*), mais malheureusement pour l'Eglise, les temps ont changé !

Un autre missionnaire, le père Giórgi écrivait :

« Lorsque j'ai vu qu'un peuple possédait déjà son Dieu descendu du Ciel, né d'une Vierge, mort pour racheter le genre humain, mon âme s'est troublée, je suis resté confondu. »

Cet aveu, bien que publié en latin, fut blâmé par la Cour de Rome (*Alphabetum thibatanum. Roma, 1742*).

(XVIII *bis*). *Emprunts faits au paganisme.* — Les religions anciennes, lorsqu'elles meurent, lèguent toujours aux religions nouvelles une partie d'elles-mêmes. Le peuple — celui des campagnes surtout — tient précieusement à ses croyances anciennes, à ses fêtes antiques, à ses anciens usages et même à ses vieilles superstitions.

---

(1) On la pratique à l'âge de trois ans sur le garçonnet destiné à devenir brahma, c'est-à-dire prêtre.

(2) Il aurait pu ajouter la *croix* qui, dans la religion du Boudha se rencontre sur presque tous les objets du culte. Elle est gravée sur la poitrine d'un Boudha dont la statue en cuivre fait partie de la collection du musée Guimet, à Paris.

La croix est le symbole le plus ancien de tous les symboles adoptés par les philosophies religieuses. Elle était l'emblème du *feu*, car c'est de deux fragments de bois sec frottés l'un contre l'autre, qu'on fit primitivement jaillir le feu, ce grand purificateur et transformateur de toute matière, ce puissant ouvrier de la nature qui était l'objet de l'adoration des peuples primitifs.

Le Concile de Constantinople, en 692. décida que, désormais le corps de Jésus serait substitué sur la croix à l'*agneau* (*agni, feu*) que l'on y avait fait figurer jusque-là.

Les Boudhistes du Thibet se signent comme nos catholiques, avec cette différence, toutefois, qu'au lieu de porter la main au front, ils la portent au nombril.

Il y a beaucoup de paganisme dans le christianisme et tout particulièrement dans le catholicisme, comme nous allons le voir.

L'Eglise, afin de s'assimiler rapidement les nations païennes, n'a pas hésité, à partir du IVe siècle, à adopter leurs coutumes, leurs rites, leurs croyances, leurs superstitions, en se contentant de les baptiser de noms nouveaux. Elle s'est ainsi ménagé avec soin la transition entre le paganisme et la loi nouvelle.

L'enfer chrétien. — L'enfer chrétien n'est qu'une édition renouvelée, revue, corrigée et considérablement augmentée des enfers de l'Antiquité. Qu'on se rappelle à ce sujet la description, dans l'Odyssée, de la descente d'Ulysse aux enfers? Les enfers sont un lieu sombre, froid, bas ; les morts regrettent la lumière du soleil et pensent avec tristesse à ceux qui vivent au-dessus de leur tête.

Les rites de la sépulture montrent clairement que lorsqu'on mettait un corps au sépulcre, on croyait y mettre quelque chose de vivant. Virgile (*Biog. p. 176*) termine le récit des funérailles de Polydore par ces mots : « Nous enfermons l'âme dans le tombeau ». C'était une coutume, à la fin de la cérémonie funèbre, d'appeler trois fois le mort par le nom qu'il avait porté. On lui souhaitait de vivre heureux sous la terre. Trois fois on lui disait : « Porte-toi bien ! ». On ajoutait : « Que la terre te soit légère ! » On croyait si fermement qu'un homme vivait là, qu'on ne manquait jamais d'enterrer avec lui les objets dont il pouvait avoir besoin : des vêtements, des vases, des armes. On répandait du vin sur sa tombe pour étancher sa soif ; on y plaçait des aliments pour apaiser sa faim.

Plus tard, probablement, l'on admit que l'âme avait la faculté de quitter temporairement le corps pendant la nuit, dans une obscurité semblable à celle des enfers. Après la prise de Troie, les Grecs vont retourner dans leur pays ; chacun d'eux emmène sa belle captive ; mais l'âme d'Achille (1), qui est mort, vient aussi réclamer la sienne, et on lui donne Polyxène.

Plus tard encore, une autre opinion s'établit chez les Anciens. Ils se figurent une région souterraine où toutes les âmes, loin de leur corps, vivent rassemblées, et où des peines et des récompenses sont distribuées suivant la conduite que l'homme a menée pendant sa vie. De là la conception des Champs-Élysées et du Tartare.

La plupart des philosophes païens: Hésiode (2), Ovide (*Biog.*, *p. 146*), Horace (*Biog.*, *p. 278*), ont enseigné et décrit le Tartare, et Virgile (*Biog.*, *p. 176*) s'est fait l'interprète de la croyance commune dans ces vers fameux :

« Sedet *æternum* que se debit
Infelix Theseus ! »

« Le malheureux Thesée est condamné à être assis, et assis *éternellement* ! »

Il nous montre encore Tityos livré à la fureur d'un insatiable vautour qui lui déchire, avec son bec recourbé, le foie et les entrailles lesquels, pour son supplice, se reproduisent *éternellement* (*Énéide VI, 595-600*).

Chez les chrétiens, le vautour est remplacé par un volcan embrasé, un vaste étang de feu qui brûle sans cesse, sans jamais se consumer. Là se trouvent de maudits cent montagnes plaintives. Des millions de démons s'acharnent à torturer ces malheureuses victimes qui se tourmentent mutuellement (3).

---

(1) Roi des Myrmidons, le plus fameux et le plus brave des héros grecs, immortalisé par Homère (*Biog.*, *p. 391*) dans l'Illiade. Meurt au siège de Troie par suite de la blessure d'une flèche que lui lance Pâris.

(2) Célèbre poète et philosophe grec, postérieur à Homère.

(3) Ce sont surtout les Pères de l'Église, Justin (*Biog.*, *p. 331*) au 2º siècle et Tertullien (*Biog.*, *p. 10*) au 3º, — ce dernier prétend même que les volcans sont les cheminées de l'enfer—, qui ont confectionné le système chrétien sur le séjour futur des âme

Quels supplices et du corps et de l'âme ! Partout où les regards se portent, ils sont condamnés à lire ce mot de désespoir écrit en caractères ineffaçables : ETERNELLEMENT. — TOUJOURS SOUFFRIR ET NE JAMAIS MOURIR !!!

Après des millions et des millions d'années, il faut recommencer, et le balancier de l'éternité redira sans cesse : TOUJOURS !!! JAMAIS !!! ETERNELLEMENT !!!

ETERNELLEMENT !!! Comprenez-vous bien la dimension d'un pareil mot ? La langue française ne manque pas d'adverbes ; mais celui-ci, à lui seul, dépasse de plusieurs milliers de millions de milliards de coudées la longueur de tous les autres réunis :

Eternellement !!! Ah ! mon Dieu quand on y pense !

Il y a lieu de s'étonner que le christianisme dogmatique ait pu persister jusqu'à ce jour à enseigner le dogme féroce et abominable de la *damnation éternelle*, et ose le mettre sur le compte du Christ, parce que, dans les Evangiles, *on le fait parler du feu éternel*.

Mais, théologiens aveugles et ignorants, ne savez-vous donc pas que le mot *éternel* se prend toujours dans les Ecritures, pour un temps *long*, *indéterminé*, mais jamais pour une *éternité absolue* quand il s'applique à des créatures ou à des choses créées ? Ainsi le Psalmiste nous parle de *montagnes éternelles*, l'Ecclésiaste nous dit que la terre est fondée pour l'*éternité*, tandis que Moïse affirme que la miséricorde du Seigneur régnera *éternellement, et au-delà* !

Et comment donc expliquez-vous ce passage d'Isaïe qui est clair, net, et à l'abri de toute interprétation jésuitique de la théologie :

« Je ne punirai *pas éternellement*, et mes rigueurs ne dureront *pas toujours*, parce que les Esprits sont sortis de moi et que j'ai créé les âmes » (Isaïe, LVIII, 16) ?

Les théologiens, sentant bien le néant ou tout au

moins l'insuffisance des arguments tirés des textes sacrés, ne craignent pas d'en appeler au paganisme sur ce point, et à Virgile (*Biog.*, *p. 176*) l'interprète vivant des croyances gréco-latines. Celui-ci n'avait-il pas écrit : « Sedet *æternum* que se debit
    Infelix Theseus! »

Mais ils ne sont pas plus heureux sur ce point, car Virgile, après avoir parlé des tourments éternels des grands coupables, les admet, sans faire de distinction, à boire, au bout de *mille ans*, au fleuve Léthé ou de l'oubli, et à reprendre un corps sur la terre pour de nouvelles épreuves et une nouvelle vie.

 « *Has omnes* ubi *mille rotam* volvere
  Lethaeum ad fluvium Deus evocat aguine magno
  Scilicet immemores supera ut convexa revisant.
  Rursus et incipiant in corpora velle reverti ».

« *Toutes les âmes*, au bout de *mille ans* (de récompenses ou de peines) Dieu les appelle en nombreux essaims au fleuve Léthé, afin qu'elles puissent renaître sur la terre, privées de souvenirs (pour y recommencer une carrière nouvelle) ». Tel est bien le sens de Virgile et ce sens est exclusif de l'éternité absolue, puisque l'éternité était pour lui et, dans son langage, un laps de temps de mille ans, après lequel le Tartare et l'Elysée se vidaient et changeaient ainsi d'aspect.

Mais ici nous nous sentons interrompus par tout ce qui porte calotte, rabat, surplis ou cagoule :

— Eh quoi, impie, vous ne comprenez donc pas que *la qualité de l'injure s'estime suivant la qualité de la personne offensée, et la distance qu'il y a entre elle et celui qui l'offense ?*

Or, il y a une distance *infinie* entre Dieu et l'homme ; l'injure faite à Dieu par le péché est donc *infinie*, et, dès lors, il faut pour la réparer, un *châtiment infini*.

Avec votre permission, nous allons retourner votre argument et nous dirons: *L'homme ignorant et fini ne saurait offenser l'Etre infini, et son offense est nulle par rapport à celui-ci. Il ne peut faire du mal qu'à lui-même en retardant son avancement et en s'attirant les souffrances qu'engendre tout acte coupable.* C'est la loi *inflexible, immuable, qui le frappe dans l'intérêt général, et dans son intérêt propre.*

En admettant même votre thèse de l'intervention *directe* de Dieu dans le châtiment des hommes coupables, nous trouverions infiniment plus juste qu'il tînt compte, dans sa justice, non pas de son infinité, de son immensité, de son impeccabilité, — qui sont des mesures divines sans application possible hors de Dieu, — mais de la brièveté de notre vie, des limites de notre intelligence, des obstacles que rencontre notre liberté morale, toutes mesures humaines et les seules applicables à l'homme.

Un Dieu se vengeant d'un homme qui vient de le blasphémer, serait aussi monstrueux qu'un empereur, maître du monde, frappant un enfant qui l'aurait raillé.

Que dirait-on d'un sultan qui, pour donner une plus grande idée de sa justice, ferait empaler tout musulman dont le turban serait de travers ?

Les partisans des peines éternelles sont donc battus sur tous les points d'érudition comme de philosophie et de théologie. Non seulement ils blasphèment contre Dieu, le *tout miséricordieux*, lui dont le nom est synonyme de *bonté*, mais en voulant attribuer leur détestable opinion au Christ, ils insultent un des plus grands missionnaires.

« En créant le feu éternel, écrit Éliphas Lévi (l'abbé Constant), vous faites un Satan éternel, vous lui donnez un royaume éternel, en face du royaume de Dieu et du royaume des élus ; vous divisez la grande création des mondes intelligents en deux groupes dont le plus nombreux forme l'empire de Satan et dont le moindre est l'empire de Dieu, le Ciel. Vous avez donc le Dieu du mal à côté du Dieu du bien, bravant ce Dieu avec son cortège immense de réprouvés, blasphémant ce Dieu et partageant sa puissance sur les âmes. Dieu, le bien éternel d'un côté, Satan, le mal éternel et impérissable de l'autre. Quel affreux manichéisme ? » (*Eliphas Lévi. Histoire de la Magie*).

Étrange est vraiment l'enseignement de l'Eglise qui peut se résumer ainsi :

Dieu crée l'Univers et les hommes. Au jugement dernier, un très petit nombre d'élus est sauvé ; le reste, l'immense majorité est damnée. L'œuvre divine serait donc un *fiasco* complet !

Le cœur et la raison protestent énergiquement contre cette apothéose du malheur universel et de l'imprévoyance divine.

Le purgatoire. — L'Eglise catholique a cru devoir tempérer le dogme des *peines éternelles* par celui des *peines temporaires* du purgatoire, mais seulement pour les âmes qui ont quitté la terre avec quelques *péchés véniels* sur la conscience.

La croyance au purgatoire ne se trouve formulée, et encore fort vaguement, que vers la fin du VIe siècle, et elle n'est admise comme orthodoxe qu'au XVe siècle, par le Concile de Florence, en 1439.

Les apôtres et les disciples de Jésus n'ont aucune idée de ce purgatoire, bien inutile dans leurs croyances, puisqu'ils attendent, d'un jour à l'autre, que Jésus, suivant sa promesse, vienne sur les nuées, juger les vivants et les morts, mettre les justes à sa droite, les réprouvés à sa gauche, et envoyer ceux-ci au *feu éternel*.

« Comme l'éclair sort de l'Orient, et se fait voir jusqu'à l'Occident, il en sera de même de l'avènement du Fils de l'homme. Or, après l'affliction de ces jours-là, le *soleil deviendra obscur*, la *lune ne donnera point sa lumière*, et les *étoiles tomberont du ciel* (1), et les vertus des cieux seront ébranlées. (*Matth. XXIV, 27 et 29*).

---

(1) Ceux qui croient à la divinité du Christ et à l'inspiration des Écritures, vont peut-être se trouver embarrassés par cette question : Comment le Christ, puisqu'il était Dieu, n'a-t-il pas su que les étoiles ne peuvent tomber sur la

« Je vous dis en vérité que *cette génération* ne passera point que toutes ces choses n'arrivent. (*Matth.*, *XXIV*, *34.* *Luc*, *XXI*, *32*).

« Quand le Fils de l'homme viendra dans sa gloire avec tous les saints anges, alors il s'assiéra sur le trône de sa gloire ;

« Et toutes les nations seront assemblées devant lui, et il séparera les uns d'avec les autres, comme le berger sépare les brebis d'avec les boucs ;

« Et il mettra les brebis à sa droite et les boucs à sa gauche. Et ceux-ci s'en iront aux *peines éternelles*, mais *les* justes s'en iront à la *vie éternelle.* » (*Matth.*, *XXV*, *31*, *32*, *33*, *46*).

« Le Seigneur lui-même, avec un cri d'exhortation et une voix d'archange, et avec la trompette de Dieu, descendra du ciel, et ceux qui sont morts en Christ ressusciteront premièrement ;

« Puis *nous qui vivons et qui resterons*, serons enlevés ensemble avec eux dans les nuées, au-devant du Seigneur, en l'air ; et ainsi nous serons toujours avec le Seigneur. » (*Saint Paul*, *1re Epître aux Thessaloniciens*, *IV*, *16 et 17*).

Jésus n'étant venu sur les nuées ni pour la génération des apôtres ni pour les générations suivantes, il fallait bien remettre à une époque indéterminée le jugement dernier (1) ; mais cet événement ne doit

---

terre, sur ce grain de poussière qui gravite lui-même autour du soleil et n'atteint pas la millionnième partie de son volume ? Comment le Christ, puisqu'il était Dieu, n'a-t-il pas prédit qu'un jour un *mécréant*, du nom de Galilée, serait persécuté par l'Eglise, pour avoir soutenu que la terre tourne autour du soleil, et que la sainte Eglise, après s'être obstinée dans son erreur pendant 201 ans, cesserait en 1835 seulement de condamner la doctrine de la rotation de la terre ? (XIX).

(1) « Pour mieux impressionner les esprits, écrit M. de Laveleye, professeur à l'Université de Liège, les apôtres avaient imprudemment précisé l'époque, et presque la date du jugement dernier. Il fallait ensuite, pour tourner la difficulté, reculer cette prédiction à l'an mil. On imagina à cet effet une lettre attribuée à saint Pierre, écrite de Babylone, disant que, par ces mots « *cette génération* », il fallait

avoir lieu qu'à la fin du monde et implique, dès lors, que les âmes ne sont pas jugées immédiatement après la mort (1).

L'Eglise s'est tenue fort longtemps, avec tous les Pères des premiers siècles, au paradis et à l'enfer, à la simple séparation, le jour solennel du jugement, des bons et des méchants, des brebis et des boucs.

« Que personne ne s'y trompe, écrit saint Augustin (*biog. p. 62*), il n'y a que deux lieux pour les âmes ; un troisième lieu n'existe pas. Celui qui n'aura pas mérité de régner avec le Christ, périra avec le diable ! »

Mais les paroles mêmes de saint Augustin : « Pas un troisième lieu n'existe », montrent que déjà, dès le IVe siècle, une opinion populaire s'était formée en faveur d'un séjour intermédiaire où iraient les âmes de ceux qui n'avaient été ni bons ni mauvais, les faibles, les irrésolus. Cette croyance a régné durant tout le moyen âge, et le poème de Dante (*biog. p. 176*) « *La divine Comédie* » dont le

---

entendre une période de mille ans : d'où la folie du millénarisme. Pendant des siècles, les peuples vécurent sous l'empire de la terreur que leur causait la perspective troublante du jugement dernier et sa dramatique mise en scène. A l'approche de l'événement, la caste sacerdotale profita de cet état d'esprit pour se faire abandonner, par ses crédules adeptes, tous les biens terrestres dont ils ne pouvaient plus jouir, puisque la fin du monde allait arriver. Grâce à cette gigantesque opération, le clergé devint propriétaire d'un tiers du territoire de la Gaule ! » (*Emile de Laveleye. Formes primitives de la propriété, t. II, p. 474*).

(1) Tel est l'avis de saint Bernard (a), d'Origène (*biog. p. 62*), de saint Chrysostôme (*biog. p. 56*), de Tertullien (*biog. p. 10*), etc., etc. C'est encore le sentiment de l'Eglise grecque. On se demande ce que deviennent les âmes de nos défunts en attendant le jugement dernier ?

Saint Cyprien (*biog. p. 380*), saint Eusèbe (*biog. p. 388*) et beaucoup d'autres prétendent, au contraire, que les âmes sont jugées immédiatement après la mort, et le Concile de Florence (1439) leur donne raison. Alors le jugement dernier est donc une superfétation !!!

(a) Fondateur de l'abbaye de Clairvaux, il prêcha la deuxième Croisade (1121-1153).

Purgatoire, encadré par l'*Enfer* et le *Paradis*, forme le deuxième chant, nous la montre à son apogée.

L'Eglise catholique, qui toujours cède aux opinions populaires, *surtout lorsqu'elle y trouve son intérêt*, finit par ratifier celle-ci, et le Concile de Florence de 1439, concile œcuménique, décréta que :

« *Les âmes de ceux qui meurent avant d'avoir satisfait par de dignes fruits de pénitence, quoiqu'en état de grâce, sont soumises aux peines du purgatoire.* »

C'était surtout pour battre monnaie aux dépens des âmes crédules que l'Eglise prenait cette décision. De l'existence du purgatoire dérivent nécessairement les messes pour les défunts, et les quêtes fructueuses pour les pauvres âmes en détresse dans ce triste séjour.

Le purgatoire est l'antichambre du ciel, mais une antichambre où l'on grille fort et ferme, ni plus ni moins que dans le séjour ténébreux de Satan. Mais quelque horrible qu'il puisse être, on a toujours l'espoir d'en sortir un jour.

Il est même très facile de venir en aide aux pauvres âmes souffrantes de ce séjour épouvantable. Il suffit, à cet effet, de donner quelque argent au clergé qui se fait toujours un devoir d'intercéder en faveur de ces malheureux auprès de la Très-Sainte-Vierge.

Marie Immaculée, qui est la meilleure des mères, n'a qu'à parler pour arrêter immédiatement les coups de la vengeance divine. (*Voir p. 443.*)

***

C'est par millions et centaines de millions que se chiffrent par année les sommes que vaut à l'Eglise le purgatoire. Il n'y a pas de mine qui vaille celle-là.

Le chanoine Buguet a fondé à Montligeon une « *Ligue pour le rachat des âmes du purgatoire* ».

Cette Ligue est fort prospère et possède déjà aujourd'hui plus de *quatorze millions* d'adhérents.

Voici, d'après le journal Le Matin, de Paris, comment s'y est pris le digne chanoine pour faire réussir son entreprise :

« Un matin n'y tenant plus, il prit, en même temps qu'une suprême résolution, ses dernières ressources. Il revint à Paris dans une imprimerie complaisante, et les manches retroussées sur sa soutane entr'ouverte, se mit crânement à lever la lettre et à s'initier aux mille détails de la justification, de la mise en train et du tirage. Au bout de quelques semaines, il était presque typographe et rentrait à Montligeon, convoyant une vieille presse à bras, qu'il avait acquise chez un brocanteur et que ses paroissiens prirent d'abord pour une machine à exorcisme contre l'obsession du diable et de la fatalité.

« Dès le lendemain, elle était installée dans le presbytère et le sacristain tournait la manivelle, pendant que le curé composait. Le travail était d'ailleurs sans complication : une simple petite feuille exposant les inconvénients du purgatoire, la détresse des âmes et le moyen rudimentaire de les tirer de leur mauvais cas. Moyennant une minime souscription de cinq centimes par an, on obtenait, par le mérite de la messe, la grâce immédiate des défunts et par l'effet des indulgences l'amnistie complète de ses propres péchés. Il aurait fallu n'avoir ni le culte de la mort ni l'angoisse de la vie pour résister à la tentation de cet appel. Les plus incrédules souscrivirent, trop heureux d'acquitter à si bon compte la dette des trépassés et l'annuité personnelle d'une assurance contre l'au-delà. L'œuvre expiatrice compte aujourd'hui près de quatorze millions d'adhérents venus de toutes les parties du monde et de tous les quartiers du dogme. Les anglicans y voisinent les catholiques et les luthériens fraternisent, dans une piété commune, avec les gens qui ne croient à rien, sauf à la peur de l'inconnu. L'abbé Buguet a trouvé dans sa foi naïve une idée géniale et Montligeon, qui fut, par la faute de l'industrie, un enfer de misère, est devenu, par la grâce du purgatoire, un véritable paradis de prospérité matérielle.

« L'Evangile a dit : « Sauvez d'abord votre âme et le reste vous viendra par surcroît ». Il était naturel que pour l'abbé Buguet, qui ne procède pas par unité, mais par myriades, ce surcroît fût une apothéose. Sa bourgade dolente, qui s'effondrait sur la plaine, est toujours silencieuse comme il convient à un faubourg de l'autre monde, mais elle est maintenant toute pleine de sève concentrée et d'activité recueillie. Le petit sacristain est remplacé par deux cents ouvriers qui travaillent sans relâche, et la vieille presse à bras par vingt machines puissantes qui traduisent la supplication des âmes dans tous les idiomes des vivants. La feuille initiale, premier laissez-passer du purgatoire, ainsi que la revue qui la complète, s'y impriment quotidiennement à des millions d'exemplaires, et les travaux profanes eux-mêmes ne dédaignent pas d'apporter l'appoint de leurs bénéfices à l'œuvre de miséricorde posthume.

« Tout rajeuni dans la robe blanche de ses maisons neuves, le village perdu d'autrefois est maintenant une petite ville confortable. Il possède une église qui est une cathédrale, de larges rues inondées de lumière électrique, un bureau de poste, un service des eaux, un service de voitures, des voies de communications vers toutes les localités prochaines et, dominant le tout, un austère et superbe édifice, qui est à vrai dire le ministère des trépassés. Et tout cela, bâtiments, lumière, poste, routes, voitures et jusqu'au tramway en construction, a poussé en quelques années sur le budget du purgatoire.

« Les âmes, quand elles s'y mettent, sont de rudes ouvrières.

**

« C'est dans le bâtiment central, dont les grandes ailes s'ouvrent comme celles d'un oiseau mystique, sur la couvée des travailleurs, que l'abbé Buguet, entouré de huit aumôniers, de quinze interprètes, de vingt secrétaires et d'une foule de comptables et d'employés de toute sorte, procède à ses travaux de rédemption. C'est là qu'arrivent chaque jour quinze cents lettres contenant chacune un mandat ou une demande et que se fait la scrupuleuse répartition du budget quotidien. Tout ce qui est souscription, total capitalisé des sous universels, repart immédiatement, en honoraires de messes, vers les milliers de prêtres pauvres qui attendent avec impatience cette majoration de leur maigre traitement ; tout ce qui est, par contre, offrande volontaire, s'épand en alluvion d'or sur les besoins de la vallée et la sécheresse générale des caisses religieuses. Le maire est caissier, les conseillers municipaux sont secrétaires ou comptables ; il n'y a plus de commune ni de paroisse, mais un vaste phalanstère, où l'autocratie paternelle du curé concilie admirablement les intérêts des vivants et des morts.

« L'entreprise de l'abbé Buguet et son invraisemblable prospérité constituent un miracle pour les croyants et un phénomène pour les sceptiques. Elle peut être diversement appréciée, selon qu'on la juge au point de vue de la foi ou de la raison ; mais il est en tout cas certain que, si elle ne libère pas les âmes, elle a du moins racheté des hommes du découragement et de la misère.

« Plus d'un athée s'accommoderait sans doute de cette manifestation de la Providence et réciterait avec l'abbé Buguet la brève formule du *pater* de Montligeon :

« Mon Dieu, donnez-nous du pain dans ce monde et la paix dans l'autre. »

Signé : F.-I. MOUTHON.
Le Matin du 23 septembre 1901).

Les Limbes. — Les Limbes ont été empruntés par l'Eglise catholique à la religion des Romains. A l'entrée de l'enfer de Rome existait une enceinte dans laquelle étaient parquées les âmes des enfants, dans des conditions semblables aux limbes catholiques.

Aux dogmes de l'enfer, du purgatoire et des limbes, à ces dogmes d'une théologie sauvage qui révoltent la conscience, nous opposons la doctrine de la *religion de l'avenir* (3e partie) dont la morale basée sur la raison et la justice parfaite, est le magnifique témoignage de *l'amour divin*, dont l'enfer le purgatoire et les limbes sont la négation.

La Divinité de Marie. — La divinité de Marie, organisée à l'instar de l'*Isis égyptienne*, la mère d'Horus, l'enfant divin, s'est substituée, *en sourdine*, à la divinité du Christ. Non seulement le culte d'Isis se trouve rétabli sous un nom nouveau, mais son image même, debout sur le croissant de la lune, reparaît. La figure bien connue de cette divinité tenant entre ses bras son enfant, est arrivée jusqu'à nous dans les créations artistiques de la *madona* et du *bambino*.

Dans les sanctuaires dédiés à Marie, on trouve la vierge coiffée, fardée, endimanchée, diadème en tête, couverte de bijoux et de dentelles. Pour cinquante centimes, on exhibe une garde-robe splendide, comme celle d'une Reine d'autrefois, et un trésor pour son entretien...

Tout cela est trop beau pour une mère dont le mari était charpentier, et dont le fils, qui est sa seule gloire, né dans une étable, marchait pieds nus, se reposait sur une pierre, mangeait du pain sec, buvait de l'eau, et... prêchait l'humilité.

Les Saints. — Les saints ont pris la place des *dieux* de l'Olympe. Beaucoup de ces saints ne sont d'ailleurs que d'anciens dieux réinstallés sous de nouveaux noms, et, quelquefois même, comme Saint Denis (Dyonisios), sous leur nom véritable. C'est ainsi que saint Hubert a remplacé Diane chasseresse; que saint Eloi, le joyeux compagnon du roi Dagobert, s'est substitué à Vulcain pour protéger les batteurs de fer; que saint Vincent a remplacé Bacchus (1); que saint Côme a détrôné Esculape; que saint Michel et Saint Georges sont devenus les patrons des militaires comme jadis Mars et Minerve; que sainte Barbe est devenue la patronne spéciale des canonniers; que sainte Cécile, prenant pour attribut la harpe au lieu de la lyre, est devenue la patronne des musiciens, comme Apollon avait été leur Dieu.

L'influence des grands saints auprès de Dieu, est comme celle des ministres terrestres, assez variable et précaire. Ainsi tel grand saint qui passait pour avoir particulièrement l'oreille du Très-Haut est tombé un jour en disgrâce et a été remplacé par un autre. Au moyen âge, c'était Jacques de Compostelle qui détenait le record. On ne jurait que par lui, et les pèlerins de tout l'Univers chrétien affluèrent en Espagne pour implorer son intercession. Saint Joseph, il y a peu de temps encore, était le grand favori; mais il a été obligé de céder la place à Saint Antoine de Padoue, à qui Dieu, pour le quart d'heure, n'a, paraît-il, rien à refuser (2). Mais déjà Saint Antoine de Padoue a son concurrent qui s'appelle saint Expédit. Comme saint Antoine de Padoue, ce saint aide à retrouver les clefs et les porte-monnaie perdus; mais il jouit aussi du privilège de procurer des maris aux filles, de remettre dans le chemin de la vertu les époux qui

---

(1) Les ivrognes ont subi saint Vincent, tout en continuant de fêter Bacchus.

(2) Il y a quelque dix ans, dans plusieurs églises de Belgique, les statues des anciens saints ont été abandonnées pour des statues neuves d'un certain Jean Berchmans, jésuite qui venait d'être béatifié, et dont l'image était entourée de la foule des fidèles, comme la dernière nouveauté.

s'en sont écartés et obtient des grâces multiples (1).

Il existe une foule d'autres saints de moindre envergure ayant chacun sa spécialité, ses attributions. L'un guérit une maladie quelconque, rage, lèpre, scrofule, etc ; un autre la stérilité ; d'autres sont implorés pour avoir de la pluie ou du beau temps, selon les besoins des moissonneurs, etc., etc., etc.

Les dieux païens, suivant les bienfaits ou les miracles dont ils avaient gratifié certaines localités, ont reçu des noms différents : dieu de Delphes, de Delos, de Tyr, etc.; ces vocables se rapportent à la même divinité. Par un phénomène analogue, la Vierge et les saints, selon les lieux et les circonstances, reçoivent des noms divers. On voit même, au moyen âge, plusieurs villes offrir simultanément en vénération le corps d'un même saint et se disputer l'honneur de localiser sa légende.

Chez les anciens païens, chaque royaume, chaque ville se placent sous la protection d'un dieu tutélaire. Quand les saints ont succédé aux dieux païens, ils prennent leur place comme protecteurs des peuples et des cités...

La *canonisation* a remplacé l'*apothéose* des anciens païens qui élevaient les grands hommes au rang de demi-dieux (2). Aujourd'hui encore, les

---

(1) Saint Expédit est l'objet d'un culte spécial à Angers. Il ne s'entremet pas pour rien, mais ayant à lutter contre la concurrence, il travaille au rabais. En 1992, la cathédrale d'Angers a encaissé 4.000 francs, grâce à saint Expédit. Et ce chiffre prouve bien que ce saint a des exigences modestes, car saint Antoine de Padoue rapportait bien davantage aux moines de la rue de Puteaux, puisqu'ils ont pu bâtir un immeuble estimé à 600.000 francs.
Quoiqu'il en soit, Saint Expédit exerçait tranquillement son commerce à la satisfaction générale, quand l'abbé Plantin a eu la curiosité de faire des recherches; et il aurait découvert que saint Expédit n'a jamais existé.
Ne faut-il pas vénérer ce saint extraordinaire qui n'existe pas, et qui trouve le moyen de rendre plus de services que saint Antoine de Padoue dont l'existence ne saurait être mise en doute?
(2) Cette coutume ne s'est introduite cependant qu'assez tard dans le nouveau culte. Ce n'est qu'en 880 que le pape Adrien a procédé à la première canonisation.

bonzes, les derviches, les fakirs, etc, emploient les mêmes procédés qu'employaient les saints du christianisme pour parvenir à ces hautes dignités. Comme eux, ils se martyrisent, comme eux, ils jeûnent, comme eux, ils s'abstiennent de tous les plaisirs.

La plupart des plus grands saints, comme de parfaits égoïstes uniquement occupés de leur salut, ont vécu dans la solitude, au désert, au milieu des forêts, semblables à des bêtes sauvages. Pour mériter le ciel, ils se sont condamnés aux plus dures privations, aux plus cruelles mortifications de leur chair, se flagellant avec des pointes de fer, se roulant sur des touffes d'orties, jeûnant au-delà de toute mesure, se condamnant à vivre juchés sur leurs colonnes, comme Siméon le Stylite, ou dans la crasse, comme saint Labre (*biogr.* p. 77), à manger parfois même leurs excréments, suçant les ulcères, comme sainte Elisabeth de Hongrie (*biog.* p. 77).

Le recueil des biographies des saints est certes le monument le plus répugnant et le plus attristant qui existe de la folie humaine (voir plus haut, *Moines et Anachorètes*).

On rencontre cependant dans la liste des saints *quelques* belles figures qui méritent d'être honorées. Elles ne seront jamais oubliées, car elles n'appartiennent pas à l'Église seule, mais bien à l'humanité tout entière.

Emblèmes, usages et rites du paganisme. — Les emblèmes, les usages et les rites du paganisme se sont métamorphosés en allusions aux faits de la passion du Christ ou de sa doctrine..

La *vigne*, les *génies* qui se jouent parmi les pampres, tout ce qui en un mot parmi les païens appartient aux rites de Bacchus, devient l'emblème de la Cène.

Les gerbes de blé de Cérès symbolisent le pain que le Christ partagea avec ses apôtres la veille de sa passion.

La *palme* qui, chez les païens, désignait les victoires temporelles, représente le triomphe de la Croix, et passe ainsi des mains des dieux dans celle des saints et des martyrs.

La *colombe de Vénus* devient le Saint-Esprit.

Le *cerf de Diane* symbolise l'âme chrétienne qui a soif des eaux vivifiantes.

Le *paon de Jupiter*, sous le nom de *Phénix*, désigne l'âme chrétienne après la résurrection.

L'on donne à l'un des évangélistes *l'Aigle de Jupiter*, à un autre le *Lion de Cybèle*; les *amours* et les *génies ailés* se sont changés en anges et chérubins. Le *sphinx* même, le *chien*, le *griffon* de la mythologie sont adoptés comme ayant le pouvoir d'éloigner les mauvais Esprits.

Aux emblêmes empruntés au polythéisme, les chrétiens en ont ajouté encore d'autres : les *ancres* symbolisent l'*espérance* ; la *houlette* et l'*outre du bon pasteur*, l'*agneau* résigné au sacrifice, la douceur et la fidélité du chrétien ; *douze agneaux* rangés régulièrement représentent les apôtres, et *un treizième* plus élevé que les autres et couronné d'un nymbe, est le Christ lui-même.

Le *poisson*, en grec IKTYM, contenant les initiales de *Iesous Kristos Teou Uios Soter* (*Jésus-Christ, Fils de Dieu, Sauveur*) représente, sous la forme de deux lignes courbes réunies par leurs extrémités, la figure du Christ dans sa gloire, ou bien encore celle de la Madone ou du saint patron ; on la place sur les frontons, sur les portiques des églises, sur le trône des évêques, sur tous les objets enfin destinés à rappeler le souvenir du fondateur ou des héros du christianisme.

Le poisson fut, pendant les premiers siècles, l'emblème par excellence des chrétiens, leur signe de reconnaissance et de ralliement.

A Ravenne, la *vigne*, le *palmier*, les *colombes*, l'*agneau pascal*, le *paon*, se trouvent mêlés avec la croix et les saints monogrammes, sur presque toutes les tombes du quatrième et du cinquième siècle, que l'on ne voit que dans cette ville ; toute la ménagerie des animaux sacrés ; l'*agneau*, la *colombe*, le *daim*, l'*oie*, le *paon*, le *poisson*, chaque espèce rangée sur une ligne distincte, se succède sur les ambons de marbre de l'ancienne cathédrale.

Plus tard, — bien que, même à Rome, les premiers sectateurs du Christ sont des Asiatiques, — des Romains viennent chaque jour se réunir à la secte naissante ; mais en augmentant le nombre des fidèles, ils altèrent la pureté des rites primitifs. Profondément imbus des pratiques de leur ancien culte, ils en conservent plusieurs dans leur foi nouvelle, et bientôt chacun des usages dominants de la capitale du monde païen a un point de comparaison dans le christianisme.

Les *aubes* et les *surplis* rappellent les vêtements des prêtres d'*Isis* ou du *soleil* dont la couleur blanche était recommandée par la température.

La coutume de *se raser toute la barbe* était spéciale aux prêtres dès la plus haute antiquité. Le *rasement des cheveux* était le symbole de la consécration de la personne entière, se traduisant par le sacrifice d'une partie d'elle-même chez les Égyptiens ; les prêtres consacrés au culte d'Isis ou du soleil se rasaient le sommet de la tête en forme de disque ; c'était en raccourci la ronde image de leur dieu.

Dans les fresques de Pompéï, on voit les prêtres d'Isis rasés avec la tonsure sur la tête et vêtus d'aubes.

N'est-ce pas amusant de voir nos prêtres, ignorant des religions anciennes, se promener gravement dans nos rues avec le disque du soleil dessiné sur leur tête ?

N'est-ce pas récréatif aussi de les voir la figure rasée parce que les prêtres de l'antiquité se coupaient la barbe ?

Le *bonnet carré noir* dont se couvrent les prêtres officiants est exactement la coiffure des *Flamines*, prêtres de Jupiter, à Rome.

Le *bonnet des évêques* rappelle l'ancienne coiffure en tête de poisson des prêtres chaldéens.

Quant à la *crosse épiscopale*, vieux bâton des chefs de tribus, marque du commandement et de l'autorité, elle avait, dès les temps les plus reculés, cette signification symbolique.

Le *vêtement des papes* est aussi un emprunt du passé. Les rois de Babylone portaient un *anneau d'or* qui leur servait de cachet, des *pantoufles* que baisaient les rois vaincus, un *manteau blanc*, une *tiare d'or* d'où pendaient *deux bandelettes*.

Les lettres de Pline à Trajan et les écrits d'autres autorités nous apprennent que Rome païenne était dans l'habitude de consacrer à une destination religieuse certains lieux et certains édifices et de ne les faire servir à aucun usage profane. Dès que les propriétés des chrétiens leur sont assurées, ils adoptent, dans le même but, des consécrations pareilles.

Dans Rome païenne, avant de commencer les cérémonies religieuses, le prêtre arrosait le temple et l'assemblée d'une eau à laquelle sa bénédiction avait donné, dans l'idée des gentils, un caractère particulier de sainteté : on l'appelait l'*eau lustrale*. Les chrétiens ont également l'*eau bénite*.

Méandre, un poète comique grec, né 342 ans avant l'ère chrétienne, nous parle de l'eau lustrale des Grecs qui était composée comme celle des catholiques d'aujourd'hui, d'eau et de sel et dont le prêtre aspergeait trois fois les fidèles.

Le *goupillon* (1) s'appelait chez les Romains « *aspergelium* », et il se composait d'une touffe de poils au bout d'un bâton.

A Eleusis, à l'entrée du temple et dans les édifices du même genre, le fidèle se purifiait en se lavant les mains dans un vase d'eau sacrée. Cette

---

(1) Le mot *goupillon* vient de *goupil*, vieux mot français qui veut dire *renard*, le goupillon étant fait autrefois d'une queue de renard.

vieille coutume a donné naissance dans les églises, aux *bénitiers* dans lesquels on trempe aujourd'hui le bout des doigts.

Dans les premiers temps du christianisme, les bénitiers étaient, comme autrefois, de véritables réservoirs. On s'y lavait les mains avant de communier, le prêtre ayant alors l'habitude de déposer l'hostie dans la main du fidèle.

Les temples de Rome païenne étaient souvent obscurs ; aussi avait-on coutume d'allumer des lampes et des torches, même en plein jour, pendant les sacrifices et autres cérémonies. Les chrétiens se font un point de dévotion, dans les églises les mieux éclairées, d'entourer l'autel et les tombeaux des saints d'un certain nombre de ci. .es, et d'en porter dans les processions, à la face même du soleil.

Les Romains, à l'instar des Indous, brûlaient de l'*encens* et d'autres parfums en l'honneur de leurs dieux ; les chrétiens témoignent de la même manière leur respect pour les saints.

Quand Rome païenne était affligée de certains maux, ou désirait obtenir certaines faveurs, elle cherchait à gagner la divinité qui guérissait les uns ou dispensait les autres par la promesse d'une offrande spéciale ; et, une fois la prière exaucée, cette offrande était suspendue dans le temple du dieu, auprès de son autel. Dans des circonstances pareilles, les catholiques adressent des vœux semblables au Sauveur, à la Vierge ou à quelque saint favori, et, quand l'événement répond à leur attente, l'*ex-voto* est suspendu de même dans la chapelle, auprès de l'autel de l'esprit supérieur que l'on a invoqué.

Les *litanies* ne sont que la reproduction, avec adaptation, d'antiques formules magiques, employées notamment en Chaldée, pour obtenir des dieux des faveurs ou des guérisons. Les anciens dieux de l'Olympe, ayant été remplacés par les saints, c'est à ceux-ci qu'on s'adresse maintenant dans la même forme et le même but.

Voici un fragment d'une litanie remontant à plus

de deux mille ans avant l'ère chrétienne qui se retrouve dans un recueil de prières copiées par ordre d'Assons-Banigal. (*Voir Lenormant. La magie chez les Chaldéens. Paris 1874, p. 128*).

Esprit du ciel,	Souviens-t'en.
Esprit de la terre,	»
Esprits seigneurs de la terre,	Souvenez-vous-en.
Esprits seigneurs des étoiles,	»
Esprits ennemis du mal,	»
Esprits de la lumière et de la vie,	»
Esprits de la région inférieure,	»
Esprits des sept parties du monde,	»
Esprit, arbitre des dieux,	Souviens-t'en.
Esprit de Dieu, pontife suprême sur la surface de la terre,	»
Esprit des grandes parties du monde,	»
Esprit, fille de l'Océan,	»

C'était aussi sous la forme de litanies que les cultes antiques célébraient les vertus spéciales de leurs divinités. On en retrouve la trace et même le texte dans les litanies modernes. Ainsi la vierge Marie qui a succédé à la déesse Isis, est aujourd'hui invoquée dans les litanies, sous les mêmes vocables et qualifications que ses devancières du paganisme :

Isis, *Reine du Ciel*	a fourni :	*Regina cœli.*
Isis, *Vierge immaculée,*		*Virgo immaculata.*
Isis, *Mère de Dieu,*		*Virgo dei genitrix.*
Isis, *déesse de la chasteté,*		*Mater castissima.*
Isis, *couronnée de tours,*		*Turris eburnea.*
Isis, portant le *Vase mystique,*		*Vas electionis.*
Symbolides eaux fécondes du Nil,		*Vas lætitia.*
Isis, *consolatrice des affligés,*		*Consolatrix afflictorum.*
Frigga, *la reine des vierges* de l'Edda,		*Regina Virginum.*
La Vierge *qui doit enfanter,* des Druides,		*Virgo paritura.*
Cérès, *la mère universelle,* des litanies grecques,		*Mater admirabilis.*

Hécate, couronnée de la *Rose*
  mystique, à cinq feuilles,   *Rosa mystica* (1)
Junon, *reine de l'Olympe*,   *Regina Angelorum*.
Uranie, la déesse *Étoile de la mer*,   *Maris stella*.
Phébé, l'*Étoile matinale*
  des litanies,   *Stella matutina*.

⁂

Les mois de l'année et les jours de la semaine portant les noms des divinités d'autrefois, ont conservé l'ancienne numération romaine.

Le nombre des saints créés par les légendes et les traditions est incalculable (2).

Au xvᵉ siècle, le chanoine Passau disait qu'y eût-il autant de fêtes que de minutes, l'année entière ne suffirait pas pour les célébrer toutes. Dans l'impossibilité de faire rentrer une telle foule dans le cadre restreint du calendrier, on imagina, pour n'en mécontenter aucun, de consacrer un jour de l'année à la fête de tous les saints. De là la *Toussaint* qui se célèbre le 1ᵉʳ novembre. C'était une sage précaution dont les Athéniens avaient jadis donné l'exemple, en consacrant un autel aux dieux inconnus afin d'éviter le ressentiment de quelque divinité vindicative omise par oubli.

Dans le même but, les Romains avaient élevé un temple à Cybèle et à tous les dieux, d'où son nom de *Panthéon*.

La fête des autres Esprits (*morts*) est célébrée naturellement le lendemain de la Toussaint.

⁂

Au solstice d'hiver, les jours qui avaient régulièrement décru, recommencent à augmenter. Le soleil reprend sa vigueur et prépare le réveil de la nature;

---

(1) Dans la mythologie, la rose était née du sang de Vénus et d'Adonis. Elle figure comme fleur symbolique sur les statues de Diane d'Éphèse.

(2) Les saints sont au nombre de plus de vingt-cinq mille. Ils ont emprunté aux dieux du paganisme l'auréole dont on ornait leur tête.

la végétation engourdie va revivre et manifester une fois de plus l'éternelle jeunesse du monde.

Le solstice d'hiver, qui marque le vrai début de l'année astronomique, était, par les peuples qui divinisaient les forces de la nature, regardé comme anniversaire de la naissance de leur grand dieu. C'est ainsi que le 25 décembre, le huitième jour avant les calendes de janvier, fut par les Romains, consacré à l'*Invincible*, le *Dieu solaire*. Il figure, à ce titre, dans le calendrier de Philocalus dressé vers 336, alors que le christianisme n'était pas encore la religion officielle. Quelques années plus tard, l'Eglise adopta ce jour pour celui de la naissance de son Dieu. *(Voir page 9)*.

Dans Rome païenne, on célébrait quelques jours plus tard, une fête accompagnée d'offrandes et de présents en l'honneur de la déesse *Strenna*. Chez les chrétiens, les solennités du nouvel an correspondent à la même époque ; l'on y fait les mêmes cadeaux, et on leur a conservé encore aujourd'hui le nom d'*étrennes*.

Les fêtes de la *chandeleur*, comme les *Lupercales* et les fêtes de Proserpine sont consacrées à la lumière.

En mémoire du bon vieux temps de Saturne où tous les hommes étaient égaux, et où les dieux dévoraient leurs enfants, les anciens Romains avaient leurs *saturnales*, pendant lesquelles toutes les conditions sociales étaient momentanément bouleversées ; les catholiques ont maintenu cet usage, et leur *carnaval* avec ses plaisirs, ses masques et sa licence rappelle les saturnales anciennes.

Le retour du printemps, le réveil de la nature et la renaissance des pouvoirs régénérateurs étaient célébrés dans Rome païenne par l'érection d'un grand arbre couvert de guirlandes, et, autour duquel la jeunesse des deux sexes exécutait des danses. Lorsque le christianisme se propagea en Europe, la *fête de Pâques* finit par absorber la fête du printemps. Cependant, dans les froides terres du Nord, celle-ci, célébrant la réapparition des bourgeons et des fleurs, se plaçait à la date plus tardive du 1ᵉʳ mai, et la fête de mai s'est partiellement maintenue à côté de celle de Pâques. On y plante encore *l'arbre de mai* au premier du mois qui lui a donné son nom.

La *fête de Pâques*, dans sa forme actuelle, présente un curieux mélange de cérémonies et de symboles propres à la religion chrétienne, d'habitudes empruntées aux Israélites, et d'autres qui se sont perpétuées depuis l'époque païenne. Les Allemands ont même conservé à cette fête le nom païen de la déesse *Ostara (Ostern)*.

Chez les Phéniciens, un jour de la semaine de Pâques était consacré à pleurer la mort du *Dieu solaire*. De même, le *jeudi saint*, l'office des ténèbres est consacré à la mort du Christ. On éteint successivement tous les cierges jusqu'à ce qu'il n'en reste plus qu'un, le *cierge Pascal*, qu'on va cacher derrière l'autel, et qui ne reparaît que le jour de la résurrection.

Les chrétiens célèbrent la *résurrection du Christ*. Les Germains et les Celtes célébraient, à la même époque, la renaissance de la végétation, le début d'une vie nouvelle.

Remarquons qu'*Atys*, le dieu solaire de Phrygie, ressuscite trois jours après sa mort; qu'*Adonis*, en Phénicie, ressuscite également trois jours après sa mort; que *Bacchus*, mis en pièces par les géants, descend aux enfers, puis ressuscite.

Les Romains avaient douze prêtres spéciaux appelés *Arvales*, qui étaient chargés de processionner solennellement pendant trois jours chaque année dans les campagnes, pour attirer la protection des dieux sur les récoltes. Ces processions rurales s'appelaient *Rogations*, qui veut dire *prières*. La fête catholique des *Rogations* a même nom, les mêmes dates (les trois jours qui précèdent l'*Ascension*) et les mêmes cérémonies que celles des Romains.

Les Rhodiens, les Corinthiens et les grands fondateurs des colonies grecques célébraient l'entrée du soleil dans le solstice d'été en allumant des grands *feux de joie*. Le catholicisme, pour justifier la fête de ce jour, l'a consacrée à *saint Jean*, et les catholiques continuent, en cette occasion, les feux de joie qu'auparavant ils avaient allumés comme païens.

Les *processions catholiques* sont une imitation des processions bouddhiques et païennes.

A Rome, les mystères se célébraient par des processions dans lesquelles on promenait les statues des dieux et des déesses que des confréries d'hommes et de femmes, d'ouvriers et d'affranchis escortaient avec les prêtres, en chantant des litanies.

Ovide, dans les « *Amours* », décrit de la manière suivante une procession en l'honneur de Junon :

« Un *autel* reçoit la *prière* et l'*encens votif*. C'est là qu'au signal donné, suivant la coutume, par le son de la flûte, la *procession annuelle* de Junon se met en marche, en passant par des chemins *couverts de tapis*. Les cheveux des jeunes filles sont chargés d'or et de pierreries; *vêtues de blanc*, suivant la coutume grecque établie par leurs ancêtres, elles s'avancent, *portant les objets du culte* qu'on leur a confiés ; le peuple fait silence pendant la marche de la brillante procession. A la suite des *prêtresses* paraît enfin la *Déesse* elle-même. »

Voici maintenant une procession en l'honneur de Diane, que dépeint Apulée dans ses « *Métamorphoses* » :

« La *Déesse* marchait portée en pompe. *Des femmes parées, en vêtements blancs*, la précédaient couvrant la terre de fleurs.

« Après, venait un grand nombre de personnes *portant des flambeaux, des cierges, des torches* ; ensuite, une *harmonie agréable*, la flûte et la trompette retentissaient de doux accents. Puis venait la troupe agréable des *enfants de chœur vêtus de blanc*, qui récitaient de jolis vers. Les *pontifes* et les *prêtres* de la religion, qui sont comme les astres de la terre, *avec leur tête rasée au sommet*, couverts d'un voile blanc, *portaient les reliques sacrées* des dieux très puissants. Ceux qui étaient aux rangs suivants étaient vêtus de même et *portaient des autels*. Puis, voici paraître les dieux qui daignent marcher avec les pieds des hommes. Un autre *portait le coffret qui contient les Mystères et qui couvre entièrement les choses qui doivent être cachées de la magnifique religion*; l'autre *portait, en son heureux sein, l'effigie vénérable de la souveraine Divinité.* »

Des tapisseries étaient tendues dans les rues où devait passer la procession et *dans les carrefours étaient dressés des « reposoirs »* où stationnait la statue de la Déesse qu'on célébrait ».

« La procession de la *Fête-Dieu*, instituée au treizième siècle, par Urbain IV, dans le but de glorifier le massacre des Albigeois, par Louis IX, dit saint Louis, était, jusqu'au seizième siècle, précédée d'un cortège où dominaient les personnages mythologiques. Pluton et Proserpine étaient entourés d'une troupe de Faunes et de Dryades; Pan et Syrinx accompagnaient Bacchus assis sur son tonneau; Mars et Minerve, Apollon et Diane tenaient compagnie à la Reine de Saba; Vénus suivait le char des Ris, des Jeux et des Plaisirs. » (Guichot. *Les fêtes populaires de l'ancienne France*, 1889).

Les *chants sacrés* de l'Église catholique ont été, pour la plupart, empruntés aux mélopées antiques. C'est ainsi que le magnifique chant « *Lauda Sion* » n'est qu'une copie exacte de la mélopée d'une strophe de Pindare (*Première Cythique*). L'harmonie dorienne a inspiré le chant mélancolique d' « *In exitu Israël* ». Le « *Te Deum* » et la « *Préface de la messe* » sont aussi la reproduction de célèbres mélopées grecques.

Les Grecs et les Romains avaient aussi bien que tous les peuples anciens, leurs *reliques* auxquelles ils attachaient une grande valeur, comme l'*œuf de*

Léda. L'adoration des reliques est recommandée aux catholiques comme moyen de sanctification, sans oublier, bien entendu, les offrandes à Dieu, à ses saints, et... à leurs desservants.

Nous avons dit ailleurs (*voir p. 84*) en quoi consistent principalement les reliques catholiques. Nous nous bornerons d'ajouter ici, à la longue énumération que nous en avons faite : des *fragments de draps de lit*, des *chemises*, des *bas*, des *culottes*, des *manteaux*, etc., etc. Et comme il y a des saints dont la plus dégoûtante pouillerie fut l'unique mérite, on ne doit pas s'étonner d'y rencontrer des poux, des puces et d'autres bêtes immondes.

Les tribunaux condamnent sans pitié les bohémiens ou les sorciers qui trompent le public en vendant des objets doués de certaines vertus. Je vous demande s'ils sont moins coupables que ceux qui livrent au public des amulettes ou des images à la possession desquelles sont attachées certaines vertus, des indulgences ou l'entrée du paradis ?

La religion du Christ fut de bien courte durée. Son règne ne dépassa guère la phase où elle fut persécutée. Elle était bonne parce qu'on était méchant à son égard ; elle devint mauvaise quand elle fut puissante... Et plus mauvaise encore le jour où, pour souligner en quelque sorte son pouvoir, elle se donna un chef, un roi, un empereur, un pape ; où elle prétendit incarner Dieu lui-même.

Dès le IVe siècle déjà, le christianisme n'existait plus que de nom, et Faustus, écrivant à saint Augustin (*biog. p. 62*), avait bien raison de lui dire :

« Vous avez substitué vos agapes aux sacrifices des païens ; à leurs idoles, vos martyrs, auxquels vous rendez les mêmes honneurs ; vous apaisez les ombres des morts avec du vin et des festins. Vous célébrez les fêtes solennelles des gentils, leurs calendes et leurs solstices ; et, quant à leurs mœurs, vous les avez conservées sans mélange. Rien ne vous sépare plus des païens, si ce n'est que vos assemblées sont distinctes des leurs. »

En résumé, le christianisme — et tout particulièrement le catholicisme — ne se compose plus que d'une réunion de doctrines, de pratiques, de symboles empruntés, pour presque la totalité, au bouddhisme et au Paganisme.

« L'Eglise chrétienne, écrit Léon Denis (*biog. p. 117*), n'a pas su conserver le flambeau divin dont elle était dépositaire et, par un châtiment d'en haut ou plutôt par un juste retour des choses, la nuit qu'elle voulait pour les autres s'est faite en elle-même. Elle n'a pas cessé de faire obstacle au développement des sciences et de la philosophie, jusqu'à proscrire du haut de la chaire de saint Pierre le progrès », cette loi éternelle, le libéralisme et la civilisation moderne. » (*Art. 20 du Syllabus*). (*Léon Denis. Christianisme et Spiritisme*).

L'Eglise est fortement atteinte, la hache abat ses charpentes, le marteau fait tomber ses murs, et rien ne la préservera plus de la destruction qu'elle a si follement provoquée. Malgré elle, l'humanité poursuit sa marche invincible vers le règne de la *Lumière*.

(XIX). *Galilée et Giordano Bruno*. — Aux yeux des anciens théologiens, la terre n'est pas seulement *un monde* : elle est *le monde*, et ce monde est *plat* au lieu d'être *rond* ; il est *immobile*, au lieu de rouler dans l'espace.

A une certaine profondeur, se trouve l'enfer, éternel séjour du démon et des réprouvés ; au-dessus, la spère des éléments où le feu succède à l'air ; puis les sphères de Mercure, de Vénus, du Soleil, de Mars, de Jupiter, et enfin de Saturne, septième et dernière planète qui jouit d'une assez mauvaise réputation. Plus haut, on voit le firmament *solide* où sont attachées les *étoiles fixes ;* puis le merveilleux 9me *ciel*, puis le *premier mobile* ou *cristallin*, et enfin l'*Empyrée*, séjour des bienheureux.

Cet ingénieux système est enseigné explicitement dans la *Somme de théologie* de saint Thomas d'Aquin (*biog. p. 184*) et a servi de base aux décisions de plusieurs conciles.

Aux yeux des plus fameux docteurs, le soleil n'est qu'un flambeau placé dans quelque coin de l'espace pour éclairer notre petit monde, en se promenant tout autour. On comprend dès lors facilement que Josué l'ait arrêté pendant quelques heures, pour achever le massacre des Gabaonites. Tous les foyers lumineux que nous voyons ou que nous ne voyons pas à l'œil nu, dans l'espace infini, sont faits pour éclairer la Terre. « Dieu, dit la Bible, fit deux grands luminaires, le plus grand pour dominer sur le jour, et le moindre pour dominer sur la nuit ; il fit aussi les étoiles. Et Dieu les mit dans l'étendue des cieux, *pour éclairer la terre*. Ainsi fut le soir, ainsi fut le matin : ce fut le quatrième jour. » (*Genèse I. 16, 17 et 19*).

La terre repose sur quelque fondement fixe et ne peut être habitée qu'à la surface d'en haut. Celle d'en bas est inconnue, et lorsque quelque esprit téméraire ose s'aviser de soupçonner les antipodes, on lui demande, en haussant les épaules, comment des hommes peuvent vivre la tête en bas.

Lactance (*biog. p. 389*), dans son traité de la « *Fausse sagesse* » gourmande ainsi les insensés qui osent prétendre que la terre pourrait bien être ronde :

« Que dirons-nous de ceux qui croient aux antipodes et qui mettent des êtres contre nos pieds ? Peut-on être assez inepte (*tam ineptus*) pour croire qu'il y a des hommes dont les pieds sont plus haut que la tête ! Des pays où tout est renversé, où les fruits pendent en haut, où les cimes des arbres pendent en bas ! Que les pluies, les neiges et la grêle tombent de bas en haut ! N'admirons plus les jardins suspendus, et ne les mettons plus au nombre des sept merveilles, car voici des philosophes qui suspendent dans les airs les champs et les murs, les villes et les montagnes. On trouve les germes de cette erreur chez ceux qui ont prétendu que la terre est ronde. »

Il est impossible, dit à son tour saint Augustin, qu'il y ait des antipodes, car au jour du jugement, les hommes qui seraient de l'autre côté de la terre ne pourraient voir le Seigneur descendre dans les airs.

« Quel est l'être assez absurde pour croire que des hommes marchent la tête en bas ? » Il va encore plus loin que Lactance, car il ajoute : « La sainte Écriture nous enseigne que toutes les nations descendent d'Adam. Or, s'il y avait d'autres hommes sous la terre, ils ne pourraient pas provenir d'Adam. Par quelle route, en effet, se seraient-ils rendus aux antipodes ? Ce ne serait pas par terre, car ces antipodes sont séparés de notre hémisphère par des mers immenses. Par mer ? Mais il n'est pas de pilote qui osât affronter ces espaces immenses sur un simple esquif. Il est donc clair que la doctrine des antipodes est fausse, erronée, malsonnante et hérétique. »

« Qui oserait nier, dit à son tour saint Jean Chrysostôme (*biog. p. 56*), qui oserait nier que les cieux ne sont pas semblables à une tente ou pavillon étendu sur notre demeure ? etc. »

Cependant, en dépit de Lactance, de saint Augustin, de saint Jean Chrysostôme et d'autres docteurs de leur force, Copernic (*biog. p. 287*) et Galilée ont démontré, jusqu'à l'évidence, l'absurdité du vieux système astronomique. La science, armée du télescope, a fait voler en éclats le fameux *cristallin* et nous a ouvert une magnifique trouée sur l'infini. Grâce à ses découvertes et à ses calculs incontestables, la terre, au lieu d'être le monde, n'est plus qu'un petit astre tournant avec une vitesse vertigineuse autour du soleil ; et les planètes, ses sœurs, ne sont que les *terres du ciel*. Foudroyé et ravi, saisi d'un rire divin, Galilée communique au monde sa découverte, ou plutôt sa vision, par le « *Message des Étoiles* ». Sa révélation est comme la bible de lumière, le ravissement de la certitude, le fait supprimant le doute. Dieu se trouve *élargi* en même temps que son œuvre. Kepler (*biog. p. 287*), au nom du genre humain, remercie le Christophe Colomb des cieux.

Malgré toutes les précautions que prend Galilée pour ne pas effaroucher le Saint-Office, la doctrine nouvelle est dénoncée au Saint-Siège. Procès mémorable ! La sentence porte : « *Solem esse in centro mundi et immobilem motu locali, est propositio absurda et falsa in philosophia ; est formaliter* HERETICA, *quia est expresse contraria sacrae scripturae* », ce qui se traduit ainsi : « *Soutenir que le soleil est placé immobile au centre du monde, est une proposition absurde et fausse en philosoph'e ; est formellement* HÉRÉTQUE, *parce qu'elle est expressément contraire aux saintes Ecritures.* »

Galilée, pour échapper au bûcher, pense qu'il peut rétracter ses affirm. tions sans empêcher la terre de tourner autour du soleil. Il est contraint de comparaître devant une commission de huit cardinaux, présidée par le pape Urbain VIII, de se mettre à genoux, et de prononcer la formule suivante :

« Moi, Galilée, dans la 70e année de mon âge, étant constitué prisonnier, et à genoux devant vos Eminences, ayant devant les yeux les saints Evangiles que je touche de mes propres mains, j'abjure, maudis et déteste l'erreur et l'hérésie du mouvement de la terre ». Galilée est condamné à une prison perpétuelle, à réciter pendant trois ans, une fois par semaine, les sept psaumes de la pénitence, et ses œuvres sont mises à l'Index. (1)

Rentré dans sa cellule, il a un mouvement de colère sublime : Frappant du pied le plancher de sa

---

(1) Le 30 juin 1633, Urbain VIII ordonne que la sentence condamnant Galilée soit publiée, rendant ainsi, selon la loi ecclésiastique romaine, le déni du mouvement de la terre arraché de force à Galilée, obligatoire à tous les chrétiens partout comme *doctrine théologique*.

En 1822, Pie VII ratifie un décret de l'Inquisition autorisant tous les ouvrages d'astronomie écrits au point de vue de Copernic; en 1835, les livres de Copernic et de Galilée, condamnés le 23 août 1634, comme *faux, hérétiques, contraires aux divines Ecritures*, sont supprimés de l'Index.

Ils y ont donc figuré pendant deux cent un ans. L'autorité papale a donc erré pendant deux cent un ans dans sa définition de l'hérésie du mouvement de la terre !

chambre, il s'écrie : « *E pur se muove !* » « *Et pourtant elle se meut !* »

C'est la protestation de la vérité contre les stupides persécutions du fanatisme. *Et pourtant elle se meut !*

Quoi qu'on en ait dit, ce n'est pas la personne de Galilée qui, ici est en cause, mais sa découverte. « La raison profonde, cachée, la raison sourde qui le fit condamner, dit M. Camille Flammarion, est celle qui fit mettre Bacon (*biog. p. 94*), Copernic, Descartes (*biog. p. 110*), à l'*Index ;* c'est elle qui fit exiler Campanella (*biog. p. 94*), qui fit brûler vif Giordano Bruno, au champ de Flore, à Rome, pour l'hérésie de « *La Nouvelle Science du Monde*», cette raison, c'est celle qui avait fait incarcérer le jésuite Fabri, parce que, dans son discours sur la constitution du monde, il avait dit que le mouvement de la terre une fois démontré, l'Eglise devrait interpréter dans un sens figuré les passages de l'Ecriture qui y sont contraires.

« Cette raison, c'est celle qui, trois ans après la mort de Galilée, en 1645, animait le R. P. Gazrée, recteur du Collège de Dijon, lorsqu'il cherchait à détourner l'abbé Gassendi (1) de la croyance du mouvement de la terre et à la pluralité des mondes par la lettre que voici :

« Songe, dit-il, moins à ce que tu penses toi-
« même qu'à ce que penseront la plupart des autres
« qui, entraînés par ton autorité ou par tes raisons,
« se persuaderont que le globe terrestre se meut
« parmi les planètes. Ils concluront d'abord que si
« la terre est, sans aucun doute, une des planètes,
« comme elle a ses habitants, il est bien de croire
« qu'il en existe aussi dans les autres, et qu'il
« n'en manque pas non plus dans les étoiles fixes ;
« qu'ils y sont même d'une nature supérieure, et,
« dans la même mesure que les autres astres sur-
« passent la terre en grandeur et en perfection.
« De là s'élèveront des doutes sur la Genèse, qui

---

(1) Célèbre philosophe français (1592-1659).

« dit que la terre a été faite avant les astres, et que
« ces derniers n'ont été créés que le quatrième jour,
« pour illuminer la terre et mesurer les saisons et
« les années. Par suite, toute l'économie du Verbe
« incarné et la Vérité évangélique seront rendues
« suspectes.

« Que dis-je? Il en sera ainsi de la foi chré-
« tienne elle-même, qui enseigne que les astres ont
« été créés par le Dieu créateur, non pour l'habita-
« tion d'autres hommes ou d'autres créatures, mais
« seulement pour éclairer et féconder la terre de
« leur lumière. Tu vois donc combien il est dange-
« reux que ces choses soient répandues dans le
« public, surtout par des hommes vivants qui, par
« leur autorité, paraissent faire foi.

« Ce n'est donc pas sans raison que, dès le temps
« de Copernic, l'Église s'est toujours opposée à
« cette erreur, et que tout dernièrement encore, non
« pas quelques cardinaux, comme tu dis, mais le
« chef suprême de l'Eglise l'a condamnée dans
« Galilée, et a très saintement (*sanctissime*) défendu
« de l'enseigner à l'avenir de vive voix ou par
« écrit. » (*Gassendi. Opera. Tome VI, p. 451.*)
(*C. Flammarion, Appendice sur le dogme chrétien.*)

Nous engageons le lecteur à bien réfléchir à cet aveu fait par un éminent prêtre chrétien que : « les connaissances astronomiques rendent suspectes toute l'économie du Verbe incarné, ainsi que la Vérité évangélique. » Cette économie et cette vérité ont donc pour base l'ignorance des lois astronomiques.

La papauté, par le procès mémorable de Galilée, se créa bien des embarras, mais elle se montra perspicace. Elle sentait qu'une grande question allait surgir, et cette question, la voici : D'un côté est le livre des canons ecclésiastiques et des décrets du Saint-Siège ; de l'autre côté est le livre de l'Univers et des lois éternelles de la géométrie. Ces deux livres se repoussent et se contredisent. Lequel des deux devra céder à l'autre? Sera-ce le livre des papes ou celui de la science? Le livre sacré devra-t-il s'incliner devant le fait immense constaté par le télescope, ou bien le fait devra-t-il reculer devant le texte interprêté par une autorité qui se prétend infaillible? Question formidable qui a dû hanter comme un cauchemar l'esprit des vieux docteurs. L'astronomie devenait donc fort gênante, comme devaient bientôt le devenir la géologie et l'histoire. Des doutes s'élevant sur la Genèse, sur l'Apocalypse et sur l'économie du Verbe incarné pourraient donner lieu à des discussions dangereuses. On se demanderait, avec une curiosité malsaine, où est l'Enfer, où est le Purgatoire, où est la Céleste Jérusalem si bien décrite par l'Aigle de Patmos? Et qui sait? Peut-être qu'un jour des esprits audacieux, à force de contempler les étoiles, pourront conclure à la pluralité des mondes habités et des humanités, ou plutôt *d'une humanité universelle* dont les rameaux sont disséminés sur toutes les terres qui voguent dans l'espace sans limites.

« Il faudra admettre alors, dit encore Camille Flammarion, ou que ces humanités sont restées fidèles à la loi de Dieu, et n'ont pas nécessité la descente du Rédempteur, ou qu'elles ont péché comme la nôtre et ont dû être rachetées. Dans le premier cas, ces humanités, impeccables, pures et affranchies de la matière, sont par là même affranchies, au nom du dogme, de la loi du travail, et dès lors leur développement paraît impossible ; il semble que ce soient des êtres sans objet de perfectionnement, sans forme d'activité. Dans le second cas, si ces humanités ont péché comme la nôtre et ont dû être rachetées, le privilège prestigieux de la Rédemption perd de sa grandeur, car il se trouve répété des millions et des millions de fois pour des terres semblables à la nôtre; il tombe sous la loi commune ; il fait partie de l'ordre général. Sa splendeur sans seconde s'est éclipsée et, avec elle, l'éclat divin dont il s'était enveloppé ». (*C. Flammarion. Ouvrage cité*).

La Rédemption, en effet, se concilie sans effort

avec la cosmologie du Moyen Age; elle entre logiquement dans le plan divin, que toute l'ordonnance des choses semble révéler. Mais voici que des millions de soleils, des milliards de planètes, de terres élèvent d'égales prétentions à la sollicitude divine. Combien de fois s'est renouvelé le miracle de l'Incarnation? Dieu errant n'a-t-il pas dû et ne doit-il pas encore s'exiler? A quelle date, sur terre, vieille de plus de vingt milliards d'années, peut être rejetée l'origine du péché?

Ce n'est donc pas, par son entêtement vain que l'Eglise a combattu, tant qu'elle l'a pu, l'astronomie nouvelle, mais bien parce que celle-ci portait une grave atteinte à ses dogmes.

Giordano Bruno. — Giordano Bruno entra tout jeune dans l'ordre de Saint-Dominique; mais bientôt ses questions hardies, ses doutes illimités sur la virginité de Marie, sur la transsubstantiation, sa négation de la divinité du Christ inquiètent et irritent ses supérieurs. Cependant, il joint à son scepticisme chrétien un besoin profond de croire, une soif insatiable de nouveautés et de découvertes, le pressentiment confus, et l'enthousiasme de l'avenir.

Agité d'une inquiétude infinie, Bruno, à l'âge de trente ans (1580), déserte le couvent et parcourt l'Europe, s'arrêtant partout où il peut trouver un asile pour la pensée, se mettant sur les bancs de l'école pour s'instruire, tout en montant en chaire pour enseigner. A la logique d'Aristote (*biog. p. 251*), il en substitue une nouvelle; à l'astronomie de Ptolémée (1) il oppose celle de Copernic (*biog. p. 287*) et de Pythagore (*biog. p. 192*); à la physique d'Aristote (*biog. p. 251*), il oppose l'idée d'un monde infini livré à une évolution universelle et éternelle; à la religion chrétienne, il oppose la religion de la nature,

---

(1) Célèbre astronome du IIe siècle. Son système consiste à placer la terre au centre du monde et à en faire un corps fixe.

expliquant le naturel par le physique, et ne voyant dans la religion qu'un amas de superstitions et de symboles. Il soutient que Dieu est la substance et la vie de toutes choses. (*Natura naturans*).

En 1586, après un voyage en Angleterre, nous le retrouvons à Paris, où il obtient du recteur de l'Université, Jean Pibrac, la permission d'instituer une lutte publique où seront débattus les principes de la physique d'Aristote. Il obtient le plus grand succès. Le discours par lequel il entre en lice renforme des pensées remarquables par leur nouveauté, et justifie bien le titre que Bruno se donne à lui-même de *excubitor* (*réveilleur*).

« La vérité, dit-il, est peut-être plutôt neuve qu'ancienne; si elle est neuve, une université qui aime le vrai, doit désirer la connaître; si elle est vieille, nulle atteinte ne saurait l'ébranler; la plus rude attaque ne servira qu'à la confirmer. En tout cas, il doit être permis à chacun, en philosophie de penser et d'exprimer librement sa pensée... »

« Nos opinions, dit-il encore, ne dépendent point de nous : l'évidence, la force des choses, la raison, la volonté de Dieu, nous les imposent; si nul ne pense ce qu'il veut, ni comme il lui plaît, aucun homme n'a le droit de contraindre un autre homme à penser comme lui; chacun doit supporter avec indulgence, avec tolérance, les croyances d'autrui. La tolérance, foi naturelle gravée dans tous les cœurs bien nés, fruit de la raison cultivée, est une exigence irrésistible de la logique aussi bien qu'un précepte de morale et de religion ».

Comme on le voit, c'est le pricipe du libre examen nettement énoncé.

Voici encore une pensée qui devance l'âge de Descartes (*biog. p. 110*) et que Pascal (*biog. p. 131*) et Mallebranche (1) semblent avoir empruntée à notre réformateur :

---

(1) Génie profond, admirable écrivain, et le plus profond métaphysicien que la France ait produit, développe les idées de Descartes avec originalité en les reproduisant sous des formes plus claires et plus animées; mais son tour d'es-

« Il n'y a pas d'opinion ancienne qui n'ait été immuable un jour ! Si l'âge est une marque de vérité, notre siècle est plus digne de foi que celui d'Aristote, car le monde compte aujourd'hui vingt siècles de plus. »

Il part de Paris pour professer à l'Université d'Oxford qu'il quitte pour aller en Allemagne, toujours suspect et toujours audacieux, toujours fugitif et toujours infatigable...

Il quitte ensuite brusquement l'Allemagne pour retourner dans sa patrie qu'il a quittée depuis dix ans.

C'est se livrer en quelque sorte lui-même à la persécution et au dernier supplice ! On s'est étonné, et à juste titre, de son irréflexion ou de sa témérité, l'Inquisition ne pouvant manquer de réclamer sa proie.

Arrêté en septembre 1592, il passe six ans dans les cachots de Venise, aux Plombs et aux Puits, avant d'être envoyé à Rome pour être jugé par le Saint-Office. Venise l'avait oublié, mais San Severino, le Grand Inquisiteur, ne l'oubliait pas.

Le 9 février 1600, après deux années passées dans les geôles de l'Inquisition, il est conduit au palais du Grand Inquisiteur. Là, en présence des cardinaux, des théologiens, consulteurs du Saint-Office et du gouverneur de Rome, on procède à l'examen des pièces et aux interrogatoires. Quand on croit avoir convaincu Bruno, on entreprend de le convertir ; c'est impossible. On le somme alors, sous peine de vie, de déclarer que ses opinions sont erronées, ses ouvrages impies et absurdes, faux en religion et en philosophie ; de se rétracter sur tous

---

prit éminemment religieux lui fait donner à sa philosophie un caractère qui lui est particulier. Il est l'auteur de la *Recherche de la Vérité. Conversations chrétiennes. Méditations chrétiennes et métaphysiques. Traité de morale. De la Nature et de la Grâce. Entretiens sur la métaphysique et la religion Traité de l'amour de Dieu. Entretiens d'un philosophe chrétien et d'un philosophe chinois sur l'existence de Dieu* (1638-1715).

les points ; rien ne peut vaincre l'inflexible résolution de Bruno.

Une rétractation lui aurait sauvé la vie. Plus courageux que Galilée, il la refuse. Alors il est excommunié solennellement, dégradé et condamné à être brûlé. Un délai de huit jours lui est accordé pour la confession de ses prétendus crimes, mais comme il s'obstine à n'en reconnaître aucun, il est conduit, le 11 février, en grande pompe, au champ de Flore et livré aux flammes.

L'Eglise ne se doutait pas qu'en immolant le philosophe elle se suicidait. Bruno, jeune encore, conserve une constance et une tranquillité admirables ; ce grand et noble front conserve sa sérénité. Quand on lui lit sa longue sentence de mort, il dit à ses juges, en relevant la tête : « Je soupçonne que vous prononcez cet arrêt avec plus de crainte que je ne l'entends ».

Le bûcher est dressé devant le théâtre de Pompée où s'est porté un immense concours de peuple. Bruno monte sur le bûcher avec le plus mâle courage et sa contenance reste ferme jusque dans les flammes. Comme il va mourir, on lui présente un crucifix ; il détourne la tête avec dédain. C'est une manière d'abjuration qu'on veut lui arracher au moment suprême. Il fait bien de ne point s'y prêter.

Ce n'est pas l'image du doux docteur de Nazareth que le martyr repousse ; ce n'est point la croix que l'ancien dominicain éloigne de ses lèvres ; c'est l'usage impie que ses confrères ont fait de cet emblème du sacrifice, en l'associant à toutes les violences, à tous les supplices, à tous les arrêts de mort.

N'est-ce pas au nom de ce Christ, dont on lui présente l'image à baiser, qu'après l'avoir tant persécuté, on le brûle aujourd'hui ?

Les cendres de Bruno sont jetées au vent, selon l'usage « afin qu'il ne restât sur la terre que la mémoire de son exécution ».

C'est au contraire le souvenir de sa mort qui a

sauvé de l'oubli les doctrines du philosophe. Ces doctrines peuvent se résumer comme suit :

« Tout être aspire en vertu de sa constitution au but de son existence. L'âme tend à la perfection intellectuelle et spirituelle. Elle est destinée à connaître l'Univers; à la mort elle ne périt pas : elle change son habitation contre une nouvelle. Tout est changé, mais rien n'est détruit !

« Que l'homme élève ses yeux et ses pensées vers le ciel qui l'environne et les mondes qui volent au-dessus de lui, et il verra un tableau et un miroir où il peut contempler et lire les formes et les lois du bien suprême, le plan et l'ordonnance d'un ensemble parfait ! C'est là qu'il pourra ouïr une harmonie ineffable ; c'est par là qu'il pourra monter au faîte d'où l'on aperçoit toutes les générations, tous les âges du monde.

« Qu'il ne craigne pas que cette recherche, cette soif de l'immensité lui rende indifférente la vie présente et les choses terrestres ; notre esprit a beau s'élever de plus en plus, mais tant qu'il reste uni au corps, la matière le retient enchaîné à l'état actuel, non, que ce vain scrupule ne nous empêche pas d'admirer sans cesse la splendeur de la Divinité et de ses œuvres.

« L'autorité n'est pas hors de nous, mais au-dedans. Une lumière divine brûle au fond de notre âme pour inspirer et conduire toutes nos pensées. Voilà l'autorité véritable.

« Le juge suprême du vrai, c'est l'évidence. Si l'évidence nous manque, si les sens et la raison sont muets, sachons douter et attendre.

« On nous parle au nom de la tradition ; mais la vérité est dans le présent et dans l'avenir beaucoup plus que dans le passé. »

M. Emile Saisset a tracé de Giordano Bruno un remarquable portrait :

« Il était jeune et beau, assurent ses biographes. Son visage avait des traits délicats et fins ; un nuage de mélancolie ardente était répandu sur son front. Son œil noir lançait des éclairs. Il parlait debout, avec une merveilleuse abondance ; dédaigneux des formes de l'Ecole, confiant dans sa mobile et prompte inspiration, il prenait tous les tons ♣ l'ironie, l'enthousiasme, quelquefois la bouffonnerie, mêlant le sacré avec le profane et colorant les abstractions de la métaphysique avec des images empruntées à la poésie.

« Mais ce qui explique surtout le grand succès qu'il obtint, c'est l'audace de ses nouveautés, c'est l'écho qu'elles trouvaient dans les jeunes esprits arrachés au sommeil de la foi. »

Aujourd'hui la statue de Bruno se dresse, vengeresse, en face du Vatican, sur la place même où il fut livré aux flammes comme hérétique et violateur de ses vœux ; mais le vampire clérical continue à guetter dans l'ombre l'heure où il pourra reprendre le pouvoir, et faire brûler à nouveau les philosophes.

XX. *L'Inquisition*. — Au treizième siècle, deux moines mendiants, saint Dominique et saint François qui dénoncent la richesse universelle et la corruption de la société monastique, fondent deux nouveaux ordres et, tandis que le dernier place la pierre d'assise de la Réforme, le premier institue ce tribunal qui, plus que toute autre institution ecclésiastique, a outragé le nom chrétien : la *sainte Inquisition*. L'histoire de la férocité humaine qui en résulta ne peut être rapportée par aucune plume. L'esprit dont elle a été l'apogée s'était d'ailleurs déjà montré des siècles auparavant comme nous allons le voir :

En l'an 385, les évêques Ursatius et Ithacus mettent à mort quelques Priscilliens, pour hérésie.

En 414, quarante mille Juifs sont tués ou persécutés à Alexandrie par les moines de saint Cyrille ; l'année suivante, Hypathie est massacrée par ordre du même saint. (*Voir pp. 64, notes 1 et 2*).

En 782, à la demande du pape Etienne III, Charlemagne fait décapiter en un jour 4 à 5,000 personnes à Verden, parce qu'elles refusent le baptême, et le Pape Léon III le couronne Empereur d'Occident, sous le titre de « très pieux Auguste », couronné par Dieu ? Peu à peu Charlemagne fait brûler quelques personnes, à la demande du Pape, parce qu'elles préfèrent le chant ambroisien au chant grégorien.

En 1007, plusieurs personnes sont brûlées vives à Orléans, pour hérésie.

En 1115, Arnaldo de Brescia est étranglé pour avoir proféré cette « doctrine hérétique et damnable que les ecclésiastiques doivent vivre des dons volontaires. »

En 1134, Peter de Brueys est brûlé vif en Languedoc pour avoir nié l'efficacité du baptême des enfants et la transubstantiation.

En 1160, les Vaudois réformés, conduits par Peter Waldo, qui s'opposent aux prétentions du Pape, subissent une cruelle persécution, pendant laquelle beaucoup sont brûlés vifs. Trois mille Vaudois périssent en France y compris des femmes enceintes et des enfants en bas âge.

En 1209, les Albigeois, autres réformés qui adhèrent à une forme de christianisme moins corrompue, sont massacrés pour hérésie, à Béziers. Suivant les calculs les plus bas, 30,000 personnes sont massacrées, et à Lavour, 400 brûlées vives en une seule fois. Un comte hérétique est étouffé, et sa femme, sa fille et sa sœur brûlées sur le même bûcher ; un autre noble est pendu avec 80 autres personnes.

La province de Languedoc est saccagée. Le Pape Innocent III accorde des indulgences à tous ceux qui participent à cette croisade, et ces malheureux souffrent pendant une période de soixante ans.

Un peu plus tard, le conflit entre la théologie et la liberté de conscience prend une forme plus nette : le Tribunal de la *sainte Inquisition* est établi et saint Dominique, nommé *Inquisiteur Général*.

Les historiens les plus respectables évaluent à *cent millions* le nombre des victimes de l'Inquisition brûlées ou enterrées vivantes, pendues, déchirées, tenaillées, torturées par l'eau, le feu, la terre, par tous les moyens que peut inventer l'infernal génie sacerdotal.

« Le supplice du feu, rapporte Michelet (*biog. p. 78*), était variable : parfois rapide quand on étranglait d'avance, parfois horriblement long, quand le *patient était mis vivant sur des charbons mal éteints, tourné, retourné plusieurs fois avec un croc de fer*, ou bien encore *flambé lentement avec un petit feu de bois vert.* »

L'Inquisition avait encore recours à trois supplices principaux qui atteignent les dernières limites de l'horreur :

Le premier se nommait : la *tête de fer*. Sur une chaise en pierre, scellée dans le mur, on fixait le patient avec des anneaux de fer qui, entourant ses pieds et ses mains, le condamnaient à l'immobilité. On introduisait sa tête dans un casque en fer descendant jusqu'aux épaules et se fermant sur le côté avec des clavettes. Deux trous étaient ménagés aux endroits des yeux, et un plus grand à l'endroit de la bouche, par lequel le geôlier faisait manger et boire le malheureux qu'on détachait une fois par jour seulement, afin qu'il pût satisfaire aux nécessités de la nature ;

Le deuxième : la *goutte d'eau*, s'appliquait fréquemment. La victime était attachée sur une chaise pareille à celle qui servait au condamné à la tête de fer. Sous la voûte du cachot se trouvait un réservoir ayant la forme d'un entonnoir qui distillait l'eau goutte à goutte et lentement sur la tête du patient, que le geôlier faisait manger et détachait une fois par jour, pendant un quart d'heure. Le martyr demeurait là jusqu'à ce que la goutte d'eau, tombant sans discontinuité, eût corrodé le crâne et éteint la vie ;

Le troisième : l'*emmuraillement*. Après avoir reçu les derniers sacrements, le condamné était conduit vers une galerie souterraine ; dans l'épaisse muraille, on pratiquait une cavité pouvant contenir une personne debout ; on y introduisait le *criminel* (sic) et l'on maçonnait la cavité jusqu'à la hauteur du cou de ce malheureux, enterré vivant ; devant sa tête, il ne restait qu'un vide semblable à un tout petit guichet que fermait un portillon d'une grande épaisseur, doublé de fer et hermétiquement clos, afin qu'on ne pût entendre les gémissements de cette victime des hommes noirs. Le geôlier lui donnait une fois par jour quelques aliments en entrebâillant le guichet. L'agonie des *emmuraillés* était horrible ; pour qu'elle ne se prolongeât pas, ils se laissaient généralement mourir de faim.

Quelquefois le saint office avait intérêt à se débarrasser de certaines victimes dont la trace devait éternellement disparaître. Dans ce cas, on indiquait au prisonnier une chambre qui, lui disait-on, le conduirait à la liberté. Mais au premier pas qu'il faisait sur le seuil de la fatale chambre, le parquet se dérobait sous lui, en même temps qu'un marteau s'abattait sur sa tête et le précipitait dans les profondeurs d'un souterrain, où il allait achever de râler et de mourir sur les ossements et les chairs mortes déjà fondues de ses devanciers.

A Rome, le 4 avril 1849, quand le gouvernement de la République romaine ouvrit les portes de ce fameux tribunal qui a fait de l'autel le marche-pied de l'échafaud, on découvrit un trébuchet pareil, et on descendit dans un souterrain peu vaste, sans issue, et qui n'avait d'autre pavé qu'une terre grasse, noirâtre comme celle des cimetières. En remuant cette terre, on ne tarda pas à rencontrer des ossements humains et des restes de chevelures longues ayant appartenu à des femmes. Dans l'une de ces cavernes de la mort, on découvrit un fichu de femme, dans un autre un petit chapeau paraissant avoir appartenu à une jeune fille de dix à douze ans.

Dans d'autres encore, des sandales et plusieurs cordons de religieuses, une quenouille, de petits cabas contenant des médailles et des chapelets, des bas non terminés et encore attachés à leurs aiguilles, enfin un joujou et des vêtements d'enfants au berceau. Quelles vestales modernes avaient donc expié là, avec le fruit de leurs amours, le crime de leur cœur ?

Nous n'en finirions pas s'il fallait décrire tous les genres de supplices inventés par les moines : *chevilles de fer s'enfonçant sous les ongles des pieds et des mains; lourds marteaux écrasant les phalanges des doigts; semelles de fer rougies au feu et s'appliquant à la plante des pieds; plomb fondu coulant sur les plaies saignantes; brodequin infernal pétrissant les jambes et faisant jaillir à travers ses jointures le sang, la chair broyée, la moelle des os; sondes creuses introduisant dans les entrailles une huile bouillante; pinces ardentes tenaillant les mamelles*, etc., etc.

Il faut aussi mentionner les tortures qui avaient pour but de *priver de sommeil* la victime : une stupeur mortelle prenait l'homme : il perdait l'entendement.

Tous les instruments de tortures fonctionnaient sous l'habile main des fils de saint Dominique, au nom du divin crucifié.

L'Espagne a été sans doute la terre classique de l'Inquisition ; ce n'est pas dire cependant qu'elle ait été une institution exclusivement espagnole : elle a été *catholique* et *imposée officiellement* par Rome à toute la catholicité.

En voici les preuves :

Le douzième concile œcuménique, quatrième de Latran, tenu à Rome en 1215, sous la présidence du Pape Innocent III, fait la déclaration suivante :

« Que les autorités temporelles, quelles que soient les fonctions qu'elles remplissent, soient exhortées, et, s'il était nécessaire, contraintes, par mesure ecclésiastique, à prêter publiquement serment de défendre la foi (si elles désirent être réputées fidèles), serment par lequel elles s'engagent à s'appliquer sincèrement, de toutes leurs forces, à *exterminer*, dans les pays soumis à leur juridiction, tous les hérétiques déclarés tels par l'Eglise. Ce serment devra être prêté par quiconque sera investi d'un pouvoir, soit spirituel, soit temporel.

« Et si un prince temporel, averti et requis par l'Eglise, refuse de purger ses domaines de cette souillure hérétique, qu'il soit excommunié (XXI) par le métropolitain et par les autres évêques de la province. Et si, par manque de bonne volonté, il laisse passer une année sans obéir à l'injonction de l'Eglise, qu'il soit dénoncé au Souverain Pontife, afin que celui-ci déclare les vassaux du prince déliés de leur fidélité et donne son pays à des catholiques qui, après en avoir exterminé les hérétiques, devront le posséder sans contestation et le maintenir dans la pureté de la foi. »

Le troisième concile de Latran avait déjà pris des décisions dans le même esprit.

Le concile de Toulouse (1229) défend expressément aux médecins de porter secours aux hérétiques ni même aux suspects

Le concile de Narbonne défend aux magistrats de leur accorder aucune protection.

L'Eglise partage entièrement l'avis de saint Jérôme (*biog. p. 78*), qui a soutenu que tuer un hérétique, bien loin d'être une cruauté, est, au contraire, une œuvre de grande piété.

Elle prescrit à ses fidèles « *de tuer les hérétiques et les schismatiques*, qui repoussent les enseignements de l'Eglise, de *prendre leurs biens* et de les éviter comme la peste là où ils ne peuvent être dominés, attendu qu'ils doivent être regardés, sous peine de damnation, comme des victimes vouées à l'horreur du supplice éternel. »

Elle enseigne que :

« Les sujets d'un prince manifestement hérétique, sont déliés de tout hommage, fidélité et obéissance envers lui.

« Les fils des hérétiques sont émancipés de la puissance paternelle et n'appartiennent qu'à eux-mêmes. Le débiteur d'un hérétique ne lui doit rien, quand même il lui aurait promis avec serment. » (*Fagnani commentor in I part. lib. 5, décrétal. de bœriticis, cap. vergentis et cap absolutos*).

Le Pape Urbain II (1088-1099) professe que « l'Eglise ne reconnaît pas comme meurtriers ceux qui, brûlant de zèle pour leur Mère catholique, contre les personnes excommuniées ont tué quelques-unes de ces personnes ». (*Epitre XXII, Ed. Migne*).

Le Pape Innocent IV (1243-1254) déclare que « quiconque arrête un hérétique pour le livrer à l'Eglise, peut jouir tranquillement des biens dont il l'aura dépouillé, en récompense de son zèle, et que si sa conscience lui reprochait ce dépouillement comme un vol, il aurait tort, le droit canonique justifiant cette possession. »

Clément V (1305-1314) et Sixte IV (1477-1484) accordent des indulgences plénières à tous ceux qui, en tuant un hérétique, ont ainsi délivré l'Eglise d'un ennemi dangereux.

Le Pape Pie V (1566-1572), dont depuis on a fait un *saint*, écrit ce qui suit :

« Placez au-dessus de votre tribunal un crucifix en fer avec cette légende : Ce lieu est terrible : c'est la porte de l'enfer ou du ciel.

« TORTUREZ SANS PITIÉ, TENAILLEZ, DÉCHIREZ SANS MISÉRICORDE, BRULEZ IMPITOYABLEMENT VOTRE PÈRE, VOTRE MÈRE, VOS FRÈRES ET VOS SŒURS S'ILS NE SONT AVEUGLÉMENT SOUMIS A L'ÉGLISE CATHOLIQUE APOSTOLIQUE ET ROMAINE.

« Vous soudoierez, en outre, autant d'espions que vous pourrez payer, et vous frapperez ceux qu'ils vous désigneront, INNOCENTS OU COUPABLES, attendu qu'IL VAUT MIEUX FAIRE MOURIR UN INNOCENT QUE DE LAISSER VIVRE UN COUPABLE. (1).

---

(1) L'Inquisition décrétait la prise de corps sur un mot, sur un soupçon, sur un billet anonyme, et, pour encourager la dénonciation, fût-elle calomnieuse, elle assurait d'avance l'impunité au calomniateur.

L'Inquisition acceptait la déposition de témoins tarés,

« Vous fermerez seulement les yeux sur les débordements des nobles ; mais, quand il s'agira du peuple et de la bourgeoisie, soyez sans pitié. » (*Lettre aux Inquisiteurs de Venise*).

Le clergé, il faut bien le dire, nie l'authenticité de cette lettre, bien qu'elle se trouve, en quelque sorte, tombée dans le domaine public. Quoi qu'il en soit, il aurait mauvaise grâce à nier l'authenticité des citations suivantes, extraites de la collection des lettres du saint Pontife Pie V, et recueillies par *François Goubau*, d'Anvers, *secrétaire du marquis de Castel Rodrigo, ambassadeur du Roi d'Espagne Philippe V, près le Saint-Siège (Anvers 1640, chez Plantyn, in-4°)* :

... « Lorsque Dieu, comme nous l'espérons, nous aura, dans sa bénignité, fait remporter la victoire, il appartiendra à vous alors de *punir, avec la plus extrême rigueur*, les hérétiques et leurs chefs, parce que ce sont les ennemis de Dieu, et de venger légitimement sur eux, non seulement vos propres injures, mais encore celles de Dieu tout-puissant, afin qu'ils portent la peine due à leur scélératesse et que ce soit celle-là même que vous, l'exécuteur de l'équitable jugement de Dieu, leur aurez infligée. » (*Lettre à Charles X, roi de France, en date du 6 mars 1569. Ed. Goub, liv. III, lettre IX, p. 148*).

« ... Dès que nous avons reçu la nouvelle *si désirée* du succès que notre cher fils, le noble duc d'Anjou, frère de Votre Majesté (1), a remporté, Dieu aidant, sur les rebelles, ennemis de Dieu et de l'Église, et que nous avons su qu'il avait tué celui qui était la cause de tous les troubles et de toutes les séditions, en un mot, le chef de l'armée des hé-

---

notés d'infamie, voleurs ou faussaires, et jamais elle ne les confrontait avec le prévenu pour qu'il pût contrôler ou contredire leur témoignage. L'instruction terminée, l'accusé comparaissait devant le tribunal, mais à huis-clos, sans l'assistance d'un défenseur.

(1) Plus tard, Henri III, d'ignoble mémoire.

rétiques (1), levant les mains vers les cieux, nous nous sommes empressé de rendre, dans l'humilité de notre cœur, des actions de grâces au Dieu tout-puissant, etc., etc.... « Mais plus le Seigneur nous a traités, vous et moi, avec bonté, plus vous devez profiter de l'occasion que vous offre cette victoire pour *poursuivre* et *détruire* tout ce qui reste encore d'ennemis, pour arracher entièrement toutes les racines d'un mal si terrible et si fortement établi. Car, à moins de les avoir *radicalement extirpés*, on les verra repousser de nouveau, etc., etc....

... « Nous vous exhortons à ne plus laisser aux ennemis communs la moindre possibilité de se soulever contre les catholiques. Vous y parviendrez si aucun respect humain en faveur des personnes ou des choses ne peut vous induire à épargner les ennemis de Dieu. Que Votre Majesté prenne pour exemple, et ne perde jamais de vue ce qui arriva au roi Saül : il avait reçu l'ordre de Dieu, par la bouche du prophète Samuël, de combattre et d'exterminer les infidèles Amalécites et de n'en épargner aucun sous aucun prétexte. » (*Lettre au même, après la bataille de Jarnac, en date du 28 mars 1569. Ed. Goub, liv. III, lettre X, p. 151*).

A Catherine de Médicis, dont il connaît la détestable influence sur son fils, le saint Pape réitère avec plus de force ses pieuses recommandations :

... « Qu'on n'épargne d'aucune manière, ni sous aucun prétexte, les ennemis de Dieu, mais qu'on les traite rigoureusement. La colère de Dieu ne saurait être apaisée autrement que par la juste vengeance que vous prendrez des insultes qui lui ont été faites... Que Votre Majesté continue à combattre ouvertement et ardemment les ennemis de la religion catholique, *jusqu'à ce qu'ils soient tous massacrés*. Ce n'est que par l'extermination entière des hérétiques que le roi pourra rendre à ce noble royaume l'ancien culte de la religion catholique. »

---

(1) Le prince de Condé.

(*Lettre à Catherine de Médicis, même date. Ed. Goub, liv. III, lettre XI, p. 154*).

... « Quant à vous, très chère fille, vous devez d'accord avec votre fils, le roi très chrétien, employer toutes vos forces pour venger les injures faites à Dieu tout-puissant et à ses serviteurs, en traitant les rebelles avec une juste sévérité... Nous sommes d'autant plus empressé de recommander vivement l'affaire à Votre Majesté, que nous avons entendu dire que quelques personnes travaillaient à sauver un petit nombre de patriciens et à obtenir leur mise en liberté. Ayez bien soin que cela n'ait point lieu et n'épargnez aucun moyen, aucun effet, pour que ces hommes exécrables périssent dans les supplices qui leur sont dus. » *Lettre à la même, en date du 13 avril 1569. Ed. Goub, liv. III, lettre XII, p. 156*).

... « Nous prions en outre Votre Noblesse de ne point cesser d'exciter son frère, notre très cher fils en Jésus-Christ, le roi très chrétien, par ses exhortations fraternelles, à punir avec la plus grande sévérité les rebelles à son autorité. Ils sont dignes par là d'être livrés aux supplices déterminés par la loi. Si quelqu'un d'entre eux cherchait à éviter la punition qu'il mérite, vous devez, en vertu de votre piété envers Dieu et de votre zèle pour son honneur divin, rejeter ses prières et celles de quiconque vous parlera en leur faveur ; vous devez vous montrer justement inexorable pour tous. » (*Lettre au duc d'Anjou, même date. E. Goub, liv. III, lettre XIII, p. 159*).

... « Mettez tous vos soins et faites tous vos efforts afin que dans tout le royaume la religion catholique seule soit reçue et observée par tout le monde, tant publiquement que dans l'intérieur des consciences. Pour y parvenir, il nous paraît que rien n'est plus nécessaire que de ne pas laisser aux ennemis le temps de se rallier et de punir très sévèrement des peines et des supplices statués par les lois, ceux qui ont été la cause de troubles et de séditions. C'est pourquoi nous vous conjurons fortement et nous vous y exhortons beaucoup, de ne jamais cesser d'exciter notre cher fils en Jésus-Christ, le roi très chrétien, à se venger de ses ennemis qui sont ceux de Dieu tout-puissant. Cherchez à le convaincre de cette vérité notoire, que Sa Majesté ne pourra satisfaire le Rédempteur, ni obéir à ses lois, qu'en se montrant inexorable envers tous ceux qui oseront prendre auprès d'elle le parti des scélérats. » (*Lettre au cardinal de Lorraine, même date, Ed. Goub, liv. III, lettre XIV, p. 161*).

... « Il est nécessaire que Votre Majesté sévisse sans pitié contre les ennemis de Dieu, ses propres sujets rebelles, en les punissant de justes peines et des supplices statués par les lois... En cela, il faut que vous n'écoutiez les prières de qui que ce soit ; que vous ne cédiez ni à l'amitié ni aux liens du sang ; mais vous devez vous montrer inexorable pour tous ceux qui oseraient vous parler en faveur des plus scélérats des hommes. » (*Lettre à Charles IX, toujours même date, Ed. Goub, liv. III, lettre XVI, p. 164*).

... « Il nous est difficile d'exprimer par des paroles toute la joie que nous avons ressentie en apprenant que notre très cher fils en Jésus-Christ, le roi très chrétien a fait condamner, avec toute sa famille, Gaspard de Coligny. Gardez-vous de croire, très chère fille en Jésus-Christ, que l'on puisse faire quelque chose de plus agréable à Dieu que de persécuter ouvertement ses ennemis. » (*Lettre à Catherine de Médicis, en date du 17 octobre 1569; Ed. Goub, liv. III, lettre XLIII, p. 236*).

... « Ne permettez pas qu'on vous trompe en affectant de vrais sentiments de piété, car rien n'est plus cruel que la miséricorde envers les impies qui ont mérité le dernier supplice... Vous devez donc, pour obtenir un résultat si salutaire (la tranquillité du royaume et le rétablissement du catholicisme) d'abord faire mettre à mort ceux qui ont porté des armes criminelles contre Dieu tout puissant et contre Votre Majesté, ensuite constituer des inquisiteurs de la scélératesse hérétique dans chacune de vos villes. » *(Lettre à Charles IX, en date du 20 octobre 1569. Ed. Goub, liv. III, lettre XLV, p. 240).*

... « Enflammez l'esprit du roi très chrétien, votre fils, pour qu'il anéantisse ce qui reste encore des débris de la guerre civile. » *(Lettre à Catherine de Médicis, en date du 20 janvier 1570. Ed. Goub, liv. IV, lettre 2, p. 269).*

Nous n'en finirions pas si nous devions ajouter à cette déjà longue série d'extraits une foule d'autres pris dans les lettres de Pie V aux mêmes, comme à Philippe II et au duc d'Albe dont il avait coutume de réchauffer le zèle catholique.

C'est ce même *saint Pape* qui conspire avec un Florentin du nom de Ridolfi, pour assassiner la reine Elisabeth. *(Voir les lettres d'un savant anglais, lord Acton, catholique romain, dans le journal* The Times, *des 9 et 27 novembre 1874),* et il envoie le chapeau consacré et l'épée d'honneur (équivalent à la rose d'or qui se donne aux souverains) au duc d'Albe, comme récompense des cruautés exercées par ce monstre dans les Pays-Bas.

⁂

Mais poursuivons notre étude, et voyons comment les instructions des conciles et des papes se sont traduites en actions. Nous ne rappelons que des faits parfaitement constatés par l'Histoire et que nous puisons en partie dans l'*Evangile de vie* et l'*Evangile de mort*, du grand historien anglais Fletcher, dans les lettres de Pie V, et dans le remarquable ouvrage de de Potter : *Histoire philosophique et critique du christianisme. Paris*, 1836-1837. t. *VIII, p.* 340, 352, 402, etc., etc., et où il indique avec une scrupuleuse exactitude les nombreux auteurs français, italiens, allemands, anglais, etc., auxquels il a eu recours.

⁂

Louis IX, dit saint Louis, à cause de son zèle pour les persécutions, permet à un moine d'établir un tribunal pour la suppression des hérétiques, et beaucoup sont mis à mort. En 1249, cent quatre-vingt-trois hérétiques et leurs pasteurs sont brûlés ensemble, dans une grange, devant l'évêque de Reims, et quatre-vingts hérétiques le sont également, à Agen, en présence de Raymond de Toulouse.

En 1267, Roger Bacon (*biog. p.* 94) est emprisonné, accusé « d'avoir fait un pacte avec le diable », à cause de ses recherches scientifiques.

Pendant le règne de Guillaume le Conquérant, les nobles et les évêques anglais, s'étant unis pour taxer et torturer le peuple, tout le pays est dévasté, pillé et opprimé. Les Juifs, sous le règne de Richard I, Jean et Henri III, sont massacrés, torturés, dépouillés, et, en 1290, chassés d'Angleterre et leurs biens confisqués.

En 1300, Sagarelli, fondateur d'une secte analogue aux modernes Shakers, est brûlé à Parme.

En 1302, le livre : « *La Monarchie* » de Dante (*biog. p.* 176) est brûlé, et lui-même condamné au bûcher. Il est contraint de vivre en exil, et le pape l'excommunie après sa mort.

En 1314, Clément V et Philippe-le-Bel, afin de s'approprier les richesses des Templiers, les accablent d'accusations infâmes : impiétés, débauches, magie.

On consume lentement à petit feu 54 Templiers qui ont eu l'audace de rétracter les aveux arrachés par d'épouvantables souffrances. On en brûle neuf à Senlis. Le pape et le roi se disputent sur le partage de leurs biens.

Entre temps, on brûle des femmes en place de Grève ; deux maîtres Templiers sont brûlés dans une des petites îles de la Seine. Les prêtres se montrent les plus féroces délateurs. La foule imbécile applaudit aux supplices, parce que, disait-on, les Templiers avaient craché sur le crucifix. Sur le Pont-Neuf, à la place où se trouve aujourd'hui la statue d'Henri IV, on brûle, le 18 mars 1314, le grand maître Jacques de Molay.

Au moment d'expirer dans les flammes, il assigne à comparaître devant le tribunal de Dieu le Pape, dans les quarante jours, et le Roi, dans l'année

Clément meurt, en effet, de vomissements, le 20 avril suivant, et Philippe-le-Bel, le 29 novembre de la même année, à l'âge de 46 ans.

Plus que jamais on brûle des Juifs. On en brûle un jour cent soixante, hommes et femmes pêle-mêle dans une grande fosse. Le Roi gagne ainsi 150,000 livres. Les Juifs sont des éponges qu'on peut presser arbitrairement. Le Roi et l'Eglise séparent l'or du sang et se le partagent.

En 1327, Cecco d'Ascoli est brûlé vif, pour avoir affirmé l'existence des antipodes, et Orcagna (1) le représente, dans un tableau brûlant, en enfer. Une bulle du pape Alexandre VI avait proclamé que la terre est plate et la théorie des antipodes, par suite, une doctrine perverse et damnable.

En 1348, beaucoup de Juifs périssent en Europe. Accusés d'être la cause d'une épidémie fatale, ils sont chassés sans pitié de pays en pays.

En 1390, les catholiques de Séville, dirigés par un prêtre, Hernando Martinez, massacrent quatre mille Juifs. Sous le règne d'Isabelle, ils sont bannis, après avoir enduré de terribles souffrances.

En 1393, cent cinquante Vaudois, du Val-Louise, sont brûlés par l'Inquisition, à la demande de Borelli, et quatre-vingts à Embrun.

En Angleterre, les Lollards, disciples du théologien anglais Wiclef, un des précurseurs de la Réforme (1324-1384), subissent la prison et la torture. En 1401, William Sawstre est brûlé ; en 1410, William Thorpale l'est également par ordre de l'archevêque ; en 1414, trente personnes sont pendues et brûlées ; en 1417, sir John Oldcastle (Lord Cobham), est brûlé vif, pour hérésie. Wiclef lui-même est appelé : « *L'instrument du diable* », pour sa traduction des Ecritures et le Concile de Constance, en 1415, ordonne que le cadavre soit déterré, et ses restes sont jetés dans une rivière.

En 1416, Jean Huss *(biog. p. 251)*, disciple de

---

(1) Peintre et architecte florentin, auteur des fresques du Campo-Santo de Pise (1329-1389).

Wiclef, se rend au Concile de Constance, sous la protection d'un *sauf-conduit* de l'empereur Sigismond, qui garantit son voyage, son séjour et son retour « (*Omni prorsus impedimento remoto transire, stare, morari, et* REDIRE *libere permittatis*) ». Aussitôt qu'il est arrivé, on le jette en prison ; il est jugé et brûlé vif en dépit de la protestation qu'il adresse à Sigismond en personne, sous prétexte qu'*il est légitime de ne pas tenir parole à un hérétique*. Ce crime épouvantable outrage tellement l'opinion publique qu'il en résulte un cri universel d'indignation, auquel le Concile répond par les décrets suivants *ex post facto* : « 1° Nonobstant tout sauf-conduit..., le juge compétent peut connaître des cas d'hérésie, et les sauf-conduits ne sauraient créer aucun préjudice contre la foi catholique ou contre la juridiction de l'Eglise, et, malgré ces sauf-conduits, le juge ecclésiastique peut s'enquérir des erreurs de telles personnes, les poursuivre régulièrement et les juger... *lors même que ces personnes seraient venues au lieu du jugement se fiant à ces sauf-conduits sans lesquels elles ne seraient pas venues;* 2° Le dit Huss, en attaquant obstinément la foi orthodoxe, se rendit indigne de tout sauf-conduit et de tout privilège, et *il n'y avait lieu de garder envers lui aucune foi ou promesse en vertu des lois naturelles, divines ou humaines, au préjudice de la foi catholique* » (1).

---

(1) On a contesté l'authenticité de ces décrets, mais, par le fait que *le Concile de Trente en a suspendu provisoirement la force*, il les a reconnus comme authentiques. D'ailleurs, c'est un principe absolument reconnu dans l'Eglise catholique que l'on n'est pas tenu à garder sa parole envers les hérétiques, et que nul serment, quelque solennel qu'il soit, ne doit être respecté s'il lèse les intérêts de Rome. Voici, à cet égard, quelques maximes extraites du droit canon de l'Eglise : « *Un serment prêté contre les intérêts de l'Eglise n'est pas obligatoire. Le nom de parjure, mais pas celui de serment, doit être appliqué à tout engagement fait contre l'avantage des intérêts ecclésiastiques.* » (*Décret. Grég.* IX, II, XXIV, 27). « *Nul n'est obligé de tenir sa promesse (fidelitatem servare) avec des excommuniés jusqu'à ce qu'ils soient réconciliés avec*

Jérôme de Prague, disciple de Jean Huss (1378-1416), partage le destin de Jean Huss, à Constance.

En 1421, Jean Ziska (1380-1424), le héros de la Bohême, chef militaire des Hussites pour venger la mort de Huss, persécute la secte des Bégards (illuminés) ; les uns sont brûlés, les autres massacrés.

En 1431, Jeanne d'Arc (*Biog. p. 93*), la protectrice inspirée de la France, est brûlée vive à Rouen, comme hérétique et sorcière, sur la sentence du clergé, vendu aux Anglais (II).

En 1488, tous les habitants du Val-Louise sont asphyxiés dans une grotte par le légat du Pape. 3.000 Vaudois périssent.

En 1498, Jérôme Savonarole (*Big. p. 93*) est pendu pour sédition et hérésie à Florence, et son corps est brûlé. Ses adhérents subissent le même sort.

En 1504, Christophe Colomb est persécuté par l'Inquisition, et en 1506, le roi Ferdinand le laisse mourir à Séville, dans le dénûment et le chagrin.

En 1525, Jean Leclercq est brûlé vif pour avoir prêché l'Évangile à Metz ; Jacques Parent et Louis Berquin subissent le même sort à Paris. On perce la langue à ce dernier, afin qu'il ne puisse parler à sa dernière heure.

En 1528, Patrick Hamilton est brûlé, en Ecosse, pour adhésion à la « sale hérésie de Luther ».

En 1532, Thomas Belney, ami de Latimer, est brûlé pour s'être converti au protestantisme.

En 1534, en Ecosse, près de Luth, les évêques brûlent deux Écossais pour hérésie.

Dans la même année, vingt hommes et une femme sont brûlés vifs, à Paris, pour avoir imprimé ou vendu des livres de Luther.

---

l'Eglise. » (*Décret II, caus. XV. Quaest VI, 4, 5*). Ce décret est du Pape Grégoire VII, et se rapporte dans l'origine, aux serments de fidélité prêtés par les vassaux à leurs seigneurs féodaux ; mais l'interprétation en est plus large, et elle est exprimée plus laconiquement par Innocent III : « *On ne doit pas tenir la foi (fides), envers ceux qui ne la tiennent pas envers Dieu.* »

En 1535, en Angleterre, quatorze personnes de la religion réformée sont brûlées pour avoir rejeté le dogme de la transsubstantiation, et plusieurs ecclésiastiques, qui avaient approuvé ce rejet, y compris l'évêque de Rochester, M. Fisher et sir Thomas More sont exécutés.

En 1536, William Tyndal est étranglé et son corps brûlé, pour avoir traduit les Saintes Ecritures.

En 1539, plusieurs personnes, ayant fait gras le vendredi, périssent sur le bûcher, à Paris.

En 1545, à l'instigation du cardinal de Tournon, trois mille hérétiques vaudois sont massacrés ou brûlés dans leurs habitations ; six mille six cents condamnés aux galères, le reste dispersé dans les bois et les montagnes où la plupart meurent de faim et de misère ; il ne demeure pas une maison, pas un arbre à quinze lieues à la ronde.

A Mérindol, il ne reste dans la ville qu'un idiot ; on le fusille. A Cabrières, on enferme huit cents femmes dans un grenier rempli de paille et l'on y met le feu. Et, comme elles cherchent à se sauver par les lucarnes, on les rejette dans le feu à coups de pique.

En 1546, Etienne Dolet (*Biog. p. 93*) est brûlé comme hérétique, à Paris.

Dans la même année, l'héroïque Anne Askew périt pour avoir embrassé la religion réformée. Bonner la condamne à la roue ; tous ses membres sont rompus, et elle est ensuite brûlée vive, refusant toujours d'abjurer, avec quatre autres personnes, à Smithfield. George Wishast est exécuté à Saint-Andrews, à la demande du cardinal Bratonn, qui assiste à son supplice du haut de son château, où il est ensuite lui-même assassiné.

En 1556, périssent Jean Escalle et Pierre Lavaux, à Toulouse, avec plusieurs autres, pour crime d'hérésie.

En 1557, les prêtres du Plessis sortent de leur repaire de la rue Saint-Jacques, à Paris. Ils ont flairé, par espionnage, une réunion de protestants, un peu plus loin. La foule idiote s'ameute, se rue ; il y a là trois cents personnes, hommes et femmes, écoutant des prêches ou chantant des cantiques. On tue. Les femmes sont jetées dans les cachots du Châtelet. Partout, on entend : « Mort aux luthériens !!! » Des prêtres poussent le cri, l'apprennent aux imbéciles, paient des gens pour le proférer.

En Angleterre, pendant plus de quatre ans, sous le règne de Marie Tudor (1553-1558), deux cent quatre-vingt-quatre personnes périssent sur le bûcher, y compris des femmes, des enfants, et les évêques Bonner, Gordiner et autres conduisent personnellement la persécution. Hooper, Ridley, Rogers et Crammer sont brûlés, pour avoir nié la suprématie des papes et la transsubstantiation. Des remerciements publics sont adressés pour la restauration du catholicisme à Marie Tudor qui est surnommée : « *Défenseur de la foi.* »

En 1560, Palissy, le créateur de la céramique en France, est arrêté pour hérésie ; il aurait été condamné au bûcher sans son habileté comme potier, qui lui gagne des protections. Il est cependant arrêté de nouveau et emprisonné à la Bastille où il meurt.

En 1562, le duc de Guise passe par Vassy, en Champagne. C'est un dimanche ; il s'y arrête pour entendre la messe. Les chants d'un millier de protestants, réunis dans une grange voisine, arrivent jusqu'à lui. Alors toute sa suite se jette sur ces malheureux sans armes, en tue soixante et en blesse plus de deux cents, sans distinction d'âge ni de sexe.

Les curés couvrent d'éloges les assassins. Ils comparent le duc à Moïse exterminant « tous ceux qui ont ployé le genou devant le veau d'or ». Les temples protestants sont détruits et les huguenots massacrés, à Paris, à Senlis, à Amiens, à Meaux, à Tours et dans beaucoup d'autres villes.

De 1563 à 1568, trois mille réformés périssent aussi dans le Midi.

Le 29 août 1572 éclate l'énorme attentat demeuré fameux : « LA SAINT-BARTHÉLEMY. »

Charles IX cède aux objurgations de sa cruelle mère, l'infâme Catherine de Médicis. Elle organise pour son royal fils une chasse digne de lui :

« Qu'on n'épargne personne !
« C'est Dieu, c'est Medicis, c'est le Roi qui l'ordonne. »

On marque d'une croix blanche les demeures des protestants, et quand, à trois heures du matin, la cloche de Saint-Germain-l'Auxerrois donne le signal, des bandes d'aventuriers, armés par les prévôts des marchands et conduites par des gentilshommes se ruent dans les maisons. L'amiral de Coligny (1) est assassiné le premier, par un Bohémien du nom de Besme, à la solde du duc de Guise. Dans la cour de l'hôtel, les ducs de Guise, d'Aumale et d'Angoulême, attendent.

— As-tu fini ? crie le premier.
— C'est fait, répond l'assassin.
— Eh bien ! jette-le par la fenêtre.

Ainsi est fait, et quand le corps de l'amiral tombe, Henri de Guise se penche vers lui et le frappe au visage à coups de botte. Un des chefs de la bande, M. de Tavannes, court par les rues, de groupe en groupe, en criant : « *Saignez ! saignez !* les saignées d'août sont aussi bonnes que celles de mai. »

Peu de protestants échappent ; le vicomte Caumont de La Force ne doit son salut qu'à l'idée qu'il a eue de faire le mort sur les cadavres de son père et de ses frères, dans une mare de sang.

Le roi lui-même, des fenêtres de son palais du Louvre, réjouit ses yeux du spectacle de cette fête aux flambeaux, et amuse ses loisirs à arquebuser ses

---

(1) Chef du protestantisme français, première victime de la Saint-Barthélemy. Son cadavre, jeté par la fenêtre et traîné par les rues est pendu à Montfaucon, par les cuisses, avec des chaînes de fer. Charles IX va l'y insulter, après avoir attiré l'amiral à sa cour, par d'hypocrites protestations d'amitié.

sujets aux abois, que d'infatigables limiers chassent à sa portée.

Les dames de l'entourage de Catherine de Médicis, toutes plus ou moins prostituées, rient comme de petites folles, avec force plaisanteries, de la nudité des victimes.

Les curés de Paris organisent des pèlerinages au gibet de Montfaucon, où les cadavres demeurent pendus jusqu'à complète décomposition ; Charles IX s'y rend en personne, près du corps de l'amiral de Coligny ; « aucuns qui estoient avec lui, dit Brantôme, bouchoient le nez à cause de la senteur, dont il les en reprist, et leur dit : « Je ne le bouche comme vous autres, car l'odeur de son ennemi est toujours très bonne ». Il fit même conduire les sept enfants de l'amiral auprès du cadavre de leur père pendu, afin qu'ils soient pénétrés d'un « exemple salutaire ». L'aîné, âgé de quinz ans, pleure toutes ses larmes ; quelques-uns, sans comprendre, ont envie de rire ; mais le plus jeune regarde fixement et dit : « Je ne pleurerai ni ne rirai ; je prie Dieu qu'il nous venge. »

La fureur de la Saint-Barthélemy gagne la province. On égorge à Meaux, à Rouen, à Toulouse, à Saumur, à Troyes, à Bourges, à Lyon, à Bordeaux. C'est l'évêque Bauffrément, à Troyes, qui fait décider le massacre par un conseil réuni en son palais. A Lyon, les confréries de pénitents assomment en masse les huguenots enfermés à l'archevêché et dans les couvents, puis s'emparent de leurs biens. Les cadavres sont précipités dans le Rhône. Comme la ville de Bordeaux reste calme, le jésuite Auger va dire aux habitants que saint Michel a ordonné et aidé les « Matines d'août » à Paris, et il leur reproche leur inaction ; aussitôt le carnage s'organise, et 1.500 protestants sont tués une nuit dans leurs maisons (1).

---

(1) L'histoire nous a conservé la fière réponse du vicomte d'Orte, commandant de Bayonne à Charles IX, qui lui avait

Le nombre de victimes de la Saint-Barthélemy n'a pas été établi d'une manière certaine, car ce massacre fut une orgie de sang à travers toute la France. Les historiens s'accordent pour admettre une moyenne de 26.000 morts, dont 5.000 pour Paris.

La foule, avec cette brutalité qu'on retrouve aux jours de révolution dans les bas fonds de la société, continue de tuer jusqu'en septembre. Les huguenots seuls ne sont pas atteints : on se débarrasse d'un ennemi, d'un rival, d'un créancier. On tue même alors pour voler.

*_**

Le massacre de la Saint-Barthélemy engage la responsabilité de plusieurs papes, et particulièrement de Pie V et de Grégoire XIII.

Pie V, selon l'expression du très modéré historien Henri Martin, a « *appelé* » et « *préparé* » le jour de l'*infâme extermination*. » (1).

Grégoire XIII, qui a succédé à Pie V, ne se montre ni moins fanatique ni moins féroce. Il écrit à Charles IX une lettre de félicitations et lui envoie une rose d'or. Il l'exhorte en même temps à persévérer dans une mesure aussi pieuse et aussi salutaire jusqu'à ce qu'il ait entièrement purifié d'hérésies blasphématoires son royaume autrefois si religieux. A la tête du Sacré-Collège, il va processionnellement remercier Dieu aux églises de Saint-Marcel et de la Minerve ; le canon tire au château de Saint-

---

ordonné de faire massacrer les protestants. Cette réponse mérite d'être reproduite ; la voici ;

« Sire,

« J'ai communiqué le commandement de Votre Majesté à ses fidèles habitants et gens de guerre de la garnison. Je n'y ai trouvé que bons citoyens et braves soldats, mais pas un bourreau. C'est pourquoi eux et moi supplions très humblement Votre Majesté de vouloir employer nos bras et nos vies en choses possibles ; quelques hazardeuses qu'elles soient, nous y mettrons jusqu'à la dernière goutte de notre sang ».

(1) En récompense de son infamie, il fut canonisé en 1713.

Ange ; des feux de joie sont allumés dans toutes les rues de Rome. Le Pape ne s'en tient pas là : il fait représenter dans un tableau, que tout le monde peut voir au Vatican, les scènes sanglantes qu'il a provoquées. Ce tableau, peint par Vasari, porte pour inscription : *Pontifex Colignii necem probat* (*Le Pontife approuve le meurtre de Coligny*). Il fait plus, et pour que personne n'en ignore, il fait frapper en or, en argent et en bronze, une médaille commémorative, qui se trouve dans tous les cabinets de numismatique, et même à Paris, à la bibliothèque de Richelieu. Elle représente, d'un côté, le buste du pape sous le camail et couvert d'une calotte. On lit autour du buste: *Gregorius XIII, Pontif. Max. Anna I*. Sur le revers, on voit l'ange exterminateur, tenant la croix d'une main, le glaive de l'autre et massacrant un grand nombre de guerriers. Elle a pour exergue: *Hugonotorum strages* (*Massacre des Hugnenots*). Enfin sur la porte de l'église Saint-Louis, il fait mettre une inscription célébrant la victoire remportée par Charles IX, roi de France, « *grâce aux conseils et aux prières du Saint-Siège* ». Ce même Pape reçoit joyeusement la tête de l'amiral Coligny que lui a envoyée dévotement sa complice, Catherine de Médicis.

⁂

Les atrocités de la Saint-Barthélemy ne peuvent cependant entièrement satisfaire la haine catholique.

Vers la fin du règne de Charles IX, le clergé de Paris institue la *Ligue*, vaste association de catholiques pour dénoncer et traquer les hérétiques, et pour forcer le roi à les poursuivre. Tout pénitent reçoit l'ordre de son confesseur d'entrer dans la Ligue sous peine de se voir refuser l'absolution et d'être damné. Les confréries s'y inscrivent en masse. Mais, dit Michelet (*biog. page 78*), « il fallait l'action fixe de l'évêché et des curés si puissants à Paris. » Dans toutes les églises, moines et curés excitent de plus en plus la foule aux pires violences.

Henri III, qui succède à Charles IX, montre moins de zèle contre les protestants. Les farouches prêcheurs de la Ligue le vouent à la mort et le curé de Saint-Gervais, pour exciter la foule dévote, poignarde sur l'autel une poupée qui représente le roi.

Sixte-Quint monte sur le trône pontifical, en 1585. En signe de joyeux avènement, il fait dresser quatre potences et pendre soixante hérétiques sous ses yeux, au jour même où il est couronné. C'est un avertissement. Il s'acharne à la répression sanglante de la Réforme, particulièrement en France. Il encourage les fureurs et les crimes de la Ligue et de ses chefs, les Guise.

Henri III résiste aux exigences sanguinaires de Sixte-Quint et des ligueurs; il ménage d'abord les Huguenots et finalement fait alliance avec eux contre le duc de Guise qui veut le renverser et le remplacer sur le trône.

Aux Etats-Généraux de Blois, il le fait poignarder ainsi que son frère, le cardinal, meneur terrible des férocités catholiques.

Les Ligueurs, dès lors, curés et moines, demandent sa mort. Le jésuite Boucher prêche à l'église Sainte-Geneviève que « le roi est turc par la tête, allemand par le corps, harpie par les mains, anglais par la jarretière, polonais par le pied, pédéraste par la verge, sodomiste par l'anus, Lucifer par l'âme, et qu'un bon chrétien doit l'assommer comme un loup enragé. »

On trouve l'assassin, un jeune dominicain : Jacques Clément (*biog.*, *p. 461*), qui s'est préparé à l'assassinat par une retraite chez les Jésuites. Jacques Clément achète un couteau qu'il glisse tout nu dans sa manche et il va trouver le roi à Saint-Cloud, se disant porteur de lettres et d'un message. Le roi le reçoit, et tandis qu'il lit une de ces lettres, « le moine tire de sa manche son couteau, dit l'Estoile (1),

---

(1) Pierre de l'Estolle, chroniqueur français, né à Paris (1540-1611),

et lui en donne droit dans le petit ventre, au-dessous du nombril, si avant qu'il laisse le couteau dans le trou. »

Jacques Clément est tué sur l'heure par les gardes et, le lendemain, son cadavre est écartelé devant l'église de Saint-Cloud. La Ligue à Paris, proclame saint et *martyr* le moine régicide. Le clergé fait exposer son portrait à la vénération des fidèles sur les autels de toutes les églises.

⁂

Henri IV, en abjurant le calvinisme, met fin à la Ligue qui, d'ailleurs, s'était déjà perdue par son alliance avec Philippe II, roi d'Espagne; en 1598, il promulgua l'*édit de Nantes*, par lequel il reconnaît les droits des calvinistes et qu'il déclare irrévocable.

L'Eglise n'est pas contente!!! Elle sait patienter quand cela est nécessaire, et elle attend !!!

Le 14 mai 1610, un homme appelé Ravaillac (*Biog. p. 461*), qui vient de se confesser au Père Daubigné, jésuite, passe rue de la Ferronnerie où s'est engagée la voiture d'Henri IV, — il y a de ces fâcheuses coïncidences!!! — et le frappe d'un coup de couteau en plein cœur. — L'Eglise avait patienté pendant 12 ans.

Entre temps, en 1600, Giordano Bruno est brûlé vif à Rome par l'Inquision, après un cruel emprisonnement de plusieurs années (XIX).

En 1619, Vanini est brûlé vif, à Toulouse, sur l'accusation d'athéisme, par suite de son ouvrage intitulé : *Dialogues sur la nature.*

En 1634, Galilée est forcé d'abjurer ses découvertes. Il est emprisonné et meurt aveugle et désespéré (XIX).

Le 22 octobre 1657, Louis XIV, instigué par Mme de Maintenon (1) et les jésuites, révoque à perpétuité l'édit de Nantes.

---

(1) Françoise d'Aubigné, née en 1635, à Niort, épouse Scarron, le poète burlesque, qui était vieux, difforme et perclus. Devenue veuve en 1660, elle entre, en 1669, chez Mme de Montespan, en qualité de gouvernante des enfants

On interdit aux protestants l'exercice public de leur culte. On ordonne à leurs ministres de quitter le royaume dans les quinze jours, et on défend aux autres protestants de les suivre sous peine de galères pour les hommes et de confiscation de corps et de biens pour les femmes.

Le clergé paie cette abominable iniquité au prix de douze millions. A cette générosité sacrilège qui achète le sang de milliers de réformés, le clergé ajoute une ignoble flagornerie : il décerne à Louis XIV le *sobriquet* de *Grand*.

Oui, c'est bien là un *sobriquet*, car Louis XIV n'était ni un *grand roi*, ni un *roi grand*.

Pendant que la France agonisait, épuisée par la

---

que celle-ci allait avoir de Louis XIV ; elle finit par supplanter Mme de Montespan, et est mariée secrètement au roi en 1685.

« Louis XIV vieillissait, usé par les débauches et par l'excessive tension de son orgueil trop gonflé. Il était tombé aux mains de cette vieille dévote, encore habile aux bagatelles, mais sèche de cœur et de conscience, qui joue d'abord hypocritement la charité (*Voir ses lettres*), puis bientôt, afin de consolider sa situation, se remet aux mains des Jésuites, et leur prête son concours.

« Ne pas oublier que Louis XIV avait sans cesse besoin d'argent et demandait des subsides au clergé ; que l'Eglise ne donne rien pour rien, c'était en dehors de ses habitudes et contraire à tous ses principes. » (*J. Lermina. Crimes du cléricalisme, p. 48*).

« En 1674, elle achète la terre de *Maintenon* avec les deniers provenant de la libéralité du roi.

« Quand le roi l'épousa, elle avait 50 ans et lui 48. La bénédiction nuptiale fut donnée par Harley, archevêque de Paris, en présence du Père Lachaise et de deux autres témoins.

« Sous l'influence de cette femme, Louis XIV s'abandonna plus que jamais à la dévotion et à l'intolérance. Malgré sa bigoterie, elle ne laissait pas de tirer parti des grâces qu'elle faisait obtenir, et elle en envoyait le prix à son frère d'Aubigné. Le 22 octobre 1681, elle lui écrivait : «108,000 livres, que vous toucherez, me consolent : vous ne sauriez mieux faire que d'acheter une terre en Poitou ; elles vont s'y donner par la fuite des Huguenots. » On préludait à la révocation de l'édit de Nantes. Déjà l'on avait recours au logement des gens de guerre. » (*Rulhière. Eclaircissements sur la révocation de l'édit de Nantes, 1788, t. I, p. 312.*)

pieuvre royale, Louis XIV, au milieu des splendeurs de Versailles, recevait, assis sur sa chaise percée, la fleur de la noblesse française.

Les soldats, les blessés, les prisonniers, le peuple entier mouraient de faim et de misère. Mais Louis XIV, ce gnome à perruque (il n'avait pas cinq pieds), grêlé comme une écumoire, avec une fistule dans le nez, et une autre... autre part, ce goinfre insatiable s'empiffrait perpétuellement, entre une purgation et un clystère (*Voir Dangeau, le journal de Fagon, la lettre de la Palatine*).

Au cours de la scène qui précéda sa rupture définitive avec Mme de Montespan, celle-ci, sur une apostrophe de son royal amant, lui lança cette réplique :

« ... C'est possible ! Mais, en tout cas, je ne puerai jamais autant que Votre Majesté. »

Fénelon, dont on ne peut suspecter le témoignage, écrivait :

« Voici ce que je vois et ce que j'entends dire tous les jours aux personnes les plus sages et les mieux instruites : le prêt manque souvent aux soldats. Le pain même leur a manqué, souvent plusieurs jours ; il est presque tout d'avoine, mal cuit et plein d'ordures. Peut-on punir des soldats qu'on fait mourir de faim, et qui ne pillent que pour ne pas tomber en défaillance ? Ils ravagent tout le pays. Les peuples craignent autant les troupes qui doivent les défendre que celles des ennemis qui veulent les attaquer. Nos places, qu'on a cru les plus fortes, n'ont rien d'achevé. Chaque place manque même de munitions. Le fond de toutes les villes est épuisé. On en a pris pour le roi les revenus de dix ans d'avance, et on n'a point honte de leur demander, avec menaces, d'autres avances nouvelles, qui vont au double de celles qui sont déjà faites.

« Les Français qui sont prisonniers en Hollande y meurent de faim faute de payement de la part du roi. Nos blessés manquent de bouillon, de linge et de médicaments ; ils ne trouvent pas même de retraite...

« On entend dire aux soldats dans leur désespoir que si les ennemis viennent, ils poseront bas les armes... Les intendants font, malgré eux, presque autant de ravages que les maraudeurs. Ils enlèvent jusqu'aux dépôts publics... On ne peut plus faire le service qu'en escroquant de tous côtés. C'est une vie de bohêmes et non pas de gens qui gouvernent. Il paraît une banqueroute universelle de la nation. La nation tombe dans l'opprobre ; elle devient l'objet de la dérision publique. Les ennemis disent hautement que le gouvernement d'Espagne que nous avons tant méprisé, n'est jamais tombé aussi bas que le nôtre. » *(Fénelon, Mémoires 1710).*

Voilà où l'on en était grâce aux exactions de la royauté. La race dégénérait sous l'effet des privations, et c'est alors que les Anglais, plaisantant implacablement les malheureux paysans chétifs et rabougris, les appelaient : « *ces grenouilles de Français !* »

Jamais peuple ne fut aussi misérable, aussi dénué que le peuple de France, au milieu de ce que l'on est convenu d'appeler *les splendeurs du grand règne.*

⁎
⁎ ⁎

Rappelons ici les actions de grâces et les cris de joie du chef des évêques, le plus puissant de tous, glorifiant Louis XIV pour ce crime de lèse-humanité qu'était la révocation de l'édit de Nantes.

« Publions, s'écrie Bossuet (*biog.*, *p.* 9), publions ce miracle de nos jours ; faisons-en passer le récit aux siècles futurs !

« Prenez vos plumes sacrées, vous qui composez les annales de l'Eglise... Hâtez-vous de mettre Louis avec les Constantin et les Théodose.

« L'univers étonné voit dans un événement si nouveau la marque la plus assurée, comme le *plus bel usage de l'autorité*, et le mérite du prince plus reconnu et plus révéré que son autorité même.

« Touchés de tant de merveilles, épanchons nos cœurs sur la piété de Louis-le-Grand. Poussons jusqu'au ciel nos acclamations, et disons à ce nouveau Constantin, à ce nouveau Théodose, à ce nouveau Marcien, à ce nouveau Charlemagne, ce que les six cent trente Pères dirent autrefois dans le concile de Chalcédoine : « Vous avez affermi la foi, *vous avez exterminé les hérétiques ; c'est le digne ouvrage de votre règne ; c'en est le propre caractère.* Par vous l'hérésie n'est plus. »

« Dieu seul a pu faire cette merveille. Roi du ciel, conservez le Roi de la terre, c'est le vœu de l'Eglise, c'est le vœu des évêques. » (*Oraison funèbre du chancelier Le Tellier. Paris, 1744*).

⁎⁎*

Plus de 300.000 Réformés passent la frontière, malgré la police de Louis XIV, et la France catholique voit, par cette émigration, son industrie nationale passer chez les peuples voisins et les enrichir à son détriment (*XX bis*).

Cependant, malgré cette grande émigration, malgré l'appauvrissement de la France, les évêques, par la voix de Bossuet, excitent Louis XIV à persévérer dans ses atroces moyens de contrainte.

« L'on a employé la force à ôter leur religion à ces malheureux idolâtres, disait l'Aigle de Meaux ; maintenant qu'ils n'ont plus aucune foi, n'est-il pas nécessaire de leur en donner une par la force ?... »

C'est alors qu'on met en œuvre ce nouveau mode de conversion que l'on appelle les *missions bottées*, ou conversions par logements ; puis, trouvant ce moyen insuffisant et peu expéditif, on commence cette sanglante croisade connue dans l'histoire sous le nom tristement célèbre de *dragonnades*.

On envoie des militaires — et le plus souvent des dragons — tenir garnison dans les familles protestantes ; ces soudards se livrent à toutes sortes d'excès, ont carte blanche pour battre, piller, saccager, violer !!

Louvois (1) écrit en 1685 :

---

(1) Ministre de la guerre de Louis XIV. Il rétablit l'ordre et la discipline dans l'armée, institue les magasins de vivres

« Sa Majesté veut qu'on fasse éprouver les dernières rigueurs à ceux qui ne voudront pas se faire de *sa* religion ; et ceux qui auront la sotte gloire de vouloir demeurer les derniers doivent être poussés jusqu'à la dernière extrémité. »

Excités par leur douzième général, Charles de Noyelle, les Jésuites sèment partout la terreur ; des dragons accompagnent les *Révérends Pères* ; ils s'établissent dans les maisons des protestants, « pillent les meubles et consomment les provisions. » Les enfants arrachés à leurs mères, les femmes rasées, « flambées comme des poulets », pendues aux arbres de leurs jardins ; les hommes déchiquetés avec des pincettes qu'on a fait rougir au feu, lardés de coups de sabre ou d'épée, gonflés avec des soufflets, plongés dans des ravins ; les jeunes filles profanées, les pasteurs mutilés sur des roues et livrés au gibet ; les cadavres de tant de victimes traînées sur des claies ; les temples démolis et brûlés et des convertisseurs encourageant du haut des chaires la rage des bourreaux, tel est le spectacle horrible dont les fils de Loyola se réjouissent.

Cependant la lutte continue dans les Cévennes. Basville, intendant du Languedoc, demande des renforts. Le comte de Broglie est envoyé à la tête d'un corps d'armée ; il est taillé en pièces par Jean Cavalier (1), le 12 janvier 1703.

Le maréchal de Montrevel, à la tête d'un nouveau corps d'armée, est battu à son tour ; il avait fait brûler d'un coup trois cents protestants dans un moulin.

C'est alors que Basville, désespérant de réduire les protestants par la force, demande et obtient de Louis XIV l'autorisation de recourir à un moyen

---

et d'approvisionnements, les casernes, les hôpitaux militaires, l'hôtel des Invalides, crée le corps des Ingénieurs d'où sont sortis les meilleurs élèves du grand Vauban, des écoles d'artillerie, etc., etc. (*1639-1691*).

(1) Garçon boulanger, chef des protestants des Cévennes appelés Camisards (1670-1740).

d'une barbarie jusqu'alors inconnue dans l'histoire :

Par les ordres du Grand Roi, on détruit par le feu ou par la mine, plus de quatre cents villages protestants peuplés de près de vingt mille habitants.

Les évêques ne peuvent manquer d'applaudir cette monstruosité sans exemple.

Fléchier (1) écrit à Montrevel : « Le projet que vous exécutez est sévère, et sera sans doute utile. Il coupe jusqu'à la racine du mal ; il détruit les asiles des séditieux et les resserre dans les limites où il sera plus aisé de les contenir et de les trouver. »

La Maintenon (*biog, p. 550*), pousse Louis XIV à toutes les lâchetés. Reniant tout ce qu'il avait fait et ordonné, ce despote avili ne tarde pas à déchirer de ses propres mains la déclaration du clergé gallican. Après avoir obligé ses évêques à se désavouer eux-mêmes auprès du pape, l'altier dominateur qui, en 1656 et en 1662, avait contraint Alexandre VII à lui demander pardon, et bravé Innocent IX avec tant d'arrogance, s'humilie, humble, timide et repentant aux pieds d'Innocent XII.

Aussi les affaires de l'Eglise deviennent-elles des plus prospères. L'effectif de l'armée cléricale comprend 40.000 curés, 30.000 vicaires, 16.000 chanoines, 13.000 chantres, 6.000 enfants de chœur, 15.000 chapelains, 20.000 bénédictins, 10.000 bernardins, 10.000 carmes, 40.000 autres religieux rentés, 20.000 capucins, 12.000 autres religieux mendiants, 1.500 ermites et 80.000 religieuses. Soit en tout pour les frocards des deux sexes, sans compter le clergé séculier, 193.500 !!!

Avant 1789, le tiers du sol de la France appartient au clergé. L'estimation de ses biens, faite au nom

---

(1) Evêque de Nîmes. Il a laissé deux volumes de lettres qui paraissent toutes jetées dans le même moule : ni légéreté dans le style, ni finesse dans les pensées ; ce sont des phrases qui n'en finissent plus, et toujours des moralités à perte de vue ; en un mot, c'est moins un homme d'esprit qui parle qu'un évêque qui écrit un mandement (1632-1710).

du comité ecclésiastique, en porte la valeur à 4 milliards, et le revenu à 106 millions, non compris la dîme qui vaut 123 millions, et le casuel, les quêtes et les aumônes.

On compte 800 abbayes d'hommes et 300 abbayes de femmes, plus 600 chapitres. Le nombre des couvents s'élève à 15.000. Certains ordres ont des revenus énormes ; ainsi les Prémontrés, qui ne sont que 400, ont 1 million de revenu ; les moines de Cluny, au nombre de 300, 2 millions de rente ; ceux de Saint-Maur, 8 millions ; le cardinal de Rohan touche 1 million de son évêché de Strasbourg.

Dans plusieurs provinces, le clergé possède la moitié des terres, et dans d'autres, les trois quarts. Les chanoines de Saint-Claude tiennent encore 12.000 serfs mainmortables.

Le duc archevêque de Cambrai a la suzeraineté de tous les fiefs de son duché, qui compte 75.000 habitants. Les 130 évêques et archevêques du royaume ont ensemble 5.600.000 francs de revenu épiscopal et 1.200.000 livres de leurs abbayes, soit en moyenne 50.000 livres de rente chacun, soit 100.000 francs par tête, somme qui correspond à 300.000 francs aujourd'hui.

Quant aux abbayes, l'Almanach royal en indique 33, qui rapportent 25 à 120.000 livres; 27, qui rapportent de 20 à 100.000 livres à l'abbesse.

Cette opulence forme un honteux contraste avec la misère du peuple, misère incroyable, dont la peinture, dans les écrits du temps, fait frémir d'horreur.

Non seulement le clergé ne paie pas l'impôt, mais il en recueille souvent une partie. C'est ainsi que l'évêque de Mende, seigneur de Gévaudan, dispose de toutes les places municipales et judiciaires, et ce à beaux deniers comptants; que le chapitre de Remiremont a la haute et basse justice de 52 seigneuries, qu'il préside 75 cures, confère 10 canonicats, et nomme aussi les officiers municipaux et judiciaires, le tout avec les revenus qui en dépendent, c'est-à-dire la vente des charges, les amendes, les mutations, etc., et ce au grand préjudice du trésor public.

« Il va de soi, dit Boiteau, que les revenus des membres du haut clergé étaient indépendants de ceux qu'ils pouvaient avoir comme seigneurs féodaux et qui leur rapportaient alors des redevances et des profits de toute sorte. » (*Boiteau. État de la France en* 1789).

Philippe-le-Bel a l'audace, le premier, de toucher à cette arche sainte des biens de l'Eglise; il lève le cinquième des revenus ecclésiastiques; François Ier, plus audacieux encore, lève jusqu'aux quatre dixièmes de ces revenus; sous Louis XIV, le clergé se laisse imposer de *douze millions*, mais il a soin de stipuler qu'il ne fait de cette somme qu'un don gratuit Louis XV, par son édit de 1750, impose au vingtième les biens du clergé. Grandes plaintes et lamentations des prêtres, plaintes maladroites qui provoquent l'évaluation de ces biens, dont le chiffre était resté inconnu jusqu'alors.

⁎
⁎ *⁎*

En Angleterre et en Ecosse seulement, on estime que *plus de deux millions* d'êtres humains sont emprisonnés, pendus, brûlés, noyés, décapités et torturés pour leurs opinions religieuses, en un peu plus de deux cents ans; et, dans la dernière moitié du XVIIe siècle, on exécute comme *sorciers* pas moins de *trois mille deux cents* personnes.

Sous le règne de Charles II (1660-1685), Sharpe, archevêque de Saint-Andrew, inventeur de l'instrument de torture appelé *la botte*, remplit les prisons d'hommes et de femmes qui sont torturés et exilés ensuite pour cause d'hérésie. C'est courir à la mort que de prêcher dans les campagnes, et une compagnie de soldats brutaux, commandée par Turner, inflige les plus horribles souffrances aux protestants.

En Belgique, les dispositions de Charles-Quint, en matière de foi, font décapiter, noyer, pendre, enterrer vives ou brûler, de l'an 1526 à 1565, environ 50.000 personnes d'après la plupart des auteurs (100.000, suivant Grotius). Le duc d'Albe (1) avoue que, sous son gouvernement, 16.000 Belges ont péri de la main du bourreau, et qu'il a confisqué aux protestants pour huit millions de ducats de revenus annuels.

*_**

Vers le milieu du XVIIe siècle, les catholiques irlandais égorgent 150.000 réformés de tout âge et de tout sexe. Le Jésuite O'Mahony publie alors à Lisbonne les lignes suivantes qu'il adresse à ses compatriotes:

« Mes chers Irlandais, tuez, tuez tous les hérétiques et tous ceux qui les défendent. Vous avez, de l'année 1644 à l'année 1645, en laquelle j'écris, tué 150.000 hérétiques, comme vos ennemis le reconnaissent, et ne le niez point. Pour moi, comme je suis fortement persuadé que vous en avez tué davantage, je souhaiterais que vous les eussiez tués tous. C'est ce que vous devez faire, ou les chasser tous d'Irlande, afin que notre pays ne soit plus infecté d'une race inconstante, barbare, ignorante et sans foi »,

*_**

On a fait le relevé de l'*œuvre de l'Inquisition* en Espagne, et l'on a trouvé qu'elle a fait brûler vifs, de l'an 1481 à 1808, en 327 ans, 34.658 personnes 106 par an, en moyenne). Elle en a condamné 288.214 aux galères et à la prison. Elle en a réduit plus de 200.000 à se trouver déshonorées jusque dans leur postérité par le port ignominieux du *sanbenito (vêtement mortuaire)*; 18.049 ont été brûlées en effigie.

Des autodafés d'hérétiques avaient lieu aux ma-

---

(1) Gouverneur de Charles-Quint et de Philippe II dans les Pays-Bas, célèbre par ses cruautés (1508-1581).

riages royaux, le roi et la reine étant assis sur l'estrade, les condamnés vêtus de hideux costumes avec de hautes coiffures de papier sur lesquelles se trouvaient peints des diables et des tortues. La musique accompagnait la cavalcade, et la messe était célébrée en présence de la foule. Le Grand Inquisiteur complétait cette scène criminelle et blasphématoire en apportant les Evangiles relatant la vie du Christ.

En Andalousie, en une seule année, on fait périr 2.000 Juifs, sans compter 17.000 qui subissent des châtiments moins horribles que le bûcher.

Un grand nombre d'entre eux sont brûlés vifs pour faire honneur au mariage d'un comte de Pampelune.

En 1611, les Maures sont chassés d'Espagne au nombre de *un million*. Plus de 100.000 sont mis à mort à la demande de l'archevêque de Valence, qui ordonne au gouvernement de les détruire « comme David avait détruit les Philistins, et Saül les Amalécites ».

Les princes de la maison de Bourbon, parvenus au trône d'Espagne, n'arrêtent pas les crimes de l'Inquisition. Ils s'en servent, au contraire, contre les Jansénistes, les francs-maçons, les philosophes ; et c'est Napoléon qui abolit l'institution comme *attentatoire à sa souveraineté*..

Barthélemy Las Casas (*biog. p. 292*) porte, dans son mémoire sur *la Destruction des Indes* adressé à Charles-Quint, à *quinze millions* le nombre de victimes qu'a fait périr en Amérique le fanatisme qui servait l'ambition et l'avarice des Espagnols.

Nous pourrions écrire encore dix volumes sur ce sujet, qui est loin d'être épuisé, mais nous devons nous borner. Les faits que nous venons de citer parlent assez haut et suffisent amplement, nous le pensons, à l'édification de nos lecteurs.

—Vieilles histoires ! nous objecteront peut-être de

âmes naïves. Pourquoi rendre la religion responsable de la férocité des hommes? L'Eglise n'est pas plus responsable de toutes les horreurs qu'on lui reproche, qu'une mère l'est des fautes, des méfaits des crimes de ses enfants.

A quoi sert d'ailleurs de s'indigner des crimes d'un fanatisme qui n'est plus de notre temps? Est-ce que les lumières actuelles et l'adoucissement général des mœurs permettraient, même aux plus exaltés et aux plus audacieux de nos jours, de renouveler les persécutions religieuses, et n'est-il pas sage d'en couvrir la mémoire d'un voile, plutôt que de les exhumer comme un avertissement donné à un siècle qui n'en a que faire?

— On pourrait admettre ce langage, si le fanatisme chrétien avait été semblable au fanatisme des autres cultes. Mais il n'en est rien. Beaucoup de religions n'ont jamais persécuté. Le Bouddhisme a souffert persécution et n'a point persécuté. La religion de Confucius n'a point persécuté. La religion de Lao-Tseu n'a point persécuté. Un grand nombre de religions ont été persécutrices par accès, à de rares intervalles, et contrairement à leur caractère. Ainsi la Grèce a condamné Socrate (*biog.*, *p. 185*), et c'est le seul acte d'intolérance qu'on lui reproche (1). La religion chrétienne, au contraire, est la seule qui, tant qu'elle a été libre et souveraine, depuis Constantin jusqu'à la Révolution française, a *toujours* persécuté, *partout* persécuté, a *mille fois plus persécuté*, à elle seule, que toutes les autres religions ensemble. Qu'en conclure, sinon que son esprit est un esprit persécuteur et que le fanatisme est de son essence? Oui, avec la doctrine de la damnation éternelle et le précepte évangélique du *Compelle*

---

(1) Il faut remarquer que la condamnation de Socrate avait un caractère politique plutôt que religieux. On le frappait, non pas à cause de ses opinions elles-mêmes, mais parce qu'on en redoutait l'effet sur le patriotisme local ou national des Grecs, parce qu'on craignait qu'en ébranlant la foi aux dieux de la cité, elles ne contribuassent à rendre les Athéniens plus faciles à la défaite.

intrare, tout chrétien logique est et doit être persécuteur.

Saint Dominique, Pie V (1), Philippe II (2) Torquemada (*biog.*, *p. 145*), Charles IX, étaient des chrétiens logiques (3). Les faits le crient...

L'Eglise se prétend l'unique dépositaire de la vérité absolue; elle la détient, par faveur spéciale, par une révélation qui, depuis près de deux mille ans, n'a point cessé et se continue par la bouche des papes, grands vicaires de Dieu sur la terre. Hors de l'Eglise point de salut! Elle seule peut conduire les âmes dans le chemin du ciel. Elle est une bonne mère et, à tout prix, elle veut nous sauver, même malgré nous. Elle a reçu du Christ la mission de poursuivre l'erreur, de contrôler toute pensée humaine, et de contraindre les rebelles par la violence, de les éclairer, malgré qu'ils en aient, fût-ce à la lueur des bûchers. Telle est la doctrine dans toute sa rigueur et dans toute sa logique.

Et c'est cette doctrine qui a amené l'Eglise à prendre le contre-pied de la doctrine qu'elle prétend prêcher, de la doctrine d'amour, de justice et de sincérité. Un despote ne peut pas être moral, parce que pour lui les droits d'autrui n'existent pas...

L'Eglise ne peut donc admettre la contradiction. La manifestation de toute foi contraire l'irrite et

---

(1) C'est ce pape (1566-1572), ce barbare inquisiteur, qui excite Philippe II à commettre ses crimes nombreux, y compris le meurtre de son propre fils Don Carlos. C'est ce pape qui encourage l'Empereur à rompre la trêve avec les Turcs, sous prétexte que *nul n'est tenu à garder serment ou promesse avec les infidèles;* c'est ce pape aussi qui trempe dans un complot ourdi contre la vie de la grande Elisabeth d'Angleterre.

(2) Fanatique odieux, cruel, sanguinaire, s'allie avec les *Ligueurs* dans l'espoir de voir un Espagnol occuper le trône de France (1527-1598).

(3) Il ne faut point confondre deux choses si diverses, le christianisme de Jésus et le christianisme dogmatique. Le fond du christianisme de Jésus est la charité dans la foi; le fond du christianisme dogmatique est la férocité dans l'orgueil.

l'excite à la violence aussi Jean-Jacques Rousseau (*biog. p. 287*) a pu dire avec raison :

« Il est impossible de vivre avec des gens qu'on croit damnés ; les aimer serait haïr Dieu, qui les punit ; il faut absolument qu'on les ramène ou qu'on les tourmente. »

Pendant quinze siècles, la foi s'est propagée comme un incendie. Ses apôtres ont été des Inquisiteurs, les bûchers ont été ses étapes. Pendant quinze siècles, on a supplicié les hérétiques, brûlé les Juifs, torturé les sorcières. Pendant quinze siècles, ces horreurs se sont multipliées sur presque toute la surface du globe, en France, en Italie, en Allemagne, en Espagne, dans l'Inde, en Amérique ; avec la croix elles ont paru à Goa ; avec la croix elles se sont implantées au Mexique ; avec la croix elles ont envahi le Pérou ; pendant quinze siècles, ces œuvres de démence se sont accomplies régulièrement, périodiquement, au grand jour, sur les places publiques, par l'ordre des magistrats légitimes, avec l'assentiment de toutes les puissances ecclésiastiques, le concours des ordres monastiques, l'approbation des autorités diocésaines, au son des cloches, au chant des cantiques, au bruit des processions, au nasillement des psaumes, et par suite de la sollicitation expresse des évêques et des papes. Nulle voix n'a protesté, nulle autorité ne s'est interposée, nul concile ne s'est ému, nul désaveu n'est venu de Rome, nulle censure n'est partie de Bâle, de Constance ou de Trente. Qu'on cite un canon, un schéma, un mandement, une bulle, un bref ? Pour enflammer la rage des bourreaux, on en trouvera des millions, nous l'avons vu ; pour la réprimer, pas un.

Oui, pendant quinze siècles l'Eglise est allée à travers le monde son dogme dans une main, un tison dans l'autre, et disant à quiconque avait encore l'insolence de penser : « Crois ou meurs ! »

« Que les hommes croient ou qu'ils meurent ! Que les peuples soient mes esclaves ou qu'ils meurent !

Que l'univers entier soit catholique ou qu'il disparaisse ! »

Le fanatisme est essentiellement persécuteur. Si on le laissait faire, il deviendrait, malgré l'adoucissement des mœurs, aussi cruel qu'il a pu l'être aux plus mauvais jours des temps de ténèbres. Si la flamme a cessé pour un moment de se montrer, le feu n'en couve pas moins sous la cendre. L'Eglise gémit sur sa misère actuelle. Elle maudit les temps néfastes où nous vivons et qui lui permettent de ne conserver la sainte coutume du feu purificateur que pour les livres et les objets (1). *L'Eglise remet quelquefois, par prudence, le glaive dans le fourreau, mais* JAMAIS ELLE NE RENONCE INTENTIONNELLEMENT A CE QU'ELLE CONSIDÈRE COMME SON DROIT. ALORS MÊME QU'ELLE SEMBLE FAIRE DES CONCESSIONS FORMELLES, ELLE SE RÉSERVE MENTALEMENT DE LES ANNULER, A LA PREMIÈRE OCCASION, COMME ARRACHÉES PAR LA NÉCESSITÉ DES TEMPS. SI LES NATIONS ONT LE MALHEUR DE S'ENDORMIR UN INSTANT DANS UNE FAUSSE SÉCURITÉ, ELLES SE RÉVEILLENT GARROTÉES ET BAFOUÉES PAR DESSUS LE MARCHÉ.

« Sanglante par essence, par nature, par raisonnement, écrit M. Lermina, l'Eglise — ses journaux l'avouent — rêve le retour au bon vieux temps des *in pace* et des bûchers. Elle sait que seule la force, si elle en pouvait encore disposer, arrêterait momentanément la décadence dont elle meurt, l'épuisement sénile qui la tue...

---

(1) Le 9 octobre 1862, sur la place publique de Barcelone, et par la sentence de l'évêque de cette ville, on fait un autodafé de 300 volumes d'ouvrages traitant de spiritisme.
En mai 1904, l'archevêque de Séville rend un jugement par lequel il condamne à être brûlés les écrits d'un prêtre nommé *Lazaro* osant critiquer les actes de son Eminence et du journal *El Batuarte*, ayant eu l'insolence d'approuver les attaques du curé antiépiscopal. Mais, grâce à la résistance énergique de la bonne presse espagnole, cet attentat à la liberté de la presse ne put être exécuté.

«• Défiance ! Défiance ! Elle est habile, elle est criminelle et ne recule pas devant les moyens les plus atroces.

« Aujourd'hui, elle soudoie la canaille qui crie : « Mort aux Juifs ! Mort aux protestants ! Mort aux francs-maçons ! Elle est la voix du Dieu d'amour qui respire avec délices le relent des charniers.

« Haine et mépris à l'Église sanglante! » (*(Jules Lermina. Les crimes du cléricalisme*) (1).

---

(1) Le crime d'intolérance et de persécution religieuse peut être légitimement mis à la charge de toutes les communions chrétiennes. Toutes ont leurs pages sanglantes et personne n'ignore combien de sang ont coûté à l'humanité les aberrations du fanatisme et combien sont implacables les guerres de religions ou de sectes... Des mesures d'oppression pèsent encore aujourd'hui sur les Juifs en Russie et en Roumanie ; dans tous les pays protestants, les libres penseurs, les spirites, subissent toutes les persécutions que les sectaires du protestantisme réservent à ceux qui refusent de considérer le mouvement de la Réforme comme le dernier terme de l'évolution philosophique, et Luther et Calvin comme de nouveaux papes dont il faudrait subir l'intolérance et le fanatisme.

Toutefois, il est juste de reconnaître que les églises protestantes avouent leurs péchés passés d'intolérance, et les regrettent profondément. Ainsi, le 1er novembre 1903, l'église réformée tout entière a fait amende honorable et s'est inscrite solennellement contre un acte abominable d'intolérance, la mise à mort de Michel Servet qui déshonora Calvin.

C'est pour déplorer l'exécution de ce malheureux que le protestantisme tout entier s'est uni et a inauguré près de Genève, à Champel, commune de Plainpalais, un monument expiatoire, à l'emplacement même où l'intolérance calviniste brûla, en 1553, le théologien qu'elle avait condamné.

Sur le sable du granit, on a gravé une inscription expiatoire rappelant le crime de Calvin et le condamnant au nom de la liberté de conscience.

Si l'église catholique s'abstient de persécuter, c'est qu'elle n'est pas assez forte pour faire ce qu'elle voudrait ; mais elle maintient toujours le principe de la persécution religieuse, non seulement parce qu'elle n'exprime aucun regret de sa conduite passée, encore moins parce qu'elle ne condamne en aucune façon son ancien système de politique...

Quelle stupéfaction saisirait le monde catholique, si Pie X faisait, par exemple, élever, en face du Louvre, le monument expiatoire de la saint Barthélemy ???

Lors de la publication de l'édit de Nantes, on professait, comme aujourd'hui, des principes de tolérance, sur lesquels on fondait l'espoir d'un heureux avenir. Mais les Jésuites maniaient la conscience de Louis XIV, qui n'eut, à son heure de crépuscule, d'autre religion que la crainte de l'enfer. Le Père jésuite Le Tellier lui persuada que l'édit de Nantes était un acte d'hérésie. L'amant délabré de la veuve Scarron le révoqua d'un trait de plume. Il daigna cependant avoir un doute à son lit de mort ; il dit au Père Le Tellier : « Vous en répondrez devant Dieu ! »

Le Père Le Tellier a conseillé le crime sans doute, mais il a le clergé tout entier pour complice. Bossuet (*biog. p. 9*), nous l'avons vu précédemment, l'a glorifié, Fénelon (1), l'a approuvé, Fléchier (*biog. p. 556*), Massillon (2), l'abbé Tallemand de l'Académie, l'ont applaudi.

« J'ai lu les lettres des évêques, écrit Rulhière ; elles font frémir ». L'insupportable péronnelle qu'est la Sévigné (3), s'écrit à elle-même, en parlant de la Révocation : « C'est la plus grande et la plus belle chose qui ait été imaginée et exécutée ». « Les terres se donnent pour rien », constate la même dame de Sévigné, qui est loin d'être ennemie de douces spéculations.

---

(1) Archevêque de Cambrai, un des plus éloquents écrivains et des plus hardis penseurs de la France, *quand, oubliant qu'il est prêtre, il s'abandonne à la raison*. Auteur du *Télémaque*. Fénelon fut le précepteur du duc de Bourgogne, fils de Louis XIV. (1651-1715).

(2) Un des plus grands orateurs de la chaire française (1663-1742).

(3) Rien à dire de ses lettres dont la lecture n'est point à recommander aux jeunes gens. Madame de Sévigné écrivait à sa fille tout ce qui se passait à Paris. Elle avait ses lettres d'historiettes et de bons mots dont quelques-unes en faisant sourire l'esprit, peuvent alarmer la modestie ; et l'on ne saurait trop étendre les bornes du respect que l'on doit au premier âge (*Maxima debetur puero reverantia*) (1626-1696).

La Maintenon (*biograp. p. 550*) se contente de spéculer sur les terrains que les persécutés étaient contraints, pour s'enfuir plus vite, à vendre à vil prix.

Le maréchal Vauban (1) a seul le courage de dire au roi qu'il perd son royaume.

« Hélas ! s'écrie Pie VII, le pape dont la mémoire est vénérée parmi les catholiques, nous vivons aujourd'hui dans des temps tellement malheureux et si humiliants pour l'épouse de Jésus-Christ, que de même qu'elle ne peut pas mettre en pratique ces très saintes maximes d'une juste rigueur contre les ennemis et rebelles de la foi, de même, il ne nous est pas convenable de les rappeler.

« Mais de ce qu'elle ne peut pas rappeler son droit de déposer les souverains comme hérétiques et les déclarer déchus du droit de propriété, il ne s'ensuit pas qu'elle doive jamais consentir positivement à se dépouiller elle-même, dans le but de faire accorder à ces mêmes hérétiques de nouvelles souverainetés et de nouveaux biens. Quelle occasion de se moquer de l'Eglise ne fournirait-on pas aux hérétiques mêmes et aux incrédules qui, insultant à sa douleur, diraient qu'on a enfin trouvé les moyens de la rendre tolérante... » (*Essai sur la Puissance des Papes*, t. II, p. 230).

Et pour convaincre les plus incrédules à cet égard,

---

(1) L'un des plus grands hommes que la France ait produits, et qui n'a pas été seulement un militaire plein de bravoure et un officier de génie plein de science, mais surtout un homme d'Etat et un penseur, un cœur animé des plus nobles sentiments d'amour de ses semblables et de compassion pour leurs souffrances. Vers la fin de sa vie, il publia un *Projet de dîme royale* où il demandait l'égalité de l'impôt et qui le fit disgrâcer par Louis XIV.(1633-1707).

voici ce que disait l'*Univers*, ce journal orthodoxe par dessus tout, en s'appuyant sur l'opinion de saint Augustin (*biog. p. 62*). (*Lettre n° 185 à Boniface*) :

« L'Eglise n'a jamais renié cette doctrine ; toute la tradition consacre la légitimité de *l'emploi de la force contre l'erreur*...

« L'Eglise ne tolère pas autrement l'hérésie qu'elle ne supporte la polygamie en Turquie, parce qu'elle n'a pas la force de l'empêcher ».

L'Univers exprimait ensuite le regret qu'on n'ait point brûlé Luther (*biog. p. 251*), Calvin (*biog. p. 417*) et tous les hérétiques récalcitrants de cette époque. Oyez plutôt :

« L'hérésiarque, examiné et convaincu par l'Eglise, était livré au bras séculier et puni de mort. Rien ne m'a semblé plus naturel et plus nécessaire.

« Plus de *100,000 hommes* périrent par suite de l'hérésie de Wiclef (*biograp. p. 251*); celle de Jean Huss (*biog. p. 251*) en fit périr plus encore ; on ne peut mesurer ce que l'hérésie de Luther a fait couler de sang, et ce n'est pas fini. Après trois siècles, nous sommes à la veille d'un recommencement. Pour moi, ce que je regrette, je l'avoue franchement, c'est qu'on n'ait pas brûlé Jean Huss plus tôt et qu'on n'ait pas brûlé Luther ; c'est qu'il ne se soit pas trouvé quelque prince assez pieux et assez politique pour mouvoir une croisade contre les protestants » (*Univers religieux, 1851 à 1856*).

Et cela est signé de feu le rédacteur en chef de ce journal, *M. Louis Veuillot !*

Veuillot appuyait sa doctrine sur des autorités irrécusables et infaillibles ; aussi Rome, si chatouilleuse en fait de doctrine, n'a-t-elle jamais censuré celles de Veuillot et l'a-t-elle toujours tenu en très grand honneur (1).

Les journaux religieux des autres pays émettent

---

(1) « La tolérance est la vertu des siècles sans foi », écrit M. de Falloux dans sa vie de Pie IX.

les mêmes idées avec une absence de vergogne qui étourdit et déconcerte.

Nous avons même eu de l'autre côté de l'Atlantique un M. Byan, archevêque catholique de Philadelphie, qui, dans son organe *The Shepherd of the Valley*, osa écrire les lignes suivantes, toutes pleines de gracieuses perspectives :

« Nous avouons très bien que l'Eglise catholique est intolérante, c'est-à-dire qu'elle met en œuvre tous les moyens en son pouvoir pour exterminer l'hérésie ; mais son intolérance est la conséquence logique de son infaillibilité. Seule, elle a le droit d'être intolérante, parce que seule elle possède la vérité. L'Eglise tolère les hérétiques là où elle est bien forcée de le faire ; mais elle leur voue une haine mortelle et emploie toute sa puissance à préparer leur anéantissement. Lorsque viendra le jour où les catholiques auront dans notre pays une force suffisante, et ce jour arrivera certainement, bien qu'il puisse se faire longtemps attendre, il faudra en finir avec la liberté des cultes dans les Etats-Unis. Nos ennemis savent bien que nous n'avons pas la prétention d'être meilleurs que notre Eglise dont l'histoire est là pour ouvrir les yeux au monde. Ils savent, par conséquent, comment l'Eglise a agi au moyen âge envers les hérétiques et comment elle en use de nos jours partout où elle en a le pouvoir...

« Nous ne cherchons pas plus à nier ces faits historiques qu'à blâmer les saints prélats et les princes de l'Eglise pour ce qu'ils ont fait ou approuvé en ces matières » (*Schweizerische Lehrer-Zeitung von Frauenfeld*, n° 481, 29 Décembre 1881).

Telles sont les théories riches en promesses, du doucereux *Berger de la Vallée*.

Voici maintenant ce que pense, sur le même sujet, M. Charles Périn, ancien professeur à l'Université catholique de Louvain :

« La supériorité de l'Eglise à l'égard de l'Etat, le devoir d'assistance imposé au pouvoir temporel envers le pouvoir spirituel, se trouvent mis, pour les catholiques, au-dessus de toute contestation, par la bulle *Unam Sanctam*, de Boniface VII. La passion libérale s'est donné carrière sur ce document célèbre. Quoi qu'on ait dit et quoi qu'on puisse dire, la bulle *Unam Sanctam* est une de ces décisions souveraines du Pape infaillible auxquelles les catholiques sont tenus de se soumettre, en les prenant dans leur sens naturel et sans en réduire la portée.

« Que contient la bulle du pape Boniface VIII ?

« Elle dit : «« L'Eglise a deux glaives : le glaive spirituel et le glaive matériel.

«« Le glaive spirituel et le glaive matériel sont donc l'un et l'autre en la puissance de l'Eglise ; mais le second doit être employé pour l'Eglise et le premier par l'Eglise.

«« Celui-ci est dans la main du prêtre ; celui-là dans la main des rois et des soldats, mais sous la direction et la dépendance du prêtre. L'un de ces glaives doit être subordonné à l'autre et l'autorité temporelle doit être soumise au pouvoir spirituel... Ainsi *toute créature humaine doit être soumise au Pontife Romain;* et nous déclarons, affirmons, définissons et prononçons que cette soumission est absolument de nécessité de salut »».

Tel est le langage du Pape. Telle est son audacieuse déclaration de guerre à la société.

M. Périn la commente comme suit :

« Telle est la vérité ! Dieu nous garde de la taire ou de la trahir en l'atténuant !

« Le monde reviendra-t-il à la parole pontificale ou bien s'obstinera-t-il à la renier, jusqu'à ce que ses révoltes l'aient conduit à l'erreur totale ou au désordre irrémédiable ? Nul parmi les hommes ne le sait. Mais ce que nous tous catholiques nous devons savoir, c'est que notre devoir est de rappeler, sans nous lasser, ces vérités de salut social. A l'Eglise, qui a reçu d'en haut la grâce du Gouvernement Providentiel, à elle seule il appartient de décider de la mesure et du moment, pour l'application de la doctrine...

« Lorsqu'elle commandera, notre obéissance, avec l'aide de Dieu, sera prompte et entière ». (*Charles Périn. Lois de la société chrétienne*, pp. 103 et 186).

Le *Manuel de Théologie*, dans l'exposé du droit de répression de l'Eglise, est un vrai code du *Saint-Office*. Ecoutez :

« I. Il faut tenir que l'Eglise a reçu de Dieu le pouvoir de contraindre et de réprimer ceux qui s'écartent obstinément de la vérité, non seulement par des peines spirituelles, mais encore par des *peines temporelles et corporelles*, c'est-à-dire, par la *confiscation des biens*, par *des amendes*, par *la prison*, par *la flagellation*, par *la torture*, par *la mutilation* et *la mort*.

« II Tous les théologiens et canonistes admettent que le droit de glaive appartient au moins médiatement aux pasteurs de l'Eglise, c'est-à-dire en ce sens *qu'ils peuvent exiger des princes séculiers d'appliquer la peine de mort aux adversaires de l'Eglise, si l'intérêt de l'Eglise le demande* ». (*Manuel de Théologie* t. I. p. 400). (1)

Voilà ce que l'on enseigne dans tous les séminaires de France, dans tous les séminaires catholiques.

En 1866, le Pape Pie IX béatifie Pierre d'Arbices, inquisiteur, qui a fait périr dans les tortures les plus horribles dix à douze mille hérétiques.

Il y a quelque cinq ans, un moine, nommé Monsabré, glorifie Torquemada (*biog. p. 145*), et l'Inquisition du haut de la chaire de *Notre-Dame*.

Plus récemment encore, le Père Didon, dans une retentissante harangue à l'occasion d'une distribution de prix, à son collège d'Arcueil, préconise, sans détour, brutalement, les procédés de l'Inquisition pour l'affermissement et l'extension du catholicisme.

A la fête de Dominique, qualifié de saint, l'Eglise vante encore aujourd'hui son génie et sa vertu qui

---

(1) G'est nous qui soulignons.

ont principalement resplendi dans la destruction des hérétiques, *in everteadis hæreticis* (*Bréviaire romain. IV. August*).

Le même bréviaire nous dit ailleurs (*in festo sancti Ferdinandi XXX Mau, édit. Taurin*) que saint Ferdinand a mérité surtout la canonisation « *pour la persécution des hérétiques* ».

« DE SES PROPRES MAINS, IL TRANSPORTAIT LUI-MÊME AU BUCHER LE BOIS POUR LES BRULER », et le bréviaire commande de *prier Dieu pour imiter de si belles vertus*.

Que ceux qui doutent encore, lisent le *Syllabus* de 1864, où Pie IX lance quatre-vingts anathèmes sur tout ce qui nous est cher. Ni la science, ni la conscience, ni la liberté intellectuelle et morale, ne trouvent grâce devant sa fureur de malédiction. Pas une des conquêtes des temps modernes qui ne soit vouée à l'exécration des fidèles.

On y trouve des articles comme ceux-ci :

« Anathème à qui dira : Chaque homme est libre d'embrasser et de professer la religion que les lumières de sa raison lui auront fait considérer comme vraie. (1)

« Anathème à qui dira : Les hommes peuvent, dans n'importe quel culte, trouver la voie du salut éternel et y parvenir.

« Anathème à qui dira : L'Eglise n'a pas le droit *d'employer la force* ; elle n'a aucun *pouvoir temporel direct ou indirect*. (2)

---

(1) C'est sous un nouvelle forme le mot de Grégoire XVI: « La liberté de conscience est une folie ; la liberté de l'impression est une erreur pestilentielle ».

L'imprimerie est damnable, et sous le règne de François Ier, le Père des Lettres, nul livre ne put être imprimé sans l'autorisation ecclésiastique. Le fouet et la pendaison eurent raison des récalcitrants. Trois cents ans plus tard, sous la Restauration de Louis XVIII, les imprimeurs sont encore persécutés et ruinés, à l'instigation de la Congrégation de Saint-Acheul.

(2) Après avoir revendiqué le droit à « l'emploi de la force », le Pape ajoute dans la *Constitution dogmatique de la foi catholique:*

« Anathème à qui dira que les sciences humaines doivent

« Anathème à qui dira : A notre époque, la religion catholique ne doit plus être considérée comme l'unique religion de l'Etat, à l'exclusion de toutes les autres. (1)

« Anathème à qui dira : Le Pontife romain peut et doit se réconcilier et se mettre en harmonie avec le progrès, le libéralisme et la civilisation moderne».

Qu'ils lisent encore ceci :

« Je promets et je jure, prononce chaque évêque avant de recevoir la mitre, de *persécuter* de tous mes efforts et de *combattre à outrance* les hérétiques, les schismatiques et les rebelles au pape, notre Seigneur. (*Ex pontificali romano. Capite de consecratione episcoporum*).

XX *bis. La révocation de l'édit de Nantes détermine l'émigration de l'élite intellectuelle de la France.* — Depuis la paix d'Alais jusqu'à la révocation de l'édit de Nantes, les Réformés français brillent au premier rang dans les sciences, les lettres, les arts, l'agriculture, le commerce et l'industrie. Leurs collèges et leurs manufactures promettent à la France un avenir des plus prospères.

« *Les Réformés*, dit M. Brunetière (2), *représentaient la substance morale de la France* » (*Revue des Deux-Mondes du* 15 octobre 1892).

« *Elément sain, calme et fort*, écrit, à son tour,

être étudiées dans une telle liberté d'esprit que l'on puisse tenir leurs assertions pour vraies alors même qu'elles sont contredites par la science révélée.

(1) Pie IX fait tout son possible pour déterminer Alphonse XII à révoquer les très petites mesures de tolérance accordées par des décrets récents aux non-catholiques en Espagne.

(2) Membre de l'Académie française et maître de conférences à l'Ecole normale supérieure. Jadis *libre-penseur* et *évolutionniste*, M. Brunetière n'avait pas encore décrété *la faillite de la science*, lorsqu'il commençait son cours en déclarant qu'il ne croyait pas à la divinité du Christ. Mais vers 1896, il fut atteint subitement de la *grâce efficiente*, et aujourd'hui M. Brunetière est un fougueux ultramontain qui a horreur ou feint d'avoir horreur de ses anciennes convictions philosophiques.

Michelet (*biog.*, *p. 78*), *nos protestants étaient les meilleurs Français de France.* »

Les protestants n'ont pas voix prépondérante dans l'administration du pays ; ils se contentent de vivre et de travailler, consacrant leur énergie et leur intelligence au commerce et à l'industrie.

Les villes, jadis désertes, les champs en friche se repeuplent et prospèrent.

L'Eglise entretient bien contre eux une politique persistante de défiance et de calomnie : on en vient cependant à estimer ces hommes patients, actifs et de mœurs pures.

Puis ils fournissent du travail à des pays entiers. Dans l'Est, ce sont les manufactures de tissage, à Mézières, à Rethel ; dans le Nord, les draps d'Abbeville, d'Elbeuf, de Louviers. Ailleurs le Gévaudan fabrique des serges, Caudebec les chapeaux, l'Auvergne et l'Angoumois les papiers.

Il ne faut donc pas s'étonner que, lorsque Louis XIV, instigué par la Maintenon (*biog.*, *p. 540*) et les Jésuites, révoque l'édit de Nantes, les Réformés de France sont accueillis avec enthousiasme par les nations protestantes. L'Angleterre, la Hollande, le Danemark, la Suisse, le Brandebourg offrent à l'envi asile et réconfort aux fugitifs.

L'électeur Frédéric Guillaume répond à la révocation de l'édit de Nantes par l'édit de Potsdam où il offre aux réfugiés français *une retraite sûre et libre dans toutes les terres et provinces de sa domination*. Des milliers de Français protestants accourent à Berlin et dans les autres villes du Brandebourg : militaires, gentilshommes, gens de lettres, marchands, manufacturiers, laboureurs.

Neuf mille marins et douze mille soldats entrent dans l'armée de Frédéric Guillaume, parmi lesquels six cents officiers, et des régiments entiers ne sont uniquement composés que de Français.

Les gentilshommes remplissent des emplois à la Cour et dans la diplomatie. Les ingénieurs, les gens de lettres, les théologiens, les artistes, les juristes et les médecins apportent le concours de leurs lumières. Les commerçants et les manufacturiers enrichissent la nation. Les laboureurs, les jardiniers, les maraichers, les vignerons défrichent des régions entières du pays.

Dix mille Français viennent s'établir à Berlin et contribuent à transformer cette ville — qui ressemblait auparavant à une étable infecte, habitée par quelques milliers d'engraisseurs de bétail — en une capitale élégante, et dont la population est portée rapidement de sept mille à vingt-cinq mille habitants.

« Avant la révocation de l'édit de Nantes, dit M. Vacher de Lapouge, en une page mémorable, la Prusse n'était qu'un petit Etat misérable, à demi-désert et sans industrie ; Berlin, une petite ville, ou plutôt un grand village malpropre. En moins d'un demi-siècle, les réfugiés eurent fait de Berlin un grand centre en toutes choses, et *ils donnèrent à la Prusse une armée puissante...* Autour de Potsdam se groupaient plusieurs milliers de familles de protestants messins. Leurs descendants sont en partie retournés à Metz et constituent, avec des noms français, la population *la plus antifrançaise* de toute l'Alsace-Lorraine. Rétablis par la Prusse, ils sont *le plus solide appui de la puissance prussienne* dans les provinces annexées. *La puissance militaire de la Prusse remonte à cette époque.* Elle vient du développement de ce premier noyau... Une bonne partie de la *classe dirigeante* de la Prusse descend, d'une manière directe ou par les femmes de ces réfugiés, et surtout des officiers protestants. On sait que *nous n'avons pas en Allemagne d'ennemis plus intransigeants.*

« La Prusse existait à peine avant l'édit de Potsdam ; le lendemain, elle avait les éléments d'une prospérité qui devait faire d'elle une grande puissance, tandis que la France appauvrie d'autant, commençait sa marche vers le déclin. La révocation de l'édit de Nantes a été pour la France un fléau pire que la peste, car la peste ne choisit guère et la persécution choisit les meilleurs pour les frapper.

« Si la Prusse n'avait pas reçu cette impulsion soudaine, si elle n'avait pas absorbé toute cette forme d'ingénisme, ses destinées n'auraient, malgré tout le génie d'une série de grands princes, balancé celle des autres Etats allemands. Si la France, par réciproque, avait la postérité des hommes qui émigrèrent ainsi, sa situation serait aujourd'hui autrement brillante.

« *La puissance de la Prusse, son hégémonie en Allemagne et en Europe sont les conséquences évidentes de notre grande faute religieuse.* » (*Vacher de Lapouge. Les sélections sociales*).

XXI. *L'Excommunication*. — L'Eglise déclare que par l'excommunication elle peut attirer sur celui qui en est frappé, les châtiments les plus effroyables. Elle lui interdit l'entrée des lieux saints et la participation aux sacrements ; elle le prive du bénéfice des prières qui profitent à tous les chrétiens ; elle défend aux fidèles de communiquer avec lui, de lui donner ou vendre des aliments, de le recevoir, de le saluer, de lui parler ; elle en fait un paria, un lépreux, que chacun doit éviter avec horreur ; elle l'abandonne aux diables qu'elle charge de le torturer. Si l'excommunié persiste dans son état d'impureté et refuse de se soumettre à l'autorité de l'Eglise, on emploie contre lui *l'aggrave* et la *réaggrave*, qui ont pour but de rendre sa position encore plus malheureuse. La sentence est fulminée avec une solennité lugubre : les cloches sonnent le glas funèbre, le prêtre donne lecture du jugement fatal, lance l'*anathème* accompagné des malédictions les plus épouvantables ; puis il jette à terre le cierge qu'il tenait allumé, le foule aux pieds en déclarant qu'ainsi s'éteigne la lumière du maudit. (*IIæ lucernæ de nostris manibus extinguntur : sic eorum lacerna in externum extinguatur*).

Dès lors, l'excommunié est regardé comme retranché de l'humanité. Nul ne doit avoir de relation avec lui, sous peine de partager son sort et de subir les mêmes châtiments. Les formules de malédiction contiennent l'énumération d'une foule de calamités que le prêtre appelle sur la tête du condamné. C'est donc bien là une *magie noire* consistant en un rituel destiné à maléficier les personnes. L'anathème rivalise avec le grimoire, le prêtre fait office d'envoûteur (1).

Voici l'anathème fulminé au concile de Reims, contre Vinemarus, Everardus, Rotfridus et leurs complices, qui avaient massacré Foulques :

« Nous les rejetons du sein de la sainte mère l'Eglise et les condamnons par l'anathème d'une perpétuelle malédiction. Qu'ils n'aient avec les chrétiens aucune relation ! Qu'ils soient maudits dans la ville, maudits dans la campagne ! Maudit soit leur grenier, et maudit tout ce qui leur appartient ; maudit soit le fruit de leur vente, et maudit le fruit de leurs terres, maudits leurs bestiaux et leurs troupeaux ! Qu'ils soient maudits en entrant, et maudits en sortant ! Qu'ils soient maudits dans leurs domiciles et errants dans la campagne ! Que leurs intestins crèvent, comme il est arrivé au perfide et malheureux Arius ! (*Biog.*, *p. 378*) Tombent sur eux toutes les malédictions que le Seigneur, par le ministère de Moïse, a accumulées sur le peuple transgresseur de sa loi !

« Qu'ils soient anathèmes! *Maran-atha* (2) et qu'ils périssent au second avènement du Seigneur ! Qu'aucun chrétien ne les salue ! Qu'aucun prêtre ne célèbre la messe pour eux, ne reçoive leur confession, ne leur administre la très sainte communion, même à l'article de la mort, à moins qu'ils ne reviennent à résipiscence! Mais qu'ils soient ensevelis par la sépulture de l'âne, jetés parmi les immondices à la surface de la terre. »

Cette sentence, rapportée par Eveillon (*t. II*,

---

(1) Plusieurs prêtres même disaient des messes de morts pour faire mourir les vivants. Cette pratique a été condamnée par le concile de Tolède.

(2) C'est une expression empruntée à saint Paul. (*Voir page 672.*)

p. 184), est tirée par lui de l'*Histoire de Reims*, de Flodoard (*chap. 10*). Cet historien raconte ainsi les effets de l'excommunication : « Vinemarus a été frappé par Dieu d'une maladie incurable, ses chairs se sont putréfiées, il en sortait un pus infect, les vers le dévorèrent vivant ; la puanteur qu'il exhalait était telle que personne ne put approcher de lui ; et il finit misérablement une vie misérable. »

Ainsi, d'après les auteurs ecclésiastiques, les malédictions du clergé sont efficaces : le prêtre, par sa parole, frappe à distance le coupable et lui envoie une maladie affreuse, des douleurs atroces et une mort effroyable. L'Église dispose donc des fléaux.

Le genre de maladie infligée au condamné varie suivant la fantaisie du prélat qui anathématise : le plus souvent il accumule tout ce que l'imagination enflammée par la haine peut concevoir de maux dans l'ordre physique et dans l'ordre moral. On peut en juger par les formules suivantes extraites d'Eveillon (*t. II, p. 186*), de D. Martène (*De antiquis ecclesiæ ritibus, t. II, p. 906 à 911*), de D. Bouquet (*Recueil des historiens de France, in-fol., t. IV, p. 612*), et de la bulle fulminée au concile de Troyes, en 1578, par le pape Jean VIII :

« Que le Tout-Puissant et tous ses saints le maudissent de la malédiction dont le diable et ses anges ont été frappés ! Qu'il soit maudit dans les chemins et dans les places publiques, sur la terre et sur l'eau, maudit partout et toujours ; maudit la nuit et le jour et à toute heure ! Que son eau pourrisse et que son vin s'aigrisse et que la rouille consume ses vêtements ! Que tous ses biens soient maudits, ainsi que tout ce qui lui appartient, depuis le chien qui aboie pour lui jusqu'au coq qui chante pour lui ! Que son habitation soit déserte ! Qu'il soit maudit en dormant et maudit en veillant ; maudit, soit qu'il jeûne, qu'il mange ou qu'il boive, qu'il parle ou qu'il se taise, qu'il soit debout, assis ou couché, soit qu'il travaille ou se repose ! Maudit quand on le saignera, maudit *mingendo* et *cacando !* Que le Seigneur le frappe d'un ulcère très pernicieux, de la gale (1), du prurigo, et le rende fou ! Que ses yeux deviennent aveugles, ses oreilles sourdes, sa bouche muette ; que sa langue s'attache à son palais, que ses mains cessent de palper, ses pieds de marcher !

« Qu'il soit maudit à l'intérieur et à l'extérieur, maudit depuis le sommet de la tête jusqu'à la plante des pieds, maudit dans ses cheveux, dans son cerveau, dans son crâne, dans ses tempes, dans son front, dans ses oreilles, dans ses sourcils, dans ses yeux, dans ses joues, dans ses mâchoires, dans ses narines, dans ses lèvres, dans son gosier, dans ses épaules, dans ses bras, dans ses mains, dans ses doigts, dans sa poitrine, dans son cœur, dans tous ses viscères jusqu'à l'estomac, dans ses reins, dans ses aines, dans ses cuisses, dans ses organes génitaux, dans ses hanches, dans ses genoux, dans ses jambes, dans ses pieds, dans ses articulations et dans ses ongles ; maudit dans tous les membres de son corps ; qu'il n'en reste pas une seule partie qui soit saine ! Qu'il souffre de la peste, qu'il subisse toutes les tortures et tous les genres de misère ; que ses jours soient abrégés et pleins d'amertume ; qu'il meure de faim et de soif, nu et accablé de maux !

« Puisqu'il n'a pas eu pitié de la veuve, de l'orphelin, qu'il n'a pas respecté les temples de Dieu, que ses enfants deviennent orphelins ; que sa femme devienne veuve ; que l'usurier dévore son patrimoine ; que ses enfants chancelants soient proscrits, chassés de leur habitation, réduits à la mendicité ; que sa postérité disparaisse de la terre ! Que ses pensées et ses actions soient maudites ! Que sa prière devant Dieu se tourne en péché ! Qu'aucune

---

(1) On sait que la gale est causée par les ravages d'un insecte microscopique appelé *acarus scabiei*. Le clergé, comme on le voit, dispose des insectes et les envoie dans le corps de ceux auxquels il veut nuire. C'est exactement la même opération qui, d'après le Rituel, est exécutée par les diables, auteurs des invasions d'insectes contre lesquels le clergé emploie l'exorcisme, et par les sorciers, ministres de Satan.

bénédiction, aucune prière ne lui profitent, mais qu'elles se changent pour lui en malédiction. Que la mort l'atteigne et qu'il descende vivant en enfer ! Qu'il soit damné avec Judas le traître et Julien l'Apostat ; qu'il périsse avec Décius et Néron ; que le Seigneur le juge comme il a jugé Dathan et Abiron, Pilate, Ananias et Sapphire, Valérien et Simon le magicien ! Que le feu éternel le torture, et qu'en punition de ses actes impies, il soit tourmenté par un supplice sans fin. Qu'il soit exclu de la société de Dieu et de ses anges, mais qu'il périsse avec le diable pendant les siècles des siècles ! *Amen !* Que les loups rapaces dévorent son cadavre ! Qu'il ne trouve de refuge ni au ciel pour son âme, ni sur la terre pour son corps ! »

Voici encore les termes de l'excommunication lancée en 1080, par Grégoire VII (Hildebrand) contre Henri IV, empereur d'Allemagne :

« Avec l'autorité de Dieu Tout-Puissant, du Père, du Fils et du Saint-Esprit, ainsi que de l'Immaculée Vierge Marie et de toutes les vertus célestes, anges, archanges, trônes, dominations, pouvoirs, chérubins, séraphins et de tous les saints patriarches, prophètes, apôtres et évangélistes, et des saints innocents qui, en présence de l'agneau sacré, se sont trouvés dignes de chanter le nouveau chant des saints martyrs et des saints confesseurs et des saintes vierges, et de tous les saints réunis avec les saints et les élus de Dieu. Nous excommunions et anathématisons ce malfaiteur, et du seuil de la sainte Eglise de Dieu Tout-Puissant, nous l'écartons afin qu'il soit torturé et livré avec Dathan et Abiron et avec tous ceux qui disent au Seigneur Dieu : « Eloigne-toi de nous, nous ne voulons pas de tes desseins » ; et de même que le feu est éteint par l'eau, de même que la lumière soit éteinte en lui pour toujours ! Que le Père, qui a créé l'homme, le maudisse ! Que le Fils, qui a souffert pour nous, le maudisse ! Que le Saint-Esprit qui nous fut donné par le baptême le maudisse ! Que la sainte croix sur laquelle le Christ, triomphant de ses ennemis,

est monté pour le salut des hommes, le maudisse !
Que la sainte et éternelle vierge Marie, mère de
Dieu, le maudisse ! Que saint Michel, l'avocat des
saintes âmes, le maudisse ! Que tous les anges et
archanges, les principautés et les pouvoirs et toutes
les armées du ciel, le maudissent ! Que la multitude
digne de tous les éloges des patriarches et des prophètes, le maudisse ! Que saint Jean le précurseur
et saint Jean-Baptiste et saint Pierre et saint Paul et
saint André et tous les autres apôtres du Christ le
maudissent ! Que tous les saints qui, dès l'origine
du monde jusqu'aux siècles sans fin, ont été trouvés
dignes d'être aimés de Dieu, le maudissent ! Que
les cieux et la terre et toutes les choses sacrées qui
s'y trouvent, le maudissent ! Qu'il soit maudit partout où il est, soit dans la maison ou les étables,
dans les champs ou sur la grand'route, dans le sentier ou dans l'eau, et dans l'église ! Qu'il soit maudit
dans sa vie, dans sa mort, dans le manger et le
boire, dans la faim comme dans la soif, dans l'abstinence, dans le sommeil, la somnolence et la veille,
dans la promenade, et aussi quand il est debout,
assis ou couché, et travaille, dans le repos. Qu'il
soit maudit en dedans comme au dehors ! Qu'il
soit maudit dans les cheveux de sa tête ; dans son
cerveau et dans ses tempes ; dans son front, dans
ses oreilles, ses sourcils et ses joues ; dans ses mâchoires, ses narines, ses dents de devant et ses
molaires ; dans ses lèvres, sa gorge, ses épaules,
ses bras, ses poignets, ses mains et ses doigts ; dans
sa poitrine, son estomac, ses veines, ses cuisses,
ses hanches, ses genoux, ses pieds et ses ongles de
pieds ! Qu'il soit maudit dans tous les joints et les
articulations de ses membres, depuis le sommet de
la tête jusqu'à la plante de ses pieds ! Qu'il n'ait
point de santé ! Que le Fils du Dieu vivant, avec
toute la gloire de Sa Majesté, le maudisse ! Et que
le Ciel, avec toutes ses puissances qui s'y meuvent,
s'élève contre lui et le damne ! Ainsi soit-il !
Amen ! »

On voit par ces documents jusqu'où peut aller la *haine du prêtre*, haine énergique, vivace, profonde, inflexible ; cette haine va chercher, avec une merveilleuse fécondité de termes, ce qui peut nuire à l'individu maudit ; elle cherche à l'atteindre de toutes les manières, dans son corps et dans son âme, dans ce monde et dans l'autre, dans sa personne, dans son honneur, dans ses biens, dans sa famille ; elle multiplie les supplices, les tortures ; elle accable son ennemi sous le poids de l'opprobre et de l'exécration universelle ; elle le condamne aux peines éternelles, elle prend des proportions gigantesques et aspire à l'infinité de puissance pour produire le mal infini ; elle réalise ainsi, autant qu'elle le peut, le portrait qu'elle a tracé de Satan, du *mauvais Dieu* ; elle est diabolique, infernale.

L'horreur et la crainte de l'excommunication ont été un des meilleurs revenus de l'Eglise, car l'Eglise a toujours su ménager ses intérêts, et toujours elle a eu un tarif complet qui remplaçait les pénitences. La crainte seule de ces pénitences suffisait pour faire payer le pécheur. Qu'on ne s'étonne donc pas que l'Eglise ait possédé un tiers, ou davantage, de toute la richesse publique. Lorsque la foi ne suffisait pas pour faire admettre ces monstruosités, l'Eglise réclamait le concours de l'Etat : les peines civiles vinrent en aide aux peines spirituelles. Au sixième siècle déjà, le roi Childebert déclare les excommuniés privés de leurs biens, déchus de leurs droits civils ; la peine du bannissement est prononcée contre ceux qui refusent de se soumettre aux pénitences ecclésiastiques.

Contre le faible, on emploie le pouvoir des forts et des puissants, et contre ceux-ci la superstition, le fanatisme du faible et de l'ignorant. Lorsque des rois, des puissants se mettent en rébellion contre « les lois divines et humaines », l'Eglise lance contre eux les foudres de l'excommunication et frappe d'*interdit* le territoire sur lequel s'exerce le pouvoir du coupable. Toute la population est privée des consolations de la sainte Église. Les autels sont dépouillés de leurs ornements, les croix voilées comme marque de deuil et de tristesse. Les temples sont fermés ; les prêtres offrent le saint sacrifice en l'absence des fidèles. A des heures fixes, les cloches sonnent, et tous les croyants prosternés adressent leurs prières à Dieu pour obtenir la fin de ces tribulations. Pendant la durée de l'*interdit*, on ne confère que les sacrements indispensables du baptême et de l'extrême-onction. On ne célèbre pas de mariages ; on n'accorde la sépulture qu'aux clercs, aux enfants et aux étrangers.

L'excommunication pouvait être levée, mais après des pénitences sans nombre, une soumission complète, l'abdication de toute volonté, le renoncement à toute dignité humaine.

Sous le pontificat de Grégoire VII (1073-1085) et d'Innocent III (1198-1215), la papauté a ses jours de suprême éclat.

Grégoire VII est le fils d'un artisan, et s'appelle simplement Hildebrand. Il est de petite taille, mais jamais plus grand, plus énergique esprit ne s'est assis sur le trône pontifical. Le cardinal Damiani, son contemporain, l'appelle un *saint Satan*, et, plus tard, les écrivains protestants allemands ne le désignent jamais autrement que sous le nom de *Höllenbrand*, c'est-à-dire *Tison d'enfer*.

Son pouvoir se fait sentir au loin, tant dans le domaine spirituel que temporel. Lorsque l'empereur Henri IV d'Allemagne reçoit la bulle d'excommunication qui le concerne, il est terrifié et implore son pardon. Le Pape le contraint à se rendre à Canossa, où il le tient pendant trois jours et trois nuits sous les murailles du château, dans la neige, en chemise, tête et pieds nus, la corde au cou ; puis il le renvoie humble et soumis. Et l'empereur Henri IV est le souverain le plus puissant de son temps.

Le plus puissant de tous les papes est Innocent III. Il prend possession du trône pontifical dans toute la force de l'âge (37 ans); tous les rois tremblent rien que d'entendre prononcer son nom. A tous, il fait sentir sa verge de fer. Le roi d'Angleterre s'étant permis de s'écrier un jour, en admirant un magnifique cerf : « Quelle grosse et belle bête, et cependant elle n'a jamais chanté la messe ! » est forcé de publier l'acte de renonciation suivant :

« Qu'il soit connu de tous que nous renonçons, au nom de Dieu, des apôtres Pierre et Paul, pour notre maître le pape Innocent, à nos royaumes d'Angleterre et d'Irlande, lesquels lui sont cédés comme un fief du Saint-Siège. »

Non content de cela, le Pape le contraint encore à prêter le serment suivant :

« Moi, Jean, roi d'Angleterre et seigneur d'Irlande, dès ce jour et à jamais serai fidèle à Dieu, au bienheureux Pierre, à l'Eglise de Rome et à mon maître le pape Innocent et à tous ses successeurs catholiques. Que Dieu me vienne en aide ! »

★★★

Les temps sont heureusement bien changés !

Comme le tonnerre de Calchas, les foudres de l'excommunication sont bien émoussées, et elles n'ont pas empêché Victor-Emmanuel, qui en a été l'objet, de dépouiller la papauté de son pouvoir temporel et de rendre Rome à l'Italie. De même, les anathèmes du Syllabus contre le mariage civil, la loi du divorce, la liberté de la presse et autres « *pestes* », nommément désignées par Pie IX, ont laissé froids les gouvernements européens...

L'Eglise fait un usage de plus en plus sobre de ses anathèmes, parce qu'elle comprend, quoique avec peine, qu'il y a une puissance supérieure à la sienne, celle de la *Raison*, qui prononce en dernier ressort.

L'Eglise est donc obligée de laisser sommeiller ses prérogatives, de laisser se dérouler les faits suivant les lois de la nature, sans y intervenir en vertu de ses pouvoirs miraculeux ; elle subit l'ascendant du progrès, tout en le maudissant.

Mais elle ne peut répudier son passé, ni en décliner la responsabilité ; elle ne désavoue rien de son enseignement, ni ne renonce à aucun de ses prétendus droits. Elle conserve intacts ses vieux rituels où les formules d'excommunication se dressent comme des batteries prêtes à faire feu. On est donc toujours fondé à en faire contre elle un chef d'accusation, à lui imputer tout ce qu'il y a d'extravagant et d'immoral dans son code, dans sa pratique. La civilisation, à son tour, fulmine son anathème contre cet ensemble d'institutions où l'odieux le dispute au ridicule ; elle trace en caractères ineffaçables le *Mané Thécel Pharès*, qui sera l'arrêt de mort des doctrines décrépites du catholicisme.

XXII. *L'infaillibilité des Papes*. — Pendant des siècles, les théologiens ont bataillé pour savoir à qui ils accorderaient l'*infaillibilité*, les uns l'attribuant au Pape seul prononçant *ex cathedra et assis*, les autres aux conciles œcuméniques, d'autres enfin aux décisions de ces conciles ratifiées par le Pape.

Quelle tour de Babel ! Il est vrai qu'il y a quelque vingt ans, le concile assemblé au Vatican a enfin décidé que l'infaillibilité appartenait au Pape seul. Mais cette décision est loin d'avoir satisfait tout le monde. Demandez le plutôt au Père Hyacinthe, au chanoine Dœllinger et aux nombreux catholiques qui les ont suivis dans leur schisme ?

« Tu es Pierre, et sur cette pierre je bâtirai mon Eglise, et les portes de l'enfer ne prévaudront pas contre elle. C'est à toi que je donnerai les clefs du royaume des cieux ; et tout ce que tu auras lié sur la terre sera lié dans les cieux ; et tout ce que tu auras délié sur la terre sera délié dans les cieux. Pais mes agneaux, pais mes brebis ». (*Matth. XVI, 18 et 19. Jean. XXI, 15, 16 et 17.*)

De ces paroles, prétendûment adressées par le Christ à saint Pierre, les théologiens catholiques concluent à l'infaillibilité de Pie X et à son droit de nous paître. La conséquence nous semble un peu forcée.

Quel rapport peut-il y avoir entre le pauvre pêcheur de Galilée et l'homme à la triple couronne qui siège, dans la pourpre et l'or, au Vatican, et qui donne *humblement* son pied à baiser à ceux qui vont le visiter ?

Saint Pierre, nous dit-on, a été Pape à Rome; il y a vécu près de vingt-cinq ans; Pie X est son successeur en ligne droite, et tout ce que Jésus disait à saint Pierre, il le dirait à Pie X, comme tout ce qu'il disait aux apôtres, il le dirait aux évêques, et tout ce qu'il disait aux disciples, il le dirait au dernier curé.

D'abord, il est constant que saint Pierre n'a jamais été à Rome et n'a jamais été Pape.

Que saint Paul y ait été, cela se conçoit; il était l'apôtre des Gentils, tandis que saint Pierre était celui des Juifs. Sa place était à Jérusalem. C'est, en effet, dans cette ville qu'il a passé sa vie. S'il avait été à Rome, saint Paul, qui, dans ses épîtres, mentionne tous les principaux chrétiens de cette capitale du monde, n'aurait pas manqué de parler de lui, ce qu'il ne fait pas. Il dit très expressément que *ceux qu'il nomme sont seuls ses collaborateurs au royaume de Dieu. (Paul, Épître aux Colossiens IV, 7-14.)*

Les faits et gestes des apôtres, jusqu'en l'an 61, sont minutieusement décrits dans les *Actes des Apôtres*. Eh bien ! ils parlent longuement de tout ce qui concerne saint Pierre, et gardent un profond silence sur son prétendu séjour à Rome.

Il est vrai que nous possédons une épître de ce bonhomme qui ne savait ni lire ni écrire ; mais cette épître est malheureusement datée de Babylone !

On nous montre à Rome son tombeau et les chaînes dont on le chargea. C'est absolument comme si l'on montrait la pantoufle de Cendrillon, pour prouver l'existence de cette héroïne d'un conte cher aux enfants !

Ensuite il faudrait prouver que ces paroles de Jésus qu'on cite avec tant de complaisance, impliquent la primauté et l'infaillibilité de saint Pierre lui-même, ce qui n'est pas.

Ce n'est pas parce que le Christ a très explicitement déclaré, comme nous l'avons vu, qu'il ne veut point de distinction entre ses disciples (*Matth.*, *XXIII, 8 et suiv.*) ; parce que saint Paul a pris le titre d'apôtre et a prêché *la bonne Nouvelle* sans consulter saint Pierre et lui demander son autorisation ; parce que le même saint Paul, à Antioche, résiste en face à saint Pierre, parce qu'il était répréhensible et lui reproche sa dissimulation. (*Epître de Paul aux Galates*, *II, 11 et suiv.*)

Ce n'est pas parce que le Christ, un instant après lui avoir adressé le fameux : « *Tu es Pierre !* » (1)

---

(1) D'après les principes catholiques, l'établissement de l'Eglise et de la papauté est le *point capital* de la mission du Messie. Chacun présume dès lors naturellement que le Christ a déterminé ce point avec la précision et la dignité que commande la chose, et avec la gravité qui convient au Fils de Dieu, à Dieu lui-même. Point du tout. Au lieu de paroles exprimées avec majesté, on nous apporte un méchant et plat jeu de mots que l'on ose attribuer à Jésus. Ce jeu de mots est détestable en latin. Il n'est même supportable en français qu'autant qu'on n'y emploierait ni adjectif ni article, comme dans cet exemple ; Tu es Pierre, et sur ce fondement de pierre, je bâtirai mon Eglise : mais dire : Tu es (tu t'appelles) Pierre, et sur cette pierre, etc., c'est fouler aux pieds les règles les plus simples de la grammaire, du bon goût et de la raison. D'ailleurs, nous le répétons, le plus spirituel des jeux de mots est encore ici des plus déplacés, surtout dans la bouche du Fils de Dieu, de Dieu lui-même.

Mais voici bien une autre difficulté. Le Christ ne parlait ni latin ni français : il parlait le langage des Juifs de son époque, c'est-à-dire un dialecte araméen mêlé d'hébreu. Or, dans ce langage, le nom propre de *Pierre* est *Céphas* et le nom commun de *pierre* est *avèn*. Essayez-donc maintenant, Messieurs les théologiens, de faire un jeu de mots avec les mots Céphas et avèn, ou plutôt convenez de bonne foi, que ce passage inconvenant et faux a été, comme beaucoup d'autres, inséré après coup — probablement fort tard — dans l'Evangile, par des hommes peu délicats, et dans le but d'établir leur puissance ; et ce qui prouve la vérité de notre assertion, c'est qu'aucun des Pères de

lui dit : « *Retire-toi de moi, Satan, tu m'es un sujet de scandale, parce que tu ne comprends pas les choses qui sont de Dieu, mais celles qui sont des hommes.* » (*Matth. XVI, 23.*)

Nous ignorons si ces paroles s'adressent à Pie X, mais ce qui nous paraît évident, c'est qu'elles affaiblissent singulièrement l'effet des précédentes. Aussi se garde-t-on de les citer !

Ce n'est pas parce que Jésus se moque évidemment de saint Pierre quand il lui dit : « Tu es bien heureux, Simon (1), fils de Jonas, car la chair et le sang ne t'ont pas révélé cela, mais mon père qui est aux cieux. » (*Matth. XVI, 17.*)

Le Christ, comme Socrate, maniait admirablement l'ironie.

Voyez plutôt ! Qu'avait fait saint Pierre pour mériter de la part de son Maître une si magnifique apostrophe ? Il l'avait appelé Fils de Dieu ! Eh bien ! du chapitre XVI de saint Matthieu, où nous nous trouvons, rétrogradons jusqu'au chapitre XIV. Qu'est-ce que nous y lisons ? Jésus marchant sur les eaux, ramène, dans la barque où sont les disciples, Pierre qui a voulu aller au-devant de lui et à qui il vient de reprocher son *manque de foi*.

« Pierre étant descendu de la barque, marche sur les eaux pour aller à Jésus. Mais voyant que le vent

---

l'Eglise, de ceux même qui sont le plus rapprochés de la tradition primitive, ne parlent d'une primauté de saint Pierre ; au contraire, le même rang est assigné à tous les apôtres.

L'Eglise et la papauté sont cependant le produit de ce jeu de mots. C'est ce jeu de mots qui a fait verser des flots de sang humain pour soutenir l'autorité de l'une et de l'autre. C'est ce jeu de mots qui a enfanté l'infaillibilité des papes et des conciles. C'est ce jeu de mots qui nous a procuré la confession, la banque des indulgences (XXV), le tarif des péchés, les excommunications, les poissons du carême, les omelettes du vendredi et autres jolies choses de cette nature. Qui pourrait encore douter que les plus grands événements sont souvent produits par les plus petites causes ?

(1) Le véritable nom de Pierre était *Simon*. (*Voir page 24, note 1.*)

est fort, il a peur ; et, comme il commence à s'enfoncer, il s'écrie : Seigneur, sauve-moi ! Et aussitôt Jésus étend sa main et le prend en lui disant : Homme de peu de foi, pourquoi as-tu douté ? Et quand ils sont montés dans la barque, le vent s'apaise. Alors ceux qui sont dans la barque viennent et l'adorent, en disant : Certes, tu es le Fils de Dieu. » (*Matth. XIV, 30 et suiv.*)

Ce que saint Pierre a dû fort bien entendre. Etait-il donc bien nécessaire que quelques instants après, Dieu lui-même lui révélât ce que tout le monde avait dit autour de lui ? Et n'avons-nous pas raison de dire que les paroles de Jésus ne sont qu'une ironie justifiée par l'étourderie et la suffisance avec lesquelles saint Pierre vient de parler ?

Les Evangiles nous montrent, en effet, saint Pierre comme une tête faible, un enthousiaste irréfléchi, dont la foi trébuche à chaque pas. Toujours prêt à faire les protestations les plus ardentes, il les oublie un instant après.

« Seigneur, dit-il au Christ, un peu avant son arrestation, je suis prêt à mourir avec toi ! » (*Matth. XXVI, 35.*) Deux ou trois heures s'écoulent et il l'a renié trois fois ! (*Matth. XXV, 69 et suiv.*)

Si, après le Christ, n'était pas venu saint Paul, ce n'est certes pas saint Pierre qui aurait pu avec succès continuer son œuvre ! Saint Paul est si bien le premier et le plus grand des apôtres que, parmi les Juifs, plusieurs le considèrent encore comme le vrai fondateur du Christianisme, qu'ils appellent le *Paulinisme*.

Il resterait enfin à prouver que tous les pouvoirs, sans exception, accordés par le Christ, soit à saint Pierre, soit aux apôtres, soit aux disciples, l'ont été du même coup aux papes, aux évêques et aux simples prêtres.

De tous ces pouvoirs, on ne mentionne que ceux qu'il nous est impossible de vérifier : le pouvoir d'absoudre les péchés et de fermer à volonté les portes du paradis.

Mais on oublie, ou l'on feint d'oublier, qu'il leu

en a accordé d'autres, dont la vérification est plus facile.

Ainsi, quant à la prétention des Papes de ne jamais errer en matière de foi, parmi une quantité de faits que nous pourrions citer en réfutation de cette prétention, il nous suffit de citer les suivants :

Le pape Libert (352-366), dont on a fait un saint, souscrit une *profession de foi arienne, et anathématise saint Athanase, comme hérétique.* (Saint Jérôme, Chron., A. D., 357.)

Saint Hilaire accable de malédictions ce Pape qu'il accuse d'insigne lâcheté et de *prévarication dans la foi* (Saint Hil. Frag. VI, n. 6), tandis que saint Athanase signale à l'exécration des fidèles le pape saint Félix II (355-358), « que l'Antéchrist, dit-il, a placé sur le siège de Rome». «Son hérésie, dit-il, était si notoire, que les fidèles ne voulaient pas entrer dans une église où il se trouvait ; enfin toute sa conduite était digne de l'Antéchrist.» (Ad. Monachos. Opp. I, 861. Paris, 1627.)

Le pape Honorius (626-638) est condamné à l'unanimité, comme hérétique, par le sixième concile général, pour avoir publiquement embrassé l'hérésie monothélite et l'avoir officiellement enseignée dans les lettres pontificales; les légats de son propre successeur le pape Agathon (678-682), étant les premiers à prononcer contre lui la sentence d'anathème. Grégoire II (715-731), un de ceux qui occupent après lui le siège de Rome, écrit pour rassurer les évêques espagnols, qu'Honorius est certainement damné ; et, pendant le cours de plusieurs siècles, chaque Pape, lors de sa consécration, est tenu de renouveler l'anathème. (*Renouf. — Condamnation du pape Honorius. — Père Gratry, Lettres au cardinal Deschamps, archevêque de Malines.*)

L'Eglise seule dépose de sa propre autorité plusieurs papes, et notamment Jean XXIII, « comme étant *simoniaque, adonné aux sortilèges, schismatique* et *hérétique*». (*Fleury. Hist. eccl.* XII. I. VI. 7, liv. 49-53 ; XXI. C. III, 92-112.)

Toutes ces dispositions ont été reconnues parfaitement valides, et les Papes élus en lieu et place des déposés sont regardés comme ayant légalement occupé le siège de Rome.

D'après les Évangiles, le Christ n'a-t-il pas donné également aux apôtres le pouvoir de chasser les mauvais Esprits (démons), de guérir les malades, de ressusciter les morts, de manier les serpents, de parler de nouvelles langues, de boire des breuvages mortels sans en être incommodés ?

Eh bien ! que depuis le dernier des prêtres jusqu'au Pape, tous fassent ces choses-là, et nous verrons alors s'il nous convient de croire qu'ils ont le pouvoir de nous absoudre de nos péchés ou de nous les retenir, de nous ouvrir ou de nous fermer les portes du Ciel. Mais il faut qu'ils le fassent, sinon nous ne les croirons pas.

XXIII. *Le Pouvoir Temporel des Papes.* — Bien des efforts ayant été tentés dans ces derniers temps pour faire restituer à la papauté la souveraineté des anciens États pontificaux, notre attention se trouve naturellement reportée vers les origines du pouvoir temporel des Papes. S'il fallait juger de la légitimité de ce pouvoir par les actes dont il est issu, il faudrait le proclamer une chose monstrueuse et abominable. Il ne doit son existence, en effet, qu'à une série de pièces fausses fabriquées sous les yeux et par les ordres des Papes, et dont ceux-ci se servirent pour abuser de la crédulité des princes carlovingiens.

La première de ces falsifications est la prétendue *donation de Constantin* (*Biog., p. 378*). Au ve siècle, on raconte à Rome que Constantin a été guéri de la lèpre et baptisé par le pape Sylvestre ; au vııı^e siècle, on complète la légende, on la met par écrit et on ajoute qu'en reconnaissance de ce double bienfait, l'Empereur a fait don au Pape de Rome et de toute l'Italie. L'imposture ne vise pas seulement à donner au Pape le gouvernement temporel de l'Italie, elle tend aussi à lui conférer l'autorité suprême dans le domaine ecclésiastique. (*Voir p. 429, note 1.*)

D'après la teneur de la pièce, l'évêque de Rome doit être le maître et seigneur de tous les évêques, et son siège doit l'emporter sur les patriarcats d'Antioche, d'Alexandrie, de Constantinople et de Jérusalem (1).

Les patriarches de ces quatre villes crient naturellement à la supercherie et repoussent l'impertinente domination de leur collègue de Rome. Il s'ensuit le grand schisme des Grecs que suscite en 858 Photius (2), patriarche de Constantinople.

La papauté ne date donc réellement que de l'époque précitée. Avant cette époque, l'évêque de Rome est évêque au même titre que tous ceux de la chrétienté. Les empereurs d'Orient seuls convoquent les sept premiers conciles et les évêques en nomment les présidents; l'évêque de Rome y conserve une simple place d'honneur comme chef de l'Eglise d'Occident, sans autorité sur les autres évêques.

Il ne faut pas penser cependant que la revendication de la suprématie sur leurs collègues par les évêques de Rome ne date que de la prétendue donation de Constantin. Déjà au III° siècle, saint Firmin, évêque de Césarée, dans sa correspondance avec saint Cyprien, flagelle impitoyablement la « folle arrogance de l'évêque de Rome, qui prétend avoir hérité de son siège de l'apôtre Pierre... Etienne I°r (253-257), dont on a fait un saint, est plus dangereux que les hérétiques..., dit-il ; il fait preuve de stupidité..., Dieu lui demandera compte, au jour du jugement dernier, des âmes qu'il a perdues ». (*Saint Firm.* ad *Ciprian Epist. LXXV.*)

Au siècle suivant, saint Athanase signale à l'animadversion des fidèles le pape Saint Félix II (355-358). « Il fut élu, dit-il, par *trois eunuques* (pour représenter les laïques romains), et consacré par *trois espions* de l'Empereur ; il ne méritait

---

(1) Les conciles de Nicée et de Constantinople avaient divisé la chrétienté en quatre patriarcats indépendants les uns des autres, qui correspondaient aux quatre divisions de l'Empire : Rome, Constantinople, Alexandrie, Antioche.

(2) Photius meurt exilé en Arménie, en 891.

pas d'autres électeurs. » (*Saint Athan. Ad Monachos opp. I, 861. Paris, 1627.*)

Voici ce que pensait des prérogatives de son siège un illustre Pape, élu en 590, et mort en 604.

Pour guérir l'orgueil effréné de son collègue, archevêque et patriarche de Constantinople, aspirant à se faire considérer comme *évêque universel*, Grégoire le Grand écrivit trois lettres mémorables : l'une à ce prélat superbe, une à l'archidiacre de Constantinople, et l'autre à l'Empereur lui-même. Eh bien, ces trois lettres, fort longues, peuvent se résumer dans cette affirmation : Grégoire le Grand dit que celui d'entre les évêques de la catholicité qui, par suite de son élévation sur le siège épiscopal de l'une des plus grandes villes de l'univers, telles que l'étaient en ce temps Rome et Constantinople, en viendrait à se croire en tant soit peu supérieur à l'un ou l'autre de ses collègues, celui-ci fût-il évêque de la plus petite bourgade, ainsi que se trouvait Engubium, comptant deux mille âmes à peine, un tel évêque, osant briser l'unité de l'épiscopat en sa faveur, serait par le seul fait de son orgueil, le précurseur de l'Antéchrist.

Mais, revenons à la fausse *donation* de Constantin.

Tous les auteurs qui ont étudié de près ce document, ont reconnu son origine romaine ; on a même pu avancer, avec certitude, que le compositeur était un des prêtres attachés à l'église de Latran. Le jésuite Cantel avoue lui-même que la pièce a vu le jour à Rome ; il en attribue la paternité au sous-diacre Jean. Le caractère apocryphe de l'écrit est donc indéniable ; cela n'a pas empêché les Papes de s'en servir, d'abord vis-à-vis de Pépin le Bref, et puis de Charlemagne, pour obtenir d'eux la *restitution* des territoires compris dans la *donation*. Chose remarquable et qui montre bien la fourberie des Papes de cette époque : quand ils s'adressent aux princes francs, ils parlent de restitution à opérer au profit du siège de Rome en vertu de la donation de Constantin ; mais, quand ils ont affaire aux Orientaux, moins faciles à duper à l'aide de pièces fausses, ils réclament les villes et les provinces de l'Italie au nom de la République romaine, et même au nom de saint Pierre qui a reçu du Christ juridiction sur toute la terre.

L'auteur de la *donation* paraît ne pas s'être borné à ce premier faux.

En 754, c'est-à-dire quand Rome est menacée par les rois lombards et que le pape appelle les rois francs à son secours, paraît une lettre de saint Pierre aux rois francs « ses fils adoptifs ».

Le prince des apôtres a recours à la supplication et à des promesses de victoires éclatantes ; il menace de toutes les horreurs de l'enfer ceux qui négligeraient de sauver Rome et l'Église.

Pépin obtempère à cette demande et fait don au Pape d'un très grand territoire, comprenant au delà de vingt villes, ce qui est le commencement du pouvoir temporel de l'évêque de Rome.

Fleury, en racontant cet événement, en parle comme d'un « *artifice* », qui n'a pas eu son pareil dans l'histoire ecclésiastique. (*Fleury. Hist. Eccl. IX, XLIII, 59.*)

Vingt ans plus tard, les circonstances ont changé, et on produit un nouveau faux. Charlemagne vient de s'emparer de Paris et de détruire le royaume des Lombards. On juge à Rome le moment opportun pour étendre la puissance pontificale, et on revendique hardiment la possession de toute l'Italie. Le pape Adrien fait mettre sous les yeux de Charlemagne de *fausses décrétales*, œuvres du moine Isidore Piscator ou Mercator, par lesquelles Pépin investit le siège de Rome de la souveraineté de l'Italie et même de la Corse et de l'Istrie. Charlemagne a-t-il accepté la pièce comme authentique et lui a-t-il donné sa sanction ? Les savants discutent ce point ; ce qui est certain, c'est qu'il découvre le faux, tout au moins par la suite. Il oppose en effet une résistance opiniâtre aux exigences sans cesse renaissantes des Papes et ne reconnaît leur souveraineté que sur les territoires pour lesquels ils pouvaient produire un autre titre.

Sous les successeurs de Charlemagne, la fabrication de pièces apocryphes continue. Il existe une *dotation* de Louis le Débonnaire (817) qui peut n'être pas entièrement fabriquée, mais qui a reçu plusieurs additions. Louis donne au pape Pascal la Corse, la Sardaigne, la Sicile et toutes les côtes environnantes avec la Toscane et Spolète. Jamais Louis n'a fait une cession aussi étendue, car, de Pascal à Grégoire VII, aucun Pape ne prétend à la souveraineté de toutes ces provinces. Grégoire revendique le premier le duché de Spolète, et nous devons attendre jusqu'à Innocent III pour trouver un Pape qui réclame toute la Toscane en faveur du domaine pontifical.

Les empereurs Othon Ier, en 962, et Henri II, en 1020, concèdent de nouveaux privilèges au Saint-Siège ; mais leurs décrets non plus ne nous sont point parvenus sous leur forme primitive. Ces documents ont été altérés pour y insérer la reconnaissance de la souveraineté pontificale.

L'audace des falsificateurs croît du reste avec l'audace et les prétentions de la Cour romaine. En 1081, Grégoire VII affirme que les archives de l'église de Saint-Pierre renferment un document dans lequel Charlemagne a fait de la Saxe l'apanage et de la Gaule la tributaire de l'Eglise romaine. Il fait sans doute allusion à une pièce composée vers le xe ou le xie siècle et qui fourmille d'erreurs historiques : Charlemagne s'y nomme déjà empereur en 797, ses royaumes sont la France, l'Aquitaine et la Gaule ; Alcuin est chancelier et chacun de ses trois royaumes doit payer une somme de 400 livres au Pape.

Il est à remarquer que tous les faux dont nous venons de parler ont été reconnus comme tels pendant trois siècles. Les deux plus grands écrivains catholiques, les cardinaux Baronius (*Ann. A. D., 865, sect. 8*) et Bellarmin (*Du Pontif. Rome. II, 14*) n'hésitent pas à le déclarer ; et Pie VII, lui-même, écrit, en 1789, à quatre Métropolitains d'Allemagne : « Mettons de côté cette collection de faux et qu'on la brûle si vous voulez. » (*Lettre citée par le Père Gratry dans sa 2ᵉ missive à Mgr Deschamps, cardinal-archevêque de Malines.*)

Cependant les *Décrétales* sont toujours étroitement fondues dans le droit canon de l'Eglise, et en constituent la principale partie ; elles sont citées comme authentiques par saint Alphonse de Liguori dans sa *Théologie morale* (*I, 114*) qui est l'ouvrage dont on se sert surtout pour prouver l'infaillibilité papale ; elles ont été plusieurs fois insérées comme authentiques dans le *Bréviaire* lui-même, lors de sa dernière revision par les deux cardinaux précités qui savaient la vérité.

Nous venons de voir par quels moyens s'est édifié le pouvoir temporel des Papes. Il eût été vraiment extraordinaire de voir ce pouvoir, engendré par la fraude, se mettre résolument au service du *Vrai*, du *Juste* et du *Bien*. L'arbre étant mauvais, les fruits n'en pouvaient être bons ; aussi jamais n'a-t-on vu pouvoir aussi néfaste pour l'humanité et pour la vraie religion du Christ.

Des premiers siècles jusqu'à nos jours, en passant à travers les sombres siècles du moyen âge et l'époque qui précède immédiatement les temps modernes, on ne voit guère que de mauvaises actions dans les annales pontificales. La luxure et l'infamie sont assises sur le trône de Pierre pendant toute la durée du xᵉ siècle ; alors l'Eglise gémit sous le gouvernement de deux courtisanes, la patricienne Théodora et sa fille Marozia...

Elles font nommer pape leur amant Jean X (914-928), ci-devant petit diacre, joli garçon, que Théodora a préalablement élevé à la dignité d'archevêque de Ravenne. Fatiguée de Jean X, Marozia le fait étouffer sous un matelas et le remplace par Jean XI (929-936), son propre fils. Elle tient à maintenir la papauté dans sa famille en lui donnant pour successeur son petit-fils Octavien, à peine âgé de dix-huit ans, sous le nom de Jean XII (936-964). « Ce pape, dit le cardinal Baronius, ne fut, en vérité, qu'un *avorton*, un *semblant de pape*, un *pape de théâtre*. » Il était couvert d'incestes et d'adultères. Il ordonnait des prêtres dans une écurie et invoquait Vénus et Bacchus en franc païen qu'il était, ainsi que l'empereur Othon le lui reproche dans une lettre. Il meurt assommé à coups de marteau par un mari outragé.

Le même cardinal Baronius fait un tableau peu flatteur des mœurs ecclésiastiques aux xe et xie siècles.

« Quel horrible spectacle, dit-il, présentait alors la sainte Eglise romaine, lorsque d'infâmes courtisanes disposèrent à leur gré des sièges épiscopaux, et, ce qui est plus terrible à prononcer et à entendre, lorsqu'elles plaçaient leurs amants sur le trône même de saint Pierre ! Le Christ, assurément, dormait d'un profond sommeil dans le fond de sa barque et, ce qui est bien plus malheureux encore, les disciples du Seigneur dormaient plus profondément que lui.

« La corruption, la cupidité, la violence et la cruauté étaient parvenues à un tel excès qu'il n'y avait plus moyen, pour les chefs ecclésiastiques, de se distinguer de la masse par leurs vices et leurs crimes. » (*Baron., Annal. ad ann. 900 et sequent.*)

Aux xiie et xiiie siècles, la conduite des membres de l'Eglise, par le spectacle de leur avidité, de leurs débauches et de leur ignominie, soulève, au plus haut point, la conscience des humbles et des faibles écrasés, rançonnés et pillés sans pitié. Les témoignages de saint Bernard, de Potho de Prum, de sainte Hildegonde, de Robert Grosse-Tête, évêque de Lincoln, de Pierre de Cantor, de Damiani, de vingt autres que l'Eglise a canonisés sont unanimes. Depuis le curé du hameau jusqu'au Pape, tous sont des indignes, des simoniaques, des débauchés, des batailleurs avides, des jouisseurs sans scrupules, des maîtres impitoyables que le peuple hait et méprise.

Laissons parler saint Bernard :

« Sans compter les fornications, les adultères, les incestes, des prêtres se souillent de passions et d'actes abominables. Cependant on dit que Sodome et Gomorrhe, où régnaient ces monstruosités, furent consumées par le feu du ciel. » (*S. Bernard, de Conversione, cap. XX.*)

Pétrarque nous dit ce que Rome était au xiv° siècle : « C'est la sentine de tous les crimes, de toutes les ignominies ; c'est cet enfer des vivants qu'annonçait la voix prophétique de David. « La « voilà, cette nouvelle Babylone, échevelée, « obscène. » Tout ce qu'il y a dans le monde de perfidie, tout ce qu'il y a de ruse, de cruauté et d'orgueil, tout ce qu'il y a d'impudicité et de débauche sans frein, tout ce qu'il y a d'impiété et de mœurs criminelles y est assemblé. » (*Pétrarque Sonette e Canzone, parte IV, 15, 16.*) Alvarez Pélagie, grand pénitencier de Jean XXII, nous a laissé ses lamentations sur l'état de l'Eglise vers la même époque : « Hélas ! hélas ! s'écrie-t-il, combien de religieux de l'un et l'autre sexe ont établi dans leurs couvents des lieux de prostitution où, comme dans les *gymnases d'impudicité*, les jeunes gens des familles les plus distinguées s'exercent à la plus immonde débauche, au vice innommé ! » (*Alv. Pelag. De planctu Eccles Lib. II, c. 2.*)

La cour d'Avignon offre le même spectacle, et le même Pétrarque dit énergiquement « qu'on n'y adore qu'un Dieu : l'or ; qu'on y vend Jésus-Christ pour de l'or. » Là aussi la débauche trône au palais des chefs de l'Eglise ; là aussi la chair commande en maîtresse absolue ; là, non plus, on n'a soif que d'or.

Des saints illustres élèvent la voix. C'est peine inutile. Leurs plaintes sont cependant souvent bien éloquentes ! « Vous êtes l'assassin des âmes, écrit sainte Brigitte, en s'adressant au Pape, vous dispersez et ravagez le troupeau du Christ. Vous êtes plus injuste que Pilate, plus cruel que Judas, plus abominable que les Juifs, pire que Lucifer lui-même. Vous avez réduit les dix commandements de Dieu en un seul : « Apportez-moi de l'argent ! » Rome est devenue une banque infernale où le diable préside et vend les trésors que le Christ a acquis par sa passion ! »

⁎

Au x⁰ siècle, la papauté est le jouet de Théodora et de sa fille Marozia. Des scènes scandaleuses se passent au xɪvᵉ siècle et au xvᵉ siècle, et si Jean XII a été un véritable Héliogabale (1), Grégoire XII, Alexandre V, Jean XXIII, Paul II, Sixte IV, Innocent VIII, Alexandre VI, et d'autres pontifes de la fin du moyen âge, se montrent dignes de lui.

L'historien Théodoric de Niem nous a conservé cette flétrissure prononcée contre Grégoire XII (1406-1409), par une assemblée de ses propres cardinaux réunis à Pise : « Vous, pontife Grégoire, nous dévoilons vos hontes et vos amours incestueuses avec votre sœur... Déjà nous avons déposé vos camériers qui ne furent que les pourvoyeurs de vos lubricités horribles ; nous avons excommunié Gabriel, votre fils aîné, ce bâtard qui est aussi votre mignon ; et encore l'archevêque de Raguse qui a rempli votre crâne chauve des vapeurs de l'orgueil ; enfin votre légat, ce jeune moine que des laquais surprirent une nuit, couché à vos côtés, sans vêtement, dans votre lit pontifical. »

Ce manifeste est affiché dans toutes les églises, et bientôt les mêmes cardinaux ayant formé un concile à Pise, déposent, en 1409, l'infect pontife, qui, cependant, n'accepte pas la sentence et se maintient antipape jusqu'à sa mort, en 1415.

---

(1) Empereur romain de 218 à 222, né en 204, célèbre par ses cruautés, ses folies et ses débauches.

Alexandre V (1409-1410) est le pape désigné par le concile de Pise pour remplacer Grégoire XII. C'est un moine cordelier, grand mangeur et grand buveur : il est ivre tous les soirs. Lassé, abruti par l'ivresse, il maudit alors Dieu en des blasphèmes orduriers « parce qu'il n'a pas donné à l'homme le moyen de s'enivrer à la fois aux coupes de vin et aux... lèvres de la femme. » Et il fait par dérision, cette prière : « Dieu Tout-Puissant, donne-moi la puissance ? » Il a les entrailles brûlées par un clystère que lui donne son médecin, sur l'ordre de Balthazar Cossa.

Balthazar Cossa lui succède et devient Jean XXIII (1410. Déposé en 1415).

C'est le pire des monstres : corsaire, forban, assassin, violeur de filles, de femmes et de garçons, etc., etc. Au concile de Constance, soixante-dix chefs d'accusation sont invoqués contre lui ; seize sont tellement scandaleux qu'on n'ose en donner lecture. Et cependant, avant son élection, les cardinaux le connaissaient.

Paul II (1464-1471) se farde comme une femme, très soucieux de la beauté et de la fraîcheur de son visage, même à 60 ans. Il se couvre de dentelles et de pierreries. En son palais, il élève une bâtarde, dont il fait une courtisane qui peut lui assurer la fidélité des cardinaux. Pour son compte, il préfère la sodomie. Sa mort fut celle qui convient à sa bassesse d'âme ; comme il mangeait en goinfre, il avale un jour deux melons entiers et meurt d'indigestion.

Le règne de Sixte IV (1471-1484) est une suite non interrompue d'abominations. Disons seulement qu'il nomme cardinaux les victimes de ses passions contre nature, les deux Riario, ses propres enfants, au dire de Machiavel. Il s'arme contre les princes d'Italie dans le seul but de conquête, et c'est de la sorte qu'il s'empare d'Imola et de Forli. C'est de son temps et par ses instigations que meurt assassiné Jules de Médicis, à sainte Marie de Fiori de Florence, à l'heure où lui-même va célébrer la grand'messe. Sous son règne les couvents deviennent, selon l'accusation du moine Savonarole (*Biog.*, *p. 93*), de véritables lupanars, à l'usage des prêtres et des moines. Ceux-ci rivalisent à qui aurait défloré le plus de vierges, et ils s'en vantent dans leurs conversations et disputes. Si bien que les gens d'Église finissent par trouver banal le plaisir des femmes et recherchent de plus en plus la sodomie... Sixte IV meurt d'une maladie honteuse ; son cadavre répand dans la Basilique de Saint-Pierre une telle puanteur, que toute l'assistance doit fuir les obsèques.

Innocent VIII (1484-1492) a seize bâtards, huit garçons et huit filles, quand il est élu pape. Aussi les Romains lui donnent-ils, par moquerie, le nom de « Père du peuple ». Il enrichit toute cette progéniture en distribuant des principautés, des bénéfices ecclésiastiques et d'immenses sommes prélevées dans tout le monde chrétien, sous prétexte d'une croisade à organiser contre les Turcs. Puis il s'adonne au vice contre nature. Les excès l'affaiblissent et le mènent à l'apoplexie.

Etienne Infessura et d'autres historiens rendent témoignage de l'acte suivant d'effroyable et stupide cruauté : « Le pape Innocent VIII, sentant ses ardeurs s'éteindre, fait égorger par un médecin trois jeunes garçons juifs de dix ans et boit le sang de ces malheureux. »

Il y a aux xve et xvie siècles bien des coquins en Italie ; il y en a autant que de princes, de principicules, de routiers ; il y a les Malatesta, les Patrucci, les Sforza, les Vitellescho, mais de tous les gredins, le plus parfait est encore Alexandre VI (1492-1503), Borgia, de son nom de naissance. La luxure, la simonie, le vol, le viol, l'inceste, le sacrilège, le meurtre, le parjure, le faux en écriture publique et privée, il n'est pas un crime, pas un vice qui ne tombe de sa tiare, pour peu qu'on essaye de la soulever. Et cet homme est pape, le chef de la catholicité, le Christ en miniature.

On ne peut lui parler qu'à genoux et l'on n'a le droit de se relever qu'après lui avoir baisé sa pantoufle. Le célèbre dominicain Savonarole (*Biog. p. 93*) périt sur le bûcher pour avoir osé ne point trouver régulière la conduite de ce Pape, amant de sa propre fille Lucrèce, rival de son fils César Borgia, et qui croit ne pouvoir célébrer la fête de tous les saints qu'en donnant un bal où paraissent cinquante courtisanes toutes nues. César Borgia, l'homme qui, d'après Machiavel, s'entend le mieux à faire et défaire les hommes, ne fait pas plus de cas d'un empoisonnement ou d'une félonie que d'un coup de poignard. S'il faut en croire la légende, le Pape empoisonne non seulement par intérêt, mais presque par plaisir. Pour faire une bonne farce à un cardinal, il l'envoie au Ciel.

C'est sous le pontificat d'Alexandre VI qu'on substitue les noms antiques aux noms de baptême ; on s'appelle Diomède, Achille, Agamemnon ; Dieu devient Jupiter et Jésus le fils de Jupin ; les religieuses passent vestales ; la mère de Jésus est proclamée déesse ; les cardinaux sont nommés pères conscrits, la Providence est appelée Destinée.

Et le Pape, promoteur de ces extravagances, excommunie quiconque dénonce ces désordres.

Le palais du chef de l'Eglise, devenu un lieu de débauche ; prêtres, moines et seigneurs suivent l'exemple qui leur est donné ; puis les assassinats par le fer ou par le poison succèdent aux orgies en toute impunité, car, moyennant salaire, tous les crimes sont remis.

Jules II (1503 à 1513), pape d'une gaieté moins sinistre, mais d'un tempérament aussi violent et d'une activité aussi grande, veut être *le seigneur et maître du jeu du monde*; il est toujours botté, à cheval, guerroyant sans cesse, casque en tête, pour chasser les barbares de l'Italie; il commande, en même temps, à Michel-Ange (1) un tombeau qui doit être un

---

(1) Peintre, sculpteur et architecte italien; l'un des plus grands artistes qui aient jamais existé (1475-1564).

temple pour lui, et jette les fondements de Saint-Pierre. Dans son immense orgueil, ce Pape se fait adresser en plein consistoire ces paroles sacrilèges : *Le Pape commande aux hommes et aux anges sur la terre et au ciel ; il est un autre Dieu !*

Le Grassis, maître de cérémonies de ce Pape, raconte que le saint Père était affligé à un tel point de la maladie que le chevalier Bayard (1) nomme «le mal de celui qui l'a», qu'on fut obligé de contremander la cérémonie du baise-pieds du Vendredi saint.

Léon X (1513-1521), de son vrai nom Jean de Médicis, doit son élévation à la papauté à la même maladie qui a fait contremander le baise-pieds de Jules II.

Lorsque, étant cardinal, il assiste au conclave qui doit donner un successeur à ce Pape, il souffre énormément d'un abcès vénérien qui répand une odeur pestilentielle. Les autres cardinaux, dans la crainte que ce mal fût contagieux, et aussi pour se débarrasser au plus vite de cette puanteur, nomment immédiatement Jean de Médicis pape, les médecins du conclave leur ayant assuré qu'il n'avait que peu de temps à vivre.

Léon X, pape tout jeune, n'ayant que trente-neuf ans, artiste spirituel, bon vivant, fait de la cour de Rome une cour toute païenne. Il va à la chasse au vol, à Viterbe, à la chasse au cerf près de Corneto, à la pêche dans le lac de Bolsena, puis il vient se reposer dans sa villa favorite à Melliana, au milieu de chants licencieux. On joue des farces lubriques et des comédies comme la *Mandragera* de Machiavel et la *Calandra*, du cardinal Bibiena, pièces à filles de joie et dont la lecture donne la nausée. Des improvisateurs rééditent *Boccace*. On se récite les seize sonnets de l'*Arétin* (2),

---

(1) Illustre capitaine français ; se couvrit de gloire pendant les guerres de Charles VIII, Louis XII et François I*ᵉʳ* (1476-1525).

(2) Fameux satirique italien (1492-1557).

en même temps qu'on se passe de mains en mains les dessins de Jules Romain. On rit de tout. Les cardinaux ont oublié le latin de l'Église pour ne parler que celui de la Rome païenne.

Tel est le spectacle qu'offre la cour pontificale peu de temps avant la Réforme.

L'entretien de cette cour, la construction de monuments comme Saint-Pierre, tout cela coûte cher. Il faut de l'argent. Où le prendre ? Alexandre VI a commencé publiquement le commerce des indulgences, mais Jules II et Léon X l'étendent. Partout leurs courtiers exploitent la crédulité du peuple.

Mais l'esprit humain se révolte contre cette impudence cynique, cette indigne filouterie, cette absolution de tout péché à prix d'argent, ce pardon de tous les vices, cet appel aux crimes les plus abominables, et Luther *(Biog., p. 251)* arrive. A partir de lui, l'unité du troupeau romain est rompue : une partie suivra le catholicisme, l'autre s'en détachera et formera l'Église réformée.

On pourrait croire que la Réforme va régénérer la Papauté. Des écrivains de grand talent ont même fait de cette idée le point de départ de nouvelles théories pratiques ; mais la vérité oblige à dire que, malgré les dures leçons de l'expérience, Rome demeure, après comme avant le seizième siècle, un véritable foyer de corruption, et que les Souverains Pontifes de la réaction catholique ne valent guère mieux que leurs prédécesseurs.

Nous ne citerons qu'en passant :

Paul III (1534-1549), raconte Benvenuto Cellini (1) qui approchait de près Sa Sainteté, fait une *soulographie* en règle chaque semaine, *una crapula gagliarda*.

Jules III (1550-1555) est digne de trôner à Sodome et à Gomorrhe. On le voit jeter la pourpre sur les épaules d'un de ses complices, un misérable âgé de dix-sept ans.

---

(1) Célèbre graveur, statuaire et orfèvre italien (1500-1571).

La cour de Léon X avait été la plus corrompue des cours de l'Europe. Mais sous Jules II on voit plus : un archevêque, Jean della Casa, fait paraître, sous les auspices du Pape, le poème le plus abominable qui fût jamais écrit, l'ignoble et scandaleux *Capito del Forno*.

Pie IV (1559-1565), le pape du Concile de Trente, a trois enfants naturels et, sous lui, le népotisme est aussi florissant que jamais. Un de ses neveux, le cardinal Borromée, est pourvu de l'archevêché de Milan et de quantités d'abbayes qui lui fournissent 48,000 ducats de rente. Ses autres parents sont tous aussi bien établis. Pie V (1566-1572) a les mêmes faiblesses pour sa famille.

Grégoire XIII (1572-1585), le pape de la Saint-Barthélemy, le digne représentant du Christ, le même qui célèbre avec des transports inouïs de joie le massacre de milliers de Huguenots, a un bâtard, " sa première et seule affection ", comme dit un ambassadeur de Venise, Tiepolo, dans sa Relation.

Il en fait un gouverneur de la Sainte Église, titre qui lui assure 10,000 ducats de revenus, le marie dans la Maison des Sforza, et en célèbre les noces avec un luxe scandaleux.

Sixte-Quint (1585-1590), fils d'un porcher, n'a d'autre souci que d'enrichir ses parents. Il est élu Pape, parce que les cardinaux le croient moribond et qu'il marche plié en deux, s'appuyant sur sa béquille. Mais, aussitôt le vote assuré, il se relève avec un mouvement si brusque qu'il fait reculer ses voisins, jette sa béquille, relève la tête et entonne le *Te Deum* d'une voix à faire trembler les vitres de la salle.

Clément VIII (1592-1605), comme Sixte-Quint, enrichit sa famille, et Paul V (1605-1621), ne travaille qu'à la puissance des Borghesi. Les Ludovisio et les Barberini doivent leurs richesses à leurs oncles Grégoire XV (1621-1623) et Urbain VIII (1623-1644).

Innocent X (1644-1665) abandonne le magistère suprême au caprice de la veuve de son frère, Dona Olympia Maldalchina, dont il fait sa maîtresse et qu'il gratifie du titre de princesse de San Martino. Et vertu de cet abandon du gouvernement de son cœur et de celui de l'Eglise, la signora trafique si bien de ses charmes, des évêchés et des bénéfices ecclésiastiques que, à sa mort, on trouve dans ses coffres plus de deux millions.

Et tous ces Papes sont possédés du démon de l'orgueil : guerres, intrigues et machinations de toute espèce. Tous les moyens leur sont bons pour asseoir leur domination. Pie V teint ses mains du sang de centaines de victimes. Ses successeurs font comme lui, et il n'est pas jusqu'à Sixte-Quint qui n'approuve l'assassinat et le régicide mis au service de la religion !

*_**

Un trait dépeint les pontifes romains du xviiie siècle. A la mort de Clément XI, en 1723, on convient qu'on travaillerait à faire pape celui qui consentirait à faire cardinal l'infâme abbé Dubois, l'homme le plus notoirement souillé, le plus universellement déshonoré de cette époque. L'or est répandu à pleines mains dans le conclave. Suivant l'expression de Dubois lui-même, on fait l'acquisition de toute la famille Albani, dont plusieurs membres ont le chapeau rouge « comme on fait une emplète de porcelaine », et, pour mille écus, l'évêque de Sisteron gagne une courtisane, Marinacia, qui exerce autour du Vatican un irrésistible empire.

*_**

Pour rendre hommage à la vérité, nous devons cependant faire remarquer que, sur *deux cents papes*, Clément XIV (1768-1774) a été *le seul bon*. Le 21 juillet 1773, *il supprime l'ordre des jésuites*. En signant la célèbre bulle de suppression : « *Dominus ac redemptor* » (1), il sait parfaitement à quoi

---

(1) Les bulles sont toujours désignées par les premiers mots.

il s'expose, aussi a-t-il coutume de dire : « *Cette signature me coûtera la vie.* »

Il meurt du *poison des jésuites*, le 22 septembre 1774. Ce poison a détruit tout le corps à un degré tel que l'embaumement ne sert de rien. Ses cheveux sont tombés, et la peau s'est détachée de la tête ; c'est un spectacle à ce point hideux qu'on est obligé, lors de l'exposition du corps, de couvrir le visage d'un masque.

Le vrai nom de Clément XIV était Ganganelli. C'est par ses talents qu'il était parvenu au sommet de la hiérarchie ecclésiastique, sans qu'il l'ait recherché, et il est demeuré, étant Pape, aussi simple qu'il l'était comme moine.

Tous les autres Papes n'ont songé qu'à s'enrichir, et à enrichir leurs parents et amis. Clément XIV ne pense qu'au bien-être de ses sujets. Lorsqu'on lui demande s'il ne désire pas qu'un courrier soit envoyé à ses proches pour leur annoncer la nouvelle de son élévation au trône pontifical, il répond : « *Mes proches sont les pauvres et ceux-ci ne se soucient pas d'apprendre la nouvelle par courrier.* »

Ganganelli était un homme du plus grand mérite, et a fait de son autorité pontificale le plus noble usage ! Sa bonté, son aménité et son amour de l'humanité n'avaient point de bornes.

Un lord anglais était à tel point entiché de Ganganelli, qu'il s'écriait : « Si le Pape pouvait se marier, je lui donnerais ma fille. »

La fin du xviii⁰ siècle trouve la papauté abaissée, ravalée. Au commencement du xix⁰, le trône chancelant du faible et capricieux Pie VII (1800 à 1823) s'écroule. Viennent les fatales années de la réaction. Schismatiques, protestants, orthodoxes et catholiques se donnent la main pour restaurer une puissance qui, dans leur pensée, doit contribuer plus que toute autre chose à affermir les principes du despotisme et de la tyrannie. La papauté répond à l'attente des rois. Les jésuites sont rétablis, des théories exécrables sont prêchées partout. A Rome même s'établit un régime féroce. L'Inquisition dompte tout esprit libéral et une chape de plomb s'étend sur les États pontificaux Les San Fédistes sont institués. Les tribunaux et les commissions extraordinaires achèvent leur besogne. Sous Léon XII (1823-1829), sous l'imbécile Pie VIII (1829-1830), sous Grégoire XVI (1831-1846), le peuple romain est véritablement réduit en servitude, et le mal est tel qu'à la suite d'une conférence, les grandes puissances, alors peu suspectes cependant de tendresse pour la liberté, se voient obligées d'adresser au Pape le fameux mémorandum du 31 mai 1831.

La curie refuse de prêter l'oreille à ces protestations. De perfides conseillers engagent Grégoire XVI à persévérer dans sa politique haineuse. Ils ne réussissent que trop bien, et il faut lire dans un auteur catholique, dans un livre de M. Dœllinger (1), paru en 1860, longtemps donc avant que le savant théologien songeât à rompre avec le catholicisme, les pages qu'il consacre au gouvernement pontifical, pour se rendre compte des atrocités qui sont commises à la suggestion et sous la direction des prêtres.

Il n'est pas de joug plus lourd que celui du clergé, et il n'est pas de tyrannie comparable à la théocratie. L'histoire de Rome, pendant les dernières cinquante années, le prouve surabondamment. Là sont inventés de véritables raffinements de despotisme. Là s'étale une débauche de mesures vexatoires. Les sbires de l'autorité deviennent les maîtres absolus de l'honneur et de la liberté des citoyens. A toute heure, la police entre partout. L'inviolabilité du domicile n'existe plus, même de nom. Le bon plaisir d'un prélat, d'un chanoine, d'un curé, fait tout. Les évêques ont leurs prisons particulières ; ils jugent en toute matière ; la transgression des com-

---

(1) Théologien bavarois, né en 1799, rompt avec le catholicisme lorsqu'est décrété le dogme de l'infaillibilité papale, et fonde le *vieux catholicisme*.

mandements de l'Eglise sur le jeûne et la prière est punie à l'égal d'un crime. C'est Dœllinger qui le dit. Dans les affaires les plus infimes se manifeste le même esprit. L'archevêque de Sinigaglia décrète, en 1844, que jeunes hommes et jeunes filles fiancés ne peuvent plus désormais se faire des cadeaux, et cela sous peine de quinze jours de pénitence pour les jeunes gens et même pour leurs parents. Les évêques du Synode de Fermo menacent de deux jours de prison les hôteliers qui serviraient des repas gras un jour de carême. Une nouvelle peine est instituée : le *precello politico*. Celui qui en est frappé ne peut quitter son lieu natal ; il doit se présenter tous les quinze jours à l'inspecteur de police ; il est obligé de se confesser tous les mois, de montrer son billet de confession à la police, et il doit, chaque année, faire trois jours de retraite spirituelle dans un couvent désigné par l'évêque. En cas de non observation de ces prescriptions, le malheureux est passible de trois années de travaux forcés.

Grâce à la procédure inquisitoriale, les manœuvres des délateurs peuvent se produire sans danger. Le gouvernement fait un pas de plus : il fait paraître un édit rendant l'espionnage obligatoire.

Tant d'excès provoquent la résistance ; mais, appuyé sur les baïonnettes étrangères, le pape a bien vite raison des insurgés. Le sang coule à flots, des exécutions ont lieu en masses, et les bagnes se remplissent de condamnés politiques.

En 1846, le peuple a une lueur d'espoir. Grégoire XVI vient de mourir dans le Vatican, abandonné de ceux qui, de son vivant, n'ont eu devant lui que flatterie et basse adulation. Son cadavre est insulté et sa mémoire outragée par le peuple. Il n'a pas même auprès de lui un seul domestique. Un conclave de trois jours amène l'élection du cardinal Jean Mastaï Ferretti (1846-1878). On le croit doux et modéré, magnanime et libéral, et, de tous côtés, s'élèvent des vœux pour son bonheur. Les hommes les plus marquants applaudissent sa nomination, et, quand il a posé quelques actes empreints d'un esprit réformateur, l'enthousiasme pour le nouveau pontife devient du délire.

> « Tu non ci maledici! Tu sei figlio
> Di nostra età, e l'intendi et la seconda
> Per dura e avanza! A te bramando mirano
> Ormai due mondi. »

a chanté César Balbo (1), et il n'est pas une voix qui ne s'associe à ces magnifiques paroles. Ce n'est pas en Italie seulement que le *Pape libéral* rencontre une sympathique admiration : l'Europe entière le loue, l'approuve.

On voit bientôt qu'un pape libéral est bien la plus impossible des impossibilités. Réformes, lois nouvelles, institutions libérales, Pie IX renie tout. Le gouvernement clérical continue ses horreurs, et, quand Rome, qui s'est révoltée, est replacée sous le joug, une période d'affreux despotisme se rouvre et l'Europe, qui a vu tant d'atrocités, ne voit rien de pire que les exécutions et les supplices ordonnés par Pie IX. Tous les habitants des Etats pontificaux sont soumis au régime de la terreur. L'exil atteint les hommes les plus marquants ; les prisons regorgent de prévenus ; l'échafaud se dresse. De 1849 à 1853, il y a *cinq mille* exécutions capitales ; le sang continue de couler jusqu'en 1860 ; les emprisonnements et les supplices ne peuvent se chiffrer. Pour un mot suspect dénoncé par les sbires, un homme est jeté en prison et soumis aux pires tortures. Par la volonté du saint Père, des milliers de femmes sont dépouillées de leurs vêtements et fouettées dans les rues ; des milliers et des milliers d'hommes meurent de faim ou dévorés par la vermine dans les prisons de l'Eglise ; des milliers d'autres sont fusillés, pendus, assommés à coups de bâton, rôtis à petit feu, suspendus par les poignets aux voûtes des cachots, attachés par le cou dans les anneaux de fer, étouffés par leur propre langue que des piqûres font enfler. Inutile d'insister sur le sort

---

(1) Homme d'Etat et publiciste italien (1789-1853).

des jeunes filles et des jeunes garçons : les mœurs du clergé romain sont connues depuis des siècles.

Victor Hugo nous conte toutes ces horreurs dans les vers suivants :

Saint Père, sur tes mains laisse tomber tes manches!
Saint Père, on voit du sang à tes sandales ! blanches !
Borgia te sourit, le pape empoisonneur.
Combien sont morts? Combien mourront? Qui sait le nombre?
Ce qui mène aujourd'hui votre troupeau dans l'ombre,
Ce n'est pas le berger, c'est le boucher, seigneur!
(Victor Hugo. — *Châtiments*.)

Tous les faits que nous venons de relater sont attestés par les historiens italiens et prouvés par l'enquête qu'ouvrent les commissaires royaux, dès la constitution du royaume d'Italie...

L'administration devient plus mauvaise que jamais; à tous ses degrés s'étalent la concussion et la prévarication. Le commerce est anéanti, l'industrie détruite. La sécurité n'existe nulle part, et le brigandage règne sur tous les points des Etats pontificaux. On sait comment ce régime abhorré est tombé. En 1860, les provinces sont soustraites à la papauté, et, en 1870, enfin, disparaissent, aux applaudissement du monde entier, les derniers et misérables restes du pouvoir temporel des papes.

*
* *

Le long et actif pontificat de Léon XIII a, par certains côtés, été la continuation de celui de Pie IX; à d'autres points de vue, il est fort différent de celui qui l'a précédé.

Les affirmations doctrinales de Léon XIII sont restées entièrement conformes à celle de Pie IX. Comme le pontife dépossédé en 1870, il a expressément et fréquemment condamné les idées de la Révolution française et les gouvernements qui s'en sont inspirés. Mariage civil, enseignement laïque, neutralité confessionnelle de l'Etat, souveraineté du peuple, liberté de la parole et de la presse, rien de ce que son prédécesseur a réprouvé n'a trouvé grâce devant Léon XIII. Ses encycliques sur les erreurs modernes (1878), sur le mariage chrétien (1880), sur l'origine du pouvoir civil (1881), sur la constitution chrétienne des Etats (1885), sur la liberté humaine (1888) reproduisent les conclusions, sinon le ton, des documents fameux de 1864, eux-mêmes déduits de l'Encyclique publiée en 1832 par Grégoire XVI.

Jamais, d'autre part, Léon XIII n'a cessé de protester contre la suppression du pouvoir temporel des papes. Comme Pie IX, il s'est volontairement enfermé dans le Vatican; comme Pie IX, il a refusé d'accepter la loi italienne des garanties ; comme Pie IX, il a défendu aux catholiques de prendre part aux élections; il n'a pas voulu recevoir les princes catholiques hôtes du roi d'Italie.

Mais, s'il est resté l'adversaire des idées du XIX° siècle, et du régime italien issu de 1870, suivant l'exemple du pape précédent, sa politique pratique a été toute différente de celle de Pie IX, beaucoup plus conciliante, et, partant, beaucoup plus adroite. Les dernières années du règne de l'auteur du *Syllabus* sont signalées par des conflits entre la papauté et l'Allemagne, la Russie, la Suisse. Loin de les apaiser, la vivacité de Pie IX les a plutôt aggravés... Léon XIII sait arrondir les angles et, pratiquant la politique des concessions mutuelles, obtenir à Berne, à Berlin, à Pétersbourg de sérieux succès.

A bien regarder, l'œuvre politique principale de Léon XIII a consisté dans la formation, dans les principaux pays parlementaires d'Europe, de partis catholiques assez puissants pour exercer une grande influence sur les affaires intérieures, et pour se faire payer par des avantages à l'Eglise l'appui accordé par eux aux gouvernements.

⁎

Pie X, dans sa politique combative, possède à la fois l'entêtement de Pie IX et la ruse de Léon XIII, mais il n'a ni la clairvoyance du premier, ni les talents d'homme d'Etat du second...

⁎

Quoi qu'il en soit, dépossédée de ses Etats, tolérée

à Rome par son ennemie triomphante, discutée, convaincue de duplicité et de mensonge, la papauté doit infailliblement succomber devant une prochaine et dernière explosion générale. Ses jours sont comptés et bientôt l'Histoire n'en connaîtra plus que le nom et le triste souvenir.

XXIV. *La prédestination*. — La conséquence funeste pour nous de la chute de nos premiers parents transmise à travers toute la postérité, nous rend incapables de faire notre salut par nos propres moyens, puisque notre nature déchue nous porte invinciblement au mal ; aussi, sommes-nous obligés d'attendre le bon vouloir de Dieu qui nous refuse ou nous accorde sa *grâce*, sans que nous sachions pourquoi. C'est lui qui choisit les élus, et précipite les autres dans les flammes éternelles. C'est ce que l'on appelle la *prédestination*, c'est-à-dire la *destination préalable* à la gloire ou à la réprobation. L'apôtre saint Paul, qui a fait cette sublime découverte, nous en fait part dans son *Epître aux Romains*, er prend la peine d'entrer, à cet égard, dans les développements les plus positifs.

Lecteurs, si votre cœur se soulève au récit d'une telle monstruosité, contenez-vous un moment, car le même apôtre va vous prouver que ce qui vous paraît révoltant est la chose du monde la plus simple et la plus naturelle.

« O homme ! s'écrit-il, qui es-tu pour contester avec Dieu? La chose dira-t-elle à celui qui l'a formée : Pourquoi m'as-tu faite?

« Un potier n'a-t-il pas le pouvoir de faire d'une même masse de terre un vase à honneur et un autre à déshonneur?

« Et qu'y a-t-il à dire, si Dieu, voulant montrer sa colère et faire connaître sa puissance, a toléré, avec une grande patience, les vases de colère préparés pour la perdition, afin de manifester les richesses de sa gloire dans les vases de miséricorde qu'il a préparés pour la gloire. » (*Epître aux Romains IX*. 20, 21, 22 et 23).

Il est au moins permis de signaler une certaine

différence entre l'être conscient, doué de l'intuition de la justice, et l'argile inerte, momentanément façonnée, sans inconvénient ni souffrance pour elle, à la convenance du potier.

A ceux qui ne sont point convaincus par cette conception étrange, on répond péremptoirement : « Dieu t'a fait pour l'aimer et non pour le comprendre ».

Donc, ceux qui font le mal ont été créés dans ce but ; ce sont des vases de colère de Dieu qui la a créés pour la damnation, et cela afin de mieux faire ressortir la gloire des *élus*, des seuls vases de son amour, de ceux qu'il a *prédestinés* au bonheur, et qu'il a sauvés par un effet de sa grâce.

Or, c'est là une doctrine non seulement immorale, en ce qu'elle supprime véritablement la responsabilité humaine, mais encore impie en ce qu'elle fait de Dieu l'auteur réel du mal moral, et le représente comme ne connaissant d'autre règle que ses aveugles caprices.

Voici une autre doctrine de saint Paul qui complète la précédente. Il vient de nous apprendre quel est l'auteur du mal que nous faisons, sans le faire réellement, mais il ne nous a pas encore dit quel est l'auteur du peu de bien que nous pouvons faire. Or, on saura d'abord que ce n'est pas nous. Non seulement ce n'est pas nous qui le faisons, mais nous n'avons pas même le mérite d'avoir voulu le faire. Qui donc, alors, le fait et le veut ? « C'est Dieu qui opère en nous, et le vouloir et le faire selon son bon plaisir » (*Epître aux Philippiens*, II, *13*).

« J'ai travaillé plus que les autres, non par moi, cependant, mais par la grâce de Dieu, qui est avec moi. » (1re *Epître aux Corinthiens*, XV, *10*), Calvin *biog. p. 417*), tout en qualifiant la prédestination de DÉCRET HORRIBLE, se borne presque à transcrire ces paroles de saint Paul, quand il écrit ce qui suit : « Le vouloir et exécution nous sont donnés de Dieu, et toute notre suffisance est de lui ; et, pour cette cause, Notre Seigneur Jésus a reçu toute plénitude de grâce, afin que nous puisions de lui. Ainsi ne présumons de notre franc arbitre ni de notre vertu et faculté, mais plutôt confessons que nos bonnes œuvres ne sont que de purs dons de Dieu. »

La théorie de saint Paul a été reprise successivement par saint Augustin (*biog. p. 62*), par les réformateurs du xive siècle, par Jansénius (1), Pascal (*biog. p. 131*), etc., etc.

Dans l'*Epître aux Romains*, nous avions tantôt la négation du démérite et du mal moral. Nous avons maintenant la négation du mérite et du bien moral. On sait que les diverses sectes fatalistes que le christianisme a vues naître dans son sein, depuis les Prédestinatiens jusqu'aux Jansénistes, se sont particulièrement basées sur le *verset 13 du chapitre II de l'Epître aux Philippiens*, ainsi que sur de nombreux textes de saint Augustin, qui ne fait que le commenter dans ses disputes avec les Pélagiens, tout en prétendant se soumettre aux conséquences qui en découlent contre le libre arbitre, que Luther (*biog. p. 251*), par une ironie très logique, à son point de vue augustinien, appelle le *serf-arbitre*.

Quelque tort que ces sectes eussent au fond, elles étaient, du reste, conséquentes à leurs principes, quand elles s'appuyaient sur de pareils textes admis par leurs adversaires. A ne considérer la question qu'au point de vue de la logique, il est incontestable que prédestinatiens, protestants et jansénistes étaient demeurés beaucoup plus fidèles à la doctrine de saint Paul et de saint Augustin que les catholiques, dont la croyance sur la grâce efficace est un demi-fatalisme, faisant de vains efforts pour échapper par des subtilités à ses propres embarras.

---

(1) De son vrai nom Corneille Jansen, né en Hollande et décédé à Ypres (Belgique), dont il était l'évêque (1585-1638).

Son principal ouvrage, dans lequel il expose la doctrine de saint Augustin sur la grâce, le libre arbitre et la prédestination, donne lieu à la *doctrine* dite *janséniste*.

Pascal et les solitaires de Port-Royal adoptèrent le jansénisme, qui fut combattu par les jésuites et condamné par le Saint-Siège.

Veut-on un exemple des argumentations sophistiques au moyen desquelles ces derniers cherchent à accorder des choses inconciliables ? Nous ne le demanderons pas à un de leurs moindres docteurs, mais à Bossuet *(Biog., p. 9)* lui-même : « L'Eglise sachant que c'est ce divin esprit qui fait en nous par sa grâce tout ce que nous faisons de bien, elle doit croire que les bonnes œuvres des fidèles sont très agréables à Dieu et de grande considération devant lui ; et c'est justement qu'elle se sert du mot de *mérite* avec toute l'antiquité chrétienne, principalement pour signifier la *valeur*, le prix de la *dignité* de ces œuvres que nous faisons par la *grâce*. Mais comme toute leur sainteté vient de Dieu qui les fait en nous, la même Eglise a reçu, dans le concile de Trente, comme doctrine de foi catholique, cette parole de saint Augustin, que Dieu couronne ses dons en couronnant le mérite de ses serviteurs. »

Est-ce clair ?

Pour tout esprit qui raisonne, il est manifeste que, si c'est Dieu lui-même qui fait en nous par sa grâce tout ce que nous faisons de bien, ce n'est pas nous qui le faisons. Dès lors, les *bonnes œuvres* ne peuvent plus être appelées de ce nom, et il ne saurait y avoir ni mérite ni valeur réelle, ni dignité dans des actions dont toute la sainteté vient de Dieu qui les fait en nous.

XXV. *Les indulgences*. — On appelle ainsi la grâce que fait l'Eglise en remettant la peine des péchés. Issues de la doctrine du purgatoire, les indulgences, avec le temps, ont été de plus en plus étendues, à mesure que l'emploi en devenait plus utile, pécuniairement parlant, bien entendu. On peut en juger par les petits livres pieux qui pullulent chaque jour et qu'on croirait élaborés dans le but d'abaisser l'intelligence et de fausser le sens moral. Nous pouvons citer comme exemple le *Mémorial des Indulgences*, de l'abbé ***, muni de l'approbation de Son Eminence le cardinal Dupont, archevêque de Bourges. L'autorité d'un prince de l'Eglise confère à cet opuscule une sorte de consécration canonique. L'esprit du livre se révèle tout entier dans l'épigraphe : « Pour devenir un saint, il suffit de gagner le plus d'indulgences possible. » (*Saint Alph. de Liguori.*)

***

Il y en a, comme cela, des milliers d'ouvrages différents, des *revues*, *journaux* qui traitent de l'article *Indulgences*, et cela rapporte gros.

Savourez-moi la circulaire commerciale suivante, envoyée à tous les prêtres de la République française, et que reproduit l'*Echo de Clamecy :*

« M

« Habitant Rome depuis plusieurs années, j'ai pensé me mettre à la disposition des membres du clergé qui désirent se procurer *rapidement* certains pouvoirs privilégiés.

« Je l'ai fait trois fois déjà pour les pèlerinages organisés par M. Harmel, qui m'a fait l'honneur de me choisir pour correspondant.

« Vous trouverez ci-contre un catalogue des faveurs les plus souvent sollicitées ; les frais inscrits en regard sont inférieurs à ceux qu'on demande ordinairement.

« Veuillez agréer, M   , l'assurance de mes sentiments respectueux.

« P. Barthélemy Dessons.
« *S.-C.-J.* »

«N. B. — Pour toute demande de pouvoirs, prière d'indiquer exactement ses noms et prénoms et le diocèse auquel on appartient. L'envoi des pouvoirs sera fait sans retard sous pli recommandé.

« Prix :

« Bref pour appliquer *privatim* aux croix, chapelets, etc., les indulgences apostoliques et de sainte

Brigitte (*ad quenquennium*). (Ce pouvoir comprend la faculté d'appliquer au crucifix l'indulgence de la bonne mort), 7 francs.

« Bref accordant aux missionnaires de donner la bénédiction avec indulgence plénière à la fin des missions ou retraites, 10 francs.

« Pouvoir de bénir les cordons suivants,*ad vitam* :

« *a*) Saint Joseph, 12 fr.

« *b*) Saint François d'Assise, 2 fr.

« *c*) Saint Thomas d'Aquin, 1 fr. 50.

« *d*) Sainte Philomène, 13 fr.

« Pouvoir de bénir et d'imposer les scapulaires suivants, *ad vitam* :

« *a*) Mont-Carmel, 1 fr. 50.

« *b*) Immaculée-Conception, 3 fr.

« *c*) Passion (rouge), 1 fr.

« *d*) Passion (noir), 1 fr. 50.

« *e*) Sainte-Trinité, 2 fr.

« *f*) Saint Joseph, 1 fr. 50.

« *g*) N.-D. du Bon-Conseil, 2 fr.

« *h*) N.-D. des Sept-Douleurs, 2 fr.

« Pouvoir de bénir simultanément 4 scapulaires (*b, d, e, h*) *ad vitam*, 13 fr.

« Bénédiction apostolique et indulgence plénière, *in articulo mortis* (avec photographie), 3 fr. 50.

« Bénédiction apostolique pour mariage, première communion, ordination, fêtes de congrégation ou d'œuvres, etc. (avec photographie du Saint-Père), 3 fr. 50.

« Agrégation des églises paroissiales à St-Jean-de-Latran (indulgences nombreuses), 20 fr.

« Agrégation des églises paroissiales à Sainte-Marie-Majeure (indulgences nombreuses), 20 fr.

« Agrégation des églises paroissiales à Notre-Dame-de-Lorette (indulgences nombreuses), 20 fr.

« Pour avoir le droit de lire sans péché les livres mis à l'*Index*, ça coûte 3 fr...

« *N. B.* — Toutes les affaires se traitent au comptant, sans escompte. »

***

Ainsi, pour mériter l'apothéose, pour figurer au

rang des hommes d'élite auxquels l'Eglise rend les plus grands honneurs, et qu'elle propose à notre admiration et à notre imitation, il ne s'agit pas de développer les facultés que nous possédons, d'exceller par les qualités de l'esprit et du cœur, de se dévouer pour l'humanité, de concourir au progrès social en travaillant au bien de nos semblables ; tout cela était bon chez les héros païens.

Contrairement au précepte du maître, qui tentait de rapprocher les hommes en les faisant s'aimer et les montrait tous solidaires les uns des autres, ce que l'on demande aujourd'hui au parfait chrétien, c'est de passer sa vie à accomplir toutes les cérémonies minutieuses auxquelles l'Eglise attache la remise des peines du purgatoire ; c'est de ne s'occuper exclusivement que de soi-même, de gagner des bons points pour l'autre monde, et de pouvoir, au sortir de la pérégrination terrestre, se présenter devant le grand juge avec des exemptions équivalentes au châtiment qui pourrait lui être infligé. Tel est le seul but assigné à la vie de l'homme.

L'unique objet de ses préoccupations, c'est de rôtir le moins de temps possible dans le brasier expiatoire ; c'est même de l'éviter complètement, en établissant avec sagesse et prévoyance sa balance de *doit* et *avoir*, de manière que le bon Dieu, de créancier devienne débiteur. C'est là le sublime de la perfection, la quintessence de la vertu, le grand œuvre devant lequel tout doit s'effacer.

Aussi les guides les plus autorisés se sont-ils ingéniés à énumérer les moyens d'atteindre ce but magnifique. Il s'agit surtout de réciter des formules qui ont une vertu cabalistique, et de porter sur soi des objets qui travaillent à notre salut. Le nombre de ces procédés mécaniques pour atteindre au plus haut degré de la perfection est incalculable, et c'est tout au plus si la journée peut suffire à l'exécution de tout ce cérémonial.

★★★

Jetons un coup d'œil sur le matériel dont il faut se munir :

Il y a le *scapulaire apostolique*, béni par le Pape ; ce scapulaire, ainsi que les croix, médailles et statuettes, sont enrichis de nombreuses indulgences. Il y a aussi le *scapulaire ordinaire ou de saint Dominique*, composé de cinq dizaines ; il faut le porter sur soi et, chaque fois qu'on le fait fonctionner, réciter 15 *pater* et 15 *ave*. Il y a aussi le *scapulaire brigitté*, brun, large. Le mieux est de les porter tous et d'en cumuler les bénéfices.

Le *scapulaire carmélite*, consistant en deux petits morceaux d'étoffe brune, portant l'image et la devise de la Vierge, a été découvert par saint Simon Stock, général de l'ordre des Carmes d'Occident, auquel la Vierge l'a apporté du ciel, en lui lisant : « Quiconque mourra revêtu de cet habit, ne souffrira point les flammes éternelles. C'est le signe du salut, une sauvegarde dans les dangers et le gage de mon alliance. » Le pape Jean XXII, en vertu de son pouvoir infaillible, a décidé, par sa bulle sabbatine de 1332 : « 1° Que tout confrère qui mourra avec ce scapulaire, sera préservé de l'enfer ; 2° Que si des confrères mourant avec ce scapulaire allaient au purgatoire, Marie, comme leur tendre mère, y descendrait le premier samedi après leur mort, et les délivrerait tous. » (*Guglielmi, Recueil des Scapulaires, p. 143, Paris, 1862.*)

Voilà qui est rassurant : on est garanti, grâce à ce bienheureux talisman, de ne rester en purgatoire que six jours au plus. Ce n'est plus qu'un voyage d'agrément.

... Il y a, dit-on, des Brahmines qui certifient à leurs fidèles que si, en mourant, ils tiennent à la main la queue d'une vache, ils iront tout droit au ciel. Pauvres idolâtres qui font ainsi fausse route, et qui se sauveraient si, à la queue de vache, ils substituaient le scapulaire ! A quoi tiennent les destinées transmondaines !!!

Le *scapulaire rouge* a bien aussi son mérite, quoique la découverte en soit due à une religieuse anonyme. Mais il pâlit devant le *scapulaire bleu*, qu'on peut appeler le roi des scapulaires. « Celui qui le porte, chaque fois qu'il dit (serait-ce cent fois par jour) même en marchant, en travaillant, ou la nuit au lit, *six pater, six ave, six gloria*, gagne toutes les indulgences de la Terre Sainte, des sept basiliques de Rome, de la Portioncule et de l'apôtre saint Jacques de Compostelle en Gallice.» C'est ce qui résulte d'un bref du pape Pie IX, du 14 avril 1856.

« Et ces indulgences sont prodigieuses (*sic*). » Saint Liguori, qui en a fait le calcul, assure que les plénières s'élèvent à 533 et que les partielles sont innombrables. Ainsi, sans parler de ces dernières, il suffit de dire *six pater, six ave, six gloria*, pour délivrer 533 âmes du purgatoire, y compris la sienne, bien entendu, car charité bien ordonnée commence par soi-même. Voilà donc l'exonération rendue on ne peut plus facile, mise à la portée de tout le monde, et le purgatoire menacé de devenir désert ; Mgr de Ségur n'affirme-t-il pas, en effet, que le zèle *d'une Tertiaire seule* de saint François peut vider le purgatoire ?

Alors, à quoi bon encourager les pèlerinages de Lourdes, etc., si, sans sortir de sa chambre, on peut obtenir, en cinq minutes, les indulgences attachées à ces pèlerinages !

Mais il paraît qu'il en est des remèdes spirituels comme de ces spécifiques qui guérissent à coup sûr, d'après l'étiquette du flacon, mais qui ne dispensent pas de recourir aux autres moyens de la thérapeutique ; malgré toute cette multitude de chapelets, de médailles et de scapulaires dont le dévot doit s'affubler, il faut encore, pour plus de sûreté, qu'il porte, nuit et jour, sur les reins, la *ceinture ou cordon de saint Thomas d'Aquin* (fil blanc, quinze nœuds distincts, le tout béni par un dominicain, sous peine de nullité). Il fera bien d'y joindre le *cordon de saint Joseph*, renommé pour son efficacité. Le cordon doit être en fil, coton ou laine, avec sept nœuds qui sont le symbole des *sept douleurs* et des SEPT ALLÉGRESSES de saint Joseph.

« Il se porte sous les vêtements en forme de ceinture.

« Le but de cette dévotion est :

« D'obtenir, par l'intervention de saint Joseph, des moyens efficaces pour conserver la sainte chasteté et la continence nécessaire à chaque état, et *pour la recouvrer si on l'a perdue*. » (*Bulletin de saint Joseph du 20 novembre 1898*.)

Ce n'est pas tout. Il trouvera dans le *Mémorial* — qui, comme nous l'avons dit, n'est qu'un mince abrégé des volumineux ouvrages publiés sur cette intéressante matière, — l'indication des formules à réciter suivant les divers jours de l'année, les heures du jour et les circonstances occasionnelles ; ces prières rapportent plus ou moins : les unes quarante, les autres cent jours d'indulgence ; tout cela fait masse et compte au crédit du fidèle. S'il est bien pénétré de l'importance de ces exercices, il n'en omettra aucun ; il rassemblera en sa personne toutes les indulgences qu'on peut acquérir ; il s'assujettira à observer ponctuellement tout ce que prescrivent les bulles et indults. Toute son existence sera donc absorbée par ce double travail : se munir d'amulettes et marmotter littéralement les prières indiquées. Scrupuleux disciple de Liguori, il considérera la vie comme n'ayant été donnée à l'homme que pour gagner des indulgences.

On conçoit facilement ce que doit produire l'habitude prolongée de ces exercices : les plus nobles sentiments s'atrophient, l'intelligence s'éteint, l'homme s'abrutit ; il néglige ses devoirs sociaux, est étranger à tout ce qui se passe autour de lui, ne connaît plus rien que le purgatoire. Cet être dégradé, misérablement et monstrueusement égoïste, c'est le chrétien modèle.

« Chacun pour soi, Dieu pour tous », telle est sa devise. Chacun agit ici-bas pour son compte. Que lui importe que son frère soit damné, s'il sauve son âme ! Dans le ciel, est-ce qu'on songe encore à ceux qu'autrefois l'on a aimés ? La *crainte de l'enfer* tient lieu de tous les amours, car le chrétien modèle ne peut même pas aimer Dieu qui, pour lui, est un despote sans pitié, et rempli d'idées de vengeance ; il a peur de Dieu, car il a toujours présent à l'esprit l'effrayant cantique, ce chant lugubre que le prêtre psalmodie au-dessus de tous les cercueils, et qui commence par ces terribles paroles : « Dies iræ, dies illa !!! Ce jour est le jour de la colère !!! »

La suprême piété pour le chrétien modèle, c'est d'avoir pour les choses de ce monde et les obligations qui nous y attachent, l'absolu mépris, l'indifférence radicale d'Orgon dans le *Tartufe :*

> Qui suit bien ses leçons goûte une paix profonde,
> Et comme du fumier regarde tout le monde.
> Oui, je deviens tout autre avec son entretien :
> Il m'enseigne à n'avoir affection pour rien ;
> De toutes amitiés, il détache mon âme,
> Et je verrais mourir frère, enfants, mère et femme
> Que je m'en soucierais autant que de cela !

⁎⁎*⁎

Nous conseillons cependant au chrétien modèle de ne pas trop se fier aux indulgences.

L'Histoire nous apprend, en effet, que le pape Boniface VIII révoqua, un beau matin, toutes les indulgences accordées par les Papes, ses prédécesseurs, aux Français..., d'où la triste nécessité, pour les âmes françaises libérées, de réintégrer le purgatoire.

Il est plus que probable que Boniface n'a jamais restitué le prix des indulgences.

Si Pie X, ou l'*un de ses successeurs, s'il en a,* allait s'aviser à jouer le même mauvais tour aux Français ?

Qui sait ???

XXVI. *Le matérialisme rabaisse l'homme.* — Le matérialisme a été la réaction toute naturelle de l'esprit contre toutes les fausses notions imposées par l'enseignement traditionnel des religions, une sorte de protestation de la conscience qui se sent trompée et qui s'indigne de l'être. Il est une crise engendrée par la décomposition des croyances.

La période de scepticisme et de négation que nous traversons est un temps nécessaire de friche pour le terrain de la conscience humaine, afin qu'y puisse germer et lever la moisson de l'avenir.

Aux anciennes méthodes qui ont constitué un des plus grands obstacles qu'ait rencontrés autrefois le développement de l'esprit humain, les savants matérialistes ont substitué la *méthode expérimentale*, qui a délivré l'humanité des entraves de l'arbitraire, en la mettant, en même temps, sur la voie de lois dont précédemment on ne soupçonnait pas l'existence. Nous sommes heureux de rendre justice aux travaux de ces savants, et de leur témoigner toute notre reconnaissance pour l'immense service qu'ils ont rendu à l'humanité, et pour la ténacité avec laquelle ils ont poursuivi leur œuvre.

Malheureusement, comme toutes les réactions, les extrêmes se touchent. Le matérialisme a manqué de mesure, en prétendant, jusqu'ici, ne tenir aucun compte des phénomènes de la *clairvoyance*, du *somnambulisme*, de la *télépathie* et du *spiritisme* qui démontrent *expérimentalement* que l'âme est indépendante de l'organisme, et qu'elle se retrouve au delà de la tombe dans la plénitude de toutes ses facultés.

Le matérialisme est impuissant à servir de ciment social. L'*idéal*, centre ardent, peut seul élever, réunir tous ceux qui se placent sous ses rayons lumineux.

« Je ne peux pas, écrit M. de Potter (1), pouvoir être contredit en avançant que les majorités et les lois qu'elles votent, ainsi que le pouvoir dont elles disposent pour les faire exécuter, ne suffisent pas pour maintenir la société, unir les hommes entre eux, les dévouer les uns aux autres, empêcher l'injustice secrète et faire triompher en tout état de cause le droit de chacun sur son intérêt, et les droits de tous sur les droits de chacun. Il faut pour cela une morale tout à la fois générale et privée, c'est-à-dire des principes d'ordre sur lesquels tout le monde soit d'accord, et une conscience individuelle, la même chez chaque membre de la société.

« La loi, qui n'a de force que par les mœurs, ne les remplace jamais, et il n'y a point de mœurs sociales sans une croyance uniforme, et aucune croyance n'est sanctionnée si ce n'est par le principe religieux.

« Il faut une religion, c'est-à-dire une foi sincère et vive pour tout ce qui tient à l'essence de l'être humain et à ses destinées, à son origine et à sa fin, une sanction de la loi intérieure, une foi qui domine chacun, et soit le mobile commun de tous (2).

« Le domaine des lois positives réduites à leur seule puissance est fort restreint ; il n'étend son empire que sur la vie publique, et cette vie est bien peu de chose dans la vie humaine. La carrière de l'homme en société se compose presque tout entière de sa vie domestique, de sa vie cachée même ; et celle-là, si elle n'est pas soumise à une morale déterminée, garantie par une foi inébranlable, quel sera son frein, quel sera son contrôle ?... Par quoi sera-t-elle régie ? Par la morale et la religion de la

---

(1) Homme d'État, philosophe spiritualiste et écrivain belge de la première moitié du XIX° siècle.
(2) « A la base de tout, écrit Tolstoï, l'éminent philosophe russe, doit se placer une croyance religieuse qui soit conforme au degré d'instruction des hommes, sans distinction de classe et de nationalité. »

majorité ? Mais les opinions de la majorité se modifient, et les majorités elles-mêmes changent. En outre, elles commandent aux actes extérieurs sur lesquels elles ont les yeux ouverts ; mais ce qu'on leur dérobe, — et on peut presque tout leur dérober, — là leur pouvoir s'évanouit complètement ; car, remarquons-le bien, la religion, qui ne s'empare pas de la tête et du cœur, a bien vite perdu son empire sur la conduite.

« Celui qui n'a pas besoin de voler pour vivre, ne volera pas du tout, dans le sens matériel du mot, de peur d'une condamnation. Mais s'il peut augmenter ses richesses ou ses jouissances au moyen d'une mauvaise action quelconque qu'il espère soustraire à la connaissance de ses concitoyens, ou dont la découverte ne lui nuira pas dans l'opinion, il ne sera tenu par aucun scrupule ; il trompera ses parents les plus proches et ses amis les plus chers ; il corrompra femmes et filles ; il violera les promesses les plus saintes et les devoirs les plus sacrés ; il trahira la patrie qu'il veut avoir l'air de servir, la morale qu'il se donne l'apparence de professer, le Dieu qu'il feint de reconnaître. Et, légalement parlant, il n'y aura aucun reproche *fondé* à lui faire, car il acquitte l'impôt, évite de se faire emprisonner pour dettes et ne donne pas de scandale dans les carrefours.

« La loi donc et la majorité dont elle est l'expression sont impuissantes pour constituer la société et la conserver. L'édifice social qui n'aurait que le bourreau pour clef de voûte, serait la plus misérable construction qu'eût pu enfanter un cerveau malade. » (*De Potter. Le scepticisme constaté, l'égoïsme justifié et l'anarchie prédite. 1840.*)

« Il faut avant tout, à la société, à la civilisation moderne, dit à son tour Charles Fauvety (1), il lui faut avant tout, pour qu'elle prenne possession d'elle-même et marche résolument à ses hautes destinées, une explication simple, mais rationnelle et

---

(1) Philosophe et écrivain français du xixe siècle.

scientifique du monde physique et du monde moral, laquelle enseignée à tous, dès l'enfance, comme s'est enseigné jusqu'ici le catéchisme, fasse comprendre le rôle de l'homme dans la création, le but de la vie, et donne à chaque personne humaine, avec la notion de ses droits et de ses devoirs sociaux, une idée vraie de ses rapports avec ses semblables, avec la nation et avec tout ce qui est.

« L'insuffisance de l'ancien idéal n'est plus à démontrer. La critique en a été faite des milliers de fois. L'enseignement donné par l'Eglise sur la création du monde, sur Dieu, sur les destinées humaines et le but de la vie est repoussé à la fois par la science et le sens commun.

« Quant aux dogmes propres à la révélation chrétienne, interprétés comme le fait l'Eglise et comme le font toutes les orthodoxies, *selon le sens de la lettre qui tue*, le moins qu'on puisse dire, c'est qu'ils sont absurdes, inintelligibles et extravagants pour la Raison comme pour la Divinité. » *(Ch. Fauvety. Nouvelle Révélation.)*

Le monde social marche vers l'unité, mais ne pourra l'atteindre que par des convictions communes, et surtout par une *rénovation religieuse*. (*XXVII*.)

XXVII. *La Religion de l'Avenir*. — Le règne des religions codifiées, dogmatiques et rituelles est passé. Elles ont beau résister, elles se disjoignent et s'écroulent en ruines. L'humanité est appelée à entrer dans la période *philosophico-religieuse*.

La religion de l'avenir ou *Universalisme* débrouillera le chaos intellectuel, moral et social de notre époque. Elle sera le terrain sur lequel se fera l'accord entre l'esprit scientifique et le sentiment religieux; elle est appelée à réaliser l'harmonie de la nature humaine, à ouvrir à l'intelligence, au cœur, à la conscience, des horizons leur permettant de s'épanouir librement et de tendre pacifiquement vers une fin qui les satisfasse.

Elle sera la foi religieuse fondée sur l'*observation*

ou l'*expérience* et la *raison*, s'appuyant l'une sur l'autre, s'éclairant et se contrôlant mutuellement. Et, de cette union féconde, naîtra la grandeur future de l'humanité.

Merveilleusement appropriée aux besoins des individus, des familles, de la société, n'ayant rien de la rigueur et de la sécheresse d'un code, elle affranchira les âmes au lieu de les asservir ; elle prêchera l'amour au lieu de lancer l'anathème ; elle sera applicable dans tous les temps, dans tous les pays et dans toutes les positions ; elle sera *la religion universelle* et non pas *une religion*.

Il en est du mot *religion* comme du mot *Dieu*, dont on a tant abusé. Toutes les définitions qu'habituellement l'on donne du mot *religion* sont entachées d'erreur.

Tantôt on définit la religion un ensemble de *pratiques*, tantôt un ensemble de *dogmes*, tantôt telle ou telle *manifestation* de l'idée religieuse... La première définition confond la religion avec le *culte*, ou le fond avec la forme, et laisse croire que la religion n'est pas une affaire de conscience, mais une simple cérémonie publique.

La deuxième confond la religion avec la *révélation historique* déposée dans un livre sacré. Elle s'applique à une série de religions nées dans l'Orient sous l'empire du *principe d'autorité ;* mais elle ne convient ni au polythéisme des Grecs et des Romains qui n'avaient aucune *écriture révélée*, ni aux transformations modernes de la doctrine chrétienne, telles que l'*Unitarisme* et le *Protestantisme libéral* (1) qui subordonnent toute révélation à la raison.

---

(1) L'*Unitarisme* et le *Protestantisme libéral* continuent leur marche vers la vérité, jusqu'à ce qu'ils aient rencontré le Spiritisme, — rencontre qui ne peut tarder à se produire — et ils formeront ensemble le premier noyau de l'Universalisme.

La troisième définition, enfin, confond la religion avec la *religion de la majorité* des habitants d'une contrée; le sens de ce mot dépend alors des circonstances locales.

Ceux qui admettent dans l'homme la *raison* comme faculté distincte des sens, comme organe de l'idéal ou du divin, n'ont pas de peine à comprendre qu'il existe pour les êtres raisonnables une vie rationnelle, inconnue des êtres inférieurs. Les manifestations de cette vie rationnelle, c'est *la religion*.

Les adversaires de la religion disent qu'elle est une invention des prêtres qui l'exploitent à leur profit. Mais si *la religion* était une chose factice, sans racine dans le cœur de l'homme, ne répondant pas à son instinct profond, l'invention aurait-elle trouvé universellement bon accueil? *La religion* répond, en effet, à des besoins profonds et indestructibles de l'esprit et du cœur humains.

Mais il ne faut pas confondre *la religion* avec *une religion quelconque*. Tandis que *la religion*, comme son nom l'indique (*religare, relier, unir ensemble*) est *amour, union intime des hommes entre eux et de l'homme avec Dieu*, *les religions sont des magasins d'erreurs, de mensonges, d'absurdités, une galerie de sottises, un musée d'inepties, et enfin le garde-meuble de la bêtise et de la méchanceté humaines.*

Toutes les religions ont produit l'intolérance et la haine, entretenu l'antagonisme des peuples, divisé les familles. Toutes ne sont qu'une forme de l'orgueil par la domination des castes sacerdotales qui, depuis que le monde existe, maintiennent les peuples en tutelle.

« Les religions sont des cristallisations d'hypothèses. Partout, toujours, le prêtre, de quelque foi qu'il soit, a le même but : la stagnation dans l'hypothèse dont il vit, par laquelle il a la considération, la fortune et la puissance.

« Les fois sont des pieuvres qui enlacent l'humanité de la naissance à la mort. Leurs tentacules l'enveloppent dans tous ses actes. Leurs mille ventouses la serrent, l'exploitent; leur théocratie, gueule affreuse et incombable, l'absorbe.» (*Guymot, Revue Scientifique et morale du Spiritisme, avril 1898, p. 594.*)

Là où il y a *une religion*, le prêtre n'est pas loin. Avec le prêtre pénètre dans cette religion l'esprit de domination, l'exploitation des consciences timorées et les anathèmes contre ceux qui ne consentent point à emboîter le pas à la caste sacerdotale. Faible à son début, cette religion devient à la longue une école d'hypocrisie où l'on apprend à ramper devant le plus fort. Devenue forte et puissante, elle met à ses pieds ceux que jadis elle avait entourés de ses adulations. N'est-ce pas l'histoire de chaque secte en particulier, et notamment de la religion catholique?(XVIII). Ce n'est point ainsi qu'il faut envisager la *religion de l'avenir*, dont le déclin, dont la chute dateraient du jour où elle inscrirait sur son drapeau : *Seule, je possède la Vérité, et hors de moi point de salut!*

Deux grands systèmes se disputent aujourd'hui les consciences : le *traditionalisme* et le *positivisme*. Le premier s'appuie sur le *passé*; il prétend que les vérités morales, sociales et religieuses nous ont été transmises par une *révélation historique* de Dieu, déposée dans des livres sacrés et interprétée par l'autorité religieuse. La révélation est un article de *foi* pour les fidèles, et contient implicitement toutes les vérités dont l'homme a besoin en cette vie. La raison dès lors est subordonnée à la foi et ne peut exercer son droit de recherche que dans les limites des Saintes Ecritures.

Le second se base sur le *présent*, se réfère à l'*observation* des phénomènes naturels, et condamne avec énergie tout le passé de l'humanité, comme souillé par la théologie et perverti par la métaphysique.

Cependant, en dehors des *faits*, il est des vérités universelles et nécessaires qui sont du domaine de la raison et de la conscience, et dont le *positivisme* ne tient aucun compte. Il peut certainement suggérer des idées supérieures dans le monde physique où règne la fatalité, mais il est sans nulle compétence dans le monde moral où règne la liberté.

L'*Universalisme* n'épousera aucun de ces deux systèmes *exclusifs*, tout en acceptant la part de vérité qu'ils renferment. Il ne répudiera aucune des conquêtes du passé ; il les respectera dans ce qu'elles ont de meilleur, et sa synthèse sera assez large, assez élastique pour être ouverte à toutes les découvertes futures, à tous les progrès, tant de l'ordre moral que de l'ordre scientifique, et même à toutes les rectifications de la science.

En ne proposant aucune croyance que l'intelligence la plus libre ne puisse accepter, en faisant porter tout l'effort vers le plus haut développement de l'humanité, à la fois individuelle, sociale et cosmique, l'Universalisme satisfera aux exigences les plus sévères de la science et de la conscience contemporaines.

Son rôle consistera à soumettre toute chose à une rigoureuse critique. Il tiendra pour suspect tout ce qui tend à s'imposer sans examen préalable, tout ce qui, en un mot, n'est pas discursif (1), mais il conservera avec soin, comme un héritage précieux, toute croyance qui résiste au triple contrôle de la *raison*, de la *conscience* et de la *science* (2).

---

(1) « Le dogme est essentiellement discursif, à l'aide de la *Science théologique* », nous disent les théologiens. Mais qu'est-ce que la théologie ? C'est une science fausse, qui déduit *a priori* ses conclusions de dogmes imaginaires révélés par l'inspiration divine, pure scolastique vide de toute réalité et vouée sans relâche aux affirmations absurdes et aux hérésies.

L'abbé Lacordaire, l'une des gloires de l'Eglise catholique, quand il a voulu définir la théologie, a dit que c'était « *la science des affirmations divines* ».

(2) Une chose n'est pas vraie ou fausse parce qu'elle est affirmée ou niée par autrui, mais parce qu'elle est conforme ou contraire à la raison, à la conscience ou aux données positives de la science.

Un seul peut avoir raison contre plusieurs, contre une

L'Universalisme évitera, avec un soin scrupuleux, de confier à un corps d'hommes privilégiés le droit de représenter Dieu sur la terre, de faire courber les volontés devant leurs volontés. Donc *point de clergé, point de prêtres.*

L'Universalisme n'aura ni *dogmes*, ni *mystères*, ni *paraboles*, ni *symboles*, ni *miracles*.

Dans chaque localité, il y aura des *temples, cercles* ou *groupes* administrés par des comités qui seront soumis à réélection.

Le président, qui sera choisi parmi les membres de chaque comité, sera, autant qu'il est possible, un esprit éclairé, dévoué, d'une conduite digne de tous les respects.

Les plus zélés, les plus instruits et les plus vertueux d'entre les membres seront choisis pour enseigner les autres. Ils s'appelleront *orateurs, conférenciers*, ou de tout autre nom (1), et devront n'avoir aucune lourde charge de famille, afin de pouvoir se consacrer, sans arrière-pensée, sans calcul, au bien de tous ceux qu'ils auront pour devoir de guider dans les sentiers de la piété. Quelle belle mission !

La piété, telle que nous l'entendons, consiste surtout dans l'usage des vertus et la pratique du devoir pour cette fin suprême : la ressemblance la plus parfaite possible avec notre idéal, qui est Dieu.

C'est la meilleure manière d'honorer et de servir la Divinité que de tendre à nous en rapprocher de plus en plus par le perfectionnement de notre moralité.

Il ne faut pas que l'on s'imagine pouvoir suppléer à la nécessité des bonnes œuvres par des prières ou

---

nation entière, contre toute l'humanité de son époque, contre tous les siècles antérieurs (*Galilée*). C'est ce qui arrive quand une *vérité nouvelle* est entrevue ; cette vérité ne peut triompher qu'en luttant contre la masse des opinions et des préjugés reçus. Le progrès n'est possible qu'à cette condition.

(1) Il est à désirer que les orateurs ou conférenciers aient un extérieur imposant, un bel organe, le ton grave et le débit noble et touchant.

pes pratiques religieuses qui, dans tous les cultes de la terre, ont dégénéré en superstitions.

Nous ne voulons point proscrire la prière, loin de là (*voir l'Appendice*), mais nous disons qu'une seule bonne œuvre vaut mieux que cent prières. En suivant cette règle, on remplit mieux son devoir d'homme, le seul qui soit conforme à notre destination actuelle.

L'*Universalisme* solennisera *tous les grands événements de la vie familiale* (la *naissance*, l'*adolescence*, le *mariage*, la *mort*) et *tous ceux qui ont marqué dans l'histoire de la pensée humaine*.

Les comités dirigeants détermineront les cérémonies qui conviennent le mieux au tempérament, à l'intelligence, à l'instruction et à l'éducation de leurs administrés. Ces cérémonies n'auront rien de mystique et tendront uniquement à élever l'intelligence, le cœur et la moralité des hommes. Elles pourront être les suivantes :

1° Remplacement du baptême et de la circoncision (XVIII. *Baptême*) par la présentation des enfants au temple, au cercle ou au groupe, où ils recevront la bénédiction de l'orateur (1). Cette cérémonie, véritablement religieuse, n'offrira rien que de respectable.

Conservation de la pratique d'employer un parrain et une marraine, pour la cérémonie de la présentation. C'est un lien de plus dans la société ; c'est une ressource de protection qu'on ménage à un enfant dans les circonstances fâcheuses qu'amène trop souvent la chaîne des événements de la vie.

Engagement des parents, devant l'assemblée, de *faire leur devoir*. Engagement, de leur côté, du

---

(1) Bénir, c'est imposer les mains, et l'imposition des mains n'exerce pas seulement une influence magnétique sur les êtres terrestres ; elle appelle aussi les bénéficences des puissances célestes.

parrain et de la marraine, de remplacer les parents, si ceux-ci venaient à manquer à leur progéniture.

Le *devoir* des parents consiste dans l'éducation et l'instruction de leurs enfants. « Pour embellir et grandir l'esprit d'un enfant, écrit l'excellente Mme Noeggerath, il faut que sa première éducation soit tout entière dans l'exemple des vertus pratiquées par la famille ; il apprend ainsi le respect et l'amour filial ; sa jeune intelligence sort de ses langes et l'idée, éveillée par les bribes de conversations qu'il surprend, finit par prendre corps, par prendre vie dans son cerveau.

« Quelle instruction doit-on d'abord donner à l'enfant ? L'exemple. L'exemple de la vie honnête, chaste et sacrée de la vraie famille, car l'enfant, plus qu'on ne saurait le croire, dès l'âge le plus tendre même, perçoit, d'une manière remarquable, et comme par instinct, tout ce qui se passe autour de lui ; la vie de famille, qui forme toujours la première éducation, s'incruste dans son esprit et y laisse des traces ineffaçables ; l'enfant qui, dès le premier âge, sur le sein de sa mère encore, a ressenti autour de lui la douce harmonie de la vie de famille, en conservera toujours l'impression. Si, au milieu des plus grands déboires, il lui arrive de faiblir, de perdre le vrai chemin, le souvenir de la vie de famille, aussi éloigné qu'il soit, sera pour lui comme un talisman qui pourra le sauver de grands dangers et du plus grand des malheurs : l'effondrement de son honneur...

« C'est la mère qui, peu à peu, doit insinuer à son cher adoré le bonheur de faire le bien, lui dire toutes les souffrances qui résultent du mal. A mesure que l'enfant grandit, la mère élargit le cercle de ses idées et rend son intelligence de plus en plus avide de savoir. Après avoir mis dans le cœur de l'enfant le besoin d'aimer, instruisez-le de ce qu'il doit savoir de la famille, de la société. Il faut aussi, dès l'adolescence, lui inculquer des notions de philosophie et non lui faire réciter de longues prières qu'il lui est impossible de comprendre. Il faut simplement l'instruire de la morale qui découle toute seule des lois naturelles (*voir p. 358*); il faut l'instruire des règles de la bienséance, des usages de la société, du respect dû à tous. Puis, on lui apprendra que l'espace est peuplé et, quand le soir, des gerbes d'or s'allumeront au-dessus de nos têtes, ces mondes pleins de vie qui sont là pour montrer l'universalité des existences, ces mondes seront salués par l'enfant dont l'âme grandira pour les concevoir. C'est en lui disant le premier mot d'astronomie que l'on pourra aborder la grande question de Dieu. L'Univers, prenant ainsi une large part dans son intelligence, l'idée de Dieu s'agrandira en lui dans des proportions immenses et son cœur se développera en même temps que l'embrassement de son esprit deviendra plus vaste. Dites-lui que Dieu, dont il entend prononcer le nom depuis longtemps, est la *substance infinie*, *l'âme de l'Univers*; dites-lui que, dans la vie extra-terrestre, les humanités suivent une marche ascensionnelle ; que rien ne demeure inerte ni sur place, et que tout dans la nature s'agite dans le travail pour le progrès. L'adolescent réfléchit pendant ses jeux, comme pendant le travail, et, à mesure qu'il grandit, les choses de la terre (science, arts, moralité, etc.) paraissent plus faciles à apprendre à celui dont la pensée embrasse déjà l'Univers.

« L'éducation de l'enfant et son instruction même doivent se faire oralement, pour qu'il retienne le mieux possible. Les vibrations de la parole vont frapper directement ses facultés. Il y a une sorte de magnétisme entre le maître et l'élève, et on a fini par reconnaître que les instructions orales valent infiniment mieux que les leçons apprises dans les livres.

« Que l'enfant apprenne qu'il a une âme drapée dans une enveloppe qu'on appelle *périsprit*; qu'il apprenne que rien ne meurt, que tout se transforme ; qu'il apprenne encore que, lorsqu'il sera dégagé des voiles terrestres que la mort fera tomber à ses pieds, il prendra son vol vers les campagnes de l'espace ; que son bonheur futur sera d'être avec ceux qu'il a aimés, avec ceux qui ont cultivé son intelligence, et qu'il ira avec eux dans ces étoiles qui lui paraissent si brillantes et si radieuses. C'est dans le recueillement du soir que l'homme pense et que l'étoile lui semble avoir été allumée pour lui révéler ses hautes destinées.

« L'histoire, les sciences, tout ce que vous voudrez enseigner à l'enfant, il le saura bientôt ; cela lui semblera un mince bagage à loger dans son esprit où se fait toujours une place plus grande. L'exemple du passé par l'histoire, celui de la vie de famille, l'exposé simplifié pour lui du système social, tout cela lui donnera une idée exacte de ce qu'est la vie sur la terre, quelles conséquences découlent de cet état de choses, et quel appoint il est de son devoir d'apporter au progrès général par son progrès particulier qui s'allie d'une manière intégrale à celui de toute la société, à celui de toute l'humanité, à celui même des humanités sidérales, puisque toute vie se lie, s'enchaîne.

« De cet enfant vous aurez fait un homme. » (*R. Noeggerath. La Survie*) ;

2° Une fois par an, admission des jeunes gens et des jeunes filles ayant atteint l'âge de seize ans, devant une commission d'examen qui les interrogera sur les points suivants :

a) Explication simple du monde physique. — Existence de Dieu.

b) Notions d'astronomie. — Pluralité des mondes habités et pluralité des existences. — But de la vie.

c) Devoirs de l'homme envers Dieu, ses parents, ses semblables, les animaux, et envers lui-même.— Droits et devoirs sociaux.

d) Abrégé de l'histoire des religions dites positives. — Leurs variations. — Leurs schismes. — Les troubles, les maux incalculables dont elles ont affligé l'humanité ;

3° Cérémonie du mariage au temple, au cercle ou au groupe.

Discours simple, impressionnant de l'orateur sur la sainteté des liens du mariage et sur les devoirs qui en découlent ;

4° Consécration d'un jour par semaine à la pensée de Dieu et aux œuvres de charité. — Repos nécessaire des hommes et des animaux.

Réunion au temple, au cercle ou au groupe ;

5° Une fois par an, commémoration des morts.

Réunion au temple, au cercle ou au groupe.

Point d'appareil funèbre ! On supprimera ces draps noirs semés de larmes et ces cierges ornés de crânes, pour les remplacer par des tentures plus gaies semées de fleurs, et par des cassolettes où l'on brûlera des parfums. Aux chants lamentables de la liturgie du moyen âge qui racontent les angoisses du défunt, on substituera les hymnes joyeuses qui traduiront les allégresses de l'âme affranchie.

Le lendemain, pèlerinage aux tombes des personnes aimées ;

6° Consécration d'un jour par an aux bienfaiteurs de l'humanité. Honorons les grands missionnaires ! Payons le tribut de reconnaissance et d'admiration aux hommes qui ont voué leur vie au service de leurs semblables. Plaçons leurs statues dans nos lieux de réunion (1).

Réunion au temple, au cercle ou au groupe et célébration de la cène fraternelle (*voir page 31*).

Invocation à Dieu pour lui demander les fluides fortifiants de son amour, et la paix parmi les hommes.

Bénédiction des enfants par les chefs de famille, et de l'assemblée par le président.

Si les parents sont vertueux, si le président est un homme vénérable, des ondes puissantes de forces fluidiques, s'échappant de leurs mains et de leurs cerveaux, envahiront l'assemblée et la maintiendront sous un charme puissant et, indubitablement, ils recevront l'influence des Esprits supérieurs.

---

(1) Quel que soit le calendrier qui sera adopté, on inscrira en face de chaque jour le nom d'un personnage historique choisi parmi ceux qui ont rendu service à l'humanité.

Au commencement de chaque réunion, musique, puis courte invocation à Dieu, suivie d'une conférence ou d'une causerie, ensuite chœurs d'actions de grâces.

La musique est le verbe de la langue divine ; elle est le langage de l'idée et exerce sur l'homme une puissance infinie ; elle échauffe son cœur, exalte son imagination, enivre ses sens ; elle raconte tous les sentiments de l'âme et donne à la terre un avant-goût des incomparables harmonies qui flottent et mollement ondulent dans les régions sidérales.

Les accords de la musique religieuse facilitent l'élévation de la pensée vers les régions éthérées et ses effets sur notre organisation répondent à un sentiment secret du ciel...

L'harmonie de l'orgue et des voix virginales ravissent à la fois l'oreille, les yeux et le cœur.

L'orgue est sans contredit le plus magnifique de tous les instruments. Il est un orchestre entier qui peut tout exprimer. N'est-ce pas en quelque sorte un piédestal sur lequel l'âme se pose pour s'élancer dans les espaces et parcourir l'infini qui sépare le ciel de la terre !

Le fluide sonique des chœurs est un intermédiaire entre l'esprit et la matière.

La réunion se termine par une prière de remerciements...

Les réunions ne peuvent être longues, afin que l'attention ne soit pas trop prolongée et que par là, la ferveur ne soit pas émoussée.

XXVIII. *La Création.* — « *Ex nihilo nihil, in nihilum nil posse reverti.* » C'est ce qu'enseignaient les religions de l'Asie et de la Grèce. La plupart des philosophes rationalistes professent la même doctrine. *La création tirée du néant répugne à la raison, car le néant n'est pas. Rien ne se fait de rien. L'effet ne peut contenir plus que la cause. Vouloir tirer le plus du moins, ce qui est de ce qui n'est pas, c'est détruire le principe de causalité, c'est se jeter dans l'absurde, c'est renverser la raison.*

Rien ne se crée, rien ne se perd. Nous voyons, en effet, la matière se transformer sans cesse, passer de l'état fluidique à l'état radiant, de l'état radiant à l'état gazeux, de l'état gazeux à l'état liquide, de l'état liquide à l'état solide, et réciproquement, mais nous ne la voyons jamais sortir du néant ni rentrer dans le néant. Il nous est impossible de réaliser ni même de comprendre l'anéantissement d'une molécule. Quand un corps se volatilise, il n'y a pas une parcelle de matière qui se perde.

Il n'est d'ailleurs pas admissible que Dieu eût passé une éternité dans la solitude et l'inaction, et puis, un beau jour, soit sorti de ce repos pour créer le monde.

De deux choses l'une : ou il était bon de faire le monde, ou il était mauvais ou superflu de le créer ?

Dans le premier cas, Dieu n'a pu différer la création, et, alors, elle est éternelle ; dans le second, il ne devait jamais faire le monde.

Dieu seul remplissant l'espace infini, ou Dieu co-existant avec le monde, ce sont là deux modes d'être fort différents. Dieu, en passant de l'un à l'autre, éprouverait donc une variation, une augmentation ou une diminution, ce qui ne peut se concilier avec la notion de l'absolu.

Dieu possède, d'autre part, des attributs impliquant relation au monde, et qui, en conséquence, ne peuvent exister que si le monde existe. Nous l'appelons *Tout-Puissant, Père ;* or, il ne peut y avoir de puissance sans un sujet sur lequel elle s'exerce, de père, sans enfants. Sans le monde, Dieu perd ses attributs. Si donc le monde avait eu un commencement, Dieu aurait commencé à devenir Tout-Puissant, Père ; sa condition se serait modifiée, améliorée, comme celle des grands de la terre. Mais il est absurde d'imaginer que l'Éternel devienne ce qu'il n'était pas, et que l'Être parfait se perfectionne. Dieu est éternel dans ses qualités de Tout-Puissant, de Père, donc *la création est éternelle.* Et qu'on ne dise pas que Dieu peut avoir ses qualités en puissance sans les manifester en acte, car un être infini doit se manifester dans l'infinité, dans la plénitude de son essence. Un Dieu en puissance, c'est un Dieu qui peut être, mais qui n'est pas encore.

Le monde ne peut donc avoir ni commencement ni fin...

L'activité divine est infinie et se déploie dans l'infinité du temps comme dans l'infinité de l'espace ; voilà la raison déterminante de l'existence de l'Univers au double point de vue de la durée et de l'étendue.

L'éternité du monde n'entraîne cependant pas celle des systèmes solaires. Il est démontré, en effet, que notre globe, par exemple, à une époque reculée, était incandescent et inhabité. Mais cet état de choses n'était qu'un degré dans la série des évolutions de la matière... L'observation démontre que l'Univers est dans une mobilité continuelle, que sans cesse des mondes se forment et que d'autres sont en décrépitude. A chaque instant, il naît et il meurt des mondes ; à chaque instant des soleils s'éteignent et d'autres s'allument. Il y a toujours eu, il y a toujours, et il y aura toujours, une infinité de globes présentant tous les états de développement : l'état embryonnaire, la phase ascendante, la virilité, la décroissance et la mort ; mais les *éléments dont ces globes sont formés ont toujours existé et existeront toujours*. En d'autres termes : *l'Univers pris dans son ensemble n'a ni commencement ni fin : il est éternel.*

Nous repoussons donc la *création temporelle*, mais nous laissons la création même intacte. *Créer n'est pas faire quelque chose de rien, ce qui est impossible, c'est agir comme cause, c'est produire, effectuer ou engendrer quelque chose de nouveau.* L'homme est cause de ses œuvres dans l'art et dans l'industrie ; il ne les produit pas de rien, il les tire de son propre fonds, il pétrit ses pensées et ses sentiments ; il utilise la matière et la transforme, il est créateur. La création humaine est une image de la création divine, avec cette réserve qu'un être limité prend pied dans le monde extérieur quand il façonne la matière, tandis que l'être infini trouve en lui-même tout ensemble le fond et la forme de ses œuvres.

Tout ce qui existe peut, pour nos sens, se ramener à trois éléments : *matière, force, esprit*. Les choses et les êtres sont en raison de la *prédominance* de ces trois éléments.

Mais toute matière, toute force, tout esprit ont-ils leur existence propre ou proviennent-ils d'une matière unique, d'une force unique, d'un esprit unique? La chimie reconnaît un nombre considérable de matières diverses qu'elle classe en corps composés ou corps simples, les corps composés provenant de l'union de deux ou de plusieurs corps simples; il nous reste à nous prononcer sur ces derniers.

Jusqu'à présent, ils résistent à toute analyse; cependant, les moyens d'action chimique peuvent se perfectionner ; déjà, M. Berthelot fait observer que plusieurs corps simples pourraient bien n'être qu'une sorte de concentration d'autres corps : ainsi le soufre ne serait que de l'oxygène octuplé.

D'autres, comme Graham, remarquant que les poids atomiques sont presque tous des multiples exacts de celui de l'hydrogène, ont pensé que ce dernier corps pourrait bien être l'*élément universel*; cette opinion s'appuie sur un travail qui tend à démontrer que les poids atomiques des différents éléments connus, exprimés par comparaison avec celui de l'hydrogène comme unité, coïncident avec la série des nombres premiers de 1 à 300.

Mais il est démontré aujourd'hui que la matière n'est qu'un mode, une forme passagère du fluide universel (cosmique) dont les combinaisons sans nombre constituent tous les corps, et que l'hydrogène est la première forme accessible à nos sens que prend ce fluide. Invisible, impalpable, impondérable dans son essence primordiale, il devient pondérable par des transitions successives, et arrive à produire, par une condensation puissante, tous les corps durs, opaques et lourds qui constituent le fond de la matière terrestre. Mais cet état de cohésion n'est que transitoire, et la matière, remontant l'échelle de ses transformations, peut aussi facilement se désagréger et revenir à son état fluidique primitif. C'est pourquoi les mondes n'ont qu'une existence passagère; sortis des océans du fluide cosmique, ils s'y replongent et s'y dissolvent après avoir parcouru leur cycle de vie. Ainsi, la théorie de l'atome indivisible qui, depuis deux mille ans, servait de base à la physique et à la chimie, s'écroule et la souveraineté de la matière, qu'on disait absolue, éternelle, prend fin...

Passons maintenant au second point. Toutes les forces proviennent-elles d'une force unique ?

La grande découverte de notre siècle, c'est que toutes les forces, mouvement, chaleur, lumière, électricité, magnétisme, affinité chimique, gravitation, sont équivalentes et transmutables; qu'elles peuvent se transformer les unes dans les autres et que, par conséquent, elles représentent les manifestations passagères d'une force permanente.

La physique est parvenue, en effet, depuis quelques années, grâce aux travaux scientifiques du savant Helmholtz, à la notion d'*énergie*, qui synthétise toutes les actions de la nature et permet d'égaler la chaleur au mouvement, celui-ci à l'électricité, à l'affinité chimique, à la gravitation, à la lumière.

C'est d'ailleurs une expérience vulgaire de laboratoire que de procéder à toutes ces transformations successives d'une même puissance en un seul circuit. Les installations mécaniques, électriques, de toutes natures, ont répandu cette notion dans le public.

C'est donc cette *énergie unique*, aux manifestations multiples, qui devient le principe de toutes les forces de l'Univers, mais à la condition de se la représenter, suivant la définition du philosophe Herbert Spencer, comme un *effet conditionné d'une cause inconditionnée*, comme la *réalité relative* qui nous indique une *réalité absolue par laquelle elle est produite directement*.

« Rejetant toutes les complications, dit-il, et contemplant la force pure, nous sommes irrésistiblement contraints, par la relativité de notre pensée, à concevoir vaguement qu'une force inconnue est corrélative de la force connue.

« Mais cette *cause inconditionnée*, cette *réalité absolue*, n'est-ce pas Dieu rentrant dans la science dont on avait prétendu l'exclure ? » (*H. Spencer. Principes*, § 50.)

L'énergie n'est donc, en d'autres termes, que la *manifestation tangible* de l'*Intelligence Universelle, infinie, incréée. Elle est le signe évident de la Volonté Suprême qui maintient l'Univers.*

Tous les esprits proviennent-ils d'un esprit unique ? Tous les esprits étant doués de *facultés semblables* plus ou moins développées suivant leur degré d'évolution, ne peuvent provenir que d'un même foyer. Tous les esprits sont des *étincelles* du *Grand Foyer*, une *radiation vivante de l'essence divine*. Nous devons dès lors à tous aide, sympathie et charité, car nous sommes tous de même race, bien que parvenus à des degrés divers.

Mais la *matière, la force, l'esprit* n'auraient-ils pas une origine commune ?

Voici ce que pense à ce sujet M. Gabriel Delanne :

« Nous ne connaissons pas la matière en soi, pas plus d'ailleurs que la force ou l'esprit, nous ne saisissons que leurs rapports réciproques. Nous ne pouvons savoir si l'une de ces réalités a engendré les autres par voie évolutive. Les philosophes, suivant leur disposition d'esprit, ont tour à tour donné la préférence à l'esprit ou à la matière comme manifestation première, mais ils se sont heurtés, les uns et les autres, à des difficultés logiques insurmontables.

« Si l'on admet que la force est une manière d'être, un aspect de la matière, il n'y a plus dans l'Univers que deux éléments distincts : la matière et l'esprit qui sont irréductibles l'un à l'autre. L'esprit a pour caractère essentiel la conscience, c'est-à-dire *le moi*, par lequel il se distingue de ce qui n'est pas lui, c'est-à-dire de la matière. Dès les premières manifestations vitales, le moi témoigne de son existence par une réaction spontanée à une excitation extérieure. Dans le monde inorganique, tout est aveugle, passif, fatal ; il n'y a jamais de progrès, il n'y a que des changements d'états qui ne modifient pas la nature intime de la substance. Dans l'être intelligent, il y a augmentation de puissance, développement des facultés latentes, épanouissement de l'être, qui se traduit par une exaltation intime de l'individu.

« Les modalités de la matière ou de la force se meuvent dans un cycle fermé : celui des transformations. Elles peuvent se muer les unes dans les autres, tour à tour se remplacer par des changements dans la fréquence, l'amplitude ou le sens des mouvements vibratoires. L'âme est une, et chaque essence spirituelle est individualisée, personnelle. Nulle âme ne peut se changer en une autre, se substituer à une autre ; c'est une unité irréductible qui a son existence en soi ; ses facultés, bien que semblables à celles des autres âmes, ont cependant un développement qui lui est spécial, particulier. Pour l'âme, il y a progrès, modification intime, ascension, sans retour possible vers quelque état moins développé. Ce progrès se manifeste par sa puissance toujours croissante sur le non-moi, c'est-à-dire la matière. » (*Gabriel Delanne. L'Évolution animique.*)

XXIX. *La Raison.* — Il est une lumière qui éclaire tous les esprits, et qui n'est pas plus de l'invention de l'homme que celle qui éclaire les corps.

« C'est cette lumière, dit Fénelon *(Biog., p. 566)*, qui fait qu'un sauvage du Canada, tout stupide qu'il est, pense beaucoup de choses comme peuvent les avoir pensées autrefois les philosophes grecs et romains, avec toute leur science et leurs lumières ; c'est elle qui fait qu'au Japon comme en France, on juge que le tout est plus grand que sa partie ; c'est elle qui fait que les géomètres de la Chine ont trouvé sur certains points les mêmes vérités que ceux d'Europe, pendant que les peuples de ces contrées étaient inconnus les uns aux autres. Loin d'être assujettie aux caprices des hommes, cette lumière est plutôt leur règle et leur guide; elle est notre souveraine et notre esclave : on peut se révolter contre son empire, mais non le détruire. C'est par elle que l'homme compare, discerne, juge. Or, cette lumière, c'est ce que nous appelons *la raison*. Voilà notre maître intérieur ; il est dans notre destination d'être docile à sa voix; le bien, c'est de l'écouter et de la suivre ; le mal, c'est de la mépriser. Sans doute l'homme, indépendamment de toute convention, est, par sa nature même, un être raisonnable. Il ne nous est pas moins impossible de constituer la nature humaine à notre gré que de constituer la nature du cercle ; l'homme est raisonnable comme un cercle a ses rayons égaux : c'est par là qu'il est ce qu'il est. Donc, antérieurement à toute convention, la raison est sa loi suprême ; c'est en la suivant qu'il est bon, c'est en la violant qu'il devient méchant; et dire que nous ne sommes bons ou vicieux que par convention, c'est dire que c'est uniquement par convention que nous sommes des êtres raisonnables, ou, en d'autres termes, c'est dire que c'est par convention que l'homme est un homme, ce qui est le dernier excès du ridicule ». (*Fénelon. L'existence de Dieu*, Ire *part.*, *36*.)

« La raison, dit à son tour M. Cousin (1), est impersonnelle de sa nature. Ce n'est pas nous qui la faisons ; elle est si peu individuelle que son caractère est précisément le contraire de l'individualité, savoir l'universalité et la nécessité. Elle descend de Dieu et s'incline vers l'homme, comme un hôte qui apporte des nouvelles d'un monde inconnu dont il donne à la fois l'idée et le besoin.

---

(1) Philosophe français, chef de l'école éclectique et surtout historien de la philosophie. Son chef-d'œuvre est intitulé : *Du Vrai, du Beau et du Bien* (*1792-1867*).

« Si la raison était personnelle, elle serait de nulle valeur et sans autorité hors du sujet et du moi individuel. Si elle restait à l'état de substance non manifestée, elle serait comme si elle n'était pas pour le moi, qui ne se connaîtrait pas lui-même. Il faut donc que la substance intelligente se manifeste, et cette manifestation est l'apparition de la raison dans la conscience...

« La raison est donc, à la lettre, une manifestation nécessaire et universelle qui n'a manqué à aucun homme et qui éclaire tout homme en sa venue au monde. » (*Cousin. Première préface des fragments philosophiques.*)

— Mais, objectera-t-on peut-être, où trouver cette raison impersonnelle, infaillible et absolue dont vous parlez ? Sera-ce dans chaque homme ? Alors en chaque homme serait un petit Dieu. Comment expliquer, dans ce sens, les contradictions, les erreurs, les déviations de la pensée humaine ?

Voici notre réponse :

— La raison de l'homme n'est pas individuelle : elle est universelle ou elle n'est pas ; elle ne nous appartient pas personnellement et cependant elle est en nous ; ainsi que le dit fort bien Malebranche (*Biog., p. 523*) : « L'homme n'est point en lui-même sa propre lumière: il ne connaît rien que par la lumière de la raison. J'entends toujours de cette raison universelle qui éclaire tous les esprits par les idées intelligibles qu'elle leur découvre dans sa substance toute lumineuse. Ils ne peuvent trouver la vie des intelligences que dans la raison universelle qui les anime tous. » (*Malebranche. Entretiens sur la métaphysique et la religion. III, § 3.*)

C'est la raison qui constitue la nature même et l'essence de notre être, ou mieux, notre raison c'est nous mêmes, tout nous-mêmes; elle est l'œil de l'esprit, la règle de nos jugements et le moyen le plus sûr pour acquérir et posséder la vérité; c'est par elle que nous entrons en rapports intelligents et intimes avec nos semblables; c'est par elle seulement que deux hommes peuvent discuter ensemble ;

car, comment discuter, si l'on n'a pas une mesure commune de vérité à laquelle on puisse rapporter les raisonnements ; c'est par elle seulement qu'ils peuvent contracter un engagement, car comment s'obliger si l'on n'a pas une loi commune à laquelle on soit tenu d'obéir ?

Si chaque individu a, au moral comme au physique, quelques traits qui le personnifient et le distinguent de tous les autres, il en a bien davantage qui l'en rapprochent et justifient le titre de *semblables* que nous nous donnons réciproquement. La diversité est dans les détails, la conformité dans l'ensemble ; l'accessoire varie, le modèle général est unique. Cela est vrai de la structure de notre être moral aussi bien que de celle de nos corps. Il est visible notamment que la raison suit des procédés communs, obéit à des lois fixes qui sont les mêmes pour tous et en dehors desquelles elle n'est plus raison, mais folie. Aussi, quel que soit le champ de son exercice, arrive-t-elle à des vérités qu'elle consacre comme démontrées, ainsi qu'on peut le constater dans toutes les branches de la connaissance.

Mais la raison a été décriée, avilie : on l'a représentée comme insuffisante, corruptrice, comme un fanal trompeur propre à égarer l'homme. On s'est efforcé même de construire un système de raisonnements pour prouver qu'il ne faut point raisonner, et que l'homme ne peut asseoir la certitude que sur la croyance aveugle, soit que celle-ci prenne son point d'appui dans la *révélation* ou qu'elle ait recours au *consentement général* ou à la tradition (1).

---

(1) Fait remarquable ! Jésus, auquel les intolérants en ont appelé et en appellent encore pour justifier leurs prétentions orgueilleuses, n'a jamais rien écrit, alors que les docteurs de l'Eglise ont toujours eu hâte de consigner sur le papyrus ou le papier leurs formules dogmatiques. Pourquoi cette différence ? Ils ont soin de nous l'expliquer eux-mêmes : Ils ont écrit pour empêcher les générations présentes et futures de penser autrement qu'ils pensaient ou feignaient de penser eux-mêmes. *Croyez*, telle est la

Ce système de raisonnements repose sur la plus palpable des contradictions, parce qu'il est *forcé* de rendre hommage à la raison, d'en appeler sans cesse à l'évidence de cette raison qu'il combat. Il essaie de réfuter celle-ci avec des arguments dont elle seule doit apprécier la valeur. Il produit de longs raisonnements sans s'apercevoir qu'il tourne dans un cercle vicieux perpétuel, et que la raison qu'il prétend convaincre, étant incapable, selon lui, de discerner le vrai du faux, doit être sourde à tous ses discours. Les preuves morales ou historiques sur lesquelles s'appuie la révélation n'ont aucune valeur. Qui doit, en effet, apprécier la légitimité du témoignage, sinon cette même raison individuelle à qui l'on a refusé le droit de juger par elle-même? Ce système conduit au scepticisme absolu.

A ceux donc qui disent:

« Homme, vante moins ta raison!

« Vois l'inutilité de ce présent funeste. » (*Mme Deshoulières.*) (1)

« Les maux et les erreurs ne sont pas à leur terme. Nous avons de ceux-là qui brûlent de l'encens à la déesse Raison, qui ne veulent pas soumettre la raison à la foi, ni que la science soit réglée par la révélation. » (*Pie IX, 24ᵉ anniversaire de son élection. Voir l'*UNIVERS *du 22 juin 1870*).

Nous répondrons avec Fénelon:

« Que pouvons-nous faire, sinon suivre notre raison, et, si c'est elle-même qui nous trompe, qui nous détrompera? Avons-nous, au-dessus de nous, une autre raison supérieure à notre raison même, par le secours de laquelle nous puissions nous

---

sentence qui accompagne chacun de leurs articles de foi, *sinon vous êtes damnés;* tandis que Jésus, au contraire, ajoutait après chacun de ses enseignements : « *Que celui qui a des oreilles pour ouïr, entende! Je vous parle comme à des personnes intelligentes; jugez vous-mêmes de ce que je dis:* ÉPROUVEZ TOUTE CHOSE ET RETENEZ CE QUI EST BON. »

(1) Femme-poète (1633-1694).

défier d'elle et la redresser? ». (*Fénelon. Existence de Dieu*. 1ʳᵉ *part. ch. II.*)

Méconnaître la valeur de la raison, son utilité, c'est donc méconnaître la nature humaine et outrager son auteur. Il y a différentes manières de raisonner pour découvrir ou démontrer la vérité. Les erreurs sont cependant possibles et elles se produisent par les *faux raisonnements* ou *sophismes*. Mais qui nous fait découvrir les erreurs et nous aide à les corriger? LA RAISON.

LES ERREURS DES FAUX RAISONNEMENTS SE CORRIGENT DONC PAR LA RAISON, ET LA RAISON FINIT TOUJOURS PAR AVOIR RAISON ! ! !

La puissance de bien juger, de discerner le vrai du faux, qui est proprement ce que l'on appelle le *bon sens*, le *sens commun* ou la *raison*, est la plus précieuse, la plus divine de nos facultés. Loin de nous méfier des lumières qu'elle nous fournit, et de renoncer jamais aux principes qu'elle approuve, il nous importe de la prendre toujours pour guide en tout. Notre droit, notre devoir, notre intérêt, notre honneur sont très spécialement d'en faire un persévérant usage dans la poursuite de la vérité.

Il n'y a qu'une autorité pour l'homme, celle de la raison, que personne ne méprise sans tomber dans l'absurde; toutes les autres ne sont légitimes que sous condition, dans les limites de leur accord avec la raison.

Que l'esprit de l'homme, écartant de lui-même tout ce qui est personnel ou passionné, écoute toujours le *Maître intérieur*, le *Verbe*, qui ne trompe pas et parle à tous le même langage, il saura conquérir la liberté dans la vérité et vivre dans la lumière.

Toute croyance qui ne se voit pas par les yeux de la raison, redoute la lumière qui doit la démasquer. Tout ce que la raison ne reflète pas dans sa propre clarté est un fruit de la nuit, du désordre et de l'aberration.

... Rien n'est dû au hasard, au miracle, au surnaturel. Tout est logique, nécessaire. La cause produit l'effet, et l'effet, à son tour, devient cause. Toute croyance qui n'admet pas la discussion, la comparaison, qui anathématise, persécute, tyrannise, est erronée, fausse, mensongère. Le temps l'a créée, le temps la détruira. La raison seule brave le temps, la raison seule annihile l'espace.

La grandeur de l'homme gît dans l'indépendance de sa raison. Mais toutes les âmes étroites, tordues, haineuses, qui ont fait de Dieu un chef de parti religieux, afin de spolier, persécuter en son nom tous ceux qui se refusent à les reconnaître comme ses représentants exclusifs, privilégiés, infaillibles, tous ceux qui le glorifient par la raison, *sa seule incarnation dans l'humanité*, toutes ces âmes étroites, tordues, haineuses, disons-nous, n'ont jamais vu dans la divinité qu'elles-mêmes. Leur religion s'appelle égoïsme, leur raison folie, et leur œuvre néant.

XXX. *Le libre arbitre ou liberté morale*. — Le libre arbitre ou la liberté morale est le pouvoir que possède tout être doué d'entendement et de volonté de se déterminer par lui-même, sans y être contraint par aucune nécessité extérieure ou intérieure.

Le libre arbitre est la source de tous les progrès dont l'homme est l'instrument conscient et responsable.

C'est par la liberté morale qu'il marche, depuis l'origine des temps, d'un pas ferme et constant vers la conquête des vérités morales et vers l'application graduelle du développement des sociétés.

Le libre arbitre se démontre par des *preuves directes*, tirées du *sens intime*, de la *raison*, et par des *preuves indirectes*, tirées des *conséquences* du système contraire.

Le sens intime nous dit que nous avons la faculté

de délibérer et d'agir par choix ; que nous sommes l'arbitre de nos déterminations, *dans la mesure de notre conscience.* Chacun de nous sent très vivement et très nettement, du moins dans une foule de circonstances, qu'il a le pouvoir de parler ou de se taire, de marcher ou de rester immobile, de garder un secret ou de le révéler, d'agir ou de ne pas agir. Par le fait que nous affirmons notre existence par la conscience de notre moi, de notre individualité, nous affirmons notre liberté par la conscience de notre libre arbitre préexistant.

Quand nous allons accomplir une action, et quand nous l'avons accomplie, ne sentons-nous pas *irrésistiblement* un contentement ou un mécontentement, un plaisir moral ou un remords, c'est-à-dire un reproche intérieur qui nous inspire le repentir, en nous remplissant d'une tristesse assez grande pour empêcher le retour des mêmes faits reprochables? Si donc nous ressentons une satisfaction morale ou une souffrance morale, suivant la nature de notre décision, c'est précisément parce que notre décision a été libre. Nous croyons à notre liberté comme à notre existence, et nous sentons que notre volonté est libre.

Viendra-t-on nous dire avec Spinoza (*Biog., p. 369*) que ce sens intime de notre libre arbitre n'est qu'une chimère, une illusion ; que nous sommes déterminés *nécessairement* par des impulsions réelles, mais insensibles, et que nous sommes affectés comme si nous étions libres?

Quoi ! notre conscience nous dit que nous avons le pouvoir de parler ou de nous taire, d'agir ou de ne pas agir ; nous avons un sentiment aussi profond, aussi lumineux de notre liberté que de notre pensée, et vous voulez traiter d'illusion ce que nous sentons d'une manière si claire et si réelle ! Que n'appelez-vous également chimérique le sentiment de notre existence ? Pourquoi croirions-nous nos sens qui nous montrent des objets extérieurs, si nous ne sommes pas sûrs de ce qui se passe en nous-mêmes ? Pourquoi nous fier à la mémoire, au raisonnement ? Une pareille assertion conduit droit au scepticisme absolu.

Le témoignage intérieur établit la liberté de la manière la plus sûre, car c'est en nous que nous prenons la notion du libre arbitre. Ce sentiment persiste malgré toutes les subtilités du raisonnement et les réfute mieux que le raisonnement lui-même.

Cette considération nous mène à la seconde preuve directe qui va fournir un raisonnement bien simple.

Que la liberté soit possible, c'est une chose incontestable: tous les hommes doués d'entendement et de volonté en ont l'idée, et toutes les langues ont des mots et des façons de parler très claires et très précises pour l'expliquer ; tous distinguent ce qui est en notre pouvoir, ce qui est remis à notre choix, de ce qui ne l'est pas ; et ceux qui nient la liberté ne disent pas qu'ils n'entendent pas ce mot, mais ils disent que la chose qu'on veut signifier par là n'existe pas. Et que nous dit ici la raison éclairée par l'expérience? C'est qu'il n'y a aucun *motif déterminant* qui nous entraîne irrésistiblement ; qu'ainsi nous pouvons faire un choix par l'activité même de notre libre arbitre.

Voici maintenant quelques preuves indirectes du libre arbitre que nous tirons des conséquences du système contraire.

Un moyen simple et facile de juger un système, c'est de l'examiner dans ses conséquences immédiates. Si ces conséquences nous conduisent vers l'absurde, c'est que le système lui-même est faux.

Avec de la souplesse dans l'esprit, et les subtiles ruses de la dialectique, le sophiste vient à bout de répandre sur les plus grandes vérités les plus monstrueuses erreurs. Il peut être quelquefois difficile de le suivre dans ses arguments compliqués, ou d'en faire voir le faux, lors même qu'on le sent très bien. Alors il faut se rendre compte des suites nécs-e saires de la doctrine; l'arbre se reconnaît par ses fruits, et quand les conséquences sont absurdes, comment les principes seraient-ils vrais?

Appliquons ce moyen au système que nous combattons. Dans ce système, il n'y a ni *bien* ni *mal*, ni *mérite* ni *démérite*, ni *crime* ni *vertu*, ni *droits* ni *devoirs* et dès lors point de *responsabilité morale et sociale*. Les vices les plus honteux, les crimes les plus abominables sont en eux-mêmes parfaitement innocents. Les méchants sont nécessairement méchants, et Dieu est injuste en les créant méchants, plus injuste encore en les punissant de l'être.

Si l'être doué d'entendement et de volonté n'était pas libre, il céderait à une *fatalité* dont il serait l'agent *inconscient*, et ainsi disparaîtrait toute législation qui repose sur le principe de la responsabilité humaine. Que signifient la *demande*, la *prière*, le *conseil*, l'*exhortation*, la *promesse*, la *convention*, si ceux à qui nous nous adressons ne sont pas libres d'accorder ou de refuser, de suivre ou de ne pas suivre nos avis, de tenir leurs promesses et leurs engagements?

Pour échapper à ces conséquences, il faut donc admettre la liberté.

On formule trois objections contre le principe du libre arbitre:

Au point de vue *psychologique*, on invoque la *puissance* des *motifs* sur la volonté. On dit que l'âme n'est pas libre, puisqu'elle agit après avoir délibéré sur des motifs et s'être déterminée par ces motifs.

L'argument est spécieux. La volonté se détermine *librement*, après avoir considéré tous les motifs, mais elle n'est pas déterminée par eux: *elle choisit avec la parfaite conscience de pouvoir choisir autrement, et de se déterminer en sens contraire.*

Les motifs ne sont ni les causes ni les agents; *ils influent sur l'action sans la déterminer*. On peut les comparer à un avis ou à un ordre qui laisse à l'homme qui le reçoit toute sa liberté. Autrement, ils n'auraient aucune influence.

Voulons-nous la sentir vivement, cette liberté ? Faisons-en l'épreuve dans une de ces choses parfaitement indifférentes, où aucune raison ne nous pousse plutôt d'un côté que d'un autre. Nous nous décidons, supposons-le, à lever notre bras et à le remuer ; que nous le portions à gauche, que nous le portions à droite, voilà qui nous est très indifférent : nous pouvons exécuter l'un et l'autre mouvement avec une égale facilité. En le remuant ainsi à notre gré, nous pouvons bien sentir le plaisir d'exercer notre liberté ; mais que nous le portions d'un côté ou d'un autre, en vérité, le plaisir est égal ; et plus nous considérons sérieusement et profondément pourquoi nous commençons à le porter à droite, plus nous sentons clairement que c'est notre volonté propre, et par ce pouvoir de choisir qui la constitue.

Oui, nous sommes ici tellement maîtres de nos mouvements, que nous pouvons annoncer d'avance ce que nous ferons à ce sujet : nous pouvons nous engager à faire trouver vraie ou fausse toute conjecture qu'on pourrait se permettre à cet égard. Ainsi, si l'on conjecture que, dans un moment, nous lèverons notre bras, nous ne craindrons pas de nous engager à le tenir immobile ; même, il suffirait qu'on nous crût obligés à un mouvement déterminé, pour que nous exécutassions le mouvement contraire, tant le pouvoir que nous avons de choisir est véritable ! Sans doute, l'homme est libre aussi dans des choses bien autrement importantes que le mouvement du bras ; mais nous n'avons besoin que de ce seul exemple pour faire voir que l'homme ne possède pas une *âme automatique*, c'est-à-dire à ne recevoir que des perceptions passivement subies.

Au point de vue *physiologique*, on soutient que l'homme ne fait qu'obéir aux impulsions que lui ont tracées d'avance son organisation physique et la structure de son crâne.

— Nous avons déjà réfuté cette doctrine. (*Voir pp. 130 et suiv.*)

— Au point de vue *théologique*, on dit que Dieu a une souveraine prescience, c'est-à-dire qu'il prévoit tout ; or, ce que Dieu prévoit doit *nécessairement* arriver ; de là la conclusion que l'homme n'est pas libre.

— On semble croire que la connaissance anticipée d'un événement en devient la cause ; mais c'est une erreur manifeste.

Quand l'astronome prédit une éclipse, est-ce sa prédiction qui la fait arriver ? Non, sans doute. Et l'éclipse n'arrive pas parce qu'elle est annoncée, mais elle est annoncée parce que, d'après les lois physiques, elle doit arriver.

Dieu prévoit, c'est-à-dire voit d'avance, grâce à sa prescience infinie, ce que l'homme fera ; mais il le voit seulement parce que l'homme le fera en vertu de son libre arbitre. Dieu, pour le présent comme pour l'avenir, est spectateur, et non un agent dirigeant.

— Certains théologiens ont nié le libre arbitre, en se basant sur la *doctrine de la grâce* ou de la *prédestination*. Nous avons fait voir ailleurs les conséquences épouvantables de cette détestable doctrine (XXIV).

⁂

Tout être doué d'entendement et de volonté a donc son libre arbitre. Mais, comme toutes les choses humaines, ce libre arbitre a des limites : il est subordonné au degré d'entendement et de volonté de l'être, et cet entendement et cette volonté sont en raison directe de son degré d'avancement, avancement qui ne se produit que *peu à peu*, par une *succession d'existences*. (Voir *Vies progressives et loi d'évolution*.)

L'entendement n'est pas un ; il revêt un triple

aspect : l'aspect *physique*, l'aspect *intellectuel* et l'aspect *moral* ou *spirituel*.

L'*entendement physique* examine, coordonne, définit la sensation, cherche à en percevoir les causes et à en déterminer les effets. Il prend naissance chez les êtres élémentaires, et se développe peu à peu chez l'animal supérieur.

A mesure que celui-ci s'élève sur l'échelle de l'évolution, ses sensations physiques deviennent plus délicates, plus complexes, plus subtiles, plus nombreuses ; son *intelligence* s'éveille et il devient *conscient* de certaines facultés qui lui étaient inconnues dans les stages inférieurs.

Enfin, chez l'homme commence l'entendement *intellectuel*. Il se développe et peut se développer indéfiniment ; mais quelque étendu qu'il soit, il ne donne pas à l'homme sa personnalité complète : il lui faut joindre à l'entendement physique et intellectuel, l'*entendement moral* ou *spirituel*, c'est-à-dire la faculté de percevoir la cause éternelle de ce qui est : le *beau*, le *bien*, le *juste*.

Un homme peut avoir les perceptions physiques très développées ; il peut avoir l'entendement intellectuel très étendu, être un grand savant, un grand artiste, un grand politique, et se trouver dénué de tout entendement moral ou *sens moral*. C'est que le stade évolutif de cet homme est resté sur les plans inférieurs de la vie ; c'est que sa faculté de percevoir les vibrations pures et éthérées n'est pas encore éveillée en lui.

Le *jugement* et la *conscience* s'élèvent à mesure que l'âme s'élève : ils deviennent plus subtils, plus précis, à mesure qu'elle devient plus consciente de son intelligence et de ses pouvoirs spirituels, ce qui ne peut arriver qu'à la suite de nombreuses existences... Eclairée par ses déceptions et ses maux, c'est au sein des épreuves que son expérience se forme, que sa force morale se trempe... La liberté d'action de l'homme et sa responsabilité croissent, dès lors, avec son élévation et, plus il s'éclaire, plus il acquiert de force pour le bien.

Notre liberté s'exerce donc dans un *cercle limité* par notre passé, dont les conséquences rejaillissent sur notre présent, et la destinée n'est que la résultante, à travers nos vies successives, de nos agissements et de nos libres résolutions.

Plus éclairés dans le monde spirituel sur nos imperfections, préoccupés des moyens de les atténuer, nous acceptons la vie matérielle sous la forme et dans les conditions qui nous paraissent propres à réaliser ce but, et la *voix de la conscience n'est* autre chose *que l'intuition*, le *vague sentiment des résolutions prises avant de renaître.*

Nous nous résumons et nous concluons :

Tout être doué d'entendement et de volonté est responsable de ses actes ; mais cette responsabilité est proportionnée au degré de son entendement et de sa volonté. Ainsi une action qui, pour tel homme, est à peine une faute dans la vie, prend la proportion d'un crime pour tel autre arrivé à un degré supérieur d'entendement et de volonté. Un sauvage, par exemple, tuant et mangeant son semblable, faillit moins qu'un homme civilisé commettant une simple indélicatesse.

Chaque homme doué d'entendement et de volonté est donc libre de détermination, de choix, dans la mesure de son degré d'entendement et de volonté. Mais, dans cette question du libre arbitre, il ne faut pas perdre de vue que les *lois naturelles*, notre *état de santé physique et moral* et les *obstacles extérieurs* exercent toujours une certaine influence sur nos déterminations. Et, parmi ces derniers, la *misère* est, sans contredit, un de ceux dont l'influence est *la plus pernicieuse*. Combien faible, en effet, est le renfort des résistances morales quand le tiroir est vide, l'estomac creux, quand le poêle est froid, la chandelle morte et que le vent souffle par tous les ais !...

Il faut donc, avant tout, dans une société bien organisée, supprimer la misère (**XXXII**). Alors, l'homme aura plus de facilité pour tenir tête à la suggestion qui trouble, à la tentation qui perd, aux passions qui le guettent...

Celui-là seul est parfaitement libre qui possède l'entendement et la volonté dans toute leur perfection et qui ne peut se heurter à aucun obstacle.

Entre l'entendement et la volonté de l'Etre parfait et de l'être imparfait, il y a des degrés plus nombreux que les étoiles du ciel. Un être dont l'entendement et la volonté sont limités, dont l'état de santé physique ou moral est mauvais, et qui est exposé à chaque instant à se heurter à des obstacles naturels ou autres, est sujet à se tromper, et l'Etre qui est la source de toute perfection, ne peut jamais ni s'égarer ni se tromper.

XXXI. *Le progrès indéfini.* — « L'homme, nous dit-on, écrit M. Pezzani (1), même si vous lui concédez une éternité de progrès, ne parviendra, dans aucun moment donné, à la réalisation pleine et entière de l'idéal auquel il aspire de tout son amour. La contradiction irrémédiable entre ses vœux qui poursuivent l'infini et sa perfection toujours capable d'accroissement, est un mal inhérent à sa nature même : jamais il ne deviendra parfait, jamais complètement heureux. Plus nous marchons vers notre terme, plus ce terme s'éloigne et nous évite. Notre âme est un gouffre qui s'agrandit de tout ce qu'on y jette pour le combler; plus on accorde à nos désirs, moins on les remplit : jamais, pour eux, ce n'est assez.

« Toutes nos conquêtes ne font que reculer les limites de nos espoirs insatiables; chaque progrès acquis nous en découvre un plus grand qui fuit sans cesse devant nos regards. »

---

(1) Avocat à la cour de Lyon, auteur des ouvrages intitulés : *Les Principes supérieurs de la morale*, couronné par l'Académie des sciences morales et politiques, la *Pluralité des existences de l'âme*, les *Bardes druidiques*, etc.

— « La foi au Dieu personnel (1) et l'amour de Dieu peuvent seuls résoudre le grand problème de la vie et satisfaire les désirs immenses de notre cœur. L'immortalité même ne nous suffit pas, car les bornes du fini s'opposent, et s'opposent à jamais à ce que nous prenions possession de notre idéal.

« Nous nous en rapprochons tous les jours davantage, si nous sommes attachés au vrai, si nous avons aimé le beau, et surtout pratiqué le bien. A travers nos longs pèlerinages à la poursuite de cet absolu qui nous fuit et recule à chaque instant devant nous, nous pouvons du moins puiser le bonheur suprême dans l'amour de Dieu, de cette personnalité qui rassemble toutes les perfections portées à leur plus haute puissance. Si nous donnons à Dieu notre intelligence, notre volonté, notre cœur, il nous donne en retour ce qu'il possède : il se communique à nous, autant que possible, tout entier, il ne retient à lui que ce qui anéantirait notre personnalité dans la sienne et serait incompatible avec notre qualité d'êtres finis, car tout se partage entre ceux qui s'aiment. Nous pourrons donc jouir en Dieu de la plénitude du bien et nous l'assimiler en quelque manière. Arriver à sa ressemblance, voilà le but constant sur lequel nos regards doivent être éternellement fixés ; mais, si nous désirons nous unir à lui, il ne faut pas désirer nous y confondre, car ce serait nous perdre. Or, l'amour ne peut légitimement aspirer à s'anéantir lui-même. L'amour implique nécessairement deux termes pour exister : la personne qui aime et celle qui est aimée. Désirer l'union, la communauté la plus parfaite entre elles, c'est la sagesse et le droit de l'amour. Rêver l'identification, c'est la folie. Trop souvent les mystiques ont glissé sur cette pente ; mais une psychologie sévère doit nous y retenir et signaler l'écueil, et c'est précisément pour maintenir intacte notre per-

---

(1) L'auteur entend par *personnel* non une *personne*, mais l'*Etre* ayant conscience de lui-même. Dieu est personnel en ce sens qu'il est le *Moi* conscient de l'Univers.

sonnalité, pour ne pas la voir disparaître en Dieu qu'il convient de se rattacher philosophiquement à cette belle doctrine de la *pluralité des existences*, qui sauve l'identité des âmes et leur maintient la responsabilité de tous les actes de leurs vies successives, comme elle les couronne de toutes leurs œuvres. » (*A. Pezzani. La pluralité des existences de l'âme.*)

XXXII. *Le socialisme collectiviste*. — Le socialisme collectiviste se donne pour but de régénérer la société et de l'établir sur des bases rationnelles. Il déclare une guerre sans merci au capital, ne veut rémunérer que le travail manuel, scientifique et intellectuel, mais il refuse toute rémunération à ce qu'il appelle le *Capital actionnaire*. Il part de cette idée fondamentale :

De ce que la propriété fut, à l'origine, commune au peuple, attribuée à la République ou reconnue comme la chose du tyran ou du suzerain, pour l'*individualiser* ensuite et appartenir au particulier, il ne s'ensuit nullement qu'elle doive nous apparaître comme un état de choses permanent, naturel, légitime. Tout au contraire, si elle a été jadis mise en commun pour instituer l'avoir de la République, il y aurait là un état et un droit antérieurs à l'appropriation individuelle, telle qu'elle est pratiquée aujourd'hui.

De ce qu'elle est une convention sociale, une obligation imposée par le législateur, il n'en résulte pas qu'elle doive durer, et la mission du socialisme est précisément de la ramener à ce qu'elle fut aux premiers âges, c'est-à-dire de la rendre à nouveau collective.

Les collectivistes veulent la *socialisation* du sol, des capitaux, des machines, en un mot l'abolition de la propriété et du patronat, la fin du prolétariat.

Ils rêvent un état d'association parfaite où l'effort de tous serait au profit du bien-être de chacun.

Pour établir et étayer ces prémisses, ils examinent la situation actuelle de l'industrie et du commerce ; ils supputent ce que peuvent produire aujourd'hui les hommes, grâce aux nombreuses machines qui fonctionnent partout, et ils en concluent qu'il y a un excès de production, et que lorsque toutes les machines, tous les engins de l'activité humaine seront remis à la collectivité, réunis entre les mains de l'Etat, la production sera limitée aux seuls besoins de la collectivité ; il n'y aura dès lors plus de surcroît de production (trop de marchandises, pas assez d'acheteurs), ce qui a pour double objet d'engendrer la misère de l'ouvrier et la ruine du patron ; donc le bonheur pour tous.

Jules Guesde, un des grands apôtres du collectivisme, à l'appui de cette thèse, cite une comparaison. Il dit : « Nous trouvons dans l'histoire un peuple parfaitement heureux, c'est le peuple athénien : il avait sous lui une multitude d'esclaves qui travaillaient pour lui, et les citoyens d'Athènes jouissaient en paix des bienfaits de la vie. — Si vous voulez, ajoute Guesde, vous pouvez être de même, car vous aurez, au lieu d'esclaves, des milliers de chevaux-vapeur qui travailleront pour vous. »

La comparaison est ingénieuse, mais elle n'est que cela; de plus, elle est dangereuse, car si un esprit réfléchi aperçoit de suite le sophisme, un ignorant, séduit par les riants tableaux qui lui sont présentés, peut se laisser convaincre et peut-être se perdre.

Le collectivisme est-il possible? Mais, pour que semblable utopie pût se réaliser, il faudrait refondre l'humanité; il faudrait que tous les hommes fussent pétris de la même pâte, coulés dans le même moule ; que toutes les soifs s'étanchassent aux mêmes sources; que partout il y eût le même climat, les mêmes mœurs, les mêmes institutions.

L'*égalité*, telle que l'entend le collectivisme, est une chimère impossible à réaliser dans la société; c'est le rêve de quelques illuminés généreux, de certains raisonneurs et théoriciens à outrance.

Physiquement, tous les hommes ont le même organisme, ils sont soumis aux mêmes besoins : l'égalité ici est absolue. Moralement, chacun a sa valeur propre comme intelligence et aptitudes individuelles.

Et cette diversité intellectuelle, de tempérament et de caractère, crée nécessairement des inégalités *sui generis* qui se manifestent et se produisent toujours dans toute société humaine, au grand avantage de tous, chacun pouvant donner carrière à sa vocation et rendre à la société les services que comportent ses préférences.

Jamais il ne s'est rencontré de rhétoricien assez habile pour infirmer cet axiome qu'il est aussi impossible de trouver deux caractères d'esprit absolument identiques que de rencontrer deux visages d'une ressemblance parfaite. Dès lors, *tout homme n'étant l'égal de personne est supérieur ou inférieur aux autres* (1).

---

(1) La nation n'est pas une *somme d'unités abstraites et homogènes* ou de *chiffres additionnés*, mais une réunion d'individualités vivantes et originales, un organisme composé des *trois grandes forces sociales*, savoir :

1° La *force intellectuelle* (universités, académies, écoles spéciales, corps savants, presse, etc., etc.);

2° La *force morale* (magistrature assise, debout, avocats, etc., etc.);

3° La *force matérielle* (agriculture, industrie, commerce, métiers, etc., etc.).

Tant que la représentation nationale ne sera pas l'image de cet organisme, depuis ses corps de métiers jusqu'à ses corps enseignants, il n'y aura pas de représentation nationale organique intelligente.

Tant que les *délégués de chacun de ces corps* ne siégeront pas *réunis* pour la confection des lois, nos sociétés seront gouvernées par la passion, la force brutale et l'ignorance.

Le régime parlementaire actuel est condamné à l'inexorable stérilité, aussi longtemps que le suffrage universel ne sera pas strictement *professionnel*, chacun votant pour l'une des trois grandes forces sociales que nous venons d'indiquer. Les députés ainsi nommés devront être bien rémunérés, mais leur nombre considérablement réduit.

Le scrutin *individuel d'arrondissement et de canton* est un mode électoral qui ne connaît d'autre critérium que les promesses, les places, les faveurs et l'argent. Il doit être remplacé par le *scrutin de liste*, qui laisse toute leur liberté aux électeurs. Et, afin d'assurer la justice, l'égalité aux différents partis politiques, *il faut empêcher la tyrannie du nombre*, en répartissant équitablement les

Sous prétexte de donner le bonheur à l'humanité, le collectivisme conduirait directement à l'abêtissement, à la seule satisfaction des appétits matériels ; il détruirait toute initiative, car si parfait que l'on puisse se figurer l'homme de la société nouvelle, voudrait-il s'ingénier à chercher, à inventer, alors que, par son travail régulier, sans fatigue, il aurait la satisfaction de tous ses besoins ?

La comparaison entre les esclaves de l'antiquité et les chevaux-vapeur du monde moderne est ingénieuse, mais elle ne résiste pas à l'examen. Qui avait créé l'esclavage? La violence, la guerre. A qui devons-nous les admirables machines ou chevaux-vapeur qui rapprochent les nations et transforment la surface de la terre ? A la liberté, à la liberté individuelle surtout. Supprimez cette liberté innée dans le cœur de tout homme, et aussitôt toute émulation disparaît, tout travail s'arrête ; l'être frappé d'idiotisme se contente de la satisfaction de ses appétits, mais son esprit ne travaille plus, son corps même s'atrophie ; il est mort intellectuellement bien avant la mort physique.

Ainsi en serait-il si, dans la société, l'on arrivait à supprimer ce ressort de tout progrès : *la liberté !*

Le socialisme collectiviste, qui séduit le peuple, est une utopie dangereuse ; c'est le mirage trompeur d'une société parfaite qui devrait s'établir par la force, et qui dépouillerait l'homme de son autonomie.

Pour réfuter le collectivisme, il suffit de lui opposer la conscience que nous possédons de notre personnalité et de notre liberté, qui se trouvent supprimées dans ce système.

Mais, si le socialisme collectiviste est une utopie, la plupart des misères qu'il révèle sont des réalités.

Une société honnête doit être basée sur les grands

---

sièges entre tous les partis, dans la proportion la plus exacte possible du nombre de leurs adhérents. C'est ce que l'on appelle la *représentation proportionnelle.*

principes de *justice*, de *liberté*, de *solidarité*. Dans cet ordre d'idées, beaucoup de réformes s'imposent ; nous en indiquerons quelques-unes et des plus urgentes :

Impôt progressif sur le revenu et le capital ; suppression des impôts dits indirects.

Il faut exonérer de tout impôt ceux qui n'ont en capital, terres, mobilier que juste ce qu'il faut pour vivre, eux et leur famille. Quant aux impôts indirects, ils pèsent sur le nécessaire de tous et frappent le contribuable en raison indirecte de ses ressources. Plus il est riche, moins on lui demande ; moins il est riche, plus on lui demande. Il faut prendre l'argent où il se trouve. Il faut frapper les revenus des riches pour épargner le salaire des pauvres. Les profits que chacun tire de l'organisation sociale mesurent sa dette envers la communauté. Il est abominable de taxer les objets et denrées nécessaires à la vie. Le superflu du capital doit servir à libérer le travailleur.

Réforme du régime hypothécaire, de façon à permettre aux agriculteurs de se procurer de l'argent moyennant un faible intérêt.

Impôt progressif sur les grosses successions. Suppression de l'héritage collatéral AB INTESTAT *(sans testament).*

Monopole par l'Etat de l'alcool et des objets de consommation dont la falsification est un danger pour la santé publique.

En monopolisant le commerce de l'alcool entre les mains de l'Etat, celui-ci le rendrait *meilleur* et *plus cher*, ce qui diminuerait le nombre de femmes martyres que leurs misérables époux, abrutis par l'ivresse, laissent mourir de faim, assomment de coups et empoisonnent jusque dans leurs entrailles.

Revision profonde du code de procédure.

Une affaire retentissante a démontré d'une façon éclatante que le code actuel est impuissant à protéger les honnêtes gens contre les filous, et les naïfs contre les escrocs ; que le même code permet à certains hommes de loi et officiers ministériels investis du monopole de corporation, de machiner, conscients ou aveugles, des affaires comme celle à laquelle nous faisons allusion ; d'édifier d'immenses fraudes, de servir de boucliers et de paravents à des aventuriers du grand monde.

La machination de cette affaire a reposé entièrement sur le fonctionnement logique du code de procédure tel qu'il est actuellement établi. Il est donc de toute nécessité de reviser cette organisation judiciaire vieillote et démodée, coûteuse et compliquée, qui permet aux riches d'écraser les pauvres et qui, après des scandales trop nombreux, en est arrivée à faire douter de la justice.

Répression à outrance de certains commerces honteux.

On a jusqu'à ces jours trop facilement exercé la pratique habilement voilée du *commerce de la chair humaine.* Cette tare de l'humanité, qui a traversé les siècles presque impunément, doit être réprimée sévèrement. Une loi établissant le délit et les peines qui la sanctionnent s'impose dans le plus bref délai.

Sauvegardes pour les enfants recueillis dans les établissements dits Maisons de refuge.

Ces sauvegardes existent déjà pour les personnes non interdites placées dans les maisons de santé ou les asiles d'aliénés. Il est facile de créer une tutelle analogue pour les enfants qui vivent *enfermés* dans les établissements en question.

Instruction primaire obligatoire gratuite et laïque. Ecole d'adultes.

La vie sociale est la première condition morale de l'humanité. La société humaine est d'autant plus parfaite que ses membres sont plus vertueux. La société, tout comme l'individu, est donc *intéressée* à perfectionner l'homme pour le plus grand bien commun et ce perfectionnement ne s'obtient que par l'*instruction* qui élève la raison, et par l'*éducation* qui élève le sentiment de la dignité humaine.

Or, dès qu'il y a un *intérêt*, naît une obligation pour le protéger et, dans l'espèce, cette obligation est essentiellement sociale de sa nature, et, comme telle, constitue pour l'individu le *devoir* de s'y soumettre, ou plutôt d'en profiter. Ce qui revient à dire que l'instruction doit être obligatoire, l'homme ne pouvant s'abstenir en matière de devoirs essentiels ; de plus, elle doit être *gratuite*, afin d'ôter tout prétexte au mauvais vouloir.

La vraie éducation doit tendre à faire de nos enfants des hommes armés contre toutes les vicissitudes de la vie, des hommes inspirés par des buts élevés, des hommes passionnés de vérité, de liberté, de justice dans toutes leurs relations tant individuelles que sociales, des hommes enfin animés du sentiment du devoir, d'énergie publique et de force de caractère.

Est-ce l'Eglise qui élèvera nos enfants pour la vie civile et pour l'accomplissement de leur destinée terrestre ? Mais son royaume n'est pas de ce monde, et c'est contre elle que la société doit se défendre. Elle a assez, du reste, montré son incapacité, lorsqu'elle était maîtresse de l'opinion publique. Ce qu'elle a fait des nombreuses séries de générations confiées à ses soins, elle le ferait encore dans une situation analogue, puisqu'elle se vante de la fixité de ses doctrines. Même cause, mêmes effets. Or, à défaut de l'Eglise, l'Etat seul peut aujourd'hui organiser un système complet d'enseignement.

Ce n'est donc plus aux ministres de l'Eglise qu'appartiendra désormais le droit d'enseigner, mais bien aux instituteurs laïques.

Ce sont eux qui doivent ouvrir l'esprit de nos enfants, leur enseigner les devoirs civiques, exalter leur amour du prochain, les élever dans leur propre dignité par la connaissance de leurs droits, par la pratique de leurs devoirs d'hommes et de citoyens.

Afin de conserver sa domination sur le monde, l'Eglise s'efforce de concentrer l'enseignement tout entier entre les mains de ses créatures : elle sait bien que l'homme ne se dégage jamais complètement des influences qu'il a subies dans sa jeunesse; que les cervelles, une fois pétries, pendant si peu de temps que ce soit, sous sa discipline, ne trouvent jamais la force de penser par elles-mêmes, ni de se débarrasser d'un esclavage dont l'âme meurtrie de notre époque porte encore la trace ; aussi, tant qu'elle aura le moyen de déformer systématiquement la mentalité des jeunes générations, il n'y aura que de rares exceptions qui éviteront son empreinte.

Il importe dès lors d'enlever à l'Eglise ses moyens de domination, de la ruiner comme puissance politique et éducatrice qui, sous prétexte de religion, perpétue toutes les superstitions (1), tous les préjugés et tous les fanatismes, et constitue, au sein de notre société moderne, une véritable entreprise systématique de réaction et de déformation intellectuelle.

Le cardinal de Richelieu refusait de « commettre l'éducation des jeunes gens aux Jésuites », préoccupation indiquée par son *testament politique*, « de peur de s'exposer à leur donner une puissance d'autant plus suspecte aux Estats que toutes les charges et les grades qui en donnent le maniement étaient enfin remplis de leurs disciples, et que ceux qui, de bonne heure, ont pris un ascendant sur des esprits, le retinssent, quelquefois, toute leur vie. »

Prévisions auxquelles l'avenir devait donner trop complètement raison. Et comme aussi avait raison le président La Chalotais, qui écrivait :

« Comment a-t-on pu penser que des hommes qui ne tiennent pas à l'Estat, qui sont accoutumés à mettre un religieux au-dessus des chefs des Estats, leur ordre au-dessus de la patrie, leurs instituts et

---

(1) « Les superstitions, écrit Joseph de Maistre (*Biog.*, p. 74), sont les ouvrages avancés de la religion, et qu'il ne faut pas détruire. »

leurs constitutions au-dessus des lois, seraient capables d'eslever et d'instruire la jeunesse du roïaume...; l'enseignement de la nation entière... peut-il rester sous la direction d'un régime ultramontain, nécessairement ennemi de nos lois ? Quelle inconséquence et quel scandale ! »

Ainsi pensait la vieille France. Et la France nouvelle ne pense pas autrement.

« J'ai vu, écrit le général Hoche, comment procédaient les ministres du culte, et quand j'ai vu où ils arrivaient, j'ai compris que ce n'était plus entre leurs mains qu'il fallait laisser l'instruction et l'éducation des familles.

« *La théocratie ne fait que des esclaves.* Elle prend l'enfant au berceau, elle ne lui laisse pas un moment de liberté, elle l'enserre de tous les côtés, elle lui fait peur de tout, elle ne l'éclaire véritablement de rien.

« Les prêtres ont fait des hommes des espèces de bêtes sauvages qu'ils ont muselées ensuite ou bien qu'ils ont dressées contre les amis de la droiture naturelle, de l'intelligence pure et de la vérité. Il n'est pas possible de supporter aujourd'hui et de ramener ce régime. » (*Lettre à Carnot, 28 février 1797.*)

Aux défenseurs de *la liberté de l'enseignement* que Victor Hugo appelait « *la liberté de ne pas enseigner* », nous opposons l'avis de Gambetta :

« Il faut partout installer le maître d'école, mais un certain maître d'école, un maître français, parlant la langue des citoyens français et non pas un maître d'école parlant une langue dont le véritable vocabulaire, le véritable dictionnaire est au Vatican : *un maître d'école véritablement dévoué aux idées de la société moderne*, et non pas une sorte de prédicant ennemi de cette société et croyant faire œuvre pie toutes les fois qu'il l'attaque, qu'il l'ébranle, qu'il la décrie, qu'il la dénonce à la suspicion des faibles et des ignorants. » (*Extrait d'un discours prononcé à Nantes le 16 mai 1872.*)

« Je désire de toute la puissance de mon âme

qu'on sépare non seulement les Eglises de l'Etat, mais qu'on sépare les écoles de l'Eglise. C'est pour moi une nécessité d'ordre politique, j'ajoute d'ordre social. » (*Extrait d'un discours prononcé à Saint-Quentin le 17 novembre 1872.*)

Et à Chambéry, Gambetta s'était écrié :

« Il est impossible que des hommes qui ont fait vœu de célibat et de chasteté soient compétents pour instruire des enfants destinés à vivre dans nos sociétés humaines ; il est impossible que des hommes, qui n'ont jamais eu un cœur de père, continuent à s'arroger le droit de pourvoir à l'éducation de la France moderne. Cela est impossible, parce que cela est un danger perpétuel pour la société, qui ne vit pas d'aspirations mystiques, mais des sévères et hautes leçons de la science. » (*Extrait d'un discours prononcé le 12 septembre 1872.*)

L'*école d'adultes* devrait compléter l'enseignement primaire. Elle fournirait aux élèves qui ont achevé leurs études primaires le moyen de conserver les connaissances acquises, et même d'en acquérir de nouvelles. Il serait désirable qu'il y eût dans chaque arrondissement ou commune au moins une école d'adultes, avec un minimum de cent heures de cours, à raison de une ou de deux heures par séance.

La fréquentation de ces écoles serait *obligatoire* pour les jeunes gens et les jeunes filles de 14 à 18 ans qui ne pourraient justifier d'un certain degré d'instruction. Un article de la loi sur la réglementation du travail des enfants défendrait aux patrons d'employer leurs apprentis pendant les heures des cours.

La fréquentation des cours d'adultes devrait être absolument *gratuite*. On récompenserait les élèves en leur distribuant des livres instructifs, des livrets de la Caisse d'épargne et en leur accordant des bourses de voyage.

Séparation des Eglises et de l'Etat, et, comme conséquence, *suppression du budget des cultes et dénonciation du Concordat.*

Jésus, en proclamant que son règne n'était pas de ce monde; qu'il fallait rendre à Dieu ce qui appartient à Dieu, et à César ce qui appartient à César, peut être considéré comme le premier apôtre de la séparation des Eglises et de l'Etat. On sait par quelle rapide évolution l'Eglise, qui a pris presque en tout le contrepied des enseignements du Christ, se fit intolérante et persécutrice, donna pour mission à l'Etat d'extirper l'hérésie par le fer et le feu, et sanctifia le despotisme dès qu'elle put y avoir part... (XX.)

Toujours l'Eglise a appuyé toutes les oppressions, toujours elle a tonné et tonne encore contre le progrès; toujours elle prêche pour sa domination et si, aujourd'hui, la masse semble tomber dans une sorte d'athéisme, ne sont-ce pas les abus du sacerdoce qui ont puissamment, si ce n'est exclusivement, contribué à produire ce résultat?

Mais ce même résultat amené par des siècles d'idolâtrie, entraîne aujourd'hui forcément le divorce de l'Etat avec l'autel, et amènera la fin de l'économie actuelle.

Les philosophes du XVIIIe siècle, Voltaire (*Biog. p. 108*) en tête, ont eu une idée très nette de l'importance de la théocratie au point de vue social, lorsqu'ils ont déclaré la *guerre à l'infâme*. Ce sont eux, en effet, qui ont engagé le combat actuel qui s'accentue tous les jours davantage entre l'Etat et l'Eglise.

Donc, plus de budget des cultes, plus d'intervention de l'Etat dans les affaires religieuses, ni de la religion dans les affaires de l'Etat; à tous les citoyens, la liberté de régler leurs affaires de culte comme il leur plaira et à *leurs frais*. L'Etat ne s'en occupera pas; il n'interviendra que pour empêcher qu'on ne trouble l'ordre public.

C'est la solution américaine, pratiquée avec un succès absolu depuis plus de cent ans par les Etats-Unis, et imitée depuis, avec un plein succès également, par le Mexique et le Brésil.

La séparation des Eglises et de l'Etat aura pour conséquence nécessaire la laïcisation du calendrier,

L'Etat, étant neutre en matière religieuse, n'a pas le droit d'accorder sa sanction aux jours fériés de l'Eglise qui ne l'intéressent en aucune façon ; quant à la nomenclature des saints illustres, comme Pancrasse, Pantaléon, Cupertin, Sabras et tant d'autres, il fera bien de la supprimer, chacun étant libre de la remplacer par telle autre qui lui plaît mieux. (*Voir p. 637, note.*)

Service militaire personnel, sans dispense, avec indemnité aux parents des soldats qui seront reconnus soutiens indispensables de famille. Réduction du temps de service sous les armes au strict nécessaire.

Les armées sont-elles nécessaires, et les nombreux millions qu'elles coûtent annuellement ne sont-ils pas dépensés en pure perte ? Aussi peu que le sont les sommes qu'annuellement un propriétaire prudent consacre à s'assurer contre les risques fortuits : l'incendie, par exemple.

Si rien n'arrive, il ne retirera de l'argent dépensé aucun avantage immédiat ; mais que le malheur l'atteigne, que le feu éclate et dévore sa maison, ses meubles, ses récoltes ; non assuré, il sera ruiné ; assuré, il verra remplacer tout ce qu'il aura perdu, et, d'un seul coup, il retrouvera, plus de cent fois, ce qu'ont pu lui coûter toutes les primes qu'il a pu payer !

Les jours passés au régiment, les millions du budget militaire, c'est la *prime d'assurance* que les nations paient annuellement contre les risques de guerre et d'annexion.

En attendant l'ère bénie de la paix universelle qui, sans doute, régnera un jour, il faut une armée suffisamment nombreuse et forte, et les charges qui en résultent doivent être équitablement supportées par tous, car tous les citoyens, ayant les mêmes droits, doivent aussi avoir tous les mêmes devoirs !

Réforme de fond en comble de l'assistance publique.

Toutes les institutions d'assistance, qui ont été créées jusqu'à ce jour, reposent sur l'idée de *charité*, et non sur le principe de *solidarité*. Toutes ont fait faillite à leurs promesses.

La société est une association dont les sociétaires contribuent à la richesse commune; chacun doit en vivre et être garanti contre les risques d'invalidité. Toute souffrance qui n'est pas la conséquence inéluctable de la condition humaine, est une iniquité qui doit disparaître. Aux vagues principes de *charité*, la société a le devoir de substituer la *justice*. Elle doit fournir à chacun de ses membres les moyens de travail et d'instruction auxquels il est propre, et elle ne peut, sans crime, le laisser dans l'impossibilité de nourrir son corps par le juste salaire de ses labeurs, et son âme par l'instruction.

Tout homme a le droit de vivre, de penser et de s'élever; il faut donc qu'il trouve dans l'état social, par lequel il est privé des ressources que lui offrirait l'état de pure nature, des conditions telles qu'en s'en rendant digne, il puisse satisfaire aux besoins de son corps et de son âme (1).

Aux gouvernements incombe donc le devoir sacré d'assurer le *pain*, le *logement* et le *vêtement* à tous les *blessés de la vie*, en créant des institutions contre les risques inévitables de la maladie, de la vieillesse et des accidents. A ces fins, la police rurale devra être réorganisée et la réforme, de fond en comble, de l'Assistance publique s'impose.

L'Assistance devrait être d'arrondissement et les fonctions devraient être exercées *gratuitement*, autant qu'il est possible. Il serait remis, après *enquête sérieuse*, à chaque individu obligé d'avoir

---

(1) « Le but de la société est le bonheur commun. Le gouvernement est institué pour *garantir* à l'homme la jouissance de ses droits naturels et imprescriptibles. *Les secours sont une dette sacrée.* La société doit la subsistance aux citoyens malheureux, soit en leur procurant du travail, soit en assurant les moyens d'existence à ceux qui sont hors d'état de travailler. » (Extrait de la *Déclaration des Droits de l'Homme et du Citoyen*, du 10 août 1793.)

recours à la charité publique, un petit *carnet d'assistance*, portant ses nom, prénoms, âge, domicile, marié ou célibataire, nombre d'enfants, infirmités, nature du travail encore possible, le tout authentiqué par la signature du maire et le timbre de la mairie.

La *photographie* du porteur timbrée à la première page, — et qui empêcherait les faux indigents de se servir du carnet, prêté par complaisance — deviendrait ainsi un vrai *livret d'identité*.

La dernière page contiendrait trois colonnes distinctes dans lesquelles seraient inscrites la date des secours, les sommes données et leur provenance. La liste des établissements de bienfaisance de l'arrondissement y figurerait également.

Tout indigent ou toute personne accidentellement dans le besoin saurait ainsi à quelle porte frapper et se faire délivrer des secours. Les indications relatives à l'état civil et aux conditions de famille (infirmités, nombre d'enfants, etc., etc.) décideraient dans l'appréciation des secours à recevoir raisonnablement.

Les carnets pourraient être renouvelés tous les six mois, ou plus souvent, à la suite d'une nouvelle enquête de la mairie (1).

Loi sur la surveillance et le pécule des pensionnaires des établissements de correction privés.

Les établissements de correction reçoivent les mineurs condamnés avant l'âge de seize ans et ceux qui, considérés comme ayant agi sans discernement, sont acquittés, mais confiés à l'Administration pénitentiaire pendant un temps déterminé qui ne doit pas dépasser l'époque de leur majorité.

---

(1) M. Charles Gras a fait en 1896, au Conseil municipal de Paris, un remarquable exposé, où il propose la création de ce même carnet.

Ces établissements se divisent en *colonies publiques*, c'est-à-dire dirigées et surveillées par des fonctionnaires et agents de l'Etat, et en *colonies privées*, fondées et gérées par des particuliers ou des associations libres, mais placées sous le contrôle de l'Etat, qui verse pour chacun de ces détenus, à l'administration de ces établissements, une somme quotidienne dont la moyenne est fixée à 85 centimes. Les colonies privées reçoivent, en outre, des pupilles de l'Assistance publique, difficiles ou vicieux, ou encore des enfants placés directement par leurs familles.

Or, il a été constaté que certaines de ces colonies privées sont de véritables exploitations industrielles, montées en commandite par des actionnaires sans scrupules. Il est dès lors aisé de comprendre comment l'œuvre moralisatrice, qui devrait être la seule raison d'être de ces établissements, n'en est plus que le prétexte trompeur, et comment tous les soucis de la vie physique et morale y ont disparu devant cette nécessité de production, devant l'indispensable obligation de réaliser, avec le minimum de frais, le maximum de bénéfices.

L'enfant n'est plus ici l'être malheureux qui a droit à l'affection et à l'éducation : il n'est plus qu'une machine à produire. Du matin au soir, pendant des années et des années, il devra fournir sa tâche quotidienne sans relâche, sans repos presque. Et voilà pourquoi on néglige les soins du corps et de l'âme ; voilà pourquoi dans ces colonies les pupilles vivent pêle-mêle : voleurs précoces ou jeunes incendiaires, orphelins de l'Assistance publique et condamnés de droit commun, innocents et coupables sans distinction d'origine, sans qu'on prenne garde aux dangers de la contamination inévitable.

Ces établissements ne sont pas des *maisons de correction*, mais des *maisons de corruption*.

Nous plaçons sur la même ligne certaines *colonies privées* et certains *couvents* qui se spécialisent dans la *torture des fillettes* que l'on exploite honteusement. Ce sont de véritables *bagnes d'enfants*.

La chose la plus horrible, c'est l'exploitation de l'enfance, sous couleur de charité. Il faut y mettre un terme, ainsi qu'aux faits scandaleux qui se commettent envers les enfants mineurs. A cet effet, une loi sur la surveillance de ces établissements et le pécule des pensionnaires s'impose.

Création de maisons de famille pour jeunes ouvrières.

Les jeunes filles de 15 à 20 ans, si elles ne sont pas soutenues par une bonne influence, sont souvent victimes de la misère qui les conduit vite à l'abdication morale. Quand la famille est mauvaise ou absente, la jeune fille tombe, presque fatalement, dans l'inconduite. Le seul moyen de sauver la jeune fille isolée est de la rattacher à un centre honnête, c'est pour cela qu'il est nécessaire de fonder des *maisons de famille* où les jeunes ouvrières honnêtes seraient reçues moyennant une rétribution modeste (1).

Création d'établissements de refuge et de maisons de travail.

Il est nécessaire de créer, dans chaque département, des *établissements de refuge* pour les malingres, les infirmes de corps et d'esprit et les invalides du travail, et, dans chaque ville, des *maisons*

---

(1) Il existe actuellement, près d'Avoine-Beaumont, en Touraine, un domaine splendide, qui assure aux jeunes ouvrières et employées de Paris, âgées de 16 à 25 ans, une villégiature réconfortante.
Cette villégiature a été fondée par l'Assistance publique, en vertu du legs Gréban de Pontourny.

de travail pour les orphelins, les ouvriers qui souffrent d'un chômage, d'une infortune privée ou d'une crise industrielle. Les ressources seraient fournies par les fonds jusqu'ici consacrés aux services de l'Assistance et, au besoin, par des subventions de l'Etat.

Ce n'est que lorsque ces œuvres seront accomplies, que la société aura le droit et même le devoir de sévir contre les professionnels du vagabondage, de la mendicité, du vice, et contre les incorrigibles.

Création de caisses de retraite pour les vieux travailleurs.

La société actuelle permet aux voleurs de haute marque de *gagner*(?) des millions en tripotant sur les objets de première nécessité, tels que blés, sucres, pétrole, etc., etc. (1), tandis qu'elle n'assure pas un

---

(1) Il existe des industries que l'*accaparement* peut soustraire à l'action de la libre concurrence. Lorsque l'abandon de ces industries à la spéculation privée met en péril la liberté et les intérêts de la masse des citoyens, il est légitime que l'Etat intervienne dans ces industries, soit pour les faire rentrer sous la loi de concurrence, soit même pour s'en attribuer le monopole, en vue de mieux garantir l'intérêt général.

Il faut surtout rendre impraticable toute hausse factice d'une denrée ou d'une marchandise.

Un code des plus sévères s'impose dès lors contre les loups cerviers de la finance, ces bandits de spéculation déloyale, criminelle.

L'intervention de l'Etat dans le domaine de l'industrie privée est encore légitime, lorsqu'elle s'exerce en vue d'assurer :

La liberté des parties dans la conclusion du contrat de travail et la loyauté dans l'exécution de leurs engagements ;

L'hygiène et la sécurité des travailleurs ;

La liberté du travail garantie aux industriels et aux ouvriers, ainsi que le droit des uns et des autres de s'associer pour la représentation et la défense de leurs intérêts.

franc par jour au pauvre vieillard qui peut mourir de faim, après avoir consacré toute sa vie à la production des choses utiles, et qui a usé son existence au profit de la richesse sociale.

A 60 ans au plus tard (1), tout être humain qui a donné toute sa force pour travailler honnêtement, devrait avoir sa vieillesse assurée. La caisse de retraite pourrait facilement être alimentée au moyen des revenus provenant du monopole par l'Etat de l'alcool, de l'impôt sur les successions, des héritages collatéraux *ab intestat*, de la suppression du budget des cultes, des locations des églises qui appartiennent à l'Etat ou aux communes, d'un impôt sur les chasses gardées, sur les baux ou fermages des propriétaires, et enfin des dons et des legs qui seront faits au profit de la caisse (2).

Les équipages de luxe ainsi que les gains de primes réalisés aux courses de chevaux, et de celles des lots gagnants des obligations de villes et de départements sont aussi matières à être imposées plus largement.

Nous estimons que ces ressources seraient plus que suffisantes pour le service de ces pensions, dont la durée moyenne ne dépassera guère dix ans, car les tables statistiques constatent que c'est dans la classe ouvrière que la durée de la vie est la moins longue.

Et si, après calcul fait, on constatait que la recette annuelle est insuffisante, on pourrait frapper d'une

---

(1) La quotité de la pension devrait être fixée au minimum à 2 francs par jour, et la limite d'âge pour avoir droit à la pension devrait être de 58 ans pour les travailleurs sous terre, en général, et ceux qui exercent un métier réputé dangereux ; de 60 ans pour les autres.

(2) Cette dernière source de recettes ne sera pas la moins importante, car bien des philanthropes seront heureux de contribuer à cette œuvre d'humanité, comme bien d'autres y voudront concourir, la considérant comme une mesure de salut public.

contribution minime tout patron et tout travailleur de l'un ou de l'autre sexe de 20 à 60 ans.

Toutes les réformes que nous venons d'indiquer ne se feront pas en un jour. *Il faut savoir sérier les réformes et les entreprendre une à une* AVEC COURAGE. *Les progrès s'échelonnent et il est dangereux de monter plusieurs échelons à la fois.*

Il faut aussi que, de leur côté, les travailleurs et les patrons, les propriétaires, les entrepreneurs, *unis par un lien de solidarité*, donnent de la vie et de l'impulsion aux *associations professionnelles libres*, qui sont le germe de la *coopération* sous la triple forme : *production, consommation, crédit.*

Quand on étudie les grandes sociétés coopératives qui ont vu le jour vers la fin du XIXe siècle, on voit tout ce qu'il y a de sain, de fort et de viril dans ces institutions jeunes et florissantes, filles de la démocratie et de la liberté. Donc, il faut rejeter l'idée fausse, l'idée dangereuse de contrainte, au profit de l'idée d'association et de solidarité, car l'avenir est à l'*association libre*, à la *coopération*, qui est le *socialisme sage*, et qui tuera l'*association forcée.*

Le *capital* n'est rien par lui-même ; s'il ne s'associe pas au *travail*, il est improductif et se consomme au préjudice de celui qui vit à ses dépens. Donc, sous peine d'inanition, il doit s'unir au travail et lui tendre la main. Et, comme le travail est créateur de la richesse, le capital devra cesser de lui faire la loi ; plus de sujétion l'un envers l'autre : tous deux devront marcher d'accord, sous la direction d'un troisième associé : l'*intelligence.*

L'union du *capital*, du *travail* et de l'*intelligence* est aussi nécessaire que celle du cerveau et des muscles, sous la direction de l'âme. Et cette union doit reposer sur une combinaison pratique qui assure à chacun des trois associés sa participation aux bénéfices dans la proportion des services qu'il rend à l'association (1).

La solution des questions sociales réside dans le progrès scientifique, dans l'extension des connaissances, correspondant à une grande sûreté de jugement, à une plus haute puissance de bon sens. Elle est aussi contenue dans cette conviction, que nous devons nous efforcer de rendre universelle, qu'il y a sans doute en présence des intérêts divers, pouvant se trouver aux prises, mais que ces intérêts ne sont pas forcément incompatibles et qu'il est possible de les mettre d'accord, dès que les égoïsmes individuels s'atténueront en face de la notion plus précise des *responsabilités individuelles et sociales*.

Et ces égoïsmes s'atténueront de plus en plus, à mesure que les *lois d'évolution et des réincarna-*

---

(1) Chacun connaît l'œuvre de M. J.-B.-A. Godin, fondateur du *familistère de Guise*. Ce grand philanthrope a mis l'équivalent de la richesse au service des travailleurs en les logeant dans un palais social réunissant tous les éléments de confort désirables, et en les faisant participer aux bénéfices de l'association. Grâce à cette participation, les travailleurs associés sont devenus, en moins de vingt ans, propriétaires d'un capital de 4.600.000 francs, représentant la valeur du familistère, des usines et des dépendances.

Le capital de 4.600.000 francs, porté en 1900 à cinq millions de francs, est entièrement entre les mains du personnel. Dans cette entreprise, les parts de bénéfices sont obligatoirement transformées en parts de la propriété de l'usine. « Il ne faut pas, écrivait J.-B.-A. Godin, que les bénéfices revenant aux travailleurs soient distraits de l'industrie : il faut qu'ils servent à accroître les moyens d'action de l'association. » Des dispositions sont prises, en effet, pour que les actions restent toujours entre les mains des travailleurs en exercice. Les bénéfices sont répartis de la manière suivante : 75 p. 100 au capital, représenté par le total de ses intérêts, et au travail, représenté par le total des salaires et des appointements ; 25 p. 100 aux capacités (administrateur gérant, conseil de gérance, conseil de surveillance.). Depuis 1879, date de la fondation de l'association, jusqu'en 1899, il a été réparti l'importante somme de 6.437.127 fr. 26.

tions auront pénétré tous les cœurs L'humanité aura alors une conception plus haute, une compréhension plus large de sa nature et de sa destinée ; le devoir social ne sera plus une fiction, mais une réalité permanente et agissante.

FIN

ERRATA

Pages.	Lignes.	Au lieu de :	Lire :
22	17,	cumiu,	cumin.
64	3 (note),	page 42,	page 50.
67	11,	atna,	atha.
94	1 (note 3),	scholastique,	scolastique.
105 à 130	Titre :	Religion de l'Avenir,	DIEU.
121	ligne finale	ui,	lui.
138	3 (note),	nature,	matière.
130 à 152	Titre :	Religion de l'Avenir,	AME.
152 à 169	Titre :	Religion de l'Avenir,	SPIRITISME.
178	3 (note),	fatal,	fœtal.
213	4 (note),	ajouter :	(1597-1655.)
264	2,	ajouter :	

A la distribution des récompenses de juin 1904, deux colliers d'honneur ont attiré l'attention et la sympathie de l'assemblée en faveur de deux chiens sauveteurs : *Lionne*, chienne danoise, est venue fièrement recevoir un superbe collier pour avoir sauvé une malheureuse femme d'un coup de poignard de son agresseur, en maintenant le poignet de l'homme dans sa forte mâchoire jusqu'à l'arrivée des secours.

Stapp, appartenant au capitaine Bartoli, du 157ᵉ régiment, dans la nuit du 24 février, par un froid de 16 degrés, a servi d'éclaireur à une petite troupe précipitée par une avalanche dans un abime, et ramena à la lumière ces infortunés, après quinze heures d'épouvante et d'angoisse.

On lit dans les journaux allemands, sous la rubrique : " *le Cheval qui pense* ", l'articulet suivant :

« Berlin, 18 août 1904. — Les exploits du cheval savant continuent à faire du bruit à Berlin.

« Son box ne désemplit pas de savants, d'officiers et de femmes du monde.

« Le professeur Mœbius, directeur du Muséum de Berlin, consacre au coursier prodige un copieux article que vient de publier la *National Zeitung* : Il assure que « Hans » a su répondre sans hésitation aucune qu'il suffisait d'ajouter deux septièmes à cinq septièmes pour faire un entier, d'où le savant professeur conclut que « Hans » est capable de percevoir nettement les sensations que lui transmettent son œil et son oreille, de les enregistrer dans sa mémoire et de les exprimer avec précision.

«Lorsque l'éducation de «Hans» sera suffisamment avancée, il sera présenté à l'Empereur. L'entretien ne saurait manquer du plus vif intérêt. »

Pages.	Lignes.	Au lieu de :	Lire :
275	ligne finale	te,	et.
300	14,	à base,	à la base.
374	8,	quelqu'un dit,	quelqu'un lui dit.
377	24.	ajouter après Pascal:	*biog. p. 131.*
379	4 (note),	en ont décerné,	ont décerné.
457	11,	*Voir p. 301*,	*Voir p. 444.*
458	24,	les expressions,	ces expressions.
464	20,	attentat,	attentats
469	35,	ajouter après Alexandrie :	*biog. p. 78.*
477	2,	*biog. p. 307*,	*biog. p. 456.*
478	31,	supprimer : *aux pasteurs.*	
»	35,	*biog. p. 259*,	*biog. p. 388.*
652	10,	qui,	que.

TABLE DES MATIÈRES

	Pages
AVANT-PROPOS	5

PREMIÈRE PARTIE

LE CHRIST

Recherche de la Vérité	7
Lieu de naissance de Jésus. — Son enfance. — Ses attaches esséniennes. — Son physique. — Son caractère	8
Enseignement de Jésus. — Ses prédications	11
Poursuivi par l'autorité, Jésus se réfugie dans le désert. — Sa nouvelle propagande.	16
Jésus prend le titre de Messie. — Il fait son entrée triomphale à Jérusalem. — Il chasse les marchands du Temple et invective les Pharisiens.	20
Résultat de cette bruyante manifestation.	23
Jésus se retire à Béthanie. — Il se laisse parfumer par Marie. — Il pardonne à la femme adultère	24
Jésus prend ouvertement le titre de Fils de Dieu. — Ses disciples l'abandonnent.	26
Jésus instruit ses douze apôtres de sa mort prochaine et célèbre avec eux la Pâque	28
Jésus au jardin des Oliviers. — Son arrestation.	30
Tribunaux juifs. — Interrogatoire de Jésus poursuivi comme blasphémateur et insurgé. — Sa condamnation	32
Supplice de Jésus. — Achèvement de son œuvre	38

2ᵐᵉ PARTIE

LE CHRISTIANISME

Autorité des Évangiles. — Auteurs des Évangiles. — Contradictions et erreurs	41
Les Synoptiques et le 4ᵉ Évangile.	53
Le Christianisme. — Sa marche à travers les siècles.	62

		Pages
Comment l'Eglise a appliqué les enseignements de Jésus.		63
Le Christianisme et l'Essénisme.		91
Les Chrétiens deviennent puissants. — Par quels moyens?		92
Dogmes principaux du christianisme.		96
Conclusion.		102

3me PARTIE

LA RELIGION DE L'AVENIR

Doctrine religieuse de l'Avenir.	101
Dieu.	103
L'Ame.	130
Le Spiritisme.	152
Le Périsprit.	170
Les trois éléments dont se compose l'homme.	181
Origine de l'âme d'après les théologiens. — Ce qu'elle devient après la mort. — Bonheur des élus et damnation éternelle des réprouvés.	182
Les vies progressives de l'âme.	188
Loi d'évolution.	259
Réponse aux objections.	273
Résumé des vérités essentielles appelées à servir d'assises à l'établissement de la religion de l'Avenir	299

APPENDICE

Pensées sur la prière.	306

NOTES

I	Considérations sur l'hypocrisie et l'indifférence en matière religieuse.	315
I bis	L'enseignement de Jésus devait faire de lui un apostat au premier chef.	317
II	L'Histoire est le témoin fidèle des siècles.	319
III	Les Evangiles sont presque les seuls écrits qui parlent d'une manière plus ou moins positive du Christ.	327
IV	Ecoles principales juives.	332
IV bis	Description du Temple de Jérusalem et des Synagogues.	340
V	Morale mosaïque.	343
VI	Morale des grands prophètes juifs.	345

VII	Morale des anciens docteurs juifs.	346
VIII	Morale des grands philosophes de l'antiquité.	348
IX	Morale de Jésus	351
	REMARQUE IMPORTANTE SUR LA MORALE EN GÉNÉRAL	358
IX bis	Montrez-vous humains envers les animaux.	360
X	Prophéties concernant le Messie.	364
XI	Divinité du Christ.	378
XII	Les miracles	390
XII bis	Résurrection du Christ.	403
XIII	Les Martyrs	407
XIV	Condamnation du Christ.	411
XV	Les Évangiles.—Quand ils ont été composés	418
XVI	Origine du Christianisme	422
XVII	Le Christianisme primitif	432
XVIII	Emprunts faits par le christianisme aux religions de l'Inde. (*Genèse, rédemption, trinité, chute originelle, baptême, confession, messe, moines et anachorètes, célibat des prêtres, sacrements, symboles, organisation hiérarchique*).	435
XVIII bis	Emprunts faits par le Christianisme au paganisme	487
XIX	Galilée et Giordano Bruno.	515
XX	L'Inquisition	527
XX bis	La révocation de l'édit de Nantes. — Ses conséquences	573
XXI	L'excommunication.	576
XXII	L'infaillibilité papale.	585
XXIII	Le pouvoir temporel des Papes	591
XXIV	La prédestination.	613
XXV	Les indulgences	616
XXVI	Le matérialisme.	624
XXVII	La Religion de l'Avenir.	627
XXVIII	La création.	638
XXIX	La raison	644
XXX	Le libre arbitre	650
XXXI	Le progrès indéfini	658
XXXII	Le socialisme collectiviste.	660

Imprimerie SCHNEIDER Frères et MARY
18 bis, rue Raspail. — Levallois

www.ingramcontent.com/pod-product-compliance
Lightning Source LLC
Chambersburg PA
CBHW052334230426
43664CB00041B/1291